Meine Erinnerungen

Band IV

1830 bis 1831

Alexandre Dumas

(Übersetzer: EM Waller)

Writat

Diese Ausgabe erschien im Jahr 2024

ISBN: 9789359945866

Herausgegeben von
Writat
E-Mail: info@writat.com

Inhalt

BUCH I

KAPITEL I

Das Haus von Mademoiselle Georges – Harel und Jules
Janin – Der junge Tom und Popol – Das Gebet des
letzteren gegen die Cholera – Georges' orientalischer
Lebensstil – Ihre Sauberkeit – Harels Fehler im Gegenteil
– 24.000 Francs aus dem Fenster geworfen – Der heilige
Antonius – Piaff-Piaff – Seine Zügellosigkeit – Sein Tod –
Seine Grabrede

Meine Proben *bei Christine* hatten mir das Haus von Mademoiselle Georges
geöffnet, so wie mir die Proben bei *Henri III.* den Zutritt zu dem von
Mademoiselle Mars gewährt hatten.

Das Haus, das mein guter und ausgezeichneter Georges bewohnte, Nr. 12
rue Madame, hatte, wenn ich mich recht erinnere, sehr originelle Bewohner.
Zunächst einmal lebte Jules Janin, der zweite Mieter, im Dachgeschoss. Dann
kam Harel, der Hauptmieter, der im zweiten Stock wohnte. Und im ersten
und im Erdgeschoss wohnten Georges, ihre Schwester und ihre beiden
Neffen. Einer dieser beiden Neffen, der jetzt ein großer, feiner, klug
aussehender junger Mann ist, der den Namen Harel trägt, stand lange Zeit
regelmäßig auf den Theaterzetteln seiner Tante, sowohl in der Provinz als
auch in Paris, denn sie konnte weder im Theater noch in der Stadt ohne ihn
auskommen.

Meine Leser werden sich an den Satz erinnern, der sich fünf oder sechs Jahre
lang nicht änderte:

„Der junge Tom, zehn Jahre alt, wird die Rolle übernehmen" usw.

Die anderen Namen variierten von Joas bis zu Thomas Diafoirus, doch das
Alter änderte sich nie: Der junge Tom war immer zehn.

Wir sollten fair zu dem jungen Tom sein; er hasste die Schauspielerei und
jedes Mal, wenn er auf die Bühne musste, murmelte er zwischen den Zähnen:

„Verflucht sei das Theater! Wenn man es doch nur niederbrennen könnte!"

„Was willst du damit sagen, Tom?", fragte Mademoiselle Georges.

„Nichts, Tante", antwortete Tom. „Ich wiederhole nur meinen Teil."

Sein Bruder Paul, der „le petit Popol" genannt wurde, war bei weitem das
komischste Ding, das man je gesehen hatte: Er hatte einen bezaubernden
Kopf mit schönen dunklen Augen und langem kastanienbraunem Haar, aber

sein Körper war zu klein, um den Kopf zu tragen. Diese Missverhältnisse verlieh dem Kind ein sehr groteskes Aussehen: Er war ungeheuer schlau, ein Feinschmecker wie Grimod de la Reynière und das genaue Gegenteil von Tom, da er sein ganzes Leben lang auf der Bühne geblieben wäre, wenn er nur genug zu essen bekommen hätte.

Als ich ihn kennenlernte, war er erst ein kleines Äffchen von sechs oder sieben Jahren, und schon hatte er sich mit allerlei einfallsreichen Ausreden ein Kreditkonto bei dem Café an der Ecke Rue de Vaugirard und Rue de Molière ausgedacht. Eines schönen Tages stellte sich heraus, dass das Konto des kleinen Popol hundert Kronen betrug! In drei Monaten hatte er Süßigkeiten und Getränke aller Art im Wert von dreihundert Francs ausgegeben, die er im Namen seiner Mutter oder seiner Tante bestellt und auf Treppen, in Korridoren oder hinter Türen gegessen oder getrunken hatte. Er war es, der in *Richard Darlington* eine Position einnahm, die ihn wie den größten Durchschnittsmenschen erscheinen ließ, indem er den Sprecher des Unterhauses vertrat. In dieser Funktion trug er eine Glocke zu seiner rechten Hand und ein Glas Eau Sucrée zu seiner linken; er läutete die Glocke mit der Würde eines Monsieur Dupin und trank das Glas Zuckerwasser mit der Würde eines Monsieur Barrot. Der kleine Bettler lernte nie seine Gebete, und das bereitete dem Voltairianer Harel große Freude; doch plötzlich (es war während einer Choleraepidemie) fanden sie heraus, dass der kleine Popol morgens und abends ein Gebet sprach, das er zweifellos der jeweiligen Gelegenheit entsprechend improvisiert hatte.

Sie waren neugierig und wollten wissen, was das für ein Gebet war. Als sie sich versteckten, um zuzuhören, hörten sie Folgendes:

„O Herrgott! Nimm meine Tante Georges, nimm meinen Onkel Harel, nimm meinen Bruder Tom, nimm Mama Bébelle, nimm meinen Freund Provost, aber lass den kleinen Popol und die Köchin zurück!"

Aber das Gebet brachte dem armen kleinen Kerl nicht das Glück, das er sich sehnlichst gewünscht hatte: Er wurde von der Cholera heimgesucht und raffte ihn zusammen mit anderthalbtausend anderen am selben Tag dahin.

Wir haben gesagt, wer sein Bruder Tom war; wir haben alle gesehen, wie „Mamma Bébelle" unter dem Namen Georges der Jüngere auftrat: Lassen Sie uns nun ein paar Worte über Tante Georges sagen, die schönste Frau ihrer Zeit, und über Onkel Harel, den geistreichsten Mann seiner Zeit.

Nun, Georges Tante war ein prächtig aussehendes Geschöpf von etwa einundvierzig Jahren. Wir haben bereits eine Skizze ihres Porträts aus der klugen Feder von Théophile Gautier angefertigt. Ihre Hände und Arme und Schultern, ihr Hals, ihre Zähne und Augen waren von unbeschreiblichem Charme und Schönheit; aber wie bei der schönen Fee Melusina war in ihren

Bewegungen eine gewisse Müdigkeit sichtbar, die durch das Tragen viel zu langer Kleider noch verstärkt wurde – warum, weiß ich nicht, denn ihre Füße waren ebenso schön wie ihre Hände.

Die Müßiggang von Mademoiselle Georges war unglaublich, außer in Angelegenheiten, die das Theater betrafen, in dem sie stets auf der Hut war. Groß und majestätisch, sich ihrer Schönheit bewusst und von zwei Kaisern und drei oder vier Königen verehrt, liebte Georges es, im Winter in Samtroben, Pelzpelzen und indischen Kaschmirschals und im Sommer in Teehemden aus Batist oder Musselin auf einem großen Sofa zu liegen. So ausgestreckt, in einer stets sorglosen und anmutigen Pose empfing Georges die Besuche von Fremden, manchmal mit der Majestät einer römischen Matrone, manchmal mit dem Lächeln einer griechischen Kurtisane, während zwischen den Falten ihres Kleides, den Ausschnitten ihrer Schals und den Röcken ihrer Teehemden die Köpfe von zwei oder drei Hasen der allerbesten Rasse hervorlugten, die wie ebenso viele Schlangenköpfe aussahen. Georges' Liebe zur Sauberkeit war sprichwörtlich: Sie verrichtete eine vorbereitende Toilette, bevor sie ihr Bad betrat, um das Wasser, in dem sie eine Stunde lang verweilte, nicht zu verschmutzen; hier empfing sie ihre vertrauten Freundinnen, wobei sie von Zeit zu Zeit ihr Haar mit goldenen Nadeln feststeckte, wenn es herunterfiel; ihre prächtigen Arme hoben sich völlig frei aus dem Wasser, ihr Hals und ihre Brust schienen aus parischem Marmor gemeißelt zu sein. Und es war merkwürdig, dass diese Handlungen, die bei einer anderen Frau provozierend und lasziv gewesen wären, bei Georges einfach und natürlich waren, wie die eines Griechen aus der Zeit von Homer oder Phidias; so schön wie eine Statue, sah sie einfach aus wie eine Statue, die über ihre eigene Nacktheit überrascht ist, und sie wäre, da bin ich mir sicher, sehr überrascht gewesen, wenn ein eifersüchtiger Liebhaber ihr verboten hätte, sich so in ihrem Bad zu zeigen, wo sie wie eine Meeresnymphe das Wasser mit der Bewegung ihrer Schultern und ihrer weißen Brüste zum Wogen brachte.

Georges sorgte dafür, dass alle um sie herum sauber waren, außer Harel. Aber Harel war eine ganz andere Sache. Sauberkeit bedeutete für ihn ein enormes Opfer, und dieses Opfer brachte er nur unter starkem Druck und Zwang. Also erklärte Georges, die ihn anbetete und nicht ohne sein entzückend witziges Geplapper in ihren Ohren leben konnte, allen, die kamen, dass sie nur seinen Verstand liebte und dass sie ihm, was den Rest seiner Persönlichkeit betraf, die Freiheit ließ, damit zu machen, was er wollte.

Georges besaß damals noch prächtige Diamanten, darunter zwei Knöpfe, die sie von Napoleon geschenkt bekommen hatte und die jeweils fast zwölftausend Francs wert waren. Sie hatte sie als Ohrringe fassen lassen und trug sie allen anderen vor. Diese Knöpfe waren so groß, dass Georges sie sehr oft abnahm, wenn sie abends nach dem Theaterspielen nach Hause kam, und sich beschwerte, dass sie ihre Ohren herunterzogen. Eines Abends kamen wir mit ihr zurück und setzten uns zum Abendessen. Nach dem Abendessen aßen wir Mandeln; Georges aß sehr viele und beschwerte sich beim Essen über das Gewicht dieser Ohrringe, nahm sie aus den Ohren und legte sie auf das Tischtuch. Fünf Minuten später kam die Dienerin mit einer Bürste in der Hand, um die Krümel vom Tisch zu kehren, fegte Ohrringe und Mandelschalen zusammen in einen Korb, und beides wurde aus dem Fenster auf die Straße geworfen. Georges ging zu Bett, ohne an ihre Ohrringe zu denken, und schlief friedlich; So philosophisch sie auch war, hätte sie dies sicherlich nicht getan, wenn sie gewusst hätte, dass ihr Diener Diamanten im Wert von 24.000 Francs aus dem Fenster geworfen hatte.

Am nächsten Tag kam Georges der Jüngere ins Zimmer, um ihre Schwester zu wecken.

„Nun", sagte sie, „Sie können sich tatsächlich rühmen, Glück gehabt zu haben! Sehen Sie, was ich gerade gefunden habe."

"Was ist es?"

„Einer deiner Ohrringe."

„Wo hast du das her?"

"Auf der Straße."

"Auf der Straße?"

„Ja, meine Liebe ... auf der Straße, an der Tür ... Du musst es verloren haben, als du vom Theater zurückkamst."

„Nein, ich habe sie beim Abendessen an gehabt."

„Bist du dir da sicher?"

„So sicher, dass ich sie herausnahm und neben mich legte, weil sie mich ermüdeten. Was hätte ich danach mit ihnen machen können? ... Wo hätte ich sie hinlegen können?"

„Aber du meine Güte!", rief Georges der Jüngere. „Jetzt erinnere ich mich wieder: Wir aßen Mandeln, und der Diener fegte den Tisch mit der Bürste."

„Ach, meine armen Ohrringe!", rief Georges ihrerseits. „Geh schnell nach unten und schau nach, Bébelle!"

Bébelle war bereits unten an der Treppe angekommen und kam fünf Minuten später mit dem zweiten Ohrring zurück, den sie in der Gosse gefunden hatte.

„Mein Liebling", sagte sie zu ihrer Schwester, „wir haben großes Glück. Lass eine Messe lesen, sonst wird uns ein großes Unglück ereilen."

Wir haben von Harels Abneigung gegen Sauberkeit gesprochen: Sie war allgemein bekannt und er selbst war gewissermaßen stolz darauf; er war ein Mann, der sich an Widersprüchen erfreute, und es amüsierte ihn, diese merkwürdige Überlegenheit weiter auszuführen. Als er Georges auf ihrem Sofa liegen sah, umgeben von ihren wohlgewaschenen und gekämmten Hunden mit Halsbändern aus Maroquin um den Hals, seufzte er ehrgeizig. Denn sein Ehrgeiz – den er oft geäußert, aber nie in die Tat umgesetzt hatte – war es, ein Schwein zu halten! Er hielt die heilige Anthonie für den glücklichsten aller Heiligen und war wie dieser bereit, sich in die Wüste zurückzuziehen, wenn die Vorsehung ihm dieselbe Gefährtin gönnen würde. Als Harels Geburtstag näher rückte, beschlossen Georges und ich, seinen bescheidenen Wünschen eine Krone aufzusetzen: Wir kauften für 22 Livres *Tournois* ein drei oder vier Monate altes Schwein; Wir setzten ihm eine Diamantkrone auf den Kopf, legten ihm einen Strauß Rosen an die Seite und Ringe aus Edelsteinen um die Füße, führten es in feierlichem Ton wie eine Braut und betraten das Esszimmer in dem unserer Ansicht nach geeignetsten Moment, um Harel mit dieser süßen Überraschung zu beglücken. Bei den Schreien des Neuankömmlings unterbrach Harel sofort sein Gespräch mit Lockroy und Janin, so verlockend es auch war, und rannte auf uns zu. Das Schwein hielt einen Glückwunschbrief in einem seiner Füße, den es Harel überreichte. Harel sprang auf sein Schwein – denn er ahnte sofort, dass das Schwein für ihn war –, drückte es an sein Herz, rieb seine Nase an seiner Schnauze, ließ es neben sich in Popols Hochstuhl sitzen, band es mit einem von Georges Schals an den Stuhl und begann, es mit allerlei Leckereien vollzustopfen. Das Schwein wurde auf der Stelle getauft und erhielt von Harel (der gelobte, die Pflichten eines Paten gegenüber seinem Patenkind zu übernehmen) den wohlklingenden Namen Piaff-Piaff. Noch in derselben Nacht zog sich Harel mit Piaff-Piaff in sein zweites Stockwerk zurück, und da niemand an das Bett des Tieres gedacht hatte, nahm Harel eines von Georges Samtkleidern mit und machte daraus eine Sänfte für das Schwein. Dieser Diebstahl führte am nächsten Tag zu einer gewaltigen Auseinandersetzung zwischen Georges und Harel, bei der wir, die wir als Richter zwischen den beiden gerufen wurden, Harel dazu verurteilten, Georges zweihundert Francs Entschädigung für die Nutzung der Nacht zu zahlen. Das Kleid wurde in ein Geschäft geschickt, und daraus wurden Pagenkostüme gemacht. Harels Liebe zu seinem Schwein wurde geradezu fanatisch. Eines Tages kam er bei einer Probe auf mich zu und sagte:

„Wissen Sie, mein Lieber, ich mag mein Schwein so sehr, dass ich mit ihm schlafe!"

„Das verstehe ich", antwortete ich. „Ich habe gerade Ihr Schwein kennengelernt, das mir genau dasselbe erzählt hat."

Ich glaube, das war der einzige Witz, auf den Harel keine Antwort fand.

Wie alle verhätschelten Tiere wurde sich Piaff-Piaff seiner Macht bewusst, missbrauchte sie, und eines Tages endete es damit, dass es ihm sehr schlecht ging. Piaff-Piaff, wohlgenährt, gut untergebracht, ständig gehätschelt, mit Harel schlafend, erreichte das ehrenvolle Gewicht von hundertfünfzig Pfund; das waren – so berechneten wir es – fünfzig Pfund mehr als Janin wog, dreißig Pfund mehr als Lockroy, zehn Pfund mehr als ich, fünfundfünfzig Pfund weniger als Eric Bernard; in einer Ratsversammlung, von der Harel ausgeschlossen war, wurde beschlossen, dass Piaff-Piaff, wenn er das Gewicht von zweihundert Pfund erreicht hatte, zu Blutwurst und Würstchen verarbeitet werden sollte. Zu seinem Unglück beging er jeden Tag neue Verwüstungen im Haus, was zu einer allgemeinen Drohung führte, die Stunde seines Ablebens herbeizuführen, und doch war Harels Verehrung von Piaff-Piaff trotz all dieser Übeltaten so bekannt, dass die strengsten Entschlüsse immer damit endeten, ihm Begnadigung zu gewähren. Doch eines Tages schlich Piaff-Piaff um eine Art Käfig herum, in dem ein prächtiger Fasan gehalten wurde, den ich Tom geschenkt hatte. Der Fasan hatte die Unvorsichtigkeit, seinen Hals durch zwei Gitterstäbe zu stecken, um nach einem Maiskorn zu picken, und Piaff-Piaff streckte seine Schnauze aus und biss dem Fasan den Kopf ab. Tom war nur ein paar Schritte entfernt, sah die Tat und stieß ein lautes Geschrei aus. Aber der Fasan war, nachdem er geköpft war, nur noch zum Braten geeignet. Piaff-Piaff hatte, als er alle anderen angriff, den Verstand gehabt, Toms Eigentum zu respektieren; er hatte, wie wir gesagt haben, häufig von der Berufung auf mildernde Umstände profitiert, aber dieser letzte plumpe Frevel ließ ihm keinen Sympathisanten, wie wortgewandt er auch sein mochte, der ihn vor dem Tod hätte retten können. Georges erklärte nachdrücklich, dass er den Tod verdiente, und niemand, nicht einmal Janin, wagte, dem Urteil zu widersprechen. Als das Urteil gefällt war, beschloss man, Harels Abwesenheit auszunutzen, um es zu vollstrecken, und während alle auf den Täter brannten, wurde der Metzger gerufen und aufgefordert, sein Messer mitzubringen. Fünf Minuten später stieß Piaff-Piaff ein Geschrei aus, das laut genug war, um die ganze Nachbarschaft aufzuwecken. Die Haustür wurde verriegelt, um Harel draußen zu halten, falls er in diesem Moment zurückkommen sollte; aber wir hatten vergessen, dass der Garten einen Ausgang zum Luxembourg hatte und dass Harel auf diesem Weg hereinkommen konnte. Plötzlich, als Piaff-Piaff die traurigen Töne ausstieß, die anzeigten, dass sein Tod nahte, öffnete sich die Tür und Harel erschien und rief:

„Was machst du mit meinem armen Piaff-Piaff? Was ist los mit ihm?"

„Nun", sagte Georges, „Ihr schreckliches Piaff-Piaff war zu unerträglich geworden."

„Ach, das arme Tier, das arme Vieh!", rief Harel, „man schneidet ihm die Kehle durch!" Dann, nach einer kurzen Pause, sagte er in traurigem Ton: „Jedenfalls hoffe ich, dass Sie dem Metzger gesagt haben, er solle reichlich Zwiebeln in die Blutwurst geben – ich liebe Zwiebeln!"

Und das war Piaff-Piaffs Grabrede.

KAPITEL II

M. Briffaut, Zensor und Akademiker – Geschichte von *Ninus II.* – M. de Lourdoueix – Die Idee von *Antonius* – Das von den Franzosen empfangene Stück wird von der Zensur gestoppt – Der Herzog von Chartres – Verhandlungen über seine Anwesenheit mit der seiner beiden Brüder bei der ersten Aufführung von *Christine* – Louët – Ein Autogramm des Prinzen Royal

---

Christine führten mich in eine Gesellschaft wie diese, die sich in ihrem Humor stark von dem der Comédie-Française unterschied . Genau wie bei *Henri III.* boten mir alle unsere Künstlerfreunde ihre Dienste an: Boulanger hatte die eine Hälfte der Kostüme entworfen und Saint-Ève die andere, als wir plötzlich die offizielle Mitteilung erhielten: „Das Stück wird abgebrochen.“

Zuerst wurde *Marion Delorme* gestoppt, dann *Christine* ! Die Zensur hatte wirklich ihre Finger im Spiel.

Ich ging zum Ministerium und fand heraus, dass mein Stück in den Händen von M. Briffaut, dem Autor von *Ninus II, lag.* Die Geschichte von *Ninus II.* würde M. Briffaut sicherlich dazu bringen, anderen gegenüber nachsichtig zu sein. Aber verzeihen Sie mir, vielleicht kennen Sie die Geschichte von *Ninus II. nicht.* Ich werde sie Ihnen erzählen.

M. Briffaut hatte 1809 oder 1810 unter irgendeinem Titel ein Theaterstück geschrieben, dessen Handlung in Spanien spielte. Aber die Zensur stoppte es. Ein Freund von M. Briffaut legte gegen die Entscheidung der Zensur bei Napoleon Berufung ein. Napoleon las das Stück und fand darin einige lobende Zeilen für die Spanier.

„Die Zensur hat es zu Recht verboten“, sagte er. „Es passt mir überhaupt nicht, wenn ein Volk gelobt wird, mit dem ich im Krieg liege!“

„Aber, Sire, was soll aus dem Autor werden?“, fragte der Freund bescheiden und mitfühlend. „Er hat nur dieses eine Stück komponiert und wird vielleicht sein Leben lang kein weiteres schreiben; er rechnete damit, dass dies die Tür zu vielen Ambitionen sein würde – Sire, Sie werden seine Karriere ruinieren!“

„Also gut; wenn er seine Taten beispielsweise in Assyrien statt in Spanien verübt, werde ich keine Einwände erheben; und wenn er seinen Helden statt Pelage Ninus I. oder Ninus II. nennt, werde ich es genehmigen.“

M. Briffaut ließ sich von solchen Umständen nicht abhalten und nannte sein Stück *Ninus II.;* wo immer dann das Wort *Spanier* auftauchte, änderte er es in *Assyrer* und *Burgos* in *Babylon* . Das machte es schwierig, die Reime zu ändern, aber das war alles. Das Stück wurde genehmigt und aufgeführt. Zweifellos wurde M. Briffaut aufgrund dieser herkulischen Leistung zum Mitglied der Akademie ernannt. Er war im Großen und Ganzen ein sehr guter Kerl und nicht übermäßig stolz darauf, nichts getan zu haben – eine Überlegenheit, die viele meiner Kollegen unverschämt macht.

Wir diskutierten ausführlich, nicht über die literarischen, sondern über die politischen Mängel der unglücklichen *Christine*. Es schien, als strotzte sie vor ihnen, und der arme Zensor, dessen Hand sehr zart war, wusste nicht recht, wo er sie anfassen sollte. Insbesondere diese Zeile, die Christine in Anspielung auf ihre Krone rezitiert, war dabei:

„Das ist ein königlicher Schatz, der in meinem Garten gefunden wurde!"

was als Verbrechen angesehen wurde. In dieser Hinsicht griff ich die Legitimität, das Gottesgnadentum, die Thronfolge an! Ich kann Ihnen nicht sagen, wie viele Dinge ich damit angriff! Im Augenblick bilde ich mir ein, ich müsse, ohne es zu wissen, mein Stück in jener schönen türkischen Sprache geschrieben haben, von der Molière uns in *Der Bürger als Edelmann ein Beispiel gibt* und die imstande ist, mit sehr wenigen Worten sehr viel auszudrücken. Dann war da die Übersendung der Krone an Cromwell – ein sehr gefährlicher Vorschlag für die Monarchie! Vergeblich beteuerte ich, dass der Vorfall der Geschichte entsprach; dass Christine die Krone tatsächlich an den Protektor geschickt hatte, der sie einschmelzen ließ. Die Menschheit, die die Episode vergessen zu haben schien, daran zu erinnern, dass sie wirklich stattgefunden hatte, wurde als revolutionärer und aufrührerischer Akt angesehen. Tatsächlich war aus M. Briffauts Art, in *Ninus II. mit der Geschichte umzugehen* , offensichtlich, dass er sich nicht viel um historische Fakten kümmerte. Doch trotz meiner Gespräche mit Monsieur Briffaut, so angenehm sie auch aufgrund seiner Freundlichkeit waren, kamen wir nicht weiter. Und da Harel unter Zeitdruck stand, überredete man mich, die guten Dienste von Monsieur de Lourdoueix, dem Leiter des Zensurstabs, in Anspruch zu nehmen.

Eine hoch angesehene Dame, eine Freundin von ihm, hatte mir geraten, mich bei Monsieur de Lourdoueix bekannt zu machen. Ich weiß nicht, wie sie hieß, aber man gab mir zu verstehen, dass dies der einzige Weg sei, über den ich ihn erreichen könne. Wie Raoul bei den *Hugenotten* war ich jedoch voller Vertrauen in die Gerechtigkeit meiner Sache. Also machte ich mich ohne jegliche Bekanntschaft auf den Weg zur Südseite, wo Monsieur de Lourdoueix zu finden war. Ich weiß nicht, ob Monsieur de Lourdoueix einen *Ninus III.* oder *Ninus IV. verfasst hatte* , ob er der Akademie angehörte oder einfach dem Caveau Club. Aber er war in seinem Benehmen bei weitem nicht so höflich wie Monsieur Briffaut. Unser Gespräch war kurz. Nach einem fünfminütigen Gespräch, das auf beiden Seiten entschieden erbittert war, sagte er:

„Schließlich, Monsieur, hat es keinen Sinn, dass Sie noch etwas sagen; solange die Ältere Abteilung auf dem Thron sitzt und ich als ihr Zensor fungiere, wird Ihre Arbeit ausgesetzt."

„Sehr gut, Monsieur", antwortete ich und verbeugte mich. „Ich werde warten!"

„Monsieur", bemerkte Monsieur de Lourdoueix ironisch, „diese Entscheidung war bereits gefallen."

„Dann wiederhole ich es", sagte ich und verließ ihn.

Aber die Drohung war ernst genug: Ich hatte nicht mehr die Unterstützung von Monsieur de Martignac, diesem einfallsreichen Mann. Das Ministerium Polignac war an seine Stelle getreten, und ich hatte keine Möglichkeit, an den neuen Präsidenten des Rates heranzutreten. Also wartete ich; die einzige Waffe, die mir blieb, war Geduld, und während ich wartete, blieb ich eines Tages, als ich den Boulevard entlangging, plötzlich stehen und sagte mir:

„Ein Mann, der, als er vom Ehemann seiner Geliebten entdeckt wird, sie tötet – wobei er schwört, sie habe seinen Annäherungsversuchen Widerstand geleistet, und für den Mord auf dem Schafott stirbt – rettet die Ehre der Frau und sühnt sein Verbrechen."

Die Idee für *Antony* war gefunden, und wie ich glaube, an anderer Stelle schon gesagt zu haben, wurde mir die Figur des Helden durch die von Didier in *Marion Delorme nahegelegt*. Sechs Wochen später war *Antony* fertig. Ich las das Stück dem Français vor, aber die Lesung wurde nicht sehr herzlich aufgenommen. Ich verteilte meine beiden Hauptrollen auf Mademoiselle Mars und M. Firmin, aber es war ganz offensichtlich, dass sie es vorgezogen hätten, wenn ich für diese Figuren andere Interpreten ausgewählt hätte. Ich schickte das Stück an die Zensurstelle, und es wurde wie *Christine gestoppt* . Das machte sie zu einem Paar. Aber ob damals ein gewisses Gefühl der Bescheidenheit herrschte, das inzwischen verloren gegangen ist, oder ob ich im Hintergrund eine Freundin hatte, die für mich arbeitete – und ich habe immer die ausgezeichnete und hochkultivierte Madame du Cayla im Verdacht gehabt, diese Freundin gewesen zu sein – ob Harel tatsächlich den Einfluss auf die Regierung hatte, den er vorgab, das Stück *Christine* wurde mir Anfang März ohne große Änderungen zurückgegeben. Sie hatten sogar die berühmte Zeile über das *Hochet Royal* , so aufrührerisch sie auch sein mochte, und die Übergabe der Krone an den Protektor dringelassen, trotz der möglichen Katastrophe, die diese historische Reminiszenz nach sich ziehen könnte! Also wurden die unterbrochenen Proben wieder aufgenommen.

Trotz all meiner Sorgen ging ich jedoch immer noch regelmäßig in die Bibliothek des Palais-Royal, wo ich eine neue Bekanntschaft gemacht hatte. Meine neue Bekanntschaft war der Herzog von Chartres. Er war damals ein bezaubernder Junge und ist inzwischen ein bezaubernder Prinz geworden; ein ziemlich schlechter Schüler, was auch immer seine Lehrer sagen mögen; und aus Angst, sie könnten mich der Ehre des Gelehrtenberufs wegen Lügen strafen, werde ich zur Veranschaulichung nur eine Anekdote darüber erzählen. Der Herzog von Chartres war damals, wie gesagt, ein bezaubernder Junge von siebzehn Jahren, und da ich siebenundzwanzig war und der Altersunterschied zwischen uns nicht so groß war wie der zwischen ihm und Casimir Delavigne oder zwischen ihm und Vatout, wandte er sich im Allgemeinen an mich. Außerdem wurde zu dieser Zeit viel über meinen Namen gesprochen; mir wurden alle möglichen Abenteuer zugeschrieben, da mir seitdem eine Menge Sprüche zugeschrieben wurden. Ich hätte die Leidenschaften eines Afrikaners, sagten sie, und wiesen auf mein krauses Haar und meine dunkle Hautfarbe hin, die ihre tropische Herkunft weder verleugnen konnten noch wollten. Das alles verstärkte das seltsame Interesse, das ein Junge an der Schwelle zum Mannsein für mich empfand, der Sympathie für die Kunst empfand, wie wir sie zum Ausdruck brachten, oder vielmehr wie ich sie zum Ausdruck brachte, da Hugo zu diesem Zeitpunkt noch nichts in der dramatischen Richtung veröffentlicht hatte. *Hernani* sollte erst am 25. Februar 1830 aufgeführt werden, und die Vertrautheit, von der ich spreche, begann etwa Ende 1829. Der Duc de Chartres betrachtete mich also als einen Mann, wenn auch nicht in seinem Alter, so doch zumindest nicht viel älter, und wann immer er wegkam, kam er und plauderte mit mir. Ich sollte erwähnen, dass das Gespräch bald von der Kunst auf die Künstler und vom Stück auf die Schauspieler überging und dass wir ebenso sehr daran interessiert waren, die relativen Verdienste von Mademoiselle Louise Despréaux, Mademoiselle Alexandrine Noblet und Mademoiselle Léontine Fay zu diskutieren wie die von *Henri III.* und *Christine*. Aber unsere Treffen dauerten nie lange, denn nach ein paar Minuten hörten wir den Duc d'Orléans seine Messe singen oder irgendeinen Herrn den Namen des Duc de Chartres rufen und den jungen Prinzen, der als erwachsener Mann noch immer vor dem König zitterte, durch eine versteckte Tür davonlaufen und stammeln:

„Oh, Monsieur Dumas, sagen Sie ihnen nicht, dass Sie mich gesehen haben!"

Einige Zeit vor der Aufführung von *Christine* hatte er seinen Wunsch geäußert, mit seinen beiden jungen Brüdern bei der Aufführung meines zweiten Dramas dabei zu sein; er hatte jedoch Angst, dass ihm die Erlaubnis verweigert würde. Warum kam der arme Junge zu mir, um ihm zu helfen? Er kam, um mich zu bitten, dem Herzog von Orléans meinen Wunsch mitzuteilen, dass seine Kinder bei der Aufführung meines Stücks anwesend sein sollten. Ich meinerseits war durchaus bereit, diese Bitte vorzubringen, und als ich Seine Hoheit das erste Mal sah, wagte ich es, dies zu tun. Der Prinz „ *druckste ein wenig herum* ", um sein Misstrauen gegenüber der Moral eines Stücks auszudrücken, das jemals unter das Verbot der Zensur geraten war; aber ich beruhigte ihn, so gut ich konnte, und nach einigem Druck erhielt ich die Erlaubnis, dass die jungen Prinzen bei der Aufführung anwesend sein durften. Ich achtete darauf, am folgenden Donnerstag in die Bibliothek zu gehen, denn ich war sicher, dass ich den Herzog von Chartres dort sehen würde, und er kam, aber er wurde von M. de Boismilon begleitet; Er schaffte es jedoch, an mir vorbeizugehen und flüsternd zu sagen:

„Wir gehen! Danke."

Doch habe ich versprochen, eine Anekdote zu erzählen, die die Faulheit des Herzogs von Chartres illustriert - ein Fehler, den sie nach Kräften vor seinem Vater zu verbergen suchten; die Preise, mit denen junge Prinzen normalerweise überhäuft werden, dienten dazu, seine Misstrauen abzulenken.

Ich werde mein Versprechen halten.

1835 unternahm ich mit Jadin eine Reise nach Italien. Wir wollten wie echte Touristen reisen, zu Fuß, auf Pferden oder Maultieren, in Kutschen, *Corricolo* oder *Speronare* oder mit dem Boot; kurz, so gut es ging. Wir beschlossen, Frankreich über den Golf von Genua zu verlassen; deshalb heuerten wir in Hyères eine Art Kutscher an, der uns für hundert Francs an der Küste des Golfs von Jouan entlang nach Nizza bringen sollte, wo wir einen halben Tag Halt machen konnten. Jadin wollte eine Zeichnung der Küste anfertigen, an der Napoleon 1815 gelandet war, und sie später gravieren lassen. Der Vetturino hatte als seinen Anteil an unserem Handel vereinbart, dass er uns vier Personen hinzufügen dürfe, unter der Bedingung, dass sie sich nicht gegen einen ersten Aufenthalt von fünf oder sechs Stunden in Cannes und einen zweiten in Grasse wehrten. Unter den Reisenden, die uns begleiteten, war ein junger Mann von vierundzwanzig oder fünfundzwanzig Jahren, der einen blauen Frack, Nankinghosen, bunte Strümpfe und Schnürschuhe trug. In meinen *Reiseeindrücken* gab ich ihm den Namen Chaix; in meinen Erinnerungen muss ich ihm seinen richtigen Namen nennen, nämlich Louët. Anderthalb Tage lang sprach er kein einziges Wort mit uns; aber unsere Unterhaltung schien ihn ungemein zu interessieren; er lächelte über unsere Witze und hörte unseren viel selteneren ernsten Bemerkungen aufmerksam zu. Bei Tisch war sein Platz immer neben unserem gedeckt, und an unserem ersten Schlafplatz arrangierte er, dass nichts weiter als eine Trennwand von uns getrennt war. Als wir den Golf von Jouan erreichten, hielt er an, und während Jadin seine Zeichnung anfertigte, warf ich mich ins Wasser, um zu baden. Gerade als ich mich auszog, kam Louët auf mich zu, sprach mich zum ersten Mal an und bat um Erlaubnis, mit mir baden zu dürfen. Ich bemerkte zunächst nicht die überspitzte Höflichkeit, mit der er die Bitte vorbrachte, und antwortete lachend, er könne tun, was er wolle. Er dankte mir für die Erlaubnis und nahm das vernünftigste und ereignisloseste Bad, das ich je gesehen habe, in dreieinhalb Fuß tiefem Wasser. Als wir dann mit dem Baden fertig waren, stiegen wir in unseren Wagen und schliefen noch in derselben Nacht in Nizza. Drei unserer Gefährten hatten uns bereits verlassen, einer auf den Höhen von Draguignan und die beiden anderen in Grasse. Nur Louët blieb uns bis Nizza treu, was mich umso mehr überraschte, als er den anderen, die ihn bis zum Wagen begleitet hatten, beim Abschied erzählt hatte, er sei auf dem Weg nach Paris.

Nun muss Louët dem Sprichwort „Alle Wege führen nach Rom" eine sehr weitreichende Bedeutung beigemessen haben, wenn er sich so weit einreden konnte, dass der Weg von Toulon nach Nizza ihn nach Paris führen würde. Dieses seltsame Verhalten unseres Reisegefährten weckte Jadins und meine Neugier, wurde aber schließlich durch eine Bitte des Vetturino im Namen von Louët erklärt, die dieser nicht selbst an uns richten durfte. Louët war tatsächlich von Toulon nach Paris aufgebrochen, aber er war von unserer faszinierenden Unterhaltung auf der Reise so entzückt gewesen, dass er, anstatt nur bis Luc zu reisen und von dort nach Draguignan und Castellane aufzubrechen, dem Vetturino sagte, er würde, da er Nizza noch nie gesehen hatte, dorthin weiterfahren. Als er Nizza erreichte, fragte er durch den Vetturino, ob wir ihm als großen Gefallen erlauben würden, die Reise mit uns fortzusetzen; er sagte uns schließlich, dass seine Gesellschaft uns nichts kosten würde, da er ein Drittel unserer Ausgaben übernehmen würde; der Vetturino fügte nebenbei hinzu, dass Louët, den er kannte, gerade ein Erbe von etwa dreißigtausend Francs erhalten hatte und damit nach Paris zurückkehrte, als er uns begegnete: Danach sah er keine bessere Möglichkeit, einen Teil seines Geldes auszugeben, als in unserer Gesellschaft. Die Bitte wurde mit so anmutiger Bitte vorgebracht und Louët schien ein so guter junger Mann zu sein, dass wir nicht einmal daran dachten, die Frage zu diskutieren, sondern zu verstehen gaben, dass wir uns über seine Gesellschaft freuen würden; dass, wie er vorschlug, die Ausgaben in Drittel geteilt werden sollten und dass wir ihm am nächsten Tag unseren Reiseplan mitteilen würden, damit er dann sehen könne, ob unsere Reiseroute ihm zusagte. Er antwortete, dass wir uns nicht die Mühe machen müssten, ihm ein solches Programm zu geben, dass er kein festes Ziel habe – er wolle uns und nicht die Reise – dass er, da wir ihm die Ehre erwiesen hätten, uns zu begleiten, mit uns nach China oder wohin auch immer wir wollten, gehen würde. Sicherlich hätte niemand entgegenkommender sein können, und tatsächlich begleitete uns Louët die gesamte italienische Reise und erwies sich durchweg als ausgezeichneter Reisegefährte. Ich erzählte diese Geschichte in meinen

Impressions de voyage mit der leichten, heiteren Art des Erzählens, die mir angeboren ist, und 1838 bekam ich Besuch von Jadin.

„Sie werden nie erraten, wer Sie morgen besuchen kommt...?", begann er.

"Ich kann nicht."

„Louët."

"Unsinn!"

Ich hatte Louët seit meiner Rückkehr aus Italien vor drei Jahren nicht mehr gesehen.

„Ja", fuhr Jadin fort, „und ich wurde gesandt, um Ihnen den Besuch anzukündigen."

„Was? Kommt er etwa, um von mir Genugtuung dafür zu verlangen, dass ich ihn in meine *Reiseeindrücke mitgenommen habe* ?"

„Nein, ganz im Gegenteil. Er freut sich, in dem Buch aufzutreten und kommt, um Sie um einen Gefallen zu bitten."

„Ah! Er wird sehr willkommen sein. Was ist es?"

„Er möchte Ihnen selbst sagen, was es ist."

„Gut! Ich erwarte ihn."

Louët kam am nächsten Tag und war genau der gleiche hervorragende, einfache Kerl, außer dass er in der Kunst des Ankleidens erhebliche Fortschritte gemacht zu haben schien.

„Na, Louët, da sind Sie ja! Sie sehen ja aus wie ein Millionär, mein Freund."

„Ja, weil ich besser gekleidet bin als früher; aber ansonsten ist es genau umgekehrt. Ich habe keinen halben Penny."

„Was? Du hast keinen halben Penny?"

„Nein. Ich habe mein kleines Vermögen riskiert und verloren."

"Absolut?"

„Das Ganze."

„Ach, der arme Kerl!"

„Deshalb bin ich gekommen, um zu fragen …"

„Was? Sicherlich nicht um Ratschläge, wie man ein neues Vermögen macht?"

„Nein, für Ihren Einfluss."

„Mit der Regierung?", fragte ich mit wachsendem Erstaunen.

"NEIN."

„Der König?", fragte ich, noch überraschter.

"NEIN."

„Mit dem Herzog von Orléans?"

"Ja."

Ich verfinsterte mich. Ich wollte die ehrwürdige und treue Freundschaft, die ich dem Herzog geschworen hatte, frei von allen Eigennutzmotiven halten, damit er sich der Echtheit meiner Zuneigung sicher sein konnte; daher war es mir jedes Mal ein echter Schmerz, wenn ich gebeten wurde, vom königlichen Prinzen eine Gunst zu erbitten.

„Der Herzog von Orléans!", wiederholte ich. „Was in aller Welt soll ich den Herzog von Orléans in Ihrem Namen fragen, mein lieber Louët?"

„Ein kleiner Beitrag …"

„Ein kleiner Beitrag!", wiederholte ich achselzuckend.

„Er wird es Ihnen sicher nicht abschlagen", fügte Louët hinzu.

„Im Gegenteil, mein Freund, er wird es mir ablehnen, weil ich der Erste sein werde, der ihm sagt, dass er meine Bitte ablehnen soll."

"Warum?"

„Weil Sie keinerlei Anspruch auf den Herzog von Orléans haben – Sie kennen ihn nicht einmal."

„Tatsächlich habe ich eine Entschuldigung, ich kenne ihn wirklich", sagte Louët zu mir. „Ich war ein College-Freund von ihm."

„Bei Heinrich IV.?"

"Ja."

„Sind Sie sicher?"

„Aber natürlich."

"Würde er sich an Sie erinnern?"

„Ich war mit ihm in derselben Klasse. Außerdem besitze ich eine kleine Notiz von ihm, die seine Erinnerung wieder aufleben lassen wird, falls er mich vergessen hat."

„Eine Nachricht von ihm?"

„Schauen Sie her, Sie werden es selbst sehen." Und er zeigte mir drei Zeilen auf einem Stück Kanzleipapier, auf denen in kleiner Handschrift folgende Worte standen:

> „Mein lieber Louet, übersetzen Sie für mich aus dem
> Griechischen bis nach
> ὅλος , und ich werde Ihnen unendlich dankbar sein.

> " DE CHARTRES

Ich ergriff gierig das Papier.

„Oh!", sagte ich, „so wie die Dinge stehen, mein lieber Louët, bist du gerettet, und ich werde für alles geradestehen."

„Sie werden die Angelegenheit also für mich übernehmen?"

„Mit größtem Vergnügen."

„Wann werden Sie den Herzog sehen?"

"Morgen früh."

"Wann soll ich wieder kommen?"

"Morgen Mittag."

„Ich soll meinen Posten bekommen?"

"Ich hoffe es."

„Auf mein Wort, mein lieber Herr, Sie werden mir einen großen Dienst erwiesen haben."

„Das werde ich für Sie tun. Schlafen Sie ruhig und ohne Sorgen. Und übermorgen wachen Sie mit einem Gehalt von zwölfhundert Francs auf."

Louët reiste mit dieser erfreulichen Aussicht ab, und ich schrieb dem königlichen Prinzen, um ihn um eine Unterredung am nächsten Morgen zu bitten. Eine Viertelstunde später erhielt ich seine Zustimmung. Ich wohnte damals in der Rue de Rivoli Nr. 22. Meine Fenster lagen genau gegenüber denen des Herzogs von Orléans, und er pflegte Anfragen wie die, die ich gerade an ihn gerichtet hatte, oft mit einem Zeichen zu beantworten. Solche Forderungen wurden meinerseits selten gestellt; ich wartete immer, bis der Prinz nach mir schickte, denn ich wusste, dass der König und insbesondere die Königin meine Besuche bei ihrem Sohn misstrauisch beäugten. Als ich mich am nächsten Tag dem Prinzen vorstellte, sagte er:

„Ah, da bist du ja! Warum zum Teufel hast du es so eilig, mich zu sehen?"

„Ah, Monseigneur, ich bitte um einen Gefallen, den Sie mir bestimmt mit großer Freude gewähren werden."

„Für wen oder worum geht es?"

„Ich weiß nicht, Monseigneur, warum Sie so kategorisch mit mir sind; Sie wissen, dass ich kein Purist bin."

„Macht nichts, es ist eine gute Sache zu beweisen, dass ich, obwohl ich ein königlicher Prinz bin, eine Hochschulausbildung habe."

„Genau, und ich bin hergekommen, um mit einem Ihrer College-Kameraden zu sprechen, Monseigneur."

„Gibt es zufällig noch ein einziges Schiff ohne Koje?", fragte er.

„Ja, Monseigneur, ich habe ihn entdeckt."

„Oh! Du! Du bist in der Lage, alles Sterbliche zu entdecken."

„Nun, Monseigneur, da ich der Entdecker des Mittelmeeres bin...!"

"Na, was hast du denn nun noch herausgefunden?"

„Ich habe es Ihnen erzählt, einer der Studienkollegen Ihrer Königlichen Hoheit."

"Wie heißt er?"

Ich zog den Zettel aus der Tasche, bereit, ihn bei der ersten Gelegenheit zu verwenden.

„Louët, Monseigneur."

Der Herzog stieß einen Schrei aus.

„Oh, dieser Dummkopf!", sagte er.

Ich sah ihn lächelnd an und steckte demonstrativ den Zettel wieder in meine Tasche.

„Dann, Monseigneur", sagte ich, „ändert das die Sache."

"Wie so?"

„Ich habe Eure Hoheit um nichts weiter zu bitten."

"Warum?"

Ich zuckte mit den Schultern.

„Also, was ist das für ein Zettel, den Sie wieder in Ihre Tasche stecken und den Sie mir unbedingt zeigen möchten?"

„Ich kann es zwar immer noch kaum erwarten, es Ihnen zu zeigen, Monseigneur.“

„Also gut, dann zeig es mir!“

"Ich wage es nicht."

"Gib es mir!"

Ich streckte dem Prinzen meine Hand entgegen und überreichte ihm mit größter Unterwürfigkeit das Papier.

„Gut!“, sagte er. „Das muss eine Höllenmaschine sein.“

„Lesen Sie es, Monseigneur.“

Der Prinz warf einen Blick auf den Papierfetzen und wurde rot bis in die Augen.

Er errötete sehr leicht, und auch wenn dies eine Schwäche von ihm war, hatte er sie doch mit dem Herzog von Nemours und dem Herzog von Aumale gemeinsam.

„Ah! ah!“ sagte er, als er es gelesen hatte.

Dann sah er mich an –

„Und was beweist das denn?“, fragte er. „Dass ich ein noch größerer Dummkopf war als er.“

„Monseigneur, Sie werden in diesem Fall doch sicher etwas tun, um Ihrem Vorgesetzten zu helfen?“

"Was soll ich tun?"

Und dann ging er leise zum Kamin und rollte den Papierfetzen zwischen seinen Fingern.

„Nun, Monseigneur, ich hoffe aufrichtig, dass Sie eine Anstellung für ihn finden.“

"Wo?"

„In der Nähe deiner eigenen Person.“

"In welcher Menge?"

„Wenn er nur als zukünftiger Lehrer für Ihre Kinder tätig wäre, würde er für sie das griechische Wort für Ασκρωνδη direkt in λος übersetzen.“

„Das nicht“, sagte er, „aber ich habe eine Idee.“

„Auf mein Wort, es überrascht mich nicht."

Worüber der Prinz zu lachen begann.

"Glauben Sie, er würde Deutsch lernen?"

„Er würde alles lernen, was Sie wollen, Monseigneur."

„Also gut. Ich werde ihn zum Sekretär von Madame la Duchesse d'Orléans machen. Wenn er Deutsch kann, wird er die Briefe übersetzen, die sie aus Deutschland erhält. Das ist die einzige Stelle, die ich ihm anbieten kann."

"Wann beginnt die Gehaltszahlung?"

„Ab morgen; sag ihm, er soll bei Asseline vorbeikommen."

„Ich danke Ihnen, sowohl in seinem als auch in meinem Namen, Monseigneur."

Er kam immer näher an den Kamin heran und rollte dabei das Stück Papier zwischen seinen Fingern. Schließlich streckte er seinen Arm zum Kamin aus, aber ich hielt meine Hand zwischen das Papier und die Flammen und sagte:

„Verzeihen Sie, Monseigneur."

"Was willst du?"

„Dieses Stück Papier..."

"Warum?"

„Es ist mein Maklergeschäft."

"Was wirst du damit machen?"

"Ich werde es rahmen lassen."

„Oh, ich weiß, dass du dazu durchaus in der Lage bist. Lass es mich verbrennen."

„Monseigneur, ich werde es in einer Brieftasche verstecken und es nur einmal pro Woche zeigen."

"Versprichst du?"

„Auf mein Ehrenwort!"

„In diesem Fall können Sie es nehmen, und da Sie mich unbedingt verlassen möchten, um Ihrem Schützling die gute Nachricht zu überbringen, gehen Sie einfach mit."

„Oh, Monseigneur, Sie werden nicht die Mühe haben, es mir zweimal zu sagen."

"Los Los."

Er winkte ab und ich verließ ihn.

Armer Prinz! Ich kann viele Anekdoten wie diese über ihn erzählen, und ich habe vor, sie zu erzählen. Seine Herzensgüte und sein treuer Patriotismus haben ihn beliebt gemacht. Und als er starb, schrieb ich diese prophetischen Worte:

„Gott hat gerade das einzige Hindernis beseitigt, das zwischen der Monarchie und der Republik besteht."

Aus diesem Grund sind Sie gestorben, Monseigneur: Sie waren ein Hindernis. Die Republik war eine Notwendigkeit.

KAPITEL III

Die erste Darstellung von *Hernani* – Das alte Pik-Ass – Der alte Mann hat einen Streit – Parodien – Ursprung der Geschichte von Cabrion und Pipelet – Eugène Sue und Desmares – Soulié kehrt zu mir zurück – Er bietet mir fünfzig seiner Arbeiter als Beifallspender an – Erste Darstellung von *Christine* – Ein Abendessen in meiner Unterkunft – Hugo und de Vigny korrigieren die anstößigen Zeilen

Hernani war fast ohne Untersuchung an Hugo zurückgegeben worden; und wir hatten ihnen keine Zeit gegeben, es noch einmal zu lesen, da Taylor das Stück vor seiner Abreise nach Ägypten auf die Bühne bringen wollte. Wir wurden gebeten, es vor dem Komitee in Anwesenheit der Schauspieler vorzulesen, da das Stück bereits im Vorfeld angenommen worden war.

Die Lektüre von *Hernani* hat mich tief bewegt, dennoch war und ist mir *Marion Delorme lieber.*

Am Tag der Aufführung waren wir um zwei Uhr im Theater. Wir wussten genau, dass der von de Vigny errungene Sieg nicht weitreichend war. Vernünftige Leute zweifelten nicht an Shakespeare, Goethe oder Schiller, sondern an uns selbst. Wir wollten ein nationales, originelles, französisches Theater, nicht griechisch, englisch oder deutsch; und genau das zu schaffen, war unsere Mission.

Henri III. war, ob gut oder schlecht, zumindest ein originelles Werk, das unseren eigenen Chroniken entnommen war und in dem Spuren des Einflusses anderer Theater erkennbar waren, aber keine sklavische Nachahmung. *Marion Delorme* , das von der Zensur nicht zurückbekommen wurde, und *Hernani* , das bald aufgeführt werden sollte, waren beides Stücke desselben Typs. Aber *Henri III.* war an sich ein stärkeres Werk, während *Hernani* und *Marion Delorme* sich durch ihren Stil auszeichneten.

Leider blieben die französischen Komödianten in einigen ihrer traditionellen Gewohnheiten starr: Es war normalerweise völlig unmöglich, sie von der Tragödie zur Komödie übergehen zu lassen, ohne dass ihnen in Ausdruck oder sogar Tonfall ein fürchterlicher Ausrutscher unterlief. Wir haben die Anekdote von Michelet und die vier Verse in Bezug auf die Schrankszene erzählt. Wir sollten auch erwähnen, dass sich in Hugos Werken Komödie und Tragödie oft ohne Zwischenstufen vermischen, und dass dies die Interpretation seiner Gedanken schwieriger macht, als wenn er versucht hätte, eine auf- oder absteigende Tonleiter aufzustellen, um die Kluft zwischen Vertrautheit und Erhabenheit der Situation zu überbrücken.

Die englische Sprache hat, wenn sie gereimt, abgetastet und in kurze oder lange Silben unterteilt wird, einen großen Vorteil gegenüber unserer, den Shakespeare voll ausnutzte: Seine Stücke wurden im Allgemeinen in drei Stilen geschrieben – in Prosa, in Blankversen und in gereimten Versen. Nun sprechen die Menschen, die unteren Klassen, in Prosa; die Mittelklassen in Blankversen und Fürsten und Könige in Reimen. Wenn die Ideen des Plebejers beim Sprechen erhaben werden, stellt Shakespeare ihm außerdem zwei aufsteigende Stile zur Verfügung, in denen er seine Gedanken ausdrücken kann; wenn Königen und Fürsten niedere Gedanken auf die Lippen kommen, erlaubt er sich die Freiheit, die Sprache des einfachen Volkes oder sogar der Mittelklassen zu verwenden, anstatt diesen besonderen Ausdruck des Denkens zu beeinträchtigen. Aber das Publikum, das sich unsere Werke anhört, weiß überhaupt nichts von diesen Dingen und ist gegenüber all diesen Nuancen der Unterscheidung völlig gleichgültig: Es kommt nur, um zu applaudieren oder zu zischen; es applaudiert oder zischt, das ist alles.

Die erste Aufführung von *Hernani* hinterließ einen einzigartigen Eindruck in den Annalen des Theaters; die Suspendierung von *Marion Delorme* , die Gerüchte über *Hernani* hatten die Neugier des Publikums aufs Äußerste geweckt, und man hatte Recht, einer stürmischen Nacht entgegenzusehen. Die Leute griffen an, bevor sie ein Wort gehört hatten, und verteidigten sich, ohne zu verstehen, was sie verteidigten. Als Hernani von Ruy Gomez erfährt, dass er seine Tochter Karl V. anvertraut hat, ruft er aus:

„… Viel Blödsinn, das ist das Ziel!“

M. Parseval de Grandmaison, der ein wenig taub war, hielt es für

„Als wäre ich sauer, ich liebe es!“
(„Altes Pik-Ass, er liebt sie!“)

und in seiner unverhohlenen Empörung konnte er sich den Ruf nicht verkneifen:

„Oh! Aber das geht wirklich ein bisschen zu weit!“

„Was geht zu weit, Monsieur?“, fragte mein Freund Lassailly, der links von ihm saß und die Bemerkung von Monsieur Parseval de Grandmaison gehört hatte, aber nicht verstanden hatte, was Firmin gesagt hatte.

„Ich sage, Monsieur“, antwortete der Akademiker, „dass es ein wenig zu weit geht, einen respektablen, würdigen alten Mann wie Ruy Gomez de Silva ‚altes Pik-Ass‘ zu nennen!“

„Was? Ist das ein zu starker Ausdruck?“

„Ja, sagen Sie, was Sie wollen, es ist geschmacklos, besonders wenn es von einem so jungen Mann wie Hernani kommt."

„Monsieur", antwortete Lassailly, „er hatte das Recht, das zu sagen. Die Karten wurden erfunden – sie wurden zur Zeit Karls VI. erfunden. Monsieur l'Académicien, wenn Sie das nicht wissen, so möchte ich es Ihnen mitteilen. Hurra für das alte Pik-Ass! Bravo, Firmin! Bravo, Hugo! Ah!"

Sie können verstehen, wie hoffnungslos der Versuch war, Leuten zu antworten, die auf diese Weise angriffen und verteidigten.

Hernani hatte großen Erfolg, obwohl es stärker umkämpft war als *Henri III*. Der Grund dafür ist ganz einfach: Schönheiten in Form und Stil werden vom gemeinen Geist am wenigsten geschätzt, und das waren Hugos besondere Reize. Andererseits machten diese schönen Akzente, die rein künstlerisch waren, großen Eindruck auf uns und insbesondere auf mich.

Hernani erhielt alle üblichen Tribute für einen Triumph: Es wurde empörend angegriffen und mit gleicher Gewalt verteidigt; es wurde mit einer klugen Scharfsinnigkeit parodiert, die sich gegen die traditionellen dramatischen Gepflogenheiten richtete, unter dem Titel *Arnali, ou la Contrainte par Cor* (Arnali oder Zwang durch Akklamation), ein französisches Werk, das aus dem Gotischen übersetzt wurde. Und was Parodien betrifft, so wollen wir eine historische Tatsache erwähnen, deren Datum sonst im Nebel der Zeit verloren gehen würde, wenn wir es nicht hier aufschreiben würden.

Die Geschichte – denn das ist sie – von Cabrion und M. Pipelet geht auf den Monat März 1829 zurück. Genau das geschah, und es verursachte den Gepäckträgern von Paris so viel Unbehagen, dass sie seither ein melancholisches Volk geblieben sind!

Heinrich III., dem ein großer Erfolg oder zumindest eine Aufsehen erregende Sache vorherbestimmt war, musste auch parodiert werden. Um die Ausführung dieses wichtigen Werks zu erleichtern, hatte ich mein Manuskript vorab an de Leuven und Rousseau geschickt und dann auf ihre Bitten nach bestem Wissen mit ihnen an dem Stück gearbeitet, und wir nannten es *Le Roi Dagobert et sa Cour*. Aber die Zensur betrachtete diesen Titel als respektlos gegenüber den Nachkommen Dagoberts. Mit den Nachkommen Dagoberts, jener ehrenwerten Gesellschaft, die schwarze Scheren auf einem silbernen Feldzeichen als Wappen trägt, war Seine Majestät Karl X. gemeint. Sie verwechselte Nachkomme mit Nachfolger, aber man weiß, dass Herren in Prüfungsausschüssen über derartigen Nebensächlichkeiten erhaben sind. Also änderten wir den Titel in *La Cour du roi Pétaud*, wogegen die Zensur keine Einwände erhob. Als ob niemand von le roi Pétaud abstammte!

also die Parodie von *Henri III. et sa Cour* im Vaudeville aufgeführt. Sie parodierte das Stück Szene für Szene. Am Schluss des vierten Aktes wurde die Abschiedsszene zwischen Saint-Mégrin und seinem Diener durch eine Szene zwischen dem Helden der Parodie (leider habe ich seinen Namen vergessen) und seinem Gepäckträger parodiert. In dieser äußerst zarten, rührenden und sentimentalen Szene bittet der Held den Gepäckträger zur Melodie von *Dormez donc; mes chères amours! um eine* Haarlocke, was damals der letzte Schrei war und der Situation sehr gut passte. Am Abend der Vorstellung verließen alle das Theater und sangen den Refrain und den Text des Liedes. Drei oder vier Tage später speiste eine Gruppe von uns im Véfours, darunter de Leuven, Eugène Sue, Desforges, Desmares, Rousseau, mehrere andere und ich. Am Ende des Abendessens, das außerordentlich lebhaft gewesen war, sangen wir im Chor den berühmten Refrain:

„Portier, ich sehe
nach deinen Haaren!"

Eugène Sue und Desmares beschlossen, diesen Höhenflug unserer Phantasie in die Tat umzusetzen, und als sie das Haus Nr. 8, Rue de la Chaussée-d'Antin, betraten, wo Eugène Sue den Namen des Concierge kannte, fragten sie den guten Mann, ob er nicht Monsieur Pipelet heiße. Er bejahte dies. Dann baten sie im Namen einer polnischen Prinzessin, die ihn gesehen und sich unsterblich in ihn verliebt hatte, unter vielen Bitten um eine Locke seines Haares, und um sie loszuwerden, schenkte der arme Pipelet sie ihm schließlich. Er war ein verlorener Mann, nachdem er eine solche Schwäche begangen hatte! Am selben Abend wurden drei weitere Bitten an ihn gerichtet, im Namen einer russischen Prinzessin, einer deutschen Baronin und einer italienischen Marquise; und jedes Mal, wenn die Bitte an ihn gerichtet wurde, sang ein unsichtbarer Chor unter der großen Tür:

„Portier, ich sehe
nach deinen Haaren!"

Der Scherz ging am nächsten Tag weiter. Wir schickten alle, die wir kannten, los, um Master Pipelet um eine Haarlocke zu bitten, sodass er schließlich nur entsetzt auf die Klingel reagierte und vergeblich den traditionellen Zettel von seiner Tür entfernte:

Wenden Sie sich an den Portier.

Am folgenden Sonntag beschlossen Eugène Sue und Desmares, dem armen Teufel ein Ständchen im großen Stil zu bringen: Sie ritten mit Gitarren in den Händen in den Hof und begannen, das Verfolgungslied zu singen. Aber wie gesagt, es war Sonntag, und da die Hausherren auf dem Land waren, rechnete der Pförtner damit, dass sie ihm wie an anderen Tagen den Sabbath vermiesen würden, und ihm die Ruhe nicht gönnen würden, die Gott sich selbst gewährt hatte. Nachdem er alle Bediensteten im ganzen Haus informiert hatte, schlüpfte er hinter die Sänger, schloss die Haustür und gab ein vereinbartes Zeichen, woraufhin ihm fünf oder sechs Bedienstete zu Hilfe eilten und die Troubadoure gezwungen waren, ihre Musikinstrumente in Verteidigungswaffen umzuwandeln: Sie kamen mit nichts als den Gitarrenhälsen in den Händen wieder weg. Niemand erfuhr jemals die Einzelheiten dieses Kampfes, der furchtbar gewesen sein muss; die Kämpfer behielten sie für sich; aber man wusste, dass er stattgefunden hatte; und der Portier der Rue de la Chaussée-d'Antin wurde zum literarischen Geächteten erklärt. Von diesem Augenblick an wurde das Leben des Unglücklichen zur vorzeitigen Hölle für ihn: nicht einmal seine Nachtruhe wurde respektiert; denn jeder zu spät kommende Literat musste schwören, über die Rue de la Chaussée-d'Antin nach Hause zurückzukehren, selbst wenn er an der Barrière du Maine wohnte. Die Verfolgung dauerte über drei Monate; am Ende dieser Zeit erschien ein neues Gesicht, um auf die gewohnte Forderung zu antworten: Pipelets Frau kam weinend ans Gitter und sagte, ihr Mann sei dieser Verfolgung zum Opfer gefallen und mit einem Anfall von Gehirnentzündung in ein Hospital eingeliefert worden. Der Unglückliche war im Delirium und wiederholte in seinem Wahn unaufhörlich, immer und immer wieder den Refrain, der ihn seinen Verstand und seine Gesundheit gekostet hatte. Dies ist also die wahre Wahrheit über die berühmte Verfolgung der Pipelets, die in den Jahren 1829 bis 1830 für großes Aufsehen sorgte.

Kehren wir nun zu *Christine zurück*. Als das Stück aus der Zensur zurückkam, wurde es mit großem Eifer einstudiert. Die Romantik, die das Théâtre-Français erobert hatte, hatte sich gerade auf die andere Seite der Seine ausgebreitet und sich von der Akademie abgewandt – wie im Fall einer Festung, die ein großer General im Moment einer Invasion nicht angreifen möchte – und drohte, das Odéon im Sturm zu erobern.

Es löste im Quartier Latin eine wahre Revolution aus. Um der nächsten Vorstellung mehr Wirkung zu verleihen, unterbrach Harel das Stück außerdem ständig – ein bis dahin völlig unbekanntes Mittel der Werbung und Veröffentlichung.

Am Morgen der Generalprobe erhielt ich eine Zeile von Soulié; es war, abgesehen von der kurzen Korrespondenz, die ich bereits erwähnt hatte, und der Zusendung von Plätzen für *Roméo et Juliette*, das einzige Zeichen seiner Existenz, das er mir seit einem Jahr gegeben hatte. Er bat mich um einen Pass für diese Probe. Ich schickte ihm sofort einen Pass für sich und alle seine Freunde, die ihn begleiten wollten. Die Probe fand noch am selben Abend statt. Damals waren Generalproben tatsächliche Aufführungen des Stücks, so wie es schließlich aufgeführt werden würde. Die Freunde hatten es noch nicht satt, der Erfolg hatte sie nicht gleichgültig oder neidisch gemacht, und es schien wirklich ein allgemeines Interesse am Ausgang einiger von ihnen zu bestehen. Die Sache, die wir vertraten, war die jedes unbekannten Aspiranten, der hoffte, eines Tages berühmt zu werden; und sie würden einen großen Teil des von uns erworbenen Einflusses teilen, um ihren Weg sicherer und glänzender zu machen. Egoismus machte sie zu Anhängern. So war die Generalprobe von *Christine* ein begeisterter Erfolg.

Nach dem fünften Akt verließ ich das Orchester und ging zu Soulié, um ihm meine Aufwartung zu machen. Er war sehr gerührt und streckte mir die Arme entgegen. Ich umarmte ihn mit tiefer Ergriffenheit; es hatte mich betrübt, mit einem Mann, den ich liebte und dessen Talent ich mehr bewunderte als andere, auf Distanz zu stehen, weil ich dieses Talent mehr schätzte als andere.

"Ah!", sagte er, "Sie waren sicher gut beraten, Ihre *Christine* allein zu schreiben. Es ist ein bewundernswertes Werk, aber es leidet teilweise unter der Komposition; das wird kommen. Eines Tages werden Sie unser führender Dramatiker sein und wir Ihre ergebenen Diener."

„Kommen Sie schon, mein lieber Freund", sagte ich, „Sie müssen verrückt sein, wenn Sie so etwas sagen!"

„Das stimmt nicht. Ich meine es ernst, bei meiner Ehre. Ihnen zu sagen, dass es mir große Freude bereitet, würde zu weit gehen. Sie würden es mir nicht glauben, aber es ist trotzdem so."

Ich habe ihm gedankt.

„Hören Sie mal", sagte er, „lassen Sie uns ernsthaft reden: Ich weiß, dass eine Verschwörung gegen Ihr Stück im Gange ist und dass man Ihnen morgen Abend die Hölle heiß machen wird."

„Oh, ich war mir dessen sicher."

„Haben Sie noch fünfzig Plätze in der Grube frei?"

"Ja."

„Dann überlass sie mir. Ich werde alle meine Arbeiter aus dem Sägewerk mitbringen und wir werden dich gegen sie unterstützen, keine Angst!"

Ich gab ihm ein Päckchen mit Eintrittskarten, ohne sie zu zählen, und als sie auf der Bühne auf mich warteten, umarmte ich ihn noch einmal und wir verabschiedeten uns.

Ich glaube, dieser Mann besaß gewisse brüderliche und vertrauensvolle Eigenschaften, die man in Theaterkreisen vergeblich sucht: Er, der drei oder vier Monate zuvor im selben Theater und unter ähnlichen Umständen ausgebuht worden war, bat nun seinen Rivalen um fünfzig Plätze, um ein Stück zu unterstützen, dessen Erfolg den Misserfolg seines eigenen nur noch verschlimmern würde, und zwar von einem Rivalen, der ihm in verschwenderischer Großzügigkeit sofort, ohne das geringste Zögern oder Bedenken, einen Stapel Eintrittskarten gab, die völlig ausreichten, um das beste Stück der Welt zu ruinieren, wenn sie in die falschen Hände fielen. Wir waren wahrscheinlich ziemlich absurde Figuren, aber wir meinten es zweifellos gut.

Da keine Verzögerung für notwendig erachtet wurde, wurde das Stück am nächsten Tag aufgeführt.

Frédéric hatte mir die Wahrheit gesagt. Jemand hatte – von dem ich nicht die geringste Ahnung hatte, vielleicht spontan und ohne andere Motivation als den Hass, der uns gegenüber herrschte – die härteste Opposition organisiert, die ich je erlebt hatte. Wie üblich saß ich bei meiner Premiere in einer Loge und verpasste daher nichts von den Ereignissen dieser furchtbaren Schlacht, die sieben Stunden lang tobte, in der das Stück ein Dutzend Mal niedergeschlagen wurde und immer wieder auferstand, bis es um zwei Uhr morgens damit endete, dass das keuchende, entsetzte und verängstigte Publikum auf die Knie fiel.

Oh! Ich wiederhole es mit einer Begeisterung, die auch nach 25 Jahren des Kampfes nicht nachgelassen hat , und trotz meiner über 50 triumphalen Erfolge ist der Kampf zwischen menschlichem Genie und der Böswilligkeit der Menge, der Vulgarität des Publikums und dem Hass der Feinde ein großartiges und großartiges Schauspiel. Es ist eine enorme Befriedigung, wenn man in dramatischen Kreisen miterlebt, wie die Opposition in die Knie gezwungen und langsam in völliger Niederlage in den Staub beißen muss. Oh! Welchen Stolz würde der Sieg hervorrufen, wenn er unter ehrlichen Menschen nicht ein Heilmittel gegen Eitelkeit wäre!

Es ist völlig unmöglich, sich vorzustellen, welche Wirkung Monaldeschis Verhaftung auf das Publikum hatte, nachdem Sentinellis Monolog am Fenster mit lautem Gejohle überhäuft worden war. Das ganze Theater brach in tosenden Applaus aus, und als Monaldeschi im fünften Akt, gerettet durch Christines Liebe, Paula den vergifteten Ring schickt, erschallte wütendes Geschrei gegen den feigen Mörder, das sich in wilden Jubel verwandelte, als man sah, wie er sich verwundet und blutend zu den Füßen der Königin schleppte, die trotz aller Bitten und Gebete diesen Satz aussprach, den Picard für *unmöglich erklärt hatte* :

„Gut, ich hatte Mitleid, mein Vater. Was habe ich erreicht?"

Schließlich war das ganze Publikum überzeugt und der Erfolg des Stücks war gesichert. Der Epilog, der ruhig, kalt und grandios war, eine Art riesige Höhle mit feuchtem Boden und klammen Gewölben, in denen ich die Leichen meiner Figuren begrub, trübte den Erfolg des Stücks. Jene schuldigen Seelen mit erblassen Köpfen und erloschenen Gefühlen, die sich nach dreißig Jahren Trennung wieder trafen, die eine ohne Hass und die andere ohne Liebe, die einander verwundert ansahen und um Vergebung für das Verbrechen baten, das sie begangen hatten, präsentierten eine Abfolge von Szenen, die eher philosophischer und religiöser Natur als dramatischer Kunst waren. Angesichts meines eigenen Werks erkannte ich meinen Fehler; aber da ich einen Fehler begangen hatte, musste ich ihn wiedergutmachen; also ließ ich den Epilog weg, der stilistisch wirklich das beste Stück des ganzen Werks war, obwohl er bei weitem nicht perfekt war. Lassen Sie uns schnell sagen, dass der Rest nicht sehr beeindruckend war; er war in Nachahmung einer Sprache geschrieben, in der ich damals gerade erst zu stammeln begonnen hatte, mit schwankendem Akzent.

Ich hatte Soulié während der Vorstellung nicht aus den Augen verloren: Er und seine fünfzig Männer waren da. Selbst wenn ich eine Maske über mein Gesicht gelegt hätte, hätte ich es nicht gewagt, das zu tun, was er für den Erfolg meines Stücks getan hatte!

Oh, lieber und treuherziger Freund! Nur wenige kennen und schätzen Dich. Ich kannte und schätzte Dich zu Lebzeiten und verteidigte Dich nach Deinem Tod. Ich preise noch immer Deine Tugenden!

Aber um meine Geschichte abzuschließen: Das gesamte Publikum verließ das Theater, ohne dass auch nur eine Menschenseele sagen konnte, ob *Christine* ein Erfolg oder ein Misserfolg war.

Ich gab danach ein Abendessen für einige meiner Freunde, die gerne kamen. Wenn wir auch nicht völlig triumphierend über den Sieg waren, so waren wir doch auf jeden Fall durch den Kampf aufgeregt. Wir waren ungefähr fünfundzwanzig Leute beim Abendessen – Hugo, de Vigny, Paul Lacroix, Boulanger, Achille Comte, Planche (Planche, der noch nicht vom Hund des Hasses gebissen worden war und erst später eine Neigung zum Wahnsinn zeigte), Cordelier-Delanoue, Théodore Villenave – und ich weiß nicht, wer sonst noch von der lärmenden, jugendlichen Mannschaft voller Leben und Aktivität war, die uns damals umgab; alles Freiwillige, die zu diesem großen Invasionskrieg gehörten, der in Wirklichkeit nicht so schrecklich war, wie er sich selbst darstellte, und der letzten Endes nur drohte, Wien einzunehmen, um die Rheingrenze in Besitz zu nehmen.

Hören Sie nun, was geschah: Das Ereignis, das ich schildern werde, war beinahe eine Kopie der Episode im Zusammenhang mit Soulié, und ich stehe dafür ein, dass es in den Annalen der Literatur einmalig ist.

In meinem Stück gab es einige hundert Zeilen, die geändert werden mussten und die, um einen ausdrucksstarken Vulgarismus zu verwenden, bei der Premiere *empoignés* (aufgegriffen) worden waren; sie sollten feindseliger Kritik ausgesetzt sein, denn sie würden nicht versäumen, bei der nächsten Vorstellung erneut aufgegriffen zu werden; außerdem mussten einige Dutzend Kürzungen von geschickten und väterlichen Händen vorgenommen und ausgebessert werden; dies musste sofort, noch am selben Abend, geschehen, damit das Manuskript am nächsten Morgen zurückgeschickt werden konnte, damit die Änderungen mittags vorgenommen und das Stück noch am selben Abend aufgeführt werden konnte. Nun war es unmöglich, dass ich, der ich 25 Gäste zu bewirten hatte, dies tun konnte. Aber Hugo und de Vigny nahmen das Manuskript, sagten mir, ich solle mich beruhigen, schlossen sich in einem kleinen Raum ein und arbeiteten, während der Rest von uns aßen, trank und sang. Sie schufteten vier Stunden hintereinander mit derselben gewissenhaften Energie, die sie auch für ihre eigene Arbeit eingesetzt hätten; und als sie im Morgengrauen herauskamen und feststellten, dass wir alle zu Bett gegangen und eingeschlafen waren, ließen sie das Manuskript, bereit für die Aufführung, auf dem Kaminsims liegen, und ohne irgendjemanden zu wecken, gingen diese beiden Rivalen Arm in Arm davon, wie zwei Brüder!

Erinnerst du dich daran, lieber Hugo? Erinnerst du dich daran, de Vigny?

Am nächsten Morgen wurden wir aus unserer Lethargie geweckt, als der Buchhändler Barba kam und mir zwölftausend Francs für das Manuskript von *Christine anbot* – also das Doppelte der Summe, für die ich *Henri III. verkauft hatte.* Es war also zweifellos ein Erfolg!

KAPITEL IV

Eine vorbeifahrende Droschke – Madame Dorval im *„Incendiaire"* – Zwei Schauspielerinnen – Der Herzog von Orléans bittet in meinem Namen um das Kreuz der Ehrenlegion – Seine Empfehlung bleibt wirkungslos – M. Empis – Madame Lafonds Salon – Mein Kostüm als Arnaute – Madame Malibran – Brüder und Schwestern in der Kunst

Am nächsten Tag, oder besser gesagt am Abend des zweiten Tages nach meiner ersten Vorstellung, überquerte ich um ein Uhr morgens den Place de l'Odéon, ging vom erleuchteten Theater in die Dunkelheit der Straße, vom Beifalllärm eines überfüllten Hauses in die Stille eines leeren Platzes, vom Rausch ins Nachdenken, von der Wirklichkeit in den Traum, als ein Frauenkopf an der Tür eines Taxis erschien und mich beim Namen rief. Ich drehte mich um, das Taxi hielt an und ich öffnete die Tür.

„Sind Sie M. Dumas?", fragte die Person drinnen.

"Ja, Madame."

„Also gut, komm herein und küss mich. Ah! Du besitzt ein wunderbares Talent und zeichnest auch keine schlechten Frauen!"

Ich musste lachen und küsste die schöne Sprecherin. Die, die so zu mir sprach, war Dorval – Dorval, der ich mit denselben Worten hätte antworten können:

„Sie haben ein wunderbares Talent und können Frauen ziemlich gut austricksen."

Tatsache ist, dass Dorval sich seit wir sie in der Rolle der Malvina in Der *Vampir gesehen hatten* , enorm verbessert hatte. Besonders in Der *Brandstifter* war sie absolut großartig. Wer diese Zeilen jetzt liest, wird nicht wissen, um welches Stück es sich handelte: Ich kann mich nur an eine Priesterrolle erinnern, die Bocage hervorragend spielte, und an eine Beichtszene, in der Dorval erhaben war. Stellen Sie sich ein junges Mädchen vor, dem eine Fackel in die Hand gedrückt wird; wie oder wodurch, weiß ich nicht mehr, aber das ist egal; außerdem war das vor zweiundzwanzig oder dreiundzwanzig Jahren, und ich habe das Drama vergessen und, ich wiederhole, ich kann mich nur an die Schauspielerin erinnern. Sie spielte die oben erwähnte Beichtszene auf den Knien: Sie dauerte eine ganze Viertelstunde, während der man den Atem anhielt oder nur weinend einatmete. Eines Abends war Madame Dorval schöner, zärtlicher und rührender als je zuvor: und ich werde Ihnen sagen, warum. Sie haben sicher Bilder von Ruysdael und Hobbema gesehen und erinnern sich, wie Sonnenstrahlen über ihre Landschaften wandern, eine Ecke des grauen Himmels erhellen und die neblige Atmosphäre erhellen, wo die großen Ochsen im hohen Gras grasen. Nun gut, hören Sie sich dies an. Wenn der Spieler ermüdet ist, nachdem er dieselbe Rolle zehn- bis fünfzigmal gespielt hat, lässt die Inspiration allmählich nach, das Genie schlummert und die Emotionen sterben ab; der Himmel des Schauspielers wird grau und seine Atmosphäre trübe, und er sucht nach Sonnenstrahlen wie jenen, die die Gemälde von Hobbema oder Ruysdael erhellen. Der Anblick eines Freundes unter den Zuschauern, eines begabten Künstlerkollegen, der sich über den ersten Rang beugt, ist für ihn wie ein Sonnenstrahl; ein nachdenkliches Gesicht mit Augen, die im trüben Licht einer Loge glänzen. Dann wird eine Verbindung zwischen dem Haus und der Bühne hergestellt; der elektrische Strom wird wahrgenommen, und dank ihm kehrt der Spieler in die Zeit der ersten Aufführungen zurück; alle schlummernden Akkorde erwachen und weinen, klagen und schluchzen plötzlich bebender denn je; das Publikum applaudiert und ruft Bravo und glaubt, dass der Spieler diese Wunder für es vollbringt. Armes, getäuschtes Publikum! All diese Mühe, all dieses Schreien und Tränen gilt einer verwandten Seele, von der Sie nichts ahnen! Sie ziehen einfach den Nutzen daraus, wie von Tau oder Licht oder Flamme. Aber was kümmert es Sie schließlich, wer den Tau herabgießt, wer dieses Licht verbreitet, wer diese Flamme entzündet, da Sie sich in diesem Tau und Licht und dieser Flamme erfrischen und erleuchten und wärmen? Eines Nachts hatte Dorval sich also selbst übertroffen – für wen? Sie hatte nicht die geringste Ahnung. Es war für eine Frau im Publikum – eine Frau, die sie drei Stunden lang mit ihrem Adlerblick in ihren Bann gezogen hatte; Drei Stunden lang sah Dorval niemanden von den anderen Leuten im Haus, sie weinte und redete und lebte und, mit einem Wort, sie spielte für diese eine Frau allein: Als sie applaudierte und „Bravo!" rief, war die Schauspielerin für ihre Arbeit bezahlt, für ihre Mühen belohnt und für ihr Talent entschädigt worden! Sie hatte sich gesagt: „Ich bin zufrieden, da sie es ist." Dann war der Vorhang gefallen, und atemlos, niedergeschlagen, fast tot vor Erschöpfung, wie eine Python, die von ihrem Stativ genommen wird, ging Dorval in ihr Zimmer; aus der Siegerin wurde sie zum Opfer und fiel halb ohnmächtig auf ihr Sofa. Plötzlich öffnete sich die Tür ihres Ankleidezimmers, und die unbekannte Frau erschien auf der Schwelle. Dorval sprang zitternd auf und nahm sie bei beiden Händen, als wäre sie eine Freundin. Einige Minuten lang sahen sich die beiden Frauen schweigend an, lächelnd, mit Tränen in den Augen.

„Verzeihen Sie mir, Madame", sagte der Unbekannte mit unglaublich sanfter Stimme, „aber ich konnte nicht nach Hause gehen, ohne Ihnen von der

Freude, der Erregung und dem Glück zu erzählen, das ich Ihnen verdanke. Oh! Es war wunderbar, erhaben, erlesen!"

Dorval sah sie an und dankte ihr mit ihren Augen, einer Neigung ihres Kopfes und einer Bewegung ihrer Schultern, die ihr typisch war, und fragte sie dabei die ganze Zeit mit jeder Faser ihres Gesichts aus:

„Aber wer in aller Welt sind Sie, Madame? Wer sind Sie?"

Der Unbekannte erriet ihre Gedanken und antwortete: „Nur wer die Stimme dieser wunderbaren Sirene gehört hat, kann sich die Süße ihrer Töne vorstellen."

„Ich bin Madame Malibran."

Dorval stieß einen Schrei aus und deutete auf das einzige Bild, das ihr Zimmer schmückte. Es war ein Porträt von Madame Malibran als Desdemona. Von nun an besaß Madame Dorval eines der beiden Dinge, die ihr bisher gefehlt hatten, um eine Frau von höchstem Wert zu werden: einen Freund, der ihr treu, aber gleichzeitig auch kritisch gegenüberstand; und eine solche Freundschaft bot ihr Madame Malibran an. Nun, da sie ihren Anteil an Freundschaft hatte, lag es an der Vorsehung, ihr auch den der Liebe zu schenken.

Nachdem Madame Dorval die Rollen von Adèle d'Hervey und Marion Delorme gespielt hatte, spielte sie Kitty Bell; zu diesem Zeitpunkt hatte sie sich zu einer äußerst versierten Frau und vollendeten Schauspielerin entwickelt. Dorvals Ausruf, als sie mich in der Nähe des Odéon anhielt, und die künstlerische Freimaurerei, die sie offen mit einem brüderlichen Kuss besiegelte, machten mich sehr glücklich! Damit der Stolz befriedigt werden kann, muss das Lob aus einer höheren Quelle kommen oder zumindest aus einer ebenso hohen Quelle wie die des Empfängers. Denn das Lob, das von oben kommt, ist ambrosisch, das von unten ist nichts als Weihrauch.

Eines Tages schrieb mir Michelet (ich hatte ihn vorher noch nie gesehen oder mit ihm gesprochen).

„Monsieur", sagte er, „ich mag und bewundere Sie; Sie sind eine Naturgewalt."

Dieser Brief hat mir mehr und echte Freude bereitet, als wenn ich die Nachricht erhalten hätte, dass mir das Großkreuz der Ehrenlegion verliehen wurde. Die Erwähnung der Ehrenlegion legt einige Worte nahe, die sich auf die Sensation beziehen, die die Erfolge von *Heinrich III.* und *Christine ausgelöst haben.*

Christine war am 20. Februar gespielt worden, und am 9. März schrieb der Herzog von Orléans, höchstwahrscheinlich auf Ersuchen des Herzogs von

Chartres, der auf eigenen Wunsch bei der ersten Aufführung anwesend gewesen war, Folgendes an M. Sosthène de la Rochefoucauld:

"PALAIS-ROYAL, 9. *März* 1830

„Ich habe gehört, Monsieur, dass Sie beabsichtigen, dem König den Vorschlag zu unterbreiten, M. Alexandre Dumas das Kreuz der Ehrenlegion zu verleihen, wenn die Jahreszeit kommt, in der er normalerweise Beförderungen in diesen Orden verleiht.

„M. Alexandre Dumas' Erfolg als Dramatiker scheint mir tatsächlich eine solche Auszeichnung zu verdienen, und ich würde mich umso mehr freuen, wenn er sie erhält, da er in den letzten sechs Jahren meinem Sekretariat und meiner Forstabteilung angehörte und während dieser Zeit seine Familie auf höchst lobenswerte Weise unterstützt hat. Man hat mir gesagt, dass er vorhat, in den Norden Europas zu reisen, und dass er großen Wert darauf legt, dass die Ernennung vor seiner Abreise erfolgt. Ich weiß nicht, ob der 12. April eine geeignete Gelegenheit wäre, dem König den Vorschlag vorzulegen; aber ich möchte Ihnen die Idee als Zeichen meines Interesses an M. Dumas vorschlagen.

„Erlauben Sie mir, diese Gelegenheit zu nutzen, um Ihnen meine aufrichtige Hochachtung zu versichern. – In Liebe, LOUIS-PHILIPPE D'ORLÉANS"

Eines Tages, als ich in der Bibliothek war, kam M. le Duc de Orléans mit einem Brief in der Hand herein. Ich war bei seinem Eintritt aufgestanden und blieb stehen, als er auf mich zukam.

„Sehen Sie, Monsieur Dumas", sagte er, „das hier ist die Frage, die in Ihrem Namen gestellt wurde. Lesen Sie es."

Voller Erstaunen las ich den Brief, den ich oben transkribiert habe. Ich wusste, dass M. Sosthène de la Rochefoucauld, der mir gegenüber sehr freundlich war, von Beauchesne gedrängt worden war, meinen Namen an M. de la Bouillerie weiterzuleiten; aber ich dachte nicht daran, dass der Duc d'Orléans jemals einwilligen würde, mich selbst zu empfehlen. Ich errötete sehr, stammelte ein paar Dankesworte und fragte ihn, wem ich das Glück zu verdanken hatte, von ihm empfohlen worden zu sein.

„An einen Freund", antwortete er, und das war alles, was ich aus ihm herausbringen konnte.

Leider war die Empfehlung des Herzogs nutzlos. Wie ich später erfuhr, war es M. Empis, der Oberschreiber des königlichen Haushalts, der die freundliche Absicht des Prinzen und von M. de la Rochefoucauld vereitelte. M. Empis gehörte einer völlig anderen literarischen Richtung an als ich; er hatte bei seinem ersten Auftritt im Odéon ein sehr bemerkenswertes Stück mit dem Titel *La Mère et la Fille geschrieben* , dessen Hauptrolle von Frédérick Lemaître geschaffen wurde, und das Stück war außerordentlich erfolgreich. Ich sagte oben: „Leider war die Empfehlung des Herzogs nutzlos." Lassen Sie uns das Wort *leider erklären.* Es war in der Tat bedauerlich; denn zu dieser Zeit war das Kreuz der Ehrenlegion noch nicht öffentlich verliehen worden, und es wäre eine große Belohnung gewesen, wenn ich es erhalten hätte. Ich war jung und voller Hoffnung, Tatkraft und Enthusiasmus; ich stand gerade an der Schwelle meiner Karriere; und daher hätte mich die Tatsache meiner Nominierung sehr gefreut. Doch es gehört zu den Unglücken derer, die solche Ehrungen erteilen dürfen, dass sie nie wissen, wie sie sie rechtzeitig erteilen sollen. Dieses Kreuz, das der Herzog von Orléans 1830 für mich erbeten hatte, wurde mir von König Louis-Philippe erst 1836 bei den Festen von Versailles verliehen. Und selbst damals war es nicht er selbst, sondern der königliche Prinz, der es mir anlässlich seiner Hochzeit verlieh, als ihm ein Großkreuz, zwei Offizierskreuze und ein Ritterkreuz zur Verfügung standen. Das Großkreuz war für François Arago, die beiden Offizierskreuze für Augustin Thierry und Victor Hugo, das Ritterkreuz für mich.

Da ich diesen Lebensabschnitt erreicht habe, werde ich alle Geschichten erzählen, die mit diesem Orden zusammenhängen, und wie sich M. de Salvandy, damit man ihm verzeihen möge, dass er Hugo das Offizierskreuz und mir das Ritterkreuz überreichte, verpflichtet fühlte, eines gleichzeitig einem hervorragenden Kerl zu überreichen, dessen Name so völlig unbekannt war, dass er gerade durch seine Unbekanntheit den Ruhm unseres eigenen bewahrte. Das Ergebnis war, dass ich mein Kreuz in die Tasche steckte, anstatt es in mein Knopfloch zu stecken.

Und das erinnert mich an die Geschichte des Vaters eines meiner literarischen Mitbrüder, eines reichen Baumwollhändlers, der, nachdem er das Kreuz erhalten hatte, weil er Karl X. zwei Millionen Francs geliehen hatte, nur das Band im Knopfloch seiner Uhr trug. So musste ich vorläufig auf das rote Band verzichten. Ich war zunächst wütend auf M. Empis, weil er meinen schönen Traum zerstört hatte, aber später noch viel wütender auf ihn, weil er *Julie, ou la Réparation* ! geschrieben hatte.

Dennoch gelang es uns, in diesem glücklichen Winter 1830, so streng er auch war, endlose Zerstreuungen zu finden. Es ist eine bemerkenswerte Tatsache, dass Revolutionen die Menschen fast immer mitten in Tänzen und Könige mitten in Feuerwerken überraschen. Es gab auch jede Menge Maskenbälle. Damals gab es in Paris einen Salon, der von Madame Lafond veranstaltet wurde und ausschließlich aus Künstlern bestand. Madame Lafond war damals eine Frau zwischen 36 und 38 Jahren, auf dem Höhepunkt ihrer

Schönheit, die der einer Brünetten entsprach, und sie war bewundernswert erhalten: Sie hatte dunkle, sprechende Augen und schwarzes, welliges Haar. Dazu kamen ein bezauberndes Lächeln, die anmutigsten Hände, die man sich vorstellen kann, und ein Intellekt, der sowohl durch seine Kraft als auch durch seine Freundlichkeit bemerkenswert war, und Sie werden dennoch nur einen sehr unvollkommenen Eindruck von der Herrin dieses Salons haben. Ihr Ehemann war der Musiker Lafond, ein talentierter Geigenspieler. Er war klein und blond und unterstützte seine Frau perfekt bei ihren Soirées und spielte dieselbe Rolle, die Prinz Albert am Hof von Königin Victoria spielt. Ich glaube, er kam bei einem Kutschenunfall ums Leben. Er hatte zwei Söhne, die viel jünger waren als ich, die noch kleine runde Jacken und umgeschlagene Kragen trugen und um acht Uhr ins Bett geschickt wurden. Sie sind zu zwei entzückenden jungen Burschen herangewachsen, die ich seitdem in verschiedenen Botschaften kennengelernt habe.

Damals waren weder die Kostüme der Pierrots noch die der Hafenarbeiter in Mode gekommen; Chicard und Gavarni lagen noch in den dunklen Tiefen der Zukunft verborgen; und das Opernballett war noch nicht aus dem traditionellen Dominostein hervorgegangen, in dem es schwierig gewesen wäre, diese verrückten Galopps zum Klang jener schrecklichen Musik zu fädeln, die Musard den Spitznamen „der Napoleon des Cancan" einbrachte . Der echte Cancan, ein hervorragender Nationaltanz, der einzige, der die Elemente der Spontaneität und des Pittoresken besaß, wurde zusammen mit anderen Schmuggelwaren , die durch den Brauch verboten waren, an den Rand der Zivilisation verbannt .

Die Wahl eines geeigneten Kostüms war für einen 26-jährigen Autor, der sich bereits den Ruf erarbeitete, ein echter Othello zu sein, eine sehr ernste Angelegenheit. Ich hatte auf Firmins Bällen – ich weiß nicht, warum ich noch nie von seinen entzückenden Zusammenkünften gesprochen habe, bei denen man ohne Puder oder Schminke die jüngsten und hübschesten Gesichter von Paris finden konnte – einen klugen jungen Mann kennengelernt, einen Schüler von M. Ingres, der inzwischen der berühmte Altertumsforscher Amaury Duval geworden ist. Er war gerade aus Griechenland zurückgekehrt, wo er an einer Künstlerexpedition teilgenommen hatte, die nach der Schlacht von Navarino in das Land des Perikles geschickt worden war. Auf einem von Firmins Bällen erschien er als Pallikar verkleidet. Der Pallikar war damals der letzte Schrei; Byron hatte ihn eingeführt, und alle unsere hübschen Frauen hatten Geld für diese Mutter aller schönen Frauen, das Land Griechenland, gesammelt. Von da an freundete ich mich gut mit Amaury an und später gab ich einem meiner Romane seinen Namen, in Erinnerung an unsere Jugendfreundschaft, oder besser gesagt, an die Freundschaft unserer Jugend. Er bezeichnete sich selbst als fanatischen Anhänger meiner Werke, und er war, wie man sich erinnern wird, Sohn und Neffe eines Akademikers, der nach der ersten Aufführung von *Heinrich III. die Köpfe der Mitglieder der Akademie gefordert haben soll.* Also machte ich mich auf die Suche nach ihm, denn bei einem Kostümball war es äußerst wichtig, die natürlichen Vorzüge eines Menschen optimal zur Geltung zu bringen. Ich habe bereits gesagt, dass ich nie gut aussah, aber ich war groß und gut gebaut, wenn auch eher schmächtig; mein Gesicht war schmal, und ich hatte große braune Augen und einen dunklen Teint; mit einem Wort, wenn es unmöglich war, Schönheit zu erschaffen, so war es doch leicht genug, Charakter zu formen. Also beschlossen wir, dass die Kleidung eines Albaners genau zu mir passen würde, und Amaury entwarf mir dementsprechend ein Kostüm. Der auffälligste Teil dieses Kostüms war der Turban. Er wurde zwei- oder dreimal um den Kopf gewickelt, um den Hals gelegt und an der Stelle gebunden, an der er begann. Das Kostüm musste jedoch angefertigt werden, und da es mit Stickereien, Borten und Spitzen bedeckt war, dauerte die Anfertigung vierzehn Tage.

Endlich kam der Abend, und das Kleid war um elf Uhr fertig; um Mitternacht betrat ich Madame Lafonds Haus. Mein Kostüm war damals in Frankreich fast unbekannt: Jacke und Beinkleider waren aus rotem Samt, mit Gold bestickt; die schneeweiße *Fustanelle* war nicht einen Zoll ihrer eigentlichen Breite eingebüßt; die schillernden silbernen Arme waren wunderbar gearbeitet, und vor allem zog die Originalität der Kopfbedeckung alle Blicke auf mich. Ich vermutete, dass ich triumphierend auffallen würde, hatte aber keine Ahnung, wie das zum Ausdruck kommen würde. Ich hatte noch keine zehn Schritte in den Raum getan, als eine junge Frau, gekleidet wie eine römische Priesterin, gekrönt mit Eisenkraut und Zypresse, sich bei ihrem Partner entschuldigte und ihn allein ließ, damit er zu mir kommen konnte. Sie führte mich dann in ein kleines Boudoir, ließ mich Platz nehmen, blieb vor mir stehen und sagte:

„Nun, Monsieur Dumas, Sie werden mir beibringen, wie man so einen Turban anzieht. Morgen spiele ich mit Zucchelli die Desdemona, und Sie wissen, wie sich diese italienischen Teufel kleiden. Ich hätte jedenfalls gern, dass er einen Kopfschmuck wie den Ihren hätte, das würde mich aufregen!"

Die römische Priesterin war Madame Malibran, von der ich bald noch viel mehr zu sagen haben werde und von der ich bereits zweimal im Zusammenhang mit der ersten Aufführung von *Heinrich III. gesprochen habe* , wo sie während des gesamten fünften Aktes über den Rand ihrer Loge im dritten Stock hing; und auch im Zusammenhang mit Dorval, in dessen Arme sie nach einer Aufführung von *L'Incendiaire rannte, um sich zu werfen.* Ja, es war Madame Malibran, die unvergleichliche Künstlerin, die vielleicht als einzige von allen Künstlern das Drama mit dem Gesang, die Kraft mit der Anmut, die Freude mit der Traurigkeit in einem Ausmaß verband, das noch nie jemand erreicht hat. Ach! Auch sie starb jung und ist jetzt nur noch ein

Schatten an unserem Horizont! Schatten von Desdemona und Rosine, von la Somnambule und Norma, ein blendender, harmonischer, melancholischer Schatten! Den diejenigen, die die lebendige Realität sahen, mit Hilfe der Erinnerung noch immer wieder aufleben lassen können, der aber für diejenigen, die sie nicht sahen, nur ein Phantom ist! Sie starb, als sie noch jung war, aber dadurch nahm sie jedenfalls alle Vorteile mit ins Grab, die ein früher Tod mit sich bringt; sie starb schön, liebevoll und geliebt, auf dem Höhepunkt ihres Triumphs, mit Ruhm umgürtet, mit Lorbeer gekrönt und in Ruhm gehüllt! Aber Bühnenkünstler hinterlassen nichts, was der Nachwelt überliefert werden könnte, keine Spuren der Reinheit ihres Gesangs, der Anmut ihrer Bewegungen oder der Leidenschaft ihrer Gesten – nichts als eine Widerspiegelung, die in der Erinnerung ihrer Zeitgenossen bleibt. Es bleibt also uns, den Malern oder Dichtern, die nach unserem Tod etwas hinterlassen; uns, den privilegierten Kindern der Kunst, die die Fähigkeit besitzen, die Form oder den Geist materieller und vergänglicher Dinge durch das Medium unserer Pinsel und Stifte wiederzugeben; denen Gott einen Spiegel für eine Seele gegeben hat, die sich erinnert, anstatt zu vergessen; es liegt an uns, euch wieder zum Leben zu erwecken, oh Brüder und Schwestern! um Sie so darzustellen, wie Sie waren, und wenn möglich, Ihre Bilder noch größer und schöner wiederzugeben, als Sie im Leben waren!

Dachten meine Leser, als ich diese Bände begann, dass ich nur egoistische Absichten hege, um ewig von mir selbst zu sprechen? Nein, im Gegenteil. Ich wollte damit einen riesigen Rahmen schaffen, in dem ich all meine Brüder in der Kunst darstellen konnte, Väter oder Kinder meines Jahrhunderts, die großen Geister und bezaubernden Persönlichkeiten, deren Hände, Wangen und Lippen ich gedrückt habe; diejenigen, die mich geliebt haben und die ich geliebt habe; diejenigen, die die Zierde unserer Zeit waren oder noch sind; einschließlich derer, die ich vielleicht nie gekannt habe, und sogar jener, die mich verabscheut haben! Die *Memoiren von Alexandre Dumas* – das wäre doch absurd! Was hätte ich allein werden können, als isoliertes Individuum, als verlorenes Atom, als Staubkorn inmitten so vieler Wirbelstürme? Einfach nichts. Aber indem ich mich mit Ihnen verband, indem ich mit meiner linken Hand die rechte Hand eines Künstlers drückte, mit meiner rechten Hand die linke Hand eines Prinzen, wurde ich zu einem Glied in der goldenen Kette, die die Vergangenheit mit der Zukunft verbindet. Nein, ich schreibe nicht meine eigenen Memoiren, sondern die aller, die ich gekannt habe. Und da ich mit den größten und berühmtesten Leuten Frankreichs in Kontakt gekommen bin, sind es eigentlich Memoiren aus Frankreich, die ich schreibe.

Den größten Teil des Abends verbrachte ich damit, Madame Malibran das Tragen eines albanischen Turbans beizubringen, und am nächsten Tag spielte Zucchelli Othello mit einer Kopfbedeckung, die der ähnelte, die ich am Abend zuvor getragen hatte. Madame Malibran hatte völlig recht.

Othellos Frisur hatte ihre Wirkung, denn sie war nie größer und erhabener schön gewesen!

Leb wohl, Marie! Auch sie hieß Marie, wie Marie Dorval und Marie Pleyel – *au revoir!* Wir sehen uns in Neapel wieder!

KAPITEL V

Warum die Empfehlung des Herzogs von Orléans bezüglich meines Ehrenkreuzes scheiterte – Die Entschädigung von einer Milliarde – La Fayettes Reise in die Auvergne – Sein Empfang in Grenoble, Vizille und Lyon – Karls X. Reise ins Elsaß – Varennes und Nancy – Eröffnung der Kammern – Die königliche Rede und die Ansprache des 221. – Artikel 14 – Die Eroberung Algiers und die Rückeroberung unserer Rheingrenzen

Wenden wir uns nun von einer künstlerischen zu einer aristokratischen Abendgesellschaft, die ganz andere Sensationen hervorrief! Ich beziehe mich auf die berühmte Soirée im Palais-Royal, die der Herzog von Orléans am 31. Mai 1830 seinem Schwager, dem König von Neapel, gab. Doch kehren wir zunächst zu den Ereignissen zurück, die etwas weiter zurückliegen.

Warum hatte die Empfehlung des Herzogs von Orléans, mir ein Ehrenkreuz zu verleihen, so wenig Gewicht? Weil seine Popularität von Tag zu Tag zunahm und sein Ansehen in den Tuilerien im gleichen Maße abnahm. Weil er, täglich mutiger werdend und in Gedanken die Frage abwägend, die er, wie er mir später erzählte, einem Rat und nicht einem Prinzen von Geblüt stellen wollte, Äußerungen gegen den Hof fallen ließ, die eine allzu offene Opposition gegen dessen Methoden zeigten. Weil, seit Monsieur de Polignac zum Minister ernannt worden war, seit der berühmten Audienz, die Victor Hugo bei seinem Empfang durch den König in Saint-Cloud gewährt wurde, jeder den Ausbruch einer neuen Revolution erwartete. Eine Revolution musste allgemein erwartet worden sein, da ich in meiner eigenen kleinen Wendung Monsieur de Lourdoueix mit dem berühmten Satz „Ich werde warten" (*j'attendrai*) geantwortet hatte, und hätte ich gewartet, wäre die Angelegenheit nur um sechs Monate verschoben worden.

Am 2. März wurde die Kammer wiedereröffnet. Der König war bei der Sitzung anwesend und hatte sich zu einer revolutionären Maßnahme entschlossen. Tausend Dinge bestimmten Karl X. nun dazu, einen solchen Weg einzuschlagen: seine eigenen Reisen im Elsaß, die von Monsieur de La Fayette in der Auvergne und andere Ereignisse, die wir an entsprechender Stelle aufzeichnen werden. General La Fayette, der als royalistischer Emigrant in den Besitz seines Entschädigungsgeldes gelangt war, hatte sich entschlossen, als Republikaner durch die Auvergne zu reisen. Tatsächlich war die Milliarde Entschädigung gerade erst verteilt worden; und seltsamerweise stellte sich heraus, dass sie mehr Liberale als Royalisten bereicherte. Der Herzog von Orléans beispielsweise erhielt 16.000.000 Francs. Der Herzog von Liancourt erhielt 1.400.000 Francs als seinen Anteil. Der Herzog von Choiseul 1.100.000 Francs. General La Fayette 456.182 Francs. Herr Gaëtan de La Rochefoucauld, 428.206 Francs. Herr Thiers, 357.850 Franken. Und schließlich M. Charles de Lameth: 201.696 Francs.

General La Fayette machte sich also auf den Weg nach Auvergne. General La Fayette, den ich gut kannte und der mir gegenüber sehr freundlich eingestellt war, und den ich im Laufe dieser Memoiren der Reihe nach beschreiben möchte, ohne dass die respektvolle Huldigung eines jungen Mannes und die Sympathie eines Freundes die Unparteilichkeit des Historikers beeinträchtigen – General La Fayette, sage ich, wurde 1757 in Chavagnac in der Nähe von Brioude geboren und war einen Tag vor dem Ende der Sitzung von 1829 aufgebrochen, um das alte Land der Arverner zu besuchen. Er hatte dem Wunsch nachgegeben, sein Heimatland noch einmal zu sehen, ein Verlangen, das unsere Seelen mit so tiefen Erinnerungen bewegt, dass es uns unser ganzes Leben lang dorthin zieht, und es ist eine bemerkenswerte Tatsache, dass diese Anziehungskraft stärker wird, wenn wir dem Tod nahe sind, als ob die Natur dem Menschen einen gebieterischen Wunsch ins Herz gepflanzt hätte, seine Grabstätte in der Nähe seines Geburtsortes zu suchen. General La Fayette wurde während seiner gesamten Reise mit Freude, Zuneigung und Respekt empfangen, aber ohne Fanatismus. In Issoire, Clermont und Brioude hatte man ihm Bankette gegeben, aber keines davon hatte bis dahin irgendeine politische Bedeutung gehabt: Es waren einfach Treffen von Mitbürgern, bei denen die Rückkehr eines ihrer Mitglieder gefeiert wurde, mehr nicht. Plötzlich wurde die Nachricht eines Regierungswechsels bekannt und der Machtantritt von Monsieur de Polignac.

Von dem Augenblick an, als die Nachricht vom Regierungswechsel eintraf, nahm La Fayettes Reise einen anderen Charakter an: Sie trug den Charakter eines einflussreichen Protests und einen fast religiösen, hoffnungsvollen Ton. Der General befand sich in Puy – ein bemerkenswerter Zufall – in derselben Stadt, in der früher die Vorfahren von Monsieur de Polignac geherrscht hatten, als das Volk ein paar Stunden vor dem Bankett, das zu seinen Ehren vorbereitet wurde, von der Bildung des Ministeriums vom 8. August hörte; sofort scharten sie sich aufgeregt um den berühmten Reisenden, drängten sich an ihn heran und riefen „Vive La Fayette!", und beim Mahl zwei Stunden später wurde der folgende ziemlich revolutionäre Trinkspruch ausgebracht:

„Die Chambre des députés, die *einzige Hoffnung* Frankreichs!"

Der General hatte vor, nach Vizille zu fahren, um seine Enkelin zu besuchen, die Frau von Augustin Périer, die in einem Schloss lebte, das einst vom Konstabler von Lesdiguières erbaut worden war, einem alten feudalen

Herrenhaus, das später in eine Fabrik und Werkstatt umgewandelt wurde. Um nach Vizille zu gelangen – eine historische Stadt, deren Regierung zusammen mit der der Bretagne 1788 als erste den königlichen Dekreten Widerstand leistete – musste er durch Grenoble. Und er wollte durch die Stadt fahren; der General war genau der richtige Mann, um zwei oder drei Meilen Umweg zu machen, um die Blume der Popularität zu pflücken, die schnell verwelkt und nach vierzig Jahren zum zweiten Mal so frisch aufblühte wie beim ersten Mal.

Grenoble ist eine Stadt, in der es viele Zwietracht gibt: Nirgendwo haben die Samen der Freiheit üppigere Früchte getragen als in dieser widerspenstigen Stadt, die 1815 aus Ehrfurcht vor Napoleon die Tore durchbrach, die sich ihm nicht öffnen wollten; die 1816 Zeuge der Guillotinierung von Didier, Drevet und Buisson und der Erschießung von 22 Verschwörern wurde, darunter ein alter Mann von 65 Jahren und ein Kind von 15 Jahren! Ein paar Dutzend junge Männer zu Pferd und mehrere Kutschen kamen heraus, um den General zu begrüßen; sie trafen ihn eine Meile von der Stadt entfernt, um eine Eskorte zu bilden; dann erwartete ihn am Tor Frankreichs der ehemalige Bürgermeister, der wahrscheinlich aufgrund der vielen politischen Reaktionen der Zeit seines Amtes enthoben worden war, um ihm eine Krone aus silbernen Eichenblättern zu überreichen. Dieser Kranz – *ein Zeichen der Liebe und Dankbarkeit des Volkes* – war das Ergebnis einer Spende von 50 Centimes pro Kopf. In Vizille übertrafen sie sogar das: Sie feuerten Kanonen ab. Am 5. September war Lyon an der Reihe, die allgemeine Sympathie durch einen Empfang zu zeigen, der an sich schon eine Ovation war. Es wurde sogar eine Abordnung ernannt, um ihn an der Grenze des Départements Rhône zu empfangen; sie wurde von einer Truppe von fünfhundert Reitern, tausend jungen Leuten zu Fuß und sechzig Kutschen begleitet, die von den führenden Kaufleuten der Stadt besetzt waren. Inmitten dieser Kutschen kam eine leere, von vier Pferden gezogene Kalesche, die für den General bestimmt war.

Am Stadttor hielt ein ehemaliger Anwalt dem General eine Rede. Wir erinnern uns nicht an die Rede, außer dass sie in einem überliberalen Ton gehalten war, aber wir erinnern uns an einige Worte der Antwort des Adressaten. „Heute", antwortete der General, „befinde ich mich nach einer langen Zeit des brillanten Patriotismus und der Hoffnung auf eine Verfassung wieder einmal in Ihrer Mitte, in einem Moment, den ich als kritisch bezeichnen würde, hätte ich nicht überall auf meinen Reisen, wie auch in dieser mächtigen Stadt, die ruhige und sogar verächtliche Standhaftigkeit eines großen Volkes bemerkt, das sich seiner Rechte bewusst ist, sich seiner Stärke bewusst ist und seinen Pflichten treu bleiben wird!"

Diese zehn Monate im Voraus geäußerte Äußerung war prophetisch im Hinblick auf die Bretonische Assoziation, die Steuerverweigerung und die Julirevolution.

Der Reisebericht des Generals wurde gedruckt und hunderttausendfach verkauft. „Wen Gott verderben will, den nimmt er zuerst die Vernunft." Die Monarchie war tatsächlich verrückt geworden! Eine höchst einflussreiche Zeitung, eine monarchistische, veröffentlichte einen Artikel über diese Reise, von dem die folgenden Zeilen als Beispiel dienen können:

> "General La Fayettes Reise ist eine revolutionäre Orgie, die nicht so sehr das Ergebnis patriotischer Begeisterung ist, sondern vielmehr das Ergebnis unterschiedlicher parteipolitischer Kombinationen. Das Comité directeur und die Freimaurerlogen haben sie zusammengerufen, da diese Parteien die Revolution in der Person des Generals feiern wollen, der seit 1789 ähnliche Prinzipien gepredigt und verteidigt hat. Kurz gesagt, es ist die eigentliche Revolution, die auf die Spitze getrieben wird."

Jetzt müssen wir noch ein paar Worte über die Reise Karls X. im Elsaß verlieren; sie wird die des Generals La Fayette ausgleichen. Außerdem sind alle Ereignisse, die zu großen Katastrophen in der Geschichte führen, von besonderem Interesse. Im Gegensatz zu La Fayette, der, wie wir gesehen haben, überall, wo er hinkam, die Begeisterung des Volkes erregte, hatte die Reise des Königs, wie es bei fürstlichen Reisen üblich ist, nur eine offizielle und vorgetäuschte Loyalität gezeigt, die sich über den darunter liegenden echten Hass ausbreitete, so wie die Falten eines schönen Tuchs einen wurmstichigen Tisch bedecken. Man könnte sagen, dass sie noch viel mehr bewirkt hat, nämlich einige jener finsteren Vorzeichen ans Licht gebracht hat, die große Katastrophen vorhersagen. Sie waren durch Varennes gefahren (und man fragt sich, durch welchen unglücklichen Zufall oder welche Vergesslichkeit diese für die Sache der Monarchie verhängnisvolle Stadt als Route des Königs ausgewählt worden war?) und in Varennes hielten sie an, um am oberen Ende der Brücke, am Eingang des Torbogens, die Pferde zu wechseln, genau an derselben Stelle, wo Ludwig XVI., die Königin, Madame Elisabeth, die Kinder Frankreichs und ihre Gouvernante, Madame de Tourzel, durch Drouets Drohungen gezwungen worden waren, anzuhalten, aus der Kutsche auszusteigen und Monsieur Sausse in seinen Lebensmittelladen zu folgen, der ihnen als Vorzimmer zum Tempel dienen sollte. Madame la Duchesse d'Angoulême, die auf der ersten Reise dabei gewesen war, war bei der zweiten dabei. Als sie nach achtunddreißig Jahren die verhängnisvolle Stelle erkannte, schauderte sie, stieß einen Schrei aus und wollte dem Wagen keine Zeit für eine Ablösung lassen, sondern befahl den Postillionen, zum nächsten Posten weiterzufahren. Diesmal gehorchten die Postillionen; am 21. Juni 1791 hatten sie sich geweigert. Sie fuhren jedoch nicht schnell genug los, um nicht ein paar unbesonnene Worte der Herzogin mitzuhören; Worte, die, vom Wind des Hasses getragen, ihr die ganze Reise vorausgingen, mit solcher Wirkung, dass, als Karl X. und seine Familie Nancy, die wichtigste der royalistischen Städte, erreichten und sich auf dem Balkon des Palastes zeigten, um sich vor dem Volk zu verneigen, jedes Mal, wenn der König salutierte, Zischen über dem Jubel zu hören war: Das Volk behandelte seine Fürsten genau wie man Schauspieler behandelt, die ihre Rollen schlecht gespielt haben. Der Herzog von Orléans verlor nichts aus den Augen; wie ein Jäger auf der Lauer nach seiner Beute, lauerte er, um alle Fehler der königlichen Beute, die er jagte, auszunutzen. So konnte auch ich, der ich in seinem Haushalt auf vertrautem Fuß stand, sozusagen den Puls seines Ehrgeizes schlagen fühlen und hatte keinen Zweifel an der Natur seiner Wünsche, die täglich hoffnungsvoller wurden.

Ich habe bereits erwähnt, dass die Kammer am 2. März 1830 eröffnet wurde. Ich war bei der Eröffnungssitzung anwesend. Als der König seinen Fuß auf die erste Stufe des Throns setzte, blieb er im samtenen Teppich hängen, der die Stufen bedeckte. Er stolperte und wäre beinahe hingefallen. Seine Mütze rollte auf den Boden. Der Duc d'Orléans sprang vor, um sie aufzuheben, und gab sie dem König zurück. Ich stieß meinen Nachbarn an – soweit ich mich erinnern kann, war es Beauchesne.

„In noch nicht einmal einem Jahr", sagte ich zu ihm, „wird mit der Krone dasselbe geschehen – nur dass er sie, statt sie Karl X. zurückzugeben, für sich behalten wird."

In der Rede, die Karl X. hielt, nachdem er die Mütze, die ihm der Herzog von Orléans zurückgegeben hatte, auf den Kopf gesetzt hatte, fand sich folgender bemerkenswerter Absatz:

> „Ich zweifle nicht an Ihrer Mitarbeit bei den guten Taten, die ich vollbringen möchte. Sie werden alle verräterischen Unterstellungen, die böswillige Gefühle zu verbreiten versuchen, mit Verachtung zurückweisen. Sollten böse Machenschaften meiner Herrschaft Hindernisse in den Weg legen, die ich weder vorhersehen will noch sollte, werde ich durch meine Entschlossenheit, den öffentlichen Frieden aufrechtzuerhalten, im gerechten Vertrauen des französischen Volkes und in der Liebe, die es seinem König gegenüber stets empfindet, die Kraft finden, sie zu überwinden."

Die Ansprache an die 221 war die Antwort auf diese Rede; auf den obigen Absatz lautete die Antwort:

> „Die Charta hat als unabdingbare Voraussetzung für das reibungslose Funktionieren der öffentlichen Angelegenheiten festgelegt, dass zwischen Ihrer Regierung eine ständige Übereinstimmung der politischen Ansichten und den Wünschen des Volkes besteht. Sire, unsere Loyalität und Hingabe zwingen uns, Ihnen mitzuteilen, dass eine solche Meinungsübereinstimmung nicht besteht."

Es war eine Kriegserklärung in perfekter Form.

Karl X. zitterte am ganzen Leib, während er der Verlesung der Ansprache zuhörte. Als die Delegation die Tuilerien verlassen hatte, sagte er:

„Ich werde nicht zulassen, dass meine Krone in die Gosse getaucht wird!" Und er löste die Kammer auf.

Dies waren einige der Ereignisse, die alle Herzen erschütterten, selbst das *Journal des Débats* . Es griff die Regierung mit ungewöhnlicher Heftigkeit an.

> „Polignac, La Bourdonnaye und Bourmont", rief es aus, „das ist gleichbedeutend mit Koblenz, Waterloo, 1815! Das sind die drei Prinzipien, die drei Hauptcharaktere des Ministeriums. Wenn man sie hart unter Druck setzt und verdreht, werden sie nichts als Demütigungen, Unglück und Gefahren ausspucken!"

Charles X. hat diesen Artikel gelesen.

„Ah!", sagte er, „diese Leute, die sich auf die Charta berufen, sind sich nicht bewusst, dass sie Artikel 14 enthält, den wir ihnen vorhalten können."

Und tatsächlich war das Ministerium Polignac nur geschaffen worden, um jenen berühmten Artikel durchzusetzen, den Ludwig XVIII. in der Charta als ein Schwert der Zwietracht verborgen hatte, von dem er jedoch nie Gebrauch machen würde.

Alle Hoffnungen des Königs und von Monsieur de Polignac ruhten auf eben diesem Artikel 14.

Als Herr von Peyronnet aufgefordert wurde, ein Ministerium zu bilden, sagte Herr von Polignac zu ihm:

„Denken Sie daran, wir wollen Artikel 14 in Kraft setzen."

„Das ist in der Tat auch meine Absicht!", hatte M. de Peyronnet gesagt.

Alles entwickelte sich zum Besten, da alle Frankreich dazu rieten, Artikel 14 anzuwenden.

Es blieb nur abzuwarten, ob Frankreich seine Umsetzung zulassen würde. Sie hofften wirklich, die Aufmerksamkeit des Landes durch zwei blendende Visionen in eine andere Richtung zu lenken; dann, während es sich abwandte, wollten sie ihm die Augen verbinden und die Lippen knebeln. Diese beiden Ereignisse waren: die Eroberung Algiers und die Wiederherstellung unserer Rheingrenzen.

Unsere Leser wissen alles über die Eroberung von Algier. Der Dey war über unseren Konsul erzürnt und hatte ihm mit seinem Fächer einen Schlag ins Gesicht versetzt. Diesem Schlag folgten drei Jahre Belagerung. Da die Blockade jedoch in Wirklichkeit nichts blockierte, hatte Hussein-dey mit türkischer Logik den Schluss gezogen, dass Beleidigungen in der Türkei immer im Verhältnis zur Stärke der verletzten Partei gerächt würden und wir nicht sehr stark sein könnten, da wir uns nicht rächten. Folglich amüsierte er sich, da er blockiert war, damit, auf ein Waffenstillstandsschiff zu schießen, und drohte auch offen, unseren Konsul in Tripolis durch Aufspießen zu töten. Unser Konsul, der sich nicht auf einen solchen Tod einließ, suchte Zuflucht an Bord eines englischen Schiffes, das ihn eines schönen Tages in Marseille absetzte. Nun waren diese Beleidigungen unerträglich und man beschloss, eine Afrikaexpedition zu starten.

Unser guter Freund England, dieser kostbare Verbündete, der meiner Meinung nach ein doppeltes Recht hat, sich in alle unsere Angelegenheiten einzumischen, der jedes Mal zittert, wenn wir unseren Fuß auf irgendeine Küste setzen, aus Angst, wir könnten dort Handel treiben, England, das uns, nachdem es uns Indien, Westindien, die Antillen und die Insel Frankreich genommen hat, am liebsten auch noch die zwei oder drei Stationen wegnehmen würde, die uns noch verblieben sind, sei es im Golf von Mexiko, in Ozeanien oder im Indischen Ozean, war über unsere geplante Expedition sehr beunruhigt. Rußland hingegen freute sich; es war entzückt über den Gedanken, dass Frankreich auf der anderen Seite des Mittelmeers sein Lager aufschlagen könnte, um Portugal und Gibraltar im Auge zu behalten. Karl X. begriff, dass Rußland sein wahrer Verbündeter war, dass wir, die Herrscher des Westens, keine Streitfragen mit Russland zu regeln hatten, dessen Ambitionen alle nach Osten gerichtet waren. Österreich unterstützte die Expedition wegen seiner Mittelmeerküste, und Holland, dessen Konsul auf Befehl des Dey in Ketten gelegt worden war, stimmte zu; der König von Piemont, der darin die Sicherheit seines Handels mit Genua und Sardinien sah, freute sich sehr; Griechenland, das darin die Aussicht auf einen neuen Schlag gegen seine alten Feinde sah, ermutigte uns, unser Vorhaben fortzusetzen; Mehémet-Ali, der darin ein Mittel zur Schwächung der Pforte sah, bot uns seine Dienste an; und schließlich applaudierten uns alle Mächte des modernen Italiens, der Toskana, Roms, Neapels und Siziliens! Und es war eine hervorragende Gelegenheit, England einmal seinen Geschäften nachzugehen. Herr d'Haussez, der Marineminister, nahm diese Aufgabe auf sich. Eines Tages suchte ihn Lord Stuart, der englische Botschafter in Paris, auf und verlangte mit der englischen Botschaftern eigenen arroganten Miene eine Erklärung.

„Wenn Sie eine diplomatische Erklärung wünschen", antwortete M'Haussez, „wird Herr Präsident du Conseil sie Ihnen geben; wenn Sie mit einer persönlichen Erklärung zufrieden sind, werde ich sie Ihnen geben: und zwar dies: Wir kümmern uns keinen Deut um Sie."

Ich war am Abend im Haus von Madame du Cayla, als M. d'Haussez von diesem heroischen Akt der Brutalität berichtete, und ich muss hinzufügen, dass alle Beifall ernteten, sogar die anwesenden Damen. Lord Stuart übermittelte die Antwort seiner Regierung, die sie zweifellos zufriedenstellte, da sie uns in Ruhe ließ.

Die Geschichte hat die verschiedenen Versuche verzeichnet, Algier zu erobern. Es war uneinnehmbar, eine Tatsache, die, so hieß es, durch die Expedition Karls V. im Jahr 1541, durch die von Duquesne im Jahr 1662 und durch die von Lord Exmouth im Jahr 1816 bewiesen worden war; alle drei Versuche schlugen fehl oder waren nur teilweise erfolgreich. Glücklicherweise vertrat François Arago eine ganz andere Ansicht, als er zu einer Beratung zu diesem Thema hinzugezogen wurde. François Arago kannte Algier, denn er war von einem Korsaren gefangen genommen worden und hatte mehrere Monate an Bord seines Schiffes verbracht. Er erklärte, dass es in der Umgebung von Algier zwei Dinge zu finden gäbe, nämlich Holz und Wasser, obwohl deren Existenz von den Ingenieuren geleugnet worden war. Er überzeugte M de Polignac, der bereit genug war, sich überzeugen zu lassen, und dieser wiederum überzeugte General Bourmont, der das Kommando über die Landarmee übernahm, und Admiral Duperré, der das Kommando über die Flotte übernahm. Dann, als alle Vorbereitungen energisch vorangetrieben worden waren, stachen am 16. Mai 103 Schlachtschiffe, 377 Transportschiffe und 225 Schiffe, die 36.000 Landungssoldaten und 27.000 Seeleute an Bord hatten, vom Hafen von Toulon aus in See und rückten majestätisch in Richtung Algier vor. Soviel zur Eroberung Algiers, die Ende Mai, also zu der Zeit, die wir hier erreicht haben, in vollem Gange war.

Kommen wir nun zur Wiederherstellung unserer Rheingrenzen. Zu diesem Ereignis hatte kein Zufall geführt, wie im Fall von Algier. Es war eine politische Verbindung, für die alle Ehre Herrn de Renneval gebührt, denn er war es, von dem die Idee zuerst ausging. Frankreich und Russland schlossen ein Offensiv- und Defensivbündnis gegen England. Und im Vertrauen auf dieses Bündnis würde Frankreich seine Rheingrenzen zurückerobern und seinerseits die Augen vor der Eroberung Konstantinopels durch Russland verschließen. Die Türkei würde aufschreien, aber niemand würde sich darum kümmern. Preußen und Holland würden aufschreien, aber Hannover würde England genommen und in zwei Teile geteilt werden, von denen einer Preußen und der andere Holland gegeben würde. Österreich würde ruhig bleiben, dank eines Stücks Serbien, mit dem ein Kuchen geknetet und ihm wie einem Zerberus zugeworfen würde, nicht nur, damit es nicht beißt, sondern auch, damit es nicht bellt.

Dies waren zwei großartige Pläne für einen französischen König: Ein Mann sollte eine barbarische Macht, den Schrecken des Mittelmeers, beseitigen und Frankreich seine Rheinprovinzen zurückgeben. Damit vollbrachte er eine Leistung, die Karl V. nicht gelungen war, indem er durch Diplomatie zurückgewinnte, was Napoleon durch Waffen verloren hatte. Er würde zugleich ein großer Krieger und ein großer Politiker sein. Was war zu befürchten und wer konnte die Monarchie bei diesem doppelten Plan aus der Fassung bringen? Zwei Elemente: der Ozean und das Volk!

KAPITEL VI

Die Soirée am 31. Mai 1830 im Palais-Royal – Der König von Neapel – Eine Frage der Etikette – Wie der König von Frankreich angesprochen werden sollte – Der echte Karl X. – M. de Salvandy – Die ersten Flammen des Vulkans – Der Herzog von Chartres schickt mich, um den Tumult zu untersuchen – Alphonse Signol – Ich reiße ihn aus den Fängen eines Soldaten der Garde Royal – Seine Verärgerung und Drohungen – Der Vulkan nichts als ein Strohfeuer

Inmitten dieser Ereignisse fand der Ball statt, den ich zu Beginn des letzten Kapitels erwähnte. Wie bereits erwähnt, wurde er vom Herzog von Orléans seinem Schwager, dem König von Neapel, gegeben. Der König von Neapel war jener verachtenswerte François, Sohn von Ferdinand und Caroline, der 1820 von den Patrioten zu ihrem Vertreter gewählt wurde und sie verriet; der, ausgewählt, um die Revolution zu unterstützen, sie niederschlug. Er war der Herrscher seiner Bürger, die 1798 dezimiert und 1820 geächtet wurden; aber da er sich der Treue seiner Lazzaroni (der wahren Stütze, auf der der Thron beider Sizilien ruht) sicher war, kam er, um Frankreich zu besuchen und kurze Zeit mit seiner Familie zu verbringen. Die königlichen Reisenden – die Königin begleitete ihn – wurden am Hof glänzend empfangen, aber die Abneigung, die Paris diesem Verräter entgegenbrachte, war so groß, dass der Präfekt der Seine, so sehr er ihm auch ein Fest geben wollte, es nicht wagte, aus Angst, das Volk könnte seine Fenster einschlagen. Der Herzog von Orléans jedoch wagte unter dem Deckmantel der Verwandtschaft und im Vertrauen auf seine immer größer werdende Popularität, das zu tun, was der Präfekt der Seine nicht gewagt hatte. Aber es gab eine große Frage zu klären oder vielmehr einen großen Gefallen zu erwirken – und das war die Anwesenheit von König Karl X. bei diesem Fest. Ich erinnere mich noch an die Aufregung, die damals im Palais-Royal deswegen entstand. Der Herzog von Orléans, der die Hofetikette so gut kannte wie kein anderer Mann im Königreich, war sich völlig bewusst, dass ein König von Frankreich selbst Feste gibt, aber keine Einladungen zu anderen annimmt. Es gab tatsächlich einen Präzedenzfall für diese Abweichung vom üblichen Brauch: Ein Jahrhundert zuvor verbrachte Ludwig XV. nach der Rückkehr von einer Reise oder einem Fest, ich habe vergessen, welches, drei Tage beim Prinzen von Condé; aber es war *auf dem Land* , in Chantilly, also hatte es keine Bedeutung. Es ist auch wahr, dass man, wenn man den Herzog von Orléans besuchte, die Herzogin besuchte, die die Tochter eines Königs und einer *echten Bourbonen war, wie Madame la Duchesse d'Angoulême es ausdrückte; was nicht höflich gegenüber den Orléans war, die damals als falsche Bourbonen* angesehen wurden ; aber der Herzog dachte, es wäre eine feine Sache, den König in seinem eigenen Haus zu empfangen! Eine so große Ehre würde dem Familienwappen Ruhm einbringen; und der Herzog schloss die Augen, um das Gesicht von Madame la Dauphine nicht zu sehen, schloss die Ohren, um die Bemerkungen von Madame la Duchesse d'Angoulême nicht zu hören, und beharrte so respektvoll auf seiner Bitte, dass Karl X. sich überreden ließ, unter der Bedingung, dass eine Kompanie seiner Wachen eine Stunde vor seiner Ankunft den Palais-Royal besetzte. Diese Fragen der Etikette waren sehr unbedeutende Angelegenheiten im Vergleich zu denen, die gleichzeitig zwischen dem Volk und der Monarchie debattiert wurden. Sobald das königliche Versprechen eingeholt war, dachte der Haushalt des Herzogs von Orléans an nichts anderes als an den bevorstehenden Ball. Man beschloss, dem König von Neapel alle besten literarischen und künstlerischen Vertreter der französischen Welt vorzuführen. König Karl X., der wenig oder nichts über sie wusste, würde sie gleichzeitig sehen und so zwei Fliegen mit einer Klappe schlagen. Offenbar wurde ich als unechtes Exemplar angesehen, so wie die Orléans unechte Bourbonen waren; denn ich war vergessen oder jedenfalls von der Liste gestrichen worden. Aber dieser vortreffliche junge Mann, der Herzog von Chartres, bat um eine Karte für mich und war erfreut, mir eine zu schicken. Ich zögerte, sie anzunehmen, da der Mann, den ich sehen sollte, der Sohn des Königs und der Königin war, die meinen Vater vergiftet hatten. Aber die Einladung nicht zu beantworten, hätte den Herzog von Chartres betrübt, sowohl wegen meiner Abwesenheit als auch wegen des Grundes dieser Abwesenheit. Ich beschloss daher, sie anzunehmen. Die Einladungen lauteten „halb neun"; der König, Charles X., sollte um neun eintreffen. Als der Herzog von Orléans mich erblickte, kam er auf mich zu — ein Zeichen der Aufmerksamkeit, das mich sehr überraschte.

Er wollte mir keinen Gefallen tun, sondern mir einen Rat geben. Seine Königliche Hoheit, die davon ausging, dass ich mich mit der Etikette nicht auskannte, wollte mir einige Tipps geben, wie ich auf den rutschigen Böden des Palais Royal nicht stolpern konnte.

„Monsieur Dumas", sagte der Herzog, „wenn der König Ihnen zufällig die Ehre erweist, Sie anzusprechen, wissen Sie, dass Sie ihn in Ihrer Antwort weder als *Sire* noch als *Seine Majestät ansprechen dürfen* , sondern einfach *als König* ."

„Ja, Monseigneur, das ist mir bekannt."

„Ach, woher weißt du das?"

„Ich weiß es, Monseigneur, und ich kenne sogar den Grund für die Anrede. Die Worte , *Herr* und *Majestät'* wurden entweiht, als man sie dem Usurpator gab, und ehrwürdige Höflinge sind sehr weise der Ansicht, dass man sie einem legitimen Monarchen nicht länger geben könne."

„Sehr gut!", sagte der Herzog, drehte sich auf dem Absatz um und ließ durch den Ton seiner Stimme deutlich erkennen, dass er es viel lieber gehabt hätte, wenn ich in Hofangelegenheiten weniger gut informiert gewesen wäre.

Zehn Minuten später ertönten die Trommeln zu den Waffen. Der Herzog von Orléans nahm die Herzogin am Arm und gab Madame Adélaïde und dem Herzog von Chartres ein Zeichen, ihm zu folgen. Er ging so schnell, um den königlichen Besucher zu treffen, dass er seine Frau in der Wachkammer verlor, wie es Äneas vor dreitausend Jahren beim Verlassen von Troja passiert war und wie es achtzehn Jahre später dem Herzog von Montpensier beim Verlassen der Tuilerien passieren sollte. Der Herzog erreichte die große Eingangshalle des Palais Royal, gerade als Karl X. aus seiner Kutsche stieg und seinen Fuß auf die erste Stufe der Treppe setzte, die dorthin führte. Wir waren unseren berühmten Gastgebern hinterhergeeilt, die wir zwischen einer Hecke von zwei Wachen in folgender Reihenfolge wieder auftauchen sahen:

König Karl X. ging als Erster mit Madame la Duchesse d'Orléans am Arm. Dann folgte Monsieur le Dauphin, der Madame Adélaïde den Arm reichte. Dann Monsieur le Duc d'Orléans mit Madame la Dauphine und zuletzt Monsieur le Duc de Chartres, der Madame la Duchesse de Berry den Arm reichte. Vor ihnen gingen der König und die Königin von Neapel, bereit, sie an der Tür des ersten Salons zu empfangen.

Es ist genau 22 Jahre her, dass König Karl X. im Exil starb. Die Männer unserer Generation haben ihn noch gesehen, aber die Dreißigjährigen oder junge Männer von etwa 20 Jahren haben ihn nicht gesehen, und für ihre Augen schreiben wir die folgende Beschreibung. Karl X. war damals ein alter Mann von 76 Jahren, groß und dünn, mit leicht zur Seite geneigtem Kopf und wunderschönem weißen Haar. Seine Augen waren noch immer lebhaft und lächelten. Er hatte die Bourbonennase und einen Mund, der durch die herabhängende Unterlippe hässlich wirkte. Er war äußerst liebenswürdig und höflich, treu und loyal und hielt seine Freundschaften und Gelübde. Er besaß alle königlichen Eigenschaften außer Enthusiasmus. In seinem Auftreten besaß er eine königliche Ausstrahlung, die seiner Rasse eigen war. Wäre Artikel 14 nicht in der Charta enthalten gewesen, hätte er sicherlich nie daran gedacht, einen *Staatsstreich durchzuführen* . denn dies zu tun, hieße, seinen Eid zu brechen, und hätte er sein Versprechen verwirkt, hätte er, wie er selbst sagte, nie wieder gewagt, das Porträt von Franz I. oder die Statue von König Johann anzuschauen. Außerdem wünschte er sich Absolutismus aus reiner Trägheit und Tyrannei aus Mangel an Aktivität und pflegte in Bezug auf Tyrannei und Absolutismus zu sagen:

„Man kann alle Prinzen des Hauses Bourbon in einem Mörser zerstampfen,
ohne ein einziges Körnchen Despotismus aus ihnen herauszuholen!" Und
Louis Blanc hat ihn in den Zeilen bewundernswert gezeichnet: „So
menschlich er auch gewöhnlich war, wenn er seine Macht absolut machen
wollte, dann nur, um sich gewalttätiger Handlungen zu entziehen; denn es
war nichts Energisches an ihm, nicht einmal in seinem Fanatismus; nichts
wirklich Großes, nicht einmal in seinem Stolz."

Abschließend kann man sagen, dass die Vorsichtsmaßnahmen, die der
Herzog von Orléans für mich getroffen hatte, unnötig waren. Der König sah
mich nicht einmal an, obwohl ich hinzufügen muss, dass ich mir nie die
geringste Mühe gab, in seine Blickweite zu kommen.

Ich empfand eine wahre Antipathie gegenüber den Bourbonen des älteren
Zweigs der Familie, und erst als ich an die Toten, die Vergangenheit und die
im Exil Lebenden dachte, konnte ich mich später dazu durchringen, ihnen
Gerechtigkeit widerfahren zu lassen.

Als der König, der Dauphin, die Dauphinin und die Herzogin von Berry
eintrafen, begann das Fest.

Herr de Salvandy hat über dieses Fest sein ganzes Gespräch mit dem Herzog
von Orléans erzählt. Es begann mit den Worten, die das politische Schicksal
des Autors von *Alonzo begründeten* :

„Monseigneur, dies ist ein echtes neapolitanisches Fest, denn wir tanzen auf
dem Rand eines Vulkans ..."

Und tatsächlich begann der Vulkan sehr bald, seine Feuer zu zeigen. Sie
gingen vom Palais-Royal aus, dem Krater von 1789, von dem man dachte, er
sei vor 35 Jahren erloschen, der aber in Wirklichkeit nur schlummerte. Ich
war dort und sah ihn aufbrechen und kann daher einen Bericht über den
Ausbruch geben, der sich unter meinen eigenen Augen ereignete. Ich war
hinausgegangen, um mich auf der Terrasse abzukühlen, und dachte über die
seltsame Fügung des Schicksals nach, die mich, selbst damals ein
Republikaner, fast zum erzwungenen Zeugen eines Festes machte, das die
Bourbonen von Frankreich, gegen die mein Vater gekämpft hatte, für jene
Bourbonen von Neapel veranstalteten, die ihn vergiftet hatten, als plötzlich
laute Schreie zu hören waren und helle Lichter in den Gärten des Palais-
Royal zu sehen waren. Eine Flammenmasse, als käme sie von einem
Holzstapel, erhob sich aus einem der quadratischen Rasenflächen zwischen
den Blumenbeeten, die aus dem Sockel der Statue des Apollo zu entspringen
schienen. Und das war, was passiert war. Die zahlreichen Zuschauer des
fürstlichen Festes, die sich im Garten des Palais-Royal drängten, wollten
unbedingt an den Feierlichkeiten teilhaben, und aus Verachtung für die

Wachen, die den Rasen bewachten, waren ein Dutzend junger Leute die Balustraden erklommen, nahmen sich an den Händen und begannen einen Reigentanz, während sie das alte revolutionäre *Ça ira sangen*. Währenddessen hatten sich andere junge Leute damit vergnügt, eine Stuhlpyramide aufzustapeln und sie zu beleuchten, indem sie in die Zwischenräume zwischen den Stühlen Lampen stellten, die sie hier und da mitgenommen hatten. Der federführende Erbauer dieses wackligen Gebäudes und Hauptdarsteller dieses revolutionären Abenteuers war ein junger Mann, der durch seinen Tod eine gewisse Berühmtheit erlangte. Er bezeichnete sich selbst als Literaten und hieß Alphonse Signol. Drei Tage zuvor hatte er mir ein Drama mit dem Titel *Le Chiffonnier gebracht* und mich gebeten, es zu lesen. Es hatte gewiß einigen Wert (wir werden später sehen, was daraus wurde), aber es war so weit von meinem eigenen Schreibstil entfernt, den ich folglich beherrschte, dass es mir unmöglich gewesen wäre, ihm irgendwie zu helfen, nicht einmal in Form von Ratschlägen. Hätte sich Signol damit begnügt, die Lampen auf die Stühle zu stellen, wäre alles gut gewesen; aber stattdessen kam er auf die Idee, die Stühle auf die Lampen zu stellen, und alles ging schief. Die Flamme einer Lampe erreichte das Stroh eines der Stühle, und der ganze Stapel flammte auf. Von dort gingen Flammen und Schreie aus, und Frauen flogen durch die Bäume und unter die Bögen der steinernen Galerien. Dieser Tumult erregte schnell die Aufmerksamkeit der Gäste des Herzogs von Orléans. Es war eine ernste Angelegenheit, Schreie und ein Feuer im Garten des Palais-Royal zu haben, während Charles X. sich in dessen Nähe aufhielt! Ich sah den Herzog von Orléans wild an einem Fenster gestikulieren; und während ich mich mehr mit dem beschäftigte, was drinnen vor sich ging, als mit dem, was draußen vor sich ging, fühlte ich, wie mich jemand sanft an der Schulter berührte. Ich drehte mich um, und es war Monsieur le Duc de Chartres, der vergeblich versucht hatte, den Sinn all der Unordnung und des Rauchs herauszufinden, und der wissen wollte, ob ich bei meinen Nachforschungen mehr Glück gehabt hätte als er. Ich verneinte, bot ihm aber sofort an, hinzugehen und für ihn die Ursache und den Ausgang des Tumults herauszufinden; und da ich sah, dass er mein Angebot nur aus Gründen der Diskretion ablehnte, war ich in fünf Sekunden draußen in der Halle und in weiteren fünf im Garten. Ich kam gerade rechtzeitig, um Zeuge eines Kampfes zwischen einem jungen Mann und einem Soldaten zu werden, bei dem der junge Mann den Kürzeren ziehen würde; da glaubte ich ihn zu erkennen und sprang nach vorn. Ich war so stark, dass es mir bald gelang, die beiden Kämpfer zu trennen. Ich hatte recht mit meinen Vermutungen: Der junge Mann war Signol. Der Soldat war ein Korporal oder Sergeant des 3. Garderegiments. Signol war bei dem Kampf ziemlich schwer angegangen worden; Er war daher wütend und drohte, den Soldaten erneut anzugreifen, obwohl er von ihm getrennt war.

„Oh, du Schlingel!", sagte er und drohte ihm mit der Faust. „Ich will nichts mit dir zu tun haben … aber dem ersten Offizier deines Regiments, dem ich begegne, verspreche ich auf mein Ehrenwort, dass ich ihm eine Ohrfeige verpassen werde."

Ich versuchte, ihn zu beruhigen.

„Nein, nein, nein", sagte er. „Ich verspreche, dass ich mein Wort halte. Und Sie sollen mein Stellvertreter sein, nicht wahr?"

Ich antwortete „Ja", um ihn zu beruhigen, und schleppte ihn in die Rue de Valois. Dort fragte ich ihn unter dem Vorwand, nach dem Grund seines Streits zu fragen, was geschehen sei, und er erzählte mir, was ich gerade erzählt habe. Mitten in seinem Vortrag fand er eine Gelegenheit, mich zu fragen, ob ich sein Drama gelesen hätte. Ich bejahte dies.

„Also gut", sagte er, „ich komme morgen vorbei und rede mit Ihnen darüber."

Und als fürchtete er, der Tumult würde sich in seiner Abwesenheit legen, eilte er in den Garten des Palais Royal zurück. Ich hielt ihn nicht zurück, denn ich wusste alles, was ich wissen wollte – dieser Unfall hatte nichts Vorsätzliches an sich – es war nichts weiter als ein Scherz. Ich ging zurück in den Palast und berichtete Monsieur le Duc de Chartres von meiner Expedition.

Die Erzählung war so kurz und prägnant, dass sie, als der junge Prinz sie den berühmten Gästen seines Vaters erzählte , die Ängste, die sie einen Moment lang gehabt zu haben schienen, sofort beruhigte. Aus Sicherheitsgründen wurde die Menge jedoch aus dem Garten gewiesen, und das Fest ging ohne weitere Unterbrechung bis zum Tagesanbruch weiter.

Um Mitternacht zogen sich der König und die königliche Familie zurück.

KAPITEL VII

Eine dringende Angelegenheit – Ein Zeuge verloren, zwei gefunden – Rochefort – Signol im Théâtre des Italiens – Er beleidigt Leutnant Marulaz – Die zwei Schwerter – Das Duell – Signol wird getötet – *Victorine* und *le Chiffonnier* – Der Tod greift ein

Am nächsten Tag wurde ich von Signol geweckt. Eine Minute nach seiner Rückkehr in den Garten des Palais-Royal war er gezwungen worden, diesen mit vorgehaltenem Bajonett zu verlassen. Er schien mir am Morgen, wenn möglich, noch erbitterter zu sein als in der Nacht zuvor. Jetzt dürstete er nicht nur danach, einen Offizier des 3. Regiments zu töten, sondern er wollte, wie Han d'Islande, das ganze Regiment vernichten. Da ich glaubte, in dieser Mordlust den beginnenden Wahnsinn zu erkennen, begann ich mit dem Thema seines Melodrams. Dann änderte sich die Stimmung des Mannes: Er hatte das Drama mit dem Ziel geschrieben, seiner alten Mutter etwas Trost zu spenden, und die Hoffnungen und das Glück eines ganzen Jahres ruhten auf diesem Werk. Wenn ich es nicht aufbewahrte, um es noch einmal zu lesen, und ihm nicht anbot, es zu überarbeiten oder ihm zumindest zu raten, wo er dies tun sollte, war er sich bewusst, dass es in seinem gegenwärtigen Zustand der Unvollendetheit nicht aufgeführt werden konnte und abgelehnt werden würde; dann, auf Wiedersehen, süßes Licht der Hoffnung, das für kurze Zeit in den Herzen von Mutter und Sohn geleuchtet hatte! Ich versprach daher, *Le Chiffonnier noch einmal zu lesen* und mein Bestes zu tun, um seinen Erfolg zu fördern. Nach diesem Versprechen lud ich den Autor zum Frühstück ein. Wir trennten uns zwischen Mittag und ein Uhr. Er ging zum Théâtre-Italien, um einen Platz abzuholen, den er als Herausgeber irgendeiner Zeitung bekommen hatte.

La Gazza ladra gespielt. Ich selbst hatte eine Verabredung mit einer sehr hübschen Frau, die ich im Haus von Firmin kennengelernt hatte, einer Dame, die in *Les Mars* in der Provinz spielte; und es war ein so interessantes Rendezvous, dass ich erst am nächsten Mittag nach Hause kam. Mein Diener erzählte mir, dass der junge Mann, der am Tag zuvor mit mir gefrühstückt hatte, mich um sieben Uhr morgens besucht hatte und sehr verärgert schien, mich nicht zu Hause anzutreffen. Er hatte um Stift und Papier gebeten und diese Notiz geschrieben, die mir Joseph (mein Diener) überreichte:

„Alphonse Signol, wegen einer sehr dringenden Angelegenheit.“

Ich dachte, es ginge um sein Drama, und da ich diese Angelegenheit nicht für so dringlich hielt wie Signol und sehr müde war, ging ich zu Bett und sagte meinem Diener, er solle jedem Besucher sagen, dass ich nicht zu Hause sei. Gegen fünf Uhr wachte ich auf und klingelte. Signol war zurückgekommen und hatte eine weitere Nachricht geschrieben, die, als sie mir gebracht wurde, folgende Worte enthielt:

> „LIEBER DUMAS, ich werde morgen früh mit Herrn Marulaz, Leutnant des 3. Garderegiments, einen Schwertkampf austragen . Ich sagte Ihnen, ich würde Sie bitten, mein Stellvertreter zu werden, und bin heute Morgen gekommen, um Sie zu bitten, mir diesen Dienst zu erweisen. Sie waren nicht zu Hause, also musste ich nach jemand anderem suchen. Ich habe einen Ersatz gefunden. Wenn ich getötet werde, vermache ich Ihnen *le Chiffonnier* ; es wird die einzige Einnahmequelle sein, die ich meiner Mutter hinterlassen kann.
>
> " *Vale et me ama* " SIGNOL"

Dieser Brief erfüllte mich für den Rest des Tages und der Nacht mit traurigen Gedanken. Ich hatte keine Ahnung, wo Signol wohnte oder ob er überhaupt ein Zuhause hatte, also konnte ich ihm keinen Brief schicken. Plötzlich fiel mir ein, dass ich vielleicht im Café des Variétés, das er an den meisten Tagen besuchte, Neuigkeiten über ihn erfahren könnte; außerdem hatte er einen Monat zuvor einen Streit mit Soulié gehabt, der mit dem Austausch einiger Pistolenschüsse geendet hatte. Es war jetzt fast fünf Uhr nachmittags. Rochefort (ein Freund von mir, ein kluger Kerl, der neben einigen entzückenden Gedichten mehrere Originalstücke verfasst hat, darunter *Jocko*) trank an einem der Cafétische ein Glas Absinth. Er stand auf, als er mich erblickte.

„Ah!", sagte er und kratzte sich die Nase, eine Angewohnheit, die er hatte. „Du weißt schon, der arme Signol! …"

"Also?"

"Er wurde gerade getötet!"

Ich seufzte, obwohl es mir eigentlich nichts Neues war, denn meine Vorahnungen hatten mir Rocheforts Neuigkeiten bereits verraten. Hier ist ein Bericht über das, was geschehen war. Als er mich zwei Nächte zuvor verließ, war er losgegangen, um seine Parkettkarte vom Théâtre-Italien zu holen. Durch ein Unglück bekam er einen Parkettplatz. Ein zweiter unglücklicher Zufall führte dazu, dass ein Offizier und Soldaten des 3. Garderegiments an diesem Abend im Italiens Dienst hatten. Vor Signol war ein Platz frei, den ein Offizier am Ende des ersten Aktes einnahm. Er war der Sohn von General Marulaz, der jetzt, glaube ich, selbst General ist. Eigentlich war er nicht an der Reihe, Dienst zu leisten, aber er hatte den Platz eines seiner Freunde eingenommen; sein Freund hatte an diesem Abend eine besondere Verpflichtung (beachten Sie die seltsame Kette der Umstände!), deshalb bat er Marulaz, so freundlich zu sein, seinen Platz einzunehmen. Marulaz willigte ein und hatte sich kaum hingesetzt, als er zwei Hände auf der Rückenlehne seines Sitzes spürte. Er glaubte nicht, dass dies unhöflich gemeint war, und schenkte ihnen daher zunächst keine Beachtung. Als die Hände jedoch zehn Minuten lang dort blieben, drehte er sich um und sah, dass sie Signol gehörten. Marulaz machte höflich deutlich, dass die Rückenlehne seines Sitzes nicht der richtige Platz für Signols Hände sei, und Signol zog sie ohne zu antworten zurück. Der junge Offizier dachte, der Vorfall sei zufällig und maß ihm daher keine Bedeutung bei. Fünf Minuten später, als er sich in seinem Sitz zurücklehnte, spürte er die Hände erneut dort. Diesmal wartete er nicht, sondern drehte sich sofort um.

„Monsieur", sagte er, „ich habe Ihnen bereits zu verstehen gegeben, dass mich Ihre Hände stören. Haben Sie die Güte, sie in die Taschen zu stecken, wenn Sie keinen anderen Platz dafür haben, aber seien Sie bitte so freundlich, sie von meinem Sitz zu nehmen!"

Signol zog sie ein zweites Mal zurück. Doch nach weiteren zwei Minuten spürte der junge Offizier nicht nur die Hände seines lästigen Nachbarn, sondern auch seinen Kopf auf seiner Schulter. Diesmal verlor er alle Geduld, sprang auf und drehte sich um.

„Monsieur, Monsieur!" rief er aus, „wenn Sie das mit Absicht tun, um Streit mit mir anzufangen, dann sagen Sie es mir offen."

„Also gut, es ist Absicht", antwortete Signol und stand ebenfalls auf.

"Warum?"

„Ich wollte dich beleidigen, und wenn ich das noch nicht getan habe, dann nimm das!" Und der wütende Verrückte verpasste Marulaz einen Schlag ins Gesicht.

Der junge Offizier war völlig verblüfft über dieses unverständliche Verhalten und zog mechanisch seinen Säbel halb aus der Scheide.

„Seht!", schrie Signol, „er wird mich umbringen!"

Marulaz schob sein Schwert wieder in die Scheide und antwortete:

„Nein, Monsieur, ich werde Sie nicht ermorden, aber ich werde Sie töten!"

Und um die Beleidigung zu rächen, die er so grundlos erlitten hatte, hob Marulaz, der sehr stark war, Signol wie ein Kind aus der Reihe gegenüber hoch, die ihm gegenüberstand, und stellte ihn unter seine Füße.

Der Vorfall verursachte im Theater große Aufregung, zumal selbst die Umstehenden nicht wussten, worum es ging: Sie hatten eine Auseinandersetzung gehört, den Schlag gesehen und die Worte „Er wird mich umbringen!" gehört. Sie hatten das Aufblitzen des gezogenen Schwertes und seine schnelle Rückkehr in die Scheide gesehen; schließlich sahen sie einen Mann über dem anderen stehen und mit dem Fuß auf ihm stehen. Da sie nicht genau wussten, wer in dem Streit Recht oder Unrecht hatte, ergriffen sie die Partei des Schwächeren, umringten Marulaz und zogen ihn von Signol herunter, der taumelnd und halb erstickt den Korridor und die Straße entlang und von dort ins Theatercafé lief. Marulaz folgte ihm dorthin, und es wurde nun eine Frage der Wiedergutmachung, die nicht mehr durch einen sofortigen Kampf beigelegt werden konnte. Sie tauschten Karten aus und verabredeten sich für den übernächsten Tag im Bois de Vincennes.

Den nächsten Tag verbrachte jeder Kämpfer damit, seine Sekundanten auszuwählen, und die Sekundanten legten die Bedingungen des Duells fest. Um zwei Uhr am folgenden Tag trafen sich die vier Sekundanten, berieten sich und einigten sich auf Schwerter als Waffen. Leutnant Marulaz wählte als einen seiner Sekundanten den Freund, den er im Dienst vertreten hatte. Dieser Freund hatte Duellschwerter, und Marulaz untersuchte sie, erklärte sie für geeignet und sagte ihm, er solle sie zu diesem Anlass mitbringen.

„Einverstanden", sagte sein Freund. „Aber ich warne Sie, eine der beiden Waffen ist eine Unglückswaffe. Sie hat bereits drei oder vier Mal einem ähnlichen Zweck gedient, und die Kämpfer, die sie benutzt haben, wurden dabei entweder getötet oder verletzt."

„Der Teufel soll es holen!", antwortete Marulaz lachend. „Dann verrate mir nicht, welches es ist, und wenn ich es zeichne, möchte ich es lieber nicht wissen."

Am nächsten Morgen trafen sie sich im Bois de Vincennes. Alle hatten Schwerter mitgebracht. Sie zogen das Los darüber, und diejenigen, die Marulaz' Sekundanten mitbrachten, gewannen. Dann wurde ausgelost, wer sich diese beiden Schwerter aussuchen durfte. Marulaz gewann erneut den Münzwurf. Er nahm das erste, das ihm zufällig in die Hände fiel.

„Bravo!", flüsterte ihm sein Freund zu, „du hast das Richtige gezogen!"

Sie standen stramm. In der zweiten Runde entwaffnete Marulaz Signol.

„Monsieur", rief er und trat einen Schritt zurück, „ich bin entwaffnet!"

„Das sehe ich, Monsieur", antwortete Marulaz kühl. „Aber da Sie nicht verwundet sind, nehmen Sie Ihr Schwert und lassen Sie uns weitermachen."

Signol hob es auf, zog eine Schnur aus seiner Tasche, hielt sein Schwert fester und ging mit einem schnellen Angriff entgegen den üblichen Duellregeln in Deckung, stürzte sich auf seinen Gegner und verwundete ihn schwer am Arm. Als Marulaz den kalten Stahl spürte und das Blut fließen sah, wurde er rasend, sprang auf seinen Feind zu und zwang ihn, zwanzig Schritte zurückzuweichen, bis er ihn an eine Hecke trieb, wo er sich auf ihn stürzte und ihm sein Schwert durch den Körper rammte. Signol stieß einen scharfen Schrei aus, streckte die Arme aus und starb, bevor er Zeit hatte, zu Boden zu fallen.

„Messieurs", sagte Marulaz und wandte sich an die vier Sekunden, „habe ich fair gekämpft?"

Alle verneigten sich und bestätigten, dass er es getan hatte. Hätte es bei dieser tödlichen Begegnung irgendwelche Vorwürfe gegeben, wären sie gegen den Toten gerichtet gewesen. Aber niemand denkt daran, einer Leiche die Schuld zu geben …

Man wird sich erinnern, dass ich inzwischen Signols Manuskript geerbt hatte, von dem der Manager von Porte-Saint-Martin eine Kopie besaß. Drei oder vier Monate später war ich bei der ersten Aufführung von *Victorine, ou la Nuit porte conseil anwesend*. Es handelte sich zwar um die Grundidee von *Chiffonnier*, aber verpackt in eine reizende Kulisse, die nicht Signols Schöpfung war. Einer der Autoren war Dupeuty, die anderen waren Dumersan und Gabriel. Ich suchte Dupeuty auf, legte ihm das Manuskript von *Chiffonnier* in die Hand und fragte ihn, ob er es für gerecht hielte, Signols Mutter das vorzuenthalten, was ich für ihren Anteil an der Produktion hielt. Dupeuty und seine Mitarbeiter hatten keine Ahnung von der Existenz eines Originalmanuskripts, da sie die Idee für ihr Vaudeville vom Manager von Porte-Saint-Martin erhalten hatten und daran gearbeitet hatten; Doch als sie die wahre Abstammung erfuhren, erklärten sie sich spontan, großzügig und loyal bereit, die arme Mutter an ihrem Erfolg teilhaben zu lassen.

Und das ist die Geschichte von Signols Tod und der Komposition und Produktion von „*Victorine, ou la Nuit porte conseil*".

BUCH II

KAPITEL I

Alphonse Karr – Der Kürassier – Die Medaille der Lebensrettung und das Kreuz der Ehrenlegion – Karrs Haus in Montmartre – *Sous les tilleuls* und die Kritiker – Die Einnahme von Algier – M. Dupin sen. – Warum er seine Memoiren nicht schrieb – Unterzeichnung der Juliverordnungen – Gründe, die mich daran hinderten, nach Algier zu gehen

Die Ereignisse, die wir gerade in unserem letzten Kapitel aufgezeichnet haben, bringen uns zum 2. Juni.

Als Karl X. von der Terrasse des Herzogs von Orléans zum Sternenhimmel aufblickte, sagte er:

„Was für ein herrliches Wetter für meine algerische Flotte!"

Doch er irrte sich: Die Flotte war fast unmittelbar nach Verlassen des Hafens durch einen Sturm auseinandergerissen worden und hatte, als Charles seine Bemerkung machte, größte Schwierigkeiten, sich in Palma zu sammeln.

Was andere Angelegenheiten betrifft, so war die Opposition auf dem Vormarsch und große und kleine Zeitungen schlugen unentwegt auf die Regierung ein, einige mit Knüppeln, andere mit Stöcken. Wir haben erwähnt, wie das *Journal des Débats* das Ministerium Polignac bei seiner Machtübernahme behandelte. Wenn wir diese kleinen Zeitungen zur Kenntnis hätten, könnten wir vielleicht beweisen, dass das Geplänkel von Zwergen ebenso viel Schaden anrichten kann wie Beleidigungen von Riesen.

Le Figaro gehörte zu den kleinen Zeitschriften, die damals in einem Scharmützel mit der Regierung steckten. Sie stand unter der Leitung von Bohain, und wie allgemein bekannt ist, gehörten Janin, Romieu, Nestor Roqueplan, Brucker, Vauabelle, Michel Masson und Alphonse Karr zu ihren bekanntesten Mitarbeitern. Karr war damals vielleicht der am wenigsten bekannte dieser Plejaden von Kämpfern. Er ist seitdem einer unserer bedeutendsten literarischen Künstler geworden – wohlgemerkt, ich sage literarische Künstler und nicht Literaten oder Schriftsteller –, aber damals kämpfte er seine ersten Schlachten. Er war bei der Lesung von *Henri III.* bei Nestor Roqueplan anwesend gewesen, wo ich ihn kennenlernte. Gemäß unserer üblichen Gewohnheit bei allen bemerkenswerten Männern unserer Zeit wollen wir aus seinen frühen Werken jene besondere Fähigkeit hervorheben, die der Wahrheit den Reiz des Paradoxen zu verleihen vermag. Diese Wahrheit, die von anderen nackt und unverhüllt dargestellt wird, ist aus Alphonse Karrs Händen stets in einen goldenen Schleier gehüllt. Ohne

Zweifel hat Alphonse Karr seit 1830 den verschiedenen Regierungen, die aufeinander folgten, sowie jenen, die ihnen geschmeichelt oder sie angegriffen haben, mehr Wahrheiten mitgeteilt als jeder andere Mensch. Und im Gegensatz zu den vermeintlichen Wahrheiten anderer sind die Wahrheiten von Alphonse Karr real und unbestreitbar; je mehr man ihnen nachgeht, desto mehr erweisen sie sich als wahr. Alphonse Karr war damals ein hübscher junger Mann von 22 oder 23 Jahren mit regelmäßigen Gesichtszügen, die von dunklem Haar umrahmt wurden. Er kleidete sich exzentrisch und hat diesen Stil immer beibehalten. Er war äußerst gut gebaut, körperlich stark und begabt in allen gymnastischen Übungen, besonders im Schwimmen und Fechten. Im Jahr 1829 hatte er beim Baden in der Marne einen Kürassier vor dem Ertrinken gerettet. Der Mann war schwer und fast so stark wie Karr selbst, so dass es beinahe passiert wäre, dass der Kürassier Karr ertränkt hätte, anstatt dass Karr den Kürassier gerettet hätte. Die Tat erregte so viel Aufsehen, dass Karr eine Medaille von der Regierung erhielt, und ich habe ihn gelegentlich damit sehen. Diese Medaille war in den Händen von Witzbolden die Quelle endloser Sticheleien, die Karrs Ruf der Tapferkeit zwar im Rahmen des Anstands hielt, aber nie erschöpft waren. Es gab keinen Präzedenzfall für diese berühmte Medaille, und ich habe erst gestern in irgendeinem Zeitungsblatt etwas darüber gelesen. Eines Tages, bei einem großen Abendessen, bei dem ich zusammen mit einer Menge Ordensträgern anwesend war – nicht nur mit gewöhnlichen Medaillen, sondern auch mit dem Kreuz der Ehrenlegion, das heutzutage auf eine ganz andere Weise verliehen und verliehen wird als alle Orden der Welt –, brachen diese Witze auf Kosten Karrs, der ebenfalls einer der Gäste war, erneut aus. Karr rief mit seinem kühlen und gewohnten Phlegma den Kellner und bat um Feder, Tinte und Papier. Er schnitt das Papier in so viele runde Stücke, wie dekorierte Gäste am Tisch saßen, schrieb auf jedes Stück den Grund, aus dem der Träger ausgezeichnet worden war, und reichte jeden Zettel an die entsprechende Stelle. Das brachte seine Spötter völlig zum Schweigen.

Karr wurde im Dezember 1808 in Deutschland geboren und ist erst seit 1848 eingebürgerter Franzose. Sein Vater war einer der fünf oder sechs deutschen Musiker, die das Klavier aus dem Cembalo entwickelten. Drei seiner Onkel starben als Hauptleute im französischen Dienst. Außerdem war er ein Neffe von Baron Heurteloup und ein Cousin von Habeneck. Damals schrieb er keine politischen Artikel für den *Figaro*. Er hat mir mehr als einmal allen Ernstes erzählt, dass er die Julirevolution und sogar die Februarrevolution miterlebt habe, ohne zu wissen, worum es ging. Später jedoch beschäftigte er sich eingehend mit dem Thema der Revolutionen; 1848 schrieb er zu diesem Thema:

„Plus cela change, plus c'est la même chose!" („Je mehr sich die Dinge ändern, desto mehr bleiben sie gleich!")

1829 wurde er Assistenzprofessor am Collège Bourbon und begann, Gedichte zu schreiben, von denen er einige an den *Figaro schickte*. Bohain öffnete alle Briefe, die er erhielt. Bohain war einer jener Männer, die offen und ehrlich ihre tiefe Verachtung für die Poesie zum Ausdruck brachten. Seine Antwort an Karr lautete:

> „ MEIN LIEBER HERR, Ihre Zeilen sind bezaubernd;
> aber schicken Sie mir Prosa. Ich würde mich lieber hängen
> lassen, als eine einzige Zeile Gedicht in meine Zeitung zu
> schreiben!"

Karr beharrte nicht auf dieser Sache: kluge Männer sind selten, und da er nicht wollte, dass Bohain sich erhängte, schickte er ihm stattdessen Prosa. Das war eine große Demütigung für den jungen Dichter. Alle Artikel pastoraler Natur, die zu dieser Zeit *im Figaro veröffentlicht wurden* , stammten von Alphonse Karr. Karr hatte sich die merkwürdigste Behausung eingerichtet. Er hatte das alte Tivoli am Montmartre gemietet, das halb in Trümmern in die Steinbrüche gestürzt war: ein kleines Gehölz und die Garderobe aus Binsen waren noch vorhanden. Nachts schlief er in der Garderobe, tagsüber ging er in dem kleinen Gehölz spazieren. Hier begann er seinen ersten Roman, *Sous les tilleuls*. Er beendete ihn in der Rue de la Ferme-des-Mathurins, in der Werkstatt der beiden Brüder Johannot, die er nach ihren Vorstellungen übernahm. Von Montmartre aus kam Alphonse Karr nur etwa zweimal im Monat nach Paris. Er hatte ein Boot in Saint-Ouen, wo er die ganze Zeit verbrachte, die ihm von seinem Wald oder der Garderobe übrig blieb.

Sous les tilleuls erschien, glaube ich, 1831. Das Buch, das der Beachtung würdig war, wurde dementsprechend beachtet. Das heißt, es wurde heftig angegriffen, wie in Frankreich alles angegriffen wird, was Originalität und Kraft zeigt. Zuerst beschuldigte man den Autor, ein Buch von Nodier nachgeahmt zu haben, das vierzehn Tage nach seinem erschienen war; leider musste man diese Anschuldigung zurückziehen, da das Datum auf der Titelseite stand. Dann beschuldigte man ihn, es komplett aus dem Deutschen übersetzt zu haben, und ging sogar so weit, den Titel des deutschen Originals anzugeben: *Unter den* Linden. Doch bald stellte sich heraus, dass es in der gesamten deutschen Literatur kein Buch mit diesem Titel gab und dass es in fast allen großen Städten eine öffentliche Promenade mit diesem Namen gab – eine Tatsache, die Alphonse Karr nicht leugnete. Der Autor hatte seinen Kapiteln oder Briefen als Epigramme eigene Verse vorangestellt, zweifellos solche, die Bohain abgelehnt hatte, die er aber mit den Namen Schillers, Goethes und Uhlands zu schmücken für seine Pflicht hielt. Die Kritiker ließen sich täuschen und lobten sie auf Kosten der Prosa. Prosa und Verse stammten beide von Karr! Außerdem waren viele der Briefe im Roman tatsächlich an ein junges Mädchen geschrieben worden, in das Karr tief verliebt gewesen war. Karr erhielt seine Auszeichnung erst 1845 oder 1846. Eines Tages sagte ihm Cavé, es gehe darum, das Kreuz seinem Vater oder sich selbst zu geben. Marie-Louise hatte seinem Vater das Kreuz versprochen, der 1840 immer noch darauf wartete. Karr suchte Monsieur Duchâtel auf, und nachdem er sich davon überzeugt hatte, dass Cavé mit seiner Aussage völlig richtig lag, sagte er zu dem Minister:

„Monsieur, wenn Vater und Sohn beide das Kreuz verdienen, nimmt der Sohn es nicht vor dem Vater an."

Und M. Duchâtel verlieh die Auszeichnung nur dem Vater, obwohl Vater und Sohn sie beide hätten erhalten sollen. Als sein Vater starb, erhielt Karr eine Auszeichnung; er nahm das letzte Band, das sein Vater getragen hatte, von seinem Mantel und befestigte es an seinem eigenen.

Anfang Juni 1830 traf ich ihn auf der Straße, Arm in Arm mit Brucker. Brucker war Porzellanmaler und einer der originellsten Journalisten des Jahres 1830. Ich traf sie beide genau in dem Moment, als die ersten der hundert Kanonen abgefeuert wurden, die die Eroberung Algiers verkündeten.

„Hören Sie!", fragte Karr. „Was ist das? Es klingt wie Gewehrschüsse."

„Zweifellos ist Algier eingenommen worden", antwortete ich.

„Pah! Haben sie es belagert?", antwortete Karr.

Algier wurde tatsächlich eingenommen; sein Beiname „ *la Guerrière* " hatte es nicht gerettet. Das Geiernest, das, wie Hugo sagte, von Duquesne nur zur Hälfte vernichtet worden war, wurde schließlich von Monsieur de Bourmont zerstört. Sobald die große Neuigkeit eintraf, eilte der Marineminister, Baron d'Haussez, zum König. Als er angekündigt wurde, sprang Karl X. mit offenen Armen auf ihn zu; Monsieur d'Haussez wollte ihm die Hand küssen, aber Karl zog ihn an seine Brust.

„Komm in meine Arme", sagte er, „heute küssen wir uns alle."

Und der König und sein Minister umarmten sich.

Doch inmitten dieser offensichtlichen Gunstbeweise, die die Vorsehung dem Älteren Zweig zukommen ließ, konnten klarsichtige Menschen einen gähnenden Abgrund erkennen.

„Passen Sie auf!", rief Monsieur Beugnot wie ein verängstigter Pilot. „Wenn Sie nicht aufpassen, wird die Monarchie untergehen wie ein voll bewaffnetes Schiff!"

„Ich wäre viel weniger beunruhigt, wenn Monsieur de Polignac es ein wenig beunruhigter wäre!", bemerkte Monsieur de Metternich gegenüber unserem Botschafter in Wien, Monsieur de Renneval.

Man muss zugeben, dass sogar die Opposition, die nicht so weitsichtig war wie Herr Beugnot und Herr de Metternich, sich verpflichtete, den König zu beruhigen, falls Seine Majestät irgendwelche Befürchtungen verspüren sollte. Wie konnten sie auch etwas befürchten, wenn Herr Dupin sen., einer der Führer der Opposition, während der Debatte über die Ansprache sagte:

> "Die *grundlegende Basis* der Ansprache ist *ein tiefer Respekt für die Person des Königs* . Sie bringt in höchstem Maße *Verehrung für das alte Geschlecht der Bourbonen zum Ausdruck* . Sie repräsentiert *Legitimität* als eine *Rechtswahrheit* , aber darüber hinaus als eine *soziale Notwendigkeit* - eine Notwendigkeit - die heute *von allen nachdenklichen Geistern anerkannt wird* , das wahre Ergebnis von Erfahrung und Überzeugung."

O guter Monsieur Dupin! Mit gesundem Verstand und untadeligem Urteilsvermögen, ein leuchtendes Vorbild der Anwaltschaft, ein furchtloser und tadelloser Gesetzgeber; Sie, der Sie, als Sie über den Prozess gegen Jesus nachdachten, diese erhabenen Zeilen über Pontius Pilatus schrieben:

> "Als Pilatus sah, dass er die Menge nicht besänftigen konnte, sondern ihre Aufregung immer mehr zunahm, ließ er Wasser holen und wusch sich vor dem Volk die Hände und sagte: ,Ich bin unschuldig am Blut dieses Gerechten; seht zu!' (Matt. XXVII. 24); ,und er gewährte ihnen ihre Bitte' (Lukas XXIII. 24), ,und übergab ihn in ihre Hände, damit er gekreuzigt würde' (Matt. XXVII. 26). Wasche deine Hände, oh Pilatus! Sie sind mit unschuldigem Blut befleckt. Du hast aus Schwäche nachgegeben und bist genauso schuldig, als hättest du ihn aus böser Absicht geopfert; Generationen haben es bis in unsere Zeit wiederholt. ,Der Gerechte litt unter Pontius Pilatus' (*passus est sub Pontio Pilato*). Dein Name steht in der Geschichte als eine Lektion, die alle öffentlichen Männer, alle kleinmütigen Richter warnen und ihnen die Schande zeigen soll, ihren eigenen Überzeugungen nachzugeben! Die Bevölkerung schrie vor Wut am Fuße deines Tribunal; vielleicht war dein eigenes Leben nicht sicher, aber was machte das schon? Deine Pflicht war klar, und in einem solchen Dilemma ist es besser, den Tod zu erleiden, als ihn zuzufügen"—

O ehrenwerter Herr Dupin! Anwalt Jesu Christi und Bérangers unter der Restauration; Kammerpräsident und Generalprokurator unter Louis-Philippe; Präsident der Nationalversammlung, warum schreiben Sie nicht Ihre Memoiren, so wie ich meine schreibe? Warum zeigen Sie sich nicht, entgegen der Feigheit und Furcht von Pontius Pilatus, unerschütterlich in Ihren Überzeugungen, unerschütterlich in Ihrer Pflicht, beharrlich in Ihrem Mitgefühl, unerschütterlich auf Ihrem Richterstuhl als Generalprokurator, ruhig auf Ihrem Präsidentenstuhl, starr auf Ihrem kurulischen Stuhl als Gesetzgeber? Welche Belehrung hätte die Welt aus den Memoiren eines Mannes wie Ihnen ziehen können, der so viele Gelegenheiten hatte, seine treue Gefolgschaft gegenüber dem älteren Zweig der Bourbonen am 29. Juli 1830, dem jüngeren Zweig am 24. Februar 1848 und schließlich seine Treue gegenüber der Republik am 2. Dezember 1851 zu beweisen! Aber Sie sind zu bescheiden, guter Herr Dupin! Bescheidenheit, gepaart mit Zivilcourage und politischem Gewissen, ist eine Ihrer größten Eigenschaften, und nur aus Bescheidenheit wagen Sie es nicht, selbst zu sagen, was Sie von sich denken. Aber machen Sie sich nichts daraus, denn jedes Mal, wenn sich die Gelegenheit bietet, werde ich mir die Ehre erweisen, Ihre Stelle bei dieser ehrenvollen Aufgabe einzunehmen, und ich bedaure nur, dass ich nicht mehr weiß, als ich weiß, um mich umfassender äußern und Sie Ihren Verdiensten entsprechend behandeln zu können. Welchen Grund zur Furcht hatte die Legitimität, als die Gesellschaft *Aide-toi! le ciel aidera* beim Fest der Weinlese in Burgund erklärte, der König sei die erste Macht im Staat, und auf die Gesundheit Karls X. anstießen? Warum mussten sie sich fürchten, als Monsieur Odilon Barrot bei einem anderen Bankett, das von sechshundert Wählern gegeben wurde und mit zweihunderteinundzwanzig symbolischen Kronen geschmückt war, den König und das Gesetz in einem einzigen Toast vereinte? Ihr großen Staatsmänner, die ihr Gräber für Könige schaufelt und Monarchien begräbt, wann werden die Menschen, die eurer Scheinwissenschaft überdrüssig sind, endlich die Geschichte unter die Nase reiben, die ihr schreibt, und die ihr nicht seht?

So berief Karl X. am 24. Juli unter absoluter Geheimhaltung ein Konzil ein. Auf diesem Konzil wurde das Schicksal der Monarchie erneut auf die Probe gestellt und beschlossen, die Verordnungen zu unterzeichnen. Doch Herr d'Haussez wagte es, dem Präsidenten des Konzils mitzuteilen, Herr de Bourmont habe ihm das Versprechen abgenötigt, während seiner Abwesenheit nichts zu riskieren.

„Pah!", bemerkte der Prinz von Polignac, „was brauchen wir ihn? Bin ich während seiner Abwesenheit nicht Kriegsminister?"

„Aber", fragte Herr d'Haussez, „auf wie viele Männer können Sie sich in Paris verlassen? Haben Sie, zumindest schätzungsweise, sogar 28.000 oder 30.000?"

„Oh, mehr als das; ich habe zweiundvierzigtausend."

M. d'Haussez schüttelte zweifelnd den Kopf.

„Dann sehen Sie selbst", sagte der Ratsvorsitzende und warf ihm ein zusammengerolltes Dokument über den Tisch.

M. d'Haussez rollte es aus und addierte die Zahlen.

„Aber ich kann hier nur dreizehntausend Mann finden, und diese Zahl entspricht auf dem Papier kaum sieben- bis achttausend wirklich kriegstauglichen Männern. Woher nehmen Sie die fehlenden neunundzwanzigtausend, um Ihre Gesamtzahl von zweiundvierzigtausend zu vervollständigen?"

„Seien Sie unbesorgt", erwiderte Herr de Polignac. „Sie sind über ganz Paris verstreut und könnten, falls nötig, in wenigen Stunden alle auf dem Place de la Concorde versammelt werden."

Die Verordnungen wurden am folgenden Tag unterzeichnet.

Bei der Unterzeichnung hatte der König den Dauphin zu seiner Rechten und Monsieur de Polignac zu seiner Linken; die anderen Minister bildeten den Kreis um den grünen Tisch. Jeder unterschrieb der Reihe nach. Monsieur d'Haussez erhob erneut Einwände.

„Monsieur", sagte Charles X. zu ihm, „weigern Sie sich, mit Ihren Kollegen zusammenzuarbeiten?"

„Sire", antwortete Monsieur d'Haussez, „darf ich dem König eine Frage stellen?"

„Was ist, Monsieur?"

„Beabsichtigt der König, fortzufahren, falls einer oder mehrere seiner Minister zurücktreten sollten?"

„Ja", antwortete Charles entschieden.

„In diesem Fall", sagte der Marineminister, „werde ich unterschreiben." Und das tat er.

Fünf Minuten später standen alle auf, und als Karl X. an Monsieur d'Haussez vorbeiging, bemerkte er, dass der Blick des Ministers aufmerksam auf die Wände gerichtet war, und er fragte:

„Warum starren Sie so aufmerksam, Monsieur d'Haussez?"

„Sire, ich habe nachgesehen, ob ich zufällig ein Bild des Earl of Strafford finden kann." [1]

Der König lächelte und ging weiter.

Diese Einzelheiten wurden erst später bekannt; sie wurden damals streng geheim gehalten. Nur zwei oder drei Männer wussten, was vor sich ging. Casimir Périer, der damals dem älteren Zweig der Bourbonen sehr verbunden war, wie auch M. Dupin und M. Barrot und viele andere (wir werden gleich sehen, wie Périer sein Möglichstes tat, um die Julirevolution niederzuschlagen, als sie ausbrach), speiste in seinem Landhaus im Bois de Boulogne, als er eine winzige dreieckige Notiz erhielt. Er öffnete sie, las sie und wurde blass, dann leichenblass, und seine Arme fielen verzweifelt herab. Sie verkündete, dass die Verordnungen am selben Tag unterzeichnet worden waren. Wer ihm die Nachricht schickte, wurde nie bekannt. Am Abend des 25. oder 26. erhielt M. de Rothschild, der auf einen Anstieg der Aktienkurse spekulierte, diese einfache Mitteilung von M. de Talleyrand:

„Ich komme gerade aus Saint-Cloud: Spekulieren Sie auf fallende Preise."

Aber ich, der ich weder ein Monsieur Casimir Périer noch ein Monsieur de Rothschild und auch kein Freund von Monsieur de Talleyrand war, der ich weder auf Kursgewinne noch auf Kursverluste an der Börse spekulierte, wusste absolut nichts von dem, was vor sich ging, und ich war gerade im Begriff, nach Algier aufzubrechen. Algier würde in den ersten Tagen seiner Eroberung wirklich ein schöner Anblick sein. Ich hatte meinen Platz in der Postkutsche nach Marseille eingenommen und mein Gepäck gepackt; ich hatte dreitausend Francs in Silber gegen dreitausend Francs in Gold eingetauscht und sollte am Montag, dem 26., um fünf Uhr abends aufbrechen, als um acht Uhr am Montagmorgen Achille Comte in mein Zimmer kam und sagte:

„Haben Sie die tollen Neuigkeiten gehört?"

"NEIN."

„Die Verordnungen sind im *Moniteur bekannt gegeben*. Werden Sie trotzdem nach Algier fahren?"

„Ich werde nicht so dumm sein. Wir werden hier zu Hause noch merkwürdigere Dinge erleben als da draußen!"

„Dann rief ich meinen Diener.

„Joseph", sagte ich, „geh zu meinem Büchsenmacher und bring mir mein doppelläufiges Gewehr und zweihundert Kugeln Kaliber zwanzig zurück!"

---

[1] Siehe die Passage, in der Louis Blanc diese Szene in seiner *Histoire de dix ans bewundernswert beschreibt.*

KAPITEL II

Das dritte Stockwerk des Hauses Nr. 7 in der Rue de
l'Université – Die ersten Ergebnisse der Verordnungen –
Das Café du Roi – Étienne Arago – François Arago – Die
Akademie – La Bourse – Le Palais-Royal – Madame de
Leuven – Reise auf der Suche nach ihrem Mann und ihrem
Sohn – Protest der Journalisten – Namen der Unterzeichner

Mein Diener kam ein paar Stunden später mit den notwendigen
Gegenständen zurück. Ich schloss Gewehr und Munition sorgfältig ein und
ging hinaus, um auf den Straßen frische Luft zu schnappen. Es war zehn Uhr
morgens, und das Gesicht von Paris sah so ruhig aus, als hätte der *Moniteur*
den Beginn der Jagdsaison angekündigt, anstatt die Verordnungen zu
veröffentlichen. Comte lachte über meine Vorahnungen. Ich führte ihn zum
Frühstück in den dritten Stock der Rue de l'Université Nr. 7. Dort saß damals
eine sehr hübsche Frau, die so großes Interesse an meiner geplanten Abreise
nach Algier gezeigt hatte, dass sie vorhatte, mich bis nach Marseille zu
begleiten. Ich ging zu ihr, um ihr zu sagen, dass ich die Reise vorläufig
jedenfalls aufgegeben hatte und dass sie daher, wenn sie ihre Koffer gepackt
hätte, sie auspacken könnte. Sie hatte nicht begreifen können, dass mein
wahres Motiv für meine Afrikareise Neugier war; sie konnte meine Gründe
für mein Bleiben in Frankreich, die ausschließlich auf Neugier beruhten,
nicht besser verstehen. Sie war der Meinung, ich hätte mir sowohl für mein
Gehen als auch für mein Bleiben angemessenere Gründe einfallen lassen
müssen.

Meinen Lesern, die so freundlich waren, die verschiedenen Phasen meines
Lebens in diesen Memoiren zu verfolgen, ist sicherlich aufgefallen, dass ich
sorgfältig darauf geachtet habe, Einzelheiten der Art, wie sie oben angedeutet
wurden, zu vermeiden. Doch werde ich mehr als einmal Gelegenheit haben,
auf diese Freundschaft einzugehen, die mir durch Gottes Vorsehung viel
Glück bringen und in dunklen Tagen Trauer in Freude und Tränen in
Lächeln verwandeln sollte.

Diese Bekanntschaft verdankte ich Firmin. Er hatte in der Provinz Saint-
Mégrin gespielt und kam eines Tages in meine Wohnung. Er brachte eine
prächtige „Herzogin von Guise" mit, für die er so viel Einfluss wie möglich
in Theaterkreisen einforderte. Ich fragte Firmin zunächst, wie groß und
welche Art von Interesse er an seiner Schützlingin hatte. Ich habe immer
darauf geachtet, die verschiedenen Schützlinge meiner Freunde zu
respektieren, und diese Frage war in Bezug auf diese schöne Frau von einiger
Bedeutung.

Firmin antwortete, sein Interesse an ihr sei rein künstlerischer Natur und mein eigenes könne jede beliebige Form annehmen.

Ich hatte die schöne Herzogin damals nur vom Standpunkt ihrer Bühnenqualifikationen aus wahrgenommen. Ihr Haar war tiefschwarz, ihre Augen tiefblau, ihre Nase so gerade wie die der Venus von Milo und ihre Zähne wie Perlen . Ich brauche wohl kaum zu sagen, dass ich mich ihr ganz zur Verfügung stellte. Leider oder glücklicherweise war die Zeit für Theaterengagements vorbei; diese finden im April statt, und Madame Mélanie S. wurde mir erst im Monat Mai vorgestellt. Meine Bewerbung bei ihr war daher erfolglos; aber da die schöne Herzogin sah, dass es nicht meine Schuld war, nahm sie meinen Misserfolg nicht übel. Ich überredete sie sogar, in Paris zu bleiben: Sie war jung und konnte warten; Gelegenheiten würden sich ihr sicher bieten, wenn sie zur Stelle und bereit wäre, sie zu ergreifen; außerdem würde ich dafür sorgen, dass eine solche Gelegenheit zustande käme, wenn sie nicht unaufgefordert käme. Mein Ruf war damals schon so groß, dass ich jedem Mann und jeder Frau, denen ich eine an den Manager adressierte und unterschriebene Notiz überreichte, die Türen des Theaters weit öffnete.

Inzwischen begann ich, dem Beispiel des Abbé Vertot folgend, mit meiner Belagerung. Ich dachte im Augenblick, ich hätte neun Jahre Zeit, wie Achilles vor Troja! Aber ich täuschte mich; sie dauerte nur drei Wochen, wie die Belagerung des Herzogs von Orléans vor Antwerpen. Wenn meine Leser ehrlich sind, werden sie zugeben, was unsere französischen Ingenieure lautstark zugegeben haben, als sie General Chassés Taktik lobten: Ein Widerstand von drei Wochen ist ein ehrenhafter; es gibt nur wenige Orte, egal wie stark befestigt, die so lange standhalten können. Meine hatte so lange durchgehalten, und da sie am Ende nur überraschend eingenommen worden war, war in den Kapitulationsartikeln nicht festgelegt, dass es mir verboten werden sollte, Paris nur aus Neugier zu verlassen. Ich habe bereits dargelegt, wie groß meine Neugier war, Algier gleich nach seiner Einnahme zu sehen, und wie ein noch stärkeres Gefühl der Neugier mich dazu veranlasste, meine Pläne zu ändern. Und noch etwas muss ich gestehen, an das ich mich erinnere, obwohl dieser Tag schon lange her ist zwischen den Ereignissen, die ich hier beschreibe: Meine unersättliche Neugier, Algier zu sehen, überkam mich in einem Moment schlechter Laune. Und als die Laune sich gelegt hatte, war ich ebenso erfreut, einen Vorwand zu finden, um in Paris zu bleiben, wie ich mich damals für die Reise gefreut hatte.

Achille Comte und ich kamen um ein Uhr herunter und drehten zusammen ein paar Runden entlang der Kais; dann, als es keine Anzeichen von Aufregung gab, verließ er mich, und wir verabredeten uns für den nächsten Tag wieder. Ich ging zum Palais-Royal, wo ich hoffte, Informationen zu erhalten; aber dort war nichts bekannt: Der Herzog von Orléans war in

Neuilly und der Herzog von Chartres in Joigny, an der Spitze seines Regiments; Monsieur de Broval war in Villiers, und niemand hatte etwas von Oudard gesehen. Also ging ich ins Café du Roi. Dessen Hauptbesucher waren, wie man sich erinnert, die Herausgeber des *Foudre*, des *Drapeau blanc* und des *Quotidienne*, allesamt royalistische Zeitschriften. Sie begrüßten die Maßnahme mit großem Beifall. Nur Lassagne schien darüber besorgt zu sein. Ich beteiligte mich nicht viel an der Unterhaltung, da all diese Männer, Théaulon, Théodore Anne, Brissot, Rochefort und Merle, andere Ansichten vertraten als ich, aber meine persönlichen Freunde waren. Ich hasse es, mit meinen Freunden zu streiten, und ziehe es vor, mit jedem von ihnen ein Duell auszutragen. Denn ich war immer der Überzeugung, dass ein solcher Streit in weniger als 24 Stunden mit Pistolen enden würde.

Während ich im Café du Roi Étienne war, trat Arago ein. Unsere Freundschaft bestand, wie bereits erwähnt, seit er in *La Lorgnette* und *Le Figaro meine Ode au général Foy* und meine *Nouvelles contemporaines bemerkte*. Aber an diesem besonderen Tag suchten wir uns noch aus einem anderen Grund – unsere politischen Ansichten waren dieselben. Wir gingen um halb zwei zusammen aus und um zwei sollte sein Bruder François eine Rede in der Akademie halten. Da Étienne eine übrig gebliebene Eintrittskarte hatte, schlug er vor, dass ich ihn begleiten sollte. Ich hatte vom *Institut noch nie mehr* als die Außenseite gesehen und dachte, es könnte lange dauern, bis ich wieder eine so gute Gelegenheit hätte, es von innen zu sehen, also nahm ich seine Einladung an. Am Anfang der Pont des Arts trafen wir einen befreundeten Rechtsanwalt – Mermilliod, glaube ich. Als die Verordnungen zum ersten Mal bekannt wurden, versammelten sich fünf oder sechs Journalisten und ebenso viele Abgeordnete im Haus von Maître Dupin, um den berühmten Anwalt zu fragen, ob es eine Möglichkeit gäbe, Zeitungen ohne Genehmigung zu veröffentlichen. Doch statt das Problem zu lösen, begnügte sich der Anwalt mit der Antwort:

„Meine Herren, die Kammer ist aufgelöst. Ich bin daher kein Abgeordneter mehr ...“

Und so sehr sie es auch versuchten, die Journalisten und Abgeordneten konnten ihm nichts mehr entlocken. Die Journalisten waren in rasender Wut davongegangen; die Herausgeber des *Courrier français*, *des Journal du Commerce* und des *Journal de Paris* erklärten, sie würden sich zunächst an Herrn de Belleyme, den Präsidenten des Tribunals, wenden und eine Anordnung erwirken, mit der die Drucker aufgefordert würden, ihre Pressen für den Druck der nicht autorisierten Zeitungen zur Verfügung zu stellen. Aber es schien ziemlich aussichtslos, von Herrn de Belleyme ein Dekret zu erwarten, da Herr Dupin sich geweigert hatte, auch nur eine einfache Konsultation zu den aktuellen Ereignissen zu gewähren! Trotzdem deuteten all diese Vorgänge deutlich auf den Beginn von Widerstand hin. Étienne seinerseits behauptete, sein Bruder werde seinen Vortrag jetzt nicht halten, und begründete seine Abwesenheit mit der Schwere der politischen Lage.

Der Mut und Patriotismus von François Arago waren zu bekannt, als dass man diese Meinung (die von seinem Bruder vertreten wurde) für außergewöhnlich halten konnte. Als wir das *Institut erreichten* , fanden wir große Aufregung und Aufregung unter den sonst so ruhigen und gelassenen Unsterblichen in ihren blauen, grün durchsetzten Mänteln vor. Ihre Versammlung hatte noch nicht begonnen. Es hatte sich ein Gerücht verbreitet, dass Arago nicht sprechen würde, und einige der Akademiker sagten, dass er es tun würde, weil er ein viel zu aufrichtiger Mann sei, um die Akademie durch sein Schweigen zu kompromittieren .

„Wird er sprechen oder wird er nicht sprechen?", fragte ich Étienne.

„Wir werden es herausfinden", antwortete er. „Da draußen ist er."

„Ah!", sagte ich, „spricht er nicht mit dem Herzog von Raguse?"

„Ja, der Herzog von Raguse ist einer seiner ältesten Freunde."

„Dann drängen wir voran … Ich bin sehr gespannt, was der Unterzeichner der Kapitulation von Paris über die Unterzeichner der Verordnungen zu sagen hat."

„Beim Himmel!", antwortete Étienne, „er wird sagen, sie hätten heute, am 26. Juli 1830, alles zunichte gemacht, was er am 30. März 1814 getan hat!"

Wir setzten unseren Weg fort, aber es war keine leichte Aufgabe, uns durch die illustre Menge zu drängen, bei der man sich für jeden Stoß mit dem Ellenbogen mindestens einmal entschuldigen musste. Als wir François Arago erreichten, war der Herzog bereits ein Stück von ihm entfernt.

„Du hast Marmot gerade verlassen", fragte Étienne. „Was sagt er?"

„Er ist wütend! Er sagt, sie seien die Art von Menschen, die sich dem Untergang preisgeben, und er hofft nur, dass er nicht gezwungen sein wird, für sie das Schwert zu ziehen."

„Gut!", sagte ich. „Das braucht er nur zu tun, um beliebt zu werden."

„Und was hast du dazu zu sagen?", fragte Étienne seinen Bruder.

„Ich? Oh! Ich sollte nicht sprechen."

Cuvier ging gerade vorbei. Er hatte diese Worte zufällig im Vorbeigehen gehört und blieb stehen.

„Was? Du willst nicht reden?", rief er.

„Nein", antwortete Arago.

„Und zwar völlig richtig!", warf Etienne ein.

„Hören Sie, mein lieber Freund, kommen Sie mit mir beiseite und lassen Sie uns vernünftig reden", sagte Cuvier.

Er zog François Arago ein Stück von uns weg. Von unserem Standpunkt aus konnten wir die lebhafte Diskussion, die sich daraus ergab, an der Lebhaftigkeit ihrer Gesten erkennen. M. Villemain gesellte sich zu den beiden Rednern und schien Cuvier zur Rede zu stellen. Mehrere andere Akademiker, die ich nicht vom Sehen und vielleicht nicht einmal dem Namen nach kannte, umringten Arago und schienen im Gegensatz zu M. Villemain bei Cuvier darauf zu bestehen, dass Arago sprechen sollte. Nach einer Viertelstunde Diskussion wurde entschieden, dass Arago sprechen sollte . Nun war diese Entscheidung sozusagen durch Stimmenmehrheit zustande gekommen, und es wäre für den berühmten Astronomen unmöglich gewesen, den Wünschen der Mehrheit seiner Mitbrüder zu widerstehen, die alle lautstark erklärten, dass sie sein Schweigen als umstritten betrachten würden. Er ging an uns vorbei, als er zu seinem Platz ging.

„Also, Sie werden nun doch sprechen?", sagte Étienne zu ihm.

„Ja, aber seien Sie beruhigt", antwortete er. „Ich versichere Ihnen, am Ende meiner Rede werden sie meinen, es wäre genauso gut gewesen, wenn ich den Mund nicht aufgemacht hätte."

„Was zum Teufel fällt ihm denn über Fresnel ein?", fragte ich Étienne.

Er sollte eine Lobrede auf Fresnel halten.

„Oh!", antwortete Etienne. „Das beunruhigt mich nicht. Wenn es um den Großtürken ginge, würde er schon das sagen können, was er sagen wollte."

Und Arago, der den klugen Brücken- und Dammbauingenieur, den gelehrten Arzt, den strengen Prüfer der École polytechnique und den berühmten Erfinder der linsenförmigen Leuchttürme als sein Thema auswählte, fand tatsächlich Mittel und Wege, feurige Anspielungen auf die brennende politische Situation zu machen, die von der Versammlung mit frenetischem Applaus aufgenommen wurden.

Cuvier und die anderen Akademiker, die darauf bestanden hatten, dass Arago sprechen sollte, hatten Recht; allerdings hatten sie aus unserer Sicht Recht, nicht aus ihrer eigenen.

Aragos Vortrag war ein großartiger Triumph. Tatsächlich kann kein Redner malerischer, großartiger oder eindrucksvoller sein als François Arago auf der Tribüne, wenn er von echter Leidenschaft mitgerissen wird; er warf den Kopf hoch und schüttelte seine Locken zurück – Locken dunkel gefärbt im Jahr 1830, grau im Jahr 1848. Ob er nun die Übertreter der Royalisten-Charta angriff oder die republikanische Verfassung verteidigte, er war immer derselbe beredte Redner, immer der inspirierte Dichter, derselbe überzeugte Gesetzgeber. Denn Arago ist nicht nur Wissenschaft, er ist das Gewissen selbst; er ist nicht nur Genie, sondern die Seele der Ehre. Lassen Sie uns dies nebenbei erwähnen; obwohl ich weiß, dass viele andere dasselbe sagen werden, möchte ich doch zu ihnen gehören.

Als ich das Institut verließ, ging ich nach oben, um Madame Chassériau zu besuchen, die aufgrund der Position, die ihr Vater, M. Amaury Duval, dort innehatte, an der Akademie lebte. Madame Chassériau, die später Madame Guyet- Desfontaines hieß, war eine meiner ältesten Freundinnen: Ich glaube, ich habe bereits von ihr gesprochen und gesagt, dass ich mich in ihrem Haus sowie in denen von Nodier und Zimmermann immer in bester geistiger Verfassung fühlte. Lassen Sie mich nicht missverstehen: Ich mache mir kein Kompliment, ich will Madame Guyet-Desfontaines nur gerecht werden. Sie war so gut und freundlich und umgänglich, lachte so hübsch und hatte so schöne Zähne, dass man ein richtiger Idiot wäre, wenn man in ihrer Gesellschaft nicht einen mindestens ebenso großen Witz wie sie selbst zeigen würde. Auch sie war wie alle anderen voll von den Ereignissen, die sich abspielten: Sie würde bald Neuigkeiten erhalten, denn M. Guyet-Desfontaines war losgegangen, um das große Thermometer des Pariser Geistes zu konsultieren, die Börse. Die Börse war in Aufruhr, die drei Prozent waren von achtundsiebzig auf zweiundsiebzig Franc gefallen. War es nicht merkwürdig, dass am selben Tag und im selben Moment die Akademie und die Börse, Wissen und Geld, beide „Anathema" riefen und derselben Meinung waren?

Ich ging zum Abendessen zu Véfour. Als ich durch die Gärten des Palais-Royal ging, bemerkte ich eine gewisse Aufregung unter einer Gruppe junger Leute, die auf Stühlen saßen und den *Moniteur* laut vorlasen; aber ihre Nachahmung von Camille Desmoulins war nicht sehr erfolgreich. Nach dem Abendessen lief ich zu Adolphe de Leuven, dessen Vater, wie meine Leser wissen, einer der Hauptredakteure des *Courrier war*. Madame de Leuven war sehr beunruhigt wegen ihres Mannes, der um zwei Uhr nachmittags von zu Hause weggegangen und um sieben Uhr abends nicht zurückgekehrt war. Sie hatte Adolphe losgeschickt, um nach ihm zu fragen, aber wie der Rabe aus der Arche war auch er nicht zurückgekehrt. Also machte ich mich meinerseits auf die Suche nach Adolphe. Monsieur de Leuven war nicht gekommen, weil es eine Besprechung in der Redaktion des *Courrier français gegeben hatte* , und

Adolphe war nicht zurückgekommen, weil man ihn zu Laffitte geschickt hatte. Sie waren dabei, in den Büros des *Courrier* einen Protest im Namen der Charta vorzubereiten, der von allen Journalisten unterzeichnet werden sollte. Was die Form des Widerstands anbelangte, so war im Augenblick lediglich von einer Weigerung, die Steuern zu zahlen, die Rede. Plötzlich trat Châtelain triumphierend ein. Monsieur de Belleyme hatte gerade ein Dekret erlassen, in dem er die Drucker aufforderte, die eingestellten Zeitungen zu drucken. Jeder in der politischen Welt kannte Châtelain; er war einer der ehrenhaftesten Männer der Presse und einer der wenigen, die im Jahr 1830 republikanische Ansichten vertraten. Er erklärte offiziell, dass der *Courrier français* am nächsten Morgen erscheinen würde, wenn auch nur auf seine eigene Verantwortung. Adolphe de Leuven war der nächste, der eintrat: er hatte Laffittes Türen verschlossen vorgefunden. Ich kehrte zurück, um Madame de Leuven diese Neuigkeit zu überbringen; leider war es keine so friedliche Nachricht wie die mit der Taube, und ich brachte alles andere als einen Friedenszweig mit; aber ich konnte sie hinsichtlich ihres Mannes und ihres Sohnes beruhigen: beide waren wohlauf und würden nach Hause zurückkehren, sobald der Protest verfasst sei. Wir sagen *verfasst* statt *unterschrieben*, weil die Frage, ob der Protest unterzeichnet werden sollte oder nicht, lange diskutiert wurde. Einige behaupteten, in der Presse stecke eine unergründliche Macht, die durch das Mysterium noch verstärkt werde. Diese drängten darauf, den Protest nicht zu unterschreiben. Andere hingegen erklärten, es wäre viel besser, den Akt des Widerstands öffentlich zu machen und den Protest mit vollem Namen zu unterschreiben. Es war merkwürdig, dass es die Herren Baude und Coste waren, zwei mutige Sportler, die die Anonymität wahren wollten, und Herr Thiers, der vorsichtige Politiker, der eine öffentliche Unterzeichnung wünschte. Die Meinung von Herrn Thiers setzte sich durch. Um Mitternacht war die letzte Seite des Protests mit 45 Unterschriften bedeckt. Es waren die von Herrn Baude und Coste. Gauja, Thiers, Mignet, Carrel, Chambolle, Peysse, Albert Stapfer, Dubochet und Rolle vom *National*; Leroux, Guizard, Dejean und de Rémusat vom *Globe*; Senty, Haussman, Dussart, Busoni, Barbaroux, Chalas, Billard, Baude und Coste vom *Temps*; Guyet, Moussette, Avenel, Alexis de Jussieu, Châtelain, Dupont und de la Pelouze vom *Courrier français*; Année, Cauchois-Lemaire und Évariste Dumoulin vom *Constitutionnel*; Sarrans junior vom *Courrier de Électeurs*; August Fabre und Ader vom *Tribune des départements*; Levasseur, Plagnol und Fazy vom *Révolution*; Larreguy und Bert vom *Journal du Commerce*; Léon Pillet vom *Journal de Paris*; Bohain und Roqueplan vom *Figaro*; Vaillant von der *Sylphe*.

Damit meine Leser nicht überrascht sind, dass ich hier alle 45 Namen nenne, möchte ich darauf hinweisen, dass es sich um die Namen von 45 Männern handelt, die alle ihren Kopf riskierten, indem sie unterschrieben. Während ich, der überhaupt nichts riskierte, aber nichts lieber getan hätte, als ein solches Risiko einzugehen, einfach um elf Uhr in meine Wohnung zurückkehrte, nachdem ich zuvor darauf geachtet hatte, in der Rue de l'Université Nr. 7 Neuigkeiten über mich zu melden. Sie dachten, ich sei nach Algier abgereist!

KAPITEL III

Der Morgen des 27. Juli – Besuch bei meiner Mutter – Paul Foucher – *Amy Robsart* – Armand Carrel – Das Büro der *Zeitarbeiter* – Baude – Der Polizeikommissar – Die drei Schlosser – Das Büro des *Nationalen* – Kadett Gassicourt – Oberst Gourgaud – Herr de Rémusat – Physiognomie der Passanten

Ich kehrte nach Hause zurück, um mir für den nächsten Tag alle Handlungsfreiheit zu bewahren. Ich wollte gleich am nächsten Morgen meine Mutter besuchen: Ich hatte sie seit zwei Tagen nicht gesehen und fürchtete, sie würde sich unwohl fühlen, vor allem, wenn sie gehört hätte, was draußen vor sich ging. Meine arme Mutter lebte zu dieser Zeit in der Rue de l'Ouest. Ich glaube, ich habe bereits erwähnt, dass wir dieses neue Zuhause für sie ausgesucht hatten, damit sie näher bei der Familie Villenave sein konnte, die die Rue de Vaugirard verlassen hatte und neben ihr lebte. Doch unglücklicherweise waren Madame Villenave, Madame Waldor und Élisa (die treueste Gefährtin meiner Mutter mit ihrer Katze Mysouf) gerade, als meine Mutter die Hilfe der Nachbarschaft am meisten brauchte, in die Vendée gegangen, wo sie ein kleines Landgut namens La Jarrie besaßen, drei Meilen von Clisson entfernt. Ich fand meine Mutter in einem Zustand vollkommener geistiger und körperlicher Ruhe vor; Bis in das von Thébaïd als Quartier du Luxembourg bezeichnete Viertel war noch kein Gerücht über die jüngsten Ereignisse vorgedrungen. Ich frühstückte mit ihr, küsste sie und ließ sie in ihrer süßen, ungestörten Ruhe zurück.

Als ich wegging, begegnete ich Paul Foucher. Er kam von seinem Schwager Victor Hugo zurück, der in der Rue Notre-Dame-des-Champs wohnte und dem er mitteilen wollte, dass er am nächsten Tag eine Lesung halten müsse, von welchem Stück oder in welchem Theater, weiß ich nicht. Paul Foucher war damals derselbe kurzsichtige, zerstreute Kerl wie heute, der gleichgültig gegen Passanten, Pfosten und Bäume klopfte, auf denen er immer nach den Plakaten der Theater zu suchen schien, in denen seine Stücke gespielt wurden; vertieft in den Gedankengang, der ihn in dem Moment beschäftigte, in dem man ihm begegnete, und unfähig, in den eigenen einzusteigen oder aus seinem eigenen herauszukommen, in den er einen immer wieder zurückführte. Sein beherrschender Gedanke, als ich ihn an diesem Morgen traf, war die Lesung, die er am nächsten Tag halten sollte. Paul Foucher, so jung er auch war, hatte einen ziemlich sensationellen Einstieg in das dramatische Leben hingelegt. Im Jahr zuvor war im Odéon ein Stück aufgeführt worden, dessen Autor er angeblich war. Doch seine große

Schönheit, eine Schönheit von exzentrischem Charakter und schlecht für die Bühne geeignet, hatte seinen Misserfolg beschleunigt. Und der Misserfolg war, obwohl groß, aber ruhmreich, eine Art Misserfolg, der die Qualitäten eines Mannes ans Licht bringt, genau wie gewisse Niederlagen den Charakter einer Nation offenbaren. Paul Foucher hatte sein Poitiers, sein Agincourt und sein Crécy erlebt und konnte dementsprechend Stellung beziehen. Das Stück hieß *Amy Robsart* und war Walter Scotts Romanze *Kenilworth entnommen oder vielmehr davon inspiriert* . Am Tag nach dem Misserfolg erklärte sich Hugo selbst zum Autor des Stücks. Doch die Ehre, das Stück als einziges aufzuführen, war nichtsdestotrotz untrennbar mit Paul Foucher verbunden. Das Stück wurde nie gedruckt. Hugo schenkte mir später das Manuskript. Ich vermute, dass ich es noch immer besitze. Ich versuchte vergeblich, irgendwelche Informationen aus Paul herauszubekommen: Er kannte nur eine Neuigkeit und war der Ansicht, dass weder die politische noch die literarische Welt weitere Neuigkeiten wissen müsse. Diese Neuigkeit war, dass er am nächsten Tag ein Theaterstück in fünf Akten lesen sollte. Ich sah den Moment kommen, in dem er dem Recht des Komitees zuvorkommen und mir sein Stück vorlesen würde. Aber die Lesung des großartigsten Dramas, das die Welt je gesehen hat, hätte mich nicht darüber getröstet, dass ich das kleinste Detail des Stücks, das in Paris in diesem Moment auf die Bühne gebracht wurde, nicht wusste. Ich sprang in ein Taxi und flüchtete aus der Lesung. Ich gab dem Fahrer Carrels Adresse.

Seit Ausbruch der gegenwärtigen Krise wurde Carrel von den jüngeren Oppositionsmitgliedern als ihr Führer angesehen, der, wenn auch nicht öffentlich, so doch durch stillschweigende Zustimmung gewählt worden war. Ich hatte Armand Carrel bei Monsieur de Leuven kennengelernt, der ihn, seit der Rückkehr des jungen politischen Exilanten nach der Krönung Karls X. nach Frankreich, in die Redaktion des Courrier berufen hatte ; er lebte, wenn ich mich recht erinnere, in der Rue Monsigny oder in der Nähe. Da er 1836 starb, ist er für die junge Generation zwischen zwanzig und fünfundzwanzig Jahren schon eine historische Figur. Zu der Zeit, von der wir jetzt sprechen, war er ein Mann von achtundzwanzig Jahren, von mittlerer Größe, mit einer ruhigen und zurückweichenden Stirn, dunklem Haar, kleinen, lebhaften, blitzenden Augen, einer langen, spitzen Nase, dünnen und ziemlich blassen Lippen, mit weißen Zähnen und einem galligen Teint. Obwohl Carrel die fortschrittlichsten liberalen Ansichten vertrat, wie dies oft bei Männern von großem Intellekt und verfeinerter Organisation der Fall ist, hatte er die vornehmsten Gewohnheiten, die man sich vorstellen kann, und dies machte den Kontrast zwischen seinen Worten und seinem Aussehen sehr merkwürdig. Er trug fast ausnahmslos Lackstiefel, eine schwarze Krawatte, die eng um seinen Hals gebunden war, einen schwarzen Gehrock, der bis auf den letzten Knopf zugeknöpft war, eine Weste aus weißem Piqué oder Fensterleder und graue Hosen. Seine ganze Aufmachung verriet den militärischen Stil des ehemaligen Offiziers. Diese kriegerische Eigenschaft war bis zu einem gewissen Grad von Carrels Körper in seinen Geist übergegangen. Karl der Große unterzeichnete seine Verträge mit dem Knauf seines Schwertes und setzte sie mit der Spitze durch; und so war es auch bei Carrel: Seine Artikel schienen immer mit einer Stahlspitze geschrieben zu sein, ähnlich denen, die die Alten benutzten, die tiefe Spuren von Schärfe auf ihren Wachstafeln hinterließen. Aber Carrels polemischer Schreibstil war sehr schön, edel und freimütig; er zeigte seinen Feinden kühn seine Front: sie war in gewisser Weise der von Pascal und Paul-Louis Courier ähnlich. Er hatte nur wenig historische Bildung erhalten, außer über unsere Nachbarn jenseits des Kanals; er war Sekretär von Augustin Thierry, während dieser sein schönes Buch über die Eroberung Englands durch die Normannen schrieb (*Conquête de l'Angleterre par les Normands*). Carrel hatte mit seiner üblichen Ernsthaftigkeit die Krümel aufgelesen, die von diesem üppigen Tisch fielen, und eine gekürzte Geschichte Englands zusammengestellt. Wir waren recht gute Freunde, obwohl wir vielleicht nicht ganz gerecht zueinander waren; er hielt mich für zu sehr einen Dichter, und ich hielt ihn für zu sehr einen Soldaten. Ich fand ihn ruhig beim Frühstücken. Er hatte den Protest als Pflicht unterzeichnet und dabei seinen Kopf ebenso kühl mit der Feder riskiert, wie er es bereits mehrere Male mit der Schwertspitze getan hatte, obwohl er nur an rechtmäßige Methoden des Widerstands glaubte. Mit bewaffnetem Widerstand wollte er nichts zu tun haben. Er hatte vorgehabt, den ganzen Tag zu Hause zu bleiben und zu arbeiten, aber auf mein Drängen hin und weil ich ihm sagte, ich hätte eine wachsende Aufregung auf den Straßen bemerkt, beschloss er, mit mir auszugehen. Er steckte ein Paar kleiner Pistolen, sogenannte Taschenpistolen, in die Tasche, nahm einen kleinen Fischbeinstock in die Hand, der so biegsam war wie eine Reitpeitsche, und wir gingen zusammen die Boulevards hinunter. Zweifellos abgekühlt durch seine Aktionen bei Béfort und Bidassoa, zögerte er, sich zu melden, als so viele Leute zurückblieben. Wir marschierten die Boulevards von der Rue de la Chaussée-d'Antin zur Rue Neuve-Vivienne und gingen dann den Place de la Bourse entlang. Die Leute stürmten in Richtung der Rue de Richelieu. Sie berichteten, dass die Büros der *Temps* von einer Abteilung berittener Polizei gestürmt und geplündert worden seien.

Natürlich, das muss ich wohl nicht erwähnen, folgten auch wir der Menge; wie üblich war an dem Gerücht ein Körnchen Wahrheit. Zwanzig Polizisten hatten sich vor dem Gebäude, in dem die Druckerei betrieben wurde und das am Ende eines sehr großen Hofes stand, in einer Reihe aufgestellt. Die Haustür war geschlossen, und bevor sie in die Werkstätten eindringen konnten, warteten sie auf die Ankunft des Commissaire de Police. Als er eintraf, gab Baude, einer der Herausgeber des *Temps* und Unterzeichner des Protests, den Befehl, die Werkstatttür zu schließen und die zur Straße hin zu öffnen. Der Commissaire, der seinen weißen Amtsschal trug, klopfte an die

Tür, gerade als sie geöffnet wurde, und Baude und er standen sich gegenüber. Der Commissaire trat vor der furchterregenden Erscheinung zurück. Baude war ein prächtiger Mann, nicht nur in seiner Gesamtheit, sondern in jeder Einzelheit seiner Person. Er war ein Riese von fünf Fuß acht oder zehn Zoll mit dichtem schwarzen Haar, das wie eine Mähne um seinen Kopf fiel; seine Augen waren braun und lagen tief unter dunklen Augenbrauen; in gewissen Augenblicken schienen sie Blitze auszusenden; er hatte eine rauhe, gewaltige Stimme, die, im Lärm einer Revolution gehört, wie Donner im Sturm klang. Baude wurde von anderen Redakteuren und von Angestellten und Arbeitern gefolgt, die sich in einer Gruppe von dreißig Personen hinter ihm aufstellten. Als sie den barhäuptigen, bleichen Anführer und die starren Gesichter der Arbeiter sahen, vermuteten sie, dass hinter dem legalen Widerstand, den Baude zu Hilfe gerufen hatte, ein sehr realer und materieller Widerstand steckte, nämlich ein Widerstand, der bewaffneten Widerstand bedeutete. Ich drückte Carrels Arm; er war sehr bleich und schien sehr bewegt, aber er blieb ganz stumm und schüttelte missbilligend den Kopf . In der ganzen Straße, die mit vielleicht ein paar tausend Menschen gefüllt war, herrschte eine solche Totenstille, dass man den Atem eines Kindes hätte hören können. Baude war der erste, der sprach und den Commissaire befragte.

„Was wollen Sie, Monsieur? Und warum haben Sie sich bei unserer Druckerei gemeldet?“

„Monsieur“, stammelte der Polizeipräsident, „ich bin aufgrund der Verordnungen gekommen ...“

„Um unsere Pressen zu zerstören, nehme ich an?“, fragte Baude. „Nun, im Namen des Kodex, der Ihrer Verordnung sowohl vorausgeht als auch übergeordnet ist, fordere ich Sie auf, sie zu respektieren!“

Und Baude streckte eine Kopie des Kodex aus, die bei dem Artikel über Einbruchdiebstahl aufgeschlagen war . Diese Waffe war sicherlich beängstigender und schrecklicher als das Vorzeigen von Pistolen oder Schwertern, aber die Anweisungen des Superintendenten waren vollkommen klar gewesen.

„Monsieur“, sagte er, „ich muss meine Pflicht tun.“ Und dann wandte er sich an einen seiner Männer und sagte: „Schicken Sie jemanden, der einen Schlosser sucht.“

„Gut! Ich werde warten, bis er kommt“, sagte Baude.

Ein Raunen ging durch die Menge. Sie begannen zu verstehen, dass sich hier, auf offener Straße, vor den Augen der Menge, unter dem Blick der Vorsehung, eines der großartigsten Schauspiele abspielen würde, das das menschliche Auge je zu sehen bekommen hat – der Widerstand des Gesetzes gegen willkürliche Gewalt, des Einzelnen gegen die Menge, des Gewissens gegen die Tyrannei.

Keiner der Zuschauer hatte zu Baude gesagt: „Sie können auf meine Unterstützung zählen", aber es war offensichtlich, dass er das Gefühl hatte, auf alle zählen zu können.

Der Schlosser kam und wollte auf Befehl des Oberaufsehers gerade die Schwelle der Haustür überschreiten, um mit seinem Werkzeug die Türen der Druckerei zu öffnen, als Baude ihn aufhielt, indem er ihn sanft am Arm ergriff und sagte:

„Mein Freund, Sie wissen wahrscheinlich nicht, welche Gefahren Sie eingehen, wenn Sie den Befehlen des Polizeipräsidenten Folge leisten? Sie laufen Gefahr, auf die Galeeren geschickt zu werden." Und er las mit lauter Stimme die folgenden Zeilen vor:

> „Mit Zuchthaus wird jede Person bestraft, die sich eines Diebstahls schuldig gemacht hat oder an einem solchen beteiligt war, indem sie in ein Haus, ein Zimmer oder eine Unterkunft eingebrochen ist, in der sie wohnt oder die als Wohnhaus dient, und zwar durch Einbrechen von außen durch Einsteigen oder durch Verwendung falscher Schlüssel, unabhängig davon, ob sie den Rang eines öffentlichen Beamten oder eines zivilen oder militärischen Offiziers annimmt, die Uniform oder Kleidung eines öffentlichen Beamten oder Offiziers angezogen hat oder sich auf einen falschen Befehl der zivilen oder militärischen Behörden beruft."

Während Baude weiterlas, hob der Schlosser die Hand an seine Mütze und hörte dem Leser am Ende des Artikels mit entblößtem Kopf zu. Bei diesem Zeichen des Respekts, das ein Mann aus dem Volk dem Gesetz entgegenbrachte, brach die Menge in gewaltigen Applaus aus. Der Commissaire bestand darauf, und der Schlosser gehorchte seinen gebieterischen Befehlen und versuchte, hineinzukommen. Baude wich zurück und machte ihm Platz.

„Tu es!", sagte er, „aber du weißt, dass das für dich die Galeeren bedeutet."

Der Schlosser hielt erneut inne, und der Jubel wurde noch lauter. Der Oberaufseher erneuerte seinen Befehl, die Türschlösser zu knacken.

„Meine Herren", rief Baude mit lauter Stimme, „ich lege gegen Monsieur le Commissaire Berufung bei einem Schwurgericht ein und gegen die Verordnungen Berufung bei den Assisen … Wer wird mir seine Namen als Zeugen für die mir angetane Schandtat nennen?"

Fünfhundert Stimmen antworteten gleichzeitig. Bleistifte und Papiere wurden sofort mit erstaunlicher Begeisterung und Einmütigkeit in der Menge herumgereicht; jeder nahm nacheinander den Bleistift und schrieb seinen Namen und seine Adresse auf das Papier. Dann wurden alle an Baude übergeben.

„Sehen Sie selbst, Monsieur", sagte er zum Polizeipräsidenten, „ich habe genügend Zeugen."

„Auf mein Wort, Monsieur le Commissaire", sagte der Schlosser schließlich zu dem Gesetzeshüter, „überlassen Sie Ihre Arbeit jemand anderem, und ich ziehe mich zurück."

Und er setzte seine Mütze auf den Kopf und zog sich zurück. Er wurde von Vivats und weiterem Applaus begleitet.

„Gewalt muss jedoch immer noch im Rahmen des Gesetzes liegen!", entgegnete der Superintendent.

„Ich fange tatsächlich an zu glauben, dass es so sein wird", antwortete Baude ironisch.

„Oh, ich kenne mich aus", antwortete der Beamte. „Rufen Sie einen anderen Schlosser."

Wie zuvor tauchte ein Beamter in Schwarz aus der Menge auf und kam mit einem Schlosser zurück, der einen Haufen Dietriche an seiner Hüfte trug. Der Applaus, der den Rückzug des anderen Mannes begleitet hatte, verwandelte sich schnell in Stöhnen, als dieser neue auftauchte. Der Schlosser war erschrocken.

Während er sich seinen Weg durch die Menge bahnte, drückte er einem Zuschauer seinen Dietriche in die Hand, der ihn an den nächsten weitergab, und so ging es weiter durch die Menge. Als er die Tür erreicht hatte, wurde der zuvor seinem Kollegen erteilte Befehl erneuert.

„Monsieur le Commissaire", sagte er und zeigte auf seinen leeren Gürtel, „ich kann es nicht tun: meine Werkzeuge wurden mir gestohlen."

„Sie lügen!", rief der Commissaire, „und ich werde Sie verhaften lassen!"

Die Hand eines seiner Männer streckte sich aus, um ihn zu ergreifen, doch die Menge machte ihm den Weg frei und schloss sich dann hinter ihm zusammen, hüllte ihn in ihre Falten und verschlang ihn vollständig in ihrem Strom. Er verschwand buchstäblich, als ob er verschlungen worden wäre!

Sie riefen dann den Schmied, dessen Aufgabe es war, die Fesseln des Sträflings zu befestigen. Doch als der Widerstand der Menge immer ernster wurde und düster und bedrohlich wirkte, wurde die Straße mit Hilfe der Polizei geräumt.

Die Menge zog sich über den Place Louvois und die Arkaden Colbert und durch die Rue de Ménars zurück und rief:

„Es lebe die Charta!"

Männer kletterten auf Pfosten, schwenkten ihre Hüte und riefen Baude zu:

„Sie können sich auf uns verlassen – Sie haben unsere Adressen. Wir werden für Sie als Zeugen auftreten. *Au revoir! Au revoir!* "

Eine Verstärkung der Polizei, die aus der Richtung des Palais-Royal kam, räumte die Straße vollständig. Aber was bedeutete das? Der moralische Sieg blieb bei der Opposition, und Baude hatte dabei eine ebenso große Rolle gespielt wie jeder geisterhafte Revolutionär des Jahres 1789.

Carrel und ich verließen die Rue de Richelieu und gingen in die Büros *des National* . *Der National* existierte damals kaum ein Jahr; er war von Thiers, Carrel und dem Abbé Louis im Château de Rochecottes, zu Füßen von Madame de Dino, unter den Augen von Monsieur de Talleyrand gegründet worden. Der Duc d'Orléans, der die nötigen Mittel geliehen hatte, bezahlte sozusagen die Pflege dieses Herkules-Kindes, der ihn achtzehn Jahre später um die Hüften packen und ersticken sollte. Diese Büros befanden sich in der Rue Neuve-Saint-Marc, an der Ecke des Place des Italiens. Wir fanden dort eine Brutstätte der Nachrichten. Am Abend zuvor war einer der Redakteure niedergeschlagen und zusammengebrochen hereingekommen: Er hatte die ärmsten Viertel abgesucht, die immer am leichtesten aufzurütteln sind, und kopfschüttelnd diese entmutigenden Worte ausgesprochen:

"Das Volk lässt sich nicht erweichen!"

Und als wir um zwei Uhr die Büros der *National Party betraten* , waren die Leute immer noch ruhig; doch man konnte jene Art von Erregung in der Luft spüren, die die Leute ihre Schritte beschleunigen und immer blasser werden ließ, ohne zu wissen warum; wie die tiefe, instinktive Angst, die Tiere bei einem nahenden Erdbeben verspüren.

Woher kam dieses Schaudern, das sozusagen noch an der Oberfläche der Gesellschaft lag? Es ist leicht, eine Vermutung anzustellen. Der Antrag von Herrn Thiers, der am Ende des Journalistenprotestes 45 Unterschriften getragen hatte (er war im *Globe* , im *National* und im *Temps veröffentlicht worden* , und vielleicht hunderttausend Exemplare waren gedruckt und auf den Straßen verteilt worden), dieser Antrag, sagen wir, hatte 45 Personen kompromittiert. Nun bildeten diese 45 Personen eine kompakte Körperschaft, die auf die Massen einwirkte, und jeder war auch eine besondere Kraft, die auf einzelne Mitglieder der Gesellschaft einwirkte. Jede

Unterschrift war der Mittelpunkt eines mehr oder weniger großen Kreises von Freunden, Angestellten, Schreibern, Arbeitern, Schriftsetzern, Gesellen und Druckerteufeln. Jeder brachte seinen eigenen besonderen Kreis in Aufruhr, und jedes einzelne Mitglied dieses Kreises, wie bescheiden es auch sein mochte, war selbst ein Agent und übte seinen Einfluss auf seine Untergebenen aus; Daher wurde der Impuls, sobald er gegeben war, von den großen auf die kleinen Zentren übertragen, die Räder begannen sich zu drehen, und man fühlte die Gesellschaft unter dem Pochen einer unsichtbaren Maschine erzittern, fast so, wie man eine Windmühle vom Drehen ihrer Segel oder ein Dampfschiff vom Schlagen seiner Schaufelräder erzittern fühlt. Carrel wurde zu drei verschiedenen Versammlungen eingeladen, alle mit dem Ziel, die Opposition zu organisieren. Eine war rein liberaler Natur, grenzte an den Republikanismus und fand in der Rue Saint-Honoré im Haus des Chemikers Cadet de Gassicourt statt; die wichtigsten Mitglieder waren Thiers, Charles Teste, Anfous, Chevalier, Bastide, Cauchois-Lemaire und Dupont; bei dieser diskutierten sie einen Antrag zur Schaffung eines Widerstandskomitees in jedem Arrondissement (Bezirk), das die Befugnis haben sollte, direkt mit den Abgeordneten zu kommunizieren. Die zweite war bonapartistisch und fand im Haus von Oberst Gourgaud statt. Es bestand in erster Linie aus dem Hausherrn, dann aus den Obersten Dumoulin, Dufays und Plavet-Gaubet sowie dem Kommandanten Bacheville. Ihr Ziel war es, die Angelegenheiten Napoleons II. zu fördern, aber da all diese Männer mehr Männer der Tat als des Denkens waren, konnte nichts entschieden werden, und man berief für den nächsten Tag ein weiteres Treffen auf dem Place des Petits-Pères ein. Das dritte Treffen fand in den Büros *des Globe statt* und bestand aus Pierre Leroux, Guizard, Dejean, Paulin und Rémusat sowie mehreren Personen, die nichts mit der Redaktion der Zeitung zu tun hatten. Hier wurden die widersprüchlichsten Ratschläge vorgebracht: Einige wollten am nächsten Tag zu den Waffen appellieren, andere waren entsetzt darüber, wie schnell jede Bewegung, sobald sie in Gang gesetzt wird, trotz allem den Weg einschlägt, der zur Revolution führt.

Monsieur de Rémusat war einer von denen, die Angst hatten.

Er rief in verzweifeltem Tonfall: „Wohin gehst du? Wohin drängst du uns? Es darf uns auf keinen Fall zur Revolution führen – das ist nicht, was wir wollen: legaler Widerstand ist gut und schön – aber nichts weiter."

Natürlich wurde bei diesem Treffen ebenso wenig über das weitere Vorgehen entschieden wie bei den anderen, es sei denn, Monsieur de Rémusat wurde von dem Fieber, das ihn danach befiel, ans Bett getrieben.

Carrel nahm an keinem dieser drei Treffen teil. Er war für einen rechtmäßigen Widerstand, der bis an seine Grenzen ausgeweitet werden sollte, aber nur für einen rechtmäßigen Widerstand. Er glaubte nicht daran, dass aus einem Konflikt zwischen Bürgern und Soldaten etwas Gutes entstehen könnte: Er verstand die Bedeutung prätorianischer Revolutionen und forderte von denen, die davon sprachen, zu den Waffen zu greifen:

„Haben Sie ein Regiment, auf das Sie sich verlassen können?"

Niemand hatte Regimenter bereit, da kein Komplott vorbereitet worden war. Aber dennoch war eine große und furchtbare allgemeine Verschwörung im Gange, nämlich die öffentliche Meinung, die die Bourbonen beschuldigte, für die Niederlage von 1815 verantwortlich zu sein, und Waterloo auf den Straßen von Paris rächen wollte.

Diese Verschwörung war in den Augen, Gesten, Worten und sogar im Schweigen der Menschen sichtbar, an denen man vorbeiging, der Gruppen, denen man begegnete, der einzelnen Menschen, die stehen blieben und zögerten, ob sie nach rechts oder nach links gehen sollten, als ob sie sich sagten: „Wo ist denn hier etwas los? Wo machen die irgendwas? Ich muss los und genau das tun, was die anderen auch tun."

KAPITEL IV

Doktor Thibaut – Die Regierung von Gérard und
Mortemart – Étienne Arago und Mazue, der
Polizeipräsident – Das Café Gobillard – Feuer im
Wachhaus auf dem Place de la Bourse – Die ersten
Barrikaden – Die Nacht

Wir gingen vom Büro des *National wieder zurück zu den Boulevards*. Am Ende der Rue Montmartre hörten wir ein Geräusch wie Schüsse aus Richtung des Palais-Royal. Es war fast sieben Uhr abends.

"Hah! Was ist das?", fragte ich Carrel.

„Beim Himmel!“, antwortete er, „das war eine abgefeuerte Salve.“

„Na, willst du mitkommen und es dir ansehen?“

„Um Himmels willen, nein!“, antwortete er. „Ich werde nach Hause gehen.“

„Ich habe vor zu gehen“, sagte ich.

„Dann geh, aber sei nicht so dumm, dich in Dinge hineinziehen zu lassen!“

„Keine Angst. Adieu!“

"Adieu!"

Carrel ging mit ruhigem, gemessenem Schritt den Faubourg Montmartre entlang, während ich rennend zum Place de la Bourse rannte. Ich war noch keine fünfzig Meter gegangen, als ich Dr. Thibaut traf. Er sah sehr wichtig aus.

„Ah, bist du es, lieber Freund?“, sagte ich. „Was gibt es Neues?“

Thibaut, der sich normalerweise einen sehr ernsten Ausdruck angeeignet hatte und behauptete, kein Arzt könne ohne Ernst in der Welt zurechtkommen, war bei dieser Gelegenheit mehr als nur ernst: Er war trübsinnig.

„Schlechte Nachrichten!“, antwortete er. „Die Dinge werden furchtbar kompliziert.“

„Aber kämpfen sie?“, fragte ich.

"Ja, ein Mann wurde in der Rue du Lycée getötet und drei weitere in der Rue Saint-Honoré... Die Lanciers stürmten in der Rue de Richelieu und auf dem

Place du Palais-Royal... In der Rue de Richelieu wurde eine Barrikade errichtet, die jedoch eingenommen wurde, bevor sie fertig war."

"Wohin geht Ihr Ziel?"

„Das werden Sie morgen hören, wenn ich Erfolg habe", sagte er.

„Auf mein Wort, mein Lieber, Sie geben sich wie ein Diplomat."

„Wer weiß? Vielleicht werde ich eine neue Regierung bilden!"

„In Ihrem Beruf als Arzt, mein lieber Freund, möchte ich Sie bitten, dem alten Ministerium Ihre ganze Aufmerksamkeit zu widmen, denn es scheint mir verdammt übel!"

In diesem Moment gingen zwei junge Leute schnell an uns vorbei.

„Eine dreifarbige Flagge?", sagte einer. „Das ist doch nicht möglich!"

„Ich sage dir, ich habe es selbst gesehen", antwortete der andere.

"Wo?"

„Am Quai de l'École."

"Wann?"

"Vor einer halben Stunde."

„Was haben sie dem Mann angetan, der es trug?"

„Nichts... sie haben ihn einfach passieren lassen."

„Dann lasst uns dorthin gehen."

"In Ordnung."

Und sie rannten die Rue Notre-Dame-des-Victoires hinunter.

„Siehst du, mein Lieber", sagte ich zu Thibaut, „die Dinge nehmen langsam Fahrt auf! Geh in dein Ministerium, mein Freund."

"Ich gehe."

Er ging in Richtung Boulevard des Capucines weg.

Thibaut hatte mich nicht getäuscht. Er war tatsächlich dabei, ein Ministerium zu bilden; nur war sein Ministerium nicht dazu bestimmt, an Langlebigkeit zu sterben. Es war das Ministerium von Gérard und Mortemart, das sein Gegenstück im Ministerium von Thiers und Odilon Barrot der Revolution von 1848 hatte. Aber, so wird man fragen, wie Dr. Thibaut ein Ministerium bilden konnte? Was das betrifft – nun, das werde ich Ihnen sagen.

Man erinnert sich, dass Madame de Celles, die Tochter von General Gérard, die an einer Brustkrankheit litt, Madame de Leuven 1827 oder 1828 gebeten hatte, ihr einen jungen Arzt zu nennen, der sie nach Italien begleiten könnte, und dass ihr Thibauts Name genannt worden war. Er hatte die Reise mit der schönen Invaliden unternommen, und die kombinierten Ergebnisse von Reise und Arzt bewirkten Wunder für ihre Gesundheit. Bei ihrer Rückkehr war der General so dankbar für die Fürsorge, die Thibaut seiner Tochter zukommen ließ, dass er ihn in die persönliche Vertrautheit seines Haushalts einließ. Als ich ihn traf, war Thibaut auf dem Weg, M. le Baron de Vitrolles im Namen von General Gérard aufzusuchen, um ihn zu überreden, versöhnliche Maßnahmen gegenüber M. de Polignac und, falls dies scheiterte, gegenüber dem König selbst zu fordern. Ernsthafte Menschen begannen offensichtlich, den Ernst der Lage zu erkennen. Dies war die Information, die Thibaut mir bei unserem Treffen nicht sagen konnte, die er mir aber später preisgab.

Es schlug acht Uhr auf der Börsenuhr. Ich wollte in meinen Faubourg Saint Germain zurück. Als ich jedoch das eine Ende der Rue Vivienne betrat, sah ich am anderen Ende Bajonette. Ich hätte durch die Rue des Filles-Saint-Thomas gehen können, aber die Neugier hielt mich zurück. Ich zog mich bis zum Café des Théâtre des Nouveautés zurück. Soweit ich mich erinnern kann, wurde es von einem Mann namens Gobillard geführt, einem vortrefflichen Kerl, der bei uns allen beliebt war. Die Truppe rückte mit gleichmäßigem Schritt vor, nahm die ganze Breite der Straße ein und schob Männer, Frauen und Kinder vor sich her. Die Leute, von den Soldaten getrieben, gaben nach und gingen rückwärts und riefen:

„Es lebe die Linie!"

Frauen wedelten mit ihren Taschentüchern aus den offenen Fenstern und riefen:

"Nicht auf das Volk schießen!"

Unter den Männern, die die Soldaten beiseite trieben, gab es einen bestimmten Typ, der nur zu besonderen Tageszeiten zu sehen ist – die Art von Männern, die Aufstände und Revolutionen anzetteln, Männer, die man als Pioniere der Unruhe bezeichnen könnte. Als die Truppen den Place de la Bourse erreichten, formierten sie sich, aber da sie nicht die ganze Breite des Platzes abdecken konnten, strömte ein Teil derer, die von den Soldaten vorwärtsgedrängt wurden, auf beiden Seiten heraus und strömte hinter ihnen her. Nun gab es in der Nähe der Börse eine wackelige alte Holzhütte, die als Wachhaus diente. Das Regiment ließ dort etwa ein Dutzend Soldaten wie in einem Blockhaus zurück und verschwand die Rue Neuve-Vivienne hinunter in Richtung Bastille. Das Regiment war kaum außer Sicht, als einige Jungen aus der Menge auf die Soldaten zukamen, die im Wachhaus zurückgeblieben waren, und riefen:

„Es lebe die Charta!"

Während diese Jungen nichts weiter taten als zu schreien, behielten die Soldaten die Geduld, aber bald folgten Steine auf das Geschrei. Ein Soldat, der von einem Stein getroffen wurde, schoss, und eine Frau fiel zu Boden – eine Frau von etwa dreißig Jahren. Schreie von „Mord!" erschallten, und in einer Sekunde war der Platz leer, die Lichter gingen aus und die Geschäfte schlossen. Nur das Théâtre des Nouveautés blieb erleuchtet und geöffnet – sie spielten *La Chatte blanche* – und die Leute im Haus hatten keine Ahnung, was draußen vor sich ging. In diesem Moment erschien eine kleine Truppe von etwa zwölf Männern aus der Rue des Filles-Sai nt-Thomas. Sie wurde von Étienne Arago angeführt und rief:

„Stoppt das Stück! Schließt die Theater! Sie bringen Menschen auf den Straßen von Paris um! …"

Es stolperte über den Körper der getöteten Frau.

„Tragt diese Leiche zu den Stufen des Peristyls, damit jeder sie sehen kann", sagte Etienne. „Ich werde das Theater räumen lassen."

Und tatsächlich war der Platz einen Augenblick später leer, und der Strom der Zuschauer verteilte sich beim Herauskommen wie ein Sturzbach vor einem Felsen, um nicht auf den Körper zu treten. Ich rannte zu Arago.

„Was machen sie?", fragte ich. „Was wurde beschlossen?"

„Noch nichts... Es werden Barrikaden errichtet... und Frauen getötet und Theater geschlossen, wie Sie sehen."

„Wo soll ich dich wiederfinden?"

„Morgen früh bei mir zu Hause, Rue de Grammont Nr. 10."

Dann wandte er sich an die Männer, die bei ihm waren:

„Auf zu den Varietés, meine Freunde!", sagte er. „Die Theater zu schließen, heißt, die schwarze Fahne über Paris zu hissen!"

Und die kleine Menge verschwand mit ihm die Rue de Montmorency hinunter. Sie war an der Wache und der Kaserne vorbeigegangen, ohne ein Zeichen zu hinterlassen. Und so hatte die Bewegung begonnen und von dort war das Feuer gekommen, das Carrel und ich gehört hatten.

Étienne Arago (ich hoffe, man verzeihe mir, dass ich immer denselben Namen nenne, aber ich werde mich bemühen, zweifelsfrei zu beweisen, dass

Étienne Arago die treibende Kraft der Aufstandsbewegung war), Étienne Arago, sage ich, hatte gerade mit Desvergers und Varin zu Abend gegessen und war mit ihnen ins Vaudeville-Theater zurückgekehrt, das sich damals in der Rue de Chartres befand, als ihnen ein Mob in der Rue Saint-Honoré vor der Delorme-Passage den Weg versperrte. Sie sagten, ein Mann sei in der Rue du Lycée getötet worden. Ein mit Schutt beladener Karren wartete darauf, durchzukommen, sobald sich der Mob zerstreut hatte; vier oder fünf Kutschen, die durch dasselbe Hindernis aufgehalten wurden, warteten ebenfalls in einer Reihe.

„Entschuldigen Sie, mein Freund", sagte Etienne zum Kutscher und spannte das Pferd aus, „wir brauchen Ihren Wagen."

"Wozu?"

„Um damit eine Barrikade zu errichten, natürlich !"

„Ja, ja, Barrikaden – lasst uns Barrikaden haben!" riefen mehrere Stimmen.

Und im Handumdrehen wurden die Pferde losgekoppelt, der Karren auf die Seite geworfen und sein Inhalt quer über die Straße gestapelt.

„Gut!", sagte Arago. „Jetzt brauchst du mich nicht mehr. Ich werde woanders gebraucht."

Er überließ die Bewachung der Barrikade denen, die beim Bau geholfen hatten, überquerte die Delorme-Passage, ging die Rue de Rivoli entlang und erreichte das Vaudeville. Die Leute gingen gerade hinein.

„Solange gekämpft wird, darf nicht gespielt werden!", sagte er. „Gebt den Leuten ihr Geld zurück!"

Dann, an diejenigen, die darauf beharrten, hineinzugehen –

„Verzeihen Sie, meine Herren", sagte er, „wir werden im Vaudeville nicht lachen, solange Paris in Tränen ausbricht."

Und er versuchte, das Tor zu schließen.

„Monsieur", fragte eine Stimme, „warum schließen Sie das Vaudeville?"

„Warum? ... Weil ich der Manager des Theaters bin und mich für die Schließung entschieden habe."

„Ja, aber die Regierung will das nicht tun: Im Namen der Regierung befehle ich Ihnen, es offen zu lassen!"

"Wer bist du?"

„Himmel! Du kennst mich ja gut genug."

„Möglicherweise, aber ich möchte, dass diejenigen, die zuhören und an dieser Debatte teilnehmen, auch wissen, wer Sie sind."

„Ich bin M. Mazue, Superintendent der Polizei."

„Also gut, Herr Polizeipräsident, passen Sie auf sich auf!", erwiderte Arago und stemmte sich gegen das Gitter. „Wer nicht geht, wird bald zerquetscht werden."

„Monsieur Arago, morgen sind Sie nicht mehr Manager des Vaudeville!"

„Monsieur Mazue, morgen werden Sie nicht mehr Polizeipräsident sein."

„Das werden wir sehen, Monsieur Arago!"

„Das hoffe ich, Monsieur Mazue!"

Mit Hilfe zweier Kulissenschieber schloss Étienne trotz der Bemühungen der Polizeibeamten das Gitter. Dann verließ er den Saal durch den Bühneneingang und begann mit der Schließung der anderen Theater – eine Aktion, die einen enormen Einfluss auf den Ablauf an diesem Abend und am nächsten Tag hatte.

All diese Einzelheiten wurden uns hinter den sorgfältig verschlossenen Türen des Café Gobillard erzählt. Wir waren zu dritt oder viert dort und da wir den ganzen Tag herumgehetzt waren, starben wir vor Hunger. Wir bestellten das Abendessen. Das Thema unseres Gesprächs lässt sich leicht erraten. Einige sagten, die Aufregung der Stunde sei nicht größer als die von 1827 und der Aufruhr habe nicht das Zeug, die Ausmaße einer Revolution anzunehmen, sondern würde ebenso scheitern. Andere, darunter auch ich, glaubten im Gegenteil, wir seien nur beim Prolog der Komödie und der nächste Tag würde einen völlig anderen Stand der Dinge zeigen. Wir waren mitten in dieser Diskussion, als uns das Geräusch von Schüssen aufschreckte und erschauern ließ. Es wurde auf dem Platz geschossen. Fast sofort erklang ein Schrei „Zu den Waffen!", gefolgt von einem Lärm wie bei einem Nahkampf.

„Sehen Sie", sagte ich, „das Drama beginnt!"

Nach der Café-Uhr war es jetzt zwanzig Minuten vor zehn. Wir liefen die Treppe hinauf in den ersten Stock, um aus den Fenstern zu schauen. Das Wachhaus war überrascht, umzingelt und von zwanzig Männern angegriffen worden. In der Dunkelheit tobte ein Kampf, bei dem wir keine Einzelheiten erkennen konnten – nichts weiter als eine verwirrte Masse. Die Soldaten waren besiegt und entwaffnet. Man hatte ihnen ihre Gewehre, Patronentaschen und Schwerter abgenommen und sie durch die Rue Joquelet weggeschickt; dann wurden etwa fünfzehn von der Haupttruppe abkommandiert und hoben die Leiche der Frau auf, die noch immer auf den

Theaterstufen lag, legten sie auf eine Bahre und gingen die Rue des Filles-Saint-Thomas hinunter, wobei sie „Rache!" riefen. Drei oder vier, die mit einer Fackel ausgerüstet waren, blieben hinter den anderen zurück und entzündeten mit dieser Fackel ein Strohfeuer in der Mitte des Wachhauses; dann traten sie die Bretter, aus denen es bestand, ein, zerbrachen sie und ließen sie in das Feuer fallen. Natürlich entzündeten sich die Bretter sehr schnell, und sofort war die Baracke eine einzige riesige, flammende Masse; die drei oder vier Nachzügler überließen sie ihrem Schicksal und schlossen sich wieder ihren Kameraden an. Das Feuer warf ein grelles Licht über den Platz und brannte die halbe Nacht, ohne dass jemand versuchte, es zu löschen. Wir gingen hinunter und beendeten unser Abendessen, unsere Gedanken waren ganz erfüllt von dem, was wir gerade erlebt hatten. Gegen Mitternacht trennten wir uns, und ich nahm die Rue Vivienne; da die Perron-Passage geschlossen war, ging ich die Rue Neuve-des-Petits-Champs und die Rue de Richelieu entlang. In der Rue de l'Échelle bewegten sich Schatten durch die Dunkelheit, die, als ich mich näherte, riefen: „Qui vive?" Ich antwortete: „Ein Freund!" und ging geradeaus weiter. Es war eine Barrikade, die lautlos errichtet wurde, als ob sie von irgendwelchen Geistern der Nacht gebaut worden wäre. Ich schüttelte mehreren dieser nächtlichen Arbeiter die Hand und erreichte das Karussell. Hinter den Toren des Schlosses konnte ich zwei- oder dreihundert Männer sehen, die im Hof der Tuilerien lagerten. Ich dachte, es müsse fast dasselbe gewesen sein wie in der Nacht vom 9. auf den 10. August 1790. Ich versuchte, durch die Tore zu spähen, aber ein Wachposten rief „Bleiben Sie fern!" und ich ging weiter. Auf den Kais nahm alles wieder sein normales Aussehen an. Ich erreichte die Rue de l'Université, ohne einer einzigen Person auf der Pont Royal oder in der Rue du Bac begegnet zu sein. Sobald ich meine Unterkunft erreichte, öffnete ich mein Fenster und lauschte: Paris schien still und verlassen; aber diese Ruhe war nur oberflächlich, man fühlte, dass die Einsamkeit bevölkert und die Stille lebendig war!

KAPITEL V

Der Morgen des 27. – Joubert – Charles Teste – *La Petite-Jacobinière* – Chemiker Robinet – Die Waffen des *Sergeanten Mathieu* – Plünderung der Vorräte eines Waffenmeisters – Die drei königlichen Wachen – Ein großer, blonder junger Mann – Oudards Ängste

Ich wurde, wie am 26., von Achille Comte geweckt.

„Und?", fragte ich und rieb mir die Augen.

„Oh, es geht weiter!", sagte er. „Im Quartier des Écoles herrscht offener Aufruhr, aber die Studenten sind wütend."

"Gegen wen?"

"Gegen die wichtigsten Führer - Laffitte, Casimir Périer und La Fayette... Sie haben diese Personen gestern aufgesucht: Einer hat ihnen gesagt, sie sollen still sein, während andere sie nicht einmal gesehen haben... Aber Barthélemy und Méry werden Ihnen alle Einzelheiten erzählen; sie waren dort, mit den Taschen voller Schießpulver, das sie bei einem Lebensmittelhändler gekauft hatten."

Ich zog mich an, fuhr mit der Kutsche zu meiner Mutter und fand sie so ruhig vor, als ob in Paris nichts Außergewöhnliches vorgefallen wäre. Ich hatte angeordnet, sie im Unklaren zu lassen, und diese Anordnungen waren sorgfältig befolgt worden. Nachdem ich meine Mutter verlassen hatte, fuhr ich zu Godefroy Cavaignac, der in der Rue de Sèvres wohnte. Er war ausgegangen, aber man sagte mir, ich würde ihn entweder beim Buchhändler Joubert in der Passage Dauphine oder bei Charles Teste in *der Petite-Jacobinière* am Place de la Bourse finden.

Joubert, der später Adjutant von La Fayette war, ich glaube, Oberstleutnant, war ein ehemaliger Carbonaro und ein Freund von Carrel. Obwohl dieser nach der Affäre von Béfort zum Tode verurteilt war, war er mit Hilfe einer Nonne und zweier seiner Freunde, Fabre und Corbière, aus dem Gefängnis von Perpignan geflohen.

Charles Teste, den wir alle gut kannten, hatte an der Place de la Bourse eine Buchhandlung eröffnet, die aufgrund der Meinungen ihrer Besucher den vielsagenden Namen *Petite-Jacobinière erhielt* . Charles Teste war eine der ehrenhaftesten und edelsten Persönlichkeiten, die man treffen konnte. Da er arm war, hatte er sich mit seinen reicheren Brüdern gestritten. Während der Herrschaft von Louis-Philippe wollte er keinen Beruf ergreifen, und wer weiß, wie er es schaffte, zu überleben! Als sein Bruder vom Pairsgericht verurteilt wurde, stellte er sich ihm ganz zur Verfügung und wurde ihm Stütze, Trost und Stärke. Nach der Revolution von 1848 kamen dann alle seine alten Freunde an die Macht, aber er lehnte die ihm angebotenen Posten ab und bat nur um den Gefallen, dass sein Bruder aus dem Gefängnis in ein Sanatorium verlegt würde. Charles Teste starb, glaube ich, vor anderthalb oder zwei Jahren; als er seinen letzten Atemzug tat, verlor Frankreich einen seiner größten Bürger.

Ich fuhr zuerst zur Passage Dauphine, aber Cavaignac war dort gewesen und mit Bastide ausgegangen, und man nahm an, dass beide nach *La Petite-Jacobinière gegangen waren*. Also entließ ich mein Taxi, da ich einen Besuch in der Rue de l'Université Nr. 7 machen musste. Hier hatte ich keine Schutzabsperrung gezogen, wie im Fall meiner Mutter, und alles war bekannt. Ich versprach, die Dinge aus der Perspektive eines Zuschauers zu betrachten und mich nicht in die Unruhe einzumischen: Unter diesen Bedingungen durfte ich gehen.

In der Rue de Beaune, im Haus eines Apothekers namens Robinet, fand eine große Versammlung statt; sie bestand aus Wählern und Mitgliedern der Nationalgarde des 10. und 11. Arrondissements. Sie wollten nur auf den Kriegspfad ziehen, aber niemand besaß Waffen.

„Keine Waffen?", fragte Étienne Arago, der in diesem Augenblick eintrat. „Wenn Sie keine Waffen haben, gibt es bei den Waffenschmieden genügend davon!"

Nationalversammlung und in *der Petite-Jacobinière* war bekannt, dass in Robinets Haus eine Versammlung stattfand, und man hatte Arago als Stellvertreter geschickt. Er hatte seit dem Morgen keine Zeit verschwendet.

„Keine Waffen!", war der allgemeine Ruf in der *Petite-Jacobinière* wie auch anderswo.

„*Le Sergent Mathieu*" gespielt, und infolgedessen lagen zwischen den Immobilienvorräten etwa zwanzig Gewehre, Schwerter und Pulverbeutel herum. Gauja und Etienne liefen zum Vaudeville und legten die Waffen in Weidenkörbe, die sie mit Laken bedeckten; sie rekrutierten Träger und Bühnenbildner, während sie dem Zug folgten, unter ihren langen Mänteln in die Uniform von Offizieren der kaiserlichen Garde gekleidet. Der Place du Palais-Royal war voller Truppen. Ein Hauptmann trat aus den Reihen und fragte die Portiers: „Was tragen Sie da?"

„Ein Hochzeitsfrühstück von Parly, Captain", antwortete Arago.

Der Hauptmann begann zu lachen: Die Spitzen der Schwerter und Bajonette ragten durch das Korbgeflecht. Aber er drehte dem, was er sah, nur den Rücken zu und kehrte in die Reihen zurück. Gewehre, Schwerter und

Pulverflaschen kamen sicher in *der Petite-Jacobinière an* , wo sie verteilt wurden. Infolge dieser Waffenverteilung war Étienne zu Robinet geschickt worden.

„Auf seine Worte: „Wenn Sie keine Waffen haben, gibt es genügend bei den Waffenschmieden!" gingen alle hinaus. Étienne rannte mit Gauja und einem Mann namens Lallemand zum nächsten Waffenschmiede. Der Waffenschmiede wohnte in der Rue de l'Université. Nachdem ich Étienne seinen Laden gezeigt hatte, der auf der linken Seite der Rue de Beaune lag, ging ich nach rechts, um meine eigene Waffe zu holen. Étienne und Lallemand eilten in die Waffenschmiede, die gerade geschlossen wurde. Étienne hatte mit dem Waffenschmiede mehr Glück als am Vortag mit dem Polizeipräsidenten und es gelang ihm, in den Laden zu gelangen.

„Mein Freund", sagte er, „seien Sie nicht beunruhigt; wir sind nicht gekommen, um Ihnen die Waffen wegzunehmen, sondern um sie zu kaufen."

Er nahm fünf oder sechs Gewehre, von denen er eines für sich behielt, eines für Gauja und eines für Lallemand, den Rest verschenkte er. Dann leerte er seine Taschen, die 320 Francs enthielten, und für den Überschuss gab er einen Scheck auf seinen Bruder François vom Observatoire aus, der pünktlich zahlte. Lallemand indossierte den Wechsel. Dieser Lallemand war ein gut ausgebildeter und sehr kultivierter junger Mann, den wir „ *le Docteur"* *nannten* , weil er immer so viel Latein sprach. Ich mache diese Erklärung, um eine Verwechslung mit Professor Lallemand zu vermeiden. Sie nahmen auch Pulver und Kugeln vom selben Waffenmeister, und wie wir sehen werden, dauerte es nicht lange, bis sie benötigt wurden.

Ich war nach Hause gegangen, hatte meinen Diener Joseph gerufen und ihm gesagt, er solle mir meine komplette Jagdmontur herausholen. Sie war am geeignetsten und bequemsten für die Übung, der wir unsere Energien widmen wollten; und was noch wichtiger ist, sie war am wenigsten auffällig. Ich war gerade mitten bei meiner Toilette, als ich einen großen Aufruhr in der Rue du Bac hörte und eilte zu meinem Fenster: Er kam von Étienne Arago und Gauja, die die Leute zu den Waffen riefen. Man wird sich erinnern, dass ich über dem Café Desmares wohnte; aber ich vergaß zu erwähnen, dass drei meiner Fenster auf die Rue du Bac hinausgingen. In diesem Augenblick erschienen zwei berittene Polizisten von der Brückenseite her am Eingang der Straße. Warum waren sie dorthin gekommen? Welcher Zufall hatte sie hergeführt? Wir wussten es nicht im Geringsten. Als die Menge, die die Straße füllte, sie erblickte, erhob sich lautes Geschrei. Daraufhin schienen die Polizisten sich zu beraten; aber wenn sie zögerten, dann nur für einen Augenblick: Sie nahmen die Zügel zwischen die Zähne, zogen ihre Säbel in einer Hand und hielten ihre Pistolen in der anderen. Die Menge war unbewaffnet und rannte in Seitengassen oder offene Läden oder flüchtete die Rue de Lille hinunter. Arago und Gauja versteckten sich in Straßenecken: einer von ihnen (ich weiß nicht, wer) rief dem anderen zu:

„Komm! Es ist Zeit anzufangen!"

Im selben Moment stürzten sich die beiden Polizisten im vollen Galopp auf sie. Zwei Schüsse und Feuerblitze kamen gleichzeitig von Étienne und Gauja. Beide hatten auf denselben Mann gezielt, und er fiel, von beiden Kugeln durchbohrt. Sie eilten zu dem am Boden liegenden Gendarmen. Er lag im Sterben. Der andere Polizist drehte sich um. Das reiterlose Pferd ging seinen eigenen Weg und verschwand in der Rue du Bac. Sie nahmen ihm Säbel, Pistole und Pulverdose ab und brachten ihn in die Charité. Als man sah, dass ein verwundeter Polizist ins Krankenhaus gebracht wurde und man erfuhr, dass er verwundet worden war, weil er die Leute angegriffen hatte, waren die Patienten dafür, ihn zu erledigen.

Der Geist der Revolution war tatsächlich bis in die Krankenhäuser vorgedrungen!

Inzwischen hatte ich meine Jacke angezogen, mein Gewehr, meine Jagdtasche und mein Pulverhorn genommen, meine Taschen mit Schrot vollgestopft und war die Treppe hinuntergegangen. Arago und Gauja waren beide verschwunden. Ich war in der Gegend bekannt und die Leute versammelten sich um mich.

„Was muss getan werden?", fragten sie.

„Barrikaden errichten!", antwortete ich.

"Wo?"

„Eines an jedem Ende der Rue de l'Université, das andere auf der anderen Seite der Rue du Bac."

Sie brachten mir ein Brecheisen und ich machte mich an die Arbeit, indem ich begann, die Straße aufzubrechen. Alle verlangten nach Waffen.

Währenddessen wurden im Tuileriengarten Trommeln geschlagen. Drei Soldaten der Garde Royale erschienen am oberen Ende der Rue du Bac, aus der Richtung der Rue Saint-Thomas-d'Aquin.

„Seht her!", sagte ich zu den Leuten um mich herum, „Ihr verlangt nach Waffen? Nichts könnte passender sein. Seht her! Da kommen drei Gewehre auf euch zu; das Einzige, was ihr zu tun habt, ist, sie zu nehmen..."

„Oh, wenn das alles ist!", sagten sie.

Und sie stürmten auf die Soldaten zu, die anhielten. Ich war der einzige bewaffnete Mann in der Menge.

„Meine Freunde", rief ich den Soldaten zu, „gebt eure Waffen ab, und euch wird nichts geschehen!"

Sie berieten sich einen Moment und gaben dann ihre Gewehre ab. Ich hielt die Soldaten mit meinen in Deckung, bereit, den ersten Mann zu töten, der feindselige Demonstrationen machte. Die Leute nahmen die Gewehre, aber diese waren tatsächlich nicht geladen: daher natürlich die Bereitschaft der armen Teufel, sie abzugeben. Die Leute stießen laute Triumphschreie aus, die Schlacht hatte mit einem Sieg begonnen: ein Gendarm getötet und drei Soldaten der königlichen Garde gefangen genommen! Freilich mussten wir unsere Gefangenen freilassen, weil wir nicht wussten, was wir mit ihnen anfangen sollten.

Wir machten uns nun an unsere Barrikaden. Eine kleine Gruppe von Studenten kam vom Ende der Rue de l'Université; an ihrer Spitze marschierte ein großer blonder junger Mann, gekleidet in einen apfelgrünen Gehrock. Er war der einzige der Gruppe, der ein Dienstgewehr besaß. Wir freundeten uns an und sie schlossen sich uns an, um an den Barrikaden zu arbeiten. Die unmittelbare Nähe der Kaserne der Gardes du Corps am Quai d'Orsay ließ uns einen Angriff befürchten. Es war völlig unmöglich, dass der Wachposten die beiden Schüsse nicht gehört, die Polizei nicht geflohen gesehen und nicht Alarm geschlagen hatte. Ich war es leid, Pflastersteine umzugraben, also gab ich dem großen blonden Jungen meine Spitzhacke. Er begann, den Zwischenraum aufzuheben, aber die Brechstange war schwer, fiel ihm aus der Hand und traf mich am Bein.

„Ach, Monsieur", rief er, „ich bitte aufrichtig um Verzeihung, denn ich bin sicher, ich habe Sie schwer verletzt!"

Das stimmte zwar, aber es gibt Momente, in denen man keinen Schmerz spürt.

„Macht nichts", sagte ich zu ihm, „es liegt am Knochen."

Er hob den Kopf. „Sind Sie zufällig schlagfertig?"

„Beim Himmel!", antwortete ich, „das ist eine gute Frage: Es ist mein Beruf, einen zu haben!"

„Würden Sie mir Ihren Namen schenken?"

„Alexandre Dumas."

„Oh, Monsieur!" (Er streckte mir die Hand entgegen.) „Mein Name ist Bixio … Beruf: Medizinstudent. Falls ich getötet werde, hier ist meine Karte. Haben Sie die Güte, dafür zu sorgen, dass ich nach Hause gebracht werde. Falls Sie verwundet werden, werde ich Ihnen meine wissenschaftlichen Kenntnisse zur Verfügung stellen."

„Monsieur, ich hoffe, dass weder Ihre Karte noch Ihr Wissen verlangt werden. Aber ich werde das eine nehmen und das andere akzeptieren. Denken Sie bitte daran, sich meinen Namen zu merken, so wie ich mir Ihren merken werde!“

Wir schüttelten uns die Hände und von diesem Treffen an begann unsere Freundschaft.

Nachdem die Barrikaden fertig waren, überließen wir sie denen, die beim Bau geholfen hatten, zur Bewachung.

„Also“, sagte ich zu Bixio, „wohin gehst du?“

„Ich gehe in Richtung Gros-Caillou.“

„In diesem Fall werde ich Sie bis zur Kammer begleiten. Ich möchte hingehen und sehen, was im *National los ist.* “

„Was!“, rief Bixio. „Gehst du so mit deiner Waffe durch die Straßen?“

„Gewiss!“, antwortete ich. „Mir kommt es so vor, als ob Sie genau dasselbe tun würden.“

„Ja, aber nur auf dieser Seite der Seine.“

„Pah! Ich trage ein Schießkostüm und kein Kampfkostüm.“

"Aber die Dreharbeiten haben noch nicht begonnen."

„Also gut, ich werde die Saison eröffnen.“

Wie man jedoch sehen wird, wagte ich es nicht, mit meiner Ausrüstung die Tuilerien zu durchqueren: Ich ging um den Place de la Révolution herum, überquerte ihn ohne Hindernisse und lief die ganze Rue Saint-Honoré entlang. Die Barrikaden in der Rue de l'Échelle und der Rue des Pyramides waren niedergerissen. Als ich die Rue de Richelieu erreichte und am oberen Ende des Place Louvois ein Regiment sah, war von der anderen Seite des Palais-Royal aus eine dichte Truppenlinie zu sehen, und eine Schwadron von Ulanen war auf dem Place du Palais-Royal stationiert. Ich konnte nicht weiter, es sei denn, ich ging denselben Weg zurück, den ich gekommen war. Ich stellte fest, dass ich fast gegenüber meiner alten Kanzlei, Nr. 216, stand. Also ging ich hinein und die Treppe in den ersten Stock hinauf. Dort traf ich Oudard. Er sah mich an und zögerte, ob er mich erkennen konnte.

„Was, bist du das?“, fragte er.

"Daran gibt es keinen Zweifel."

"Was machst du heute hier?"

„Ich bin gekommen, um zu sehen, ob ich den Herzog von Orléans treffen kann."

"Was willst du von ihm?"

Ich fing an zu lachen.

„Ich möchte ihn mit ‚*Eure Majestät*' ansprechen ", antwortete ich.

Oudard stieß einen kläglichen Schmerzensschrei aus.

„Unglücklicher Kerl!", sagte er. „Wie kannst du so etwas sagen? Wenn dich jemand gehört hätte!"

„Ja, aber niemand wird mich hören – der Herzog am allerwenigsten." „Warum?"

„Weil ich annehme, dass er in Neuilly ist."

„Der Herzog von Orléans ist am richtigen Platz!", antwortete Oudard gebieterisch.

„Mein lieber Oudard, da ich in Sachen Etikette viel weniger bewandert bin als Sie, erlauben Sie mir, zu fragen, wo der richtige Ort ist?"

„Na, an der Seite des Königs, schätze ich."

„Dann", sagte ich, „übermittle ich Seiner Hoheit meine besten Grüße."

In diesem Moment begannen an der Ecke der Rue de Richelieu Trommeln zu schlagen, die in die Rue Saint-Honoré einbogen und in Richtung Palais-Royal vorrückten. Hinter ihnen kam ein General, umgeben von seinem Offiziersstab. Ich konnte sie deutlich durch die Ritzen der Außenjalousien sehen.

Ich verspürte das große Verlangen, Oudard vor Angst krank zu machen.

„Hören Sie, Oudard", sagte ich, „ich bin der festen Überzeugung, dass es den Angelegenheiten des Herzogs von Orléans, der dem König so nahe steht, erheblich nützen würde, wenn ich den General töte, der gerade vorbeikommt."

Und ich deckte den General mit meinem Gewehr zu. Oudard wurde leichenblass und warf sich auf mein Gewehr, das noch nicht einmal gespannt war. Lachend zeigte ich ihm den Hahn, der auf die Zündzunge gesenkt war.

„Oh!", sagte er, „Sie werden diesen Ort verlassen, nicht wahr?"

„Sie müssen warten, bis die Soldaten vorbeimarschiert sind. ... Es ist für mich nicht sinnvoll, zwei- oder dreitausend Mann im Alleingang anzugreifen.“

Oudard setzte sich, und ich legte mein Gewehr in eine Ecke und öffnete das Fenster weit.

„Was hast du als nächstes vor?“, fragte er.

„Ich werde mir ein Vergnügen daraus machen, dem Vorbeimarsch des Militärs zuzusehen“; und ich habe ihnen von Anfang bis Ende zugesehen.

Sie gingen zum Rathaus, wo heftige Kämpfe begonnen hatten. Der kommandierende General, den ich zu Oudards größtem Schrecken auserkoren hatte, war General Wall.

Ich ging mit dem Gewehr auf der Schulter durch die Rue de Richelieu hinter die letzten Reihen zurück, so ruhig, als ginge ich zur Eröffnung der Jagdsaison auf die Ebene von Saint-Denis.

KAPITEL VI

Der Anblick der Rue de Richelieu – Charras – L'École polytechnique – Der Kopf mit der Perücke – Das Café an der Porte Saint-Honoré – Die dreifarbige Flagge – Ich werde Chef einer Truppe – Mein Vermieter kündigt mir – Ein Herr, der Pulver verteilt – Der Hauptmann des 15. leichten Infanterieregiments

Die Rue de Richelieu bot einen sehr merkwürdigen Anblick. Kaum hatten die Truppen die Straße verlassen, als die Aufständischen sie kühn betraten oder vielmehr aus jeder Tür kamen und dort uneingeschränkt herrschten. Überall waren die Lilien und das königliche Monogramm ausgelöscht, während die Mottos überall mit Schlamm beschmiert waren. Auf die Rufe „*Vive la Charte!*" folgten die Rufe „*A bas les Bourbons!*" Bewaffnete Männer erschienen an den Straßenecken, als suchten sie nach einem Zentrum des Widerstands oder einem Schlachtfeld. Von Zeit zu Zeit öffnete sich eine Ladentür, und durch den halb geöffneten Durchgang konnte man einen Soldaten der Garde National in Uniform sehen, der noch zögerte, herauszukommen, aber nur auf den richtigen Moment wartete, um sich dem großen Tumult anzuschließen. Frauen schwenkten Taschentücher aus den Fenstern und riefen jedem Mann, der mit einem Gewehr in der Hand erschien, Bravo zu. Niemand ging mit seinem üblichen Schritt, alle rannten. Niemand sprach wie sonst, alle brachten nur halbfertige Ausdrücke hervor. Ein allgemeines Fieber schien die Bevölkerung erfasst zu haben: Es war ein wunderbarer Anblick! Selbst das kälteste und unsympathischste Wesen hätte sich gezwungen gesehen, sich der allgemeinen Aufregung im Ausland anzuschließen.

Ich erreichte die *Nationalbüros* und traf an der Tür Carrel im Gespräch mit Paulin.

„Ah!" rief ich aus, „da sind Sie ja! ... gut. Man sagte mir, Sie hätten Paris verlassen und seien mit Thiers und Mignet auf dem Lande; man sagte sogar, Sie seien im Tal von Montmorency."

"Wer hat dir das gesagt?"

„Als ob ich mich erinnern könnte! ..." Und tatsächlich hätte ich nicht sagen können, wer mir diese Neuigkeit erzählt hatte, die man mir zudem mitteilte, um mir zu beweisen, wie wenig Einfluss die Führer der Bewegung selbst auf die sogenannte Revolution hatten, die im Gange war.

„An dem Gerücht ist etwas Wahres dran", sagte er. „Ich bin tatsächlich mit Thiers, Mignet und einer anderen Person, die ich in Sicherheit bringen wollte, aufs Land gegangen."

„Élisa?", sagte ich achtlos.

„Ja, meine Frau Élisa", betonte Carrel, „aber sobald sie in Sicherheit war, bin ich zurückgekehrt, und hier bin ich."

Carrel war in den wenigen Worten, die er gerade ausgesprochen hatte, ganz aufrichtig. Diejenigen, die in engem Kontakt mit Carrel standen, kannten die Person, die ich gerade Élisa genannt hatte, die er, um mir eine Lektion zu erteilen, seine *Frau genannt hatte*. Er betete diese Dame an, die in der Tat bezaubernd und die beste und ergebenste aller Frauen war! Zwischen ihnen bestand eine jener Verbindungen, die die Gesellschaft verbietet, das Herz aber respektiert – eine Liebe, die die begangene Schuld durch eine solche Tugend wiedergutmacht, dass sie aus einem Sünder einen Heiligen macht. Was wurde aus diesem armen, edlen Geschöpf nach Carrels Tod? Ich habe keine Ahnung; aber ich weiß, dass ich, als ich von dem schrecklichen Unfall hörte, weit weniger an den dachte, der gestorben war, als an die, die zum Leben verurteilt war.

Ich bitte meine Leser um Nachsicht, dass ich so oft vom Thema abschweife, um über Herzensangelegenheiten wie diese zu sprechen, aber ich schreibe meine Memoiren und keine Geschichte; meine Eindrücke und keine Zusammenstellung von Daten: Wenn meine Eindrücke in mein Gedächtnis zurückkehren, lassen sie eine dunkle oder eine goldene Wolke zwischen meinen Augen und meinem Papier schweben, je nachdem, ob sie traurig oder freudig sind.

Jetzt gesellte sich ein feiner, hübscher Junge zwischen zwanzig und zweiundzwanzig zu uns. Carrel streckte ihm die Hand entgegen.

„Oh! Also bist du es, Charras?", sagte er.

„Ja. Ich habe nach dir gesucht."

"Für welchen Zweck?"

„Um dich zu fragen, wo sie kämpfen."

„Gibt es irgendwo Kämpfe?", fragte Carrel.

„Meine Güte! Natürlich gibt es das!"

„Na gut, das macht nichts. Aber ich hätte nie gedacht, dass es so schwer ist, sich den Schädel einschlagen zu lassen … Seit gestern Abend laufe ich mit diesem Ziel vor Augen überall herum, und mein Wunsch ist noch nicht in Erfüllung gegangen."

Charras, einer der tapfersten Offiziere der afrikanischen Armee und einer der standhaftesten Charaktere der Revolution von 1848, war Anfang 1830 aus der École polytechnique gejagt worden, weil er bei einem Abendessen „La Marseillaise" gesungen und „ *Vive La Fayette!* " gerufen hatte. Eines dieser beiden Vergehen allein hätte ausgereicht, um ihn rauszuwerfen, aber da sie ihn nicht zweimal hinauswerfen konnten, mussten sie sich damit begnügen, ihn ein für alle Mal hinauszuwerfen. Seitdem lebte er in der Rue des Fossés-du-Temple Nr. 38 bei dem Schauspieler Fresnoy, der ein möbliertes Hotel betrieb und gleichzeitig auch Direktor des Marionettentheaters Petit-Lazari war, das der Schutz und Einfluss seines Mieters eine Woche nach der Julirevolution in ein Theater mit lebenden, sprechenden Schauspielern verwandelte. Seit dem 26. hatte Charras geplant, welche Rolle seine alten Kameraden, die Studenten der École polytechnique, bei dem Aufstand spielen könnten; deshalb nahm er sofort Kontakt mit ihnen auf, und am 27. gelang es ihm, die erschienenen oppositionellen Zeitschriften, den *Globe* , den *Temps* und den *National, unter ihnen zu verteilen.* Der Drucker des *Courrier français* hatte seine Druckerei abgelehnt, und der *Constitutionnel* und die *Débats* hatten es nicht gewagt, zu erscheinen. Um zwei Uhr stürmten die Doktoranden, Sergeanten und Sergeant Majors, die das Recht hatten, nach Belieben auszugehen, auf die Straße, zogen alle Viertel in brodelnder Aufruhr an und kehrten zur École zurück, nachdem sie nach allem, was sie gesehen hatten, sagten, dass ein Zusammenstoß unmittelbar bevorstünde. Bei dieser Neuigkeit steigerte sich die Aufregung ins Unermessliche. Gegen sieben Uhr hörten sie Musketenschüsse in der Rue du Lycée und Salvenfeuer in der Rue Saint-Honoré. Die Studenten versammelten sich bald im Billardzimmer und beschlossen dort, vier ihrer Mitglieder zu Laffitte, La Fayette und Casimir Périer zu schicken, um ihnen die Stimmung der École mitzuteilen und ihnen mitzuteilen, dass die Studenten bereit seien, sich in den Aufstand zu stürzen. Die École zählte zwischen vierzig und fünfzig Republikaner, so viele wie Paris unter seinen zwölfhunderttausend Einwohnern hat. Die vier ausgewählten Studenten waren die Herren Berthelin, Pinsonnière, Tourneux und Lothon. Die Behörden versuchten, sie zurückzuhalten, aber sie brachen ohne Erlaubnis aus und erreichten Charras' Unterkunft um neun Uhr abends. Charras war damit beschäftigt, das Wachhaus am Place de la Bourse niederzubrennen und kam erst um halb zwölf nach Hause. Aber das spielte keine Rolle, und es wurde beschlossen, sofort zu Laffittes Haus zu gehen. Sie verließen die Rue des Fossés-du-Temple um Mitternacht und erreichten die Tür seines Hotels um zwanzig Minuten nach. Sie klingelten und klopften gleichzeitig, so groß war ihre Eile, hineinzukommen. Außerdem glaubten die fünf Jugendlichen in ihrer Unschuld, dass Laffitte es ebenso eilig hatte, ihr

Leben anzunehmen, wie sie es selbst taten, es anzubieten. Ein schlecht gelauntes Pförtnerchen öffnete eine Pforte.

„Was willst du?", fragte er.

„Um mit Herrn Laffitte zu sprechen."

"Wie wäre es mit?"

"Über die Revolution."

"Wer bist du?"

„Studenten der École Polytechnique."

„M. Laffitte ist zu Bett gegangen."

Und der Portier schlug den fünf jungen Männern die Tür vor der Nase zu.

Charras hatte große Lust, die Tür aufzubrechen, und ging sogar so weit, es vorzuschlagen. Seine Gefährten hielten ihn jedoch davon ab und er überhäufte den Concierge lediglich mit Beschimpfungen.

Die Art ihres Empfangs bei Laffitte ermutigte sie nicht, die anderen Besuche zu machen, die sie geplant hatten: Sie vereinbarten, am nächsten Tag La Fayette und Casimir Périer aufzusuchen, aber in der Zwischenzeit wollten sie in die Rue des Fossés-du-Temple zurückkehren. Sie gingen daher zurück zum Hôtel Fresnoy und richteten sich, so gut sie konnten, auf Matratzen, Stühlen oder auf dem Boden ein. Am nächsten Tag gingen sie im Morgengrauen zu einem Mathematikprofessor namens Martelet, der für die École-Prüfungen übte. M. Martelet wohnte in der Rue des Fossés-du-Temple Nr. 16. Sie wollten sich Zivilkleidung besorgen – die Königsstraße war bei Tageslicht für die Studenten, die die École-Uniform trugen, nicht sicher. Die fünf Freunde fanden alles, was sie brauchten, im Haus von M. Martelet. Da sie dann befürchteten, dass, wenn sie La Fayette zu früh aufsuchten, dasselbe passieren könnte wie bei ihrem zu späten Besuch bei Laffitte, machten sie sich daran, eine Barrikade zu errichten, um sich die Wartezeit zu vertreiben.

Ein Perückenmacher war in einem Haus gegenüber dem von M. Martelet damit beschäftigt, eine Perücke zu flechten und zu pudern. Die jungen Männer luden ihn ein, sich ihnen anzuschließen. Aber ob die politischen Ansichten des Perückenmachers von denen der Hersteller der Barrikade abwichen oder ob er zu sehr in seine Kunst vertieft war und dachte, seine Zeit sei besser damit beschäftigt, Perücken zu pudern und zu flechten, er lehnte ab. Zufällig wurden die Barrikade und die Perücke gleichzeitig fertig. Da niemand da war, um die Barrikade zu bewachen, nahmen sie ein Kopfmodell mit Sockel aus dem Laden des Perückenmachers, stellten es hinter die Pflastersteine, kleideten es mit der frisch gepuderten und gelockten

Perücke, rammten munter einen Dreispitz oben drauf und vertrauten den Schutz der Barrikade der Puppe an, wobei sie dem Perückenmacher bei Todesstrafe verboten, es zu wagen, die strategischen Vorkehrungen zu ändern. Danach machten sie sich auf den Weg zu La Fayettes Wohnung. La Fayette war nicht zu Hause. Die jungen Leute hinterließen ihre Namen beim Concierge und wollten ihre Odyssee fortsetzen, indem sie an die Tür von Casimir Périer klopften. Aber Charras dachte, zwei erfolglose Versuche seien genug, und überließ es seinen Kameraden, ihren dritten Versuch allein durchzuführen, der sich als ebenso erfolglos erwies wie die ersten beiden. Er suchte Carrel auf, um sich zu erkundigen, wo gekämpft wurde. Aber niemand schien es zu wissen. Es herrschte allgemein das Gefühl, dass in der Nähe des Rathauses gekämpft wurde, und in bestimmten Momenten konnte man die große Glocke von Notre-Dame läuten hören. Da Charras keine Waffen hatte, konnte er direkt über den Palais-Royal und die Pont des Arts oder über die Pont Neuf gehen, während ich, der ich mein Gewehr hatte, gezwungen war, denselben Weg zurückzugehen, den ich gekommen war, über das Faubourg Saint-Germain, den Place de la Révolution und die Rue de Lille. Charras ging seinen Weg und ich den meinen. Wir werden Charras später wiederfinden. Carrell ging zur *Petite-Jacobinière* und ich ging wieder auf die Straße.

Der Geist des Hasses breitete sich noch immer aus: Die Leute gaben sich nicht mehr damit zufrieden, die Lilien von den Plakaten zu entfernen, sie warfen sie nun in die Gosse.

Ich besuchte Hiraux für ein paar Minuten (der Leser wird sich an den Sohn meines alten Geigenlehrers erinnern, der das Café de la Porte Saint-Honoré führte und noch führt). Ich ging zunächst einmal dorthin, um ihn zu sehen, und zweitens, weil in seinem Haus große Aufregung zu herrschen schien. Sie wurde durch eine Nachricht ausgelöst, die im Ausland verbreitet wurde und die Leute erzürnte. Es hieß, der Herzog von Raguse habe dem König seine Dienste angeboten, um das Kommando über die Streitkräfte in Paris zu übernehmen. Wenn diese Nachricht für die breite Öffentlichkeit seltsam klang, überraschte sie mich noch mehr: Hatte ich nicht erst zwei Tage zuvor gehört, wie der Herzog von Raguse in der Akademie die Verordnungen bedauerte und François Arago bat, nicht zu sprechen? Und tatsächlich hatte er nicht daran gedacht, seine Dienste für den Posten anzubieten, bis Marschall Marmont, der in einem Zustand der Verzweiflung war, am selben Morgen vom Prinzen von Polignac den Befehl erhielt, ihn zum Kommandeur der ersten Militärdivision zu ernennen. Er war kurz davor, abzulehnen, aber sein böser Geist hatte ihn davon abgehalten. Es gibt Menschen, die dazu bestimmt sind, tödliche Taten zu begehen! Diese Nachricht trieb wahrscheinlich fünfhundert weitere Kämpfer auf die Straße.

Als ich die Pont de la Révolution erreichte, blieb ich verblüfft stehen und rieb mir die Augen, denn ich dachte, sie hätten mich getäuscht: Die Trikolore wehte über Notre-Dame! Ich muss gestehen, dass ich beim Anblick dieser Flagge, die ich seit 1815 nicht mehr gesehen hatte und die so viele edle Erinnerungen an jene Revolutionszeit und so viele glorreiche Erinnerungen an die kaiserliche Herrschaft in mir weckte, eine seltsame Erregung verspürte. Ich lehnte mich mit ausgestreckten Armen an die Brüstung und meine Augen füllten sich mit Tränen, gebannt von diesem Anblick.

Von der Grève-Seite her brach ein heftiges Gewehrfeuer los, der Rauch stieg in dichten Wolken auf. Beim Anblick meines Gewehrs versammelten sich ein Dutzend Leute um mich. Zwei oder drei waren mit Gewehren bewaffnet, andere hatten Pistolen oder Schwerter.

„Wirst du uns führen?", fragten sie. „Wirst du unser Anführer sein?"

„Das werde ich allerdings!", antwortete ich. „Komm mit."

Wir überquerten die Pont de la Révolution und gingen durch die Rue de Lille, um der Orsay-Kaserne aus dem Weg zu gehen, die den Kai beherrschte. Die Trommeln der Nationalgarde begannen zum *Abseilgerät zu dröhnen* , und als ich die Rue du Bac erreichte, bildete unsere kleine Kompanie einen Kern. Ich war von fünfzig Mann mit zwei Trommeln und einem Banner umringt. Als ich an meinen Zimmern vorbeikam, wollte ich nach oben gehen, um etwas Geld zu holen, da ich am Morgen hinausgegangen war, ohne mir die Mühe zu machen, nachzusehen, was ich bei mir hatte, und ich stellte fest, dass ich nur fünfzehn Francs hatte. Aber der Wirt war gekommen und hatte dem Portier befohlen, mich nicht einzulassen. Mein Verhalten an diesem Morgen hatte einen Skandal ausgelöst: Ich selbst hatte mit neunzehn anderen drei Soldaten der königlichen Garde entwaffnet und mit neun anderen drei Barrikaden errichtet. Schließlich, da sie offenbar dachten, ich sei so reich, dass sie es riskieren könnten, mir etwas zu leihen, fügten sie den Anklagen gegen mich noch den Mord an dem Gendarmen durch Arago und Gauja hinzu. Meine Truppe machte mir dasselbe Angebot, das Charras seinen Kameraden am Abend zuvor gemacht hatte; sie boten an, die Tür aufzubrechen, aber ich mochte meine Unterkunft, sie war sehr komfortabel und ich hatte keine Lust, dass mein Vermieter mich hinauswarf, also zügelte ich den enthusiastischen Eifer meiner Männer.

Wir setzten unseren Weg entlang der Rue de l'Université fort. In diesem Augenblick hatte ich fast dreißig mit Gewehren bewaffnete Männer bei mir; als wir das Ende der Rue Jacob erreichten, kam mir die Idee, sie zu fragen, ob sie Munition hätten. Zusammen hatten sie nicht einmal zehn Patronen; aber das hatte sie nicht davon abgehalten, mit jenem naiven und erhabenen Selbstvertrauen, das die Bevölkerung von Paris in Zeiten des Aufstands auszeichnet, ins Feuer zu marschieren.

Wir gingen in eine Waffenschmiede, deren Waffen alle beschlagnahmt worden waren, und fragten ihn, ob er uns sagen könne, wo wir Patronen finden könnten. Er sagte uns, dass wir am kleinen Tor des Instituts in der Rue Mazarine einen *Monsieur finden würden*, der Pulver verteilte. Obwohl es höchst unwahrscheinlich war, dass es einen solchen *Monsieur* gab, gingen wir zu der angegebenen Adresse.

Die Informationen waren vollkommen richtig: Wir fanden die kleine Tür des Instituts und den *Monsieur*, der Pulver verteilte. Wer war der Herr und woher kam er? Und in wessen Auftrag verteilte er dieses Pulver? Ich weiß nichts darüber und werde mich jetzt sicher nicht mit der Frage beschäftigen, da ich damals nicht zuließ, dass sie mich beunruhigte. Ich stelle einfach die nackten Tatsachen dar. Wie Sie sich vorstellen können, hatte sich eine Schlange gebildet. Jeder mit einem Gewehr bewaffnete Mann erhielt ein Dutzend Ladungen Pulver; jeder Mann mit einer Pistole erhielt sechs. Der *Monsieur* hatte keine Kugeln; und diese hoffte ich bei Joubert in der Dauphine-Passage zu besorgen. Ich ließ meine Männer auf der Straße zurück und ging allein zu Joubert, aus Angst, die Leute, die weiter unten in der Passage wohnten, zu beunruhigen. Joubert war mit Godefroy Cavaignac und Guinard weggegangen. Cavaignac und Guinard hatten sich gestritten; aber als sie sich zufällig bei Joubert mit Gewehren in der Hand trafen, fielen sie sich in die Arme und versöhnten sich. Trotz der Abwesenheit des Hausherrn gab man mir fünfzig Kugeln, die ich zu meinen Leuten brachte. Das reichte kaum aus, um zwei Kugeln pro Gewehr zu haben. Aber wir setzten unseren Weg fort und vertrauten auf die Vorsehung.

Auf dem Weg zum Place de Grève passierten wir die Rue Guénégaud, den Pont Neuf und den Quai de l'Horloge. Es schien, als ob wir unserem Marsch, der durch den Lärm von Musketen und Kanonen beschleunigt wurde, keinen Widerstand entgegensetzen würden, bis wir am Quai aux Fleurs einem ganzen Regiment gegenüberstanden. Es war das 15. leichte Infanterieregiment. Dreißig Gewehre und fünfzig Schuss Munition reichten kaum aus, um fünfzehnhundert Mann anzugreifen. Wir hielten an. Da die Truppe jedoch keine aggressive Haltung uns gegenüber einnahm, ließ ich meine Männer anhalten, ging mit erhobenem Gewehr auf das Regiment zu und signalisierte durch Zeichen, dass ich mit einem Offizier sprechen wollte. Ein Hauptmann kam mir entgegen.

„Was möchten Sie, Monsieur?", fragte er.

„Eine Passage für mich und die Menschen."

"Wo gehst du hin?"

„Zum Rathaus."

"Was zu tun?"

„Na, um zu kämpfen", antwortete ich.

Der Kapitän begann zu lachen.

„Wirklich, Monsieur Dumas", sagte er zu mir, „ich hätte nicht gedacht, dass Sie so verrückt sind."

„Ah! Du kennst mich?", sagte ich.

„Ich war eines Abends im Odéon Wache, als *Christine* gespielt wurde, und hatte die Ehre, Sie zu sehen."

„Dann lass uns wie zwei gute Freunde reden."

„Mir scheint, das ist tatsächlich, was ich tue."

"Warum bin ich ein Verrückter?"

„Sie sind ein Verrückter, erstens, weil Sie riskieren, getötet zu werden, obwohl es nicht Ihre Berufung ist, getötet zu werden; zweitens sind Sie verrückt, weil Sie uns bitten, Sie durchzulassen, obwohl Sie ganz genau wissen, dass wir Ihnen das nicht gestatten werden... Außerdem, sehen Sie, was mit Ihnen geschehen wird, wenn wir Ihrer Bitte nachkommen – dasselbe, was diesen armen Teufeln widerfahren ist, die hier hereingebracht werden..."

Und er zeigte mir zwei oder drei Verwundete, die auf den Schultern ihrer Kameraden lehnten oder auf Tragen lagen und zurückkamen.

„Oh, ah! Aber Sie selbst? Was machen Sie hier?", fragte ich ihn.

„Eine sehr traurige Sache, Monsieur – unsere Pflicht. Zum Glück hat das Regiment bisher keine Befehle erhalten, die über die Verhinderung des Verkehrs hinausgehen. Wir beschränken uns, wie Sie sehen, auf die Ausführung dieses Befehls. Solange niemand auf uns schießt, werden auch wir auf niemanden schießen. Gehen Sie und sagen Sie das Ihren Männern und lassen Sie sie ruhig umkehren, und wenn Sie, um noch weiter zu gehen, genug Einfluss auf sie haben, um sie zu überreden, nach Hause zurückzukehren, werden Sie die allerbeste Tat vollbringen, die Sie tun können!"

„Ich danke Ihnen für Ihren Rat, Monsieur", sagte ich und musste nun lachen. „Aber ich bezweifle, dass meine Gefährten bereit sind, dem letzten Teil zu folgen."

„Dann wird es für sie noch schlimmer sein, Monsieur!"

Ich verbeugte mich und drehte mich zum Gehen um.

„Übrigens", sagte er, „wann wird *Antonius* auftreten? Ist das nicht der Titel des ersten Stücks, das Sie aufführen wollen?"

"Jawohl Kapitän."

"Wann?"

„Wenn wir die Revolution vollzogen haben, da die Zensur mein Stück verboten hat und es nichts weniger als eine Revolution braucht, um seine Aufführung zu ermöglichen – so hat man es mir im Innenministerium gesagt."

Der Beamte schüttelte den Kopf.

„Dann fürchte ich sehr, Monsieur, dass das Stück nie das Licht der Welt erblicken wird."

„Du hast Angst davor?"

"Ja."

„Also gut, hier ist die erste Vorstellung! Und wenn Sie Sitzplätze dabei haben möchten, kommen Sie in die Rue de l'Université Nr. 25 und fragen Sie mich danach."

Wir verneigten uns. Der Kapitän kehrte zu seiner Kompanie zurück, und ich schloss mich wieder meiner Truppe an, der ich alles erzählte, was geschehen war. Unsere erste Sorge war, uns außer Schussweite zurückzuziehen, falls unsere Berater ihre Ansichten zu weniger friedlichen ändern sollten. Dann hielten wir gemeinsam Rat.

„Auf mein Wort!", bemerkte einer meiner Männer, „die Sache ist ganz einfach. Wollen wir dorthin gehen, wo gekämpft wird, oder wollen wir nicht?"

„Das tun wir."

„Gut, dann gehen wir die Rue du Harlay entlang, den Quai des Orfèvres, und kehren über die Rue de la Draperie und die Rue de la Cité zur Pont Notre-Dame zurück."

Dieser Vorschlag wurde einstimmig angenommen: Unsere beiden Trommeln begannen erneut zu schlagen, und wir gingen erneut zum Quai de l'Horloge hinauf, um unseren neuen strategischen Plan in die Tat umzusetzen.

KAPITEL VII

Der Angriff auf das Rathaus – Flucht – Ich suche Zuflucht
bei Herrn Lethière – Die Neuigkeiten – Mein Wirt wird
großzügig – General La Fayette – Taschereau – Béranger –
Die Liste der provisorischen Regierung – Ehrlicher Fehler
des *Constitutionnel*

Wir hielten uns strikt an die vereinbarte Route. Eine Viertelstunde nach
unserer Abfahrt vom Quai de l'Horloge marschierten wir durch die kleine
Straße von Glatigny. Wir kamen gerade noch rechtzeitig an: Sie wollten über
die Hängebrücke einen entscheidenden Angriff auf das Rathaus starten. Aber
wenn wir uns am Angriff beteiligen wollten, mussten wir uns beeilen. Unsere
beiden Trommeln trommelten zum Angriff und wir rückten mit schnellem
Tempo vor. In der Ferne sahen wir etwa hundert Männer (die fast die
gesamte aufständische Armee ausmachten), die mutig auf die Brücke
zumarschierten, eine dreifarbige Standarte an ihrer Spitze, als plötzlich ein
Kanonengewehr auf sie zielte und so feuerte, dass es die gesamte Länge der
Brücke betraf.

Die Kanone war mit Kartätschen geladen, und die Wirkung der Entladung
war furchtbar. Die Standarte verschwand, etwa acht oder zehn Mann fielen,
und ein Dutzend bis fünfzehn ergriffen die Flucht. Aber die Flüchtlinge
sammelten sich wieder, als die Schreie derer aufkamen, die auf der Brücke
ungerührt blieben. Von dem Punkt aus, wo wir durch die Brustwehr
geschützt waren, feuerten wir auf den Place de Grève und auf die
Kanonenschützen, von denen zwei fielen. Sie wurden sofort ersetzt, und mit
unbeschreiblicher Geschwindigkeit wurde die Kanone nachgeladen und ein
zweites Mal abgefeuert. Auf der Brücke herrschte ein furchtbares
Durcheinander; viele der Angreifer mussten getötet oder verwundet worden
sein, den Lücken in ihren Reihen nach zu urteilen. Einer von uns rief:

„Zur Brücke! Zur Brücke!"

Wir stürmten schnell vorwärts; aber wir hatten noch nicht einmal ein Drittel
der Strecke zurückgelegt, als die Kanone zum dritten Mal losdonnerte und
im selben Moment die Truppe mit aufgepflanzten Bajonetten auf die Brücke
vorrückte. Kaum zwanzig Kämpfer überlebten diesen dritten Schuss; etwa
vierzig lagen tot oder verwundet auf der Brücke. Es gab nicht nur keine
Möglichkeit mehr anzugreifen, sondern wir konnten auch nicht einmal im
Traum daran denken, uns zu verteidigen – vier- bis fünfhundert Männer
griffen uns mit aufgepflanzten Bajonetten an! Zum Glück brauchten wir nur

den Kai zu überqueren, um das Netz kleiner Straßen zu erreichen, die sich im Herzen der Stadt verbarrikadierten. Ein vierter Kanonenschuss tötete drei oder vier weitere unserer Männer und beschleunigte unseren Rückzug, den man von diesem Moment an genauer als Flucht bezeichnen könnte. Dies war das erste Mal, dass ich das Pfeifen von Kartätschen hörte, und ich gestehe, ich werde niemandem glauben, der mir erzählt, er habe dieses Geräusch zum ersten Mal ungerührt gehört. Wir versuchten nicht einmal, uns zu sammeln, und mit Ausnahme eines der Trommler, den ich auf dem Platz vor Notre-Dame traf, war meine ganze Truppe wie Rauch verschwunden. Aber fünf Minuten später trafen wir uns wieder, etwa fünfzehn von uns, die alle über verschiedene Straßen von der Brücke gekommen waren. Die Nachrichten, die sie brachten, waren verheerend: Der Fahnenträger, von dem sie behaupteten, er heiße Arcole, sei getötet worden; Charras, sagten sie, sei tödlich verwundet; und schließlich war die Brücke buchstäblich mit Toten übersät. Ich dachte, ich hätte für einen Tag genug getan, da ich ein Neuling in meiner Militärkarriere war; außerdem kündigten Schreie um uns herum das Herannahen von Soldaten an: Sie kamen, um die dreifarbige Flagge vom Turm zu nehmen und das Läuten der großen Glocke von Notre-Dame zu stoppen, das mit bewundernswerter Beharrlichkeit weiterdröhnte und alle anderen Geräusche übertönte, sogar das der Kanonen. Ich kehrte zum Quai des Orfèvres zurück und betrat dieselbe Straße, die Rue Guénégaud, durch die ich nur eine Stunde zuvor triumphierend an der Spitze meiner fünfzig Männer gegangen war. Ich ging die Rue Mazarine hinunter und betrat durch dieselbe Tür, aus der der *Monsieur* Pulver verteilt hatte, das Haus meines Freundes Lethière. Ich wurde genauso herzlich empfangen wie immer, vielleicht sogar noch herzlicher: Monsieur Lethière war ein starker Liberaler, Mademoiselle d'Hervilly war fast Republikanerin. Man gab mir etwas von dem berühmten Rum-Arrak, der direkt aus Guadeloupe stammt und den ich außerordentlich gern mochte! Meine Güte, es war gut, nachdem man dem Pfeifen der Kartätschkugeln gelauscht und gesehen hatte, wie fünfzig Männer niedergemäht wurden, sich unter herzlichen Freunden zu befinden, die sich umarmten, einander die Hand schüttelten und einem Arrak einschenkten!

Es war fast drei Uhr: Monsieur Lethière erklärte, er habe mich erwischt und wolle mich an diesem Tag nicht mehr gehen lassen. Ich wünschte mir nichts sehnlicher, als zwangsweise zurückgehalten zu werden, und blieb zum Abendessen. Um fünf kam der Sohn von Monsieur Lethière herein und brachte Neuigkeiten mit. In allen Vierteln von Paris wurde gekämpft oder hatte gekämpft. Die Boulevards von der Madeleine bis zur Bastille standen in Flammen; die Hälfte der Bäume war gefällt und zum Bau von über vierzig Barrikaden verwendet worden. Das Rathaus von Petits-Pères war von drei Patrioten eingenommen worden, deren Namen bereits bekannt waren — Monsieur Degousée, Higonnet und Laperche. Im Faubourg und in der Rue de Saint-Antoine war die Begeisterung außergewöhnlich: Sie hatten die Soldaten, die aus Vincennes kamen, unter Möbeln zerquetscht, die aus den Fenstern auf sie geworfen wurden. An Waffen war nichts verloren gegangen: Holz von Bettgestellen, Schränken, Kommoden, Marmor, Stühle, Kaminböcke, Paravents, Zisternen, Flaschen – sogar ein Klavier war umgeworfen worden! Die Truppen waren völlig dezimiert. Der Angriff im Louvre-Viertel war bis zum Place Saint-Germain-l'Auxerrois vorgedrungen. Eine Kolonne von zwanzig Mann war in die Schlacht gezogen, angeführt von einer Violine, die *Ran tan plan tire lire spielte!* Und mehr noch: Die Mitglieder der Kammer begannen sich zu fassen. Sie trafen sich im Haus von Audry de Puyraveau und redeten viel, taten aber wenig . Das war besser als nichts! Schließlich beschlossen sie, dass fünf Abgeordnete den Herzog von Raguse aufsuchen sollten, um ihm bestimmte Vorschläge vorzulegen und, wenn nötig, mit ihm zu verhandeln.

„Vier Millionen", sagte Casimir Périer, „wäre meiner Meinung nach in dieser Angelegenheit gut angelegt."

Die fünf Abgeordneten begaben sich zum Hauptquartier auf dem Platz, wo der Marschall sich befand: es waren die Herren Laffitte, Casimir Périer, Mauguin, Lobau und Gérard. Man hatte sie ins Haus von Marmont geführt, wo sie François Arago vorfanden, der ihnen mit demselben Auftrag vorausgegangen war; aber weder der eine noch der andere hatte auch nur den geringsten Erfolg gehabt. Während sie beim Marschall warteten, wurde ein Lanzenreiter, dessen Brust von einem Gewehrschuss furchtbar zerfetzt worden war, in den Raum neben dem gebracht, in dem die Konferenz stattfand. Sie konnten zunächst nicht sagen, mit welcher Art Projektil die Wunde verursacht worden sein konnte: Der Chirurg dachte, es müsse ein Hasenschuss gewesen sein. Aber es waren Druckerlettern! Die Männer, deren Pressen zerstört worden waren, übten Rache. Dies ist nur ein Detail, aber es zeigt, wie jeder die Mittel einsetzte, die ihm in Ermangelung geeigneter Waffen zur Verfügung standen.

Die Nachrichten waren, wie man sehen wird, nicht schlecht, aber noch nichts Entscheidendes. Das Volk, die Bourgeoisie, die jungen Burschen hatten sich leidenschaftlich in den Aufstand gestürzt; nur die Finanzkreise und die hohen Beamten in Armee und Aristokratie hielten sich zurück. Man hatte Herrn Dumoulin in seinem Federhut und mit dem großen Schwert an seiner Seite in der Rue Montmartre eine Ansprache halten sehen; und Oberst Dufys, als Volksvertreter verkleidet und mit einem Schal um den Kopf, feuerte die Aufständischen an; aber Herr de Rémusat litt in den Büros *des Globe noch immer an einem Fieberanfall* , und Herr Thiers und Herr Mignet waren in Montmorency, im Haus von Madame de Courchamp, während Herr Cousin von der weißen Fahne als der einzigen sprach, die Frankreich retten könne; Als Charles Dupin in einem der Pavillons neben dem Institut mit Étienne Arago zusammentraf, rief er mit Tränen in den Augen aus, als er ihn mit einer Pistole in der Hand sah:

„Oh, Monsieur, ist es so weit gekommen, dass das Soldatendasein jetzt Ihr Beruf ist?"

M. Dubois, Chefredakteur des *Globe* , hatte seinen Posten als Redakteur aufgegeben; M. Sebastiani war dafür, die rechtlichen Verhältnisse in Ordnung zu halten; M. Alexandre de Girardin protestierte, dass es für Frankreich am besten sei, die Bourbonen ohne die Ultras zu haben; Carrel verurteilte lautstark die Torheit jener Bürger, die das Militär angriffen; und als schließlich das Volk, die Bourgeoisie und die Jugend der Universitäten hemmungslos und ohne Zurückhaltung ihr Blut vergossen, gaben sich die Herren Laffitte, Mauguin, Casimir Périer, Lobau und Gérard damit zufrieden, zu versuchen, eine Versöhnungsvereinbarung mit dem Mann auszuhandeln, der über Paris mit Kartätschen um sich schoss!

Wenn sich die Lage am nächsten Tag nicht besser entwickelte, würde sie sich sicherlich noch weiter verschlechtern. In Wirklichkeit waren in Paris nicht mehr als zwölf- bis dreizehntausend Mann, aber in einem Umkreis von fünfundzwanzig bis dreißig Meilen waren es fünfzigtausend, und die Signalanlagen, die ihre riesigen, geheimnisvollen Wappen vor aller Augen schwangen, zeigten, dass die Regierung den Provinzen tausend Dinge mitzuteilen hatte, von denen sie besonders darauf bedacht war, dass Paris sie nicht erfuhr.

Das Ergebnis all dessen war, dass es durchaus möglich war, dass die Helden des 27. und 28. am nächsten Tag, dem 29., gezwungen sein würden, die Hauptstadt, wenn nicht sogar Frankreich selbst, zu verlassen. Im Hinblick auf diese Möglichkeit erkundigte sich Monsieur Lethière nach meinem Finanzstatus und bot mir an, mir im Bedarfsfall zu helfen (es war nicht das erste Mal, dass er mir einen ähnlichen Dienst erwiesen hatte), aber ich war ziemlich reich, denn als ich bereit war, nach Algier abzureisen, hatte ich alle meine Theatergagen eingezogen und war im Besitz von etwa tausend Kronen. Monsieur Lethière, der meine Art zu sparen kannte, weigerte sich jedoch, an dieses Vermögen zu glauben und verdächtigte mich der Prahlerei. Es stimmte, dass mein Vermögen aufgrund der Anordnung meines Vermieters, mir das Betreten meiner Zimmer zu untersagen, beschlagnahmt war. Aber dieses Verbot konnte nicht auch meine Freunde umfassen. Um den ehrenwerten Mann, der mir Geld leihen wollte, zu beruhigen und mich selbst in den Besitz meines Vermögens zu bringen, beauftragte ich daher den Sohn von Monsieur Lethière, meinem Diener eine Nachricht zu überbringen. Ich gab ihm den Schlüssel zu dem Ort, an dem ich die Börse mit meinen dreitausend Francs und meinen Pass aufbewahrte – zwei Dinge, die ich in diesem Moment gleichermaßen brauchte – und bat meinen zuvorkommenden Portier, in mein Haus einzudringen, ob mit fairen oder unfairen Mitteln, und mir meine Börse zurückzubringen. Er sollte auch etwa vierzig Kugeln mitbringen, die er in einer Tasse auf dem Kaminsims meines Schlafzimmers vorfinden würde, um die zu ersetzen, die ich tagsüber verbraucht hatte. Er sollte außerdem so freundlich sein, im Vorbeigehen einen Brief in der Rue de l'Université Nr. 7 zu hinterlassen: Der Brief sagte der Person, an die er gerichtet war, sie solle sich meiner nicht allzu viel ersparen; er sagte ihr auch, ich sei in Sicherheit, und ich versprach, keine Dummheiten zu begehen. Dies verpflichtete mich zu nichts, da ich nun meine eigenen Grenzen festlegen konnte, was klug und was überstürzt war. Eine halbe Stunde später kam Lethière mit allen ausgeführten Aufträgen zurück. Er hatte nicht nur keine Schwierigkeiten mit dem Concierge erlebt, sondern der Wirt hatte nachgegeben – zweifellos aufgrund der Art und Weise, wie er die Dinge sah: Er hatte mir die Erlaubnis gegeben, zurückzukehren, unter der Bedingung, dass ich mein Ehrenwort gab, nicht aus den Fenstern seiner Räume zu schießen. Der Aufstand hatte jedenfalls einen großen moralischen Sieg errungen.

Ich verließ meinen guten, ehrenwerten Freund Lethière um neun Uhr und kehrte nach Hause zurück, nachdem ich dem Concierge zuvor das erforderliche Versprechen gegeben hatte. Er war durch den gesamten Faubourg Saint-Germain gelaufen, und das Ergebnis seiner vom Wirt selbst angeordneten Erkundung war, dass das ganze Viertel im Aufstand war. Es war die Rede von einer großen Versammlung, die am nächsten Morgen auf dem Place de l'Odéon stattfinden sollte, als geeignetem Ausgangspunkt, von dem aus sie die verschiedenen Kasernen oder Wachhäuser angreifen könnten, die während eines Aufstands normalerweise dieselbe Rolle spielen wie befestigte Orte während einer Invasion.

Ich kehrte zurück, aber nicht, um zu Bett zu gehen, sondern nur, um mein Gewehr, mein Pulver und meine Kugeln abzulegen; ich hatte vor, einen Großteil der Nacht damit zu verbringen, Informationen zu sammeln. Ich hatte das Gefühl, dass es dringend notwendig war, auf die eine oder andere Weise jene großen Oppositionsführer zu belasten, die seit fünfzehn Jahren warteten, und ich wollte wissen, ob unsere Freunde mit dieser kleinen Sache beschäftigt waren. Ich kleidete mich daher für diesen Anlass an und versuchte, die Brücken zu überqueren. Den Wachen an den Toren der Tuilerien und des Karussells war es ausdrücklich verboten, irgendjemandem den Zutritt ohne das Passwort zu gestatten. Durch die Steinarkaden konnte man den Hof der Tuilerien und den Platz des Karussells sehen, die sich in ein riesiges, dunkles, trostloses Lager verwandelt hatten, still und fast bewegungslos. Die Soldaten sahen eher wie Phantome als wie Menschen aus.

Ich ging am Kai entlang und am Place de la Révolution und der Rue Saint-
Honoré vorbei, wie ich es am Morgen getan hatte. Alle Geschäfte waren
geschlossen, aber in den meisten Fenstern brannten Lampen. Fußgänger
waren rar, und da der Verkehrslärm aufgrund der Barrikaden fast verstummt
war, war das düstere, unaufhörliche Läuten der Glocke von Notre-Dame in
der Luft zu hören wie der Klang eines Flugs bronzener Vögel. Als ich den
Kai hinunterging, erinnerte ich mich an Paul Fouché und sein Stück, und ich
war neugierig, ob er es dem Komitee vorgelesen hatte und ob sein Drama
angenommen oder abgelehnt worden war. Ich habe bereits gesagt, dass ich
General La Fayette kannte. Ich versuchte, was Charras und den Studenten
der École polytechique nicht gelungen war – ich ging zu ihm. Sie sagten mir,
er sei nicht da, was ich zunächst bezweifelte, und ich ging in die Pförtnerloge
und sagte ihm meinen Namen; aber der ehrliche Mann wiederholte dort
durch sein kleines Gitter, was er mir bereits gesagt hatte. Ich ging sehr
enttäuscht weg, als ich drei oder vier Männer in der Dunkelheit gehen sah,
und in der mittleren Gestalt glaubte ich den General zu erkennen. Ich ging
weiter, und er war es. Er lehnte sich an Monsieur Carbonnels Arm; Monsieur
de Lasteyrie kam, glaube ich, von hinten heran und sprach mit einem Diener.

„Ah! General", rief ich aus, „Sie sind es!"

Er hat mich erkannt.

„Gut!", sagte er. „Es überrascht mich, dass ich Sie bisher noch nicht gesehen
habe."

„Es ist nicht leicht, an Sie heranzukommen, General", und ich erzählte alles,
was Charras und seine Freunde bei ihrem Versuch durchgemacht hatten.

„Stimmt", sagte er. „Ich habe ihre Namen herausgefunden und angeordnet,
dass sie eingelassen werden, wenn sie zurückkehren."

„General, ich kann nicht sagen, ob die anderen es tun werden, aber ich
bezweifle, dass Charras es tun wird."

"Warum nicht?"

„Weil ich gehört habe, dass er in Richtung La Grève getötet wurde."

„Getötet?", rief er aus. „Ach, der arme junge Kerl!"

„Das ist nicht verwunderlich, General; ... da wurde hart gearbeitet!"

"Warst du dort?"

„Ja, allerdings! Aber nur für kurze Zeit."

„Was hast du morgen vor?"

„Ich muss gestehen, General, das war genau die Frage, die ich Ihnen stellen wollte."

Der General stützte sich auf meinen Arm und trat einige Schritte vor, als wolle er außer Sichtweite seiner beiden Begleiter gelangen.

„Ich habe vor, die Abgeordneten in Ruhe zu lassen", sagte er. „Mit ihnen lässt sich nichts anfangen."

„Warum ziehen wir dann nicht ohne sie um?"

„Lassen Sie die Leute mich dorthin treiben, und ich bin bereit zu handeln."

"Soll ich das meinen Freunden wiederholen?"

"Sie können."

„Adieu, General!"

Er hielt meinen Arm fest.

„Lass dich nicht umbringen …"

„Ich werde es nicht versuchen."

„Auf jeden Fall, egal, wie die Dinge ausgehen, schaffe es, dass ich dich wiedersehen kann."

„Das kann ich Ihnen nicht versprechen, General, es sei denn …"

„Kommen Sie, kommen Sie", sagte der General; " *Auf Wiedersehen!* "

Und er ging in sein Haus.

Ich lief zu Étienne Arago, Rue de Grammont Nr. 10. Alle Revolutionsführer waren in seinem Haus versammelt. Es war ein harter Tag gewesen, aber dank Jouberts Bibliothek, Charles Testes *Petite-Jacobinière* und Coste, der zwischen drei- und viertausend Francs für den Kauf von Brot und Wein ausgegeben hatte, um sie unter den Kämpfern zu verteilen, hatte sich der Aufstand in alle Teile der Stadt ausgebreitet. Ich sagte Étienne, dass ich den General gesehen hatte, und berichtete ihm Wort für Wort, was er gesagt hatte.

„Kommt, lasst uns zum *National* gehen !", sagte er.

Und wir gingen zum *National* .

Taschereau bereitete sich auf eine grandiose Fälschung vor: Zusammen mit Charles Teste und Béranger erfand er eine provisorische Regierung, die aus La Fayette, Gérard und dem Herzog von Choiseul bestand. Er tat noch mehr: Er erließ eine Proklamation, die er mit ihren drei Namen unterzeichnete. Er hatte zunächst Laffey de Pompières als drittes Mitglied ihrer Regierung gewählt, aber Béranger ließ diesen Namen streichen, um ihn durch den des Herzogs von Choiseul zu ersetzen. So bereitete Béranger die Revolution nicht nur mit seinen Chansons vor, sondern nahm auch persönlich aktiv daran teil. Wir werden bald sehen, dass er der Hauptakteur bei ihrem Ausgang war.

Am nächsten Tag sollte die Liste der provisorischen Regierung an allen Wänden von Paris ausgehängt werden, und die erste Proklamation dieser Regierung sollte im *Constitutionnel erscheinen.* Ich brauche wohl kaum zu sagen, dass der ehrliche *Constitutionnel* es ernst meinte und Taschereaus drei kalligraphische Versuche für authentische und legale Unterschriften hielt. Daraufhin betrat ich meine Wohnung mit einem leichteren Gemüt: Da ich von der Arbeit des Tages ganz schön erschöpft war, schlief ich tief und fest, während Notre-Dame läutete und vereinzelte verirrte Schüsse fielen.

KAPITEL VIII

Am nächsten Morgen wurde ich von meinem Diener Joseph geweckt. Er stand an meinem Bett und rief mich mit immer größerer Lautstärke.

„Monsieur! … Monsieur!! … Monsieur!!! …“

Beim dritten *Monsieur* stöhnte ich auf, rieb mir die Augen und setzte mich auf. „Also“, fragte ich, „was ist denn los?“

„Oh, hören Sie nicht, Monsieur?“, rief Joseph und hielt sich mit den Händen den Kopf.

„Wie soll ich das hören, du Idiot? Ich habe geschlafen.“

„Aber um uns herum wird gekämpft, Monsieur!“

"Wirklich?"

Er öffnete das Fenster.

„Hören Sie, es klingt, als wäre es im Hof.“

Und tatsächlich schien es mir, als kämen die Schüsse nicht sehr weit her.

„Zum Teufel!“, sagte ich, „wo kommt das denn her?“

„Aus Saint-Thomas-d'Aquin, Monsieur.“

„Was? Von der Kirche selbst?“

„Nein, aus dem Artilleriemuseum... Monsieur weiß, dass dort ein Posten stationiert ist.“

„Ach, stimmt“, rief ich aus, „das Artilleriemuseum! Da werde ich hingehen.“

„Was? Monsieur wird dorthin gehen?“

"Sicherlich."

„Oh, guter Himmel!“

„Schnell, helft mir! ... Ein Glas Madeira- oder Alicante-Wein! ... Oh! Die Elenden! Sie werden alles plündern!"

Das war tatsächlich der Gedanke, der mich beschäftigte, und der mich dorthin rennen ließ, wo ich das Feuer hörte. Ich erinnerte mich an die archäologischen Schätze, die ich in den Studien, die ich über Heinrich III., Heinrich IV. und Ludwig XIII. geschrieben hatte, einen nach dem anderen gesehen und in die Hand genommen hatte, und ich sah, wie sie alle in die Hände von Leuten zerstreut wurden, die ihren Wert nicht kannten: wunderbare, reiche Kunstschätze, die dem Ersten gegeben wurden, der sie gegen ein Pfund Tabak oder eine Packung Patronen eintauschte. Ich war in fünf Minuten fertig und rannte los in Richtung Saint-Thomas-d'Aquin. Zum dritten Mal waren die Angreifer zurückgeschlagen worden. Das war leicht zu erklären: Sie griffen das Museum wie verrückt durch die beiden Öffnungen an, die die Rue du Bac und die Rue Saint-Dominique bildeten. Das Feuer der Soldaten durchwühlte die beiden Straßen und fegte sie mit beklagenswerter Leichtigkeit leer. Ich betrachtete die Häuser in der Rue du Bac, die auf beiden Seiten die Ecke der Rue Gribauval bildeten, und urteilte, dass ihre Rückseiten auf den Place Saint-Thomas-d'Aquin blicken mussten und dass man von ihren oberen Stockwerken aus leicht den Posten des Artilleriemuseums überblicken konnte. Ich vertraute den Kämpfern den Plan an, auf den mich der Anblick der Position gebracht hatte: Sie nahmen ihn sofort an. Ich klopfte an die Tür eines der beiden Häuser, Nr. 35, Rue du Bac, und nach langem Warten wurde sie geöffnet; doch am Ende öffnete sie sich doch, und acht bis zehn bewaffnete Männer traten mit mir ein, und wir eilten die Treppe hinauf in die oberen Stockwerke. Ich und drei oder vier andere Kerle erreichten einen Dachboden, der oben abgerundet war, um der Form des darüber liegenden Daches zu entsprechen, und hier ließ ich mich so sicher nieder, als ob ich hinter der Brustwehr einer Bastion gestanden hätte.

Dann begann das Feuer, aber mit ganz anderen Ergebnissen. Innerhalb von zehn Minuten hatte der Posten fünf oder sechs seiner Männer verloren. Plötzlich verschwanden alle Soldaten, das Feuer hörte auf. Wir dachten, das müsse eine Art Hinterhalt sein, und zögerten daher, unsere Verschanzungen zu verlassen. Doch bald erschien der Pförtner des Museums an der Tür und machte unmissverständliche Friedenszeichen. Also gingen wir hinunter. Die Soldaten hatten die Mauern erklommen und waren über die umliegenden Höfe und Gärten geflohen. Ein Teil der Aufständischen drängte sich bereits in den Korridoren, als ich das Museum erreichte.

„Um Gottes Willen, Freunde", rief ich, „respektiert die Rüstung!"

„Was? Warum sollten wir das respektieren?"

„Mir gefällt dieser Witz", antwortete einer der Männer, an die ich mich wandte. „Aber um die Waffen zu holen, sind wir hier!", sagte er.

Dann kam mir der Gedanke, dass dies natürlich das einzige Ziel des Angriffs gewesen sein musste und dass es keine Möglichkeit gab, die großartige Sammlung vor der Plünderung zu retten . Ich überlegte: Das Einzige, was mir noch blieb, war, mir meinen Anteil an der wertvollsten Rüstung zu sichern .

Eines von zwei Dingen konnte passieren: Entweder würden sie die Waffen behalten oder sie ins Museum zurückbringen. In beiden Fällen war es besser, wenn ich die wertvollen Dinge in meine Obhut nahm als irgendjemand sonst. Wenn ich sie behielt, würden sie in den Händen eines Mannes sein, der sie zu schätzen wusste. Wenn sie zurückgegeben würden, wären sie in den Händen eines Mannes, der sie hergeben würde. Ich rannte zum besten Ort, wo es eine Reittrophäe aus der Renaissance gab. Ich ergriff einen Schild, einen Helm und ein Schwert, von denen man wusste, dass sie Franz I. gehört hatten, außerdem eine prächtige Arkebuse, die der gleichen Überlieferung zufolge Karl IX. gehört hatte und von ihm zum Schießen auf die Hugenotten verwendet worden war. Diese Überlieferung ist fast historisch geworden, wegen des Vierzeilers, den die Arkebuse trägt, in silbernen Buchstaben auf ihrem Lauf eingelegt, und der eine einzige Linie vom Verschluss bis zum Zielpunkt bildet:

„Um das Kind zu retten,
ich bin schön und treu; zum Feind des Königs, ich bin schön und
grausam!"

Ich setzte den Helm auf den Kopf und den Schild an den Arm, hängte das Schwert an meine Seite, legte die Arkebuse auf die Schulter und machte mich so, unter ihrer Last gebeugt, auf den Weg zur Rue de l'Université. Als ich die Höhe meines vierten Stocks erreichte, wäre ich beinahe gestürzt. Wenn dies tatsächlich derselbe Schild und Rundschild waren, den Franz I. in Marignan getragen hatte, und wenn er zusätzlich zu seiner anderen Rüstung vierzehn Stunden lang mit diesen im Sattel blieb, konnte ich an die Tapferkeit von Ogier dem Dänen und Roland und den vier Söhnen von Aymon glauben.

„Oh, Monsieur", rief Joseph, als er mich erblickte, „wo waren Sie und was soll das für ein altes Eisen?"

Ich versuchte nicht, Josephs Ansichten bezüglich meiner Beute zu korrigieren; das wäre reine Zeitverschwendung gewesen. Ich bat ihn einfach, mir zu helfen, den Helm abzunehmen, der mich fast erstickte. Ich legte alles auf mein Bett und eilte zurück, um mehr von dieser herrlichen Beute zu holen. Als nächstes brachte ich den Kürass, die Axt und den Großteil der Waffen zurück. Später gab ich all meine schönen Trophäen dem Artilleriemuseum zurück, und ich besitze noch immer den Brief des ehemaligen Direktors, in dem er mir für die Rückgabe dankte und mir an Tagen, an denen das Museum nicht für die Öffentlichkeit zugänglich war, freien Eintritt gewährte. Es war ein merkwürdiger Anblick, diese gewaltige Räumung des Museums mitzuerleben. Jeder nahm, was ihm am besten passte, aber es ist nur fair zu sagen, dass diese ehrenwerten Kerle viel sorgfältiger die Waffen auswählten, die sie für am besten zum Kämpfen geeignet hielten, als die aufwendig gearbeiteten. So verschwand fast die gesamte Sammlung alter Musketen, Feuersteine und Zündhütchen aus der Zeit Ludwigs XIV. bis in unsere Tage. Ein Mann nahm ein Wallgeschütz mit, das mindestens 150 Pfund gewogen haben musste; vier andere schleppten ein Stück Eisenkanone mit, mit dem sie den Louvre angreifen wollten. Den Mann, der das Wallgeschütz mitgenommen hatte, fand ich ein paar Stunden später bewusstlos auf dem Kai liegend. Er hatte sein Gewehr mit zwei Handvoll Schießpulver und zwölf bis fünfzehn Kugeln gerammt; dann hatte er es von einer Seite der Seine aus, es gegen die Brustwehr gelehnt, auf ein Regiment Kürassiere geschossen, das am Louvre entlangmarschierte. Er hatte einige grausame Lücken in das Regiment gerissen, aber der Rückstoß des Gewehrs hatte ihn drei Meter nach hinten geschleudert, wobei er sich die Schulter ausgerenkt und den Kiefer gebrochen hatte. Bevor ich ihn fand, war ich Zeuge mehrerer Szenen geworden, die so charakteristisch waren, dass es sich lohnte, sie hier zu beschreiben. Die Vergiftung durch Wein, Brandy oder Rum ist nichts im Vergleich zu der durch den Geruch von Schießpulver, den Lärm von Schüssen und den Anblick von Blut verursachten. Ich kann verstehen, dass ein Mann beim ersten Schuss einer Waffe oder Kanone davonfliegt, aber ich kann nicht verstehen, dass jemand, der einmal Feuer gekostet hat, verschwindet, bevor es aufhört. Jedenfalls war dies die Wirkung, die es auf mich zu haben begann.

Delanoue, den ich traf und der überall nach einem Gewehr suchte, sagte mir, dass es auf dem Place de l'Odéon eine Truppenversammlung geben würde. Ich hatte bereits am Vortag von dieser Versammlung gehört. Leider hatte ich nur mein Gewehr dabei und wollte es nicht hergeben; ich erwähnte daher gegenüber Delanoue das Artilleriemuseum als einen Ort, wo er finden könnte, wonach er suchte, und rannte dann die Rue de Grenelle hinunter. Der Place de l'Odéon war abgesperrt und es mussten sich etwa fünf- oder sechshundert Mann dort aufhalten. Zwei oder drei Schüler der École polytechnique befehligten einige Kompanien. In einer dieser Uniformen erkannte ich Charras, den ich am Vortag in Zivilkleidung gesehen hatte.

Er wurde also weder getötet noch verwundet. Dies ist die Geschichte dessen, was geschah, weshalb die Leute glaubten, er sei tot.

Wie man sehen wird, hatte er seit dem Vortag und insbesondere seit dem Morgen keine Zeit verschwendet. Als er sich von Carrel und mir verabschiedet hatte, ging er durch den Faubourg Saint-Germain, wo er sein Möglichstes getan hatte, um ein Gewehr zu beschaffen; aber am 28. Juli 1830 war ein Gewehr so selten wie Juvenals *seltene Briefe. Er hatte von dem Monsieur* gehört, der an der kleinen Tür des Instituts Schießpulver verschenkte, und war hingegangen, um ein Gespräch mit dem ehrenwerten Bürger zu führen. Der *Monsieur* weigerte sich nicht nur, ihm ein Gewehr zu geben, sondern ging noch weiter und verweigerte ihm jegliches Pulver, weil er kein Gewehr hatte.

Als nächstes machte Charras diese kluge Beobachtung:

„Ich werde dorthin gehen, wo gekämpft wird, ich werde mich mitten unter die Kämpfenden stellen, ich werde mich zum Erben des ersten Mannes machen, der tot umfällt, und mir sein Gewehr aneignen."

Infolge dieses Entschlusses war er den Quai des Orfèvres entlanggegangen und hatte das 15. leichte Infanterieregiment getroffen, mit dem er sich unterhielt. Vielleicht waren es dieselben, mit denen ich gesprochen hatte. Da er jedoch allein und unbewaffnet war und die Hände in den Taschen hatte, hatten sie ihn passieren lassen. Als er durch war, erreichte Charras die Pont Notre-Dame und von dort die Hängebrücke. Wir wissen heute, dass der Aufstand auf dieser Brücke wütend tobte. Charras kam eine halbe Stunde früher als ich an und wartete. Er brauchte nicht lange zu warten, denn bald wurde ein Mann von einer Kugel ins Auge getroffen und rollte vor seinen Füßen. Charras ergriff das Gewehr des Toten. Ein Straßenjunge, der wahrscheinlich auf dieselbe Gelegenheit wartete, rannte ebenfalls herbei, kam aber zu spät. Mit seinem Gewehr bewaffnet war Charras dennoch nicht viel besser dran, denn er hatte weder Pulver noch Schüsse.

„Ich habe welche", sagte der Bengel und zog ein Päckchen mit fünfzehn Patronen aus der Tasche.

„Gib sie mir", sagte Charras.

„Nein... Wir werden sie aufteilen, wenn Sie möchten."

„Na gut, das werden wir."

„Hier sind also sieben. Aber darf ich nach Ihnen die Waffe benutzen?"

„Ich nehme an, das war unsere Vereinbarung."

Charras feuerte gewissenhaft nur seine sieben Patronen ab, reichte dann ehrenhaft das Gewehr an den Straßenjungen weiter und zog sich hinter die Brustwehr zurück; vom Schauspieler wurde er zum Zuschauer, und in dieser Rolle schützte er sich, so gut er konnte. Der Straßenjunge feuerte vier Patronen ab, und dann kam der Angriff, den wir aus der Ferne beobachtet hatten. Der Junge stürmte mit den anderen auf die Brücke, und Charras, obwohl unbewaffnet, folgte dem Strom. Ich habe bereits die Wirkung der drei aufeinanderfolgenden Schüsse beschrieben. Charras wurde unter dem Druck des Wirbelsturms aus Eisen herumgeschleudert und klammerte sich an seinen Nachbarn, um nicht zu fallen; aber der Mann war tödlich verwundet und fiel und riss Charras mit sich. Daher war das Gerücht entstanden, er sei getötet worden. Glücklicherweise entkam er jedoch heil und gesund, aber da er sich dessen nicht ganz sicher war, prüfte er es, indem er die andere Seite des Kais erreichte und sich seinen Weg durch eine kleine Straße bahnte, in deren Schutz er sich ohne Unterbrechung überall abtasten konnte. Was den Bengel und sein Gewehr betraf, musste er das Unvermeidliche akzeptieren: Der Junge war verschwunden wie Romulus im Sturm, Curtius im Golf oder Empedokles im Vulkan! Charras fragte sich, was ein Mann ohne Gewehr oder ohne die geringste Ahnung, wo er sich eins besorgen könnte, zu gebrauchen sein könnte. Eine Gruppe Patrioten, die wie er unbewaffnet waren, kam zufällig im selben Moment vorbei und schien mit dem ausdrücklichen Ziel gekommen zu sein, seine Frage zu beantworten.

„Nun, Bürger", sagte einer der Männer, „wollen Sie mit uns kommen, um in Saint-Séverin die Sturmglocke zu blasen?"

"In Ordnung!", antwortete Charras, denn es war ihm gleichgültig, wohin er ging, solange er der Sache irgendwie nützlich war. Und er ging mit ihnen nach Saint-Séverin. Die Türen waren verschlossen; sie klopften an alle, ob klein oder groß, von der Tür für Hochzeiten und Taufen bis zur Tür für das letzte Abendmahl. In Fällen wie diesem werden Entscheidungen schnell getroffen: Sie beschlossen, die Türen aufzubrechen, da sie sich nicht von selbst öffneten; sie rissen einen Balken aus einem Haus, das gerade gebaut wurde, und ein Dutzend Männer trugen ihn, um ihn als Rammbock zu verwenden. Beim dritten Angriff dieses riesigen Geräts auf die Tür gaben Schlösser und Riegel nach. Der Küster kam an den Ort des Geschehens und öffnete die Tür vollständig, gerade als ein vierter Schlag sie aufbrechen wollte. Als die Tür geöffnet wurde, ließen sie bald die Glocke läuten, und Charras' Arbeit in Saint-Séverin war beendet. Er ging zu einer Gruppe von Freunden im Quartier Latin, mit denen er die Nacht damit verbrachte, einen Plan auszuarbeiten.

Nun war die Uniform der Studenten der École polytechique schon vor der Erklärung des Aufstands sehr verpönt, doch im Laufe des Aufstands stieg ihr Ansehen beträchtlich. Der in der Nacht geschmiedete Plan sah vor, bei Tagesanbruch auf die Suche nach Uniformen der École polytechique zu gehen. So läuteten Charras und ein Freund namens Lebeuf gegen vier Uhr morgens am Tor des Pförtners. Die Stimmung war inzwischen sogar bis zur École vorgedrungen, und Pförtner und Professoren bereiteten den beiden Rebellen einen herzlichen Empfang, schüttelten ihnen die Hände und gaben ihnen die gewünschten Kleider.

Ich erinnere mich an einen kleinen Zwischenfall: Charras fand zwar einen Mantel, aber offenbar keine passenden Hosen, denn zu einem blauen Mantel trug er graue Hosen, die als Uniform eher dürftig waren. Nachdem die beiden Freunde also Uniformen und vor allem Hüte bekommen hatten – der Hut spielt bei Aufständen immer eine wichtige Rolle –, machten sie sich auf den Weg zum Place de l'Odéon. *Unterwegs hörten sie* , dass in der Rue de Tournon Waffen verteilt wurden. Tatsächlich war die Kaserne der Gendarmerie gerade eingenommen worden, und Musketen, Pistolen, Säbel und Schwerter wurden in ziemlich geordneter Weise verteilt.

Charras und Lebeuf reihten sich in die Schlange ein, doch als sie das Büro erreichten, wollte man ihnen in der Kaserne nur Degen geben, denn sie sagten, dass alle Studenten der École polytechnique von Rechts wegen Offiziere seien und in dieser Eigenschaft dazu bestimmt seien, Abteilungen zu befehligen; sie müssten daher Degen und keine Gewehre erhalten.

Nicht einmal die inständigsten Bitten dieser beiden jungen Leute konnten das Programm ändern – sie wollten ihnen nur Schwerter und keine anderen Waffen geben. Aber ein Student von kolossaler Statur und herkulischer Kraft akzeptierte diese improvisierte Gesetzgebung nicht so leicht wie Lebeuf und Charras: Er packte den Verteiler an der Kehle und begann ihn zu erwürgen, wobei er ihm sagte, er würde ihn nicht gehen lassen, bis er ein Gewehr hätte. Der Verteiler schien das Argument für stichhaltig zu halten, denn er beeilte sich, dem lustigen Schwert, das eine so vernünftige Anwendung jenes Zweigs der Philosophie, den wir Logik nennen, in die Tat umsetzen konnte, ein Gewehr zu geben; und der Student ging bewaffnet weg, wie es ihm beliebt. Dies war Millotte, der später Volksvertreter wurde und mit Lamartine und unserem Freund Noël Parfait in der gesetzgebenden Versammlung saß. Millotte ist heute einer unserer am meisten respektierten Exilanten. Kraft seiner Uniform, seines Schwertes und des Rechts, das die Schüler der École besaßen, Offiziere zu werden, übernahm Charras das Kommando über eine Truppe von hundertfünfzig Mann. Ein Trommler und ein Fahnenträger vervollständigten diese Truppe. Dann war die Frage, wohin? Eine Stimme rief:

„Zum Gefängnis Montaigu, Place du Panthéon!"

Also machten sich Charras und seine Truppe auf den Weg zu diesem Ziel.

Revolutionen haben ihre geheimnisvollen Winde, die die Menschen ohne ersichtlichen Grund an diesen oder jenen Ort treiben; sie sind wie Wasserhosen, die aus dem Ozean hervorbrechen, und sie gehen nach Süden oder Norden, nach Osten oder Westen, niemand weiß, wie oder warum. Es ist der Atem Gottes, der sie leitet. Im Gefängnis Montaigu fanden sie hundertfünfzig bewaffnete Männer, bereit, sich zu verteidigen. Ein Brauer aus der Rue Saint-Antoine namens Maes war dort – ein weiterer Santerre –

mit etwa sechzig Aufständischen. Er war zu Pferd und trug die alte Uniform der Nationalgarde. Der Kampf drohte heiß zu werden, und sie versuchten, sich zu einigen.

„Hallo! Captain", rief Charras, „wollen Sie zu mir kommen, oder möchten Sie lieber, dass ich zu Ihnen komme?"

„Kommen Sie zu mir, Monsieur", antwortete der Kapitän.

„Ich habe Ihre Bewährung?"

"Ja."

Charras näherte sich ihm, und es kam zu einem Dialog zwischen ihnen, der sich aus ihrer besonderen Situation ergab und unter anderen Umständen nicht hätte stattfinden können – ein Dialog, in dem Charras dem Hauptmann zu beweisen versuchte, dass es für ihn weitaus vorteilhafter, ehrenhafter und patriotischer wäre, sich auf die Seite des Volkes zu stellen oder ihm zumindest Waffen zu leihen. Der Hauptmann schien Charras' Logik nicht so gut zu verstehen, wie der Musketenhändler in der Rue de Tournon die von Millotte verstanden hatte. Charras verdoppelte seine Redegewandtheit, kam aber nicht voran; doch wenn er nicht vorrückte, taten es seine Männer auch nicht: Sie kamen nach und nach näher.

Der Leser kennt den wahren Pariser, der sein Ziel nie aufgibt, sondern aus Neugier oder Leidenschaft darauf zusteuert; er schlüpft durch die Hände von Polizisten, Wachen und Wachtposten, indem er einen Fuß vor den anderen schleift, mit honigsüßer Stimme und werbender Geste, halb Katze, halb Fuchs; und wenn man ihn dann zurückhalten will, ist er bald weit weg! Wenn man ihn aufhalten will, ist er schon an einem vorbei! Und sobald er sich außer Reichweite fühlt, ist seine einzige Antwort auf Ihre Vorwürfe eine spöttische Geste oder eine sarkastische Bemerkung.

Auf diese Weise waren Charras' Männer an den Wachen vorbeigeschlüpft und unmerklich zu ihrem Kommandanten und damit näher an die Soldaten gekommen. Diese Bewegung wurde so wirkungsvoll ausgeführt, dass sie nach fünf Minuten, bevor Charras sie selbst bemerkt hatte, nur noch zehn Schritte von ihren Gegnern entfernt waren und bereit für einen Nahkampf mit ihnen. Ob es die Vermischung der Kräfte oder die Namen Jena, Austerlitz und Marengo waren, an die Charras sie erinnerte; ob es die dreifarbigen Bänder mit ihren aufwühlenden Farbtönen waren, die vor seinen Augen schwebten; oder ob er wirklich brüderliches Mitgefühl spürte, das den Offizier zur Kapitulation bewegte, wusste Charras nicht. Aber er erkannte, dass eine Kapitulation zustande gekommen war, dass seine Truppe fünfzig Geschütze erhielt und das Ehrenwort des Hauptmanns, dass er und seine Soldaten neutral bleiben würden. Freilich lehnte der Hauptmann Patronen unerbittlich ab; Doch die Vorsehung blieb nicht auf halbem Weg stehen: Sie hatte die Gewehre gegeben und sollte auch für die erforderlichen Patronen sorgen.

Die fünfzig Gewehre wurden unter Charras' Männern verteilt, die keine Feuerwaffen hatten, und unter denen einer neuen Truppe, die inzwischen eingetroffen war und sich in derselben Lage befand. Diese neue Truppe wurde von einem anderen Studenten der École polytechnique namens d'Hostel kommandiert. Nachdem die Aufteilung vorgenommen war, stellte sich erneut die Frage, wohin sie gehen sollten.

„Zur Estrapade!", rief eine Stimme.

„Zur Estrapade!", wiederholten alle Stimmen im Chor.

Also eilten sie zur Estrapade.

Unsere Pariser Leser wissen, wo sich die Kaserne der Estrapade befindet und dass man sie über eine schmale Straße erreicht, die leicht zu verteidigen ist. Es waren fast vierhundert Mann dort, was unter ähnlichen Umständen durchaus ausreichte, um Metz, Valenciennes oder Mont-Saint-Michel anzugreifen. Aber sie waren von ihren jüngsten Verhandlungen auf dem Place du Panthéon so begeistert, dass sie beschlossen, dieselbe Taktik in der Rue de l'Estrapade auszuprobieren. Diesmal bot sich d'Hostel selbst als Unterhändler an, da er, wie er sagte, Komplizen im Gebäude habe. Er ging mit einem Taschentuch in der Hand auf sie zu und ließ sein Gewehr bei einem seiner Männer. Sie führten eine Unterredung zwischen der Straße und dem ersten Stockwerk. Da dies jedoch zu weit oben war, um gehört zu werden, überbrückte d'Hostel die Distanz zwischen sich und seinen Gesprächspartnern, indem er plötzlich die Mauer hinaufkletterte. Wie machte er das? Es war ein Wunder für diejenigen, die seinen Aufstieg beobachteten! D'Hostel war äußerst geschickt und an der École für seine gymnastischen Kunststücke bekannt. Im Nu hatte er eines der Fenster im ersten Stock erreicht, wurde an den Armen hineingehoben und befand sich in der Kaserne, wo er wie die Ungeheuer in englischen Theatern, die durch Falltüren verschwinden, verschluckt wurde. Zehn Minuten später tauchte er wieder auf, bekleidet mit Mantel und Ledermütze des Offiziers, während dieser die Uniform eines Schülers der École polytechnique trug, den Dreispitz in der Hand hielt und sich vor dem Volk verneigte. Das Spiel war gewonnen! Der Platz hallte von Vivats und Applaus wider. Die Soldaten verließen die Kaserne und gaben hundert ihrer Gewehre ab. Diese List, die Charras und d'Hostel ausführten, war es wert, ihnen die Posten von Botschaftern in London und St. Petersburg zu verschaffen! Doch unglücklicherweise erreichte diese Tat die Regierung entweder nicht oder wurde von ihr nicht gebührend gewürdigt. Daher schickte man statt dessen den Fürsten Talleyrand und den Marschall Maison in diese beiden Städte, die sich jedoch darauf beschränkten, dumme Taten zu begehen.

Voller Stolz über ihren zweiten Triumph erreichten Charras und d'Hostel den Place de l'Odéon. Ich war erstaunt, wie leicht sich die Trommeln in Zeiten der Revolution zu vermehren scheinen; sie scheinen aus den Wänden zu quellen und aus dem Bürgersteig aufzusteigen – Charras und d'Hostel hatten zusammen etwa fünfzehn. Zur selben Zeit, als wir den Place de l'Odéon erreichten, wurde ein Kanonenstück, das man von der Post abgenommen hatte, von fünf Männern, darunter drei Feuerwehrmänner, durch die Rue des Fossés-Monsieur-le-Prince gezogen; als nächstes kam ein Wagen mit drei Fässern Pulver aus dem Pulvermagazin im Jardin des Plantes; ich glaube, er wurde von Liédot gelenkt, der inzwischen Artilleriehauptmann geworden ist. Die Fässer wurden aufgebrochen und die Verteilung ihres Inhalts begann. Jeder hatte etwas davon, entweder in seiner Manteltasche oder seinem Taschentuch oder seiner Mütze oder seinem Tabakbeutel. Sie rauchten inmitten all dessen, so unglaublich es auch erscheinen mag. Wie muss Jean Bart von Kopf bis Fuß gezittert haben! Doch schon bald erkannten sie, dass all dieses Pulver nutzlos war und dass man es am besten zu Patronen verarbeiten konnte. Das war umso machbarer, als sie gerade zwei- oder dreitausend Kugeln aus der Passage Dauphine erhalten hatten. Vier Männer waren damit beschäftigt, sie aus dem Blei der Gossen zu formen, in einer Taverne links vom Platz, wenn man von der Rue de l'Odéon kommt. Das einzige, was ihnen fehlte, war Papier. Doch alle Fenster zum Platz hin waren weit geöffnet, und sie brauchten nur zu rufen: „Papier wird gebraucht!", und schon war die Luft mit Geschossen aller Art und Form übersät, aber aus demselben Material: Papier fiel in Heften, in Riesen und in Bänden herab. Ich wäre beinahe von einem *Gradus ad Parnassum niedergestreckt worden!*

Unter den Menschenmengen befanden sich etwa hundert alte Soldaten, die sich an die Arbeit machten und in weniger als einer Stunde dreitausend Patronen herstellten und verteilten. Man muss das Schauspiel gesehen haben, um sich die Lebhaftigkeit, die gute Laune und die Fröhlichkeit vorzustellen, die herrschten. Jeder rief etwas, sei es „Vive la République!" oder „Vive la Charte!" Ein Mann aus Charras' Bande machte sich heiser, indem er „Vive Napoléon II." rief. Der oft wiederholte Schrei erregte schließlich Charras, der zu dieser Zeit bereits ein überzeugter Republikaner war, und er ging zu diesem Bonapartisten und sagte:

„Sehen Sie mal, glauben Sie, wir kämpfen für Napoleon II?"

„Sie können für wen Sie wollen kämpfen", antwortete der Mann, „aber das ist der Mann, für den ich kämpfen werde!"

„Sie haben natürlich das Recht dazu, wenn Sie es wünschen ... Aber wenn Sie für ihn kämpfen, müssen Sie sich einer anderen Truppe als dieser anschließen."

„Oh, das passt mir gut", sagte der Mann, „es gibt heutzutage jede Menge Termine!"

Er verließ daher die Reihen von Charras und suchte Dienst bei einer Truppe unter der Führung eines Häuptlings, der weniger entschiedene Ansichten hatte.

In diesem Augenblick kam durch einen seltsamen Zufall ein Mann namens Chopin, der Besitzer der Ställe des Luxembourg, im Galopp auf dem Place de l'Odéon an; er war in einen zugeknöpften Gehrock gekleidet, trug einen Dreispitz und ritt auf einem weißen Pferd. Er hielt mitten auf dem Platz an, eine Hand auf dem Rücken. Die Ähnlichkeit mit Napoleon war so auffallend und außergewöhnlich, dass die ganze Menge, von der kein einziges Mitglied Partei für den vertriebenen Bonapartisten ergriffen hatte, einmütig und gleichzeitig zu rufen begann: „Es lebe der Kaiser!" Eine gute Frau von siebzig Jahren nahm den Scherz ganz ernst, fiel auf die Knie, bekreuzigte sich und rief:

„Oh! Jesus! Ich werde also nicht sterben, bevor ich ihn noch einmal gesehen habe! ..."

Wenn Chopin den Wunsch gehabt hätte, sich an die Spitze der sechs- bis achthundert dort anwesenden Mann zu stellen, hätte er wahrscheinlich direkt nach Wien marschieren können.

Charras war außer sich vor Wut, während ich die politische Situation des Augenblicks völlig vergaß und mich ausschließlich dem philosophischen Studium der Menschheit widmete. Ich brauchte nur eine Wanne und Laïs, und ich hätte mich für immer auf dem Odeon-Platz niederlassen können, so wie sich Diogenes im Gymnasium von Korinth niederließ.

Doch eine ernste Diskussion riss mich aus meinen Träumen. Sie wollten Charras zum Oberbefehlshaber machen, und er wollte die Position nicht annehmen. Stattdessen bot er den Bürgern Lothon, einen großen, stattlichen jungen Mann, eine Mischung aus Herkules und Antinoos, als geeigneten Kandidaten an. Sein Hauptgrund war, dass er zu Fuß unterwegs war, während Lothon zu Pferd ritt. Daher war er der Meinung, dass Lothon weitaus mehr Anspruch auf den Generalsrang hatte. Und in Wahrheit wurde kein Oberbefehlshaber jemals zu Fuß gesehen. Doch Lothon entschuldigte sich heftig gegen die Ernennung zu diesem hohen Posten. Trotz alledem war er kurz davor, nachgeben zu müssen, als ein Herr auf ihn zukam und flüsterte:

„Oh, Monsieur, wenn Sie nicht Oberbefehlshaber werden wollen, lassen Sie mich Ihren Platz einnehmen … Ich bin ein ehemaliger Kapitän und glaube, ich habe ein Recht auf diese Ehre."

Noch nie hat sich der Ehrgeiz bei einer passenderen Gelegenheit gezeigt.

„Oh, Monsieur", antwortete Lothon, „Sie werden mir tatsächlich einen willkommenen Dienst erweisen!"

Dann wandte er sich an die Menge und fragte:

„Sie wollen einen Oberbefehlshaber?"

„Ja, ja!", wiederholte es von allen Seiten.

„Gut, dann stelle ich Ihnen diesen Herrn vor … er ist ein ehemaliger Kapitän, der *mit Wunden übersät ist* und der gern Ihr Oberbefehlshaber wäre."

„Bravo!", riefen hundert Stimmen.

„Verzeihen Sie, dass ich Sie mit Wunden übersät habe, mein lieber Monsieur", sagte Lothon, als er zu Boden ging und dem neugewählten Häuptling sein Pferd überreichte; „aber ich dachte, das wäre die sicherste Methode, Sie über die mittleren Ränge hinaus zu befördern."

„Oh, Monsieur", sagte der erfreute Kapitän, „es ist kein Schaden entstanden!"

Dann wandte er sich an die Menge:

„Na", fragte er, „sind wir bereit?"

"Ja ja ja!"

„Dann vorwärts, marsch! Trommeln schlagen!"

Und die Trommeln begannen zu schlagen, und alle zogen die Rue de l'Odéon hinunter und sangen *die Marseillaise.* An der Kreuzung Bussy teilte sich die Truppe aufgrund eines mir unbekannten strategischen Manövers in drei Teile. Ein Teil ging in Richtung Rue Sainte-Marguerite, ein anderer in Richtung Rue Dauphine und der dritte ging geradeaus: Ich war unter den Letzteren. Wir mussten uns dem Louvre über die Pont des Arts nähern, um den Stier bei den Hörnern zu packen. Als ich auf den Kai kam, fand ich den Mann mit dem Wallgewehr an die Wand gelehnt, stöhnend, mit ausgerenkter Schulter und ausgerenktem Kiefer.

Oh! Ich darf nicht vergessen zu erwähnen, dass ich an jeder Straßenecke Plakate an den Wänden hängen sah, auf denen die Ernennung der provisorischen Regierung und die Proklamation der Herren La Fayette,

Gérard und de Choiseul verkündet wurden, in der sie das Volk zu den Waffen riefen. Was für eine merkwürdige Wirkung hätte es auf diese drei Herren gehabt, wenn sie an meiner Stelle gewesen wären und gelesen hätten, was ich las!

KAPITEL IX

Blick auf den Louvre – Kampf auf der Pont des Arts –
Die Toten und Verwundeten – Eine Kanonenkugel für
mich selbst – Madame Guyet-Desfontaines – Rückkehr
aus der Babylone-Kaserne – Charras' Kokarde – Die
Einnahme der Tuilerien – Eine Kopie von *Christine* –
Quadrille tanzte im Tuilerienhof – Die Männer , *die die*
Revolution von 1830 machten

Nach der Uhr des Instituts war es 10 Uhr morgens, 35 Minuten. Der Louvre bot einen furchterregenden Anblick. Alle Fenster der großen Gemäldegalerien waren geöffnet, und an jedem Fenster standen zwei mit Gewehren bewaffnete Schweizergardisten. Der Balkon von Karl IX. wurde von Schweizern verteidigt, die einen Wall aus Matratzen errichtet hatten. Und dahinter, durch die Gitter der beiden Gärten, die, glaube ich, der Garten des Infanten und der Garten der Königin heißen, konnten wir eine doppelte Linie der Schweizer sehen. Im Vordergrund schlängelte sich ein Regiment Kürassiere entlang der Brüstung hin und her, wie eine große Schlange mit Schuppen aus Stahl und Gold, deren Kopf bereits das Tuilerientor durchquert hatte, während ihr Schwanz noch am Quai de l'École entlang schleifte. Im Hintergrund, in weiter Ferne, stand die Kolonnade des Louvre, fast unsichtbar wegen der Rauchwolke, die durch den Angriff aus den kleinen Straßen rund um die Kirche Saint-Germain-l'Auxerrois aufstieg. Auf der rechten Seite wehte die Trikolore von Notre-Dame und dem Hôtel de Ville. Und die Brise trug die zitternden Vibrationen der Sturmglocke herbei. Eine feurige Sonne brannte hoch am weißen, heißen Himmel. Sie schossen entlang des gesamten Kais, insbesondere aus den Fenstern und der Tür eines kleinen Wachhauses, das am Flussufer lag, gegenüber der Stelle, wo die Rue des Saints-Pères in den Kai Malaquais mündet. Doch sowohl Angriff als auch Verteidigung waren schwach: Jeder schien dort zu sein, weil er dachte, es sei seine Pflicht, und die Leute prügelten sich gegenseitig, um sich die Zeit zu vertreiben, bis ein Anführer kam, um die Seiten zu organisieren.

Unsere Ankunft sorgte für eine Ablenkung, gerade als das Interesse nachzulassen begann. Wir waren etwa hundertzwanzig. Wir teilten uns in zwei Hälften (*Égaillâmes* , wie man im Dialekt der Vendée sagt), wobei ein Teil auf der Seite des Pont Neuf zurückging und der andere am Palais Mazarin entlang bis zu dem bereits erwähnten kleinen Wachhaus. Ich ließ mich zunächst unter einem der Drehkreuze nieder, merkte aber bald, dass ich ständig von Leuten gestört werden würde, die kamen und gingen. Ich ging daher zum Brunnen und stellte mich hinter den bronzenen Löwen, der

der Rue Mazarine am nächsten war. Ich hatte also das große Eingangstor des Palastes zu meiner Rechten, das wie das des Jubiläumstors in St. Peter in Rom nur einmal in fünfzig Jahren geöffnet wird. Zu meiner Linken hatte ich die kleine Tür, die zu den Wohnungen der Personen führte, die im Institut wohnten . Vor mir lag also die Pont des Arts, die mir ein Objekt bot, das mich einigermaßen beunruhigte, denn sie sah einer aufgestellten Kanone sehr ähnlich. Vor ihr lag ein großartiges Ziel: nichts Geringeres als ein ganzes Regiment Kürassiere, das ihre Flanke präsentierte! Und dahinter die Schweizer in ihren roten Mänteln mit den weißen Spitzenaufschlägen, keine zweihundert Meter entfernt. Allein der Gedanke an diese Situation ließ einem das Wasser im Mund zusammenlaufen; wenn man darüber nachdachte, stand einem der Schweiß auf der Stirn.

Ich habe an anderer Stelle meine Gefühle beschrieben, wenn ich mit Gefahr konfrontiert werde – ich gehe ihr zunächst widerstrebend entgegen, mache mich dann aber sehr schnell damit vertraut. Meine Lehrzeit am Vortag auf dem Quai Notre-Dame und am nächsten Morgen im Artilleriemuseum hatte meine ersten Angstgefühle beseitigt. Außerdem muss ich sagen, dass meine Position gut war und dass es entweder eines sehr großen Zufalls oder eines sehr guten Schützen bedurfte, damit mich eine Kugel hinter meinem Löwen erwischt. Ich beobachtete daher die Szene, die ich gleich beschreiben werde, mit großer Gelassenheit.

Unter den hundert oder hundertzwanzig Kämpfern waren die Uniformen zweier Soldaten der Nationalgarde kaum zu erkennen. Die meisten Männer in der Versammlung, in deren Mitte ich mich befand, gehörten den unteren Klassen an – Ladenbesitzer, Studenten und Straßenjungen. Alle waren mit Musketen oder Jagdflinten bewaffnet, letztere im Verhältnis eins zu fünfzehn. Die Straßenjungen hatten entweder Pistolen oder Säbel oder Schwerter, und einer der eifrigsten von ihnen hatte nur ein Bajonett. Normalerweise waren es die Straßenjungen, die vorne marschierten und die ersten in jeder Reihe waren; ob aus Leichtsinn oder aus Unwissenheit über die Gefahr, kann ich nicht sagen. Wahrscheinlich war es der Einfluss des jungen heißen Blutes, das ab dem Alter von achtzehn Jahren mit einer Frequenz von 75 bis 85 Schlägen pro Minute in den Adern des Mannes pulsiert; sich dann allmählich beruhigt, aber mit jedem ausklingenden Pulsschlag auf dem Grund jedes Herzens ein schändliches Laster oder einen bösen Gedanken hinterlässt.

Während das Kürassierregiment vorbeizog, war das Feuer der königlichen Truppen milde, und obwohl es auf unserer Seite sehr aktiv war, muss man zugeben, dass es ohne große Wirkung blieb. Sie wurden durch die Reihe berittener Soldaten behindert, die zwischen ihnen und uns vorbeizogen. Doch kaum hatte der letzte Reiter das zweite Gartentor passiert, als die eigentliche Musik begann. Die Hitze war unerträglich und es wehte kein

Lüftchen. Der Rauch der Kanonen der Schweizergarde verzog sich daher nur sehr langsam; bald war der ganze Louvre von einem Rauchgürtel umgeben, der die königlichen Truppen vor unseren Augen ebenso vollständig verbarg, wie die gemalten Wolken, die beim Epilog eines Dramas aus den Kulissen eines Theaters aufsteigen, die im Hintergrund der Bühne vorbereitete Apotheose vor den Blicken der Zuschauer verbergen. Es war nur Schrotverschwendung, zu versuchen, diesen Rauchvorhang zu durchdringen. Hin und wieder jedoch wurde ein Loch gerissen, und man konnte durch die Lichtung einen Blick auf die weißen Aufschläge auf den roten Mänteln und die vergoldeten Platten auf den Bärenfellmützen der Schweizergarde erhaschen.

Auf diese Gelegenheit warteten die wahren Scharfschützen, und es kam sehr selten vor, dass man nicht zwei oder drei Männer taumelnd hinter ihren Kameraden verschwinden sah. Auf unserer Seite hatten wir beim ersten Angriff einen Mann getötet und zwei verwundet. Der getötete Mann wurde in die Stirn getroffen, als er hinter der Brustwehr kniete, um zu zielen. Er sprang wie auf Sprungfedern hoch, ging ein paar Schritte rückwärts, ließ seine Muskete fallen, drehte sich zweimal um, kämpfte mit den Armen gegen die Luft und fiel dann auf sein Gesicht. Einer der beiden Verwundeten war ein Straßenjunge. Seine Verletzung befand sich im Fleisch des Oberschenkels. Er hatte sich nicht hinter der Brustwehr versteckt, sondern war mit einer Taschenpistole in der Hand darauf getanzt. Er ging los, hüpfte auf einem Bein davon und verschwand in der Rue de Seine. Die Wunde des anderen Mannes war ernster. Er hatte eine Kugel in den Bauch bekommen. Er fiel in sitzender Haltung zu Boden und drückte beide Hände auf die verwundete Stelle, die kaum blutete. Die Blutung war wahrscheinlich innerlich. Er bekam nach etwa zehn Minuten Durst und schleppte sich zu mir, aber als er den Brunnen erreichte, hatte er nicht mehr genug Kraft, um bis zum Becken zu gelangen, und rief mich zu Hilfe. Ich reichte ihm die Hand und half ihm hinaufzuklettern. Er trank in ebenso vielen Minuten mehr als zehn Schlucke und zwischen den Schlucken sagte er:

„Oh! Die Bettler! Sie haben mich nicht vermisst!“

Und wenn er von Zeit zu Zeit sah, wie ich mein Gewehr an die Schulter legte, fügte er hinzu:

„Verpassen Sie sie auf keinen Fall!“

Endlich, nach einer halben Stunde, wurde dieses sinnlose Gewehrfeuer eingestellt. Zwei oder drei Männer riefen:

„Zum Louvre! Zum Louvre!“

Es war Wahnsinn, denn es war offensichtlich, dass nur etwa hundert Mann zur Verfügung standen, um es mit zwei- oder dreihundert Schweizergardisten aufzunehmen. Aber unter Umständen wie denen, die ich beschreibe, denken die Leute nicht darüber nach, was am vernünftigsten zu tun wäre; da die Arbeit, die sie verrichten, selbst fast schon ein Akt des Wahnsinns ist, beschließen sie im Allgemeinen, irgendein unmögliches Kunststück zu versuchen.

Ein Trommler schlug den Angriff und stürmte als Erster auf die Brücke. Alle Straßenjungen folgten ihm und riefen „Vive la Charte!", und die Haupttruppe folgte ihnen. Ich muss gestehen, dass ich nicht zur Haupttruppe gehörte. Wie ich schon sagte, konnte ich von meinem leicht erhöhten Posten aus ein Gewehr in Stellung erkennen. Obwohl es nichts anderes tun konnte, als Kartätschkugeln wahllos zu verstreuen, hatte es sich vollkommen ruhig verhalten; doch als der Angreifer die Brücke betrat, wurde es enttarnt: Es zeigte sein wahres Gesicht ... Ich sah das rauchende Streichholz sich dem Zündloch nähern, verschwand hinter meinem Löwen und hörte im selben Augenblick das Geräusch der Explosion und das Pfeifen der Kartätschkugeln, die die Fassade des Instituts zersplitterten. Die von den Geschossen zertrümmerten Steine fielen in einem regelrechten Regen um mich herum herab. Auf der Pont des Arts geschah genau dasselbe wie auf der Hängebrücke. Alle Männer, die in dem engen Raum postiert waren, wirbelten herum; nur drei oder vier setzten ihren Vormarsch fort, und fünf oder sechs fielen, fünfundzwanzig oder dreißig blieben standhaft, und der Rest ergriff Reißaus. Auf die Kanonen folgte ein Zugfeuer, und überall um mich herum sangen Kugeln; bald stieß mein verwundeter Kamerad einen Seufzer aus: Eine zweite Kugel hatte ihn erledigt. Fast unmittelbar nachdem der Zug geschossen hatte, dröhnte die Kanone erneut, und der Kugelhagel zog ein zweites Mal über meinen Kopf hinweg. Beim zweiten Angriff war an ein Weitermarschieren nicht mehr zu denken, und zwei Männer, die das Wasser für sicherer hielten als die Bohlen der Brücke, sprangen in die Seine und schwammen zum Kai des Instituts. Der Rest kam blitzschnell zurück, wie ein Schwarm aufgeschreckter Vögel, und rannte die Rue Mazarine hinunter, die Rue des Petits-Augustins und die Art Sackgasse, die an der Münzstätte entlangführt.

Der Kai war augenblicklich verlassen, und obwohl ich keineswegs eitel bin, darf ich behaupten, dass dieser dritte Kanonenschuss nur für mich abgefeuert wurde. Ich hatte meinen Rückzugsplan schon lange zuvor ausgearbeitet und ihn auf die kleine Tür des Instituts gestützt, die zu meiner Linken lag. Kaum war die Kanone ein drittes Mal abgefeuert worden, als sich der Rauch verzogen hatte und mein Manöver sichtbar wurde, stürzte ich hinaus und klopfte mit lauten Schlägen mit dem Kolben meiner Waffe an die Tür. Sie öffnete sich, ohne dass ich lange warten musste: Ich werde dem Pförtner so viel Gerechtigkeit widerfahren lassen, obwohl Pförtner in Revolutionszeiten im Allgemeinen nicht so schlau sind. Ich schlüpfte durch die halb geöffnete Tür in den Schutzraum. Als der Pförtner die Tür schloss, durchbohrte eine Kugel sie, verletzte ihn jedoch nicht. Als ich drinnen war, hatte ich eine ganze Reihe von Freunden zur Auswahl: Ich ging nach oben, um Madame Guyet-Desfontaines zu besuchen. Ich sollte erwähnen, dass mein Erscheinen auf den ersten Blick nicht die Wirkung hatte, die ich erwartet hatte. Sie erkannten mich nicht sofort; als sie mich dann erkannten, fanden sie mich ziemlich schlecht gekleidet. Meine Leser werden sich erinnern, wie ich mich für diesen Anlass gekleidet hatte. Ich holte mein Gewehr, das ich aus Angst, Madame Guyet und ihre Tochter zu erschrecken, vor der Tür gelassen hatte. Das Gewehr erklärte die Sache bald. Sobald sie mich erkannte, wurde Madame Guyet trotz der Ernsthaftigkeit der Situation zu ihrem bezaubernd munteren, lebhaften Selbst: In dieser Hinsicht ist sie völlig unverbesserlich. Ich war fast tot vor Hunger und vor allem vor Durst; daraufhin teilte ich meinen Gastgebern ungekünstelt meine Bedürfnisse mit. Sie brachten mir eine Flasche Bordeaux, die ich fast in einem Zug trank. Sie brachten mir auch eine riesige Schale Schokolade, und auch die verschwand. Ich glaube, ich muss das Frühstück aller anderen aufgegessen haben!

„Ah!", sagte ich und parodierte Napoleons Bemerkung bei seiner Rückkehr aus Russland, während ich mich in einem großen Sessel ausstreckte, „hier ist es viel besser als hinter dem Institut Lion!"

Natürlich musste ich von meiner Ilias berichten, die bis dahin aus einem Sieg und zwei Rückzügen bestand. Der letzte Rückzug war zwar – abgesehen von der Peinlichkeit, zehntausend Mann unter mir zu haben – mit dem des Xenophon vergleichbar. Der erste hingegen war mit einem Waterloo vergleichbar. Ich erwähnte ehrenvoll den Löwen, der mir wahrscheinlich das Leben gerettet hatte und der unter den gegebenen Umständen dem Löwen von Androkles so überlegen war, dass er ihm eine ihm erwiesene freundliche Tat nicht vergelte. Das Ergebnis des entzückenden Empfangs, den ich erhielt (an die kleinsten Einzelheiten kann ich mich nach über zweiundzwanzig Jahren noch erinnern), war, dass das Haus von Madame Guyet-Desfontaines für mich beinahe das wurde, was Capua vor zweitausend Jahren für Hannibal war. Mit ein wenig moralischem Mut hatte ich jedoch gegenüber dem Eroberer von Trebia, Cannes und Trasimene den Vorteil, mich rechtzeitig von den Freuden losreißen zu können, die sich vor mir ausbreiteten.

Ich verließ das Haus durch das kleine Tor, das zur Rue Mazarine führte, und kehrte zu meiner Unterkunft in der Rue de l'Université zurück. Diesmal wurde ich von meinem Portier wie ein Held empfangen; die Lage der Dinge war bald klar. Anstatt mir die Tür zu zeigen, ging es jetzt darum, mir einen Arc de Triomphe zu errichten! Joseph rieb die Rüstung von Franz I.

„Ach, Monsieur", sagte er, „wie schön es ist! Ich hatte noch gar nicht bemerkt, was für kleine Absurditäten es darauf gibt."

Er meinte die Kampfszenen.

Ich ging nach Hause, um mein Hemd zu wechseln (verzeihen Sie dieses Detail, es wird sich später herausstellen, dass es in meiner Geschichte nicht ohne Bedeutung war) und auch, um meinen Vorrat an Pulver und Kugeln aufzufüllen. Aber ich hatte noch keine Zeit gehabt, meine Jacke auszuziehen, als ich draußen auf der Straße einen großen Aufruhr hörte. Es wurde von Charras und seiner Truppe verursacht, die aus der Kaserne in der Rue de Babylone zurückkehrten. Es hatte ein schreckliches Gemetzel gegeben: Nach einer halbstündigen Belagerung waren sie gezwungen gewesen, die Kaserne in Brand zu setzen, um die Schweizergarde zu vertreiben. Sie trugen die roten Mäntel des besiegten Feindes an der Spitze ihrer Bajonette als Siegestrophäen. Charras (er muss sich heute noch gut genug an den Vorfall erinnern, denn er ist keiner von denen, die vergessen) trug anstelle der Kokarde einen Ärmel von einem Schweizergardistenmantel, der an der Spitze seines Dreispitz befestigt war und kokett über seine Schulter fiel. Sie marschierten alle mit Trommeln im Vordergrund auf die Tuilerien zu.

Im selben Moment wurden die Schreie lauter und kamen aus Richtung des Schlosses. Ich wandte meine Augen in die Richtung, aus der sie kamen, und sah von meinem Fenster aus, das auf die Rue du Bac hinausging, Tausende von Briefen und Papieren in den Tuileriengarten flattern. Es sah aus, als ob alle Ringeltauben im ganzen Garten aufflogen. Es war die Korrespondenz von Napoleon, Ludwig XVIII. und Karl X., die in alle Winde zerstreut wurde. Die Tuilerien waren eingenommen. Obwohl ich nicht Crillon war, überkam mich plötzlich der Wunsch, mich aufzuhängen. Nun, ein Mann in diesem Geisteszustand hält es nicht für nötig, sein Hemd zu wechseln. Also zog ich meine Jacke wieder an und eilte die Treppe hinunter. Ich schloss mich dem Ende der Kolonne an, als sie gerade durch das Tor am Wasser in die Tuilerien einfuhr. Auf dem Pavillon in der Mitte hatte die Trikolore die weiße Standarte ersetzt. Joubert, der Patriot der Dauphine-Passage, hatte es auf dem Dach platziert und war dann ohnmächtig geworden, vor Müdigkeit oder Freude oder wahrscheinlich vor beidem zusammen. Die Tore des Karussells waren aufgebrochen worden, und durch jede Tür strömten Menschen herein, darunter Hunderte von Frauen: Wo kamen sie her? Keiner, der das Schauspiel miterlebt hat, wird es je vergessen. Ein Student der École polytechnique namens Baduel wurde im Triumphzug auf eine Kanone gezogen. Wie Achilles war er an der Ferse verwundet worden, aber in seinem Fall durch eine Kartätsche und nicht durch einen vergifteten Pfeil. Er starb auch nicht, obwohl er damit gerechnet hatte. Hätte er bei dieser Gelegenheit sein Leben verloren, dann nicht an seinen Wunden, sondern an einer Gehirnentzündung, die eine Folge der Müdigkeit, Hitze und Erschöpfung war, die er während des Triumphzugs empfunden hatte, den er sich trotz seiner Proteste aufgrund seines großen Mutes unterwerfen musste.

Ein anderer Student, der eine Kugel in der Brust hatte, lag auf der Treppe. Sie nahmen ihn in die Arme, trugen ihn ins erste Stockwerk und legten ihn auf den mit Lilien bestickten Thron, auf dem sich im Laufe des Tages über zehntausend Leute abwechselnd oder zu mehreren niederließen. Durch die Fenster, die auf den Garten hinausgingen, konnte man das Ende eines Regiments Lanzenreiter sehen, das unter den großen Bäumen verschwand. Eine Droschke versuchte, sie einzuholen. Das Pferd galoppierte schnell, denn der Kutscher wollte sich zweifellos dem Schutz des Regiments unterwerfen.

In den Tuilerien herrschte ein reges Treiben: Die Leute erkannten ihre Freunde in der Menge, umarmten sich und stellten sich Fragen —

"Wo ist der und der?"

"Er ist dort drüben!"

"Wo?"

"Dort!"

Ein anderer wurde verwundet – oder tot!

Und jeder machte eine Geste als Trauerrede, die ausdrücken sollte: „Es ist schade! Aber, meine Güte, er ist an einem großartigen Tag gestorben!"

Und weiter ging es, vom Thronsaal zum privaten Arbeitszimmer des Königs, von dort zum Schlafzimmer des Königs. Das Bett des Königs muss übrigens außerhalb des öffentlichen Raums gestanden haben, obwohl ich nie wusste, was in diesem Raum vor sich ging; denn nach der Zahl der Zuschauer, die es umringten, und ihrem Gelächter zu urteilen, muss dort etwas Unerhörtes vorgefallen sein. Vielleicht eine Scheinhochzeit von Demokratie und Freiheit! Und wieder bewegte sich die Menge weiter, wobei jeder Einzelne seine Stimme und Gestik mit denen der Menge vermischte. Weiter gingen sie, denen folgend, die vor ihnen gingen, vorwärts geschoben von der Menge hinter ihnen. Sie erreichten die Marshals' Hall. Ich hatte diese Räume nie zuvor gesehen und sah sie erst wieder, als König Louis-Philippe 1848 fiel.

Während der achtzehnjährigen Herrschaft der Jüngeren Linie habe ich die Tuilerien nie betreten, außer um den Herzog von Orléans zu besuchen. Aber man muss verstehen, dass der Pavillon von Marsan nicht im Geringsten zu den Tuilerien gehört, und das war sehr oft ein Grund, nicht in die Tuilerien zu gehen, wenn man zum Pavillon von Marsan geschickt wurde. Verzeihen Sie den Exkurs, aber ich bin gerne bereit, diejenigen zu verhöhnen, die behaupten, sie hätten mich mit dem König gesehen.

Die Menge hatte, wie gesagt, die Salle des Maréchaux erreicht. Der Rahmen mit dem Porträt von Monsieur de Bourmont, der kürzlich zum Marschall ernannt worden war, stand bereits auf einer der Tafeln; aber obwohl der Name sogar auf den Rahmen gedruckt war, war das Porträt noch nicht eingefügt. Anstelle der Leinwand befand sich, zweifellos als Ersatz, ein großes Stück scharlachroter Taft. Dieses wurde abgerissen und zur Herstellung des roten Teils der dreifarbigen Gaben verwendet, die jeder in seinem Knopfloch trug. Ich löste ein Stück ab, das zu diesem Zweck abgezweigt worden war. Während ich mich mit meinen Nachbarn über diesen Stoffstreifen stritt, hörte ich mehrere Schüsse. Sie schossen auf das Porträt des Herzogs von Raguse anstelle des Originals. Vier Kugeln hatten die Leinwand durchbohrt, eine durch den Kopf, zwei in die Brust und die vierte durch den Hintergrund des Bildes. Ein Mann aus dem Volk kletterte auf die Schultern eines Kameraden und schnitt mit seinem Messer das Porträt in Form eines Medaillons aus. Dann durchbohrte er mit seinem Bajonett Brust und Kopf und trug es, wie die römischen Liktoren bei ihren Triumphen die SPQR trugen. Das Porträt war von Gérard gemalt worden. Ich ging zu dem Mann und bot ihm hundert Francs für seine Trophäe.

„Oh, Bürger", sagte er, „ich würde es Ihnen nicht geben, selbst wenn Sie mir tausend anböten."

Als nächstes ging Alophe Pourrat zu ihm und bot ihm im Tausch sein Gewehr an und bekam das Porträt. Wahrscheinlich besitzt er es noch.

Als ich die Bibliothek der Herzogin von Berry betrat, fiel mir auf, dass auf einem kleinen Arbeitstisch ein Exemplar von *Christine lag, das in purpurnen Saffianleder gebunden und mit dem Wappen der Herzogin versehen war. Ich dachte, ich hätte das Recht, es mir anzueignen.* Später gab ich es meinem Cousin Félix Deviolaine, der es wahrscheinlich verloren hat. Ich war durch den Pavillon de Flore hineingegangen und durch den Pavillon Marsan hinaus. Im Hof stand eine Quadrille aus vier Männern, die zum Klang einer Querpfeife und einer Geige tanzten: es wurde ein früher Cancan getanzt. Sie trugen Hoftracht und Federhüte, und die Garderoben der Mesdames les Duchesses d'Angoulême und de Berry hatten die Kostüme für den Maskenball geliefert. Einer dieser Männer trug einen Kaschmirschal im Wert von gut tausend Kronen auf den Schultern. Man hätte darauf wetten können, dass er nicht ein Fünffrankenstück in der Tasche hatte. Am Ende des Country-Tanzes war der Schal zerfetzt.

Wie kam es nun dazu, dass der Louvre, die Tuilerien und das Carrousel mit ihren Kürassieren, Ulanen und Schweizern, ihrer königlichen Garde und Artillerie sowie einer Garnison von drei- oder viertausend Mann von vier- oder fünfhundert Aufständischen eingenommen wurden? Folgendes geschah:

Vier Angriffe wurden auf den Louvre verübt: der erste vom Palais-Royal, der zweite von der Rue des Poulies, der Rue des Prêtres-Saint-Germain-l'Auxerrois und dem Quai de l'École, der dritte von der Pont des Arts und der vierte von der Pont Royal. Der erste wurde von Lothon angeführt, den wir, wie man sich erinnern wird, am Ende der Rue Guénégaud zurückließen. Er war von einer Kugel am Kopf getroffen worden und auf dem Place du Palais-Royal bewusstlos zusammengebrochen. Der zweite wurde von Godefroy Cavaignac, Joubert, Thomas, Bastide, Degousée, Grouvelle und den Brüdern Lebon usw. angeführt. Sie waren es, die den Louvre einnahmen, wie man gleich sehen wird. Der dritte Angriff fand bei der Pont des Arts statt – das Ergebnis ist bekannt. Der vierte, der von der Rue du Bac, überquerte die Brücke in Wirklichkeit erst, als die Tuilerien eingenommen waren.

Wir haben den zweiten Angriff beschrieben, bei dem der Louvre erobert wurde. Dieser Erfolg war im ersten Fall dem bewundernswerten Mut der Angreifer zu verdanken, im zweiten Fall muss man zugeben, dass er zufällig einem falschen Manöver zuzuschreiben war: Wir werden es so nennen, um den Gefühlen derjenigen Rechnung zu tragen, die das Eingreifen der Vorsehung in menschliche Angelegenheiten nicht anerkennen wollen.

Eine Anekdote genügt, um eine Vorstellung vom Mut der Angreifer zu vermitteln. Ein zwölfjähriges Kind war wie ein Schornsteinfeger auf einen der Holzpfähle geklettert, die an der Kolonnade errichtet wurden, um Müll hineinzuwerfen, und hatte den Schweizern auf dem Louvre eine dreifarbige Flagge vor die Nase gehalten. Fünfzig Schüsse waren auf ihn abgefeuert worden, und er hatte das Glück, zu entkommen, ohne dass ihn auch nur ein einziger Schuss gestört hätte! Gerade in diesem Moment, als begeisterte Rufe den Erfolg der verrückten Tat des Kindes begrüßten, erfuhr der Herzog von Raguse, der seine Truppen für einen letzten Kampf rund um das Karussell konzentriert hatte, dass die auf dem Place Vendôme stationierten Soldaten begonnen hatten, mit den Leuten in Verbindung zu treten.

Die Einnahme der Place Vendôme bedeutete die Besetzung der Rue de Rivoli, die Eroberung der Place Louis XV. – mit einem Wort, dass der Rückzug nach Saint-Cloud und Versailles abgeschnitten war. Der Louvre wurde besonders von zwei Schweizer Bataillonen bewacht. Ein einziges hätte für seine Verteidigung ausgereicht. So kam der Marschall auf die Idee, die Truppen auf der Place Vendôme (die, wie wir gerade sagten, mit Desertion drohten) durch eines dieser beiden Schweizer Bataillone zu ersetzen. Er schickte seinen Adjutanten, Herrn de Guise, zu Herrn de Salis, der das Kommando über die beiden Bataillone hatte. Herr de Guise überbrachte den Befehl, diese beiden Bataillone zurückzuholen. Als Herr de Salis diesen Befehl erhielt, hatte er keine Einwände, ihn auszuführen. Er war umso bereitwilliger, ihm zu folgen, als ein einziges Bataillon ausreichte, um den Louvre zu verteidigen, und dieses Bataillon hatte ihn tatsächlich seit dem

Morgen erfolgreich verteidigt. Das andere Bataillon hatte mit ruhenden Waffen im Hof gestanden. Dann kam Monsieur de Salis auf die ganz natürliche Idee, dem Herzog von Raguse nicht das im Hof stationierte Reservebataillon zu schicken, sondern das, das seit dem Morgen vom Balkon Karls IX. und den Fenstern der Gemäldegalerien auf der Seite der Colonnade du Louvre aus kämpfte. Er befahl daher dem frischen Bataillon, an die Stelle des ermüdeten zu treten. Aber er machte diesen Fehler – anstatt dem frischen Bataillon zu befehlen, nach oben zu kommen, befahl er zuerst dem ermüdeten Bataillon, nach unten zu gehen. Dieses Manöver wurde genau in dem Moment ausgeführt, in dem die Angreifer am enthusiastischsten waren und ihre größten Anstrengungen unternahmen. Sie sahen, wie die Schweizer sich zurückzogen, das Feuer schwächer wurde und dann ganz aufhörte; sie glaubten, ihre Feinde würden den Rückzug antreten, und stürmten vor. Die Bewegung war so ungestüm, dass, bevor das zweite Bataillon den Platz der abgezogenen Truppen eingenommen hatte, die Leute durch sämtliche Pforten und Gitter eingedrungen waren, sich in den verlassenen Räumen des Erdgeschosses verteilt hatten und aus den Fenstern auf den Hof schossen.

Als die Schweizer die Flammen und den Rauch sahen, dachten sie, die schrecklichen und blutigen Szenen vom 10. August würden sich wiederholen. Unruhig, überrascht und unvorbereitet, nicht wissend, ob ihre Kameraden sich auf Befehl von Vorgesetzten zurückgezogen hatten oder den Rückzug antraten, wichen sie zurück und stürzten hastig übereinander, ohne auch nur zu versuchen, das Feuer zu erwidern, das ihre Reihen dezimierte; sie brachen durch die Tür, die auf den Place du Carrousel hinausführte, erstickten und traten einander nieder und flohen in völliger Flucht, sobald sie durch das Tor waren. Der Duc de Raguse warf sich vergeblich in ihre Mitte, um sie zu sammeln. Die meisten verstanden kein Französisch und konnten daher nicht verstehen, was zu ihnen gesagt wurde; außerdem war die Angst in Schrecken und die Angst in Panik umgeschlagen. Sie wissen, was der Engel der Angst anrichten kann, wenn er seine Flügel über dem Mob ausbreitet: Die Flüchtlinge trieben alles vor sich her – Kürassiere, Lanzenreiter, Polizisten –, überquerten diesen riesigen Platz, den Place du Carrousel, ohne anzuhalten, räumten das Tuilerientor und zerstreuten sich in alle Richtungen über den Garten. Inzwischen hatten die Angreifer den ersten Treppenabsatz erreicht, stürmten durch die Gemäldegalerie, die sie ohne Verteidiger vorfanden, und brachen die Tür am Ende der Galerien auf, die vom Louvre zu den Tuilerien führen. Danach war kein Widerstand mehr möglich: Die Verteidiger des Schlosses flohen, so gut sie konnten; der Garten und die beiden Terrassen waren überfüllt; der Herzog von Raguse war einer der letzten, der sich zurückzog und das Tor de l'Horloge verließ, gerade als Joubert die Trikolore über seinem Kopf aufpflanzte und die Leute Papiere aus dem Arbeitszimmer des Königs aus den Fenstern regnen ließen. Der Marschall fand ein Kanonenstück, das am oberen Ende des Gartens von Hippomène und Atalante weggebracht wurde. Auf seinen Befehl wurde es wieder in die Batterie eingesetzt und eine letzte Salve auf die Tuilerien abgefeuert, die nicht mehr die Residenz der Könige, sondern die Trophäe des Volkes waren. Eine der Kugeln, sozusagen ein posthumes Geschenk der Monarchie, zerschnitt eine der reizenden kleinen geriffelten Säulen im ersten Stockwerk in zwei Teile. Dieser letzte Kanonenschuss richtete außer Philibert Delormes Meisterwerk keinen Schaden an, schien aber die Trikolore zu grüßen, die über dem Uhrenpavillon wehte.

Die Revolution von 1830 war vollbracht. Vollbracht (wir werden es wiederholen, drucken, wenn nötig in Eisen und Messing, in Bronze und Stahl eingravieren), vollbracht nicht nur von den vorsichtigen Schauspielern der Komödie der letzten fünfzehn Jahre, die sich sozusagen hinter den Kulissen versteckten, während das Volk dieses blutige Drama der Drei Tage spielte; nicht nur von Casimir Périer, Laffitte, Benjamin Constant, Sébastiani, Guizot, Mauguin, von Choiseul, Odilon Barrot und den drei Dupins. Nein! Diese Schauspieler waren nicht einmal hinter den Kulissen; das wäre ihnen zu nahe an der Bühne gewesen! Sie blieben zu Hause, sorgfältig bewacht, hermetisch abgeriegelt. Bei solchen wie ihnen war nie von Widerstand die Rede, außer von einem legal organisierten, und als der Louvre und die Tuilerien eingenommen wurden, diskutierten sie in ihren Salons noch immer die Bedingungen eines Protests, den viele von ihnen noch immer für einen zu riskanten Schritt hielten. Die Menschen, die die Revolution von 1830 vollbrachten, waren jene, die ich bei der Arbeit sah und die mich dort in ihrer Mitte sahen; jene, die den Louvre und die Tuilerien durch die zerbrochenen Türen und Fenster betraten, waren, ach! (man verzeihe mir diesen traurigen Ausruf, da die meisten von ihnen heute entweder tot oder gefangen oder verbannt sind): Godefroy Cavaignac, Baude, Degousée, Higonnet, Grouvelle, Coste, Guinard, Charras, Étienne Arago, Lothon, Millotte, d'Hostel, Chalas, Gauja, Baduel, Bixio, Goudchaux, Bastide, die drei Brüder Lebon (Olympiade, Charles und Napoleon: der erste wurde getötet und die beiden anderen verwundet beim Angriff auf den Louvre), Joubert, Charles Teste, Taschereau, Béranger und andere, deren Verzeihung ich bitte, falls ich sie vergessen oder nicht genannt habe. Ich bitte auch um Verzeihung für einige derjenigen, die ich nenne und die es vielleicht vorgezogen hätten, nicht erwähnt zu werden. Diejenigen, die die Revolution von 1830 vollbrachten, waren die feurigen Jugendlichen des heroischen Proletariats, die zwar die Feuer entzündeten, sie aber mit ihrem eigenen Blut löschten; jene Männer aus dem Volk, die nach Vollendung des Werkes in alle Winde zerstreut werden und verhungern, nachdem sie vor den Toren des Schatzhauses Wache gestanden haben; jene, die barfuß auf Zehenspitzen in den Straßen stehen und zusehen, wie die geselligen Parasiten der Macht zum Nachteil ihrer weniger glücklichen Brüder in Ämter, in die Vorzüge guter Posten und in die Teilnahme an allen hohen Ehren aufgenommen werden.

Die Männer, die die Revolution von 1830 durchführten, waren dieselben, die zwei Jahre später in Saint-Mery aus demselben Grund getötet wurden. Aber diesmal wurde ihnen ein anderer Name gegeben, nur weil sie selbst ihre Prinzipien nicht geändert hatten, und statt „Helden“ wurden sie „Rebellen“ genannt. Nur jene Abtrünnigen, die ihre Ansichten der Zeit anpassen, können das Beiwort „Rebell“ vermeiden, wenn verschiedene Mächte aufeinander folgen.

BUCH III

KAPITEL I

Ich mache mich auf die Suche nach Oudard – Das Haus an
der Ecke der Rue de Rohan – Oudard ist bei Laffitte –
Degousée – General Pajol und M. Dupin – Die Offiziere
des 53. Regiments – Innenansicht von Laffittes Salon –
Panik – Eine Abordnung kommt, um La Fayette das
Kommando über Paris anzubieten – Er nimmt an – Étienne
Arago und die dreifarbige Kokarde – Geschichte des Hôtel
de Ville von acht Uhr morgens bis halb vier Uhr
nachmittags

Möchten Sie nun wissen, was bei Herrn Laffitte vor sich ging, im selben
Salon, in dem zwei Tage später, genau in dem Moment, als die Tuilerien
eingenommen wurden, ein König von Frankreich oder vielmehr ein König
der Franzosen ernannt werden sollte? Ich kann es Ihnen sagen, und zwar aus
folgendem Grund: Als ich die Tuilerien verließ, überkam mich das
brennende Verlangen, herauszufinden, ob Oudard am Abend des 29. Juli
hinsichtlich der Ergebenheit des Herzogs von Orléans gegenüber Seiner
Majestät Karl X. noch immer derselben Meinung war wie am Morgen des 28.
Also ging ich in die Rue Saint-Honoré Nr. 216. Auf der Place de l'Odéon
wäre ich beinahe von einem *Gradus ad Parnassum niedergeschlagen worden* , und
als ich mich der Nr. 216 näherte, wäre ich auch beinahe von einer Leiche
niedergeschlagen worden. An der Ecke der Rue de Rohan warfen sie die
Schweizer aus den Fenstern. Dies geschah bei einem Hutmacher, dessen
Haus von Kugeln durchsiebt war. Ein Posten Schweizer war als Vorhut
postiert worden und man hatte vergessen, sie abzulösen, aber die Wachen
hatten ihren Posten mit echtem Schweizer Mut gehalten, und ein größeres
Lob kann man nicht aussprechen. Das Haus war im Sturm erobert worden,
ein Dutzend Männer waren getötet worden und die Leichen wurden, wie ich
schon sagte, aus den Fenstern geworfen, ohne dass auch nur ein Warnruf an
die Passanten darunter erklang. Ich ging die Treppe hinauf zu den Büros des
Palais-Royal. Jetzt wurde mein Gewehr, das am Vortag so viel Bestürzung
verursacht hatte, mit Beifall empfangen. Ich fand den Bürojungen eifrig
damit beschäftigt, die Dinge in unserem Haus ein wenig in Ordnung zu
bringen. Dieser Teil des Palastes war erobert worden, sie hatten aus den
Fenstern geschossen, und dies war nicht ohne eine gewisse Unordnung in
den Zeitungen geschehen. Aber von Oudard war keine Spur! Ich erkundigte
mich beim Bürojungen nach ihm und erfuhr im Vertrauen, dass ich ihn aller
Wahrscheinlichkeit nach bei Laffitte finden würde. Ich habe bereits erzählt,
dass ich den berühmten Bankier durch die Dienste, die er mir erwiesen hatte,
kennengelernt hatte. Ich machte mich also auf den Weg zu seinem Anwesen,

wo ich sicher war, dass ich nicht unbedingt als Eindringling angesehen werden würde. Ich brauchte mehr als eine Stunde, um vom Palais-Royal zum Hôtel Laffitte zu gelangen, so überfüllt waren die Straßen und so viele Bekannte traf man auf dem Weg.

An der Tür traf ich Oudard.

„Ach, beim Himmel!", sagte ich lachend, „Sie sind genau der Mann, den ich suche!"

"Ich! Was willst du von mir?"

„Um zu wissen, ob sich Ihre Ansichten zur gegenwärtigen Situation geändert haben."

„Ich werde bis morgen keine Meinung äußern", antwortete er.

Und er machte ein Zeichen zum Abschied und verschwand, so schnell er konnte. Wohin wollte er? Ich erfuhr es erst drei Tage später: Er ging nach Neuilly, um dem Herzog von Orléans dieses kurze Ultimatum zu überbringen:

„Wählen Sie zwischen einer Krone und einem Reisepass!"

Das Ultimatum wurde von M. Laffitte formuliert.

Ich hatte mir die vergebliche Hoffnung gemacht, dass ich in Laffittes Haus eindringen könnte: Höfe, Gärten, Vorzimmer, Salons waren alle vollgestopft; es gab sogar neugierige Zuschauer auf den Dächern der gegenüberliegenden Häuser, die auf den Hof des Hotels hinunterblickten. Aber man muss sagen, dass die dort versammelten Männer nicht alle begeistert waren und die Situation nicht alle erkannten. Bestimmte Geschichten über das, was drinnen vor sich ging, drangen zu der Menge draußen durch, die laut murrte, während sie zuhörte. Eine Geschichte wird eine Vorstellung von der vorsichtigen Besonnenheit der in Laffittes Haus versammelten Abgeordneten vermitteln.

Als Degousée an diesem Morgen sah, wie das Rathaus in die Hände des Volkes fiel, ließ er Baude dort zurück und eilte zu General Pajol, um ihm das Kommando über die Nationalgarde anzubieten. Aber General Pajol antwortete, dass er ohne die Genehmigung der Abgeordneten keine derart entschiedenen Schritte unternehmen könne.

„Wo zum Teufel sind denn dann die Abgeordneten?", fragte Degousée.

„Suchen Sie sie bei M. de Choiseul", antwortete General Pajol.

Also ging Degousée dorthin. Monsieur de Choiseul war mit seinem Latein am Ende: Er hatte gerade erfahren, dass er am Abend zuvor zum Mitglied der provisorischen Regierung ernannt worden war und in der Nacht eine aufrührerische Proklamation unterzeichnet hatte. Monsieur Dupin, der

Ältere, war beim Herzog und beriet sich zweifellos über dieses unerwartete Stück französischer Gesetzgebung. Die von Degousée vorgeschlagene Idee, ein Korps zu reorganisieren, das unweigerlich zu einer konservativen Macht werden würde, gefiel Monsieur Dupin ungemein. Er nahm eine Feder und schrieb diese Worte:

„Die in Paris versammelten Abgeordneten ermächtigen General Pajol, den Befehl über die *Pariser Miliz zu übernehmen.* "

„ *Die Pariser Miliz!* ", wiederholte Degousée. „Warum nennst du sie so?"

„Weil die Nationalgarde durch die Verordnung von König Karl X. rechtmäßig aufgelöst wurde", war die Antwort von M. Dupin.

„Kommen Sie, kommen Sie", fuhr Degousée fort, „lassen Sie uns nicht über die Bedingungen streiten. Unterschreiben Sie dies schnell und sagen Sie mir freundlicherweise, wo ich Ihre *Abgeordneten in Paris versammelt finden kann.* "

„Im Haus von Monsieur Laffitte", antwortete Monsieur Dupin.

Und er unterschrieb die Vollmacht, ohne weitere Schwierigkeiten zu machen.

Die Abgeordneten waren tatsächlich mit Laffitte versammelt. Und Degousée, der dank des Papiers, das er bei sich trug, zweifellos mehr Glück hatte als ich, hatte es bis in den Sitzungssaal geschafft. Die Abgeordneten sahen sich die drei oben genannten Zeilen an, und als sie die Unterschrift von Herrn Dupin sahen, unterschrieben sie ebenfalls. Doch kaum hatten sie das getan, ergriff sie die Angst: Degousée, der nie Gras unter seinen Füßen wachsen ließ und außerdem beim Sturm auf den Louvre dabei sein wollte, hatte bereits die Haustür erreicht, als ihn ein Abgeordneter einholte.

„Monsieur", sagte er, „erlauben Sie mir, mir das Papier noch einmal anzusehen?"

„Sicher", antwortete Degousée ahnungslos.

Der Abgeordnete trat zur Seite und riss die Unterschriften ab, dann gab er das zusammengefaltete Papier an Degousée zurück, der es entgegennahm. Er entdeckte die fehlenden Unterschriften, die der geschickte Zauberer abgezogen hatte, erst an der Tür von General Pajol.

Meine Leser erinnern sich an La Fontaines Fabel vom *Hasen* und dem Frosch? Der brave Mann sah alles voraus, sogar das, was fast unmöglich schien, nämlich dass Herr Dupin einen noch größeren Feigling als sich selbst finden würde! Das war die Geschichte, die in den Menschengruppen, die draußen standen, die Runde machte.

Doch möchten wir schnell hinzufügen, dass La Fayette noch nicht im Hôtel Laffitte eingetroffen war, als sich der Vorfall ereignete, den wir gerade geschildert haben. Er kam an, als ein Mann aus dem Volk mit einer Pistole in der Hand und einem mit Pulver geschwärzten Gesicht hereinlief, um die Einnahme des Louvre zu verkünden. Ein Sergeant des 53. Linienregiments hatte seine Füße und Hände so gut eingesetzt, dass er in den Salon gelangt war, wo er verkündete, dass dieses Regiment im Begriff sei, sich mit dem Volk zu verbrüdern. Die Offiziere baten lediglich darum, dass ihnen eine Person von hoher Stellung geschickt werde, damit ihr Übertritt zur revolutionären Sache nicht wie ein gewöhnlicher Überläufer aussehe. Sie schickten Oberst Heymès in Zivilkleidung und M. Jean-Baptiste Laffitte mit mehreren Mitgliedern der Nationalgarde, die sie rekrutiert hatten, als sie den Boulevard entlangkamen. Das Regiment traf gerade ein, als ich kam: Fünf Offiziere betraten den Ratssaal und ich mit ihnen. Herr Laffitte stand in der Nähe des Gartenfensters, das offen stand, obwohl die Außenjalousien geschlossen waren. Er saß in einem großen Sessel und hatte sein Bein auf einem Schemel ruhen lassen. Er hatte sich am Morgen zuvor den Fuß verstaucht. Hinter ihm lehnte Béranger auf der Stuhllehne, und auf der einen Seite stand General La Fayette und erkundigte sich nach seinem Befinden. In der Nische eines zweiten Fensters unterhielt sich Georges La Fayette mit Herrn Laroche, dem Neffen von Herrn Laffitte. Dreißig oder vierzig Abgeordnete, die sich in Gruppen unterhielten, füllten den Rest des Salons. Plötzlich war ein furchterregender Schuss zu hören, und der Schrei ertönte:

„Die königliche Wache marschiert auf das Hotel zu!"

Ich habe viele Schauspiele gesehen, von „ *Paul et Virginie* " in der Opéra-Comique, dem ersten, das ich je gesehen und bewundert habe, bis hin zu „ *La Barrière de Clichy* " im Cirque, einem der letzten, die ich je besucht habe, aber einen solchen Szenenwechsel habe ich noch nie erlebt! Man hätte meinen können, alle Abgeordneten hätten sich auf einer Falltür befunden und wären auf einen Pfiff hin verschwunden. Im Handumdrehen war absolut keine einzige Person mehr im Salon außer Laffitte, der noch immer sitzen blieb, ohne eine Spur von Erregung in seinem Gesicht; Béranger, der unbewegt blieb, wo er stand; Monsieur Laroche, der an die Seite seines Onkels trat; La Fayette, der sein edles und ehrwürdiges Haupt hob und einen Schritt auf die Tür zumachte, was bedeutete, sich der Gefahr zu stellen; Georges La Fayette, der auf seinen Vater zueilte; und die fünf Offiziere, die eine Leibwache um Monsieur Laffitte bildeten. Alle anderen waren durch die Privattüren verschwunden oder aus den Fenstern gesprungen. Méchin hatte sich dadurch ausgezeichnet, dass er zu den Letzteren gehörte. Ich wollte die Gelegenheit nutzen, um dem Hausherrn meine Grüße zu überbringen, aber General La Fayette hielt mich auf dem Weg davon ab.

„Was zum Teufel ist los?", fragte er mich.

„Ich habe keine Ahnung, General", antwortete ich, „aber ich kann mit Sicherheit versichern, dass weder die Schweizer noch die königliche Garde hier sind … Ich sah sie die Tuilerien verlassen, und bei dem Tempo, mit dem sie sich bewegten, müssen sie inzwischen näher bei Saint-Cloud als beim Hôtel Laffitte sein."

„Macht nichts! Versuch herauszufinden, worum es geht."

Ich ging gerade auf die Tür zu, als ein Beamter hereinkam und des Rätsels Lösung brachte.

Die Soldaten des 6. Linienregiments hatten sich mit denen des 53. getroffen und waren dem Beispiel der letzteren gefolgt, indem sie sich auf die Seite des Volkes stellten; als Zeichen ihrer Freude hatten sie ihre Gewehre in die Luft abgefeuert. Nach dieser Erklärung machten wir uns auf die Suche nach den vermissten Abgeordneten, die wir schließlich hier und da und überall fanden. Nur zwei hatten sich nicht beim Appell gemeldet. Bei weiterer Suche entdeckten wir sie jedoch in einem Stall versteckt. Wenn Sie es wünschen, bin ich gern bereit, ihre Namen anzugeben. Einige Minuten später wurde eine Abordnung eingeführt; Garnier-Pagès gehörte dazu, wenn ich mich recht erinnere. Diese Abordnung hatte Taschereaus Plakate und Proklamation für echt gehalten und war gekommen, um die Generäle La Fayette und Gérard zu bitten, ihre Pflichten anzutreten. General Gérard, der gerade eingetroffen war, wich dem Vorschlag aus. Gérards Traum war es, Minister von Charles X. unter M. de Mortemart zu werden und nicht Mitglied einer provisorischen Revolutionsregierung. La Fayettes Antwort an die Delegation war fast dieselbe, die er mir am Abend zuvor gegeben hatte.

„Meine Freunde, wenn Sie glauben, dass ich der Sache der Freiheit nützlich sein kann, dann nutzen Sie meine Dienste." Und er begab sich in die Hände der Abordnung.

Der Ruf „Vive La Fayette!" hallte durch die Salons des Hotels Laffitte und wurde auf der Straße draußen wiedergegeben. La Fayette wandte sich an die Abgeordneten.

„Sehen Sie, meine Herren", sagte er, „mir wird das Kommando über Paris angeboten, und ich glaube, ich sollte es annehmen."

Es war nicht der richtige Zeitpunkt für abweichende Meinungen, und die Zustimmung war einstimmig. Alle Anwesenden, darunter sogar M. Bertin de Vaux, gingen zu La Fayette, um ihm zu gratulieren, aber ich konnte die Worte nicht verstehen. Ich war bereits im Vorzimmer, im Hof und auf der Straße und rief:

„Machen Sie Platz für General La Fayette, der zum Rathaus geht!"

Die einstimmigen Rufe „Vive La Fayette!" bewiesen, dass der Held von 1789 im Jahr 1830 nicht ein Atom seiner Popularität eingebüßt hatte.

Was für ein großartiges Ding ist die Freiheit! Eine unsterbliche und unfehlbare Göttin! Der Konvent hatte seine Zeit, das Direktorium, das Konsulat, das Kaiserreich und die Restauration – sie alle gingen auch vorüber, und mit ihnen fielen Köpfe und Kronen; aber der Mann, den die Freiheit 1789 zum König des Volkes geweiht hatte, war 1830 erneut König des Volkes.

La Fayette verließ den Saal, auf Carbonnel gestützt, in Begleitung eines Abgeordneten, dessen Namen ich erst erfuhr, als ich nachfragte: Es war Audry de Puyraveau. Alle, Männer, Frauen und Kinder, bildeten eine Prozession hinter dem berühmten alten Mann, den wir ehrten und verherrlichten, weil wir wussten, dass er in seiner Person das Hauptprinzip der Revolution verkörperte. Und doch, obwohl er in seinen Ansichten so fortschrittlich war, wurde er damals von denen der jüngeren Leute weit übertroffen!

An der Tür des *Nationalbüros* in der Rue Neuve-Saint-Marc erblickte La Fayette Étienne Arago, der eine dreifarbige Kokarde trug. „Monsieur Poque", sagte er zu einer seiner Begleitpersonen, „gehen Sie und bitten Sie den jungen Mann, seine Kokarde abzunehmen."

Arago kam nach La Fayette.

„Ich bitte um Verzeihung, General", sagte er, „aber ich glaube nicht, dass ich das verstanden habe."

„Mein junger Freund, ich bitte Sie, diese Kokarde abzunehmen."

„Warum, General?"

„Weil es noch etwas verfrüht ist... Später, später werden wir sehen."

„General", antwortete Etienne, „ich trage seit gestern eine Trikolore im Knopfloch und seit heute Morgen auf meinem Hut. Da sind sie und da werden sie bleiben!"

„Hartnäckiger Kerl!", murmelte der General, als er seines Weges ging.

Man schlug ihm vor, ein Pferd aus Pelliers Mietstall zu nehmen, aber er lehnte ab. So dauerte es fast anderthalb Stunden, von der Rue d'Artois zum Hôtel de Ville zu gelangen. Er erreichte es etwa um halb vier.

Aber ich muss die Geschichte des Hôtel de Ville von acht Uhr morgens erzählen, als es endgültig vom Volk eingenommen worden war, bis zu dem Moment, als General La Fayette um halb vier kam, um es zu besetzen. Gegen sieben Uhr morgens bemerkten die Leute, dass das Hôtel von den Truppen geräumt worden war. Die Nachricht wurde sofort in die *Nationalbüros gebracht* . Es war wichtig, dass es in Besitz genommen wurde, also gingen Baude und Étienne Arago. Um neun Uhr wurden sie darin untergebracht. Von diesem Moment an, so visionär es auch war, war die provisorische Regierung im Amt. Ein Mann war aufgestanden, der vor der schrecklichen Verantwortung, die so viele Menschen zurückhalten ließ, nicht zurückschreckte. Dieser Mann war Baude. Er ernannte sich zum Sekretär einer nicht existierenden Regierung. Er erließ zahllose Befehle, Proklamationen und Dekrete, die er unterzeichnete

„BAUDE, *Sekretär der provisorischen Regierung.* "

Wir sagten, er habe das Rathaus um neun Uhr betreten. Um elf Uhr wurde der städtische Safe untersucht und es wurde festgestellt, dass er fünf Millionen Franc enthielt. Um elf Uhr wurden die Bäckermeister gerufen und sie erklärten auf eigene Verantwortung, dass Paris für einen Monat versorgt sei. Darüber hinaus wurden um elf Uhr in allen zwölf Arrondissements von Paris Kommissionen eingerichtet, die die Anweisung hatten, mit dem Rathaus Verbindung aufzunehmen. Fünf oder sechs ergebene Patrioten scharten sich um Baude und reichten als sein Arbeitsstab aus. Étienne Arago war einer von ihnen. Berichte, Befehle, Dekrete und Proklamationen wurden zwischen Lauf und Ladestock von Aragos Gewehr gesteckt und zu den *Nationalbüros gebracht* . Er ging durch die Rue de la Vannerie, den Markt der *Unschuldigen* und die Rue Montmartre. Seit zehn Uhr morgens hatte ihn kein einziges Hindernis mehr auf seinem Weg behindert. Gemäß dem Befehl von Marschall Marmont hatten sich sämtliche Truppen rund um die Tuilerien konzentriert.

Sekretär der provisorischen Regierung "über den Sturz der Bourbonen hinwegtrug, traf er auf dem Markt der Unschuldigen einen ehemaligen Schauspieler namens Charlet, der vor einer riesigen Menschenmenge marschierte, die den ganzen Platz füllte. Die beiden Hauptpersonen in dieser Menge, die sie zu dirigieren schienen oder von ihr geleitet wurden, waren ein Mann in der Uniform eines Hauptmanns und ein anderer in der Uniform eines Generals. Der Mann in der Uniform eines Hauptmanns war Évariste Dumoulin, der Herausgeber des *Constitutionnel* , auf den ich im Zusammenhang mit Madame Valmonzey und *Christine hingewiesen habe*. Der Mann in der Generalsuniform war General Dubourg. Niemand wusste, wer General Dubourg war oder woher er kam oder ob er in einem Altkleiderladen gewesen war und sich seine Generalsuniform geliehen, gemietet oder gekauft hatte. Aber die Schulterklappen fehlten, und dieses Accessoire war zu wichtig, um vernachlässigt zu werden. Charlet, der Schauspieler, holte aus dem Requisitenlager der Opéra-Comique ein Paar Epauletten und brachte sie dem General. Und so fertig machte er sich an die Spitze seines Zuges.

„Was soll das für ein Aufruhr?", fragte Étienne Charlet.

„Es ist General Dubourgs Prozession, die zum Hôtel de Ville aufbricht."

„Wer ist General Dubourg?"

„General Dubourg ist General Dubourg", sagte Charlet.

Und eine andere Erklärung gab es tatsächlich nicht.

General Dubourg hatte sich am Vortag vor Higonnet und Degousée im Rathaus der Petits-Pères vorgestellt.

„Meine Herren", fragte er, „benötigen Sie einen General?"

„Ein General?", wiederholte Degousée. „In revolutionären Zeiten braucht man nur einen Schneider, um irgendetwas oder irgendjemanden herzustellen – und wenn es genügend Schneider gibt, wird es keinen Mangel an Generälen geben."

Der General merkte sich den Ausdruck, aber anstatt sich an einen Schneider zu wenden, tat er das, was kostengünstiger und schneller ging. Er ging zu einem Second-Hand-Kleiderhändler! Aber es war angemessen, dass ein wohlhabender General eine provisorische Uniform hatte .

Der General und seine Uniform gingen also gemeinsam zum Rathaus. Es ist üblich, dass Prozessionen langsam marschieren, und auch diese wich nicht von der üblichen Sitte ab. Étienne hatte Zeit, seine Depesche im Büro des National abzugeben, *und* indem er sich ein wenig beeilte, konnte er zum Rathaus zurückkehren, bevor General Dubourg eintrat.

„Baude", sagte er, „weißt du, was kommt?"

"NEIN."

"Ein General!"

„Welcher General?"

„General Dubourg... Kennen Sie die Person?"

„Nicht von Adam oder Eva! Trägt er eine Uniform?"

"Ja."

„Eine Uniform wird gut ankommen! Ein Hoch auf General Dubourg! Wir werden ihn in ein Hinterzimmer stellen und ihn bei Gelegenheit vorführen."

Unter den Rufen „Vive le general Dubourg!" betrat General Dubourg den Platz.

Sie brachten ihn in das Hinterzimmer, auf das Baude gezeigt hatte, und als er dort war …

„Was wünschen Sie, General?", fragten sie ihn.

„Ein Stück Brot und einen Nachttopf", antwortete der General. „Ich sterbe vor Hunger und muss Wasser holen!"

Sie gaben ihm, was er wollte. Während er sein Stück Brot verschlang, brachte Baude ihm zwei Proklamationen zum Unterschreiben. Eine unterschrieb er ohne Schwierigkeiten, die andere weigerte er sich jedoch zu unterschreiben. Baude nahm sie und unterschrieb sie achselzuckend – „BAUDE, *Sekretär der provisorischen Regierung.* "

Arme provisorische Regierung! Es wäre interessant gewesen zu sehen, wie sie sich verhalten hätte, wenn Karl X. nach Paris zurückgekehrt wäre.

Arago war mit diesen beiden Proklamationen unterwegs, als er in der Nähe von Saint-Eustache auf eine neue Truppe traf, die einen Angriff auf den Louvre plante. Er konnte es sich nicht verkneifen, sich ihr anzuschließen.

„Pah!", sagte er, „die Proklamationen müssen warten. Lassen Sie uns zuerst die dringendsten Angelegenheiten erledigen." Und dann ging er zum Louvre.

Als der Louvre eingenommen wurde, brachte er seine Proklamationen ins *National* und verkündete dort den Sieg des Volkes. Hier hatte ihn General La Fayette mit einer dreifarbigen Kokarde gesehen und war von seiner Kühnheit beunruhigt.

Als Etienne hörte, dass der General zum Rathaus ging, tat er für ihn dasselbe, was er für General Dubourg getan hatte: Er lief zum Rathaus, um Baude die Ankunft von General La Fayette anzukündigen. Der Gerechtigkeit halber muss General Dubourg gesagt werden, dass er nicht einmal versuchte, die Position des Neuankömmlings zu bestreiten, obwohl dieser später als er selbst gekommen war. Er trat vor, um ihn auf der Treppe zu empfangen, verbeugte sich respektvoll und sagte:

" *Für alle Herren, für alle Ehre!* "

Fünf Stunden lang war er Herr von Paris gewesen, und zwei dieser fünf Stunden lang war sein Name in aller Munde. Ein zweites Mal sollte er wieder auftauchen, um aus dem Rathaus gejagt zu werden, und ein drittes Mal, als er beinahe ermordet worden wäre. Als er ankam, ließ er das dreifarbige Zelt und einen Tapezierer holen.

Als dieser kam, sagte der General zu ihm: „Monsieur, ich möchte eine Flagge."

„Welche Farbe?", fragte der Mann.

„Schwarz!", antwortete der General. „Schwarz soll die Farbe Frankreichs sein, bis es seine Freiheit wiedererlangt hat!"

Und zehn Minuten später wehte eine schwarze Flagge über dem Hôtel de Ville.

KAPITEL II

General La Fayette im Stadthaus – Charras und seine
Männer – „Die Pflaumen des Herrn" – Die
Stadtkommission – Ihre erste Amtshandlung – Die Bank
von Casimir Périer – General Gérard – Der Herzog von
Choiseul – Was in Saint-Cloud geschah – Die drei
Unterhändler – Es ist zu spät – Monsieur d'Argout mit
Laffitte

Sobald General La Fayette im Rathaus eingezogen war, füllte sich das
Gebäude sofort wieder mit Menschen, so wie es vor seiner Ankunft verlassen
gewesen war. Inmitten all der Freudenschreie, des enthusiastischen
Geschreis und der Triumphrufe wusste der arme General nicht, wem er
zuhören sollte. Männer aus dem Volk, Studenten, Schüler der École
polytechique, alle kamen mit ihrer eigenen Geschichte. Der General
antwortete:

„Sehr gut! Sehr gut!" und schüttelte dem Boten die Hand, der entzückt die
Treppe hinuntereilte und rief:

„General La Fayette hat mir die Hand geschüttelt! Ein Hoch auf General La
Fayette!"

Charras traf zu gegebener Zeit mit seinen hundert oder hundertfünfzig
Männern ein.

„Hier bin ich, General", sagte er.

„Ah! Du, mein junger Freund!", sagte La Fayette. „Gern geschehen" und
umarmte ihn.

„Ja, General, ich bin hier, aber ich bin nicht allein."

"Wen hast du dabei?"

„Meine hundertfünfzig Männer."

"Und was haben sie getan?"

„Sie haben sich wie Helden verhalten, General! Sie haben das Gefängnis
Montaigu, die Baracke de l'Estrapade und die in der Rue de Babylone
eingenommen."

"Bravo!"

„Ja, das darfst du wohl sagen! Aber jetzt ist nichts mehr da, was sie mitnehmen könnten. Was soll ich mit ihnen tun?"

„Warum, sag ihnen, sie sollen ruhig nach Hause zurückkehren."

Charras lachte.

„Homes? Das meinen Sie nicht wirklich, General!"

„Das tue ich wirklich. Sie müssen nach den Aufgaben, die sie erledigt haben, erschöpft sein."

„Aber, General, drei Viertel der tapferen Kerle haben kein Zuhause, wohin sie gehen können, und das andere Viertel würde, wenn sie nach Hause gingen, weder ein Stück Brot noch einen halben Penny finden, um sich welches zu kaufen."

»Ach, zum Teufel! Das ändert die Sache«, sagte der General. »Dann sollen sie hundert Sous pro Kopf bekommen.«

Charras legte seinen Männern den Vorschlag des Generals vor.

„Oh! ... Komm schon!", sagten sie, „glaubt er, wir kämpfen des Geldes wegen?"

Baude ordnete die Verteilung von Brot und Fleisch an, und als dies geschehen war, schlug Charras mit seiner Truppe sein Lager auf dem Platz des Rathauses auf.

Madame Guyet-Desfontaines' Tasse Schokolade und Flasche Bordeauxwein gehörten nun der Vergangenheit an, und ich verspürte ein ebenso dringendes Verlangen nach einem Stück Brot wie General Dubourg, als er das Hôtel de Ville erreichte. Ich ging zu einem Weinhändler an der Ecke von Place de Grève und Quai Pelletier und bat um etwas zu essen. Sein Haus war von Kugeln durchsiebt, und er besaß inzwischen eine erlesene Auswahl an Kartätschen. Er beabsichtigte, sie als künftiges Zeichen über seiner Tür anzubringen, mit den folgenden Worten darüber:

ZU DEN PFLAUMEN VON MONSIEUR

Sie wissen, dass der Comte d'Artois, wie alle jüngeren Brüder der Könige von Frankreich, den Beinamen „Monsieur" trug, bevor er Karl X. wurde. Ich billigte die glückliche Idee des Weinhändlers und schmeichelte ihm so geschickt, dass ich ihm eine Flasche Wein, ein Stück Brot und eine Wurst abschwatzte.

Ich war fest entschlossen, das Rathaus nicht aus den Augen zu verlieren und mir alles, was dort geschah, zu merken. Ich fand, dass Revolutionen eine äußerst amüsante Seite hatten. Entschuldigen Sie, es war die erste, die ich gesehen hatte. Jetzt, wo ich eine dritte erlebt habe, finde ich sie nicht mehr ganz so lustig.

Da wir aber in diesen bescheidenen Memoiren viele Ereignisse zu erzählen haben, die die erzprüde Geschichte unerzählt lässt, und wir deshalb keine Zeit zu verlieren haben, wollen wir einerseits erzählen, was in Saint-Cloud geschah, und andererseits, was bei Monsieur Laffitte geplant wurde, während ich meine Flasche Wein trank und im Zeichen der *Prunes de Monsieur mein Brot und meine Wurst aß* und während General La Fayette damit beschäftigt war, sich auf seinem diktatorischen Stuhl im Rathaus niederzulassen, Charras zu umarmen und seine Männer zu Bett zu schicken, da er der Meinung war, dass sie dringend Ruhe brauchten.

Beginnen wir im Hôtel Laffitte. Kaum hatte La Fayette den Salon verlassen, um die Diktatur von Paris anzutreten, als sie Angst bekamen, den Helden der Schlacht der Föderation 24 Stunden allein an der Spitze der Angelegenheiten zu lassen, und sich daran machten, eine wirksame Methode zu finden, um seine Macht auszugleichen. Sie ernannten General Gérard zum *Direktor der aktiven Operationen* (ein unbekanntes Amt, das sie für diesen Anlass erfunden hatten); und er sollte von einer Stadtkommission unterstützt werden, die aus den Herren Casimir Périer, Laffitte, Odier, Lobau, Audry de Puyraveau und Mauguin bestand. Aber Teil einer Stadtkommission zu sein, war für Herrn Odier ein viel zu gewagter Schritt; er lehnte ab. Herr de Schonen wurde an seiner Stelle ernannt. Herrn Laffittes verstauchter Fuß wurde als Vorwand genommen, um die Kommission in seinem Haus einzurichten. So wurde alles organisiert, um General La Fayettes revolutionären Einfluss zu bekämpfen. Auf diese Weise begann die Bourgeoisie mit ihrer reaktionären Arbeit genau an dem Tag, als die Begeisterung und der Triumph des Volkes ihren Höhepunkt erreichten.

Schließt wieder Freundschaften, freut euch, geht mit Freudenschreien aufeinander zu, umarmt euch, ihr Männer der Vororte, ihr jungen Leute aus den Colleges, ihr Studenten, Dichter und Künstler! Erhebt eure Hände zum Himmel, dankt Gott und ruft Hosianna! Eure Toten sind noch nicht begraben, eure Wunden noch nicht verheilt; eure Lippen sind noch schwarz vom Puder, eure Herzen schlagen noch freudig beim Gedanken an die Freiheit, und schon nähern sich Intrigen, Finanzleute und jene in Uniform, die sich zitternd und betend versteckten, während ihr kämpftet, schamlos, um euch Sieg und Freiheit aus den Händen zu reißen, dem einen die Palmen zu entreißen und dem anderen die Flügel zu stutzen; um eure beiden keuschen Göttinnen zu schänden. Während ihr auf dem Place du Louvre einen Mann erschießt, weil er eine vergoldete Silbervase gestohlen hat, während ihr unter der Pont d'Arcole einen Mann erschießt, weil er Silbergeschirr gestohlen hat, werdet ihr dort draußen in diesem großen, schönen Herrenhaus beschimpft und verleumdet, das ihr eines Tages durch eine nationale Subvention zurückkaufen werdet (ihr Kinder mit dem kurzen Gedächtnis und dem Herzen aus Gold!) und es seinem Besitzer zurückgeben werdet, wenn er ruiniert ist und nur noch ein Einkommen von vierhunderttausend Francs übrig hat! *Audite et intelligite!* Hört zu und lernt! Hier ist die erste Akte dieser gerade selbstgewählten Stadtkommission:

> „Die in Paris anwesenden Abgeordneten mussten zusammenkommen, um den schweren Gefahren zu begegnen, die die Sicherheit von Personen und Eigentum bedrohen. Eine städtische Kommission wurde eingerichtet, um die Interessen aller zu überwachen, da es keine reguläre Organisation gibt."

Royalisten, nehmt euch in Acht! Es gibt ein Edikt des guten Königs Saint-Louis, das die Vollmacht erteilt, Gotteslästerern die Zunge mit einem glühenden Eisen zu durchbohren! Diese Kommission musste einen Sekretär im Hôtel de Ville haben, und O Dilon Barrot wurde ernannt. Es geschah, dass die Kommission, während sie dieses beleidigende Dekret unterzeichnete, kam und ihr mitteilte, dass die Hälfte der Kämpfer auf den öffentlichen Plätzen verhungerte und um Brot bat. Sie wandten sich einmütig an M. Casimir Périer – den Mann, der dem Herzog von Raguse am Vortag vier Millionen angeboten hatte.

„Nun, meine Herren", antwortete er, „es tut mir wirklich leid für die armen Teufel, aber es ist nach vier Uhr und meine Kasse ist geschlossen."

Und das war ein Mann, der Minister gewesen war und das französische Volk regiert hatte – ein Mann, dessen Söhne Botschafter und Vertreter der französischen Nation gewesen waren!

Um fünf Uhr ließ sich General Gérard herab, sich der Menge zu zeigen. Er trug noch immer die weiße Kokarde an seinem Hut, und diese erregte so viel Aufsehen, dass der General sie abnehmen musste; doch keine Überredungskunst konnte ihn dazu bewegen, stattdessen die dreifarbige Kokarde anzulegen.

Der Herzog von Choiseul betrat das Hôtel Laffitte, als General Gérard es verließ; der arme Herzog, dessen Gesichtsfarbe sonst ganz gelb war, sah jetzt grün aus. Er hatte genug gehabt, um grün zu werden! Er hatte seit dem Morgen an der provisorischen Regierung teilgenommen, Proklamationen unterzeichnet und Dekrete erlassen! Während der Kämpfe auf den Straßen hatte er sich nicht vor die Tür gewagt; er hatte zu große Angst, kompromittiert zu werden, und noch mehr Angst, getötet zu werden. Als das Feuer eingestellt wurde, hatte Herr von Choiseul seine Fensterläden halb geöffnet und sah, dass alle auf den Straßen waren und die Stadt in

Jubelstimmung war: Er war seine mit Teppichen ausgelegten Treppen Stufe für Stufe hinabgestiegen, hatte einen Fuß aus seinem Hôtel gewagt und hatte es schließlich gewagt, bis zu Herrn Laffitte zu gehen. Was wollte er dort tun? Bei Gott! diese Frage ist nicht schwer zu beantworten: er kam, um gegen den abscheulichen Fälscher zu protestieren, der seinen Namen missbraucht und so wenig Respekt gezollt hatte, dass er ihn mit dem von Monsieur Motié de La Fayette in Verbindung brachte! Gewiss, Monsieur de Choiseul; Monsieur Motié de La Fayette stammte zwar aus einer guten Familie aus der Auvergne, aber er war kein Nachkomme von Raymond III., Graf von Langres, und Alix de Dreux, der Enkelin von Louis le Gros; aber ich weiß nicht, ob er zu seinen Vorfahren jemanden zählen könnte, der angeklagt war, auf österreichische Veranlassung einen französischen Dauphin vergiftet zu haben. Diese Tatsache hätte berücksichtigt werden müssen und hätte den Herzog dazu veranlassen sollen, nachsichtiger mit dem armen Herrn und seiner Familie umzugehen.

Nachdem wir nun gesehen haben, was im Hôtel Laffitte vor sich ging, wollen wir uns ansehen, was in Saint-Cloud geschah. Sie waren wütend auf den Herzog von Raguse und hatten ihm nicht nur vorgeworfen, er habe Paris nicht richtig verteidigt, sondern er habe sie verraten. Das unglückliche Schicksal verfolgte diesen Mann, der von allen Seiten angeklagt wurde, sogar von der Seite, der er sich verschrieben hatte! Der Dauphin wurde eingesetzt, um an seiner Stelle das Kommando zu übernehmen. Alle wussten, was für ein großartiger General der Dauphin war! Hatte er nicht Spanien erobert und diesen glücklichen, tollkühnen Kerl von einem Napoleon vertrieben? Waren auch seine Schlagabtausche nicht höchst glücklich ? Er kam in den Bois de Boulogne, um die Truppen zu empfangen, und ging zu einem Hauptmann und fragte:

„Wie viele Männer haben Sie verloren, Captain? Wie viele Männer haben Sie verloren?"

Der Dauphin hatte die Angewohnheit, seine Sätze zweimal zu sagen.

„Viele, Monseigneur!", antwortete der Offizier traurig.

„Aber es ist noch genug übrig – genug übrig?", sagte Seine Hoheit mit der ihm eigenen Taktgefühl!

Die Truppen setzten ihren Rückzug fort und erreichten Saint-Cloud, niedergeschlagen vor Erschöpfung, gebrochen vor Hitze und sterbend vor Hunger. Sie wurden nicht erwartet und es war nichts für sie vorbereitet. Der Herzog von Bordeaux speiste, und M. de Damas befahl, die Speisen, die von der Tafel des Prinzen kamen, den Soldaten zu schicken. Das Kind nahm die Speisen und reichte sie selbst den Dienern, die auf ihn warteten. Die von Barras vorhergesagte Stunde war gekommen, aber das arme königliche Kind hatte keinen anderen Beruf gelernt als den eines Prinzen – ein schlechtes Handwerk in unseren Tagen: Fragen Sie Seine Majestät Napoleon II. und Seine Hoheit den Herzog von Bordeaux oder Monseigneur le Comte de Paris.

Doch die Verhandlungen von Doktor Thibaut hatten Wirkung gezeigt, und während General Gérard am Nachmittag des 29. Juli um halb sechs an seiner weißen Kokarde festhielt, erreichte M. de Mortemart am selben Abend um sieben Saint-Cloud. Charles X. hieß ihn nicht herzlich willkommen; er mochte ihn nicht, und tatsächlich war M. de Mortemart einer jener zweifelhaften Royalisten, die mit dem Republikanismus in Verbindung gebracht wurden, wie die La Fayettes, Lameths und Broglies. M. de Mortemart versuchte, den König zu Zugeständnissen zu zwingen; aber der König hatte mit einer Entschlossenheit geantwortet, die er vierundzwanzig Stunden später Lügen strafen sollte –

„Ich werde keine Zugeständnisse machen, Monsieur! Ich habe die Ereignisse von 1789 miterlebt und sie nicht vergessen. Ich möchte nicht wie mein Bruder in einem Wagen fahren; ich ziehe es vor, zu Pferd zu reiten." [1]

Unglücklicherweise für diesen schönen Entschluss änderten die Angelegenheiten in Paris am nächsten Morgen ihr Aussehen. Es war dann Karl X., der Monsieur de Mortemart drängte, das Ministerium anzunehmen, und Monsieur de Mortemart lehnte seinerseits ab. Er sah, dass die Stunde für die Wirksamkeit eines gemischten Ministeriums vorüber war, und machte ein zeitweiliges Fieber, das an den Ufern der Donau aufkam, zum Vorwand für seine Ablehnung. Aber Karl X. hatte den Punkt erreicht, an dem Könige nicht mehr versuchen, ihre Ängste zu verbergen, sondern offen ihre Notrufe ausstoßen.

„Ah! Monsieur le Duc", rief der betagte Monarch aus, „Sie weigern sich also, mein Leben und das meiner Minister zu retten? Das ist nicht die Aufgabe eines treuen Untertans, Monsieur!"

Der Herzog verneigte sich.

„Sire", sagte er, „wenn es das ist, was Sie von mir verlangen, werde ich es annehmen!"

„Gut, ich danke Ihnen", antwortete der König.

Dann flüsterte er:

„Aber es bleibt abzuwarten, ob die Menschen mit Ihnen zufrieden sein werden…"

Die gegen den alten König verhängten Gewaltmaßnahmen waren für ihn so bitter, dass er seinen Zorn selbst gegenüber dem Mann, der bereit gewesen war, sich für ihn zu opfern, nicht zurückhalten konnte.

Drei politische Persönlichkeiten warteten in einem angrenzenden Raum - so sprechen wir in unserer höflichen Sprache von Peers, Abgeordneten, Senatoren, Richtern und Ratsmitgliedern, die den Treueeid auf die Monarchien schwören und sie so gut verteidigen, dass sie in vierzig Jahren vier davon durch die Finger gleiten ließen! Diese politischen Persönlichkeiten waren M. de Vitrolles - den Doktor Thibaut am Abend des 27. Juli aufgesucht hatte, um ihm die Koalition vorzustellen - Mortemart und Gérard; M. de Sémonville, der Mann der apokryphen Flaggen, von dem M. de Talleyrand, als er ihn abfallen sah, sagte: "Was kann ihn das interessieren?" M. d'Argout wurde 1848 ein so glühender Republikaner, dass er meinen geliebten und engen Freund Lassagne, der bei ihm eine kleine Stelle mit drei- bis viertausend Francs Gehalt erhalten hatte, aus seinen Ämtern entließ, weil er ihn als ehemaligen Sekretär von König Louis-Philippe erkannte.

„O heilige Diskretion!“, sagte Brutus.

Während sie warteten, trat Monsieur de Polignac ein. Der Prinz erriet bald, was die drei Unterhändler vorhatten; zwei von ihnen waren persönliche Freunde von ihm. Sie waren gekommen, um seine Absetzung zu fordern. Der Prinz von Polignac strahlte Größe aus; ein kleingeistiger Mann hätte versucht, ihnen den Zugang zum König zu verwehren; aber er führte sie sofort in das Kabinett von Karl X. ein. Vielleicht rechnete er auch mit der bekannten Abneigung des Königs gegen Monsieur d'Argout. Der König hatte gerade dem Ministerium von Mortemart zugestimmt. Er empfing diese Herren, die ihm ihre Mission vorlegten. Karl X. ließ sie nicht einmal bis zum Ende kommen, sondern sagte mit einer Geste voller Bitterkeit und Adel:

„Meine Herren, gehen Sie zu den Parisern und sagen Sie ihnen, dass der König die Verordnungen widerruft.“

Diese Herren brachten ihre Freude durch zufriedenes Gemurmel zum Ausdruck. Doch der König sagte weiter:

„Erlauben Sie mir zugleich, Ihnen zu sagen, dass ich diesen Widerruf für verheerend für die Interessen der Monarchie und Frankreichs halte!“

Die Interessen der Monarchie und Frankreichs! Warum um Himmels Willen sprach Karl X. mit solchen Männern darüber? Was interessierte sie außer ihren eigenen privaten Interessen? Sie fuhren in voller Fahrt in einer Kutsche davon. Unterwegs trafen sie auf ganz Paris, das bewaffnet aus den Häusern in die Straßen und aus den Vorstädten strömte. Herr von Sémonville rief dieser Menge bararmiger Männer mit blutbefleckten Hemden zu:

„Meine Freunde, der König hat die Verordnungen widerrufen; die Minister wurden rausgeworfen."

Er glaubte, in der Sprache des Volkes zu sprechen, aber in Wirklichkeit sprach er nur den Jargon des gemeinsten Pöbels. Herr von Vitrolles schüttelte allen die Hände. Wenn die Männer, die ihm die Hände drückten, seinen Namen gekannt hätten, hätten sie ihn stattdessen erwürgt!

Als die Unterhändler die Kais erreichten, mussten sie ihre Kutschen verlassen, da die Barrikaden errichtet wurden und damit keine Bevorzugung: Die Fortbewegung war für alle gleich. Als sie das Rathaus erreichten und die Treppe hinaufstiegen, trafen sie Marrast, und als er die drei Unterhändler erkannte, blieb er stehen, um sie anzusehen. Herr von Sémonville kannte Marrast nicht, aber als er inmitten dieser zerlumpten Menge einen elegant gekleideten jungen Mann sah, sprach er ihn an.

„Junger Mann", sagte er, „können wir mit General La Fayette sprechen?"

Er wagte nicht , *„Monsieur" zu sagen* und wollte ihn nicht als „ *Citoyen* " (Bürger) ansprechen.

Marrast wies ihn an, und diese Herren wurden in die Mitte der Stadtkommission eingeführt. Sie wollten gerade anfangen, ihre Mission zu erklären, ohne dass man es für nötig hielt, General La Fayette zu informieren, den sie aufsuchen wollten. Es wäre vielleicht einigen Mitgliedern der Stadtkommission recht gewesen, wenn La Fayette nicht anwesend gewesen wäre, aber Herr de Schonen und Audry de Puyraveau, die enthusiastischsten und am stärksten verwickelten Mitglieder der Kommission, ließen ihn holen. Sie riefen das Ministerium von Mortemart und Gérard aus.

„Aber, meine Herren", unterbrach ihn Mauguin, „zwei Minister bilden noch keine Regierung."

„Der König", sagte Herr von Sémonville, „stimmt der Hinzuziehung von Herrn Casimir Périer gerne zu."

Und er wandte sich mit einem freundlichen Lächeln dem Bankier zu, der furchtbar blass wurde.

Im selben Moment erhielt Casimir Périer einen Brief, den er las. Alle Augen waren auf ihn gerichtet ... Er machte eine ablehnende Geste. Es folgte ein kurzer Moment des Schweigens und Zögerns, wobei jeder versuchte, nicht als Erster zu antworten, da er die Wichtigkeit seiner Antwort spürte. Dann stand Herr von Schonen auf, brach das Schweigen und sprach mit fester Stimme diese schrecklichen Worte:

„Es ist zu spät... Der Thron Karls X. ist im Blut untergegangen...!"

Achtzehn Jahre später sollten dieselben Worte, die Herr de Lamartine in der Tribune wiederholte und wiederum an die Gesandten von König Louis-Philippe richtete, den Thron des jüngeren Zweigs stürzen, wie sie es zuvor mit dem des älteren getan hatten.

Die Verhandlungsführer wollten die Sache vorantreiben.

„Kommen Sie! Kommen Sie!", sagte Audry de Puyraveau. „Das dürfen wir nicht mehr zulassen, meine Herren, oder ich rufe das Volk zusammen, und dann werden wir bald erfahren, was es will!"

Die Abgeordneten zogen sich zurück, doch Herr Casimir Périer verließ das Gebäude durch eine andere Tür und gesellte sich zu ihnen auf die Treppe.

„Gehen Sie und suchen Sie M. Laffitte", sagte er im Vorbeigehen zu ihnen. „Vielleicht lässt sich von dort aus etwas tun."

Und er verschwand. Wollte er die Verhandlungen dem Herzog von Orléans überlassen oder wollte er sich nicht völlig von König Karl X. lösen?

Herr von Sémonville schüttelte den Kopf und zog sich zurück.

Um Monsieur Laffitte aufzusuchen, der nichts weiter als ein Finanzier war, pah! La Fayette könnte man vielleicht tolerieren. Er war zweifellos ein Revolutionär, aber einer aus einer guten Familie, der als Junge Puder und rote Absätze getragen und der Königin am L'Œil-de-boeuf die Hand geküsst hatte.

Diese letzte Gnade wurde ihm am schrecklichen Morgen des 6. Oktober zuteil. Herr Laffitte war nur ein verdienstvolles Mitglied des Proletariats, dessen Charakterstärke und gute Taten ihn mächtig gemacht hatten; sie konnten die Interessen eines Nachkommen von Saint-Louis nicht mit einem solchen Emporkömmling verhandeln! Die Herren von Vitrolles und d'Argout waren nicht so stolz wie Herr von Sémonville. Casmir Périer gab ihnen einen Pass, damit sie Laffittes Villa ohne Schwierigkeiten betreten konnten. Herr d'Argout, der nur unbeliebt war, behielt seinen eigenen Namen, aber Herr de Vitrolles, der verflucht war, ließ sich als Herr Arnoult ausweisen. An der Tür verließ Herrn de Vitrolles der Mut : Er stieß Herrn d'Argout in den Salon und blieb in einer Art Vorraum zurück. Herr Laffitte erwartete Oudard, der seit fünf Uhr weg war, aber noch nicht zurückgekehrt war. Als er das Geräusch einer sich öffnenden Tür hörte, hob er den Blick. Es war nicht Oudard, sondern Monsieur d'Argout. Als er eintrat, war sein Benehmen, ob echt oder gespielt, von der Sicherheit eines Mannes geprägt, der glaubt, Nachrichten zu bringen, die für alle Beteiligten versöhnlich sind.

„Nun, mein lieber Kollege", sagte er, „ich bin gekommen, um Ihnen hervorragende Neuigkeiten zu überbringen."

„Hmpf!", antwortete Laffitte mit der ihm eigenen, halb verächtlichen Art und mit einigen geistigen Fähigkeiten, die er offenbar von seinem Freund Béranger geliehen hatte. „Hmpf, was ist los?"

„Die Verordnungen werden zurückgezogen", sagte M. d'Argout.

„Ah!" bemerkte Laffitte gleichgültig.

"Und wir haben neue Minister."

„Ah!", bemerkte der Bankier erneut, ohne auch nur nach ihren Namen zu fragen.

„Bekommen Sie solche Nachrichten auf diese Weise?", fragte M. d'Argout und zeigte dabei eine gewisse Enttäuschung.

"Sicherlich."

„Aber warum gehst du so gelassen damit um?"

„Weil es jetzt keine Bedeutung mehr hat."

„Nicht wichtig! Jetzt!", wiederholte Monsieur d'Argout.

„Ja", sagte Laffitte, „damit sind Sie vierundzwanzig Stunden zu spät dran, mein guter Freund."

„Aber mir scheint, das Interesse bleibt das gleiche."

„Durchaus möglich. Nur hat sich die Situation in den letzten vierundzwanzig Stunden geändert!"

In diesem Moment öffnete sich die Salontür erneut. Diesmal war es jedoch kein Unterhändler, sondern ein Mann aus dem Volk. Er trug seine Arbeitsbluse, hatte einen langen Bart und ein blutbeflecktes Kopftuch um den Kopf gewickelt. In der Hand hielt er ein Gewehr.

„Verzeihung, Monsieur Laffitte", sagte er und ließ seine Waffe auf das Parkett klirren, „es geht das Gerücht um, dass sie über Sie mit Charles X verhandeln."

„Ja", sagte Laffitte, „und Sie wollen keine Verhandlungen, ist es das, mein Freund?"

„Wir wollen keine Bourbonen und keine Jesuiten mehr!", ertönte es aus den Vorzimmern.

Dieser Schrei war sogar draußen auf der Straße zu hören.

„Sehen und hören Sie selbst?", sagte M. Laffitte.

„Dann hörst du auf nichts?“

"Ist Ihr Geschäft offiziell?"

M. d’Argout zögerte.

„Ich muss gestehen“, antwortete er, „das ist nicht der Fall.“

„Dann sehen Sie doch, dass ich Ihnen nicht antworten kann, denn jede Erwiderung von mir würde zu nichts führen!“

„Aber wenn ich mit einer offiziellen Ermächtigung zurückkäme“, drängte Monsieur d'Argout, der die Lage von allen Seiten sondieren wollte.

„Ah!“, sagte M. Laffitte, „wir werden diese Brücke überqueren, wenn wir dort ankommen!“

M. d'Argout schüttelte den Kopf und zog sich zurück.

„Nun?“, fragte ihn Monsieur de Vitrolles.

„Alles ist verloren, mein lieber Baron!“, antwortete der zukünftige Direktor der Bank mit einem Seufzer.

„Aber wenn nun ein letzter Versuch unternommen würde, Monsieur de Mortemart nach Paris zu zwingen?“

„In verzweifelten Fällen ist jedes Mittel den Versuch wert.“

„Dann nach Saint-Cloud!“

„Nach Saint-Cloud!“

„Dieser Teufel von Oudard braucht lange, um mir die Antwort des Herzogs zu überbringen“, murmelte Laffitte ungeduldig.

„Vielleicht“, antwortete Béranger, „braucht der Herzog etwas Zeit, um es ihm zu geben ...“

---

[1] Siehe *l'Histoire de dix ans* von Louis Blanc.

KAPITEL III

Alexandre de la Borde – Odilon Barrot – Oberst Dumoulin
– Hippolyte Bonnelier – Mein Arbeitszimmer – Eine Notiz
in Oudards Handschrift – Der Herzog von Chartres wird
in Montrouge verhaftet – Die Gefahr, in die er sich begab,
und wie er gerettet wurde – Ich beabsichtige, nach Soissons
zu gehen, um Schießpulver zu holen – Ich besorge mir
meinen Auftrag von General Gérard – La Fayette verfasst
eine Proklamation für mich – Der Malerbarde – M. Thiers
wieder im Vordergrund

Die oben genannten Vorfälle ereigneten sich alle zu der Zeit, als ich mein Mahl im Gasthof zu den *Prunes de Monsieur beendete.* Ich ging durch die Menschenmassen, die sich auf dem Place de l'Hôtel de Ville niedergelassen hatten, und ruhte mich so ruhig und heiter aus, ohne zu wissen, dass der politische Zyklop sich wieder an die Arbeit gemacht hatte und damit beschäftigt war, aus der alten, zerbrochenen Kette eine neue zu schmieden – eine beredte Metapher, die M. Odilon Barrot in seiner Rede vor dem Tribunal hätte verwenden können, wenn es noch ein Tribunal gegeben hätte.

Alexandre de la Borde betrat zur selben Zeit wie ich die große Halle des Rathauses. Einige Männer von der Sorte, die immer etwas schreien, riefen:

„ Es lebe der Präfekt der Seine! "

Odilon Barrot, dessen Namen ich gerade in Bezug auf die parlamentarische Beredsamkeit notiert habe, saß in der Uniform eines Nationalgardisten an einem Tisch und schrieb. Er hob überrascht den Kopf, dass der ehemalige Präfekt der Seine, Monsieur de Chabrol de Volvic, so viel Begeisterung erregen konnte. Er erkannte Alexandre de la Borde und machte eine Geste des Erstaunens.

„Nun ja, ich bin es", sagte der Autor von *„ L'Itinéraire en Espagne "* mit jener heiteren, beinahe kindlichen Naivität, die eines der Hauptmerkmale seiner Persönlichkeit war. „Man hat mich gerade zum Präfekten der Seine ernannt."

"Du?"

"Ja, ich."

"Wer hat das getan?"

„Woher soll ich das wissen? ... Irgendein Monsieur mit einem Federhut, einem großen Säbel und einem langen Schal."

Dieser „*Monsieur*" war Oberst Dumoulin, der bei jeder Revolution mit genau demselben Federhut, Säbel und Schal wieder auftauchte, bis man anfing zu glauben, er sei die Ursache allen Unglücks.

Odilon Barrot zuckte mit den Schultern.

„Sie", sagte er, „werden mit uns der Pariser Kommune angehören..."

Und flüsternd fügte er hinzu:

"Und doch!"

Nur jemand, der wie ich über die Rückenlehne seines Sessels gebeugt saß, hätte diese letzten beiden Worte verstehen können.

Von meinem Platz aus konnte ich einen anderen Sekretär sehen, der gerade gekommen war und seinen Platz gegenüber eingenommen hatte, als rivalisierende Macht. Es war M. Hippolyte Bonnelier, La Fayettes Sekretär; er war tatsächlich das Gegenstück zu Odilon Barrot, dem Sekretär der Stadtkommission. Ich werde nie vergessen, wie eigenartig M. Hippolyte Bonnelier gekleidet war. Er trug sein Pulverhorn an einem roten Band um sich geschlungen. In seinen Gürtel steckte ein winziger Dolch von vier Zoll Länge. Hatte er seinen Dolch mit dem Pulverhorn geladen oder seine Pulverflasche mit seinem Dolch gefüllt? Das war ein Problem, das ich nie lösen konnte.

„Ich habe entlang der Boulevards achtzehn Bäume gefällt!", sagte er zu Étienne Arago.

„Mit deinem Dolch?", fragte Étienne lachend.

„Nein", antwortete Bonnelier und lachte nun. „Ich wollte sagen, dass ich sie mit meinem Dolch markiert habe und dass die Leute sie gefällt haben."

Und in der Zwischenzeit war er Sekretär von La Fayette. Von ihm erfuhr ich, was zwischen den Herren von Vitrolles, Sémonville und Argout und der Stadtkommission vorgefallen war.

Die Situation wurde immer interessanter. Ich war überzeugt, dass Oudard nach Neuilly gegangen war, und ich glaubte, dass die Antwort bald gegeben werden würde, also beschloss ich, die Nacht im Hôtel de Ville zu verbringen. Ich stellte mich unter Bonneliers Schutz und er führte mich in eine Art Privatbüro, in dem sich ein Mahagonischreibtisch und mit grünem Samt bezogene Sessel befanden. Auf dem Kaminsims standen fünfarmige Kandelaber, aber ohne Kerzen darin. Ich muss sagen, dass Monsieur de Chabrol ein großer und praktischer Ökonom war, wenn man bedenkt, dass er fünf Millionen in seinem Safe hatte und keine Kerzen in seinen Leuchtern.

Ich steckte zunächst den Schlüssel zum Kabinett in die Tasche, dann ging ich hinunter und kaufte fünf Kerzen, ging wieder hinauf, nahm Bleistift und Papier von Bonneliers Schreibtisch und bat ihn, mir Neuigkeiten aus Neuilly mitzuteilen, was er mir versprach. Ich kehrte in mein Zimmer zurück, stellte meine Kerzen hinein, zündete zwei davon an und begann, mir alles aufzuschreiben, was ich im Laufe des Tages gesehen hatte. Ich hatte noch nicht mehr als vier Zeilen geschrieben, als mir unwillkürlich die Augen zufielen. Da es keinen Grund gab, gegen den Schlaf anzukämpfen, und ich vor Müdigkeit gerade umfiel , stellte ich zwei Sessel wie ein Feldbett zurecht und schlief trotz des schrecklichen Tumults um mich herum, unter und über mir. Ich erwachte im hellen Tageslicht. Abgesehen von zwei oder drei Alarmen und einigen Schüssen war die Nacht vollkommen ruhig gewesen. Ich sah in ein Glas und sah, dass ich nach Hause gehen musste. Ich hatte drei Tage lang meine Wäsche nicht gewechselt und mich seit zwei Tagen nicht rasiert; mein Gesicht war voller Sommersprossen, und die Hälfte der Knöpfe meiner Drillichweste war durch die Kugeln, die sie zur Seite geschoben hatten, abgerissen; schließlich waren eine meiner Gamaschen und einer meiner Schuhe mit dem Blut des armen Kerls besudelt, den ich zum Brunnen des Instituts gehoben hatte. Ich verließ mein Büro und fand Bonnelier auf seinem Posten. Er gab mir ein Zeichen, dass er mir etwas zeigen wollte. Ich ging zu ihm, und er drückte mir ein Papier in die Hand.

„Machen Sie eine Kopie davon, wenn Sie möchten“, sagte er, „aber was auch immer Sie tun, verlieren Sie meine Kopie nicht!“

"Was ist es?"

„Neuilly, 3.15 Uhr ... Oudard, Bote ... Rubrik Laffitte.“

"Gut!"

Ich nahm eine Feder und schrieb die folgende Notiz Wort für Wort ab. Für sich genommen wäre diese Notiz eine Kuriosität, aber in Verbindung mit dem Brief, der später gegeben wird, erlangt sie die Würde eines historischen Dokuments, wie jene Möbelstücke, die als echt erkannt werden und von einem alten Raritätenladen in ein Museum gelangen. Hier ist die Notiz:—

"Der Herzog von Orléans befindet sich mit seiner ganzen Familie in Neuilly. Die königlichen Truppen sind in Puteaux in seiner Nähe. Es bedarf nur eines Befehls des Hofes, um ihn aus der Nation zu entfernen, die in ihm eine mächtige Garantie für ihre zukünftige Sicherheit finden kann. Es wird vorgeschlagen, sich ihm im Namen der eingesetzten Behörden und in angemessener Begleitung zu nähern und ihm die Krone anzubieten. Wenn er Bedenken wegen seiner familiären Verbindung äußert, wird man ihm mitteilen, dass sein Wohnsitz in Paris für die Ruhe der französischen Hauptstadt von wesentlicher Bedeutung ist und dass er in Sicherheit gebracht werden muss. Auf die absolute Gewissheit dieser Maßnahme kann man sich verlassen, und es besteht außerdem kein Zweifel daran, dass der Herzog von Orléans keine Zeit verlieren wird, sich mit Leib und Seele den Wünschen der Nation anzuschließen."

Die Originalnotiz war in Oudards Handschrift.

Merkwürdiger Zufall: Während der Vater einen Thron gründete, schwebte der Sohn in Todesgefahr.

Jetzt werden wir sehen, was passiert ist.

Bohain und Nestor Roqueplan erwarteten Étienne Arago zum Frühstück bei Gobillard am Place de la Bourse. Als Arago das *National* auf dem Weg zum Café verließ, traf er Bohains Diener, der nach seinem Herrn suchte.

„Ah, Monsieur", sagte der ehrenwerte Bursche, als er Etienne erblickte, „wissen Sie, wo mein Herr ist?"

„Er müsste bei Gobillard sein", antwortete Etienne. „Wozu brauchst du ihn?"

„Ich bin von seinem Schwager, Monsieur Lhuillier, geschickt worden, um ihm zu sagen, dass der Herzog von Chartres in Montrouge verhaftet worden ist."

"Wer hat ihn verhaften lassen?"

„Monsieur Lhuillier, er ist der Bürgermeister des Dorfes. Er möchte wissen, was er mit dem Prinzen machen soll."

„Hm!", sagte ein Mann, der mit einem Gewehr zwischen den Beinen auf dem Bürgersteig saß und ein Stück Brot kaute. „Was soll er mit ihm machen? Wir werden ihm sagen, was wir mit ihm machen sollen! ..." Dann stand er auf und sagte: „Kommt, Freunde!", rief er laut, „der Herzog von Chartres wurde in Montrouge verhaftet. Wer ein Stück Prinzenfleisch probieren möchte, kommt mit mir!"

„Was haben Sie gesagt, mein feiner Freund?", rief Etienne und legte dem Mann eine Hand auf die Schulter.

„Ich sagte, dass sie meinen Bruder getötet haben und dass ich selbst noch heute losgehen und den Herzog von Chartres töten werde!"

Es gab keine Zeit zu verlieren. Étienne stürmte ins Café.

„Schauen Sie her!", sagte er zu Bohain, „Ihr Diener hat es ganz schön vermasselt!"

"Was hat er getan?"

„Er ging hin und verbreitete die Nachricht, dass der Herzog von Chartres in den Händen Ihres Schwagers gefangen sei und zwanzig Schurken losgezogen seien, um den Prinzen zu töten."

„Zum Teufel!", riefen Nestor und Bohain aufatmend, „das darf nicht zugelassen werden."

"Was sollen wir tun?"

„Übernehmen Sie die Führung, stellen Sie sich an ihre Spitze, halten Sie sie so lange wie möglich zurück, und einer von uns wird General La Fayette vor der Gefahr warnen, in der der Prinz schwebt … Ein Mann wird umgehend zu Monsieur Lhuillier geschickt und der Herzog von Chartres in Freiheit gesetzt, bevor Sie und Ihre Männer Montrouge erreichen."

„Gut!" sagte Etienne, „aber verlieren Sie keine Zeit!"

Dann warf er sich an die Spitze einer Gruppe von dreißig Männern –

„Nach Montrouge!" rief Étienne Arago; "Nach Montrouge, meine Freunde!"

Jeder stimmte in den Ruf „Nach Montrouge!" ein, und sie machten sich auf den Weg zur Maine-Barriere, während Nestor Roqueplan – soweit ich mich erinnern kann, war es Nestor – zum Place de Grève rannte.

Das Vaudeville lag auf dem Weg zur Maine-Barriere; sie gingen durch die Gärten des Palais-Royal, überquerten dann den Platz und schlängelten sich die Rue de Chartres entlang. Ein Bühnenbildner stand an der Theatertür, Arago machte ihm mit den Augen ein Zeichen, zu ihm zu kommen; der Mann verstand und tat es. Arago gab vor, von dem Mann etwas Zuversicht zu bekommen.

"Gut, meine Freunde", sagte er, "hier ist eine neue Geschichte. Sie wissen nicht, was ich gerade gehört habe! Er sagt, es gebe eine Verschwörung der Royalisten, die das Vaudeville niederbrennen wollen, und wie Sie wissen, ging der Aufstand vom Vaudeville aus. Wäre es nicht besser, wenn wir zuerst das Theater durchsuchen würden?"

Es wurden keine Einwände erhoben. Außerdem waren viele dieser ehrlichen Leute durchaus nicht unzufrieden mit dem Gedanken, ein Theater von innen zu sehen; nur der Mann, der die Reise nach Montrouge vorgeschlagen hatte, ein Böttcher aus dem Viertel du Roule, versuchte Einwände zu erheben; aber niemand hörte auf ihn. So machten sie beim Vaudeville halt, und Arago führte seine Leute mit der Laterne in der Hand vom untersten Parkett in die Galerien; er ließ ihnen keinen einzigen Pfosten, keine Falltür, keine Seitenkulisse ersparen. Eine ganze Stunde wurde mit diesem Besuch vergeudet. Dann setzten sie ihren Weg in Richtung der Maine-Barriere fort.

Inzwischen war General La Fayette gewarnt worden und hatte Monsieur Comte, einen der brillantesten Studenten der École polytechnique, der inzwischen ein hervorragendes Werk über die positive Philosophie geschrieben hat, nach Montrouge geschickt. Monsieur Comte war der Überbringer eines Briefes mit folgendem Wortlaut:

> „In einem freien Land sollte es jedem erlaubt sein, sich zu bewegen, wohin er will. Erlauben Sie Monsieur le Duc de Chartres, an der Spitze seiner Husaren nach Joigny zurückzukehren und auf die Befehle der Regierung zu warten. LA FAYETTE
>
> "HÔTEL DE VILLE, 30. *Juli* 1830"

Als ich erfuhr, in welcher Gefahr der Herzog von Chartres schwebte, wollte ich sofort nach Hause zurückkehren und mein Pferd satteln lassen, um nach Montrouge zu galoppieren. Man sagte mir jedoch, dass Monsieur Comte in Montrouge sein würde, bevor ich die Rue de l'Université erreichen könnte, und dass es viel besser wäre, im Hôtel de Ville auf Neuigkeiten zu warten. Also wartete ich. Ich muss gestehen, dass die Stunden von acht Uhr morgens bis zwei Uhr nachmittags sehr langsam vergingen. Um zwei kehrte Etienne zurück, bedeckt mit Schweiß und Staub. Der Herzog von Chartres war gerettet. Dank der Verzögerung im Vaudeville und eines zweiten Vorfalls, von dem wir später berichten werden, traf der Bote rechtzeitig ein.

Der Herzog von Chartres hatte General Baudrand und Monsieur de Boismilon bei sich. Monsieur Lhuillier ließ den Adjutanten und den Sekretär in die Kutsche des Prinzen einsteigen und bat sie, loszufahren und in La Crois-de-Berny auf den Herzog von Chartres zu warten, während er selbst sich verpflichtete, den Prinzen wohlbehalten an denselben Ort zu bringen. Während General Baudrand und Monsieur de Boismilon in einer Kalesche durch den Vordereingang abfuhren und die Hauptstraße nahmen, verließen Monsieur le Duc de Chartres und Monsieur Lhuillier das Gebäude durch eine Hintertür und fuhren in einer Droschke über eine Querstraße davon, die wieder auf die Straße nach Joigny traf, eine Viertelmeile unterhalb des Ortes, wo Monsieur Baudrand und Monsieur de Boismilon auf den Prinzen warteten.

Ein Umstand hatte insbesondere dazu beigetragen, die Flucht und Aragos gute Absichten dem Prinzen gegenüber zu beschleunigen. Als sie die Maine-Barriere erreichten, wurden die Männer aufgehalten; es durften keinerlei bewaffnete Truppen Paris verlassen. Ihr erster Instinkt war, das Hindernis auf ihrem Weg zu überwinden, aber sie willigten ein, mit den Wachen zu verhandeln, die dort Dienst hatten, und freundeten sich schließlich mit ihnen an. Einige der Männer gingen sogar in das Wachhaus selbst, während sich die übrigen in die zwischen den Bäumen ausgehöhlten Gräben setzten, um Regenwasser aufzufangen. Arago bestellte Brot und einige Flaschen Wein für sie, und ich selbst übernahm es, Informationen einzuholen. Eine Stunde später erreichte er Montrouge. M. le Duc de Chartres war gerade abgereist. Er nahm eine Kopie von General La Fayettes Brief, in dem er die Freilassung des Prinzen rechtfertigte, und brachte sie zu seinen Männern zurück. Sie nahmen die Nachricht mit sehr schlechter Laune auf, und Etienne konnte sie nur beruhigen, indem er versprach, sie zum Rathaus zurückzubringen und ihnen nach Herzenslust Pulver zu geben. Etienne war also mit diesem doppelten Ziel zurückgekehrt: General La Fayette die Nachricht von der Flucht des Herzogs von Chartres zu melden und seinen Männern das versprochene Pulver zu geben. Aber er hatte einige Schwierigkeiten, sein Versprechen zu halten; es war so viel Pulver verschwendet worden, dass niemand wusste, wo er welches bekommen sollte.

„Ich gebe Ihnen mein Ehrenwort“, sagte La Fayette, der einen solchen Munitionsmangel nicht glauben konnte, zu Etienne, „dass wir, wenn Karl X. nach Paris zurückkehrte, nicht viertausend Schuss zum Abfeuern hätten!“

Ich habe diese Antwort gehört und sie nicht unbeachtet gelassen.

Als Arago weg war, ging ich hinauf nach La Fayette.

„General“, sagte ich zu ihm, „habe ich Sie nicht gerade Arago sagen hören, dass Sie nicht genug Pulver hätten?“

„Das stimmt“, sagte der General. „Aber vielleicht war es ein Fehler von mir, es zu erwähnen.“

„Darf ich etwas holen gehen?“

"Du?"

„Ich selbst, ganz bestimmt.“

"Woher?"

„Wo immer es welche geben mag, sei es in Soissons oder in La Fère.“

"Sie werden dir keines geben."

„Dann werde ich es nehmen.“

„Was, du? Du willst es nehmen?“

"Ja."

"Gewaltsam?"

„Warum nicht? Der Louvre wurde doch mit Gewalt eingenommen!"

„Sie sind sicherlich verrückt, mein Freund", antwortete der General.

„Das stimmt nicht, das schwöre ich. Ich bin geistig gesund!"

„Komm, komm, geh nach Hause. Du bist so müde, dass du kaum noch reden kannst. Man hat mir gesagt, du hättest die Nacht hier verbracht."

„General, geben Sie mir den Befehl, Pulver zu holen."

"Nichts Derartiges."

„Meinen Sie wirklich, Sie möchten nicht, dass ich gehe?"

„Ich möchte nicht, dass Sie erschossen werden."

„Danke, aber seien Sie bitte so freundlich und gewähren Sie mir freien Eintritt zu General Gérard."

„Ja, das werde ich gern tun. Monsieur Bonnelier, stellen Sie einen Pass für M. Dumas aus."

„Bonnelier ist beschäftigt, General; ich werde es selbst tun, und Sie können es sofort unterschreiben … Sie haben ganz recht, ich muss nach Hause, denn ich bin völlig fertig!"

Ich ging zu einem Tisch und stellte den folgenden Pass aus:—

     „30. *Juli* 1830, 1 Uhr

     „Gewähren Sie Herrn Alexandre Dumas Zugang zu General Gérard."

Ich überreichte General La Fayette das Papier in der einen Hand und einen Stift in der anderen, und er unterschrieb es.

Ich hatte meine Bestellung erhalten.

„Danke, General", sagte ich.

Und da der Pass in meiner Handschrift vorlag, fügte ich nach den beiden Worten „General Gérard" den Satz hinzu: „Dem empfehlen wir den Vorschlag, den er uns soeben übermittelt hat."

Mit diesem Pass ausgestattet ging ich sofort zu Laffittes Hotel und erhielt Zutritt zum General. Er hatte mich als Kind bei M. Collard gesehen und erkannte mich, als ich ihm meinen Namen nannte.

»Ah, Sie sind es also, Monsieur Dumas!« sagte er. »Nun, was soll das für ein Vorschlag?«

„Das ist es, General... Herr de La Fayette sagte mir vor einigen Minuten im Rathaus, dass er nicht genug Pulver habe und dass im Falle einer Rückkehr Karls X. nach Paris wahrscheinlich nicht einmal viertausend Schuss übrig bleiben würden."

„Es ist eine Tatsache, und zwar eine ziemlich beunruhigende, wie Sie erkennen werden."

„Nun, ich habe General La Fayette angeboten, loszugehen und etwas Pulver zu besorgen."

"Woher?"

„Soissons."

„Wie willst du daran kommen?"

„Wie? Es gibt doch nicht zwei Arten, Dinge zu verstehen, oder? Ich werde ganz bestimmt höflich darum bitten."

"Von wem?"

„Der kommandierende Offizier natürlich."

„Und wenn er sich weigert?"

„Ich werde es auch ohne seine Erlaubnis nehmen."

„Darauf habe ich gewartet … Sagen Sie mir noch einmal, wie Sie es aufnehmen werden?"

„Oh! Das ist meine Sache!"

„Ist das der Vorschlag, den mir General La Fayette empfohlen hat?"

„Sie sehen es selbst, der Satz lautet deutlich genug: ‚An General Gérard, dem wir den Vorschlag empfehlen, den er uns soeben übermittelt hat.'"

„Haltete er Ihren Vorschlag nicht für verrückt?"

„Um die Wahrheit zu sagen, wir haben nur kurz darüber diskutiert."

„Hat er Ihnen nicht gesagt, dass die Wahrscheinlichkeit, dass Sie bei einem solchen Unterfangen erschossen werden, zwanzig zu eins ist?"

„Ich nehme an, er hat eine solche Meinung geäußert."

„Trotzdem hat er mir Ihren Vorschlag empfohlen."

Es ist mir gelungen, ihn zu überzeugen.

„Warum hat er den Befehl, den Sie von mir verlangen, nicht selbst erteilt?“

„Weil er behauptete, Herr General, dass die Erteilung von Befehlen an die Militärbehörden Ihre Sache sei und nicht seine.“

General Gérard biss sich auf die Lippen.

„Hm!“, rief er.

„Nun, General?“

„Also, ich sage, das ist unmöglich!“

„Warum?“

„Ich kann mich nicht so kompromittieren, dass ich einen solchen Befehl erteile.“

Ich sah ihm direkt ins Gesicht.

„Warum nicht, General?“, sagte ich. „Ich bin durchaus bereit, mich selbst so weit zu kompromittieren, dass ich es durchführe!“

Der General schauderte und starrte mich zurück an.

„Nein, nein!“, sagte er. „Das kann ich nicht.... Mich an die provisorische Regierung wenden.“

„Ach ja, Ihre provisorische Regierung! Es wird ein Leichtes sein, wenn ich sie finden kann, aber ich habe überall danach gesucht. Ich habe alle möglichen Leute gebeten, sie mir zu zeigen, und als ich dorthin gegangen bin, wo man mich hinwies, habe ich nur einen großen leeren Saal mit einem Tisch in der Mitte gefunden, auf dem leere Flaschen Wein und Bier standen, und in einer Ecke einen Schreibtisch und eine Art Protokollbuch darauf ... Glauben Sie an mich, General, denn ich glaube an die Realität und nicht an Schatten, und unterzeichnen Sie den Befehl, den ich will.“

„Willst du es wirklich?“, sagte er.

„Das tue ich tatsächlich, General.“

„Und Sie sind bereit, für jeden Schaden, der daraus entstehen könnte, selbst die Verantwortung zu tragen?“

„Möchten Sie, dass ich vor meiner Abreise jede Verantwortung bezüglich meiner Person von mir ablehne?“

„Die Bestellung können Sie selbst verfassen.“

„Unter der Bedingung, General, dass Sie es danach vollständig in Ihrer eigenen Handschrift abschreiben. Es hat mehr Gewicht, wenn es handschriftlich ist."

"Sehr gut."

Ich nahm ein Stück Papier und schrieb diesen Befehlsentwurf auf:

> „Die Militärbehörden der Stadt Soissons werden gebeten, Herrn Alexandre Dumas unverzüglich sämtliches Pulver zu übergeben, das sich entweder im Pulvermagazin oder in der Stadt befindet.
>
> "PARIS, 30. *Juli* 1830"

Ich überreichte General Gérard das Papier, der es annahm, las und noch einmal las. Dann, als hätte er vergessen, dass ich ihn um einen handschriftlichen Befehl gebeten hatte, nahm er einen Stift und sagte: „Da Sie es wirklich wünschen ...", und unterschrieb meinen Befehl.

Ich ließ ihn machen, denn mir kam eine Idee.

„Danke, General."

„Bist du wirklich zufrieden?"

"Sehr zufrieden."

„Dann sind Sie nicht schwer zufriedenzustellen."

Und er ging ins Wohnzimmer zurück. Ich hielt noch immer die Feder in der Hand und schrieb über seinen Namen: „Kriegsminister."

Die erste Interpolation war so gut gelungen, dass ich mich an eine zweite wagte. Dank meiner zweiten Interpolation lautete die Reihenfolge wie folgt:

> „Die Militärbehörden der Stadt Soissons werden aufgefordert, Herrn Alexandre Dumas unverzüglich sämtliches Pulver auszuhändigen, das sich entweder im Pulverlager oder in der Stadt befindet.
>
> Kriegsminister,
> GÉRARD
>
> "PARIS, 30. *Juli* 1830"

Aber meine Leser dürfen nicht annehmen, dass das alles war. Ich hatte einen Befehl für die Militärbehörden, der von *Gérard unterzeichnet war* ; aber ich wollte auch eine ähnliche Einladung an die Zivilbehörden, die von *La Fayette unterzeichnet war.* Ich legte großen Wert auf General Gérards militärischen

Ruf, aber ich zählte noch mehr auf General La Fayettes Popularität; außerdem würde eine der Unterschriften die andere ergänzen.

Als ich ins Rathaus zurückkehrte, ließ ich einen Brief an La Fayette schicken, um ihn zu sprechen, und er kam zu mir.

„Na", sagte er zu mir, „bist du noch nicht ins Bett gegangen?"

„Nein, General, ich bin gerade weg."

„Wohin?"

„Soissons."

„Ohne einen Befehl?"

„Ich habe eines von General Gérard."

„Hat Gérard Ihnen einen Befehl gegeben?"

„Mit Begeisterung, General."

„Oh! Oh! Ich würde es mir so gern ansehen."

„Hier ist es" und er las es.

„‚Kriegsminister'?", sagte er, nachdem er es gelesen hatte.

„Er dachte, das würde meinem Vorhaben dienen."

"Dann hat er es gut gemacht."

„Willst du mir nicht auch etwas geben?"

"Was wollen Sie?"

„Eine Einladung an die Zivilbehörden, die revolutionäre Bewegung zu unterstützen, die ich in der Stadt verkünden werde. Sie wissen ganz genau, dass ich nicht hoffen könnte, Erfolg zu haben, wenn ich nicht durch eine Überraschung in der Bevölkerung zustande käme."

„Zugegeben... Man kann nicht behaupten, dass ich, da Sie bei diesem Unternehmen Ihr Leben riskieren, nichts riskiere."

Und er nahm eine Feder zur Hand und schrieb in seiner eigenen schönen Handschrift die folgende Proklamation:

An die Bürger der Stadt Soissons

„BÜRGER, Sie sind mit den Ereignissen vertraut, die sich in den letzten drei unvergesslichen Tagen in Paris zugetragen haben. Die Bourbonen wurden vertrieben, der

Louvre eingenommen und das Volk ist Herr der Hauptstadt. Aber die Sieger der drei Tage könnten aus Mangel an Munition um den Sieg gebracht werden, den sie sich so teuer erkauft haben. Sie wenden sich daher in der Person eines unserer Kämpfer, Herrn Alexandre Dumas, an Sie, der kommt, um einen brüderlichen Appell an Ihren Patriotismus und Ihre Hingabe zu richten. Alles Pulver, das Sie Ihren Brüdern in Paris schicken können, wird als Gabe an Ihr Land betrachtet.

„Für die Provisorische Regierung, den Generalkommandanten der Nationalgarde,

LA FAYETTE

"HÔTEL DE VILLE DE PARIS, 30. *Juli* 1830"

Man wird sehen, dass diese Proklamation im Großen und Ganzen nicht viel mehr enthielt als einen Appell an Patriotismus und Hingabe. Das war zwar nicht ganz das, was ich wollte, aber es war nun einmal so, und ich musste das Beste daraus machen. Ich umarmte General La Fayette und stieg so schnell ich konnte die Stufen des Rathauses hinab. Es war jetzt drei Uhr nachmittags; die Tore von Soissons, einer befestigten Stadt, wurden um elf Uhr abends geschlossen. Ich musste also vor elf Uhr in Soissons eintreffen, und ich hatte noch vierundzwanzig Meilen vor mir. Auf dem Platz erblickte ich einen jungen Maler namens Bard, einen Freund von mir. Er war ein hübscher junger Bursche von achtzehn Jahren mit einem Gesicht, das so ruhig und ausdruckslos war wie eine Marmorstatue aus dem fünfzehnten Jahrhundert. Er sah genau wie Donatellos Heiliger Georg aus. Ich empfand den Wunsch, einen Reisegefährten zu haben, und sei es nur, um mich ordnungsgemäß begraben zu lassen, falls die Prophezeiungen der beiden Generäle La Fayette und Gérard wahr werden sollten. Ich ging zu ihm.

„Ah! Bard, alter Kumpel", sagte ich, „was machst du da?"

„Ich?", sagte er … „Ich schaue zu … Es ist ein merkwürdiges Spiel, nicht wahr?"

„Es ist mehr als das", sagte ich, „es ist großartig! Was haben Sie dort alles gemacht?"

„Nichts... Ich habe keine Waffen, aber eine alte Hellebarde, die in meinem Atelier liegt."

„Möchten Sie dann die verlorene Zeit auf einen Schlag wiedergutmachen?"

„Es gibt nichts, was mir besser gefallen würde."

„Dann komm mit."

"Wo?"

"Um erschossen zu werden."

„Ich würde es lieben."

„Hurra! Lauft in meine Gemächer und holt meine doppelläufigen Pistolen; lasst mein Pferd satteln und kommt dann wieder zu mir nach Le Bourget."

Ich habe vergessen zu erwähnen, dass ich vom ersten Erlös von *Christine* ein Pferd desselben Chopin gekauft hatte, der am Morgen des 29. auf dem Place de l'Odéon für den Kaiser abgeführt worden war.

„Was ist Le Bourget?", fragte Bard.

„Le Bourget ist die erste Umsteigestation auf der Straße nach Soissons."

„Warum nehmen Sie dann Ihr Pferd mit, wenn es einen Staffelposten gibt?"

„Ach! Wenn der Postmeister alle seine Pferde hätte ausschicken sollen, dann wären sie vielleicht beschlagnahmt worden. Das ist der Grund, warum ich meinen Wagen nicht nehmen kann, wegen der Barrikaden und weil alle Postmeister keine Postwagen in ihren Schuppen haben, obwohl sie gesetzlich dazu verpflichtet sind. Sehen Sie also, mein Lieber, wenn wir einen Wagen finden, nehmen wir ihn; wenn wir nur ein Pferd finden, reiten wir Seite an Seite mit voller Geschwindigkeit; wenn wir weder das eine noch das andere finden, haben wir immer noch mein Pferd, und Sie müssen hinter mir reiten, und wir werden die beste Hälfte der vier Söhne Aymons darstellen."

"Ich verstehe."

„Dann hol mein Pferd und die Pistolen, und wer zuerst in Le Bourget ankommt, wartet auf den anderen."

„Ich werde die ganze Strecke fliegen!", rief Bard, als er in Richtung Pelletier-Kai davonraste.

„Und ich auch", antwortete ich und rannte die Rue de la Vannerie entlang, die direkt in die Rue Saint-Martin mündete, meinen direktesten Weg nach La Villette.

Ein Wort zu dem, was passierte, während Bart am Kai Pelletier entlang lief und ich die Rue Saint-Martin hinunterflitzte.

Nachdem er seine Männer zerstreut hatte, kehrte Étienne Arago in das *Nationalbüro zurück.*

„Kennen Sie die Neuigkeiten?", fragte ihn Stapfer.

"Welche Neuigkeiten?"

"Thiers ist wiedergefunden."

„Puh! Wo ist er denn?"

„Er ist dort oben und hat begonnen, nach einem Thema zu suchen, über das er einen Leitartikel schreiben kann."

„Na gut, dann bringe ich ihm eins."

„Wussten Sie, dass niemand sein Büro betreten darf, wenn er arbeitet?"

„Unsinn! Waren wir nicht im Arbeitszimmer des Königs?"

„Gut, dann gehen Sie hinein. Sie können ihm diesen Grund als Entschuldigung geben, und wenn er damit nicht zufrieden ist, wird er in der Tat schwer zufriedenzustellen sein."

Arago trat ein.

Thiers drehte sich um, um zu sehen, wer die Unverschämtheit besaß, seinen Befehlen zu trotzen.

Er erkannte Arago, der in dem Drama eine sehr wichtige Rolle gespielt hatte. Das finstere Gesicht des berühmten politischen Schriftstellers wurde sanfter, als er sah, wer es war.

„Oh, du bist es!", sagte er.

„Ja... ich habe Sie aufgespürt, um Ihnen ein Thema für einen Artikel zu geben."

"Was ist es?"

Arago schilderte das gesamte Abenteuer von Montrouge und wie es M. le Duc de Chartres gelungen war, rechtzeitig zu entkommen.

Thiers hörte mit größter Aufmerksamkeit zu.

„Du meine Güte", sagte er, als Arago fertig war. „Wer weiß, vielleicht haben Sie ja einem Sohn Frankreichs das Leben gerettet ..."

Arago stand mit offenem Mund und ungewöhnlich weit aufgerissenen Augen da.

Und so wehte der Wind am 30. Juli 1830 um 15.15 Uhr! Der Wind änderte Thiers' Pläne, und anstatt seinen Artikel zu schreiben, stand er auf und lief zu Laffitte.

Was er dort gemacht hat, werden wir nach meiner Rückkehr aus Soissons sehen.

KAPITEL IV

Auf geht's, Polignac! – André Marchais – Postmeister in
Bourget – Ich zeige die Trikolore an meinem Wagen –
Bard gesellt sich zu mir – M. Cunin-Gridaine – Der alte
Levasseur – Kampf mit ihm – Ich blase ihm das Gehirn
raus! – Zwei alte Bekannte – Der Schrecken von Jean-
Louis – Unser Halt in Villers-Cotterets – Hutin –
Abendessen mit Paillet

Als ich Villette erreichte, konnte ich kein Bein vor das andere setzen. Aber
zum Glück erblickte ich eine Falle.

„Fahrer", sagte ich, „zehn Francs, wenn Sie mich nach Bourget bringen!"

"Fünfzehn?"

"Zehn!"

"Fünfzehn!"

"Unsinn!"

„Na dann, steigen Sie ein, Gouverneur."

Ich sprang hinein und wir machten uns auf den Weg. Das Pferd war langsam,
aber der Kutscher war ein guter Patriot. Als er erfuhr, wie eilig ich war und
was der Zweck meiner Reise war, sagte er:

„Oh, kein Wunder also, daß mein Pferd nicht schneller trabt, denn ich habe
es Polignac getauft; es ist ein fauler Taugenichts, mit dem man nichts
anfangen kann ... Aber machen Sie sich keine Sorgen, wir werden schon ans
Ziel kommen."

Und er packte seine Peitsche am Ende, schlug das Pferd mit dem Griff statt
mit dem Riemen und rief: „Auf, mach weiter, Polignac!" Unter Geschrei,
Fluchen und Peitschenhieben erreichten wir Bourget in einer Stunde. Das
elende Pferd war am Ende seiner Kräfte, und ich dachte, es sei wie sein
berühmter Namensvetter am Ende seiner Kräfte. Ich zahlte die vereinbarten
zehn Francs und gab edelmütig noch zwei Francs Trinkgeld dazu – dann ging
ich in den Hof der Poststation. Der Postmeister war gerade dabei, ein Pferd
vor eine Kutsche zu spannen. Ich ging zu ihm, nannte ihm meinen Namen,
zeigte ihm den Befehl von General Gérard und die Proklamation von
General La Fayette und bat ihn, mir die notwendigen Mittel zur Erfüllung
meiner Mission zur Verfügung zu stellen.

„Monsieur Dumas", sagte er, „ich wollte gerade mein Pferd in den Wagen setzen, um nach Paris zu fahren und Informationen einzuholen. Aber jetzt ist es nicht mehr nötig, dass ich gehe, da Sie so hervorragende Neuigkeiten bringen. Ich werde also Postpferde in den Wagen setzen und Sie bis nach Mesnil bringen. Wenn Sie dort kein Transportmittel finden, können Sie meinen Wagen behalten und ihn bei Ihrer Rückkehr im Kutschenhaus wieder unterbringen."

Niemand hätte fairer sprechen können. Mitten in unserem Gespräch hörte ich, wie ich beim Namen gerufen wurde, und da es für Bard noch zu früh war, drehte ich mich um, um zu sehen, wer es war. Es war André Marchais, einer unserer leidenschaftlichsten und uneigennützigsten Patrioten. Er war aus Brüssel gekommen, wo die Nachricht vom Aufstand erst am Tag zuvor eingetroffen war. Er war unglücklich, als er erfuhr, dass alles vorbei war. Egoistischer Kerl! Er hoffte, für die gute Sache getötet oder verwundet zu werden.

Wir umarmten uns herzlich. Später erfuhr ich, dass er bei seiner Ankunft in Paris einen Brief vorfand, der vom Herzog von Raguse unterzeichnet war, ebenso wie der Brief an General La Fayette, Laffitte und Audry de Puyraveau. Während wir uns begrüßten, wurden die Pferde in meinen Wagen und in den von Marchais gespannt, und dann fuhr Marchais nach Paris.

„Ich stehe jetzt zu Ihren Diensten", sagte der Postmeister, der überrascht zu sein schien, dass ich es nicht besonders eilig hatte.

„Verzeihung", antwortete ich. „Ich warte auf einen Gefährten, der mit meinem Pferd und meinen Pistolen aus Paris kommt. Ich habe die Absicht, wenn Sie mir gestatten, mein Pferd hier zu lassen und es gegen Ihren Wagen einzutauschen."

„Lassen Sie, was Sie wollen", war seine Antwort.

Wir blickten die Straße hinunter, soweit das Auge reichte, aber noch war nichts zu sehen.

„Wir werden noch Zeit haben", sagte ich zum Postmeister, „eine dreifarbige Flagge zu hissen."

„Wozu?", fragte er.

„Um Ihre Falle aufzustellen... Es wird unsere Meinung verraten und verhindern, dass wir wegen Flucht verhaftet werden."

„Oh! Oh!", sagte er lachend. „Im Gegenteil, sie werden Sie eher aufhalten, weil ... Sie ganz anders aussehen."

„Macht nichts, es wird mir ein Vergnügen sein, unter den drei Flaggen zu segeln."

„Ah! Soweit ist das ganz einfach!"

Er überquerte die Straße, ging in ein Tuchgeschäft, kaufte je einen halben Yard weißen, blauen und roten Merino, ließ die Leute die drei halben Yards zusammennähen und nagelte sie an einen Besenstiel. Die Flagge war in zehn Minuten fertig und kostete zwölf Francs, Besenstiel inbegriffen. Wir befestigten sie mit zwei Kordeln an der Haube der Kutsche. Während wir diese Aufgabe erledigten, erblickten wir Bard, der in vollem Galopp auf meinem Pferd ankam. Ich gab ihm ein Zeichen, sich noch mehr zu beeilen, wenn es möglich sei, aber er konnte nicht schneller reiten. Schließlich schloss er sich uns an.

„Ah!", sagte er, „ich bin froh, dass Sie einen Wagen haben, denn ich habe furchtbare Sattelschmerzen!"

Dann, als er auf den Boden trat, sagte er: „Da sind Ihr Pferd und Ihre Pistolen."

„Du hast nicht daran gedacht, auch ein Hemd mitzubringen?"

„Auf mein Wort, das habe ich nicht! Ich glaube nicht, dass Sie irgendwas von einem Hemd erwähnt haben."

„Nein, ich bin selbst schuld ... Gebt dem Stallburschen das Pferd, nehmt die Pistolen und steigt schnell ein, es ist schon fünf Uhr!"

„Viertel vor fünf", bemerkte der Postmeister und sah auf seine Uhr.

„Glauben Sie, dass wir heute Abend vor elf in Soissons ankommen?"

„Das wird eine schwierige Aufgabe – aber in den letzten drei Tagen sind so viele Wunder geschehen, dass es für Sie nicht unmöglich sein wird, dieses zu vollbringen."

Und er gab dem Postillon den Befehl, auf das Pferd zu steigen.

„Bist du da?", fragte er.

"Ja."

„Dann los, galoppieren Sie den ganzen Weg, verstanden?"

„Ich verstehe, Herr Gouverneur", sagte der Postillion.

Und er machte sich in rasendem Tempo auf den Weg.

„Sie wissen, dass die Pistolen nicht geladen sind", sagte Bard.

„Gut! Wir werden sie in Villers-Cotterets verladen."

Um Viertel vor sechs waren wir in Mesnil: Wir hatten in einer Stunde fast vier Meilen zurückgelegt.

Glücklicherweise gab es frische Pferde auf der Post. Unser Postillion hier holte einen anderen Postjungen, der die Arbeit übernahm, und damit wir noch schneller vorankamen, setzten sie diesmal drei Pferde statt zwei ein. Ich wollte für die gerade zurückgelegte Etappe bezahlen, aber der Postmeister hatte seine Anweisungen gegeben, und der Postillion weigerte sich, das Geld anzunehmen. Ich gab ihm zehn Francs für sich selbst; er empfahl uns dem frischen Postjungen, und wir machten uns mit Höchstgeschwindigkeit auf den Weg. Glücklicherweise war der Wagen gut eingefahren, und in einer Stunde waren wir in Dammartin. Unsere dreifarbige Flagge sorgte für die gewünschte Sensation. Die Leute kamen entlang unserer gesamten Route und zeigten die lebhaftesten Zeichen ihrer Begeisterung, und als wir unseren Stützpunkt in Dammartin erreichten, hatte sich die halbe Stadt um uns versammelt.

„Das ist großartig!", rief Bard. „Aber um die Sache noch lebendiger zu machen, sollten wir etwas rufen."

„Du hast recht, mein Freund. Schrei nur, und während du schreist, mache ich ein kleines Nickerchen."

"Was soll ich rufen?"

„Aber es *lebe die Republik*, ganz bestimmt!"

Als wir Dammartin verließen, ertönten die Rufe „ *Vive la République!* "

Zwischen Dammartin und Nanteuil sahen wir einen Postwagen, der anhielt, als er unsere dreifarbige Flagge erblickte, und seine Insassen stiegen aus.

„Was gibt es Neues?", fragte uns ein etwa fünfzigjähriger Mann.

„Der Louvre ist eingenommen und die Bourbonen sind geflohen; es gibt eine provisorische Regierung, bestehend aus La Fayette, Gérard usw. *Es lebe die Republik!* "

Der fünfzigjährige Herr kratzte sich am Ohr und stieg wieder in seine Kutsche. Es war Monsieur Cunin-Gridaine. Wir setzten unsere Reise fort und waren um zwanzig vor acht in Nanteuil. Uns blieben nur noch drei Stunden und zwanzig Minuten und wir hatten noch zwölf Meilen vor uns. Es war unwahrscheinlich, dass wir es schaffen würden, aber mein Grundsatz ist immer, nicht zu verzweifeln, solange noch ein Funke Hoffnung übrig ist; selbst dann! ... In Nanteuil wechselten wir wieder die Pferde und die dreifarbige Flagge hatte ihre übliche Wirkung. Man wusste nichts über die

Geschehnisse in Paris, also brachten wir die ersten wirklich sicheren Neuigkeiten. Man gab uns einen alten Postillion, dem ich zurief:

„Vier Meilen die Stunde und drei Francs Trinkgeld."

„Schon gut, schon gut", sagte der alte Mann. „Ich verstehe mein Geschäft. Ich habe *den General gefahren.* "

Der General war mein Vater, denn ich war hier, wissen Sie, in meinem Heimatland.

„Gut. Wenn Sie meinen Vater gefahren haben, wissen Sie, dass er gern schnell fuhr. Ich komme nach ihm."

„Richtig, ich verstehe mein Geschäft."

„Dann los."

„Wir sind unterwegs!"

„Oh!", sagte der Postillon, den ich zurückließ, „Sie tun mir leid, Monsieur Dumas. Sie haben es mit einem schlechten Kunden zu tun."

„Ich werde dafür sorgen, dass er geht, keine Angst."

„Das hoffe ich. *Gute Reise!* Komm, geh, Levasseur; steck ein bisschen Quecksilber in deine Stiefel!"

Und der Postillion fuhr ab.

„Levasseur", rief ich ihm zu, „ich habe Ihnen drei Francs für Sie gesagt, wenn wir bis halb neun in Levignan sind."

„Wenn wir bis halb neun nicht da sind, werden wir um neun da sein. Ich verstehe mein Geschäft."

„Sie verstehen", wiederholte ich, „ich werde um halb neun in Levignan sein."

„Pah! Nur Könige sagen, dass *ich das tun werde.* "

„Es gibt keinen König mehr... Komm, komm. Schneller, schneller!"

„Lasst uns erstmal die Anhöhe erklimmen, dann sehen wir weiter."

So stiegen wir die Anhöhe hinauf, und dann ließ der alte Levasseur seine Pferde traben.

„Oh! Levasseur, das geht überhaupt nicht", sagte ich.

„Wie soll ich dann gehen?"

"Schneller."

„Schneller? Das ist verboten.“

„Von wem verboten?“

„Halten Sie sich an die Regeln, zum Teufel! Ich verstehe mein Geschäft, darauf können Sie wetten!“ „Hören Sie mal, Levasseur ...“

"Was ist es?"

„Lass mich runterkommen.“

"Ooh Ooh!"

Die Kutsche hielt an, ich stieg aus und schnitt einen Ast von einer Ulme am Straßenrand ab.

„Hören Sie mal“, sagte er und schaute mit großem Unbehagen zu, „Sie schneiden doch hoffentlich nicht die Gerte ab, mit der ich meine Pferde peitschen werde?“

„Seien Sie in dieser Hinsicht nicht so nachtragend, Levasseur“, sagte ich, als ich wieder in den Wagen stieg. „Weiter!“

„Es ist schön und gut zu sagen: ‚Mach weiter.‘ Aber was ich wissen möchte, ist, ob du den Stock zerschnitten hast, mit dem ich meine Pferde schlage.“

„Na gut, das werden wir ja sehen.“

„Oh, das werden wir ja sehen, oder? Ich habe keine Angst vor Ihnen, weil Sie eine Waffe haben.“

„Hören Sie, Levasseur, Sie kennen sich als Postillion aus, nicht wahr?“

"Eher."

„Nun, ich kenne meine als Reisender auch ... Sie scheinen so langsam wie möglich vorzugehen, während ich so schnell wie möglich gehen möchte. Wir werden sehen, wer von uns der Stärkere ist.“

„Wir werden sehen, was immer Sie wollen, das ist mir egal.“

Ich zog meine Uhr heraus. „Sie haben zwei Minuten, um sich zu entscheiden.“

"Was zu tun?"

„Um Ihre Pferde zum Galoppieren zu bringen.“

„Und wenn nicht?“

„Wenn nicht, werde ich es selbst tun.“

"Du sagst es?"

"Sicherlich!"

„Na, ich werde den Spaß gern sehen.“

„Das sollen Sie mir glauben, Levasseur.“

Er stimmte die Klage des heiligen Rochus an. Während all dies geschah, waren wir im langsamen Trab vorangekommen.

„Hören Sie, Levasseur“, sagte ich am Ende des ersten Verses, „ich warne Sie, es ist bereits eine Minute vergangen.“

Levasseur begann, den zweiten aus voller Kehle anzustimmen, doch gerade als er den dritten anstimmen wollte, gab ich seinen Pferden mit dem Stock einen kräftigen Schlag auf die Hinterhand. Sie machten einen Sprung nach vorn und rannten im vollen Trab los.

„Na, na, was machst du da?“, fragte der Postillion.

Statt zu antworten, verdoppelte ich meine Schläge und trieb die Pferde in einen Galopp.

„Oh! Verflucht, verflucht, ist es das, was du meinst? Lass mich kurz runterkommen, dann wirst du es tatsächlich sehen! Ah! Du wirst dich mit mir abfinden müssen. Wo! Wo! Gütiger Himmel, wirst du es aufhalten?“

„Was, hör auf, Levasseur?“, rief ich und schlug mit aller Kraft meiner Arme weiter auf ihn ein, „wenn ich dir sage, dass ich mein Geschäft besser kenne als du das deine!“

„Noch einmal, bist du fertig? … Nein? … Wo! Wo! Wo!“

Vergebens rief er „Weh!“ oder zügelte seine Pferde; sie bäumten sich auf, galoppierten aber trotzdem weiter. Unglücklicherweise brach mein Ulmenzweig und ich war entwaffnet. Aber die Pferde waren so gut in Fahrt, dass er es nicht schaffte, sie hundert Meter weit anzuhalten.

„Ach! Herrgott noch mal! Verdammt noch mal!“, rief er. „Wenn ich meine Pferde angehalten habe, werdet ihr euch dafür verantworten müssen, das kann ich euch sagen!“

„Und was haben Sie nun vor, Levasseur?“, fragte ich lachend.

„Sie auszuspannen und Sie und Ihre Kutsche mitten auf der Straße zurückzulassen … Wir werden sehen, ob es zulässig ist, die armen Tiere in einen solchen Zustand zu versetzen.“

Und nach und nach beruhigte er seine Pferde.

„Gib mir eine meiner Pistolen", sagte ich zu Bard.

"Wozu?"

„Gib es weiter, schnell."

„Du wirst ihm doch nicht das Gehirn rausblasen?"

„Das bin ich tatsächlich!"

"Sie sind nicht geladen."

"Ich werde sie laden."

Bard starrte mich entsetzt an.

Ich legte eine Zündkapsel auf jede Zündhütchen und rammte eine Zündkapsel in die Mitte jedes Laufs. Ich war gerade mit der Operation fertig, als die Kutsche anhielt und der Postillon ausstieg, fluchend, um die Riemen zu lösen, wie er gedroht hatte, und dabei seine Beine in ihren großen Stiefeln schwerfällig eins nach dem anderen hochhob. Ich wartete mit der Pistole in der Hand auf ihn.

„Hören Sie, Levasseur", sagte ich, „wenn Sie diese Spuren berühren, werde ich Ihnen den Kopf einschlagen."

Er hob den Blick und sah die beiden Mündungen der Pistole.

„Zeug!", sagte er, „so wagt man es nicht, Menschen umzubringen!" Und er legte die Hände an die Leinen.

„Levasseur, passen Sie auf, was Sie tun! Wollen Sie die Pferde rausholen?"

„Die Pferde gehören mir, und wenn sie überfordert sind, spanne ich sie aus."

„Haben Sie Frau und Kinder?"

Wieder blickte er auf. Die Frage kam ihm ungewöhnlich vor.

„Ja, ich habe eine Frau und vier Kinder – einen Jungen und drei Mädchen."

„Nun gut, Levasseur, lassen Sie mich Sie warnen: Wenn Sie die Spuren nicht in Ruhe lassen, wird die Republik gezwungen sein, Ihrer Familie eine Rente zu gewähren."

Er begann zu lachen und die Zügel mit beiden Händen zu umklammern. Ich drückte den Abzug, die Zündhütchen explodierten und die Ladung traf meinen Mann mitten im Gesicht. Er glaubte, er sei tot und fiel rückwärts, das Gesicht zwischen den Händen, halb ohnmächtig. Bevor er sich von dem Schock und dem Erstaunen erholt hatte, hatte ich ihm die Stiefel ausgezogen, wie Däumling die des Ogers, zog sie mir über die Beine, sprang rittlings auf das Reitpferd und wir galoppierten in vollem Galopp los. Bard fiel vor

Lachen fast auf den Boden der Kutsche. Als wir drei- oder vierhundert Meter weit gekommen waren, drehte ich mich um, obwohl ich immer noch auf die Pferde einpeitschte, und ich sah, dass der alte Levasseur sich aufgesetzt hatte und langsam wieder zu Sinnen kam. Ein kleiner Hügel, den wir hinaufstiegen, entzog ihn bald meinem Blick. Ich hatte noch fast anderthalb Meilen vor mir, aber ich holte die verlorene Zeit auf und schaffte es in siebzehn Minuten. Mit einem großen Peitschenschwung erreichte ich den Posten in Levignan, und als ich die Pferde anhielt, erschienen zwei Personen auf der Schwelle. Die eine war der Postmeister, Monsieur Labbé, persönlich, die andere mein alter Freund Cartier, der Holzhändler. Beide erkannten mich gleichzeitig.

„Aber du, mein Junge!", sagte Labbé. „Dann ist es dir schlecht ergangen, wenn du zum Postillion herabgesunken bist?"

Cartier hat mir seine Hände gegeben.

„Warum, zum Teufel, sind Sie in so einer Kutsche gekommen?"

Ich erzählte die Geschichte des alten Levasseur und dann alles, was in Paris passiert war.

Es war jetzt halb neun. Ich hatte nur noch zweieinhalb Stunden Zeit, um Soissons zu erreichen, und es lagen noch neun lange Meilen vor mir. Die Aussicht, es zu schaffen, wurde immer geringer, aber ich wollte nicht aufgeben. Ich bat Monsieur Labbé um Pferde. Er brachte sie mir sofort, und innerhalb von fünf Minuten waren sie angespannt.

„Meine Güte", sagte Cartier zu Labbé, „ich habe vor, mit ihnen zu gehen. Ich bin neugierig, wie das ausgeht." Und er stieg mit uns ein.

„Gib dem Postillon Bescheid von mir", sagte ich zu Monsieur Labbé.

Und er nickte mit dem Kopf.

„Jean-Louis", sagte er zum Postillion.

„Ja, Gouverneur."

„Kennen Sie den alten Levasseur?"

„Beim Jupiter, das sollte ich glauben!"

„Sehen Sie diesen Herrn?", fragte er und zeigte auf mich.

„Ja, ich sehe ihn."

„Nun, er hat gerade den alten Levasseur getötet."

„Wie?", sagte der Postillon und starrte mich an.

"Mit einem Pistolenschuss."

"Wozu?"

„Weil er nicht im vollen Galopp rennen wollte … Also pass auf, Jean-Louis.“

„Stimmt das?“, fragte der Mann und wurde blass.

„Das können Sie selbst sehen, denn der Herr ist selbst hergefahren und benutzt die Peitsche und trägt die Stiefel des Verstorbenen.“

Jean-Louis warf einen entsetzten Blick auf die Peitsche und die Stiefel, und dann galoppierte er los, ohne ein weiteres Wort zu sagen.

„Oh, meine armen Pferde“, rief Labbé uns nach, „das wird ihnen noch übel.“

Wir erreichten Villers-Cotterets in weniger als einer Stunde, und hier erwartete mich ein ziemlicher Applaus. Ich hatte der ersten Person, die ich kannte, kaum meinen Namen genannt, als die Nachricht von meiner Ankunft mit der Post in einer mit einer dreifarbigen Flagge geschmückten Kutsche durch die ganze Stadt flog, so schnell, als wäre sie über Telegrafendrähte übermittelt worden. Als sich die Nachricht verbreitete, trieben die Häuser die Lebenden mit so großer Einmütigkeit hinaus, wie die Gräber die Toten beim Klang der letzten Posaune entlassen. Alle diese lebenden Wesen rannten zur Poststation und erreichten sie, sobald ich dort war. Es waren viele Erklärungen nötig, um ihnen mein Kostüm, mein Gewehr, meinen sonnenverbrannten Zustand, die Kutsche, die dreifarbige Flagge und warum Bard und Cartier bei mir waren, verständlich zu machen. Jeder in dieser geliebten Gegend liebte mich so sehr, dass er das Recht hatte, mir diese Fragen zu stellen. Ich beantwortete sie alle, und als die Erklärungen gegeben waren, riefen sie im Chor:

„Gehen Sie nicht nach Soissons! Soissons ist eine royalistische Stadt!“

jedoch kaum erwähnt werden, dass ich nicht bis nach Villers-Cotterets gekommen war, ohne die Absicht zu haben, nach Soissons weiterzugehen.

„Ich habe nicht nur vor, nach Soissons zu fahren“, antwortete ich, „sondern ich werde alles in meiner Macht Stehende tun, um vor elf Uhr dort anzukommen, selbst wenn ich den Postillionen zwanzig Franc Trinkgeld geben muss.“

„Wenn Sie ihnen vierzig bieten, werden Sie es nicht rechtzeitig schaffen“, sagte eine Stimme, die ich kannte. „Aber Sie werden vor Mitternacht dort sein, und dann werden sie Sie einlassen.“

Die Stimme gehörte einem meiner Freunde, der in Soissons lebte. Fünfzehn Jahre zuvor, als ich noch ein Kind war, hatte er eine Stunde vor mir dem gefangenen General Lallemand einen ähnlichen Vorschlag gemacht wie ich ihn eine Stunde später machte.

„Ah! bist du das, Hutin?", rief ich aus. „Was soll ich tun, um hineinzukommen?"

„Sie werden hineinkommen, denn ich werde mit Ihnen gehen und darauf bestehen … Ich stamme aus Soissons und kenne den Torwächter."

„Bravo! Wie spät ist es?"

„Die ganze Nacht. Aber am besten wäre es, vor ein Uhr anzukommen."

„Gut! Dann haben wir Zeit zum Abendessen?"

"Wo willst du es haben?"

Zehn Stimmen schrien –

„Mit mir! Mit mir! Mit uns!" Und sie begannen, mich von vorne und von hinten zu zerren, an den Schößen meines Mantels, an der Kordel meines Pulverhorns, am Riemen meines Gewehrs und an den Enden meiner Krawatte.

„Entschuldigen Sie", sagte eine andere Stimme, „aber er war bereits verlobt."

„Ah! Paillet! …"

Es war mein alter Prokurist. Ich wandte mich an meine vielen Gastgeber.

„Das ist ganz richtig. Ich habe Paillet bei seinem letzten Besuch in Paris versprochen, mit ihm zu Abend zu essen."

„Umso besser", sagte Paillet, „denn der Speisesaal ist groß und wer kommen und mit uns zu Abend essen möchte, findet genügend Platz … Kommen Sie, diejenigen, die seine Freunde sind, können mir folgen!"

Uns folgten zwanzig junge Burschen – meine alten Kameraden, Saunier, Fontaine, Arpin, Labarre, Rajade und viele andere. Wir gingen die Rue de Soissons entlang und hielten bei Paillet. Dank des alten Cartier, der fast gegenüber wohnte, war im Handumdrehen ein ausgezeichnetes Abendessen improvisiert. Cartier Senior, Paillet, Hutin und Bard setzten sich zu Tisch. Die anderen saßen herum, und ich musste beim Essen die Geschichte dieser wunderbaren, epochalen drei Tage erzählen, von denen kein einziges Detail bis nach Villers-Cotterets vorgedrungen war. Es gab viele Ausrufe der Bewunderung. Als nächstes ging ich zur Geschichte meiner eigenen Mission über. Und hier kühlte die Begeisterung ab. Als ich ankündigte, dass ich vorhatte, allein, ganz allein, das gesamte Pulver einer Militärstadt mit 8.000

Einwohnern und 800 Soldaten mitzunehmen, sahen sich meine armen Freunde an und sagten, wie General La Fayette es getan hatte:

„Aber du musst verrückt sein!"

Aber noch schwerwiegender als diese einstimmige Meinung der Einwohner von Villers-Cotterets war, dass Hutin, ein gebürtiger Soissonser, ihrer Meinung zustimmte.

„Aber", fügte er hinzu, „ich habe gesagt, ich würde es mit Ihnen versuchen, und das werde ich auch tun. Nur steht die Wahrscheinlichkeit hundertprozentig, dass wir noch vor morgen um diese Zeit erschossen worden sind."

Ich drehte mich zu Bard um.

„Was habe ich Ihnen gesagt, als ich Ihnen vorschlug, mich zu begleiten, Seigneur Raphaël?", fragte ich.

„Du hast zu mir gesagt: ‚Willst du kommen und dich mit mir erschießen lassen?'"

„Und Ihre Antwort?"

„Ich antwortete, ich würde mich sehr darüber freuen."

"Und nun?"

„Ich bin immer noch derselben Meinung."

„Meine Güte, mein lieber Freund, Sie können sehen und hören. Denken Sie rechtzeitig nach."

"Ich habe nachgedacht."

„Und du willst kommen?"

"Sicherlich."

Ich wandte mich wieder an Hutin,

„Also kommst du?"

"Natürlich bin ich."

„Dann ist das in Ordnung", und ich hob mein Glas.

„Meine Freunde! Morgen Abend treffen wir uns wieder hier! Cartier, ein Abendessen für zwanzig Personen, unter der Bedingung, dass es gegessen wird, ob wir nun tot oder lebendig sind. Hier sind zweihundert Francs für das Abendessen!"

„Das wirst du morgen bezahlen."

"Was ist, wenn ich angeschossen werde?"

"Dann werde ich es selbst bezahlen."

„Ein Hoch auf den alten Cartier!"

Und ich trank den Inhalt meines Glases aus. Sie stimmten alle den Refrain an: „Vive Cartier!", und da wir mit dem Abendessen fertig waren und es elf Uhr war und die Pferde in der Kutsche lagen, standen wir auf, um loszugehen.

„Ach, verdammt, einen Augenblick", sagte ich nachdenklich, „vielleicht haben wir es morgen mit rauheren Gegnern zu tun als dem alten Levasseur, also laden wir diesmal wirklich unsere Pistolen. Welcher Herr unter Ihnen hat Kugeln des richtigen Kalibers?"

Meine Pistolen hatten Kaliber 24 und es bestand durchaus eine Chance, Kugeln dieses Kalibers zu finden.

„Warten Sie einen Moment", sagte Cartier, „das kriege ich hin. Haben Sie Munition in der Tasche?"

„Ja, aber nur Größe 20."

„Geben Sie mir vier davon, oder besser gesagt acht, am besten noch einmal nachladen..."

Ich gab ihm acht Kugeln. Fünf Minuten später brachte er sie mir zurück, zu Schrotkugeln verlängert, so dass sie in die Pistolen passten. Sie wurden mit größter Sorgfalt gereinigt, geladen und gezündet; gerade so, als würden Vorbereitungen für ein Duell getroffen. Dann tranken wir ein letztes Mal auf den Erfolg des Unternehmens, umarmten uns mehrmals und stiegen in die Kutsche, Hutin, Bard und ich; der Postillon bestieg seine Pferde, und wir galoppierten in vollem Galopp die Straße nach Soissons entlang, inmitten von Abschiedsrufen und aufmunternden Zurufen meiner lieben guten Freunde. Zwei Stunden nachdem wir Villers-Cotterets verlassen hatten, öffnete sich das Tor von Soissons bei der Stimme und dem Namen Hutins, und der Torwächter ließ uns in die Stadt, ohne zu wissen, dass er der Revolution Einlass gewährte.

KAPITEL V

Ankunft in Soissons – Strategische Vorbereitungen –
Erkundung rund um das Pulvermagazin – Hutin und Bard
hissen die dreifarbige Flagge auf der Kathedrale – Ich
klettere auf die Mauer des Pulvermagazins – Hauptmann
Mollard – Sergeant Ragon – Oberstleutnant d'Orcourt –
Verhandlungen mit ihnen – Sie versprechen mir Neutralität

Nach 22 Jahren zögern wir fast, die folgende Geschichte niederzuschreiben, die uns selbst unglaublich erscheint. Aber wir verweisen alle, die an der Geschichte zweifeln, auf *den Moniteur* vom 9. August, der den offiziellen Bericht enthält, den General La Fayette eingefügt hat, damit Interessierte je nach Bedarf protestieren oder den Vorfall dementieren können. Niemand protestierte, niemand dementierte.

Um Mitternacht klopften wir laut an die Tür des Hauses von Hutins Mutter, die uns mit Freudenschreien begrüßte und ebenso wenig misstrauisch war wie der Pförtner hinsichtlich des Inhalts der *Congrève- Falle* , die sie in ihrem Stallhof aufstellen ließ.

Am nächsten Tag war Markttag, und die nächste Aufgabe bestand darin, eine riesige dreifarbige Flagge zu basteln, die die weiße Flagge ersetzen sollte, die an der Kathedrale wehte. Madame Hutin, die weder ganz verstand, was wir vorhatten, noch die Konsequenzen, die sich daraus ergeben könnten, legte uns die roten Vorhänge aus dem Esszimmer und die blauen aus dem Salon zur Verfügung. Ein Laken aus dem Wäscheschrank vervollständigte die Nationalfahne. Die Frage nach dem Stab beschäftigte uns nicht; wir sollten den der weißen Flagge verwenden. Fahnenstäbe geben ihre Meinung nicht bekannt. Alle im Haus – Madame Hutin, ihre Köchin, Hutin, Bard und ich – machten sich an die Näharbeit, und um drei Uhr morgens, in den frühen Morgenstunden, war der letzte Stich gemacht.

Wir wollten die Aufgabe folgendermaßen aufteilen: Ich sollte zunächst das Pulvermagazin beschlagnahmen, während Bard und Hutin unter dem Vorwand, auf die Turmspitze zu gehen, um den Sonnenaufgang zu sehen, in die Kathedrale eindringen, die weiße Fahne herunterreißen und durch die Trikolore ersetzen sollten. Wenn der Küster Widerstand leistete, wollten wir ihn von der Spitze des Glockenturms stürzen. Hutin hatte Bard mit einer Karabinerwaffe bewaffnet und sich selbst mit einem doppelläufigen Gewehr ausgestattet. Sobald die Fahne gehisst war, der Küster sich im Turm einschloss und der Schlüssel in Hutins Tasche war, sollte dieser Bard zu mir in das Magazin schicken, das sich zwischen den Ruinen der Kirche Saint-Jean befand. Bard konnte mir im Pulvermagazin nützlicher sein, da es von drei alten Soldaten verwaltet wurde, deren langjähriger Dienst mit einer Position belohnt worden war, die fast einer Pfründe gleichkam, und deren Wunden, die bei zweien von ihnen durch das Band der Ehrenlegion, die sie während des Kaiserreichs erhalten hatten, verdeckt waren, keinen Zweifel an ihrer Tapferkeit aufkommen ließen. Es handelte sich um Oberstleutnant d'Orcourt, Hauptmann Mollard und Sergeant Ragon. Es war daher sehr wahrscheinlich, dass ich Verstärkung brauchen würde.

Während Bard auf dem Weg zu mir war, sollte Hutin, der General La Fayettes Proklamation überbrachte, sofort zu Dr. Missa gehen. Dr. Missa war der Vorsitzende der liberalen Oppositionspartei und hatte immer wieder die Aussage wiederholt, er warte nur auf eine geeignete Gelegenheit, um voranzukommen. Die gegenwärtige Gelegenheit war ausgezeichnet, und wir hofften, er würde sie nicht verstreichen lassen. Hutin glaubte, er könne auf zwei seiner Freunde gleichermaßen zählen, einer hieß Moreau und der andere Quinette. Quinette, der Sohn eines Mitglieds des Konvents, war derselbe, der später Abgeordneter unter Louis-Philippe und Botschafter in Brüssel unter der Republik wurde. Wir werden sehen, wie jeder von ihnen auf den im Namen der Revolution erhobenen Appell reagierte.

Als ich die Zeitschrift verließ, sollte ich zum Kommandanten der Stadt, Monsieur de Linières, gehen und mit dem Befehl von General Gérard in der Hand den Befehl von ihm einholen, das Pulver entweder freiwillig oder mit Gewalt wegzubringen. Ich war gewarnt worden, dass Monsieur de Linières mehr als ein Royalist war! Er war ein Ultra-Royalist.

Bei den ersten Nachrichten vom Aufstand in Paris hatte er erklärt, er werde sich, egal wie sich die Dinge in der Hauptstadt entwickelten, unter den Trümmern von Soissons begraben und die weiße Fahne solle auf dem höchsten Stein der Ruinen wehen. Es war also ziemlich sicher, von welcher Seite wir mit ernsthafter Opposition zu rechnen hatten. Aber ich machte mir darüber keine großen Gedanken; jedes Ereignis des Tages musste seinen Lauf nehmen.

Um zehn Minuten nach drei Uhr morgens verließen wir Madame Hutins Haus. Sie war eine unglaublich mutige Frau und spornte ihren Sohn eher an, als ihn zurückzuhalten. Am Ende der Straße trennten wir uns, Hutin und Bard gingen zur Kathedrale und ich zum Pulvermagazin. Da es gefährlich gewesen wäre, das Gelände der Ruinen von Saint-Jean durch das leicht zu verteidigende Haupttor zu betreten, waren wir übereingekommen, dass es für mich das Beste wäre, über die Mauer zu springen. Bard sollte sich jedoch am Haupttor einfinden, das ich ihm öffnen sollte, wenn ich drei Klopfgeräusche im gleichen Abstand zwischen den einzelnen Klopfgeräuschen hören würde. In weniger als fünf Minuten war ich am Fuß der Mauer; sie war leicht zu erklimmen, da sie niedrig war und viele Risse zwischen den Steinen hatte, die natürliche Stufen bildeten.

Ich wartete jedoch, da ich meinen Ausflug nicht beginnen wollte, bis ich sah, dass die dreifarbige Flagge anstelle der weißen über der Kathedrale wehte. Um mich zu orientieren, erhob ich mich dennoch vorsichtig an den Handgelenken bis zur Mauerkrone, so dass ich hinübersehen konnte . Zwei Männer mit Spaten waren damit beschäftigt, ruhig zu graben und das quadratische Grundstück eines kleinen Gartens umzugraben. Ich erkannte sie am Muster ihrer Hosen und an ihren Schnurrbärten als zwei der Soldaten, die in den Räumen vor dem Pulvermagazin lebten. Das Pulver befand sich in einem der ersten beiden Schuppen, wahrscheinlich in beiden. Die Eichentür, solide wie ein Ausfalltor, durch Querstangen verstärkt und mit Nägeln beschlagen, stand zwischen den beiden Schuppen. Sie war geschlossen. Nachdem ich das Schlachtfeld mit einem Blick erkundet hatte, ließ ich mich bis zum Fuß der Mauer fallen und richtete meine Augen in Richtung der Kathedrale. Sehr bald sah ich die Köpfe dreier Männer über der Galerie erscheinen, und dann wurde die weiße Fahne auf ungewöhnliche Weise bewegt, was nicht dem Wind zugeschrieben werden konnte, dessen Abwesenheit offensichtlich war; schließlich wurde die weiße Fahne eingeholt und verschwand, und an ihrer Stelle wurde die dreifarbige Standarte gehisst. Hutin und Bard hatten ihren Teil der Arbeit erledigt; jetzt war es Zeit für mich, mit meinem zu beginnen. Ich brauchte nicht sehr lange. Ich überprüfte mein Gewehr, um zu sehen, ob die Zündhütchen an Ort und Stelle waren, warf es mir über die Schulter und gelangte mit Hilfe meiner Hände und Füße schnell auf die Mauerkrone. Die beiden Soldaten hatten ihre Position geändert und stützten sich auf ihre Spaten, während sie mit deutlicher Überraschung auf die Spitze des Turms blickten, wo die dreifarbige Fahne triumphierend wehte. Ich sprang in das Magazingebäude hinunter. Bei dem Geräusch, das ich machte, als ich den Boden berührte, drehten sich beide gleichzeitig um. Die zweite Erscheinung schien ihnen offensichtlich außergewöhnlicher als die erste. Ich hatte Zeit gehabt, mein Gewehr in die linke Hand zu nehmen und die beiden Abzüge zu spannen. Ich ging auf sie zu, sie sahen mich noch immer an, reglos und erstaunt. Etwa zehn Meter vor ihnen blieb ich stehen.

„Meine Herren", sagte ich, „ich bitte Sie um Verzeihung für die Art und Weise, wie ich Sie in Ihr Haus eingeführt habe, aber da Sie mich nicht kennen, hätten Sie mir den Zutritt durch die Tür verweigert, was zu allerlei Verzögerungen geführt hätte, und ich bin in Eile."

„Aber, Monsieur", fragte Kapitän Mollard, „wer sind Sie?"

„Ich bin M. Alexandre Dumas, Sohn von General Alexandre Dumas, dessen Namen Sie kennen, wenn Sie unter der Republik gedient haben. Ich bin im

Namen von General Gérard gekommen, um die Militärbehörden der Stadt Soissons um alles Schießpulver zu bitten, das sie in der Stadt finden können. Hier ist mein Befehl: Würde einer von Ihnen, meine Herren, vorbeikommen und ihn sich ansehen?"

Mit meiner Waffe in der linken Hand streckte ich ihnen meine rechte entgegen. Der Captain kam herbei, nahm den Befehl entgegen und las ihn vor. Während er das tat, ging Sergeant Ragon einige Schritte auf das Haus zu.

„Verzeihen Sie, Monsieur", sagte ich, „aber da ich den Zweck Ihres Betretens Ihres Hauses nicht kenne, bitte ich Sie, dort zu bleiben, wo Sie sind."

Der Sergeant hielt inne. Captain Mollard gab mir meinen Befehl zurück.

„Das ist in Ordnung, Monsieur. Was wollen Sie noch?"

„Ich möchte etwas ganz Einfaches, Monsieur … Sehen Sie die dreifarbige Flagge?"

Er nickte als Zeichen dafür, dass er es ganz klar erkannt hatte.

„Ihr Ersatz für die weiße Fahne", fuhr ich fort, „wird Ihnen beweisen, dass ich Freunde in der Stadt habe … Die Stadt wird auferstehen."

„Und dann, Monsieur?"

„Dann, Monsieur, wurde mir gesagt, dass ich in den drei Wächtern des Magazins tapfere Patrioten finden würde, die mir bei meinem Vorhaben helfen würden, anstatt sich den Befehlen von General Gérard zu widersetzen. Ich stelle mich Ihnen daher voller Zuversicht vor und bitte Sie um Ihre Mitarbeit in dieser Angelegenheit."

„Sie müssen wissen, Monsieur", sagte der Kapitän, „dass unsere Zusammenarbeit nicht in Frage kommt."

„Na gut, dann versprich mir, neutral zu sein."

„Was soll das alles?", fragte ein dritter Gesprächspartner, der mit einem seidenen Kopftuch um den Kopf und nur mit einem Hemd und einer Baumwollhose bekleidet auf der Türschwelle erschien.

„Oberst", sagte der Sergeant und trat näher an seinen Vorgesetzten heran, „hier ist ein Bote von General Gérard. Es scheint, die Revolution in Paris ist beendet und General Gérard ist jetzt Kriegsminister."

Ich stoppte den Redner, der seinen Weg zum Haus fortsetzte.

„Monsieur", sagte ich zu ihm, „anstatt zum Oberst zu gehen, bitten Sie ihn bitte, zu uns zu kommen. Ich werde ihm gern meine Aufmerksamkeit schenken und ihm den Befehl von General Gérard zeigen."

„Ist es in der Handschrift des Generals, Monsieur?", fragte der Oberst.

„Es ist von ihm selbst unterschrieben, Monsieur."

„Ich warne Sie, ich war gerade erst im Stab des Generals und kenne daher seine Unterschrift."

„Ich freue mich sehr, das zu hören, Colonel, denn ich hoffe, es wird meine Verhandlungen mit Ihnen umso einfacher machen."

Der Oberst kam auf mich zu, und ich überreichte ihm das Papier. Ich nutzte die Gelegenheit, die mir dadurch gegeben wurde, während sich die anderen Soldaten um ihn versammelten, um zwischen sie und die Haustür zu gelangen. Ich war zwar allein, aber die drei Männer, mit denen ich es zu tun hatte, waren unbewaffnet.

„Nun, Colonel?", fragte ich nach ein oder zwei Minuten.

„Dazu kann ich nichts sagen, Monsieur, da der Befehl tatsächlich von General Gérard unterzeichnet ist."

„Im Gegenteil, Oberst", bemerkte ich lachend, „das scheint mir ein Grund zu sein, warum Sie etwas sagen sollten."

Er wechselte ein paar Worte mit dem Kapitän und dem Sergeant.

„Was haben Sie von diesen Herren verlangt, als ich herauskam?"

„Ihre Neutralität, Oberst. Ich maße mir nicht an, Sie einzuschüchtern oder gegen Ihr Gewissen zu drängen. Wenn Sie aufgrund Ihrer Ansichten zu der im Gange befindlichen Bewegung neigen, reichen Sie mir offen die Hand und geben Sie mir Ihr Wort, dass Sie sich meiner Mission nicht widersetzen werden; wenn Sie sich ihr im Gegenteil widersetzen wollen, dann treffen Sie sofort einen Entschluss und tun Sie, was Sie wollen, um mich loszuwerden, denn ich werde alles tun, was ich kann, um Sie loszuwerden."

„Monsieur", sagte der Oberst, nachdem er sich wieder mit seinen beiden Kameraden unterhalten hatte, „wir sind alte Soldaten und haben zu oft dem Feuer gegenübergestanden, um Angst zu haben. Wir nehmen den Teil an, den Sie uns anbieten, denn unglücklicherweise oder vielleicht vielmehr glücklicherweise ist das, was Sie hinsichtlich unseres Patriotismus sagen, wahr, und wenn Sie Ihre Hand auf unser Herz legten, würden Sie die Wirkung spüren, die der Anblick der dreifarbigen Flagge, nach der wir uns seit fünfzehn Jahren sehnen, auf uns gemacht hat … Welche Vereinbarung, Monsieur, sollen wir mit Ihnen treffen?"

„Ich gehe in Ihr Haus und darf es nicht verlassen, bis Sie erfahren, dass ich getötet wurde, oder bis ich selbst komme und Sie von Ihrem Versprechen entbinde."

„Ich schwöre bei meiner Ehre als Soldat für mich und meine Kameraden!"

Ich ging auf ihn zu und streckte ihm die Hand entgegen. Statt einer Hand wurden ihm drei Hände entgegengestreckt, drei Hände drückten herzlich meine.

„Kommen Sie, das ist noch nicht alles", sagte der Oberst. „Wenn man eine Aufgabe wie die Ihre übernimmt, sollte sie auch gelingen."

„Werden Sie mir dann mit Ihrem Rat zur Seite stehen?"

Er lächelte.

"Wohin gehst du jetzt?"

„An den Kommandanten des Forts, Monsieur de Linières."

"Kennst du ihn?"

"Nicht im geringsten."

"Summen!"

"Also?"

"Sei auf der Hut!"

„Trotzdem, wenn ich den Auftrag habe?"

"Also?"

„Dann kann ich auf Sie zählen?"

„Oh, natürlich … Die Neutralität hat aufgehört, und wir sind Ihre Verbündeten geworden."

In diesem Moment klopfte es dreimal im gleichen Abstand an der Tür.

„Was ist das?", fragte der Oberst.

„Einer meiner Freunde, Oberst, der gekommen ist, um mir zu helfen, falls ich es brauchen sollte." Ich rief laut —

„Warte eine Minute, Bard. Ich werde kommen und es öffnen. Ich bin unter Freunden."

Dann wandte ich mich an die Soldaten und sagte zu ihnen:

„Wollen Sie nun in Ihr Haus gehen, meine Herren?“

„Sicher“, sagten sie.

„Ich kann mich auf Ihr Wort verlassen?“

„Einmal gegebenes Wort nehmen wir nie zurück.“

Sie gingen hinein und ich öffnete Bard die Tür.

KAPITEL VI

Bard blieb völlig cool; jeder, der ihn mit seinem Gewehr über der Schulter sah, hätte ihn für einen Sportler gehalten, der aufs Ziel schoss und so seine Finger ins Spiel brachte.

„Na", fragte er mich, „wie ist es hier gelaufen?"

„Großartig, mein lieber Junge! Alles ist geregelt."

„Gut! Dann hast du das Pulver?"

„Oh, noch nicht. Verdammt, wie eilig hast du es! Was ist mit deiner Flagge?"

Er zeigte auf den Turm.

„Sehen Sie selbst", sagte er. „Sieht es nicht in der Landschaft gut aus?"

„Ja. Wie ist alles gelaufen?"

„Oh, alles lief ziemlich reibungslos. Der Küster machte anfangs ein paar Schwierigkeiten, aber schließlich gab er den Gründen nach, die Herr Hutin ihm vorbrachte."

„Was waren das?"

„Ich weiß nicht genau. Ich habe mir die Landschaft angesehen ... Ihr Aisnetal ist wirklich großartig, wissen Sie, besonders drüben bei Vauxbuin."

„Sie haben also nichts von dem gehört, was Hutin zu Ihrem Sakristan gesagt hat?"

„Ich glaube, er hat ihm gesagt, er würde getötet, wenn er nicht still sei."

"Wo ist er jetzt?"

„Wer? Herr Hutin?"

"Ja."

„Er sollte dort sein, wo er versprochen hat zu sein, nämlich beim Arzt."

„Das ist großartig! Hier hörst du auf."

„Gut! Was soll ich tun?"

"Moment mal."

Bards Augen folgten mir, als ich eine ausdrucksstarke Bewegung in eine bestimmte Richtung machte.

„Ah! Diese hübsche kleine Kanone dort drüben!" rief er aus.

Und ich ging auf ein hübsches, kleines Vier-Zoll-Gewehr zu - ich glaube sogar, dass es möglicherweise ein kleineres Kaliber hatte -, das sich, so glaube ich, unter dem Schutz einer Art Schuppen befand und einem Modell davon entsprach.

„Ist das nicht ein bezauberndes Spielzeug?"

"Charmant!"

„Dann komm und hilf mir, mein Lieber."

"Wie?"

„Um es in Position zu bringen. Für den Fall einer Belagerung muss ich Ihnen etwas Artillerie hinterlassen."

Also spannten wir uns vor die Kanone und ich stellte sie etwa dreißig Meter von der Tür entfernt auf. Dann steckte ich den halben Inhalt meines Pulverhorns in das Gewehr und stopfte es mit meinem Taschentuch zusammen. Auf diese erste Füllung schob ich zwanzig Kugeln. Dann rammte ich Bards Taschentuch darauf und die Kanone war geladen. Als sie geladen war, legte ich sie auf und zündete sie an.

„So!", sagte ich keuchend. „Jetzt hör, was du tun musst."

„Ich warte auf Ihre Anweisungen."

"Wie viele Zigaretten können Sie am Stück rauchen?"

„Oh! So viele, wie ich Tabak habe, um sie daraus zu machen, oder Geld, um sie zu kaufen!"

„Also gut, mein Freund, rauchen Sie ohne Unterbrechung, so dass Sie immer eine brennende Zigarette zur Hand haben. Wenn sie versuchen, ohne Ihre Erlaubnis einzudringen und das Tor aufzubrechen, fordern Sie sie dreimal auf, sich zurückzuziehen. Wenn sie beim dritten Mal immer noch darauf bestehen, einzutreten, stellen Sie sich so hin, dass der Rückstoß der Kanone Ihnen nicht die Beine brechen kann, und führen Sie dann Ihre brennende

Zigarette diagonal über die Zündung. Sie werden sehen, wie die Maschine funktioniert.“

„In Ordnung!“, sagte Bard, ohne den geringsten Einwand zu erheben.

Ich glaube, wenn ich ihm gesagt hätte: „Bard, spring rüber!“, während er auf der Galerie des Turms gewesen wäre, hätte er es getan.

„Und sehen Sie mal!“, sagte ich, „jetzt haben Sie sowohl ein Gewehr als auch eine Pistole. Meine Pistolen sind für Sie ein überflüssiger Luxus, also geben Sie sie mir.“

„Oh, stimmt“, sagte er, „hier sind sie.“ Und er zog sie aus seiner Tasche und gab sie mir zurück.

Ich untersuchte sie noch einmal und fand sie in gutem Zustand. Ich steckte sie in die beiden Gesäßtaschen meiner Jacke und machte mich auf den Weg zum Haus des Kommandanten der Festung. Auf der Straße draußen stand ein Wachposten, und ich fragte ihn, wo das Büro von M. de Linières sei. Er zeigte es mir; es war im ersten Stock oder Zwischengeschoss. Ich stieg die Treppe hinauf und ließ mein Gewehr vor der Bürotür liegen. Der Kommandant war allein mit einem Offizier, den ich nicht kannte. Er war gerade aufgestanden, als er die Nachricht hörte, dass die dreifarbige Flagge hoch über der Kathedrale wehte. Wahrscheinlich hatte er meine Ankunft noch nicht bemerkt; denn gerade als ich hereinkam, befragte er den Offizier zu den Einzelheiten dieses außergewöhnlichen Ereignisses.

„Verzeihen Sie, Monsieur le Vicomte“, sagte ich zu ihm, „aber wenn Sie nur alle Einzelheiten benötigen, kann ich sie Ihnen liefern, und ich möchte hinzufügen, dass niemand sie Ihnen so gut geben könnte.“

„Also, aber zunächst einmal: Wer sind Sie, Monsieur?“, fragte der Kommandant und sah mich erstaunt an.

Ich habe meine Aufmachung bereits beschrieben: meine Krawatte war zerfetzt, mein Hemd war seit vier Tagen getragen, die Hälfte meiner Jacke hatte keine Knöpfe mehr. Die Frage des Kommandanten des Forts war daher nicht sehr überraschend. Ich nannte meinen Nachnamen, meinen Vornamen und meinen Beruf. Ich schilderte kurz die Situation in Paris sowie den Zweck meiner Mission und überreichte ihm den Befehl von General Gérard. Der Kommandant des Forts oder Königsleutnant, wie er damals gleichgültig genannt wurde, las ihn aufmerksam durch, gab ihn mir zurück und sagte:

„Monsieur, Sie müssen wissen, dass ich die Souveränität der provisorischen Regierung nicht im Geringsten anerkenne. Darüber hinaus stellt die Unterschrift von General Gérard keinerlei Echtheit dar: Sie ist nicht rechtsgültig und das Dokument ist nicht einmal versiegelt.“

„Monsieur", antwortete ich, „einer Sache bin ich mir sicher: Ich kann Sie von der Rechtmäßigkeit und Echtheit des Briefes überzeugen. Ich gebe Ihnen mein Ehrenwort, dass die Unterschrift tatsächlich von General Gérard stammt."

Ein halb ironisches Lächeln huschte über die Lippen des Kommandanten.

„Ich glaube Ihnen, Monsieur", sagte er, „aber ich kann Ihnen Neuigkeiten mitteilen, die jede weitere Diskussion überflüssig machen: Es befinden sich im Augenblick nicht mehr als zweihundert Patronen Pulver im Magazin."

Aber das Lächeln von Monsieur de Linières hatte mich etwas verärgert.

„Monsieur", antwortete ich ebenso höflich, „da Sie die genaue Zahl der Patronen im Magazin nicht kennen, werde ich mich bei den drei Soldaten erkundigen, die meine Gefangenen auf Ehrenwort sind."

„Was? Ihre Gefangenen auf Ehrenwort?"

„Ja, Monsieur le Vicomte: Oberstleutnant d'Orcourt, Hauptmann Mollard und Sergeant Ragon sind meine Gefangenen auf Ehrenwort ... Ich werde also, wie ich Ihnen gegenüber soeben die Ehre hatte zu erwähnen, selbst herausfinden, wie viel Pulver sich im Magazin befindet, und dann zurückkommen und Sie informieren."

Ich verbeugte mich und ging hinaus, während ich auf den Tschako des Wachpostens blickte, der die Nummer 53 trug. Ich hatte Glück; denn man wird bemerken, dass die Garnison von Soissons aus dem Depot des 53. Regiments bestand, und das 53. Regiment, so wird man sich erinnern, hatte sich genau in dem Moment, als der Louvre eingenommen wurde, auf die Seite des Volkes gestellt. Auf der Straße traf ich einen Offizier.

„Sind Sie Monsieur Dumas?", fragte er.

„Jawohl, Monsieur."

„Sind Sie es, der die Trikolore an der Kathedrale gehisst hat?"

„Jawohl, Monsieur."

„Dann geh vorwärts und fürchte nichts von uns: Die Soldaten haben gestern Trikolore-Patronen untereinander verteilt."

"Also kann ich auf sie zählen?"

„Sie können sich darauf verlassen, dass sie in ihren Kasernen bleiben."

"Ihr Name?"

„Leutnant Tuya."

„Danke!“ Und ich trug seinen Namen in mein Taschenbuch ein.

„Wofür ist das?“, fragte er mich.

„Wer weiß?“, antwortete ich. „Wenn ich ins Rathaus zurückkehre, finde ich vielleicht eine zweite Epaulette, die herumliegt ... Sie werden mir doch nicht böse sein, wenn ich sie Ihnen schicke?“

Er begann zu lachen, schüttelte den Kopf und machte sich rasch davon. Im selben Augenblick sah ich, wie der Offizier, den ich mit dem Kommandanten des Forts im Schrank gefunden hatte, noch schneller lief. Es war keine Zeit zu verlieren; zweifellos ging er auf Befehl. Ich beschleunigte meine Schritte entsprechend und war im Nu beim Magazin. Ich klopfte an die Tür und rief meinen Namen.

„Bist du das?“, fragte Bard.

"Ja."

„Gut! Ich werde dir öffnen.“

„Machen Sie sich keine Mühe. Fragen Sie die Offiziere, wie viel Pulver für Artilleriezwecke im Magazin ist.“

"In Ordnung!"

Ich wartete und konnte durch das Schlüsselloch sehen, wie Bard zum Haus eilte. Er verschwand und tauchte nach ein paar Minuten wieder auf.

„Zweihundert Pfund!“, rief er mir zu.

„Unglaublich! So ist es immer... Jetzt werfen Sie mir den Türschlüssel zu oder schieben Sie ihn darunter, damit ich hereinkommen kann, ohne Sie zu stören.“

"Hier sind Sie ja."

„Richtig! Was auch immer Sie tun, verlassen Sie Ihren Posten nicht.“

"Beruhigen Sie sich!"

Und nach dieser Versicherung ging ich zurück zum Haus des königlichen Statthalters. Ich fand denselben Wachposten an der Haustür, aber jetzt stand ein zweiter an der Tür des Büros. Ich erwartete, dass er mir den Weg versperren würde, aber ich täuschte mich. Wie beim ersten Mal legte ich mein Gewehr vor die Tür und ging hinein. Die Kompanie war um zwei weitere Personen verstärkt worden, und außer dem Kommandanten des Forts und dem unbekannten Offizier befanden sich jetzt in dem kleinen Büro, als ich es wieder betrat, M. le Marquis de Lenferna, Leutnant der Polizei, und M.

Bonvilliers, Oberstleutnant der Pioniertruppen. Diese Herren trugen alle ihre jeweiligen Uniformen und hatten daher Säbel und Schwerter an ihren Seiten. Ich trat ein und schloss die Tür hinter mir. Kaum war ich diesen vier Offizieren von Angesicht zu Angesicht gegenübergestanden, als ich bedauerte, mein Gewehr draußen gelassen zu haben, denn mir war klar, dass ernste Angelegenheiten zwischen uns besprochen werden würden. Ich betastete die Revers meiner Weste und stellte fest, dass meine Pistolen noch in meinen Taschen steckten. Sie waren unversehrt dort.

„Monsieur", sagte der Kommandant in spöttischem Ton zu mir, „ich habe in Ihrer Abwesenheit nach Monsieur le Marquis de Lenferna und Monsieur Bonvilliers geschickt, die meine Kollegen im Militärkommando dieser Stadt sind, damit Sie ihnen den Zweck Ihrer Mission hier darlegen können, so wie Sie es bei mir getan haben."

Ich sah, dass ich denselben Gesprächston anschlagen musste wie Monsieur de Linières, und antwortete:

„Nun, Monsieur, der Zweck meiner Mission ist ganz einfach: Ich muss lediglich das Pulver, das ich im Magazin gefunden habe, nach Paris bringen, wo es knapp ist … Und was dieses Pulver betrifft, gestatten Sie mir, Ihnen mitzuteilen, Commander, dass Sie falsch unterrichtet wurden: Im Magazin befinden sich zweihundert Pfund Pulver – und nicht zweihundert Patronen."

„Ob zweihundert Pfund oder zweihundert Patronen, ist nicht die Frage, Monsieur. Die Frage ist, dass Sie gekommen sind, um Schießpulver aus einer Militärstadt zu beschlagnahmen, in der eine Garnison von achthundert Mann stationiert ist."

„Monsieur", antwortete ich, „stellt die Frage tatsächlich auf die richtige Basis: Ich bin gekommen, um Schießpulver aus einer Garnisonsstadt mit 800 Mann zu holen, und hier ist mein Befehl dazu."

Ich überreichte dem Statthalter des Königs den Befehl von General Gérard, der ihn – zweifellos, weil er ihn bereits kannte – mit den Fingerspitzen ergriff und seinem Nachbarn überreichte, der ihn, nachdem er ihn gelesen hatte, mit einer leichten Neigung des Kopfes an Herrn de Linières zurückgab.

„Sie werden wahrscheinlich von bewaffneten Kräften unterstützt, um den Befehl auszuführen, falls wir uns weigern, ihm Folge zu leisten?"

„Nein, Monsieur, aber ich habe die feste Absicht, das Pulver mitzunehmen, da ich General La Fayette geschworen habe, es entweder mitzunehmen oder getötet zu werden. Deshalb habe ich Sie um Erlaubnis gebeten, die Türen des Magazins öffnen zu dürfen, und ich erneuere hiermit meine Bitte."

„Und das glauben Sie allein, Monsieur Dumas ... Ich glaube, Sie sagten mir, Ihr Name sei Dumas?" –

„Ja, Monsieur, das ist mein Name."

„—Sie können mich zwingen, eine solche Vollmacht zu unterschreiben? Ihnen ist doch wohl aufgefallen, dass wir zu viert sind?"

Mir war noch mehr aufgefallen – der höhnische Ton des Kommandanten und dass die Situation, wie aus der Wortwahl seiner Sätze hervorging, immer hitziger wurde. Ich schob mich daher langsam zurück, bis ich Herr der Tür war. Während ich das tat, steckte ich meine Hände in die Manteltaschen und bereitete schweigend die Doppelschlösser meiner Pistolen vor. Dann zog ich sie plötzlich aus den Taschen und richtete die Mündungen auf die Gruppe vor mir.

„Es stimmt, Sie sind zu viert, meine Herren, ... aber wir sind zu fünft!" Und ich trat einen Schritt vor und sagte: „Meine Herren, ich gebe Ihnen mein Ehrenwort: Wenn der Befehl nicht innerhalb der nächsten fünf Sekunden unterzeichnet wird, blase ich Ihnen allen vieren das Gehirn raus . Und ich werde mit Ihnen beginnen, Monsieur le Lieutenant de Roi – Ehre, wem Ehre gebührt!"

Ich war totenbleich geworden, aber trotz meiner Blässe drückte mein Gesicht unerschütterliche Entschlossenheit aus. Die doppelläufige Pistole, die ich in meiner rechten Hand hielt, war nur anderthalb Fuß von Monsieur de Linières' Gesicht entfernt.

„Vorsicht, Monsieur!", sagte ich zu ihm. „Ich werde die Sekunden zählen." Und nach einer Pause begann ich: „Eins, zwei, drei! ..."

In diesem Moment öffnete sich eine Seitentür und eine Frau stürmte in einem Anfall von Angst ins Zimmer.

„Oh, mein Liebling, gib nach, gib nach!", rief sie. „Das ist ein zweiter Aufstand der Neger! ..."

Und während sie das sagte, sah sie mich mit entsetzten Augen an.

„Monsieur", begann der Kommandant der Festung, „aus Rücksicht auf meine Frau ..."

„Monsieur", antwortete ich, „ich habe den tiefsten Respekt vor Madame, aber auch ich habe eine Mutter und eine Schwester und hoffe daher, dass Sie die Güte haben werden, Madame wegzuschicken, damit wir diese Angelegenheit allein unter Männern ausdiskutieren können."

„Mein Liebster!", flehte Madame de Linières weiter. „Gib nach! Gib nach! Ich flehe dich an! Gedenke meines Vaters und meiner Mutter, die beide in Saint-Domingo massakriert wurden!"

Bis dahin hatte ich nicht verstanden, was sie mit ihren Worten meinte: „Es ist ein zweiter Aufstand der Neger!"

Sie hatte mich für eine Negerin gehalten, wegen meines krausen Haares und meiner Haut, die durch drei Tage Sonneneinstrahlung dunkelbraun gebräunt war, und wegen meines leicht kreolischen Akzents – wenn ich überhaupt einen Akzent hatte, nach der Heiserkeit zu urteilen, die mich übermannt hatte. Sie war außer sich vor Angst, und ihre Angst war leicht zu verstehen; denn ich erfuhr später, dass sie eine Tochter von M. und Madame de Saint-Janvier war, die während eines Aufstands vor ihren Augen gnadenlos getötet worden waren. Die Situation war jetzt zu angespannt, um sie noch viel länger auf sich warten zu lassen.

„Aber, Monsieur", rief der Kommandant verzweifelt, „wie kann ich vor einem einzigen Mann nachgeben?"

„Möchten Sie, Monsieur, dass ich ein Papier unterschreibe, das bestätigt, dass Sie mir den Befehl mit einer Pistole an der Kopfspitze gegeben haben?"

„Ja, ja, Monsieur", kreischte Madame de Linières.

Dann wandte sie sich ihrem Mann zu, dessen Knie sie umklammert hatte, und wiederholte: „Mein Liebling! Mein Liebling! Gib ihm den Befehl! Gib ihn ihm, ich flehe dich an!"

„Oder wäre es Ihnen lieber", fuhr ich fort, „dass ich losgehe und zwei oder drei Freunde suche, damit wir auf beiden Seiten gleich stark sind?"

„Ja, in der Tat, Monsieur, das wäre mir viel lieber."

„Seien Sie auf der Hut, Monsieur le Vicomte! Ich gehe und verlasse mich auf Ihr Ehrenwort; ich gehe, weil Sie mir ausgeliefert sind und ich jedem von Ihnen das Gehirn wegblasen könnte... Ich kann Ihnen versprechen, dass es bald geschehen wird... Werde ich Sie bei meiner Rückkehr dort vorfinden, wo Sie sind und so, wie Sie sind?"

„Ja, ja, Monsieur", rief Madame de Linières.

Ich verbeugte mich höflich, ohne jedoch auch nur ein Jota nachzugeben.

„Ich verlange das Ehrenwort Ihres Mannes, Madame."

„Gut, Monsieur", sagte der Statthalter des Königs, „ich gebe Ihnen mein Wort."

„Ich nehme an, dass dies alle Herren gleichermaßen einschließt?"

Die Offiziere verneigten sich zustimmend. Ich entsicherte meine Pistolen und steckte sie wieder in die Taschen. Dann wandte ich mich an Madame de Linières:

„Beruhigen Sie sich, Madame", sagte ich, „es ist vorbei. In fünf Minuten, meine Herren, bin ich wieder hier."

Ich ging hinaus und nahm mein Gewehr, das ich in der Ecke vor der Tür fand. Ich hatte meine Mittel überschritten, denn ich wusste nicht, wo ich nach Hutin suchen sollte; und Bard bewachte einen wichtigen Punkt. Aber der Zufall war mir hold; denn als ich auf die Straße trat, sah ich Hutin und einen seiner Freunde, die, getreu ihrer Verabredung, zehn Meter vom Haus entfernt warteten: der Freund war ein junger Mann namens Moreau, ein leidenschaftlicher Patriot aus Soissons. Sie hatten beide doppelläufige Gewehre. Ich winkte ihnen, in den Hof zu kommen. Sie kamen herein, ohne genau zu wissen, was von ihnen erwartet wurde. Ich ging nach oben; das Ehrenwort war strikt eingehalten worden und keiner der Herren hatte seinen Platz verlassen. Ich ging zum Fenster und öffnete es.

„Meine Herren", sagte ich zu Hutin und Moreau, „haben Sie die Güte, Herrn Kommandanten mitzuteilen, dass Sie bereit sind, auf ihn und die anderen Personen, die ich Ihnen nennen werde, zu schießen, wenn er nicht sofort eine Genehmigung zur Mitnahme des Schießpulvers unterschreibt."

Als Antwort spannten Hutin und Moreau ihre Gewehre. Madame de Linières verfolgte jede meiner Bewegungen und die ihres Mannes mit eindringlichem Blick.

„Das genügt, Monsieur", sagte der Statthalter des Königs. „Ich bin bereit zu unterschreiben." Und er nahm ein Stück Papier von seinem Schreibtisch und schrieb:

> „Ich ermächtige M. Alexandre Dumas, das gesamte Artilleriepulver aus dem Magazin Saint-Jean zu entfernen. — Leutnant des Königs und Kommandant des Forts,
>
> VICOMTE DE LINIÈRES"
>
> SOISSONS, 31. *Juli* 1830"

Ich nahm das Papier, das mir der Graf reichte, verbeugte mich vor Madame de Linières, entschuldigte mich bei ihr für den unvermeidlichen Schrecken, den ich ihr eingejagt hatte, und verließ das Zimmer. [1]

Wir trafen Herrn Quinette, den zweiten Freund, den Hutin mir erwähnt hatte, auf der Straße. Er war gekommen, um sich uns anzuschließen. Es war ziemlich spät, wie man sehen wird, besonders da er uns bald verlassen würde. Er riet uns, die Dinge legal zu machen, und dass ich zu diesem Zweck vom Bürgermeister unterstützt werden müsse. Ich hatte keine Einwände gegen diesen Vorschlag, da ich meinen Orden besaß, also machte ich mich auf die

Suche nach dem Bürgermeister. Ich habe den Namen dieses ehrenwerten Beamten vergessen; ich erinnere mich nur, dass er keine Schwierigkeiten hatte, mich zu begleiten. Fünf Minuten später öffnete ich in Begleitung des Bürgermeisters, Hutin, Moreau und Quinette vorsichtig das Tor des Saint-Jean-Klosters, nachdem ich Bard zuvor mitgeteilt hatte, dass ich es war, der es öffnete.

„Kommen Sie herein, kommen Sie herein!", antwortete er.

Ich ging hinein und sah die Kanone in Stellung, aber zu meinem großen Erstaunen war Bard verschwunden. Er saß zwanzig Meter von seiner Kanone entfernt auf einem Pflaumenbaum und aß grüne Pflaumen!

----

[1] Ich glaube, ich sollte am Ende dieser Geschichte dieselbe Vorsichtsmaßnahme ergreifen wie am Anfang, nämlich meine Leser auf den *Moniteur* vom 9. August 1830 verweisen, falls sie glauben, ich hätte geflirtet. Siehe die Anmerkungen am Ende dieses Bandes.

KAPITEL VII

Dank M. Quinettes ausgezeichnetem Rat hätte niemand legaler handeln können als wir, da wir (wie Bilboquet) *mit der Genehmigung des Bürgermeisters vorgingen.* Also beeilte sich Oberstleutnant d'Orcourt, uns das Artilleriepulvermagazin zu öffnen. Es war der Schuppen rechts von der Tür, als wir eintraten. Tatsächlich fanden wir kaum zweihundert Pfund Pulver darin. Ich bereitete mich gerade darauf vor, es wegzutragen, als der Bürgermeister es zur Verteidigung der Stadt in Anspruch nahm. Der Anspruch war durchaus berechtigt, aber da ich beschlossen hatte, Pulver nach Paris zu bringen, egal wie viel, schien es wahrscheinlich, dass ich mit dem Bürgermeister dieselben Szenen erleben musste wie mit dem Kommandanten des Forts, als Oberstleutnant d'Orcourt auf mich zukam und flüsternd sagte:

„Im Artilleriemagazin sind zwar nur etwa zweihundert Pfund Pulver, im Schuppen gegenüber liegen aber dreitausend Pfund, die der Stadt gehören."

Ich riss meine Augen weit auf.

„Sag das noch einmal", sagte ich.

„Dort sind dreitausend Pfund Pulver", und er zeigte auf den Schuppen.

„Dann lasst uns es öffnen und das Pulver nehmen."

„Ja, aber ich habe den Schlüssel nicht."

"Wo ist es?"

„Herr Jousselin, der Lagerverwalter hat es."

"Wo wohnt er?"

„Einer dieser Herren wird es Ihnen zeigen."

"Sehr gut!"

Ich wandte mich dem Bürgermeister zu.

„Monsieur, ich kann im Augenblick weder ja noch nein zu Ihrer Bitte sagen: Wenn ich mehr Pulver finde, lasse ich Ihnen die zweihundert Pfund, wenn ich keins finde, nehme ich es Ihnen ab. Lassen Sie uns jetzt keine Zeit mehr verlieren, sondern nehmen Sie sich jeder seinen Anteil. Mein lieber Monsieur Moreau, Sie suchen sich einen Wagen und Pferde bei den Fuhrleuten in der Stadt; sie erhalten den ihnen zustehenden Lohn, unter der Bedingung, dass sie innerhalb einer Stunde hier sind. Sobald das Pulver im Wagen ist, brechen wir auf... Ist das klar?“

"Ja."

„Dann los mit dir.“

Und M. Moreau machte sich mit größtmöglicher Geschwindigkeit auf den Weg.

„Bard, mein Freund, du siehst, dass die Situation komplizierter geworden ist. Nimm also deine Position in der Nähe der Kanone ein, zünde deine Zigarette erneut an und halte dich von den grünen Pflaumen fern.“

„Seien Sie unbesorgt! Ich habe kaum drei gegessen und sie haben mir die Zähne furchtbar gereizt! ... Ich würde nicht auf ein viertes beißen, nein, nicht einmal für Monsieur Jousselin und sein ganzes Pulver!“

„Sie, Hutin, gehen zu Monsieur Missa, um seine Absichten herauszufinden, und wenn er nichts unternommen hat, holen Sie sich von ihm die Proklamation von General La Fayette. Sie wird uns im Umgang mit den Zivilbehörden von Nutzen sein, die möglicherweise nicht an die Gültigkeit der Befehle von General Gérard glauben.“

„Ich laufe sofort los!“

„Sie, Monsieur Quinette, haben die Güte, mich zu M. Jousselin zu bringen.“

„Es ist noch weit weg.“

„Pah! Was soll das? Wenn wir harmonisch zusammenarbeiten, wird alles gut! In einer halben oder höchstens einer dreiviertel Stunde sind wir alle wieder hier!“

Bard nahm seinen Posten wieder ein, Hutin ging, um seinen Auftrag zu erfüllen, und M. Quinette und ich, um unseren zu erfüllen. Wir erreichten M. Jousselins Tür.

„Da wären wir“, sagte M. Quinette, „aber Sie werden meine Gefühle verstehen: Ich gehöre zur Stadt und muss dort bleiben, nachdem Sie gegangen sind, deshalb wäre es mir lieber, wenn Sie allein zu M. Jousselin gingen."

"Wenn das alles ist, macht es mir nichts aus!"

Damit betrat ich M. Jousselins Haus. Ich muss gestehen, dass weder mein Aussehen noch meine Kleidung im Moment geeignet waren, Vertrauen in die Köpfe anderer zu erwecken. Ich hatte meinen Strohhut irgendwo verloren, mein Gesicht war sonnenverbrannt und schweißüberströmt; meine Stimme klang in einem Moment laut wie eine Trompete, im nächsten war sie fast unhörbar schrill; meine Jacke, die von den Pistolen vollgestopft war, verlor allmählich die wenigen Knöpfe, mit denen sie geschmückt war, und schließlich waren meine Gamaschen und Schuhe noch mit Blut besudelt, das der Staub der Straße nicht ausgewischt hatte. Es war daher nicht überraschend, dass M. Jousselin, als er mich so ausgerüstet und mit meiner doppelläufigen Flinte auf der Schulter sah, so weit wie möglich in seinem Sessel zurückwich.

„Was hast du mit mir zu tun?", fragte er.

Ich erklärte den Zweck meines Besuchs so kurz wie möglich, denn ich hatte wenig Zeit. Außerdem hätte ich lange Sätze nicht verwenden können, da ich vor Heiserkeit kaum sprechen konnte. M. Jousselin erhob mehrere Einwände, die ich ebenso schnell aus dem Weg räumte, wie er sie vorbrachte. Aber ich sah, dass wir sonst endlos weitermachen könnten.

„Monsieur", sagte ich, „halten wir an. Wollen Sie mir das Pulver aus Ihrem Tausend-Franc-Magazin geben, das ich hier bei mir habe, oder wollen Sie es nicht?"

„Monsieur, das ist unmöglich. Es handelt sich um Schießpulver im Wert von zwölftausend Francs."

„Wollen Sie dann meine tausend Francs als Akonto nehmen und für den Rest einen Wechsel auf die provisorische Regierung akzeptieren?"

„Monsieur, es ist uns verboten, auf Kredit zu verkaufen."

„Dann geben Sie mir das Steuerpulver umsonst? Es ist Regierungspulver, was so viel heißt wie, dass es mir gehört, da ich einen Regierungsbeschluss habe, es an mich zu nehmen, Sie jedoch keinen, es aufzubewahren."

„Monsieur, ich möchte, dass Sie aufpassen …

"Ja oder nein?"

„Monsieur, es steht Ihnen frei, es anzunehmen, aber ich möchte Sie darauf hinweisen, dass Sie der Regierung gegenüber dafür verantwortlich sind."

„Oh, Monsieur, warum haben Sie mir das nicht gleich gesagt und unsere Diskussion damit schon vor langer Zeit beendet?"

Ich ging zur Feuerstelle und griff nach einer dort liegenden Axt zum Brennholzhacken, auf die ich schon lange ein Auge geworfen hatte.

„Aber, Monsieur", rief der erstaunte Zollbeamte, „was haben Sie jetzt vor?"

„Ich leihe mir diese Axt von Ihnen, um die Tür des Pulvermagazins aufzubrechen ... Sie werden sie in Saint-Jean finden, Monsieur Jousselin."

Und ich habe ihn verlassen.

„Aber, Monsieur", rief er mir nach, „Sie begehen Diebstahl!"

„Ja, sowohl Diebstahl als auch Einbruch, Monsieur Jousselin!"

„Ich warne Sie, ich werde diesbezüglich dem Finanzminister schreiben!"

„Schreiben Sie dem Teufel, wenn Sie wollen, Monsieur Jousselin!"

Während wir redeten, erreichten wir die Haustür. M. Jousselin schrie weiter und die Leute begannen sich zu einer Menschenmenge zu versammeln. Ich machte mich auf den Rückweg.

„Oh! Geben Sie uns doch ein wenig Ruhe, Monsieur!", sagte ich und packte die Axt am Stiel.

„Mord! Mörder!", schrie er aus vollem Halse, schlug mir die Tür vor der Nase zu und verriegelte sie von innen.

Ich hatte keine Zeit, mir den Spaß zu machen, seine Tür aufzubrechen.

„Schnell, schnell!" sagte ich zu Monsieur Quinette. „Der Feind ist auf dem Rückzug. Gehen wir weiter!"

Ich rannte mit der Axt in der Hand zur Kirche Saint-Jean. Ich war noch keine hundert Meter gegangen, als ich wieder die Stimme von Monsieur Jousselin hörte, dessen Verwünschungen mich über diese Entfernung hinweg erreichten. Er stand an seinem Fenster und versuchte, die Bevölkerung gegen mich aufzuwiegeln. Monsieur Quinette war klugerweise verschwunden.

Ich sah ihn erst 1851 in Brüssel wieder. Wenn ich in Soissons feststellte, dass er zu früh abreiste, holte er das später in Brüssel nach, wo er meiner Meinung nach zu lange blieb; denn nach dem 2. Dezember wartete er darauf, dass man ihm seine Entlassung als Botschafter in der Republik zuschickte ...

Ich machte mir keine Sorgen über den Zollbeamten oder die feindselige Haltung der Bevölkerung, sondern setzte meinen Weg zur Zeitschrift fort. Bard war diesmal auf seinem Posten.

„Nun“, fragte mich Oberstleutnant d'Orcourt, „haben Sie Urlaub von Monsieur Jousselin?“

„Nein“, antwortete ich, „aber ich habe den Schlüssel zum Pulverschuppen!“

Ich holte die Axt hervor und in diesem Moment traf Hutin ein.

„Nun“, sagte ich, „was hat Ihre Dr. Missa getan?“

„Denken Sie nur daran!“, erwiderte Hutin. „Dieser große Patriot hat es nicht gewagt, seine Nase vor die Tür zu stecken! Ich konnte ihn nur mit Mühe dazu bringen, mir die Proklamation von General La Fayette zurückzugeben!“

„Ich hoffe, du hast es mitgebracht!“

„Ja, aber! Schauen Sie her! Hier ist es!“

„Gib es mir… Gut! Nun zur Sache!“

"Und was hast du getan?"

„Ich habe dieses Beil aus M. Jousselins Kamin mitgenommen … Wir werden die Tür des Pulvermagazins aufbrechen, es auf einen Wagen laden, den Moreau abholen gegangen ist, und dann werden wir aufbrechen.“

„Kann man sich auf Moreau verlassen?“

„Das würde ich auch bei mir selbst tun! … Übrigens, was ist aus Quinette geworden?“

„Er ist verschwunden – verschwunden – geflogen! Aber wir wollen uns nicht um ihn kümmern. Machen Sie sich an die Arbeit!“

Das war keine so leichte Aufgabe. Das Schloss, das wir sprengen mussten, war in die Mauer selbst eingelassen und die Mauer war aus Feuersteinbruchsteinen gebaut, sodass jeder schlecht gezielte Schlag, der die Mauer traf, anstatt das Schloss oder das Holzwerk, Millionen von Funken erzeugte. Oberstleutnant d'Orcourt war ein tapferer Mann, aber beim dritten Schlag, der einen Funkenregen auslöste, schüttelte er den Kopf und wandte sich seinen Gefährten zu.

„Lassen Sie uns hier nicht länger stehen“, sagte er. „Es hat keinen Zweck … diese Herren müssen verrückt sein, wenn sie eine solche Aufgabe übernehmen.“ Und er entfernte sich, so weit es die Mauern des Geheges erlaubten. Die anderen folgten ihm.

Nach fünf Minuten Arbeit musste ich die Axt an Hutin weitergeben, der sich an die Arbeit an der Tür machte. Und da die Dinge nicht so schnell vorangingen, wie ich es mir gewünscht hatte, hob ich den größten Stein, den ich finden konnte, und rief Hutin in einer Haltung wie Ajax zu, er solle aufpassen; dann schleuderte ich den Stein, und bei dieser letzten

Anstrengung, als er bereits erschüttert war, zersprang er in Splitter. Endlich hatten wir die dreitausend Pfund Pulver in Reichweite! Ich war so besorgt, dass es uns noch entgleiten könnte, dass ich mich wie Jean Bart auf ein Fass setzte und Hutin bat, Moreau und seine Fuhrleute anzutreiben. Hutin ging los, um dies zu tun. Er war von lebhaftem Gemüt, ein Nervenbündel, ein unermüdlicher Jäger, ein guter Schütze und ein Mann weniger Worte; aber um ihn richtig zu würdigen, musste man ihn bei der Arbeit sehen, ganz gleich, was die Arbeit war. Eine Viertelstunde später kam er mit dem Wagen zurück, aber ohne Moreau.

Was war aus ihm geworden?

Er hatte zwanzig junge Stadtbewohner und eine ganze Truppe von Feuerwehrleuten zusammengeholt, und sie alle warteten darauf, mich bis Villers-Cotterets zu eskortieren. Außerdem schickte mir Moreau sein Pferd, damit ich während meines Auszugs reiten konnte. Wir luden also den Wagen mit dem Pulver und ich bezahlte den vereinbarten Preis (vierhundert Francs, glaube ich). Dann durften wir unsere Kutsche und Postpferde nehmen; der Fuhrmann sollte der Kutsche folgen und sie nach besten Kräften wieder zurückbringen: Für seine Mühen sollte er vierhundert Francs bekommen.

Als wir das Pulver weggebracht hatten, machten wir bei Madame Hutin Halt; denn es war vier Uhr nachmittags und keiner von uns hatte sein Fasten gebrochen, mit Ausnahme von Bard, der drei Pflaumen gegessen hatte. Er brannte darauf, das Vier-Zoll-Gewehr mitzunehmen, und ich wollte es ihm unbedingt schenken; aber die ehrenwerten Hüter des Magazins flehten mich so eindringlich an, es ihnen zu überlassen, dass ich es nicht übers Herz brachte, es ihnen zu rauben. Bei Hutin erwartete uns ein gutes Abendessen; aber so hungrig wir auch waren, aßen wir es eilig, während die Postpferde vor den Wagen gespannt wurden. Schließlich, um fünf Uhr, brachen wir auf; Hutin, Moreau und Bard hinter dem Wagen im Wagen und ich auf Moreaus Pferd, neben den Rädern hergehend, eine Hand am Halfter, bereit, den Wagen, mich selbst und die halbe Stadt in die Luft zu jagen, wenn jemand versuchen sollte, uns am Weggehen zu hindern. Aber niemand erhob Einwände: Wir hörten sogar einige patriotische Rufe hinter uns, als wir weiterfuhren. Wir konnten nicht anders, als den Leuten dankbar zu sein, dass sie sich so äußerten, denn im Jahr 1830 wusste niemand genau, welcher Ruf richtig war. Die gefährlichste Stelle, die wir passieren mussten, war das Stadttor; denn sobald wir das Tor erreicht hatten, konnte das Fallgitter vor uns heruntergelassen werden und sie würden uns von den beiden Wachhäusern aus angreifen. Aber wir passierten diese Thermopylen ohne Schaden und befanden uns außerhalb der Mauern und im offenen Land. Unsere Männer erwarteten uns fünfzig Meter hinter dem Tor: Dann, und erst dann, das muss ich gestehen, wagte ich, frei zu atmen.

„Beim Himmel, mein Freund", sagte ich zu Hutin, „gehen Sie doch zurück in die Stadt und schicken Sie uns zwanzig Flaschen Wein, um auf die Gesundheit von General La Fayette anzustoßen … Wir haben sie uns redlich verdient!"

Eine Viertelstunde später erhoben wir unsere Gläser und tranken auf die Gesundheit des Generals – ein Toast, den die Einwohner der Stadt mit Beifall empfingen; viele waren auf die Mauern geklettert, um unserer Abreise beizuwohnen. Nachdem wir die zwanzig Flaschen geleert hatten, setzten wir unsere Reise fort. In Verte-Feuille, auf halbem Weg zwischen Soissons und Villers-Cotterets, ließ ich Moreaus Pferd beim Postmeister zurück: Ich hätte keine zehn Minuten länger im Sattel bleiben können, denn ich war vor Müdigkeit am Boden. Während sie vier Postpferde vor den Wagen spannten (denn ich begann zu begreifen, dass wir mit den Pferden von Soissons unser Ziel niemals erreichen würden), legte ich mich an den Rand eines Grabens und fiel in einen so tiefen Schlaf, dass sie die größte Mühe der Welt hatten, mich zum Zeitpunkt der Abfahrt zu wecken. Dann ritt Moreau auf seinem Pferd, denn er wollte uns bis Villers-Cotterets begleiten. Ich nahm seinen Platz in der Kutsche ein und war kaum darin, als ich wieder einschlief. Ich hatte wahrscheinlich schon eine Stunde geschlafen, als ich spürte, wie ich heftig geschüttelt wurde. Ich öffnete die Augen und sah, dass es Hutin war.

„Oh! Wachen Sie doch auf!", sagte er.

„Wozu?", fragte ich gähnend. Ich schlief tief und fest.

„Warum? Weil es den Anschein hat, dass Ihr ehemaliger Anwalt, M. Mennesson, die Stadt in Aufruhr versetzt hat, indem er ihnen sagte, Sie führten die Befehle des Herzogs von Orléans aus und sie hätten nicht die Absicht, uns durchzulassen."

„Ich führe Befehle für den Herzog von Orléans aus? Meine Güte! Der Mann muss entweder verrückt oder betrunken sein!"

„Vielleicht ist er verrückt, aber in der Zwischenzeit hat er vor, die Sache mit Ihnen zu klären."

„Lasst es raus! Und mit wem?"

„Zuerst durch die Förster."

„Die Förster? Lassen Sie mich nachdenken. Wie können wir uns mit den Förstern auseinandersetzen, die dem Herzog von Orléans gehören, wenn ich die Geschäfte des Herzogs verrichte?"

„Oh! Ich verstehe das überhaupt nicht – ich warne Sie nur. Jetzt, da Sie es wissen, lassen Sie uns fortfahren."

Ich schaffte es, aus dem Schlaf zu erwachen. Wir waren am Fuße des Dampleux-Berges und einer meiner Freunde aus Villers-Cotterets war herbeigeeilt, um uns vor der Verschwörung gegen uns zu warnen. Ich rief Moreau, der allein die gesamte Kavallerie war, die wir aufbieten konnten.

„Moreau", sagte ich zu ihm, „tun Sie mir den Gefallen, Ihrem Pferd den Rest zu geben, indem Sie es in Galopp treiben und dann entweder bei Cartier oder bei Paillet nachfragen, wie viel Wahrheit in den Neuigkeiten steckt, die sie uns gerade gebracht haben. Wenn Sie Herrn Mennesson begegnen, drohen Sie ihm, dass ich zwei Kugeln in meinem Gewehr habe und dass er sich außerhalb der Schusslinie aufhalten muss, wenn er sie nicht erfahren will."

Moreau galoppierte los: Ich stellte mich und Hutin mit sechs oder acht Männern, die mir jeder Notlage gewachsen schienen, an die Spitze und ließ Bard und fünfundzwanzig bis dreißig andere als Eskorte zum Wagen zurück; und dann setzten wir unsere Reise fort. Zehn Minuten später sahen wir Moreau auf dem Rückweg. Es hatte sich tatsächlich eine Menschenansammlung vor M. Mennessons Tür gebildet, und er hielt ihnen eine Rede; aber als Moreau zu ihm ging und ihm etwas ins Ohr flüsterte, verschwand er. Es blieben noch die Garde, die, wie es hieß, von einem alten Offizier namens M. Boyer kommandiert wurde. Dieser Widerstand der Garde unter M. Boyer überraschte mich umso mehr, da die Garde, wie ich bereits erwähnte, dem Haus Orléans unterstand, mit dem ich im Bunde war, weil ich in der Provinz Unruhen angezettelt hatte; außerdem verdankte M. Boyer, der früher Offizier gewesen war, aber durch die Restauration seines Postens enthoben wurde, alles dem Herzog von Orléans. Gut! Wir erreichten Paillet, wo man uns erwartete, wie bei unserem ersten Einzug in die Stadt. Das Abendessen war fertig und wir aßen es rasch. Alle unsere Männer saßen beim Abendessen in Cartiers Hinterhof. Wir rechneten jeden Moment mit einem Angriff und aßen alle mit zwischen den Beinen gehaltenen Gewehren. Das Abendessen verlief jedoch ohne Hindernisse. Während wir bei Tisch saßen, wurden die Pferde des Wagens und des Fuhrwerks gewechselt und gegen zehn Uhr abends setzten wir unsere Reise fort. Diesmal wurden wir von der gesamten Nationalgarde von Villers-Cotterets eskortiert.

Wir verabschiedeten uns mit vielen Umarmungen und Händedrücken von unserer Eskorte aus Soissons. Sie hatten in weniger als vier Stunden sechs Meilen zurückgelegt. Als wir den Gipfel des Vauciennes-Hügels erreichten und mein ganzer Körper in süßem Schlaf schwelgte – so fest wie der, aus dem Saverny seinem Henker traurige Vorwürfe machte, weil er ihn geweckt hatte –, wurde ich ein zweites Mal von Hutin geschüttelt.

„Wach auf! Wach auf!", sagte er.

"Was ist es?"

„M. Boyer verlangt nach Ihnen; er will gegen Sie kämpfen."

„Alles klar! Wo ist er?"

„Hier bin ich!", sagte eine Stimme.

Ich rieb mir die Augen und sah einen Mann im Alter zwischen 35 und 40 Jahren auf einem schweiß- und schaumbedeckten Pferd. Ich stieg aus der Kutsche.

„Verzeihen Sie, Monsieur", bat ich, „aber ich habe gehört, Sie wollten ein Wort mit mir sprechen."

„Monsieur", begann der Kavalier in höchster Aufregung, „Sie haben mich beleidigt!"

"ICH?"

„Ja, Sie, Monsieur! Und Sie werden mir, so hoffe ich, Genugtuung verschaffen!"

"Wozu?"

„Weil du gesagt hast, ich sei verrückt oder betrunken!"

„Halten Sie bitte einen Moment inne. Ich habe das zwar von jemandem gesagt, aber von wem habe ich es dann gesagt?"

„Was zum Teufel!" rief Hutin. „Das haben Sie von Herrn Mennesson gesagt!"

„Sehen Sie, Monsieur, ich habe es Herrn Hutin nicht zugeflüstert... Hatten Sie einen anderen Grund, mit mir Streit anzufangen?"

„Überhaupt nicht, Monsieur."

„In diesem Fall hat es sich kaum gelohnt, mich zu wecken."

„Monsieur, ich dachte –"

„Denken Sie immer noch?"

„Nein, mir wurde gesagt, dass das nicht stimmt."

"Na dann?"

„Ich wünsche Ihnen eine gute Reise, Monsieur."

"Danke!"

M. Boyer wendete sein Pferd und galoppierte zurück nach Villers-Cotterets. Wir haben uns seitdem oft getroffen und über dieses Missverständnis gelacht.

Aber ich hatte in diesem Moment anderes zu tun, als zu lachen. Ich ließ Bard das Pulver bewachen und stieg wieder in die Kutsche; ich beauftragte Hutin, die Pferde zu bezahlen, ging wieder schlafen und wachte erst auf, als wir den Hof des Postamts in Bourget erreichten. Es war damals fast drei Uhr morgens. Ich konnte General La Fayette nicht vor acht oder neun Uhr sehen. Wir nahmen daher das Angebot des Postamtsmeisters an, uns eine Tasse Kaffee und ein Bett zu geben. Da ich mir jedoch meiner selbst nicht sicher war und Angst hatte, vierundzwanzig Stunden zu schlafen, bat ich darum, dass man mich um sieben Uhr wecken möge – ein Versprechen, das ich gab und gewissenhaft hielt. Um neun Uhr morgens betraten wir das Rathaus. Ich fand den General auf seinem Posten in seiner üblichen blauen Uniform mit weißer Weste und Krawatte, aber sie war etwas zerzauster, seine Weste etwas offener und seine Krawatte schmutziger als damals, als ich ihn verlassen hatte. Armer General! er hatte nicht so viel Glück wie ich, der noch sprechen konnte, während er kein Wort hervorbrachte. Er streckte die Arme aus und umarmte mich – das war das Äußerste, was er tun konnte. Glücklicherweise konnte Carbonnel in Nebenangelegenheiten seinen Platz einnehmen, und so kümmerte sich Carbonnel, während eine Deputation einer Gemeinde eintraf, um den Empfang der gewöhnlichen Gemeinderäte, während der General den Bürgermeister und seine Gefährten begrüßte. Aber der General bemühte sich besonders um mich: Er streckte nicht nur die Arme aus und umarmte mich, sondern er versuchte, mir zu meinem Erfolg zu gratulieren und seine Genugtuung darüber auszudrücken, mich gesund und munter wiederzusehen; doch zu meinem Pech für meine *Eigenliebe* versagte ihm die Stimme und der Laut blieb ihm im Hals stecken. Dasselbe passierte, wenn man Vergil Glauben schenken darf, dreitausend Jahre zuvor Turnus. Bonnelier, der noch sprechen konnte, nahm mich am Arm und rief, die Augen zum Himmel erhebend:

„Oh, mein Freund! Was haben uns eure republikanischen Teufel gestern zu schaffen gemacht! Aber glücklicherweise ist jetzt alles vorbei!“

Für mich war das Hebräisch, aber der Satz „ *Zum Glück ist jetzt alles vorbei!*“ beunruhigte mich sehr, ich war selbst Republikaner; es war klar, dass eine Schlacht verloren sein musste. Und tatsächlich hatten sich die Ereignisse während der 44 Stunden meiner Abwesenheit stürmisch entwickelt! Lassen Sie uns sehen, was geschehen ist, und die Dinge auf den aktuellen Stand bringen.

KAPITEL VIII

Erste orléanistische Proklamation – Die Herren Thiers und Scheffer gehen nach Neuilly – Der Abend in Saint-Cloud – Karl X. widerruft die Verordnungen – Republikanische Deputation im Stadthaus – Herr von Sussy – Audry de Puyraveau – Republikanische Proklamation – La Fayettes Antwort an den Herzog von Mortemart – Charras und Mauguin

Ich glaube, ich habe eines meiner vorhergehenden Kapitel mit den Worten beendet: „Diese Geschichte änderte die Pläne von M. Thiers, der, anstatt seinen Artikel zu schreiben, aufstand und zu Laffittes Haus rannte!"

Herr Thiers war ein Orleanist, wie Herr Mignet; ein Abendessen bei Herrn von Talleyrand, bei dem *Dorothée* bezaubernd gewesen war, hatte diese beiden öffentlichen Männer auf Abwege geführt; nur Carrel hatte sich von ihnen getrennt und blieb Republikaner. [1] Am Morgen des 30. hatten Herr Thiers und Herr Mignet eine Proklamation mit folgendem Wortlaut herausgegeben:

"Da Karl X. das Blut des Volkes vergossen hat, kann er nicht mehr nach Paris zurückkehren. Aber eine Republik würde uns schrecklichen Spaltungen aussetzen und uns mit Europa verstricken. Der Herzog von Orléans ist ein Prinz, der sich der revolutionären Sache verschrieben hat. Der Herzog von Orléans hat nie gegen uns gekämpft. Der Herzog von Orléans war in Jemmapes. Der Herzog von Orléans ist ein Bürgerkönig. Der Herzog von Orléans hat die dreifarbige Standarte in die Schlacht getragen und er allein kann sie noch immer hochhalten: Wir wollen keine anderen Farben. Der Herzog von Orléans verkündet sich nicht selbst, sondern wartet auf unsere Hingabe. Geben wir sie ihm, und er wird die Charta annehmen, wie wir es immer beabsichtigt und gewünscht haben. Er wird seine Krone vom französischen Volk selbst erhalten!"

Diese Proklamation war offensichtlich die Antwort auf die schriftliche Notiz in Oudards Händen, die um Viertel nach drei Uhr morgens von Neuilly nach Paris geschickt worden war. Unglücklicherweise war die Proklamation auf dem Place de la Bourse ausgebuht und von den Wänden, an denen sie angebracht war, heruntergerissen worden. Der revolutionäre Geist war noch immer in den Straßen zu spüren. Thiers war in die *Nationalbüros zurückgekehrt*, als er die Wirkung seiner Proklamation sah. Die Nachricht von der Flucht des Herzogs von Chartres war ein Vorwand, nach Neuilly zu gehen: Alle Tore stehen einem Boten offen, der kommt, um einem Vater und einer Mutter die Rettung ihres Kindes zu verkünden. Als er Laffitte erreichte, erfuhr er, dass Verhandlungen mit Neuilly im Gange waren. Der Herzog von Orléans stand über Oudard und Tallencourt in direktem Briefwechsel mit Herrn Laffitte. Höchstwahrscheinlich wusste die Herzogin selbst nicht, wie weit die Verhandlungen geführt worden waren. Madame Adélaïde kannte zweifellos die Geheimnisse ihres Bruders besser als die Frau die ihres Mannes: Der Herzog von Orléans hatte großes Vertrauen in die fast männliche Intelligenz seiner Schwester. Laffitte leitete seinen Salon nicht mehr, sondern Bérard war sein Oberhaupt. Was war der Grund für Laffittes Abwesenheit? Die Antwort, die man den Fragenden gab, war, dass er wegen seiner Verstauchung zu große Schmerzen hatte. Tatsächlich war Laffitte, von Béranger dazu gedrängt, damit beschäftigt, einen König zu erschaffen. Monsieur Thiers beklagte sich lautstark, dass er vergessen werden würde. Béranger lachte ihm mit jenem Lächeln ins Gesicht, das dem Autor von *Dieu des bonnes gens eigen war.*

„Warum zum Teufel sollten die Abwesenden nicht vergessen werden?" sagte er zu ihm.

Und tatsächlich war Herr Thiers vier Stunden lang nicht in Laffittes Salon gewesen; vier Stunden während einer Revolution entsprechen vier Jahren! In vier Stunden kann eine Welt verschwinden oder sich völlig verändern.

M. Thiers suchte M. Sébastiani auf und erhielt von ihm ein Programm. Jeder wollte seinen eigenen kleinen Baustein zum Aufbau des neuen Königreichs beitragen. Scheffer, der Maler, ein Künstler von ungeheurem Ansehen und ein Mann von großem Ansehen, ein Freund des Herzogs von Orléans und beinahe ein Beamter seines Haushalts, bereitete sich darauf vor, als Gesandtschaft der Stadtkommission nach Neuilly aufzubrechen. M. Thiers schloss sich Scheffer an und begleitete ihn. Aber die Straße nach Neuilly war durch ein Regiment der Garde versperrt.

„Zum Teufel!" rief Thiers, „wenn sie uns verhaften und das Programm entdecken!..."

„Gib es mir", sagte Scheffer.

Er nahm es aus Thiers Händen, verkleinerte es so klein wie möglich, steckte es durch die Öffnung seines Handschuhs in die hohle Hand seiner linken Hand, und sie erreichten ohne Zwischenfall Neuilly. Aber der Herzog von Orléans hatte festgestellt, dass er den königlichen Truppen in Neuilly zu nahe war, und hatte sich nach Raincy zurückgezogen, nachdem er Oudard die berühmte Notiz diktiert hatte; daher korrespondierte Laffitte am 30. mit

Raincy. Die beiden Abgesandten trafen in Neuilly nur die Herzogin und Madame Adélaïde an. Louis Blancs Informationen zu diesem Thema sind sehr umfassend, und er hat die Szene sehr genau geschildert; wir verweisen daher diejenigen unserer Leser, die jedes Detail erfahren möchten, auf seinen Bericht. Wir beschränken uns darauf zu sagen, dass die Königin [2] das Angebot des Throns empört zurückwies, Madame Adélaïde jedoch, weniger verächtlich und empört, nichts zurückwies und fast alles im Namen ihres Bruders versprach. Herr von Montesquieu wurde sofort nach Raincy geschickt.

Endlich war die Bewegung gekommen, auf die das Geschlecht von Orléans gewartet hatte, da es in der Nähe des Königshauses gelebt hatte. Das Ziel seines Ehrgeizes, der seit 1790 im Geist des Herzogs erwacht war und während der fünfzehn Jahre der Herrschaft von Ludwig XVIII. und Karl X. mit größter Sorgfalt genährt worden war, konnte nun erreicht werden; es blieb ihm nichts anderes übrig, als den Arm auszustrecken und das Wort zu geben. Doch in dieser entscheidenden Stunde verließ den Herzog von Orléans beinahe der Mut. Er hatte beschlossen, Monsieur de Montesquieu zu folgen, schickte ihn los, um seine Ankunft anzukündigen, und machte sich tatsächlich auf den Weg; doch er kehrte nach nur einer Viertelmeile zurück. Was Louis-Philippe zum König der Franzosen machte, war keineswegs sein Ehrgeiz, der auf der Straße nach Raincy zusammengebrochen war; es war die Angst, ein Einkommen von sechs Millionen Francs zu verlieren, die ihn wirklich dazu bewog, König der Franzosen zu werden.

Inzwischen, während der Herzog von Orléans im schnellsten Galopp seiner Pferde nach Raincy zurückkehrte, wurde die Kammer eröffnet und Herr Laffitte enthusiastisch zum Präsidenten ernannt. Dies war das erste schmeichelhafte Zeichen der kommenden Macht. Herr Laffitte legte sozusagen den Grundstein für das Königreich des Juli.

Während Monsieur Thiers aus Neuilly zurückkehrte und denen, die zuhören wollten, von dem bezaubernden Empfang berichtete, den ihm die Prinzessinnen bereitet hatten; während der Herzog von Orléans beinahe sein Schicksal verspielte, indem er der Macht, nach der er so sehr gestrebt hatte, den Rücken kehrte; während Monsieur Laffitte seinem zehnjährigen Traum nachjagte und seinem schwindenden Ehrgeiz diente, der im Laufe seiner Verwirklichung sein Vermögen und seine Popularität zunichtemachte und beides auslöschte, anstatt es wiederzubeleben, wollen wir in wenigen Worten beschreiben, was die Royalisten auf der einen und die Republikaner auf der anderen Seite taten.

Als Karl X. den Wünschen von Herrn von Vitrolles, Herrn von Sémonville und Herrn von Argout nachgegeben hatte; als er sich von ihnen das Versprechen abpressen ließ, dass die Herren von Mortemart, Gérard und

Casimir Périer die drei Hauptmitglieder eines neuen Ministeriums sein sollten; als er Herrn von Mortemart überredet hatte, das Oberhaupt dieses neuen Kabinetts zu werden, glaubte er, alles Nötige getan zu haben, und begann mit Herrn von Duras, Herrn von Luxemburg und Frau Herzogin von Berry Whist zu spielen. Während Karl X. spielte, wartete Herr Mortemart darauf, dass der König ihm Befehle für Paris gab; der Dauphin, der fürchtete, der König würde ihm diese Befehle geben, stand da und starrte mechanisch auf eine Landkarte, nachdem er den Wachen im Bois de Boulogne ausdrücklich verboten hatte, irgendjemandem zu erlauben, über Saint-Cloud nach Paris zu gelangen. Als das Spiel zu Ende war, verkündete der König, dass er zu Bett gehen würde. Da trat Monsieur de Mortemart an ihn heran und fragte:

„Befiehlt mir Eure Majestät zu gehen?"

Der König, der gerade gebrannte Mandeln gegessen hatte, antwortete, während er auf einem Zahnstocher kaute:

„Noch nicht, Monsieur le Duc, noch nicht … Ich warte auf Neuigkeiten aus Paris."

Und er ging in sein Schlafzimmer.

Monsieur de Mortemart war bereit, Saint-Cloud zu verlassen, doch ein letztes Gefühl der Hingabe an das königliche Vermögen, das kurz vor dem Untergang stand, hielt ihn im Palast zurück. Er kehrte also in die ihm zugewiesenen Gemächer zurück, legte sich jedoch nicht zu Bett.

Wir haben gesehen, wie die Herren von Vitrolles, von Sémonville und von Argout sowohl von der Stadtkommission als auch von Herrn Laffitte empfangen worden waren. Die Herren von Vitrolles und d'Argout kehrten nach Saint-Cloud zurück, um das Ergebnis ihrer Mission zu berichten; unterwegs verloren sie Herrn von Sémonville aus den Augen. Herr von Sémonvilles Gewissen war durch seinen ersten Besuch in Saint-Cloud vollkommen beruhigt, und er glaubte nun, er habe das Recht, etwas zu tun, um seine Position als Oberschiedsrichter zu sichern. Also blieb er in Paris. Nach Ansicht der Herren von Vitrolles und d'Argout war keine Zeit zu verlieren, obwohl aller Wahrscheinlichkeit nach auch dann nichts mehr getan werden konnte, um die Monarchie zu retten. Sie fanden Herrn von Mortemart in einem Zustand der Verzweiflung vor.

Die ganze Nacht, während der König in aller Ruhe Whist spielte und der Dauphin mechanisch seine Landkarten konsultierte, stand er auf dem Balkon und blickte in Richtung Hauptstadt, platzte vor Ungeduld und zitterte bei jedem Geräusch, das aus Richtung Paris kam, so wie ein treuer Sohn bei jedem Riss der väterlichen Fundamente, die einzustürzen drohen, zittern könnte. Er erzählte den Herren von Vitrolles und d'Argout von den verschiedenen Ängsten und Qualen der Enttäuschung, die er durchlebt hatte. Seine Zuhörer wollten ihn mit nach Paris nehmen.

"Was soll ich da tun?", antwortete Herr de Mortemart. "Ich habe keinen offiziellen Status. Kann ich hingehen und wie ein einfacher Abenteurer sagen: ‚Die Verordnungen sind aufgehoben und ich bin Minister'? Wer würde mir glauben? Ein Befehl, eine Unterschrift oder ein anderes Zeichen der Anerkennung, und ich würde mich Ihnen sofort anschließen."

Es wurde damals und dort beschlossen, die neuen Verordnungen zu erlassen und die vom 25. aufzuheben, und dass der König sie nach ihrer Erlassung unterzeichnen sollte. Sie wurden tatsächlich damals und dort erlassen, aber das Problem trat auf, als die Unterschrift des Königs nötig wurde. Die Etikette war streng: Nur diejenigen in hohen Ämtern, die das Zutrittsrecht hatten, hatten das Privileg, direkten Zugang zu den Privatgemächern des Königs zu haben, und keiner dieser drei Herren besaß dieses Recht. Also verweigerten ihnen die Leibgarden den Zutritt. Sie versuchten, den Kammerdiener für sich zu gewinnen. Auch er weigerte sich, sie durchzulassen.

Warum nicht? Hat der Kammerdiener Monsieur de La Fayette nicht am 6. Oktober 1789 den Zutritt zum Kabinett von Ludwig XVI. verweigert, als er gekommen war, um das Leben von Ludwig XVI. und seiner Familie vor dem allgemeinen Gemetzel zu retten – weil er kein Zutrittsrecht hatte?

Ach! König Karl X. hatte nicht einmal eine Madame Elisabeth bei sich, die er dem dummen Kammerdiener zurufen konnte:

„Nein, Monsieur, er hat kein Zutrittsrecht, aber der König gewährt es ihm."

Nein, sie mussten zu Drohungen greifen und dem Mann sagen, dass sie ihn für das Unglück verantwortlich machen würden, das seine Weigerung mit sich bringen würde. Der Kammerdiener war entsetzt und gab unter der schweren Last einer solchen Verantwortung nach. Der König schlief: Sie mussten ihn wecken und ihm sagen, dass Paris sich im Revolutionszustand befand und sich darauf vorbereitete, eine Republik zu gründen; dass es in Aufruhr war und bedrohliche Gefahren lauerte, aber noch überwunden werden konnte; dass Paris morgen unerbittlich sein würde: Alle diese Argumente mussten verwendet werden, bevor der König sich entscheiden konnte. Der Kampf dauerte von Mitternacht bis zwei Uhr morgens und wenige Minuten nach zwei unterzeichnete der König.

„Ach!", murmelte er, als er die Feder niederlegte, „König Johann oder Franz I. hätten erst auf dem Schlachtfeld nachgegeben!"

M. de Mortemart hörte diese Bemerkung beiläufig und wollte gerade umkehren und die Verordnungen auf das Bett des undankbaren Monarchen werfen, aber die Herren d'Argout und de Vitrolles führten ihn weg.

„Oh!" murmelte er, „wenn es sich nicht darum handeln würde, den Kopf eines Königs zu retten!..."

Sie bestiegen eine Kutsche und fuhren los, wurden aber im Bois de Boulogne aufgehalten. Der Dauphin hatte, wie gesagt, den Wachen strengstens befohlen, niemanden von Saint-Cloud nach Paris durchzulassen. Er hatte vorausgesehen, was geschehen würde. Monsieur de Mortemart war gezwungen, den Bois de Boulogne zu Fuß zu umgehen, einen Umweg von drei Meilen zu machen und durch eine Lücke in einer für Schmuggelzwecke gegrabenen Mauer nach Paris einzureisen. Als er in Paris eintraf, sah er die Proklamationen Orléans an den Mauern angeschlagen. Auch die Republikaner hatten sie gesehen. Pierre Leroux war einer der ersten, der eine erreichte, die gerade erst an die Mauer geklebt worden war; er riss sie herunter und trug sie zu Joubert in die Passage Dauphine.

„Wenn das wahr ist", riefen sie einstimmig, „müssen wir noch einmal von vorne beginnen; die Brandherde erneut aufwühlen und mit der Herstellung neuer Kugeln beginnen."

Sofort wurden Boten ausgesandt, um die verstreuten Republikaner zu sammeln, und innerhalb einer Stunde fand in Lointiers Haus eine Versammlung statt. Ich nahm an dieser Versammlung nicht teil. Ich lief zu dieser Zeit vom Hôtel de Ville zu Laffitte und versuchte, diese mysteriöse provisorische Regierung zu finden, von der jeder gehört hatte, die aber niemand gesehen hatte. Ich hatte gerade das Hôtel de Ville verlassen, als eine republikanische Abordnung eintraf; auch sie hatte eine Proklamation verfasst. M. Hubert, ein ehemaliger Anwalt und einer der ehrenhaftesten Männer, die ich je getroffen habe, der vor kurzem gestorben ist und sein gesamtes Vermögen Krankenhäusern und philanthropischen Einrichtungen sowie Bürgern hinterlassen hat, die wegen ihrer demokratischen Ansichten verfolgt wurden, wurde beauftragt, General La Fayette die folgende Ansprache zu halten:

"Das Volk hat gestern seine heiligen Rechte um den Preis des Vergießens seines eigenen Blutes zurückgewonnen; das wertvollste dieser Rechte ist die freie Wahl seiner eigenen Regierung; jede Proklamation, die ein Oberhaupt bestimmt, muss zurückgehalten werden, bevor eine Regierungsform festgelegt wurde. Es gibt bereits eine vorläufige, von der Nation ernannte Vertretung; diese soll beibehalten werden, bis der Wunsch der Mehrheit des französischen Volkes bekannt ist."

Man sieht, dass alle an die Wahrheit der mythischen und unsichtbaren Trilogie aus La Fayette, Gérard und Choiseul glaubten. Die Mitglieder dieser Abordnung waren Charles Teste, Trélat, Hingray, Bastide, Guinard und Poubelle. Hubert, ihr Anführer, ging voran und hielt mit der Bajonettspitze die Notiz, die sie lesen wollten. Die Abordnung wurde sofort eingelassen: General La Fayette ließ niemanden in den Vorzimmern warten. Es kam zu einer lebhaften Diskussion; La Fayette wusste nichts von all den orléanistischen Verschwörungen und protestierte mit der Offenheit der Unwissenheit. Die Republikaner ihrerseits bekräftigten dies mit instinktiver Kraft.

„General", sagte Hubert, „bei den Einschusslöchern an der Decke über Ihrem Kopf beschwören wir Sie, die Diktatur zu übernehmen!"

Sie waren an diesem Punkt angelangt und der General war vielleicht kurz davor nachzugeben, als man ihm sagte, dass Monsieur de Sussy mit ihm sprechen wolle. Die Republikaner standen unbehaglich, düster und voller Zweifel da, mit Blicken, als wollten sie den General verhören und ihn auffordern, die ihm zugeflüsterte Mitteilung laut zu wiederholen. Der General wusste genau, dass es in einer solchen Krise keine Ausreden geben durfte; außerdem verabscheuten sein aufrichtiger Verstand und sein treues Herz jede Verstellung.

„Führen Sie M. de Sussy herein", sagte er laut.

„Aber, General, Monsieur de Sussy möchte privat mit Ihnen sprechen."

„Sagen Sie Herrn von Sussy, er soll hereinkommen", wiederholte der General. „Ich bin hier unter Freunden."

Herr de Sussy trat ein und musste den Anlass preisgeben, der ihn hierhergeführt hatte. Seine Neuigkeiten kamen zur rechten Zeit: Er kam, um General La Fayette die Aufhebung der Verordnungen, die Ernennung der Koalition Mortemart, Gérard und Casimir Périer, die Ankunft von Herrn de Mortemart in Paris und schließlich die Weigerung der Kammer, die den Herzog von Orléans begünstigte, mitzuteilen, die neuen Verordnungen entgegenzunehmen, die Karl X. um drei Uhr morgens unterzeichnet hatte — genau zu der Zeit, als der Herzog von Orléans die berühmte Note diktierte, die die Herren Thiers und Mignet in solche Aufregung versetzt hatte.

Nachdem die Dinge auf diese Weise ans Licht gekommen waren, lagen auf demselben Tisch gleichzeitig die Hände aller Parteien offen: die Hand Karls X., der Mortemart, Gérard und Casimir Périer zum Minister machte; die Hand Laffittes, der den Herzog von Orléans der nationalen Wählerschaft zur

Wahl vorschlug; und schließlich die Hand der Republikaner, die La Fayette drängten, die Diktatur zu akzeptieren.

Wäre die Sache mit Absicht und zu einer vorher vereinbarten Stunde geschehen, hätte es nicht besser gelingen können.

So kam es zu Schwierigkeiten, die für Monsieur de Sussy beinahe tödlich endeten, da in diesem Raum mächtige Interessen aufeinanderprallten. Bastide hatte ihn am Kragen gepackt und wollte ihn gerade aus dem Fenster werfen, als Trélat ihn zurückhielt. Ich werde noch mehr als einmal auf Bastide zu sprechen kommen, und ich kann für seine Ehrlichkeit und seinen Mut sprechen, damals wie heute. Wie auf jede extreme Aufregung folgte auch auf diese eine Reaktion. In diesem Fall führte die Reaktion dazu, dass Monsieur de Sussy ruhig gehen durfte, begleitet von General Lobau, der die Tür geöffnet hatte und hereingerannt war, als er den höllischen Lärm hörte, der aus La Fayettes Kabinett drang.

Die Republikaner waren nun wieder allein mit dem General. Sie erneuerten ihre Bitten an ihn, bis jemand kam und sie warnte, dass sich M. de Sussy in die Stadtkommission eingeschlichen hatte und ihr die neuen Vorschläge von Charles X. vorlegte, denen die Kommission alles andere als feindselig gegenüberstand. Dies war nicht der richtige Zeitpunkt, um mit La Fayette über die relativen Theorien der konstitutionellen Regierung in Frankreich und der republikanischen Regierung in den Vereinigten Staaten zu streiten, während die Stadtkommission Fragen von Leben und Tod debattierte. Sie mussten zur Kommission eilen: Dies geschah, aber die Tür war verschlossen. Sie klopften, aber niemand antwortete. Ein paar Schläge mit dem Kolben ihrer Gewehre und die Tür wich der Gewalt, und M. de Sussy war dabei, den Mitgliedern der Stadtkommission seine Gründe darzulegen, die ihnen anscheinend mit größter Zuneigung zuhörten. Diese Erscheinung von sechs oder acht bewaffneten Männern, die für ihre Charakterstärke bekannt waren, verbreitete Angst mitten in der Versammlung; die Mitglieder erhoben sich und zerstreuten sich, wobei sie versuchten, so auszusehen, als ob nichts Wichtiges vor sich ginge. Während dies geschah, spürte Hubert, wie ihm ein Papier in die Hand gedrückt wurde; er drehte sich um und erkannte M. Audry de Puyraveau, die einzige wahre Patriotin der Kommission.

„Nehmen Sie diese Proklamation", sagte er aufgeregt. „Vor einer Stunde hätte sie beinahe von der Stadtkommission unterzeichnet werden sollen, aber die Ankunft von Monsieur de Sussy hat alle Fragen aufgeschoben. Klettern Sie auf einen Posten und lesen Sie die Proklamation, verbreiten Sie sie im ganzen Land, zwingen Sie sie den Leuten auf ... Sie werden sie unterschreiben, wenn Sie ihnen Angst machen."

Gut und schön! Diese Art des Handelns passte genau zur Politik der Sieger des Louvre. Alle eilten die Stufen des Rathauses hinunter; Hubert kletterte auf einen Pfosten, rief die Leute um sich und las, von seinen Gefährten umgeben, die folgende Proklamation vor, als ob sie von der Stadtkommission herausgegeben worden wäre. Schenken Sie ihr besondere Aufmerksamkeit, denn es war das einzige ernsthafte republikanische Manifest, das 1830 verfasst wurde. Schenken Sie ihr besondere Aufmerksamkeit, denn es wird Ihnen zeigen, wie weit die fortschrittlichsten Köpfe damals gekommen waren. Achten Sie gut darauf, denn es wird Ihnen zeigen, was die Wünsche der Männer waren, die 18 Jahre lang verfolgt wurden, weil sie angeblich die Gesellschaft umstürzen wollten. Wenn Sie diese Proklamation gelesen haben (es wäre ratsam, sie mit denen von Herrn Thiers und Mignet zu vergleichen), erinnern Sie sich an die Menschenrechte von 1789, und Sie werden sehen, dass die Republikaner von 1830 hinter dieser Erklärung standen.

> "Frankreich ist ein freies Land. Es muss eine Verfassung haben. Es hat der provisorischen Regierung lediglich das Recht eingeräumt, sie zu konsultieren. In der Zwischenzeit, bis es seine Wünsche durch Neuwahlen zum Ausdruck gebracht hat, soll es die folgenden Grundsätze respektieren: - Es soll keine Könige mehr geben, sondern eine Regierung, die ausschließlich von Vertretern kontrolliert wird, die von der Nation gewählt werden. - Die Exekutivgewalt soll einem vorübergehenden Präsidenten anvertraut werden. - Die mittelbare und unmittelbare Zustimmung aller Bürger zur Wahl der Abgeordneten. - Religionsfreiheit. - Keine Staatsreligion mehr. - Eine Garantie für den Einsatz der Land- und Seestreitkräfte gegen alle willkürlichen Entlassungen. - Die Aufstellung von Nationalgarden in jedem Bezirk Frankreichs, denen die Verteidigung der Verfassung anvertraut wird. Diese Grundsätze, für die wir kürzlich unser Leben riskiert haben, werden wir, wenn nötig, durch einen legitimen Aufstand verteidigen."

Während Hubert diese Proklamation auf dem Platz des Rathauses las, betrat Monsieur de Sussy das Kabinett von La Fayette, und trotz aller Bitten und trotz der Behauptung, die Familie La Fayette sei mit Mortemart verwandt, konnte er dem General nur den folgenden Brief entlocken:

> „ MONSIEUR LE DUC, ich habe den Brief erhalten, mit dem Sie mich beehrt haben, mit den üblichen Gefühlen, die Ihr persönlicher Charakter immer hervorgerufen hat. M. de Sussy wird Ihnen einen Bericht über den Besuch geben, den er mir freundlicherweise abgestattet hat. Ich bin Ihren Wünschen nachgekommen, indem ich den Inhalt, den Sie an mich gerichtet haben, den vielen Personen in meiner

Umgebung vorgelesen habe. Ich habe M. de Sussy eingeladen, an einer kleinen Versammlung der Kommission teilzunehmen, die damals im Hôtel de Ville tagte. Schließlich werde ich General Gérard die Papiere übergeben, die er mir anvertraut hat. Aber die Pflichten, die mich hier festhalten, machen es mir unmöglich, Sie zu besuchen. Wenn Sie ins Hôtel de Ville kommen, werde ich Sie gerne empfangen. Aber es wird im Hinblick auf den Gegenstand unserer Korrespondenz nutzlos sein, da meine Kollegen über Ihre Mitteilungen informiert wurden."

Von dieser Seite aus konnte M. de Mortemart jedenfalls erkennen, dass es keine Hoffnung mehr gab. Inzwischen hatte Saint-Quentin, das gleichzeitig mit Paris in Aufruhr war, eine Abordnung zu General La Fayette geschickt, um zwei Studenten der École polytechnique als Kommandeure der Nationalgarde anzufordern. Die Abordnung fügte hinzu, sie müssten nur einen einzigen Anschlag auf La Fère wagen und könnten dann zweifellos das 4. Artillerieregiment vertreiben, das in dieser Stadt unter dem Kommando von Oberst Husson stationiert war. Studenten der École waren oft im Hôtel de Ville und alle waren so tapfer, dass es nicht nötig war, einen von ihnen besonders auszuwählen. General La Fayette schickte Odilon Barrot, um die ersten beiden zu holen, die er zufällig antraf. Er brachte Charras und Lothon zurück. Charras hatte seine hundertfünfzig bis zweihundert Mann noch immer in einer Ecke des Hôtel de Ville gelagert, was ein eigenes Korps bildete. Die beiden jungen Männer wurden General La Fayette vorgestellt, der ihnen erklärte, was sie wollten, und ihnen Gelegenheit gab, die erforderliche Vollmacht bei der provisorischen Regierung anzufordern. Charras und Lothon begannen dann, nach dieser berüchtigten provisorischen Regierung zu suchen, nach der ich vergeblich gesucht hatte, und zweifellos wurden sie auf dieselbe Spur geführt wie ich, denn sie gelangten in denselben großen Saal, der mit demselben großen Tisch geschmückt war, auf dem dieselben Flaschen Wein und Bier standen (natürlich leere) und in dem derselbe Federführer saß, der immer noch mit wilder Beharrlichkeit schrieb ... Was – niemand konnte jemals herausfinden. Aber von einer provisorischen Regierung war überhaupt nichts zu sehen. Odilon Barrot selbst machte sich auf die Suche, aber sie blieb so unbekannt wie die Passage zum Nordpol. Sie ließen Mauguin mitkommen, aber auch er konnte sie nicht entdecken. Das Merkwürdigste von allem war, dass diejenigen, die am besten über die Angelegenheiten Bescheid wussten, an die Existenz dieser fantastischen provisorischen Regierung glaubten. Müde von ihrer fruchtlosen Suche kehrten die beiden Studenten, immer noch in Begleitung von Odilon Barrot und Mauguin, in die Halle mit ihren großen Tischen, ihren leeren Flaschen und ihrem Angestellten zurück. Sie sahen sich direkt ins Gesicht.

„Ich kann nicht losziehen und ein Regiment abtransportieren, ohne den Offizieren wenigstens einen Brief vorlegen zu können", sagte Charras.

„Ich werde Ihnen eins schreiben", antwortete Mauguin mannhaft.

„Ich danke Ihnen von ganzem Herzen", sagte Charras, „aber in den Augen der Soldaten werden Sie trotz Ihres Mutes und Ihrer Verdienste nur Anwalt Mauguin sein ... Mir wäre ein Brief von General La Fayette lieber."

„Gut", antwortete Mauguin, „ich werde Ihren Brief aufsetzen und Sie können ihn von ihm unterschreiben lassen."

"Sehr gut."

Mauguin nahm dem einsamen Schreiber die Feder ab. Dieser wurde für einen Moment von seinem ewigen Gekritzel unterbrochen, stand auf und ging die dreißig Flaschen, die auf dem Tisch verstreut lagen, eine nach der anderen untersuchen. Seine Suche war vergebens! Er hätte genauso gut nach der provisorischen Regierung suchen können. In der Zwischenzeit schrieb Mauguin, während Charras über seiner Schulter las und dabei den Kopf schüttelte.

„Was ist los?", fragte Odilon Barrot.

„Oh!", sagte Charras leise genug, damit Mauguin ihn nicht hörte, „so schreibt man nicht an Militärangehörige ... meine Güte!"

Mauguin war selbst zu demselben Schluss gekommen, denn er warf plötzlich seine Feder hin und rief:

„Hol mich der Teufel, ich weiß nicht, was ich ihnen sagen soll!"

„Ach, verdammt noch mal", sagte Odilon Barrot, „lassen Sie die Herren ihren Brief selbst schreiben – und lassen Sie uns damit zufrieden sein, ihn unterschreiben zu lassen – sie werden ihn besser verstehen als wir."

Und der Stift wurde an Charras weitergegeben.

Im Nu war die Proklamation verfasst. Charras schrieb gerade die letzte Zeile, als General Lobau hereinkam; auch er suchte zweifellos nach der provisorischen Regierung.

„Hallo!", rief Charras, „das entspricht genau unseren Regeln! Hier haben wir einen echten General unter unserer Fuchtel, und er soll unsere Proklamation unterzeichnen."

Sie wandten sich an General Lobau, erklärten die Situation und lasen ihm den Brief vor, aber der General wandte den Kopf ab.

"Oh, nein, nein! Ich bin nicht so dumm, das zu unterschreiben." Und er ging weg.

„Wie?" sagte Charras.

„Das überrascht mich nicht", sagte Mauguin. „Vor kurzem haben sie sich geweigert, einen Befehl zu unterschreiben, in Soissons Pulver zu holen."

„Das war mein Befehl."

„Dann weicht er zurück?"

„Daran besteht kein Zweifel."

„Aber, meine Güte, in einer Revolution ist der Mann, der so etwas tut, ein Verräter... Ich werde hingehen und ihn niederschießen lassen", rief Charras.

Odilon Barrot und Mauguin sprangen auf.

„Lassen Sie ihn erschießen! Was haben Sie vor?" ... Lassen Sie General Lobau, ein Mitglied der provisorischen Regierung, erschießen! Wen wollen Sie mit dieser Aufgabe betrauen?"

„Oh, darüber brauchen Sie sich keine Sorgen zu machen!", sagte Charras.

Und er zog Mauguin zum Fenster und sagte, auf seine hundertfünfzig Männer deutend: „Seht ihr die feinen Kerle dort unten mit der dreifarbigen Standarte? Nun, sie haben mir die Kaserne von Babylon untertan gemacht; sie erkennen nur mich an und gehorchen mir, und wenn der Ewige Vater selbst die Sache der Freiheit verraten würde – wozu er absolut nicht imstande ist – und ich ihnen befehlen würde, loszugehen und ihn zu erschießen, würden sie es tun!"

Mauguin senkte den Kopf. Er hatte Angst vor dem, was solche Männer tun könnten. Es waren diese Männer, diese Republikaner, wie er sie nannte, die dem armen Hippolyte Bonnelier so viel Leid zugefügt hatten.

Eine Stunde später brachen Charras und Lothon nach La Fère auf, mit einem von Mauguin unterzeichneten Brief und einer Proklamation von La Fayette im Gepäck. Der Brief unterschied sich kaum von meinem, der mir, wie wir gesehen haben, wenig nützte, da er sich während meines gesamten Aufenthaltes in Soissons in den Händen von Monsieur Missa [3] befunden hatte.

---

[1] Man hat mir gesagt, dass ich mich in dieser Information geirrt habe. Aber ich berufe mich auf Herrn Thiers selbst und auf seine *Souvenirs von 1829*. Herr Thiers wird die Antwort nicht vergessen haben, die ihm bei einem Maskenball ein Domino gab, als er Herrn de Blancmesnil seinen Arm reichte, eine Antwort, die ihn zwang, den Ball sofort zu verlassen. Vielleicht kann ich mit der Erlaubnis des Dominos die Szene später erzählen.

[2] Anmerkung des Übersetzers:—Dumas meint wahrscheinlich die Herzogin.

[3] Siehe die Anmerkungen am Ende des Bandes.

KAPITEL IX

Philipp VII. – Wie Béranger sich dafür rechtfertigte, einen König geschaffen zu haben – Der Herzog von Orléans während der drei Tage – Seine Ankunft in Paris am Abend des 30. – Er lässt Monsieur de Mortemart kommen – Unveröffentlichter Brief von ihm an Karl X. – Benjamin Constant und Laffite – Deputation der Kammer im Palais Royal – Monsieur Sébastiani – Monsieur de Talleyrand – Der Herzog von Orléans nimmt den Generalleutnantposten des Königreichs an – Merkwürdige Papiere in den Tuilerien gefunden

Meine erste Sorge nach meinem herzlichen Empfang durch General La Fayette war, wie man leicht verstehen wird, ein Bad zu nehmen und alle meine Kleider zu wechseln. Das Bad war nicht schwer zu bekommen, da das Schwimmbad von Deligny fast gegenüber von meinen Zimmern lag. Als ich hineinging, muss ich sagen, dass ich alle erschreckte, sogar den alten Jean. Ich übergab dem Pagen mein Gewehr, meine Pistolen, mein Pulver und meine Kugeln sowie den Rest meiner dreitausend Francs. Danach, während jemand Joseph suchte, um ihm zu sagen, er solle mir frische Wäsche und Kleider bringen, nahm ich das köstlichste Bad, das ich je in meinem Leben hatte. Eine Stunde später war ich in der Lage, mich sogar vor der provisorischen Regierung zu melden, wenn mir irgendjemand hätte sagen können, wo sie saßen. Ich schickte meine kürzlich getragene Kampfmontur nach Hause und machte mich auf den Weg in Richtung des Hotels Laffitte. Ich war begierig auf Neuigkeiten. Es war äußerst schwierig, Zugang zu dem berühmten Bankier zu erhalten. Niemand würde mich jetzt erkennen; ich war zu gut gekleidet. Im Salon wurde über die Natur des lauten Redens diskutiert. Angeblich war Mébastiani von Prinz Talleyrand mit wichtigen Neuigkeiten zurückgekommen. Und was waren das für Neuigkeiten? Plötzlich öffnete sich die Tür und Mébastiani schleuderte mit strahlendem Gesicht den drei- bis vierhundert Personen, die sich im Speisesaal, in den Vorzimmern und Gängen drängten, die folgenden Worte ins Gesicht.

„Meine Herren, Sie können allen verkünden, dass der König von Frankreich ab heute Philipp VII. heißen wird."

Obwohl ich mit so etwas gerechnet hatte, war der Schock heftig. König für König, König Karl X. mochte ich fast so sehr wie König Philipp VII. Béranger ging in diesem Moment vorbei, und ich wusste, dass er viel mit dieser Ernennung zu tun haben musste. Ich warf mich ihm um den Hals, teils um ihn zu umarmen, teils um ihn zu einem Streit zu provozieren, und, lachend und schimpfend zugleich, sagte ich:

„Ach, beim Himmel! Sie haben uns gerade einen schönen Streich gespielt, Vater."

Ich nannte Béranger „Vater" und er war so freundlich, mich seinen „Sohn" zu nennen.

„Was habe ich getan, mein Sohn?", antwortete er.

„Was hast du getan? Nun, du hast einen König geschaffen."

Sein Gesicht nahm den üblichen Ausdruck sanfter Ernsthaftigkeit an.

„Pass gut auf, was ich dir jetzt sagen werde, mein Kind", fuhr er fort. „Ich habe nicht gerade einen König geschaffen ... Nein ..."

„Was hast du dann getan?"

„Was die kleinen Savoyer bei Sturm machen... ich habe ein Brett quer über den Strom gelegt."

Wie oft habe ich seitdem über dieses traurige und philosophische Beispiel nachgedacht! Es änderte einige meiner Ideen; es leitete meine historischen Studien in den Jahren 1831 und 1832; und 1833 inspirierte es mich zum Nachwort zu *Gaule et France*. Béranger zog fort. Ich blieb in Gedanken versunken. Was wäre geschehen, wenn ich hätte voraussehen können, dass der prosaischste Thron der Welt 1830 von einem Dichter errichtet und 1848 von einem anderen Dichter gestürzt werden würde? Welch seltsame Kulisse Béranger und Lamartine für diese achtzehn Jahre der Herrschaft waren! Nur das Gemurmel um mich herum riss mich aus meinen Träumereien. Ganz in der Nähe spielte sich eine gewalttätige Szene ab.

Ein ehemaliger Sekretär von Ouvrard, namens Poisson, hatte gerade die Tür zu Monsieur Laffittes Salon geöffnet und verkündete unter Flüchen, die das ganze Haus erzittern ließen, dass er keinen König haben wolle. Und diese Meinung teilten auch alle Anwesenden.

Nein, ich wiederhole, diese Wahl war anfangs nicht populär, und vom Hôtel Laffitte bis zum Palais-Royal, wohin ich als nächstes ging, um die Neuigkeiten zu verfolgen, hörte ich mehr Verwünschungen als Beifall. Ich ging in Nr. 216, um ausführlichere Einzelheiten zu erfahren. Der Duc d'Orléans war im Palais-Royal. Aber wenn Oudard drinnen war, blieb er unsichtbar. Es gab jedoch Portiers und Angestellte, die alle äußerst sichtbar und gut informiert waren, weil in ihrer Gegenwart über alles gesprochen wurde, da sie als unwichtig angesehen wurden; sie sind ein geschwätziger Haufen, wenn sie sich herablassen, von ihrer selbst zugeschriebenen Wichtigkeit abzurücken. Und ich sollte hinzufügen, dass es außer den

Portiers und Angestellten zwei oder drei Leute gab, die ebenfalls perfekt über die Neuigkeiten informiert waren.

Jetzt will ich für die Genauigkeit des Geschehens garantieren und fordere jeden heraus, diese Tatsache zu bestreiten. Der Herzog von Orléans kehrte am 30. um elf Uhr abends in den Palais-Royal zurück. Verfolgen wir neugierig seine Bewegungen während der drei Tage. Die Nachricht von den Verordnungen und der Schüsse erreichte den Herzog in Neuilly, wo er seine Sommer verbrachte. Aus den wenigen Worten, die wir bisher gesprochen haben, sowie aus dem Schweigen und den Verzögerungen, mit denen Laffittes Vorschläge zunächst aufgenommen wurden, konnte man erkennen, dass Seine Hoheit äußerst besorgt war. Solange das Königreich wie ein regloses Phantom am Horizont vor seinen Augen hing, näherte sich der Herzog ihm indirekt, schüchtern und auf verschlungenen Wegen; und doch strebte er nichtsdestotrotz darauf zu. Doch als dieses Phantom konkrete Gestalt annahm und sich ihm näherte, geriet er in Panik. Das Phantom konnte sich nicht länger Königreich nennen, sondern Usurpation; es trug nicht mehr die Krone des Heiligen Ludwig, sondern die rote Mütze von Danton und Cellot-d'Herbois. Der Duc d'Orléans war mutig, aber nicht so kühn. Wir wiederholen – und wir betrachten es als eine Tugend in ihm –, dass er Angst hatte. Am 28. und 29. blieb er in einer der kleinen Hütten in seinem Park in Neuilly versteckt, die den Namen Laiterie (die Molkerei) trug. Am Morgen des 29. brachte man ihm eine Kugel, die im Park gefallen war. Und am selben Tag, nachdem er von Laffitte die Nachricht „Eine Krone oder einen Pass" erhalten hatte, wuchs seine Unruhe so sehr, dass er, da er glaubte, in der Hütte nicht vollständig verborgen zu sein, mit Oudard nach Raincy aufbrach. Er trug einen kastanienbraunen Mantel, blaue Hosen und einen grauen Hut, auf dem eine dreifarbige Kokarde blühte, die Madame Adélaide ihm gemacht hatte. Bevor er aufbrach, hinterließ er eine Notiz mit Datum 3.15 Uhr morgens, um die Leute glauben zu lassen, er sei in Neuilly. Am 30., wie wir berichtet haben, schickten sie nach dem Besuch der Herren Thiers und Scheffer Herrn von Montesquieu zu ihm. Wir haben berichtet, wie er Raincy verließ und dann dorthin zurückkehrte. Während des ganzen 30. blieb er in Raincy, ohne ein Zeichen seiner Existenz zu zeigen. Aber die ganze Zeit häuften sich die Nachrichten, und eine davon kündigte an, dass eine Abordnung der Kammer gekommen sei, um ihm die Krone anzubieten, und so beschloss er, nach Neuilly zurückzukehren, wo er gegen neun Uhr abends ankam. Madame Adélaide hatte eine Kopie der Erklärung der Kammer in ihren Besitz gebracht, vielleicht sogar die eigentliche Erklärung selbst. Sie wurde im Park bei Fackelschein in Anwesenheit der ganzen Familie laut vorgelesen. Er konnte sich nicht länger zurückhalten, sondern musste sich zwischen dem Thron – das heißt dem ewigen Ehrgeiz seiner Rasse – oder dem Exil entscheiden, das der ewige Schrecken seines Lebens war. Er umarmte seine Frau und seine Kinder und machte sich in nur dreier

Begleitung auf den Weg nach Paris: Monsieur Berthois, Monsieur Heymes und Oudard. Es war zehn Uhr abends, als sie den Wagen an der Schranke verließen; sie fuhren in Paris ein, kletterten über die Barrikaden und erreichten die Rue Saint-Honoré 216. Der Herzog betrat das Palais-Royal durch den Seiteneingang, den die Angestellten benutzten, und nicht durch den Haupthof und die Ehrentreppe. Er ging nach oben in Oudards Büro, das, wie man sich erinnern wird, neben meinem alten Büro lag. Dort warf er, erschöpft von Müdigkeit, schweißgebadet und krampfhaft zitternd, Mantel, Weste und Hemd bis hin zur Flanellweste ab, zog sich um, ließ eine Matratze holen und warf sich darauf. Er wusste von Monsieur de Mortemarts Ankunft in Paris und wusste, mit welch ehrenhaftem Anliegen der Herzog gekommen war; er ließ ihn rufen und bat ihn, sofort ins Palais-Royal zu kommen. Eine Viertelstunde später wurde Monsieur de Mortemart angekündigt. Der Herzog von Orléans stützte sich auf einen Ellbogen.

„Oh! Kommen Sie her, kommen Sie her, Monsieur le Duc!" rief er mit kurzer, fiebriger Stimme, als er ihn sah. „Ich beeile mich, Ihnen zu sagen, wie sehr mich alles, was geschehen ist, betrübt, damit Sie König Charles meine Worte übermitteln können."

Monsieur de Mortemart verneigte sich.

„Sie kehren nach Saint-Cloud zurück, nicht wahr? Sie werden den König besuchen?"

„Jawohl, Monseigneur."

„Also gut", fuhr der Herzog aufgeregt fort, „sagen Sie dem König, sie hätten mich mit Gewalt nach Paris gebracht. Ich war gestern in Raincy, als eine Horde Männer in das Schloss von Neuilly eindrang … Sie wollten mich im Namen der Wiedervereinigung der Kammer sehen, aber ich war nicht da. Sie bedrohten die Herzogin und sagten ihr, sie würde mit ihren Kindern als Gefangene nach Paris gebracht, bis ich wieder auftauchte, und sie hatte Angst … das ist doch bei einer Ehefrau leicht vorstellbar? … Sie schrieb mir eine Nachricht, in der sie mich drängte, zurückzukehren … Sie wissen, wie sehr ich meine Frau und meine Kinder liebe; … diese Überlegung war mir wichtiger als alles andere, und ich kehrte zurück. Sie erwarteten mich in Neuilly, ergriffen mich und brachten mich hierher … das ist meine Lage."

Genau in diesem Moment erschallten Rufe: „Es lebe der Herzog von Orléans!" durch die Straßen und drangen bis in den Hof des Palais Royal. Monsieur de Mortemart erschauerte.

„Hören Sie, Monseigneur?", sagte er.

„Ja, ja, ich höre … aber ich zähle bei diesem Geschrei nichts, und Sie können dem König sagen, dass ich lieber sterben würde, als die Krone anzunehmen."

„Sollten Sie Einwände haben, Monseigneur, dem König diese ehrenwerten Absichten schriftlich zu versichern?"

„Überhaupt nichts, Monsieur, überhaupt nichts … Oudard, bringen Sie mir Feder, Papier und Tinte."

Während Oudard nach ihnen suchte, riss der Herzog ein leeres Blatt aus einer Art Register, das in seiner Reichweite lag: Es war ein Register im Zusammenhang mit den Chevaliers de l'Ordre. Dann fertigte er, um Papier zu sparen, seiner Gewohnheit entsprechend, den Entwurf seines Briefes auf dem Blatt an, das er aus dem Register riss. Zweifellos ist es dieser Sparsamkeit zu verdanken, dass wir der Öffentlichkeit eine Kopie dieses äußerst wichtigen, äußerst merkwürdigen und authentischen Briefes zur Verfügung stellen können. Nachdem der Duc d'Orléans seinen Brief geschrieben hatte, zerknüllte er den Entwurf in seinen Händen, warf ihn hinter sich weg und er rollte in eine Ecke neben dem Kamin, wo er am nächsten Tag abgeholt wurde. Von wem, kann ich nicht sagen. Ich kann nur sagen, dass ich den Brief, den Sie gleich lesen werden, von diesem sehr groben Entwurf selbst abgeschrieben habe . Was das Schicksal des endgültigen Briefes angeht, so faltete M. de Mortemart ihn zusammen, steckte ihn in seine weiße Krawatte und ging weg, um ihn dem König zu bringen. Diesen Brief las Charles X. mit großer Bitterkeit noch einmal, als er erfuhr, dass Louis-Philippe die Krone angenommen hatte. Hier ist der Entwurf mit seiner Unterschrift und den Streichungen; wir haben keinen einzigen Brief gegenüber dem Original geändert, sondern ihn genau so belassen, wie Seine Königliche Hoheit ihn geschrieben hat.

> „Herr von ——— wird Eurer Majestät erzählen, wie sie mich mit Gewalt hierher gebracht haben. Ich weiß nicht, wie weit diese Leute gehen werden, wenn sie Gewalt gegen mich anwenden; aber (*sollte es geschehen*) sollte es in diesem furchtbaren Zustand der Unordnung dazu kommen, dass sie mir einen Anspruch auferlegen, nach dem ich nie gestrebt habe, dann können Eure Majestät (*überzeugt*) sein, dass ich keinerlei Macht erhalten werde, außer vorübergehend und im alleinigen Interesse Unseres Hauses.
>
> „Dies schwöre ich hiermit förmlich Eurer Majestät.
>
> „Meine Familie teilt meine Gefühle in dieser Angelegenheit.
>
> „(Ihr treuer Untertan)."
>
> PALAIS-ROYAL,
>
> 31. *Juli 1830.*

Wir möchten nun unsere Leser, insbesondere diejenigen, die sich gern ein genaues Bild vom Charakter der Männer machen möchten, die zu Führern der Menschheit gewählt werden, dazu auffordern, diese Kopie des Briefes mit der in der Nacht des 29. Juli aus Neuilly abgeschickten Notiz zu vergleichen.

Louis-Philippe als Privatperson, Louis-Philippe als Politiker und Louis-Philippe als König werden alle in dieser Notiz und in diesem Briefentwurf von ihm selbst getreulich dargestellt. Aber das Datum des 31. Juli gibt uns Rätsel auf, besonders nach 22 Jahren. Ist es ein Fehler des Herzogs oder wurde die Notiz erst nach Mitternacht unterzeichnet? – dann wäre das Datum des 31. richtig; oder wurde sie, was durchaus denkbar ist, erst am Abend des 31. unterzeichnet? Unserer Meinung nach wurde sie am Morgen des 31. zwischen ein und zwei Uhr nach Mitternacht unterzeichnet. Und wir stützen unsere Meinung auf die Tatsache, dass M. Laffitte um ein Uhr morgens noch nicht über die Ankunft des Herzogs von Orléans informiert war. Außerdem wurden die Salons des berühmten Bankiers, die nach und nach von denen verlassen wurden, die das Schweigen und die Abwesenheit des Herzogs von Orléans beunruhigten, immer leerer, was alles andere als beruhigend war. Um zwei Uhr morgens war außer Laffitte und Benjamin Constant niemand mehr im Salon. Béranger hatte sich gerade erschöpft zurückgezogen.

„Nun!", bemerkte Laffitte mit seiner gewohnten Gelassenheit, „was halten Sie von der Situation, Constant?"

„Ich?", antwortete der Autor von *Adolphe* lachend. „Nun, mein lieber Laffitte, die Wahrscheinlichkeit, dass wir morgen um diese Zeit gehängt werden, ist hundert zu eins."

Laffitte machte eine Geste.

„Ah! Das verstehe ich ganz gut. Sie sind nicht gerade verrückt nach dem Hängen; es würde Ihr hübsches rosiges Gesicht, Ihr wohlgepflegtes Haar und Ihre perfekt sitzende Krawatte verderben; ich hingegen sehe mit meinem langen gelben Gesicht aus, als wäre ich schon gehängt worden, und der Strick würde meiner Physiognomie wenig hinzufügen."

Mit diesem Kompliment trennten sich die beiden Männer um halb drei Uhr morgens. Erst um fünf weckten sie Monsieur Laffitte, um ihn vor der Ankunft des Herzogs von Orléans in Paris zu warnen.

„Oh!", sagte er, „Benjamin Constant liegt eindeutig im Unrecht, und wir werden nicht gehängt."

Um acht Uhr morgens erschien nun die Deputation der Kammer, die sich am Vortag in Neuilly eingefunden hatte, im Palais-Royal, angeführt von General Sébastiani. Es war derselbe General, der am 29. Juli sagte: „Hüten Sie sich, meine Herren, dass Sie nicht zu weit gehen ... wir verhandeln nur, und unsere Rolle ist die von Vermittlern, wir sind nicht einmal Abgeordnete!" – derselbe, der am 30. sagte: „Das einzig Nationale in Frankreich ist die weiße Fahne!" – wieder am 31.: „Gehen Sie, Monsieur Thiers, und versuchen Sie, den Herzog von Orléans zu überreden, die Krone anzunehmen!" und wieder am 1. August: „Meine Herren, sagen Sie der ganzen Welt, dass der Name des Königs von Frankreich jetzt Philipp VII. ist!" Mit einem Wort, er, der später sagen sollte: „In Warschau herrscht Ordnung!"

Vergessen wir auch nicht, dass es derselbe General Sébastiani war, der mich bei meinem ersten Besuch in Paris mit vier Sekretären empfing, die jeweils in den vier Ecken seines Zimmers postiert waren und bereit waren, ihm Schnupftabak aus einer goldenen Schnupftabakdose anzubieten.

Eine Persönlichkeit, die man während einer Revolution unbedingt studieren sollte, und deren Andenken ich der Nachwelt bewahren möchte! Warum haben solche Männer nicht die Macht, ihr Bild (wie das von Christus) auf die Taschentücher zu prägen, mit denen sie ihre ehrgeizigen Stirnen abwischen?

Diesmal erschien der Herzog von Orléans. Er versprach nichts Bestimmtes, verpflichtete sich aber, innerhalb einer Stunde zu antworten. Wie Brutus befragte auch er ein Orakel von Delphi. Sein spezielles Orakel befand sich an der Ecke der Rue de Rivoli und der Rue Saint Florentin.

Louis Blanc erzählt, wie am 29. Juli 1830 um fünf Minuten nach Mittag an der Ecke der Rue Saint Florentin ein Fenster zaghaft geöffnet wurde, doch noch während es sich zaghaft öffnete, rief eine schrille, brüchige Stimme:

„Monsieur Keiser, Monsieur Keiser, was machen Sie?"

„Ich schaue auf die Straße, Prinz."

„Monsieur Keiser, Sie werden der Grund dafür sein, dass in mein Haus eingebrochen wird."

„Keine Chance, Prinz: Die Truppen treten den Rückzug an und das Volk ist eifrig damit beschäftigt, sie zu verfolgen."

„Oh! Wirklich, Monsieur Keiser?"

Dann erhob sich die Person, die mit dem Titel Prinz angesprochen wurde, humpelte zur Uhr und sagte in beruhigtem und beinahe feierlichem Tonfall:

„Monsieur Keiser, notieren Sie in Ihrem Tagebuch, dass die Ältere Linie des Hauses Bourbon am 29. Juli um fünf Minuten nach Mittag ihre Herrschaft über Frankreich aufgab."

Dieser lahme alte Mann, der in prophetischen Worten den Untergang Karls ankündigte, war Charles Maurice de Talleyrand Périgord, Fürst von Benevent, einst Bischof von Autun. Er hatte 1789 als Erster den Verkauf der Pfründen des Klerus vorgeschlagen. Er las am 14. Juli 1790, dem Tag des Föderationsfests, die Messe auf dem Altar des Patriotismus. Er wurde 1792 von Ludwig XVI. nach London geschickt, um dem Botschafter von Chauvelin zu helfen. Er war 1796 unter dem Direktorium Außenminister. Er wurde 1804 bei der Thronbesteigung des Kaisers zum Großkämmerer ernannt, 1806 zum Fürsten von Benevent und erhielt 1807 den Titel eines Vize-Großkurfürsten mit einem Gehalt von 500.000 Francs. Er wurde 1814 zum Mitglied der provisorischen Regierung ernannt. und im selben Jahr von Ludwig XVIII. zum Außenminister und außerordentlichen Gesandten in Wien ernannt; der 1830 von Louis-Philippe zum Botschafter in London ernannt wurde; der schließlich, mehr oder weniger als Christ, am 18. Mai 1838 starb.

Nun habe ich oft Männer gehört, die mit der damaligen Politik und der Korruption sehr vertraut waren und sich fragten, wie es Monsieur de Talleyrand gelang, von Ludwig XVIII. begnadigt zu werden, obwohl er Mitglied der verfassunggebenden Versammlung, vereidigter Bischof, amtierender Minister auf dem Marsfeld, Minister des Direktoriums, Bevollmächtigter Napoleons, Großkämmerer des Kaisers usw. usf. gewesen war.

Ich werde Ihnen etwas erzählen, was der künftigen Geschichte sonst verborgen bliebe und das vermutlich erst ans Licht kommen wird, wenn die wahren Memoiren des Prinzen veröffentlicht werden.

M. de Talleyrand wurde acht oder zehn Tage im Voraus über die Absicht des Ersten Konsuls informiert, den Herzog von Enghien zu verhaften und zu erschießen. Er rief einen Kurier, auf den er sich verlassen konnte , und schickte mit ihm einen Brief an den Herzog. Darin forderte er ihn auf, den Brief in seinen Mantelkragen einzunähen, sich so schnell wie möglich auf den Weg zu machen und den Brief nur dem Herzog von Enghien persönlich zu übergeben. Der Brief forderte den Prinzen auf, Ettenheim sofort zu verlassen, und warnte ihn vor der drohenden Gefahr. Der Kurier reiste in der Nacht vom 7. auf den 8. August 1804 ab. Es ist bekannt, dass der Befehl zur Verhaftung des Prinzen erst am 10. erlassen wurde. Der Kurier machte sich auf den Weg, wie wir beschrieben haben, aber als er im Galopp den Hügel von Saverne hinunterfuhr, stürzte sein Pferd und brach seinem Reiter das Bein. Leider konnte er seine Mission nicht dem Erstankömmling anvertrauen, und er wagte es nicht, eine solche Verantwortung zu übernehmen, also schrieb er M. de Talleyrand, um ihn zu fragen, was er tun sollte. Als Monsieur de Talleyrand den Brief erhielt, war es bereits zu spät, um etwas zu unternehmen; der Haftbefehl war bereits ergangen. Aber Prinz Condé, Ludwig XVIII. und Karl X. kannten die Geschichte, und so kam es, dass ein Republikaner und Bonapartist für die Verfehlungen des ehemaligen Bischofs von Autun begnadigt wurde. Nun war es Talleyrand, den seine zukünftige Majestät des Palais-Royal konsultieren wollte, bevor er es wagte, die Krone aufzuheben, die im Blut der Barrikaden vom Kopf Karls X. gerollt war. Es war General Sébastiani, den der Herzog von Orléans beauftragte, das Orakel zu befragen. Das besagte Orakel war äußerst verärgert, dass bis dahin alles ohne ihn geschehen war, dass Monsieur Laffitte ihn für unwichtig gehalten hatte, und er ließ sich nur herab, mit diesen Worten zu antworten: „Er soll annehmen."

Nach dieser Antwort nahm der Prinz nach Ablauf der versprochenen Stunde an, und an allen Mauern der Hauptstadt wurde folgende Proklamation angebracht, die den Parisern diese Annahme mitteilte:

„EINWOHNER VON PARIS,

„Die Abgeordneten Frankreichs, die sich derzeit in Paris versammeln, haben den Wunsch geäußert, dass ich in die Hauptstadt komme, um die Pflichten eines Generalleutnants des Königreichs zu erfüllen. *Ich habe keinen Augenblick gezögert, zu kommen, um Ihre Gefahren zu teilen* , indem ich mich in die Mitte der heldenhaften Bevölkerung stelle, und ich werde alle meine Anstrengungen unternehmen, um Sie vor Bürgerkrieg und Anarchie zu bewahren. Bei meiner Rückkehr in die Stadt Paris trug ich mit Stolz jene glorreichen Farben, die Sie wiedererlangt haben und die ich lange Zeit getragen habe. Die Kammern werden sich bald wieder versammeln; *sie werden über die besten Mittel beraten, um Recht und Ordnung wiederherzustellen. Eine Charta* wird von nun an eine Tatsache sein.

"LP D'ORLÉANS"

In dieser Proklamation gab es drei bemerkenswerte Punkte:

Der Herzog erklärt zunächst, er *habe keinen Augenblick gezögert, die Gefahren* des Pariser Volkes zu teilen. Eine Lüge, denn im Gegenteil versteckte er sich während der Zeit der Gefahr sowohl in Neuilly als auch in Raincy und erreichte Paris erst, als die Gefahr in der Nacht des 30. vorüber war. Als nächstes kündigt er an, die Kammern würden sich versammeln, um *über die besten Methoden zur Wiederherstellung von Recht und Ordnung zu beraten* ; diese

Aussage war eine Verleumdung des Volkes; denn wenn je ein Volk das Recht respektierte und die Ordnung aufrechterhielt, dann war es das Volk im Juli 1830. Schließlich sagte M. le Duc d'Orléans, *eine* Charta werde von nun an eine echte Tatsache sein. Er hätte sagen sollen, dass ab dem nächsten Tag nicht *eine* Charta, sondern *die* Charta galt, eine für das Auge und fast das Ohr unmerkliche Veränderung, die jedoch die schwerwiegende Konsequenz mit sich brachte, dass Frankreich statt einer neuen Charta nur die Charta von Ludwig XVIII. haben sollte, und dies bedeutete, dass der König der Barrikaden, indem er sich diese alte Charta aneignete, sich nicht nur nicht die Mühe machte, eine neue auszuarbeiten, sondern mit einer neuen Regierungsform nur versprach, dem Volk das gleiche Maß an Freiheit zu geben, wie es die gestürzte Regierung versprochen hatte. Dies war in der Tat ein kühner Start in eine Karriere als König. Lügen, Verleumdung und Schikane: Ludwig XI. selbst hätte nicht weiter gehen können.

Ich sagte, dass ich am Ende dieses Kapitels eine Vorstellung von der Knauserigkeit des Herzogs von Orléans geben würde. Vielleicht ist dies nicht gerade der richtige Ort für die Fragmente, die wir unseren Lesern gleich vorstellen werden; aber diejenigen, die meinen, dass sie den Lauf der Erzählung unterbrechen, können ihrer Fantasie freien Lauf lassen.

Lassen Sie uns zunächst erklären, wie diese Informationsfragmente in unsere Hände gelangten. Um dies in einem Schritt zu tun, müssen wir einen Zeitraum von achtzehn Jahren überspringen; und an die Stelle des jungen Mannes, der an allem, was wir gerade gelesen haben, aktiv teilnahm, den reifen Mann setzen, der abseits stand und traurig den Verlauf der Ereignisse dieser langen Herrschaft beobachtete; wir müssen annehmen, dass der Generalleutnant, dessen Proklamation wir gerade gehört haben, ein König war, der ebenfalls alt und unbeliebt geworden war und seinerseits vertrieben wurde; wir müssen uns vorstellen, dass wir den Sonntagmorgen, den August 1830, hinter uns gelassen und auf drei Uhr nachmittags des 24. Februar 1848 umgestiegen wären. Dann, als der König fort war, die Tuilerien besetzt und die Republik proklamiert worden war, kehrte ich allein zurück, traurig und besorgt, mehr Republikaner denn je, aber der Meinung, dass die Republik schlecht konstituiert, unreif und schlecht verkündet sei; Ich kehrte zurück, mein Herz bedrückt vom Anblick einer grausam zurückgewiesenen Ehefrau, zweier von ihrer Mutter getrennter Kinder, zweier in die Flucht geschlagener Prinzen, von denen der eine durch die Säulenreihen des Place de la Concorde, der andere über die Wendeltreppe des Abgeordnetenhauses gejagt wurde; ich kehrte zurück und fragte mich, ob alles, was ich gesehen und gehört hatte, tatsächlich wahr sein konnte oder ob ich nicht vielmehr unter dem Einfluss eines seltsamen Albtraums stand, einer geheimnisvollen Vision; ich kehrte zurück und fühlte, metaphorisch gesprochen, mich selbst, um zu sehen, ob ich wirklich am Leben sein konnte – denn manchmal ist es für uns ebenso einfach, an unserer eigenen Existenz zu zweifeln, wie an den unheimlich merkwürdigen Ereignissen, die wir direkt vor unseren Augen ablaufen sehen; ich kehrte, sage ich, durch die Tuilerien zurück, mit all ihren offenen Fenstern und aufgebrochenen Türen, wie an jenem berühmten 29. Juli, den ich vielleicht zu ausführlich beschrieben habe; aber wie konnte ich mir helfen? Es gibt einige Erinnerungen, die einen solchen Raum in unserem Leben füllen, dass wir uns gezwungen fühlen, sie in das Leben anderer einzuprägen. Ich war besessen von der Idee, das Schloss, das ich schon einmal betreten hatte, noch einmal zu besichtigen und am 24. Februar 1848 in den Gemächern von König Louis-Philippe auf die gleiche Weise zu beginnen, wie ich es am 29. Juli 1830 in den Räumen von König Charles getan hatte.

Der Bericht über das, was ich sah, wird an anderer Stelle gegeben. Ich habe nur eines zu erzählen, und hier ist es. Als ich das Kabinett des Königs durchsuchte, wo alle möglichen Papiere verstreut auf dem Boden lagen, alle mit Schlamm beschmutzt, entdeckte ich inmitten dieser vergessenen, nutzlosen Papiere, die dem Feuer und der Vergessenheit geweiht waren, einige Seiten, die mit Schriftzeichen bedeckt waren, die mich erschauern ließen. Es war die Handschrift des Königs; dieselbe Handschrift, die vor 25 Jahren oft unter meinen Augen vorbeigegangen war. Ein Patriot von 1848, ebenso zerlumpt wie ein ehemaliger Patriot von 1830, bewachte den aufgebrochenen Schreibtisch des Königs.

„Genosse", sagte ich zu dem Mann, „kann ich einige dieser Papiere haben, die überall auf dem Boden herumliegen?"

„Die können Sie mitnehmen", antwortete er. „Wahrscheinlich sind sie hier zurückgelassen worden, weil sie wertlos sind."

Also habe ich sie genommen.

Bei der ersten Revolution war ich in den Besitz einer Ausgabe von *Christine gekommen*, die das Wappen der Herzogin von Berry trug. Bei der zweiten fand ich einige alte, vergilbte Papiere, die auf dem Boden lagen, und die ich mitnehmen durfte, weil die Wache sie für wertlos hielt. Man wird bemerken, dass ich nicht zu den Menschen gehöre, die durch Revolutionen reich werden. Ich gehöre zwar nicht zu denen, die durch sie untergehen. Ich schwebe über ihnen wie Vögel und Wolken; und wenn die Revolutionen vorüber sind, steuere ich meinen Flug nicht auf die Seite der Macht und des Glücks, sondern auf die Seite der Gerechtigkeit und Treue, selbst wenn ich der Gerechtigkeit ins Exil und der Loyalität durch Ächtung folgen müsste.

Aber hier ist eine Kopie der Unterlagen: Sie selbst werden mehr aussagen als irgendwelche Notizen oder Kommentare.

DAS KINDERFRÜHSTÜCK

Fr. C.

Die jungen Prinzen und ihre {Sechs Portionen, um 90 c. 5.40

Tutoren {Sieben Brote, zu 20 c. 1,40

Prinzessinnen Louise und Marie {Eine Suppe, um 1,50

und Madame de Mallet. {Zwei Portionen 1,80

{Zwei Brote 0,40

Princesse Clémentine und {Eine Suppe, für 1,50

Madame Angelet {Eine Portion zu 0,90

{Zwei Brote 0,40

DAS KINDERFRÜHSTÜCK - (*Fortsetzung*)

Fr. C.

Duc de Nemours und M. {Aufschnitt 1,50

Larnac, die sie zu {Entremet 1.50 bringen

das College {Zwei Portionen 0,80

{Zwei Brote 0,40

———

[Zusätzlicher Zucker wird separat bezahlt]

Gesamtpreis pro Tag, ohne Kaffee, separat zu zahlen 18,50

Extra, 10 Cent pro Portion 1,10

———

19,60

25 c. Suppe und Zwischengericht 1,20

11 S., 13 Brote, 4 Portionen

————

20,80

Neuer Spesentarif - Haushaltshilfe

Für meine Tabelle gilt das Gleiche, außer dass die beiden festen

Preis-Mahlzeiten von 6 Fr. und 12 Fr. (insgesamt 18 Fr.), die beiden monatlichen

Abfindungen von 1000 Fr. und 150 Fr. und eine Entlastung des Auftragnehmers,

der Vergütung von 1010 Fr. pro Jahr für den Wasserträger.

FÜR DEN TISCH MEINER KINDER, INKLUSIVE IHRER LEHRER

Frühstück --(Auch während meiner Abwesenheit galt ein Sondertarif
als Anwesenheit).
Fr. C.

Untertassen mit Früchten oder Süßigkeiten 1.0

Suppe 1,80

Hähnchen oder Wurst 1,80

Zwischenmahlzeit mit Gemüse usw. 1,80

Jedes Brot 0,20

Französische Brötchen à la Reine 0,10

Tasse Kaffee, einfach 0,50

   Id. mit Sahne 0,75

Tee und Brot und Butter 1,50

————

Abendessen und Abendessen , berechnet bei der Hälfte Mine, wenn es serviert wird bei

zur gleichen Zeit, aber zum gleichen Tarif wie ich, wenn ich abwesend bin und

wenn es weggelassen wird. Der Halbtarif lautet dementsprechend wie folgt:

Fr. C.

Suppe 2,50

Vorspeisen 4,50

Braten oder Flank 6.0

Zwischengerichte 2,50

Dessertteller 1,50

Brot, Kaffee, Tee usw., wie beim Frühstück

Zuckerdosen Tisch Nothing

Id. in den Zimmern 2.0

Zusätzlich 2 Franken pro Person und Tag bei Abwesenheit oder

Wegfall der hochwertigen Mahlzeiten für diejenigen, die in der Speisekammer ernährt werden und

die Küche.

Ein weiterer Tarif der Haushaltsausgaben

Für die Tafel des Fürsten gilt das Gleiche.

FÜR KINDER

Frühstück

Anstatt

Fr.C. Fr.C.

Portionen 0,90 1,0

Suppen 1,25 1,80

Hähnchen und Aufschnitt 1,25 do.

Entremet oder Gemüse usw. reichen 1,25.

Französische Brötchen 0,10

Brot, pro Person 0,20

Tasse Kaffee, einfach 0,50

Id. mit Sahne 0,75

Tee, komplett 1,50

Weniger pro Tag
Normale Mahlzeiten 18.0
Pro Monat 37,80 60/61
Kinder 48.0

———

Pro Tag 103-80
Id. 104+46

———

Zusätzlich 66c.

———

Abendessen
Fr.C.
Suppen. 2,50
Vorspeisen. 4,50
Braten oder Flank 6.0
Zwischengerichte. 2,50
Dessertgerichte 1,50

[Brot, Kaffee und Tee wie bisher]

Außer wenn nur der Kindertisch bedient werden muss,

In diesem Fall gelten die gleichen Tarife wie für die Tafel der Fürsten.

Zusätzlich pro Tag

Kinderfrühstück (ohne Kaffee) 20,80

Abendessen 43.0

Abendessen 38.90

Wasserträger 2,76 60/61

————————

Zusätzlich pro Tag 105,46

————————

Darüber hinaus gilt für den Fall des Weglassens dieser beiden Tabellen:
Der Auftragnehmer erhält 2 Fr. pro Tag und Person, für jeden
Person in der Küche und im Büro betreut.

Durch diesen neuen Tarif wird er davon befreit,
um den Wasserträger zu bezahlen; er erhält jedoch nicht die festen 12 Fr.
pro Abendessen und 6 Fr. pro Frühstück für die Fürstentafel, noch die
1150 Fr. pro Monat für Holz, Kohle und Wäsche.

Nach diesem Tarif das Kinderfrühstück--
Fr. C. Fr. C.
17.30+ 3.50
Fr. C. 20,80
Weniger 18{ 12 Ihr Abendessen 42.0 } Kaffee nicht
{ 6 Ihr Abendessen 38,90} beinhaltete
Und Preis pro Tag

von 13.800 Fr. pro Jahr, Total 98,20

37,80 Früher 48,20

——— ———

55,80 Differenz zusätzlich 50,20

Extra 56,46 Plus Wasserträger 2,76

——— ———

Bonus 0,66 Zusätzlich pro Tag 52,96

———

KONTEN

13.800 {365 Extra zum Frühstück

_____ Tarif

{37,80 60/61

Portionen à 1 Fr.:

2.850 Suppe, Aufschnitt und

2.950 Entremet

300 Stück 1,80 3,50

_______ 1.010 _______________________________

365 Macht 56,46 pro Tag zusätzlich

____

2800 {___________

{2.76 52/61

2.450

260,52

_______ 98,20

2,76

565,61 ______

_______ 100,96

KAPITEL X

Der Herzog von Orléans geht zum Rathaus – Monsieur Laffitte in seiner Sänfte – Der König *ohne Culotte* – Verspätete Manifestation der provisorischen Regierung – Odilon Barrot schläft auf einem Meilenstein – Noch ein Balthasar Gérard – Der Herzog von Orléans wird von La Fayette empfangen – Eine großartige Stimme – Frischer Auftritt von General Dubourg – Der Balkon des Rathauses – Die Straße nach Joigny

Wir sind noch nicht fertig mit der Schilderung der Ereignisse, die sich während meiner Abwesenheit zugetragen haben. Erlauben Sie mir daher, sie in Erinnerung zu rufen: Jedes noch so kleine, unbekannte Detail liefert uns den Schlüssel zu einem Aufstand und hilft, den 5. Juni, den 14. April oder den 12. Mai zu erklären. Außerdem ist es gut zu wissen, dass es Männer gab, die diese Regierung nie akzeptierten, ihr aber 18 Jahre lang Widerstand leisteten und es schließlich schafften, sie zu stürzen. Diesen Männern sollte die Gerechtigkeit widerfahren, die ihnen gebührt: Trotz der Verleumdungen, Beleidigungen und Prüfungen, denen sie ausgesetzt waren und noch immer ausgesetzt sind, sollten ihre Zeitgenossen tatsächlich von ihrer Tapferkeit, ihrem Mut, ihrer Hingabe, ihrer Beharrlichkeit und Loyalität erfahren. Es stimmt, vielleicht werden ihre Zeitgenossen mir nicht glauben. Aber das macht nichts! Ich werde es gesagt haben; andere werden mir glauben. Die Wahrheit ist einer jener Sterne, die Monate, Jahre oder sogar Jahrhunderte lang in den Tiefen des Himmels verborgen bleiben können, die aber am Ende unweigerlich eines Tages entdeckt werden. Und ich wäre lieber der Verrückte, der sein Leben der Entdeckung dieser Sterne widmet, als der Weise, der all die Sonnen, die wir aufgehen sahen, eine nach der anderen begrüßt und anbetet, von denen man sagte, sie seien fest und unbeweglich, die sich aber als nichts weiter als vergängliche Meteore von einiger Helligkeit erwiesen, die mehr oder weniger trügerisch waren, deren Einfluss jedoch immer verheerend war!

Der Herzog von Orléans hatte, wie wir gesehen haben, bereits ein gutes Stück vorgerückt: er hatte die Pairskammer für sich gewonnen (wir haben diesen Sieg hier noch nicht einmal erwähnt, denn die Anwesenheit von Chateaubriand und Fitz-James hätte die Mühe, ihn zu registrieren, nicht gelohnt, und wie bekannt ist, traten Chateaubriand und Fitz-James zurück); er hatte die Deputiertenkammer für sich gewonnen; immerhin bezeugten das 91 Unterschriften.

Jetzt blieb ihm nur noch, das Hôtel de Ville zu erobern. Oh! Aber das war eine ganz andere Sache! Das Hôtel de Ville war nicht der Palast, der durch die Orgien des Direktoriums oder die Proskriptionen von 1815 verdorben worden war; es war keine Fabrik, in der unter dem Deckmantel der Ergebenheit gegenüber den verschiedenen Mächten, die sich ein halbes Jahrhundert lang ablösten, Ehrgeiz und Habgier geschmiedet wurden. Nein, tatsächlich; das Hôtel de Ville war während jedes neuen Aufstandes die Hochburg der Zuflucht jener großen Volksgöttin, die Revolution genannt wurde. Und der Geist der Revolution herrschte dort erneut. Die Macht war an den Herzog von Orléans gekommen; aber bevor diese Macht errichtet werden konnte, musste der Herzog zur Revolution kommen. Ihr Vertreter war ein alter Mann, treuherzig und reinlich, aber vom Alter geschwächt. Vierzig Jahre zuvor, als er noch in voller Jugend war, hatte man ihn in Zeiten der Revolution für mangelhaft befunden: Würden sie jetzt, da er siebzig Jahre alt war, das finden, wonach sie mit dreißig vergeblich gesucht hatten?

Ja, vielleicht, wenn er allein und frei gewesen wäre, seine eigenen Überzeugungen auszuüben; denn seit seiner früheren Hingabe an die Sache des Königtums hatte er viel gedacht und gelitten; er hatte Gefängnis und Exil erlebt; sein Name war bei jeder republikanischen Verschwörung in Béfort und Saumur genannt worden; und wir werden später beschreiben, unter welchen einzigartigen Umständen er mit Dermoncourt der Ächtung und mit Berton der Hinrichtung entging. Aber er war kein freier Akteur mehr. Eine Partei, die Orléanisten, hatte ihn umgangen; es war in der Tat eine regelrechte Belagerung, geschickt von Laffitte geplant und von Carbonnel durchgeführt.

Daher stammt auch Bonneliers bedeutungsvoller Ausspruch: „Vos diables de républicains nous ont donné bien du mal!" („Ihre republikanischen Teufel haben uns unendlich viel Schaden zugefügt!")

Tatsächlich war es für die Republikaner nur schwierig, Zugang zu dem guten alten General zu erhalten. Man konnte sie leicht erkennen, da ihre Zahl zu der Zeit, von der ich spreche, gering war, und kaum war einer dieser Männer zu ihm gekommen, als schon jemand hereinkam und unter verschiedenen Vorwänden entweder das Gespräch abbrach oder als Spion auftrat.

Dies war der Mann, mit dem der Herzog von Orléans zu tun hatte, und es war eine leichte Aufgabe für den Prinzen, der, wenn er wollte, höchst verführerisch und faszinierend wirken konnte. Dennoch wünschte der zukünftige König, von einer Deputation der Kammer begleitet zu werden. Die Kammer hätte lieber zwei Deputationen geschickt als eine, und hätte der Herzog den Wunsch geäußert, hätte sie geschlossen den Schluss der Prozession gebildet.

M. Laffitte brachte die Delegation zur vereinbarten Stunde zum Palais-Royal. Sie brachen auf, aber die Lage war noch ernster, als es den Anschein machte. Zwar hatten sie unter dem Vorwand verschiedener Missionen die eifrigsten

Republikaner aus Paris weggeschickt, aber es waren noch immer viele übrig, und diese verkündeten lautstark, dass der neugewählte Monarch das Hôtel de Ville nicht erreichen würde. Der Duc d'Orléans war zu Pferd, fühlte sich im Grunde seines Herzens zweifellos unwohl, wirkte aber äußerlich ruhig. Dies war eine der besten Eigenschaften des Prinzen: ängstlich und unentschlossen, während er die Gefahr weder ergründen noch sehen konnte; als er ihr Auge in Auge gegenüberstand, begegnete er ihr tapfer. Er hätte nicht mit Cäsar sagen können: „Die Gefahr und ich sind zwei Löwen, die zur gleichen Zeit geboren wurden, wobei ich der Ältere bin!", aber er hätte sagen können, dass er der Jüngere sei. M. Laffitte folgte in einer Sänfte, die von Savoyern getragen wurde; sein Fuß verursachte ihm schreckliche Schmerzen; Er trug Pantoffeln. Bis auf die Bandagen, die es umhüllten, war ein Bein nackt. Nachdem er dem Prinzen als Präsident der Kammer die Krone angeboten hatte, beugte er sich zu ihm und flüsterte ihm leise ins Ohr:

die Alltagswelt dieses Mal sähe, würde sie jedenfalls sagen, wir würden einen König *ohne Culotte* erschaffen . "

Vom Palais-Royal bis zum Kai lief alles gut. Sie befanden sich noch immer im Bürgerviertel und waren gekommen, um einen König nach ihrem eigenen Bild zu erschaffen, so wie Gott den Menschen nach seinem eigenen Bild erschaffen hatte. Die Bourgeoisie sah im König ihr eigenes Spiegelbild und betrachtete ihr eigenes Bild mit Selbstzufriedenheit, bis sie entdeckte, wie hässlich es war, und dann zerbrach es das Glas. So begrüßte die Bourgeoisie seine Wahl. Aber als sie den Kai erreichten und über den Pont Neuf und den Place du Châtelet kamen, hörte nicht nur der Jubel völlig auf, sondern die Gesichter der Menge verfinsterten sich, und man konnte ein Zittern der Wut in der Luft spüren. Sicherlich protestierten die Geister der Toten gegen diesen neuen Typ Bourbon. Im Hôtel de Ville selbst herrschte große Aufregung. Schließlich materialisierte sich die berühmte, bis dahin unsichtbare provisorische Regierung: Mauguin, de Schonen, Audry de Puyraveau und Lobau waren allesamt Anti-Orléanisten. Besonders Lobau, der sich am Vortag geweigert hatte, eine Verfügung zu unterschreiben, war wütend.

„Diesen will ich ebensowenig wie die anderen!", rief er aus. „Er ist immer noch ein Bourbon!"

Herr Barthe, der ehemalige Carbonaro, war anwesend. Es kam die Frage auf, eine republikanische Proklamation zu verfassen. Er bot an, dies zu übernehmen, nahm eine Feder und begann zu schreiben. Während er schrieb, wurde General Lobau immer wütender und ging zu Herrn de Schonen.

„Wir riskieren unseren Kopf", sagte er zu ihm. „Aber was zählt! Hier sind zwei Pistolen, eine für dich, eine für mich ... das ist alles, was zwei Männern bleibt, die keine Angst vor dem Tod haben!"

Diese Vorgänge waren nicht gerade beruhigend. Auf Odilon Barrot konnte man sich verlassen; er war es, der am Tag zuvor bei der Stadtkommission jene berühmten Worte ausgesprochen hatte, die La Fayette zugeschrieben werden, wie die von Harel und Montrond M. de Talleyrand zugeschrieben wurden: „Der Herzog von Orléans ist die schönste Republik." Odilon Barrot wurde beauftragt, in den Palais-Royal zu gehen, um den gegenteiligen Befehl zu erteilen. Odilon Barrot hatte, wie die meisten Menschen, seit drei Tagen kaum geschlafen und war erschöpft von der Müdigkeit; er ging hinunter und fand eine so dichte Menschenmenge und die Hitze so unerträglich vor, dass er nach einem Pferd rief. Jemand beeilte sich, ihm eines zu holen. Während er wartete, lehnte er sich an einen Meilenstein und schlief ein. Sie brauchten eine Stunde, bis sie ihn wiederfanden , und gerade als sie es geschafft hatten und er auf das Pferd gestiegen war, erschien die Spitze der Prozession auf dem Place de Grève.

Ich habe Odilon Barrot im Rathaus oft gesehen und ihn sehr aufmerksam beobachtet, und ich erkläre, dass es niemanden geben könnte, der kühler und mutiger wäre als er.

Der Herzog von Orléans war also angekommen; er hatte den Place de Grève erreicht und betrat damit das Zentrum der revolutionären Partei. Die Brust seines Pferdes trennte die Menge davor, wie der Bug eines Schiffes die Wellen trennt. Um ihn herum herrschte eisiges Schweigen, als er weiterging. Er war totenbleich. Ein junger Mann, der noch bleicher war, erwartete ihn auf den Stufen des Rathauses mit verschränkten Armen und einer Pistole in der Brust. Er hatte den schrecklichen Entschluss gefasst, aus kürzester Distanz auf den Prinzen zu schießen.

„Ah! Sie spielen also die Rolle von Wilhelm dem Schweiger", sagte er. „Sie werden enden wie er!"

Einer seiner Freunde stand an seiner Seite.

Gerade als der Herzog von Orléans von seinem Pferd stieg und die Stufen des Rathauses hinaufsteigen wollte, trat dieser Möchtegern-Balthasar Gérard einen Schritt vor, wurde jedoch von seinem Begleiter aufgehalten.

„Kompromittieren Sie sich nicht unnötig", sagte er zu ihm, „Ihre Pistole ist nicht geladen."

"Wer hat es ausgeladen?"

"Ich tat."

Er führte seinen Freund weg.

Dies entsprach nicht der Wahrheit: Die Pistole war tatsächlich geladen, aber die Lüge verhinderte wahrscheinlich, dass der Herzog von Orléans auf den Stufen des Rathauses niedergeschossen wurde.

Welche Belohnung erhielt der Mann, der das Leben des zukünftigen Königs der Franzosen rettete? Ich werde es Ihnen sagen: Er wurde in Saint-Mery getötet und starb, während er sich selbst verfluchte!

Der Herzog von Orléans erklomm mit festem Schritt die Stufen des Rathauses; er ging dicht am Tod vorbei, ohne zu wissen, dass dieser, der ihn so nahe berührt hatte, seine Flügel wieder eingeklappt hatte. Das düstere Gewölbe des alten Stadtpalastes verschluckte den Prinzen und sein Gefolge wie die riesige Kehle eines steinernen Wasserspeiers. General La Fayette erwartete ihn am oberen Ende der Treppe des Rathauses. Die Lage war so beängstigend, dass die Männer selbst wie Zwerge wirkten. Und was bedeutete es in der Tat: dass der Prinz des jüngeren Zweigs der Bourbonen dem Helden von 1789 einen Besuch abstattete? Es bedeutete, dass eine demokratische Monarchie für immer von einer aristokratischen Monarchie abgelöst werden sollte; es war die Erfüllung einer fünfzehnjährigen Verschwörung; und die Weihe des Freiheitspapsts an die Revolte.

Vielleicht sollten wir an dieser Stelle in diesem großen Moment innehalten, da alle anderen Einzelheiten im Vergleich dazu unbedeutend erscheinen.

Der Duc d'Orléans, La Fayette und einige seiner Freunde bildeten den Mittelpunkt einer riesigen Menschenmenge von Männern mit sehr unterschiedlichen Meinungen. Einige jubelten, andere protestierten. Vier oder fünf Studenten der École Polytechnique waren dort barhäuptig, aber auch mit gezückten Schwertern. Einige Arbeiter gingen durch die helleren Räume vorbei, riefen mit sonnenverbrannten, gesenkten Gesichtern, einige von ihnen blutbefleckt, und wurden sanft zurückgedrängt, damit der Prinz sich durch einen solchen Anblick nicht beleidigt fühlte. Es war tatsächlich Reue, die zurückgedrängt wurde, mit dem ihr gebührenden Respekt.

Es ging um die Verlesung der Proklamation der Kammer. Herr Laffitte hatte, wie alle anderen auch, so lange gesprochen, dass er nicht mehr weiterreden konnte. Er hielt seine Proklamation in der Hand, und wer weiß, welche Wirkung eine Proklamation gehabt hätte, die mit grotesker Heiserkeit vorgelesen worden wäre!

„Gib es mir, gib es mir, mein lieber Freund", kreischte M. Viennet und riss dem berühmten Bankier die Proklamation aus der Hand, „ich habe eine wunderbare Stimme!"

Und tatsächlich las er die Proklamation der Kammer in prachtvollem Ton vor. Als der Vorleser die Worte „Das Komitee zur Beurteilung von Verfehlungen der Presse" erreichte, beugte sich der Mann, der die Septembergesetze erlassen sollte, zu La Fayette herüber, zuckte mit den Schultern und fragte:

„Wird es jetzt zu weiteren Vergehen der Presse kommen?"

Nach der Lesung legte er die Hand auf sein Herz, eine Geste, die allen neugekrönten Königen sehr am Herzen liegt, jedoch immer dieselbe erfolgreiche Wirkung erzielt.

„Als Franzose", sagte er, „verurteile ich den Schaden, der dem Land zugefügt wurde, und das Blut, das vergossen wurde; als Prinz trage ich gerne zum Wohl der Nation bei."

Plötzlich trat ein Mann in die Mitte des Kreises. Es war General Dubourg, der Mann mit der schwarzen Fahne, das Phantom des 29. Juli. Er war verschwunden, tauchte nun wieder auf, nur um noch einmal zu verschwinden.

„Passen Sie auf, Monsieur", sagte er zum Herzog von Orléans, „Sie kennen unsere Rechte, die heiligen Rechte des Volkes. Wenn Sie sie vergessen, werden wir Sie daran erinnern!"

Der Herzog trat zurück, nicht wegen dieser Drohung, sondern um La Fayette am Arm zu fassen, sich darauf zu stützen und zu antworten:

„Monsieur, was Sie gerade gesagt haben, beweist, dass Sie mich nicht kennen. Ich bin ein ehrlicher Mann, und wenn ich eine Pflicht zu erfüllen habe, lasse ich mich weder durch Bitten überzeugen noch durch Drohungen einschüchtern."

Dennoch hatte die Szene einen lebhaften Eindruck hinterlassen, einen Eindruck, der bekämpft werden musste.

La Fayette führte den Herzog von Orléans auf den Balkon des Stadthauses. Und zum zweiten Mal setzte er seine Popularität aufs Spiel. Das erste Mal war am 6. Oktober 1789, als er der Königin auf dem Balkon des Palais de Versailles die Hand küsste. Das zweite Mal war am 31. Juli 1830, als er auf dem Balkon des Stadthauses erschien und den Herzog von Orléans am Arm hielt.

Einen Augenblick lang hätte man meinen können, dieser dramatische Effekt sei verpufft; der Platz war gesäumt von Köpfen mit blitzenden Augen und aufgerissenen Mündern – alle stumm. Georges La Fayette reichte seinem Vater eine dreifarbige Fahne. Die Falten wehten um den General und den Herzog und streiften ihre Gesichter; beide schienen den Leuten nicht von selbststrahlendem Licht zu strahlen, sondern von einer Art himmlischer Herrlichkeit erleuchtet, und die Leute brachen in Beifall aus.

Das Spiel war gewonnen.

O ihr Politiker, wie stark seid ihr, wenn es darum geht, einen neuen Mann heranzuziehen! Wie schwach, wenn es darum geht, eine alt gewordene Macht zu unterstützen!

Die Rückkehr des Herzogs von Orléans in den Palais Royal war ein Triumph. Er hatte nichts mehr zu wünschen übrig: Er genoss die dreifache Anerkennung der Pairskammer, der Abgeordnetenkammer und des Rathauses. Er war der Auserwählte von Monsieur de Lémonville, Monsieur Laffitte und Monsieur La Fayette.

Noch in derselben Nacht holte eine der Karolinenkutschen *die* Frau, die Schwester und die Kinder des Generalleutnants des Königreichs von Neuilly zum Palais-Royal ab. Der Herzog von Chartres fehlte als Einziger bei diesem Treffen. Er war, wie wir wissen, nach Joigny geschickt worden. Auf dem Weg nach Joigny war seine Kutsche einer anderen Kutsche begegnet. Darin befand sich Madame la Duchesse d'Angoulême, die von ihrem Badeort zurückkehrte, wo sie per Telegramm über die schweren Unruhen informiert worden war, die Paris erschütterten. Die beiden Kutschen hielten an, da der Prinz und die Prinzessin sich erkannt hatten.

„Was gibt es Neues, Monsieur de Chartres?", fragte die Herzogin von Angoulême.

„Schlecht, Madame, sehr schlimm!", antwortete der Prinz. „Der Louvre ist besetzt!"

Tatsächlich war es eine schlechte Nachricht für Sie, für Ihre Brüder, für Ihren Vater und für die ganze Familie. Und Sie, armer Prinz, werden in den Augen der Nachwelt Recht behalten!

Buch IV

KAPITEL I

Die Art, wie Monsieur Thiers Geschichte schreibt – Die
Republikaner im Palais Royal – Das erste Ministerium von
Louis-Philippe – Die List von Casimir Périer – Mein
schönstes Drama – Lothon und Charras – Ein
Schwerthieb – Noch einmal der Postmeister von Bourget
– La Fère – Oberstleutnant Duriveau – Lothon und
General La Fayette.

Während der Herzog von Orléans seinen triumphalen und freudigen Einzug
in den Palais-Royal hielt, versammelten sich sechs oder acht junge Männer
über den Büros des *National* in den Räumen, die Paulin und Gauja teilten. Sie
sahen sich schweigend an – ein Schweigen, das umso bedrohlicher wirkte, da
sie noch immer bewaffnet waren wie am Tag der Schlacht. Diese jungen
Männer waren Thomas, Bastide, Chevalon, Grouvelle, Bonvilliers, Godefroy
Cavaignac, Étienne Arago, Guinard und möglicherweise noch einige andere,
deren Namen mir entfallen sind. Je nach Maßgabe ihrer Ungeduld saßen oder
standen sie. Thomas saß in einer Fensternische, mit seiner Flinte zwischen
den Beinen. Er war zu dieser Zeit ein feiner, gutaussehender Kerl, voller
Loyalität, Mut und Unbefangenheit, mit kühlem Kopf und warmem Herzen.
Da erzählten sie also alle die Episode der Odyssee im Rathaus, und während
sie die Situation besprachen, kam M. Thiers herein.

An diesem Morgen war im *National ein Artikel* über die Verhaftung des
Herzogs von Chartres in Montrouge erschienen. Dieser Artikel rückte die
ganze Sache in ein völlig neues Licht. Der Herzog von Chartres war nach
Paris gekommen, um der provisorischen Regierung sein Schwert zur
Verfügung zu stellen, und Monsieur Lhuillier hatte ihm Gastfreundschaft
angeboten. Der Herzog war voller Begeisterung über die Ereignisse in Paris
von Montrouge abgereist und hatte versprochen, mit seinem eigenen
Regiment zurückzukehren.

Einige Tage später wurde Herr Lhuillier für diesen Artikel ausgezeichnet. Er
war tatsächlich von Herrn Thiers geschrieben worden. Das Erscheinen des
zukünftigen Ministers inmitten dieser Handvoll Republikaner war daher
nicht sehr vielversprechend. Er hatte seine Taktik seit dem Vormittag
vollständig offengelegt und war nun ein Orléanist. In dieser neuen Rolle war
ihm die Versammlung, die über seinem Kopf stattfand, unangenehm und er
beschloss, den Stier bei den Hörnern zu packen. Also stieg er in den ersten
Stock und betrat, wie wir gesehen haben, unangemeldet die Halle. Ein
vielsagendes Gemurmel begrüßte sein Erscheinen, aber Herr Thiers
begegnete ihm mit Kühnheit.

„Meine Herren", sagte er, „der Generalleutnant wünscht ein Gespräch mit Ihnen."

„Zu welchem Zweck?" fragte Cavaignac.

„Was haben wir und er gemeinsam?", fragte Bastide.

„Aber hören Sie zu, meine Herren", sagte Thomas.

Daraufhin glaubte Herr Thiers einen Unterstützer gefunden zu haben, ging auf Thomas zu und legte ihm eine Hand auf die Schulter.

„Hier haben wir einen erstklassigen Oberst", sagte er.

„Oh, tatsächlich!", antwortete Thomas und schüttelte sanft seine Schulter. „Sie halten mich also für einen Überläufer?"

M. Thiers zog seine Hand zurück.

„Fahren Sie fort", sagte Thomas. „Wir werden Ihnen zuhören."

Anschließend erläuterte M. Thiers den Gegenstand des Interviews.

Der Herzog von Orléans wollte seinen künftigen politischen Einfluss stärken, indem er sich mit diesen tapferen jungen Männern beriet, deren heroischer Aufstand die Julirevolution herbeigeführt hatte. Nach Aussage von Herrn Thiers würde er sie zwischen acht und neun Uhr abends im Palais Royal erwarten. Die Republikaner schüttelten die Köpfe. Einen Fuß in das Palais Royal zu setzen, kam ihnen gleich wie ein Pakt mit den neuen Mächten, was sowohl ihrem Gewissen als auch ihren Neigungen widersprach. Aber Thomas kam dem Unterhändler erneut zu Hilfe.

„Hören Sie", sagte er und stand auf, „lassen Sie uns ihnen beweisen, dass es uns gut geht."

Und er legte sein Gewehr in die Kaminecke und sagte:

„Heute Abend um neun Uhr, Monsieur ... können Sie dem Generalleutnant des Königreichs sagen, dass wir seiner Einladung folgen werden."

Daraufhin ging M. Thiers weg.

Es gab keine Einladung des Generalleutnants des Königreichs; dieser Herr hatte nicht das geringste Verlangen, die Herren Thomas, Bastide, Chevalon, Grouvelle, Bonvilliers, Cavaignac, Arago und Guinard zu sehen. M. Thiers hatte die Idee ganz aus seinem eigenen Kopf entwickelt, in der Hoffnung, dass ein Gespräch ihre Meinungen versöhnen könnte. Aus dem, was er Thomas gesagt hatte, wird man bemerkt haben, dass er mit Meinungen Ambitionen meinte.

Die Republikaner kamen pünktlich zu ihrer Verabredung an diesem Abend. Die Herzogin von Orléans, Madame Adélaide und die jungen Prinzen und Prinzessinnen waren gerade eingetroffen, als der Herzog von Orléans erfuhr, dass ihn im großen Ratssaal eine Delegation erwartete. Den ganzen Tag über hatten sich Delegationen abgewechselt, und die Salons waren noch immer nicht leer.

Eine weitere Abordnung überraschte den Prinzen daher nicht; die Zusammensetzung dieser besonderen Abordnung überraschte ihn jedoch.

Herr Thiers war da. Als er Seine Hoheit vom Salon in das Zimmer begleitete, wo die Herren ihn erwarteten, bemühte er sich, ihm die Macht zu verschaffen, indem er die Hälfte der Verantwortung auf sich nahm und den Rest den Republikanern zuschrieb. Dies hatte fast eine Viertelstunde gedauert, während der die Delegation warten musste, und die Wartezeit begann ziemlich lang zu werden. Dann öffnete sich plötzlich die Tür, und der Herzog trat mit einem Lächeln auf den Lippen ein; aber es hatte nicht Zeit, bis zu seinen Augen zu steigen; sein Mund lächelte, aber sein Ausdruck war fragend.

„Meine Herren“, sagte der Prinz, „zweifeln Sie nicht an meiner Freude über Ihren Besuch – nur ...“

Bastide erriet die Wahrheit und sah Monsieur Thiers an.

„Sie verstehen nicht, warum wir gekommen sind? Bitten Sie Herrn Thiers, Ihnen die wahre Erklärung zu geben, und ich bin sicher, er wird sie Ihnen gern geben, schon allein, um die Ehre und Würde der Sache zu retten, die wir vertreten.“

Herr Thiers gab in großer Verlegenheit die eine oder andere zweideutige Erklärung ab, die der Herzog von Orléans mit den Worten abbrach:

„Das genügt, Monsieur, das genügt. Ich danke Ihnen, dass Sie mir den Besuch dieser unserer tapferen Verteidiger ermöglicht haben.“

Dann wandte er sich ihnen zu und wartete, bis einer von ihnen anfing. Bonvilliers war der erste, der das Wort ergriff.

„Prinz“, sagte er, „morgen wirst du König sein.“

Der Herzog von Orléans ergriff eine Initiative.

„Morgen, Monsieur?“, sagte er.

„Nun, wenn nicht morgen, dann wird es entweder in drei Tagen oder in einer Woche sein ... der genaue Tag ist von geringer Bedeutung.“

„König!", wiederholte der Herzog von Orléans ihm nach. „Wer hat Ihnen das gesagt, Monsieur?"

„Die Schritte, die Ihre Anhänger unternehmen; der Zwang, den sie auf die Staatsgeschäfte ausüben, ohne es zu wagen, ihn offen auf die Menschen auszuüben; die Plakate, mit denen sie die Wände bedeckt haben; das Geld, das sie auf den Straßen verteilen."

„Ich weiß nicht, was meine Anhänger vorhaben", antwortete der Herzog. „Aber ich weiß, dass ich nie nach der Krone gestrebt habe, und selbst jetzt, obwohl viele mich drängen, sie anzunehmen, verlange ich nicht danach."

"Trotzdem, Monseigneur, nehmen wir an, man drängt Sie so sehr, dass Sie nicht ablehnen können. Dürfen wir Sie in diesem Fall nach Ihrer Meinung zu den Verträgen von 1815 fragen? Achten Sie besonders darauf, dass nicht nur eine liberale Revolution stattgefunden hat, sondern eine nationale; es war der Anblick der dreifarbigen Flagge, der das Volk aufgerüttelt hat; wir haben die letzte Mine von Waterloo gezündet, und es wird leichter sein, das Volk über den Rhein zu treiben als nach Saint-Cloud." [1]

„Meine Herren", antwortete der Herzog, „ich bin ein zu loyaler Franzose und Patriot, um die Verträge von 1815 zu unterstützen; aber ich glaube, Frankreich ist des Krieges müde; der Bruch der Verträge bedeutet einen europäischen Krieg … Glauben Sie mir, es ist äußerst wichtig, gegenüber ausländischen Mächten sehr umsichtig zu sein, und es gibt gewisse Gefühle, die man nicht zu offen zum Ausdruck bringen sollte."

„Lasst uns dann zur Aristokratie übergehen."

"Sehr gut."

Der Herzog biss sich auf die Lippen, wie jemand, der an Fragen gewöhnt ist und sich nun einem Kreuzverhör unterziehen muss.

„Sie werden mir zustimmen müssen", fuhr Bonvilliers fort, „dass die Aristokratie keinen Einfluss mehr auf die Gesellschaft hat. Der Codex hat durch die Abschaffung des Erstgeburtsrechts, der Trusts und der Fideikommisse und durch die ewige Erbteilung die Aristokratie im Keim erstickt, und der erbliche Adel hat ausgedient. Vielleicht irren Sie sich, meine Herren, in dieser Frage der Vererbung, die meiner Meinung nach die einzige Quelle der Unabhängigkeit der politischen Institutionen ist … Ein Mann, der sicher ist, das Erbe seines Vaters anzutreten, braucht keine Angst davor zu haben, eine eigene Meinung zu haben, während der zu wählende Mann jede Meinung vertreten wird, die ihm aufgezwungen wird. Aber es ist eine Frage, die einer Überlegung wert ist, und wenn der erbliche Adel wirklich zerbröckelt, *werde ich nicht derjenige sein, der ihn auf meine Kosten wieder aufbaut.* "

„Prinz", antwortete Bastide dann, „ich glaube, im Interesse der Krone, die Ihnen geboten ist, wäre es gut, die Vorversammlungen zusammenzurufen."

„Die Vorversammlungen?", sagte der Herzog schaudernd. „Jetzt weiß ich tatsächlich, dass ich mit Republikanern spreche."

Die jungen Männer verneigten sich; sie waren weniger aus Verbündeten- als aus Feindschaftsgeist gekommen: Sie nahmen die Qualifikation an, statt sie abzulehnen. Ihre Absicht war, die Situation zwischen ihnen und der herrschenden Macht so klar wie möglich zu definieren.

„Offen gesagt, meine Herren", sagte der Herzog, „glauben Sie, dass eine Republik in einem Land wie dem unseren möglich ist?"

„Wir glauben, dass es kein Land gibt, in dem das Schlechte nicht durch das Gute ersetzt werden kann."

Der Herzog schüttelte den Kopf.

„Ich dachte, das Jahr 1793 hätte Frankreich eine Lektion erteilt, von der es hätte profitieren können."

„Monsieur", sagte Cavaignac, „Sie wissen genauso gut wie wir, dass 1793 eine Revolution und keine Republik war. Außerdem", fuhr er mit starker Stimme und einer klaren Aussprache fort, die keine Silbe dessen, was er sagte, verlauten ließ, „haben die Ereignisse zwischen 1789 und 1793, soweit ich mich erinnern kann, Ihre volle Zustimmung erlangt … Sie gehörten der Gesellschaft der Jakobiner an?"

Er hatte keinen Grund zurückzuweichen; der Schleier der Vergangenheit wurde grob heruntergerissen und der zukünftige König von Frankreich erschien zwischen Robespierre und Collot-d'Herbois.

„Ja, das stimmt", sagte der Herzog, „ich gehörte der Gesellschaft der Jakobiner an, aber glücklicherweise war ich kein Mitglied des Konvents."

„Aber sowohl Ihr Vater als auch meiner waren es, Monsieur", sagte Cavaignac, „und beide haben für den Tod des Königs gestimmt."

„Genau aus diesem Grund, Monsieur Cavaignac", antwortete der Herzog, „zögere ich nicht, das zu sagen, was ich gesagt habe … Ich denke, man sollte dem Sohn von Philippe-Égalité erlauben, seine Meinung zu den Königsmördern zu äußern. Außerdem ist mein Vater schwer verleumdet worden; er war einer der respektabelsten Männer, die ich je gekannt habe!"

„Monseigneur", antwortete Bonvilliers, der begriff, dass das Gespräch, wenn er es nicht unterbrach, auf bloße persönliche Belange ausarten würde, „wir haben noch eine weitere Befürchtung …"

„Was ist es, meine Herren?", fragte der Prinz. „Oh, sagen Sie es, wenn Sie schon dabei sind."

„Nun, wir haben Angst (und wir haben Grund dazu), wir haben Angst, sage ich, dass die Royalisten und die Priester dem neuen Regime den Weg versperren."

„Oh! Und was diese Leute betrifft", rief der Prinz mit einer beinahe drohenden Geste, „so können Sie beruhigt sein; sie haben unserem Haus zu viele schwere Schläge versetzt, als dass ich sie vergessen könnte! Die Hälfte der Verleumdungen, die ich erwähnt habe, gingen von ihnen aus; eine ewige Barriere trennt uns ... Es war eine gute Sache für den Älteren Zweig!"

Die Republikaner sahen sich erstaunt an angesichts der starken, fast schon an Hass grenzenden Gefühle, mit denen der Prinz die Worte aussprach: „Es war eine gute Sache für den Älteren Zweig!"

„Nun, meine Herren", fuhr der Prinz fort, „habe ich vielleicht eine Wahrheit vorgebracht, die Ihnen unbekannt war, indem ich so offen den Unterschied der Prinzipien und Interessen verkündete, der seit jeher den jüngeren Zweig vom älteren, das Haus Orléans vom regierenden Haus trennte? Oh! Unser Hass stammt nicht von gestern, meine Herren; er geht bis auf Philippe zurück, den Bruder von Ludwig XIV.! Es ist wie im Fall meines Großvaters, des Regenten; wer war es, der ihn verleumdete? Die Priester und die Royalisten; denn eines Tages, meine Herren, wenn Sie die historischen Fragen gründlicher studiert und bis zu den Wurzeln des Baumes gegraben haben, den Sie fällen wollen, werden Sie erkennen, was der Regent war und welche Dienste er Frankreich leistete, indem er Versailles dezentralisierte und Geld im ganzen Land in Umlauf brachte, bis zu den äußersten Arterien des gesellschaftlichen Lebens, wie er es mit seinem Finanzsystem tat. Ah! Ich bitte nur um eines: Wenn Gott mich aufruft, über Frankreich zu herrschen, wie Sie gerade sagten, hoffe ich, dass er mir einen Teil des Regents Genie!"

Anschließend sprach er ausführlich über die Verbesserungen, die der politische Plan des Regenten in den diplomatischen Beziehungen Frankreichs zu Europa gebracht hatte; in Bezug auf England sagte er einige Worte, aus denen hervorging, dass er von diesem Land die gleiche Unterstützung erwarten könne, die sein Großvater erhalten hatte.

„Verzeihen Sie, Monsieur", sagte Cavaignac, „aber ich glaube, ein König von Frankreich sollte seine wahre Unterstützung in seinem eigenen Land finden."

Der Herzog von Orléans scheute sich nicht, eine Erklärung abzugeben, und um ihm Gerechtigkeit widerfahren zu lassen, enthüllte er mit der ihm eigenen

Redegewandtheit das System, das später unter dem Namen „*Juste milieu*" *große Berühmtheit erlangte.*

Cavaignac, an den er seine Bemerkungen besonders richtete, da er die Frage aufgeworfen hatte, hörte den langen politischen Ausführungen des Prinzen mit größter Gleichgültigkeit zu. Dann, als er fertig war, sagte er:

„Gut, wir brauchen uns keine Sorgen zu machen; mit einem solchen System werden Sie nicht länger als vier Jahre regieren!"

Der Herzog lächelte zweifelnd. Die Republikaner, die nun alles erfahren hatten, was sie wissen wollten, verbeugten sich, um ihren Wunsch zum Rückzug zu signalisieren. Als der Prinz dies bemerkte, erwiderte er ihre Verbeugung. Doch da er ihnen nicht das letzte Wort überlassen wollte, sagte er:

„Nun, meine Herren, Sie werden meiner Meinung sein ... Mal sehen, ob es nicht so weit kommt!"

„Niemals!", erklärte Cavaignac scharf.

„Niemals ist ein zu positives Wort, und wir haben ein altes französisches Sprichwort, das besagt, dass wir es nicht sagen dürfen: Fontaine..."

Doch ehe er seinen Satz beenden konnte, war die Delegation bereits an der Tür angelangt. Der Herzog sah ihrem Rückzug mit düsterer Miene zu. Dies war die erste Wolke, die seine Sonne verdunkelte, und sie enthielt alle Bestandteile der Stürme, die ihn stürzen sollten.

Nachdem wir nun beiden Männern und Prinzipien von Angesicht zu Angesicht gegenübergestanden haben, werden meine Leser, so hoffe ich, besser in der Lage sein, die Ereignisse vom 5. und 6. Juni, 13. und 14. April, 12. Mai und 24. Februar zu verfolgen.

Zehn Minuten nach dem Rückzug der Republikaner überbrachten sie dem Generalleutnant des Königreichs die Nachricht vom Rücktritt der Mitglieder der Stadtkommission. Hinter diesem Rücktritt entdeckte der Herzog von Orléans die Anwesenheit eines kompletten, bereits fertig gestellten Ministeriums. Es bestand aus den folgenden Personen: Dupont (von l'Eure), Justizminister; Baron Louis, Finanzminister; General Gérard, Kriegsminister; Casimir Périer, Innenminister; de Rigny, Marineminister; Bignon, für auswärtige Angelegenheiten; Guizot, für öffentliche Bildung. Doch noch bevor diese Liste den Palais-Royal erreichte, hatte einer der neu ernannten Minister bereits seinen Rücktritt eingereicht – nämlich Casimir Périer. Er hatte einen Blick nach Versailles geworfen und gesehen, dass Karl X., der gerade erst Saint-Cloud verlassen hatte, Rambouillet noch nicht erreicht hatte. Es war eine sehr mutige Tat, einer neuen Regierung Flagge zu zeigen, während das alte Regime noch nah am neuen war. Ehrgeiz hatte ihn dazu gebracht, den Posten anzunehmen, aber Angst ließ ihn ablehnen. Monsieur Casimir Périer eilte zu Bonnelier und bat ihn, seinen Namen von der Liste zu streichen. Aber es war zu spät; die Liste war verschwunden, und Bonnelier konnte nichts tun, außer ein Erratum im *Moniteur vorzuschlagen*, was Périer als besser als nichts akzeptierte. Monsieur de Broglies Name wurde an die Stelle gesetzt, die durch Casimir Périers Rücktritt frei geworden war.

War es nicht seltsam, dass Männer, die in der zukünftigen Regierung hohe Ämter bekleiden sollten, es nicht wagten, ihren Namen zu riskieren, während so viele andere, die durch die große Veränderung nichts gewinnen würden, bereit waren, ihren Kopf für die Sache zu riskieren? Gewiss, diejenigen, die ihren Kopf riskierten, taten dies für Frankreich und nicht für Louis-Philippe.

Als ich am nächsten Morgen den neuen Generalleutnant aufsuchte, sprach er gerade mit Vatout und Casimir Delavigne, die er zu mir kommen ließ. Da er bereits von meiner Expedition nach Soissons wusste, streckte er mir die Hand entgegen und sagte:

„Monsieur Dumas, Sie haben gerade Ihr allerbestes Drama aufgeführt!"

In diesem Moment war General La Fayette im Hôtel de Ville einem der schrecklichsten Angriffe ausgesetzt, die bis dahin gegen ihn gerichtet waren.

Lassen Sie mich nun erzählen, was aus Charras und Lothon geworden ist: Ich bin, wie Sie verstehen werden, ein wenig stolz darauf, ausführlicher über die Männer zu sprechen, deren Namen nicht im Rauch des Schlachtfeldes versinken sollten. Wir sahen sie das Hôtel de Ville verlassen, Überbringer eines Befehls von Mauguin und einer Proklamation von La Fayette. Wir vergaßen zu erzählen, wie Lothon, den wir am 29. ausgestreckt auf dem Pflaster des Palais-Royal zurückließen, am 30. zufällig mit Charras im Hôtel de Ville war. Lothon (leider! Er ist jetzt tot!) war einer jener seltenen Männer, deren Herz so gut war wie ihr Verstand, die von Pulver berauscht werden, die durch Lärm aufgeregt werden und die die Gefahr wahrscheinlich mehr um ihrer selbst willen lieben als um der Ehre willen, die sie ihnen bringen kann. Nachdem Lothon fast eine Stunde auf dem Pflaster gelegen hatte, wurde er für tot aufgefunden; eine Kugel hatte seine Stirn durchbohrt und sieben weitere hatten seinen Hut durchlöchert, der neben ihm gefallen war. Der Hut hätte als Zielscheibe genommen werden können. Während er weggetragen wurde, um zusammen mit anderen im Louvre begraben zu werden, bewegte er leicht seinen Kopf; und dieser Protest, so schwach er auch war, gegen die Behandlung, die seine Träger offensichtlich beabsichtigten, erwies sich als unwiderlegbar. Ein Soldat der Nationalgarde nahm ihn auf, verband seine Wunden, brachte ihn zu Bett und ließ ihn dann allein, um nach Neuigkeiten zu suchen, denn er ging nicht davon aus, dass ein Mann, dem eine Kugel den Kopf zerschmettert hatte, auch nur im Traum daran denken würde, aufzustehen und zum Feuer zurückzukehren, falls in irgendeiner Ecke von Paris zufällig noch gekämpft wurde. Doch das war Lothons erster Gedanke. Kaum war er wieder zu Bewusstsein gekommen, als er sich wieder anzog, sein Schwert wieder umschnallte (jenes Schwert, das er aus dem Besitz des Théâtre de l'Odéon mitgenommen hatte, wie sein kreuzförmiger Griff und die Scheide zeigten, die ihr ledernes Ende verloren hatte) und sich trotz der Schreie der Frau seines Gastgebers auf den Weg machte, stolpernd wie ein Betrunkener. Charras fand ihn am selben Abend, als er nach Hause kam. Lothon konnte sich nicht an die Hälfte von dem erinnern, was er getan hatte, und auch nicht an alles, wo er gewesen war. Aber am nächsten Tag fühlte er sich gut genug, um sich Charras im Rathaus wieder anzuschließen. Wir haben gesehen, wie sie den Auftrag erhielten, das 4. Artillerieregiment aus der Garnison in La Fère zu holen. Drei Tage lang war Charras mittellos gewesen. Als der Aufstand ausbrach, besaß er fünfzehn Francs und einen Wechsel über hundert Kronen, den ihm sein Vater, ein Pariser Bankier, geschickt hatte. Aber seit dem 26. waren alle Banken geschlossen, und wenn Laffitte seinen Wechsel nicht angenommen hätte, hätte er vom kühnsten Wechselmakler von Paris sicherlich nicht fünfzig Francs von seinen hundert Kronen bekommen. Am 26. und 27. gingen fünfzehn Francs weg; am 28. besorgte er sich Nahrung, wo er konnte; am 29. speiste er mit dem Rest von Paris im Rathaus; Schließlich teilte am Morgen des 30. Lionel d' e l'Aubespin, der Enkel von La Fayette, seine Börse mit Charras. Als er und Lothon nach La Fère aufbrachen, stellten sie fest, dass sie zwanzig Francs besaßen! Sie konnten sich mit diesem kleinen Betrag nicht die Post leisten; also baten die beiden Helden um einen Brief an den neuen Postdirektor, Monsieur Chardel, der am Tag zuvor von Baude und Arago ernannt worden war. Kraft dieses Briefes gab Monsieur Chardel ihnen den Befehl, den verschiedenen Postmeistern entlang der Route Pferde zur Verfügung zu stellen, und er selbst gab ihnen die beiden besten Pferde aus seinem Stall. Charras und Lothon galoppierten so schnell davon, wie es die Barrikaden zuließen; zwei oder drei Schüsse wurden auf sie abgefeuert, weil man sie für Offiziere der königlichen Garde hielt, die einen Fluchtversuch unternommen hatten; aber sie erreichten Bourget und hielten bei den Mietställen desselben Postmeisters, der mir eine Stunde zuvor Pferde und eine Kutsche gegeben hatte.

Die Straßen nach Soissons und nach La Fère beginnen beide zusammen und teilen sich nur an der Gonesse und an einer Stelle namens *Patte-d'oie* ; hier führt die Gabelung rechts nach Dammartin, Villers-Cotterets und Soissons und die andere nach Senlis, Compiègne, Noyon und La Fère. Der würdige Patriot, den die beiden jungen Männer nach Reitpferden fragten, erkannte sofort, dass sie (insbesondere Lothon) die Hälfte dieser Strecke nicht mit voller Geschwindigkeit bewältigen konnten; er holte eine zweite Kutsche, bespannte sie und schickte sie darin los, wobei er ihnen Gottes Segen wünschte. Dieser Wunsch, wie auch der Wunsch „Gute Jagd!“, brachte ihnen zweifellos Unglück. Lothon war der erste, der in die Kutsche stieg, und um Charras Platz zu machen, musste er sein Schwert heben. Die Nacht begann hereinzubrechen, und Charras, der das Schwert nicht bemerkte, dessen Spitze, wie wir bereits erwähnt haben, aus der Scheide ragte, spürte plötzlich die eisige Kälte des Stahls durch seine Achselhöhle und versuchte, sich nach vorne zu werfen; aber Lothon packte ihn an den Schultern, weil er dachte, er hätte den Halt verloren, und versuchte, ihn weiter an seine Seite zu ziehen. Vergeblich schrie Charras: „Du bringst mich um, sage ich!", aber Lothon konnte nichts hören, weil der Verband um seinen Kopf sein Ohr verstopfte und ihn weiter an die Schwertspitze heranzog. Glücklicherweise konnte Charras eine gewaltige Anstrengung unternehmen, sich aus den Händen seines Gefährten losreißen und fiel in die Arme des Postmeisters, der sah, dass etwas Außergewöhnliches in der Falle geschah, und Charras' Bemühungen unterstützte, indem er ihn nach hinten zog. Sie gingen zurück ins Haus, und Charras zog Mantel, Weste und Hemd aus. Der Stahl war etwa anderthalb Zoll unter der Achselhöhle eingedrungen, und das Blut floss in Strömen. Sie kratzten etwas Zunder ab und verstopften die Wunde mit einem nassen Taschentuch, und dank dieses Geräts, das am Arm des Verwundeten an Ort und Stelle gehalten wurde, wurde die Blutung gestoppt. Lothon war in einem Zustand der Verzweiflung, aber da seine Verzweiflung zu nichts führte, ermutigte ihn Charras, aufzugeben. Als sie wieder in den Wagen stiegen, fragte sie der Postmeister:

„Haben Sie außer Ihren Schwertern noch andere Waffen?"

„Auf mein Wort, das haben wir nicht!", antworteten sie.

Dann ging der Postmeister zu einem Schrank und holte ein paar Pistolen heraus, die er lud und in Charras' Mantelschöße schob. Ich würde den Namen dieses hervorragenden Kerls gern erwähnen, aber wer weiß, ob sein Patriotismus von 1830 ihn 1853 nicht in Schwierigkeiten bringen würde? Die beiden Verwundeten schliefen ein und befahlen den Postillionen, die Pferde zwischen die Deichseln zu spannen. Im Allgemeinen erwiesen sich Postillionen als wahre Patrioten, und obwohl Charras ihnen von seinen zwanzig Francs kein großes Trinkgeld geben konnte, verhielten sie sich gewissenhaft, indem sie schnell fuhren und schnell die Pferde wechselten. Außerdem hatte der Postmeister von Bourget den beiden jungen Männern geraten, einen zweiten Postillion vorzuschicken; da M. Chardels Befehl keine Beschränkungen vorschrieb, kostete es sie nicht mehr, dies zu tun. Bis Ribécourt lief alles gut. Hier weckten sie Charras.

„Was ist los?", fragte der Schläfer und rieb sich die Augen.

„Der Postmeister will uns keine Pferde geben", sagte der Oberpostillion, der wegen dieser Weigerung dort anhalten musste.

„Was? Der Postmeister will uns keine Pferde geben!"

„Nein, er sagt, er wisse nichts über die provisorische Regierung."

Charras, der lange und vergeblich danach gesucht hatte, hätte beinahe gesagt, dass er auch nichts davon wisse; aber dies war nicht der richtige Moment für Scherze; die Zeit verging wie im Flug. Er ließ Lothon noch schlafend zurück, der ihn nicht gehört hatte, als er rief: „Du bringst mich um!" und deshalb kein Recht hatte, noch etwas anderes zu hören. Er sprang aus der Falle und rannte zum Postmeister, der wütend war, weil er um zwei Uhr morgens geweckt wurde, und stand auf seiner Türschwelle mit der offensichtlichen Absicht, ihm den Punkt zu widersprechen.

„Sie haben also nicht vor, mir Pferde zu geben?", fragte Charras.

"Das ist so."

„Trotz der Anordnung des Postdirektors?"

„Ich kenne diesen Mann Chardel nicht!"

„Ah! Du kennst also Chardel nicht?"

"NEIN."

Charras zog die Proklamation aus seiner Tasche.

"Kennen Sie diese Unterschrift?"

„La Fayette? Nicht mehr als die anderen!"

"NEIN?"

"NEIN!"

Als nächstes zog Charras seine Pistolen aus der Tasche und spannte sie im selben Moment, als er sie an die Brust des Postmeisters hielt.

„Ah! … Sehr gut, erkennen Sie diese?", sagte er.

„Aber, Monsieur", rief der Mann, „was wollen Sie tun?"

„Das soll ich tun? Beim Himmel! Ich werde dich töten, wenn du mir keine Pferde gibst!"

„Aber, Monsieur, hol's der Teufel! So bringt man keine Menschen um … man erklärt die Dinge."

„Ja, wenn sie Zeit haben, was bei mir nicht der Fall ist."

Die Postillionen, die hinter dem Postmeister in Reih und Glied standen, grinsten im Schatten, rieben sich die Hände und gaben Charras Zeichen, sich daran zu halten. Sie hätten sich in dieser Hinsicht keine Sorgen machen müssen.

„Nun gut, Monsieur, wenn Sie eine solche Haltung einnehmen, muss ich Ihnen Pferde geben; aber seien Sie ganz sicher, dass Sie mich nur dazu zwingen."

„Was kümmert mich das, solange du sie mir gibst!"

„Pferde für diese Herren!", sagte der Postmeister, kehrte in sein Zimmer zurück und überließ Charras das Schlachtfeld.

„Und gute, seht ihr, Postillionen."

„Oh, seien Sie unbesorgt, junger Herr, wir werden dafür sorgen", antwortete der Postillon. „Steigen Sie wieder in Ihren Wagen und machen Sie weiter Ihr Nickerchen ... Sie fahren nach Noyon?"

„Zur Fère."

"Es ist alles das Gleiche."

Charras kehrte zur Kutsche zurück und war so erschöpft, dass er wieder einschlief, bevor die Pferde angespannt waren. Wahrscheinlich hielt der Postillon sein Wort, denn als Charras wieder aufwachte, waren sie an Noyon vorbeigefahren und der Tag hatte begonnen. Verärgert darüber, die Morgendämmerung allein miterleben zu müssen, stupste er Lothon an, bis auch dieser aufwachte. Der Himmel war herrlich, und „der fröhliche Tag" [2] , um Shakespeare zu zitieren, stand „auf Zehenspitzen auf den nebligen Berggipfeln", bereit, wie eine leuchtende Wolke in die Ebene herabzusteigen; die Blätter an den Bäumen flüsterten miteinander; das goldene Korn wiegte sich anmutig; und aus der Mitte der schnell reifenden Ähren flog die Lerche, die Tochter des Tages, mit schnell schlagenden Flügeln empor und ließ die Luft mit ihrem klaren, freudigen Gesang widerhallen. Die Bauern öffneten ihre Türen, um die Morgenbrise einzuatmen, und machten sich bereit, zur Arbeit oder zum Markt, auf die Felder oder in die Stadt zu gehen.

„Diable!", rief Charras. „Sehen Sie sich diese Gegend an: Sie hat nicht die geringsten Anzeichen einer Revolution."

„Nein, das ist es wirklich nicht!", antwortete Lothon.

„Glauben Sie, diese Leute wissen von Chardel, Mauguin und La Fayette?"

"Ich wuerde eher nicht behaupten, dass."

„Hm!", sagte Charras und verfiel in Gedanken, die nicht gerade rosarot waren.

Lothon nutzte Charras' Überlegungen, um seinen Schlaf wieder aufzunehmen. Sie erreichten Chauny. Die Stadt war ebenso friedlich wie die Dörfer, die Straßen so ruhig wie die Felder! Wie ein Taucher spürt, dass die Temperatur des Wassers kälter wird, je tiefer er taucht, so spürten sie, je weiter sie in die Provinz vordrangen, eine immer stärker werdende Kälte, die die Hitze von Paris ablöste. Charras erlebte genau dasselbe wie mir: Er erreichte die Tore von La Fère, entschlossen, sein Vorhaben auszuführen, aber voller Zweifel, wie die Dinge ausgehen würden.

Er weckte Lothon, der noch schlief, als sie sich der Stadt näherten. Bald würden sie sich dem 4. Artillerieregiment gegenübersehen, und die Lage war ernst genug, um ihr mit hellwacher Aufmerksamkeit entgegenzutreten. Das Tor war offen, und die beiden jungen Burschen gingen schnurstracks auf das Wachhaus über dem Tor zu. Lothon sah mit seinem schwarzen Verband über dem Auge und dem Hut, den er wegen seiner Verletzung über ein Ohr geschoben hatte, zehn Jahre älter aus, als er wirklich war; überdies ließ ihn sein Schwert aus der Zeit Franz I. um weitere drei Jahrhunderte altern. Charras, der vor vier Monaten von der École polytechnique entlassen worden war, hatte sich seitdem einen Schnurrbart wachsen lassen (was an der École nicht erlaubt gewesen wäre); mit seinem geliehenen Mantel, der zu lang und zu groß für ihn war, mit seinem Polizeisäbel, der an einem Schultergurt statt an einem richtigen Säbelgurt hing, und mit seinen Hosen, die ganz mit dem Blut eines Schweizer Soldaten besudelt waren – der sich schwer verletzt in Charras' Arme geworfen hatte, um nicht völlig getötet zu werden –, sah Charras eher wie ein Bandit als wie ein ehrlicher Mann aus. Aber für geübte Augen sah keiner von ihnen wie ein Student der École polytechique aus. Solange sie jedoch im Wagen blieben, ging alles gut. Sie hatten das Verdeck heruntergelassen, und die Wache haltenden Soldaten konnten Lothons dreifarbige Kokarde und das Bündel dreifarbiger Bänder sehen, die Charras gegen die Ärmel der Schweizer ausgetauscht hatte, eine Dekoration, die in Paris ganz gut, aber für die Provinz zu exzentrisch war. Die magischen Farben erzielten ihre übliche Wirkung: Die Wache präsentierte das Wappen, und der Quartiermeister, der auf die Vorladung antwortete, redete Lothon mit *mon officier an*.

„Nun!", sagte Charras zu Lothon, „bisher scheint es ja nicht schlecht zu laufen."

„Ja", sagte Lothon, „aber wir werden es mit dem Oberst zu tun bekommen …"

„Ah! Beim Himmel! Dann werden wir sehen", sagte Charras.

„Sie werden versuchen, sehr wortgewandt zu sein, hoffe ich?"

„Ja, das ist es! Hurra für Marengo, Austerlitz, Jena, die Grande Armée und den Teufel und seine Hörner! Ich kann nicht anders, als ihn zu berühren, es sei denn, sein Herz wäre von drei Lagen Stahl umgeben, wie Horaz sagt.“

„Und nehmen wir an, das ist so?“

„In diesem Fall... Ah! Ich weiß nicht! Aber dann... Oh, verdammt noch mal, Mann, du machst mir mit deinen ganzen ‚Wenns‘ Sorgen!“

„Macht nichts. Beantworten Sie einfach die Frage: Angenommen, er ist nicht berührt?“

„Nun, können wir nicht auf die Frühlingskruzifixe des Postmeisters von Bourget zurückgreifen? Wir werden auf ihnen spielen. Auf mein Ehrenwort, jeder würde glauben, Sie kennen die Luft nicht!“

„Natürlich tue ich das!“

„Wenn das so ist, warum streiten Sie dann?“

„Ich wollte wissen, ob Sie sich wirklich für etwas entschieden haben.“

„Oh! Ich sage, was für ein Blödsinn!“

Dieser Dialog fand, wie man leicht verstehen wird, im Flüsterton statt, während der Quartiermeister, der die jungen Männer zum Haus des Obersten führen sollte, seine Militärtoilette vorbereitete. Er kehrte zurück und stieg in die Kutsche, die in vollem Trab losfuhr, bis sie das Haus des Obersten erreichte. Am Tor reichte Charras, der gewissenhafte Mann, der er war, Lothon eine der Pistolen.

„Gut!“, sagte Lothon, „danke... Gib mir jetzt auch den anderen.“

"Wozu?"

„Um zu sehen, ob sie in Ordnung sind und ihre Zündung nicht verloren gegangen ist ... Wie auch immer, kommen Sie und geben Sie es mir.“

"Hier ist es."

„Jetzt steigen Sie aus.... Sie sehen, der Quartiermeister wartet auf Sie.“

Charras sprang aus der Kutsche und sie gingen die Treppe in den ersten Stock hinauf. An der Tür drehte sich Charras zu Lothon um.

"Was ist mit der Pistole?"

Lothon hatte es in seine Tasche gestopft.

„Es ist gut, wo es ist: Machen Sie weiter.“

„Was meinen Sie mit ‚es ist alles genau da, wo es ist‘?“

„Macht nichts: mach weiter.“

Er schob Charras ins Vorzimmer. Lothon hatte zufällig, damals vorsichtiger als sein Kamerad, die Waffe entsichert. Aber sie hatten sich einen ungünstigen Ort für einen Streit ausgesucht, besonders für einen Streit dieser Art. Die beiden jungen Männer unterhielten sich stumm mit den Augen und fanden sich wenige Sekunden später im Salon des Obersten wieder. Oberst Husson war ein Mann von vierzig Jahren mit markanten Gesichtszügen und einem entschlossenen und stolzen Ausdruck, ein echter Soldatentyp. Er unterhielt sich mit einem der Majore seines Regiments. Er empfing unsere beiden Boten höflich, aber zurückhaltend.

„Was können wir für Sie tun, meine Herren?“, fragte er, nachdem er einleitend Komplimente ausgetauscht hatte.

Charras schilderte in wenigen Worten die Geschichte der drei Tage: die Einnahme des Louvre, die Flucht des Königs und die Ernennung der provisorischen Regierung – kurz gesagt die gesamte Geschichte der Revolution.

Die beiden Beamten hörten dem Vortrag zum Ende hin immer kühler zu.

Charras hielt dies für den richtigen Moment, um die beiden Papiere aus seiner Tasche zu holen. Er reichte sie beide dem Oberst. Das eine war in einem Umschlag und versiegelt – das war Mauguins Brief; das andere war einfach vierfach gefaltet – das war La Fayettes Proklamation. Zufällig begann der Oberst damit, zuerst den versiegelten Umschlag mit Mauguins Brief aufzubrechen. Er las die ersten Zeilen und betrachtete dann die Unterschrift.

„Magin … Maguin … Wer ist diese Person?“

„Mauguin“, antwortete Charras, „aber Herr Mauguin, ein Mitglied der provisorischen Regierung!“

„Mauguin?“, wiederholte der Colonel und sah den Major an.

„Ja, Anwalt“, antwortete dieser.

„Ein Anwalt!“, sagte der Oberst in einem Tonfall, der Charras erschauern ließ.

„Ah!“, flüsterte er Lothon zu. „Ich glaube, wir sind erledigt!“

„Ich selbst bin davon überzeugt!“, sagte Lothon.

„Dann jetzt her mit den Pistolen!“

„Warte noch ein bisschen … es ist noch genug Zeit."

Der Oberst las die zweite Depesche, und General La Fayettes Name schien den schlechten Eindruck zu korrigieren, den der Name Mauguin hinterlassen hatte. Hätten sie nur einen dritten Brief besessen, der von einem zweiten General unterzeichnet war, wären sie gerettet gewesen. Aber unglücklicherweise hatten sie keinen dritten Brief.

„Nun, meine Herren?" fragte der Oberst, als er den zweiten Brief gelesen hatte.

„Nun, Oberst", antwortete Charras schlicht, „die provisorische Regierung dachte, sie würde uns zu Patrioten schicken; es scheint, sie hat sich geirrt, das ist alles."

„Wissen Sie, meine Herren, welchem Risiko Sie sich durch Ihren Fehler aussetzen?"

„Aber ja!", sagte Charras. „Erschossen werden."

„Ich bin gezwungen, Sie zu verlassen, meine Herren. Geben Sie mir Ihr Ehrenwort, dass Sie nicht versuchen werden, dieses Zimmer zu verlassen."

„Unser Ehrenwort? … Komm schon! … Lass uns erschießen, wenn du willst. Du musst dich gegenüber der provisorischen Regierung für die Hinrichtung verantworten. Aber wir werden dir kein Ehrenwort geben."

„Dann gebt auf jeden Fall eure Schwerter ab."

"Nein nein Nein!"

Der Oberst biss sich auf die Lippen, sagte leise etwas zu dem Major und machte sich bereit hinauszugehen. Charras machte eine Bewegung nach hinten, um Lothon zu berühren, und sagte dann flüsternd:

„Die Pistole, her mit der Pistole, um Himmels willen! Sie sehen doch, dieser Schurke will uns erschießen lassen!"

„Pah!" war Lothons Antwort, „ *à la guerre comme à la guerre.* "

„Du scheinst die Dinge sehr locker anzugehen, du Esel; du bist schon halb tot und es wird nicht viel Mühe kosten, dich fertigzumachen … Aber abgesehen von dem Loch, das du dumm genug warst, in mich zu reißen, bin ich gesund genug und habe keine Lust, wie ein Huhn getötet zu werden!"

„Oh, seien Sie beruhigt! … So etwas schießt man doch nicht ohne Warnung nieder, darauf können Sie wetten!"

Inzwischen war der Oberst gegangen und die beiden Boten blieben beim Major zurück. Der Major schien ein besserer Mensch zu sein als der Oberst; er war offensichtlich auf Befehl seines Vorgesetzten geblieben, um die jungen Männer zum Reden zu bringen und herauszufinden, ob alles, was sie erzählt hatten, wirklich der Wahrheit entsprach. Da ihre Geschichte stimmte, bestand keine Gefahr, dass sie sich widersprachen. Außerdem überließ Lothon die ganze Hauptlast des Gesprächs Charras; denn da er auf einer Art Sofa lag, schlief er innerhalb von fünf Minuten ein. Mitten im Gespräch erschien ein Offizier auf der Bildfläche.

„Genosse", sagte er zu Charras, „ich komme vom Oberst, dem Sie Ihr Ehrenwort nicht geben wollten … Ich habe die Anweisung, Sie nicht aus den Augen zu lassen … Aber da ich kein Polizist bin – na, da! …"

Er schnallte sein Schwert ab und warf es in einen Sessel.

"Du kannst machen was du willst!"

„Monsieur", sagte Charras, „es ist nicht unsere Absicht, La Fère zu verlassen, und als Beweis dafür sehen Sie …"

Und er zeigte dem Offizier Lothon, der fest schlief.

Der Oberst kam nach einer Stunde zurück. Er wirkte sehr aufgeregt und unentschlossen. Plötzlich blieb er vor Charras stehen.

„Ich wette, Sie haben Hunger?", sagte er.

Charras zuckte nur mit den Schultern und antwortete:

„Das ist doch sicher eine seltsame Frage, die Sie mir stellen?"

„Ach!", sagte der Oberst, „wir dürfen niemanden verhungern lassen, nicht einmal Gefangene."

„Ja, es ist besser, sie zu mästen, bevor man sie erschießt, nicht wahr?", bemerkte Charras.

„Wer redet davon, Sie zu erschießen? Kommen Sie", rief der Oberst und öffnete eine Tür, „Frühstück."

Ein Tisch wurde hereingebracht, gedeckt wie auf der Bühne. Der Oberst wich von seiner üblichen Gewohnheit ab und frühstückte in seinem Salon statt in seinem Esszimmer – oder besser gesagt, er frühstückte nicht, denn er setzte sich nicht an den Tisch. Charras weckte Lothon, der schlecht gelaunt war, weil er geweckt worden war, besonders da er nicht wusste, zu welchem Zweck er geweckt worden war. Als er erfuhr, dass es das Frühstück war, wurde er sanfter. Sie hatten gerade die Koteletts gegessen, als die Tür schnell aufging und ein etwa fünfzig Jahre alter Mann in Uniform erschien.

„Verzeihung, Oberst", sagte er, „aber ich bin Oberstleutnant Duriveau von den Pionieren und zweiter Befehlshaber der École polytechnique unter dem Kaiserreich … Man hat mir gesagt, dass Sie zwei meiner ehemaligen Schüler gefangen halten, und ich bin hergekommen, um nachzuschauen, ob das stimmt."

Dann wandte er sich an Charras und Lothon und sagte:

„Guten Tag, meine Herren, ich heiße Sie willkommen."

„Willkommen?", wiederholte der Oberst.

"Ja, ja, das habe ich gesagt... Und Ihnen, Oberst, sage ich, dass Sie kein Recht haben, diese Herren festzuhalten. Mir wurde gesagt, sie seien auf eine Mission der provisorischen Regierung geschickt worden... Sie sind Offiziere mit einer weißen Fahne, und es ist allgemein üblich, Personen, die mit Missionen dieser Art betraut sind, nicht festzunehmen."

Während er das sagte, schüttelte er Charras so herzlich die Hand, dass dieser aufschreien musste, denn dadurch riss seine Wunde wieder auf.

„Was ist los?", fragte Oberstleutnant Duriveau.

„Nichts, gar nichts, nur dass ich eine Wunde unter dem Arm habe."

„In der Tat, und es sieht so aus, als hätte Ihr Freund auch eine im Kopf … Wir müssen alle diese Wunden versorgen, bevor wir irgendetwas anderes tun, Colonel."

„Das habe ich mir überlegt, Monsieur", antwortete der Oberst, „und ich weiß nicht, warum der Stabsarzt noch nicht gekommen ist."

In diesem Moment kam er herein.

„Hier, Monsieur", sagte der Oberst zu ihm, „das sind die jungen Männer, von denen ich sprach … Sehen Sie nach, ob sie Ihre Dienste benötigen."

Charras wollte sich weigern, aber Oberstleutnant Duriveau gab ihm ein Zeichen und führte den Oberst und den Major in ein Nebenzimmer. Der Oberarzt versorgte zuerst Lothons Kopf; die Kugel war bis zum Knochen vorgedrungen, hatte ihn verdreht und freigelegt. Er musste verhext gewesen sein, um nach einer solchen Verletzung das Bett zu verlassen. Der Arzt wollte den Verwundeten zur Ader lassen, aber er war dagegen entschieden.

„Ich brauche möglicherweise jeden Moment beide Arme", sagte er, „also lassen Sie sie intakt … Mein Kopf ist auch ohne weitere Verletzungen schlimm genug!"

Dann kam Charras.

„Du meine Güte, Monsieur", sagte der Stabsarzt, „Sie sind noch einmal mit Glück davongekommen! Noch ein oder zwei Zoll weiter nach links und die Arterie wäre durchtrennt worden."

„Und wenn man bedenkt", sagte Charras und zeigte auf Lothon, „dass es dieser Rohling war, der mir das mit seinem François-Schwert angetan hat!"

„Komm", sagte Lothon, „da jammerst du schon über deine verdammte Arterie, die nicht einmal zerkratzt ist! … Ich wusste nicht, dass du so weich bist!"

Charras begann zu lachen, als Oberstleutnant Duriveau eintrat.

„Alles läuft gut", flüsterte er Charras zu. „Ich werde dich keine Minute allein lassen, bis du außerhalb der Stadt bist."

Es hatte gerade eine Offiziersversammlung stattgefunden, bei der beschlossen worden war, dass sie sich, ob mit oder ohne Beteiligung des Obersts, auf die Seite der provisorischen Regierung stellen würden. Der Oberst kam nach einer halben Stunde zurück.

„Meine Herren", sagte er, „Sie müssen mir Ihr Ehrenwort geben, La Fère sofort zu verlassen, und dann sind Sie frei."

„Ich werde Ihnen nichts dergleichen geben", sagte Charras.

"Du wirst nicht!"

"NEIN."

„Sie verpflichten sich jedenfalls, in meinem Regiment keine Unruhe zu stiften?"

„Das werde ich nicht... Mir gefallen Ihre Vorschläge wirklich! Wir kommen im Namen der eingesetzten Regierung, und wir sind es, die die Autorität besitzen, Sie sind die Rebellen. Wir könnten Ihnen einen schlechten Dienst erweisen, wenn Sie uns verhaften lassen, und Sie verlangen von uns unser Ehrenwort, La Fère zu verlassen und nicht zu versuchen, Ihr Regiment zu beeinflussen... Kommen Sie jetzt! Entweder erschießen Sie uns, oder Sie lassen uns frei!"

„Na dann", sagte der Oberst, „geht zum Teufel mit euch!" und streckte ihnen lachend die Hand entgegen.

Beide drückten ihm die Hand und verließen den Raum in Begleitung von Oberstleutnant Duriveau, der ihnen, wie er versprochen hatte, wie ein Schatten folgte.

Man kann davon ausgehen, dass die ganze Stadt in Aufruhr war. Der Offizier, der sie bewachen sollte, verließ mit ihnen das Haus, schüttelte ihnen an der Tür die Hand und rannte los, um sich seinen Kameraden wieder anzuschließen. Die Kutsche war zum Postamt zurückgekehrt, zu dem sie sich begaben. Auf Schritt und Tritt erhielten die jungen Männer deutliche Zeichen der Anteilnahme. Als sie das Postamt erreichten, trafen sie wieder auf den Major.

„Meine Herren", sagte er zu ihnen, „der Oberst bittet Sie um einen Gefallen, wegzugehen. Er gibt Ihnen sein Ehrenwort, dass er und sein Regiment der provisorischen Regierung Treue schwören werden … Aber Sie könnten ihm wenigstens die Anerkennung für diese Treue zugestehen."

„Oh, wenn das alles ist", riefen Charras und Lothon gleichzeitig, „dann lasst uns unbedingt aufbrechen!"

„Einen Moment", sagte Oberstleutnant Duriveau, „wie steht es mit Ihrem Geld?"

Charras durchwühlte seine Taschen; von Aubespins zwanzig Francs blieben ihm kaum fünf Francs übrig.

„Wie viel möchten Sie?", fragte der Oberstleutnant und zog mehrere Beutel mit Fünf-Franc-Stücken aus seiner Hosentasche.

„Hundert Francs", sagte Charras.

„Wird das reichen?"

„Sicher! Wir sind nur mit zwanzig gekommen."

„Dann sagen wir hundert."

Und er reichte Charras eine Rolle, der sie in zwei Hälften brach, als wäre es ein Stück Schokolade, und etwa die Hälfte davon Lothon gab.

„Jetzt ran an die Kutsche und die Pferde!", riefen die beiden jungen Männer.

"Oh! Die Postkutsche zwischen hier und Chauny ist meine Sache. Ich werde Sie fahren", sagte ein gut gelaunt und kräftig aussehender Metzger, der sich mit seinem kleinen Federkarren, in dem fünf oder sechs Strohbündel die Sitze bildeten, vor dem Posthaus postiert hatte und die Ärmel hochgekrempelt hatte. "Und ich glaube", fügte er hinzu, "so schnell sind Sie noch nie gefahren worden."

„Sehr gut, danke, Kamerad!", sagte Charras und er und Lothon setzten sich neben ihn.

„Hier, Postillon, folgen Sie uns mit dem Wagen!", riefen sie. „Adieu, Oberst!"

„Adieu, meine Jungs!"

„Los geht's!", rief der Metzger und ließ seine Peitsche knallen. „ *Es lebe die Charta! Es lebe die Fayette! Es lebe die provisorische Regierung!* Nieder mit Karl X., dem Dauphin, Polignac und all den anderen! Houp! …"

Und wie der Metzger versprochen hatte, wirbelte der Karren so schnell davon wie eine Wasserhose. In Chauny trennten sie sich vom Metzger und bestiegen wieder ihren Wagen. Am nächsten Tag, um zehn Uhr morgens, eine Stunde nach mir, erreichten Charras und Lothon das Rathaus, gerade in dem Moment, als General La Fayette, der immer galant war, Mademoiselle Mante die Hand küsste, die in Begleitung von M. Samson und einem dritten Mitglied gekommen war, um die Comédie-Française unter den Schutz der Nation zu stellen. Diese Abordnung ließ die beiden jungen Männer eine halbe Stunde warten, während der sie sich darüber informierten, was seit ihrer Abreise geschehen war: wie der Herzog von Orléans zum Generalleutnant ernannt worden war und wie Louis-Philippe zum König ernannt werden sollte.

„Ah, so steht die Sache", rief Lothon Charras zu. „Nun, du wirst hören, was ich dem alten La Fayette dazu zu sagen habe!"

Jetzt war es an Charras, Lothon zu beruhigen. Aber Lothon ließ sich nicht beruhigen: seine Wunde, die Hitze, die Aufregung, der wenige Wein, den er getrunken hatte, seine Weigerung, sich zur Ader zu lassen, all das versetzte ihn in einen Zustand des Deliriums. Er bekam Hirnfieber. Er betrat das Zimmer, in dem La Fayette war, und drängte jeden, der ihn daran hindern wollte; denn, wie ich bereits erwähnte, wurde La Fayette sehr sorgfältig bewacht. Charras folgte Lothon. Dann verschränkte er die Arme vor der Brust, sein Hut war von sieben Kugeln durchlöchert, die er auf den Boden geworfen hatte, seine Stirn war mit dem schwarzen Verband verbunden, seine Augen blitzten vor Fieber, seine Wangen waren rot vor Wut. In Worten, die man hätte stenographieren müssen, um sie richtig wiedergeben zu können, stellte der junge Mann den alten Mann zur Rede, und zwar in Bezug auf die Freiheit, die er mit viel Blutvergießen erkauft hatte, die ihm das Volk anvertraut hatte und die er sich durch die Schikane und den Ehrgeiz der Höflinge hatte rauben lassen. Er war so fein, so großartig, so wortgewandt, so voll von unsagbarem poetischen Gefühl, ja geradezu rasend, dass niemand es wagte, ihn zu unterbrechen.

„General", flüsterte Charras La Fayette zu, „verzeihen Sie ihm … Sie sehen, er ist im Delirium."

„Ja, ja", sagte La Fayette.

Dann zu Lothon —

„Mein Freund – mein junger Freund – na, na … beruhige dich!"

Dann drehte er sich um —

„Ist kein Arzt da, der diesen jungen Mann zur Ader lassen könnte?", fragte er.

Lothon hörte den Vorschlag.

„Um mich bluten zu lassen?", rief er aus. „Oh! Nein, nein! Da wir wieder die Freiheit verloren haben, soll mein Blut nicht durch die Lanze eines Arztes fließen … sondern durch die Bajonette der königlichen Garde, unter den Kugeln der Schweizer … Lassen Sie mir das Blut in meinen Adern, General; solange die Bourbonen in Frankreich bleiben, sowohl die älteren als auch die jüngeren Zweige, werde ich es brauchen! Kommen Sie, Charras. Kommen Sie!"

Er eilte aus dem Zimmer und ließ La Fayette nachdenklich und besorgt zurück. Vielleicht entsprachen die Worte, die gerade in das Ohr des Generals gedrungen waren, der Stimme seines Gewissens ; vielleicht hatte er sich bereits dieselben Vorwürfe gemacht wie Lothon.

„Ich möchte allein sein", sagte er.

Und bevor die Tür geschlossen wurde, konnten sie sehen, wie er jenen schönen und edlen Kopf in seinen Händen begrub, jenen Kopf, auf den die Kinder der Republik gerade den Fluch der Nachwelt gelegt hatten.

---

[1] Da noch nichts von dem obigen Gespräch vollständig wiedergegeben wurde, berufe ich mich auf die Geschichte und die Erinnerungen von Personen, die bei dem Gespräch anwesend waren. Was die Worte von Godefroy Cavaignac und die Antwort des Königs betrifft, so kann ich ihre Echtheit bestätigen, da ich sie damals nach Godefroys eigenem Diktat niederschrieb, und er war ganz und gar nicht fähig, die Unwahrheit zu sagen.

[2] *Romeo und Julia.*

KAPITEL II

Brief von Karl X. an den Herzog von Orléans – Ein Zaubertrick – Rückkehr des Herzogs von Chartres in den Palais-Royal – Bourbonen und Valois – Abdankung von Karl X. – Vorbereitungen für die Expedition von Rambouillet – Eine Idee von Harel – Die Kulissenschieber des Odéon – Neunzehn Personen in einem Fiaker – Waffenverteilung im Palais-Royal – Oberst Jacqueminot

Unterdessen verbarg der Herzog von Orléans seine ernste Besorgnis unter seinem freundlichen Benehmen an jenem Morgen, als er zu mir kam und mir sagte, ich hätte mein bestes Drama aufgeführt. Er hatte gerade die Antwort auf den Brief erhalten, den er vom Herzog von Mortemart an Charles X. geschickt hatte.

Meine Leser werden sich an den Brief erinnern, in dem er dem alten König mitteilt, *er sei mit Gewalt nach Paris gebracht worden; er wisse nicht, was sie von ihm wollten, aber wenn er die Macht annehme, dann nur im besten Interesse DES* HAUSES. Er hat nur nicht angegeben, *um welches Haus es sich handelte.* Meinte er im Interesse des *Hauses Orléans* oder des *Hauses Bourbon* ? Lesen Sie den Satz noch einmal und Sie werden sehen, dass er sich seine Wahl vorbehält.

Charles X. antwortete auf diesen Brief mit einer Erklärung, die wie folgt lautete:

"Der König, der den Unruhen in der Hauptstadt und in anderen Teilen Frankreichs ein Ende bereiten möchte und *sich dabei insbesondere auf die aufrichtige Verbundenheit seines Cousins, des Herzogs von Orléans* , verlässt, ernennt ihn zum Generalleutnant des Königreichs. Der König hält es für angebracht, die Verordnungen vom 25. Juli zurückzuziehen, genehmigt die Versammlung der Kammern am 3. August und hofft, dass sie in der Lage sein werden, die Ruhe in Frankreich wiederherzustellen. Der König wird in Rambouillet auf die Rückkehr der Person warten, die beauftragt ist, diese Erklärung nach Paris zu überbringen. Sollte ein Anschlag auf das Leben des Königs und seiner Familie oder auf seine Freiheit verübt werden, wird er sich bis zum Äußersten verteidigen.

„Aufgestellt in Rambouillet, 1. August 1830.

„ *(Unterzeichnet)* CHARLES"

Der Kurier verließ Rambouillet um sechs Uhr morgens und erreichte Paris um halb neun. Der Herzog von Orléans erhielt die Depesche um Viertel vor neun. Monsieur Dupin war bereits bei ihm. Es ist bekannt, wie früh Monsieur Dupin am Tag oder übernächsten Tag nach Revolutionen auftauchen konnte; außerdem erlangten die Abdrücke der Schuhe dieses berühmten Anwalts, die entlang des Weges nach Neuilly sowohl auf dem Hin- als auch auf dem Rückweg und *umgekehrt gedruckt wurden, dank der Karikatur* eine Berühmtheit, die später sprichwörtlich wurde. Monsieur Dupin war also bei dem Herzog von Orléans, als er den Brief von Karl X. erhielt. Der Herzog von Orléans las ihn und gab ihn ihm weiter. Man erinnere sich, dass Monsieur Dupin Vorsitzender des Geheimen Rates des Fürsten war. Monsieur Dupin las seinerseits die Proklamation und riet dazu, offen und sogar brutal mit dem Älteren Zweig zu brechen.

„Diable!", sagte der Prinz, „einen Brief wie meinen, wie du ihn vorschlägst, zu verfassen, wird alles andere als leicht sein!"

„Soll ich es aufsetzen, Eure Hoheit?" fragte Monsieur Dupin.

„Ja, sicher. Versuch es... wir werden sehen."

Monsieur Dupin schrieb einen Brief, der so grob war wie er selbst. Der Herzog von Orléans las ihn, billigte ihn, kopierte ihn, unterschrieb ihn, steckte ihn in einen Umschlag und wollte ihn gerade versiegeln, als er plötzlich schrieb:

„Du meine Güte! Ich wollte einen so wichtigen Brief abschicken, ohne ihn der Herzogin zu zeigen ... Warten Sie einen Moment, Monsieur Dupin, ich komme gleich zurück."

Der Brief muss in der Tat brutal gewesen sein, denn Herr Dupin hat selbst zugegeben, dass er es war; er war von Natur aus rau, und die Erziehung hatte diese Rauheit nicht ausgelöscht. Er fuhr fort, mit König Louis-Philippe in genau derselben Art und Weise zu streiten, wie er es getan hatte, als er Prinz von Orléans war. Einmal, während einer politischen Diskussion, vergaß er sich selbst so sehr, dass er zum König sagte:

„Sehen Sie, Sir, wir werden uns nie einig werden!"

„Das Gleiche habe ich auch gedacht, Monsieur Dupin", antwortete Louis-Philippe, „nur wagte ich nicht, es Ihnen zu sagen."

Ich kenne kaum ein Sprichwort, das unverschämter und aristokratischer ist als dieses. König Louis-Philippe war teuflisch witzig. Als Beweis dafür kehrte er mit demselben Umschlag und einem Brief zurück, der allem Anschein nach derselbe war.

„Arme Herzogin!", sagte er, „es hat sie sehr traurig gemacht; aber, bei Gott, es lässt sich nicht ändern!"

Dann steckte er den Brief in den Umschlag, hielt das Wachs an eine Kerze, versiegelte die Depesche mit seinem Siegel und übergab sie einem Boten. Aber der Brief, den er an Karl X. sandte, war keineswegs der von Monsieur Dupin verfasste: Es war ein von ihm selbst verfasster Brief, in dem er dem alten König erneut seine Ergebenheit und seinen Respekt versicherte. Dieser kleine Taschenspielertrick war kaum beendet, als ihn das Geschrei der im Hof des Palais-Royal versammelten Menge auf den Balkon rief. Louis-Philippe musste sich eine Woche lang täglich zwanzig Mal auf diesem Balkon zeigen. Sehr bald war ihnen dies nicht mehr genug, denn kaum erschien er, stimmte die Menge die *Marseillaise* an; dann musste er selbst mit einstimmen, mit einer Stimme, die, wie ich bereits bemerkte, ebenso unmelodisch klang wie die von König Ludwig XV. Bald genügte ihnen dies nicht mehr; als der Generalleutnant sich gezeigt und die *Marseillaise mitgesungen hatte* , musste er in den Hof hinuntergehen und den Lumpenträgern und Trägern die Hand schütteln und ihnen auf die Schulter klopfen. Ich habe ihn zwei- oder dreimal in einer Stunde hinuntergehen und mit verrutschter Perücke zurückkommen sehen, sich die Stirn wischend, die Hände waschend und die Rolle, die er spielen musste, heftig verfluchend.

Ach, Monseigneur, wussten Sie nicht, dass Sie sich, um nach Ihrer Zeit als Prinz König zu werden, häufig die Stirn abwischen und die Hände waschen müssen?

Als nächstes traf der Herzog von Chartres an der Spitze seines Regiments ein und betrat das Palais-Royal, gerade als sein Vater auf die oben beschriebene Weise um Popularität buhlte. Ich werde nie vergessen, wie er sich im Sattel aufrichtete und welchen Blick er auf die Szene warf. Die Ankunft ihres ältesten Sohnes war für die arme Herzogin eine große Freude; er war das einzige ihrer Kinder, das vermisst worden war. Sie war sich der Gefahr, in die er geraten war, durchaus bewusst und er war ihr deshalb umso lieber. Als er die Gemächer seines Vaters betrat, verließ ich sie und sollte nur auf Vorladung des Königs selbst noch einmal dorthin zurückkehren. Dieser Anblick eines Prinzen, der um eine Krone bettelte, berührte mich zutiefst. Der junge Herzog streckte mir seine Hand entgegen: Ich nahm sie und drückte sie mit Tränen in den Augen. Es sollte vier Jahre dauern, bis ich diese treue, offene Hand wieder berührte, obwohl ich in diesem Moment dachte, ich würde für immer von ihm getrennt sein und berührte sie daher zum letzten Mal. Zu gegebener Zeit werde ich die Umstände schildern, unter denen ich ihn wieder traf.

Als ich den Palais-Royal verließ, stieß ich auf ein Plakat, auf dem offen erklärt wurde, dass die Fürsten von Orléans keine *Bourbonen* , sondern aus dem

Hause *Valois seien* . Ich traute meinen Augen kaum und stand eine Viertelstunde da, um es immer wieder zu lesen. Zehn Meter weiter traf ich Oudard, nahm ihn am Arm und führte ihn vor das Plakat.

„Oh!", sagte ich, „scheint es Philippe-Égalité nicht genug zu sein, seinen Vater zu verleugnen, sondern der Sohn musste sogar seine eigene Rasse verleugnen?"

Ich muss gestehen, dass ich völlig niedergeschlagen nach Hause kam. Ich weiß nicht, welcher Tag das war, aber ich glaube, es muss der 2. August gewesen sein.

Das Pulver war an diesem Morgen mit Bard angekommen; ich hatte es zwei Studenten der École polytechnique übergeben, die mir eine Quittung dafür gaben und es zur Salpétrière brachten. Es muss am 2. gewesen sein, denn ich sah M. de Latour -Foissac, den ich vom Sehen kannte, zum Palais-Royal fahren; ich hatte ihn im Haus von Madame de Sériane, der Schwester von General Coëtlosquet, getroffen.

Herr de Latour-Foissac überbrachte die Antwort auf den Brief des Generalleutnants vom Vortag, der, wie wir wissen, den von Herrn Dupin geschriebenen ersetzte. Diese Antwort war die Abdankung von Karl X. und des Herzogs von Angoulême; sie erteilte dem Herzog von Orléans die Erlaubnis, den Herzog von Bordeaux unter dem Titel Heinrich V. zu proklamieren. Der Generalleutnant lehnte es ab, den Boten zu empfangen, überbrachte aber die Botschaft.

Was war nun zu tun? Mébastiani wurde konsultiert und riet zu einer Regentschaft. Béranger war für eine Monarchie. Der Herzog von Orléans durchtrennte den schwierigen Knoten mit den Worten:

„Regentin sein? Ich wäre lieber gar nichts als Regentin … Bei den ersten Magenschmerzen, die Heinrich V. hätte, würde man von allen Dächern verkünden, ich hätte ihn vergiftet."

Und von diesem Moment an gab es für niemanden mehr Zweifel daran, dass Louis-Philippe König werden würde.

Die Abdankung war, wie der Brief, mit Rambouillet datiert. Rambouillet war nur sechsunddreißig Meilen von Paris entfernt; Karl X. hatte noch vierzehntausend Mann und achtunddreißig Kanonen um sich. Er hatte noch etwas Besseres – er hatte die beiden Briefe des Herzogs von Orléans. Karl X. konnte nicht in Rambouillet bleiben; durch irgendeinen Komplott musste er gezwungen werden, Rambouillet und mehr noch Frankreich selbst zu verlassen. Es erwies sich als nicht schwierig, dies zu erreichen – die Mittel waren wahrscheinlich bereits vorbereitet. In der Zwischenzeit wurde General Hulot am 2. August nach Cherbourg geschickt, um das Kommando über die vier Departements zu übernehmen, die Paris vom Kanal trennen; am selben Tag erhielt auch Herr Dumont-d'Urville den Befehl, in aller Eile nach Le Havre aufzubrechen und dort zwei Transportschiffe zu beladen. Am Tag zuvor wagten sie es, im *Courrier français* den Protest des Herzogs von Orléans gegen die Geburt des Herzogs von Bordeaux zu veröffentlichen. Der Leser weiß, dass diese Proklamation, die 1820 zur Verbannung des Herzogs von Orléans geführt hatte, Zweifel an der Legitimität des jungen Prinzen aufkommen ließ. Am 1. August wurde der *Courrier Français* gebeten, sie in einer seiner nächsten Ausgaben zu veröffentlichen. Der zukünftige König ließ jedoch nicht lange ungeduldig warten! Am nächsten Morgen, dem 2. August, enthielt der *Courrier* den Protest. Höchstwahrscheinlich wurde er von denselben Schriftsetzern erstellt, die das Plakat gedruckt hatten, auf dem stand, dass die Prinzen von Orléans von Valois und nicht von Bourbonen abstammten.

All diese Dinge geschahen also am 2. August. Am 3. wurde ich nämlich durch den Ruf zu den Waffen geweckt, der auf der Straße wütend durchgepeitscht wurde, und durch Delanoue, der mit einer doppelläufigen Pistole in der Hand in mein Zimmer stürmte. Eine Pistole war bei Delanoue ein so ungewöhnliches Toilettenaccessoire, dass es mich mehr beeindruckte als der ganze übrige Tumult.

„Was zum Teufel ist hier los?", fragte ich ihn.

„Karl X. marschiert mit zwanzigtausend Mann und fünfzig Kanonen auf Paris, mein lieber Junge, und ganz Paris hat sich seinerseits erhoben, um gegen ihn zu marschieren. Kommst du mit?"

„Beim Himmel! Natürlich werde ich das!", rief ich und sprang aus dem Bett. „Das glaube ich auch!"

Ich rief Joseph an, dessen verängstigtes Gesicht ich hinter Delanoue nicht gesehen hatte.

„Hier bin ich, Monsieur!", sagte er, „hier bin ich!"

„Geben Sie mir meine Schießkleidung und bringen Sie mein Gewehr zum nächsten Büchsenmacher, damit es gereinigt wird."

„Lassen Sie nicht zu, dass er Ihr Gewehr in ein Geschäft mitnimmt", sagte Delanoue. „Sie werden es ihm unterwegs wegnehmen."

„Was!", sagte ich, „sie würden es beschlagnahmen?"

„Ohne Zweifel … Es ist schlimmer als während der Drei Tage!"

„Dann, mein lieber Joseph, mach es selbst sauber!"

„Du lieber Himmel, du lieber Himmel!", sagte Joseph, „wird der Herr nach Soissons zurückkehren?"

„Nein, Joseph. Ich gehe im Gegenteil in genau die entgegengesetzte Richtung."

"Gott sei Dank!"

Harel kam herein, während ich mich anzog.

„Guten Morgen, Harel … Was gibt es Neues, mein Freund?"

„Die Neuigkeit ist", sagte Harel, zog seine Schnupftabakdose aus der Tasche und steckte seinen Finger und Daumen bis zum ersten Joint hinein, „die Neuigkeit ist, dass ich eine schlaue Idee im Kopf habe." Er atmete seine Prise Schnupftabak mit sinnlichem Genuss ein und verstreute, wie es bei großen Kennern üblich ist, drei Viertel seines Schnupftabaks über den Boden und in die Luft. „Eine ausgezeichnete Idee!", fuhr er fort.

„Gut, mein Freund, Sie werden es mir bei meiner Rückkehr mitteilen."

"Wo gehst du hin?"

„Nach Rambouillet, natürlich!"

„Ausgezeichnet! Das ist der letzte Schlag! Sie sind vor drei Tagen in Soissons Gefahr gelaufen, erschossen zu werden, und jetzt wollen Sie sich in Rambouillet ein Bein brechen lassen!"

„Aber ist Ihnen nicht klar, dass Karl X. mit zwanzigtausend Mann und fünfzig Kanonen auf Paris marschiert?"

„Ich weiß, dass das der Bericht ist; aber solche Nachrichten sollen nur Narren glauben. Der arme Karl X.! Ich wette, wenn er in irgendeine Stadt marschiert, dann in Richtung Le Havre oder Cherbourg."

„Macht nichts, mein lieber Freund! Delanoue ist gekommen, um mich abzuholen, und wenn es nichts anderes ist, als im Park von Rambouillet Großwild zu jagen, möchte ich mir die Gelegenheit nicht entgehen lassen … Also müssen Sie Ihre Neuigkeit noch einmal aufschieben, bis ich zurückkomme, falls ich denn zurückkomme."

„Geben Sie mir eine Rolle in Ihrem Stück", sagte Delanoue flüsternd.

„Sicher, das verspreche ich."

Ich drehte mich zu Harel um.

„Wie sind Sie hierher gekommen?", fragte ich ihn.

„Natürlich in einem Taxi."

„Gut! Das nehmen wir."

"Wozu?"

„Um nach Rambouillet zu fahren."

„Dann müssen Sie mich bis zum Odéon bringen!"

"Vereinbart!"

„Außerdem", sagte Delanoue, „befindet es sich auf dem Place de l'Odéon, wo die Leute sammeln."

„Ah! Du leihst uns doch deine dreifarbige Flagge, Harel, oder?"

„Welche Trikolore meinen Sie?"

in Ihrem Theater seit drei Tagen die *Marseillaise* gesungen wird ."

„Was soll ich dann tun?"

„Sie werden der Öffentlichkeit mitteilen, dass ich sie nach Rambouillet gebracht habe ... Die Öffentlichkeit ist gutmütig genug und wird ein oder zwei Tage ohne die Flagge auskommen."

„Kommen Sie vorbei und holen Sie es sich ... Sie wissen ganz genau, dass Ihnen das ganze Theater zu Diensten steht."

Immer wenn Harel ein Stück aus mir herauspressen wollte, machte er diese Bemerkung. Mein Gewehr war gewaschen, gerieben und in der Sonne getrocknet worden; ich nahm es, wir stiegen in die Droschke und fuhren zum Odéon. Auf dem Platz und in seiner Umgebung waren zwei- oder dreitausend Menschen. Kaum hatte ich den Fuß auf den Boden gesetzt und Delanoue in der Droschke zurückgelassen, als ich von zwanzig Männern umringt wurde, die mich bei meinem Namen riefen und mich baten, mich an ihre Spitze zu stellen. Es waren die Bühnenbildner des Odéon, die sich noch gut an die Trinkgelder erinnerten, die ich ihnen gegeben hatte, als *Christine* aufgeführt wurde. Ich sagte einem von ihnen, er solle losgehen und die Flagge suchen, und während wir unter dem Schutz anderer (denen ich sieben oder acht Flaschen Wein schickte, um ihre Geduld aufrechtzuerhalten) die Droschke verließen, gingen wir zu Risbeck's und frühstückten. Als wir aus dem Restaurant kamen, wurde unsere Truppe noch durch einen Trommler verstärkt. Ich habe schon früher bemerkt, wie schnell sich die Zahl der Trommler in Revolutionszeiten vermehren kann. Wir stiegen in unsere Droschke und nahmen natürlich den Ehrenplatz ein; dann drängten sich alle anderen mit uns hinein oder mit dem Kutscher draußen auf dem Bock, einige hinterher, einige auf den Deichseln und einige auf dem Imperial. Die unglücklichen Pferde rannten los und schleiften neunzehn Leute mit! Die meisten meiner Männer waren nur mit Piken bewaffnet. An der Ecke der Rue du Bac und dem Kai rief uns ein Mann hinterher, der anscheinend zu diesem Zweck dort postiert war:

„Haben Sie Waffen?"

„Nein!", antworteten die meisten meiner Männer.

„Also, im Palais-Royal werden Waffen verteilt."

„Zum Palais-Royal!", riefen die Männer. „Zum Palais-Royal."

Das Taxi überquerte den Place du Carrousel und fuhr in Richtung Palais-Royal. Der Verkehr wurde wieder möglich, nach und nach waren die Barrikaden verschwunden und die Pflastersteine irgendwie wieder verlegt worden. Wir erreichten das Palais-Royal.

„Einen Moment", sagte ich. „Ruhe bitte! Man kennt mich hier, und wenn es die Möglichkeit gibt, etwas zu bekommen, werde ich es mir holen."

Wir betraten einen niedrigen Raum, der mit Menschen überfüllt war. Als ich hineinging, stieß ich mit einem Studenten der École zusammen, der gerade hinausging.

„Bist du das, Charles?"

„Ja... Sind Sie gekommen, um Waffen zu holen?"

"Natürlich."

„Dann sollten Sie sich beeilen. Ich habe nur eine Pistole ergattern können."

In seinem Mantel steckte eine Pistole, deren Griffende zwischen zwei Knöpfen hervorragte.

"Gehst du auch dorthin?"

„Aber natürlich!"

„Dann werden wir uns wiedersehen?"

"Wahrscheinlich."

"Guten Tag!"

"Adieu!"

Mit größter Mühe gelang es uns, uns zum Waffenhändler durchzudrängen. Glücklicherweise erkannte mich ein Diener in der Livree des Herzogs von Orléans und machte uns Platz.

„Monsieur de Rumigny", sagte er, „hier ist Monsieur Dumas."

„Also gut, lass ihn zu mir kommen.“

Der Verteiler war Herr de Rumigny selbst. Er war damals etwa fünfunddreißig Jahre alt und machte in seiner Uniform eine prächtige Figur. Vor ihm lag ein großer Koffer voller Schwerter und Pistolen. Die Gewehre waren alle verschwunden. Sie stammten von Lepage.

Meine Männer erhielten Schwerter und Pistolen, und als alle ausgerüstet waren, fragte Monsieur de Rumigny:

„Haben Ihre Männer Durst?“

„Vielmehr“, sagte ich, „sind es Kulissenspieler aus dem Théâtre de l'Odéon!“

„Dann gib ihnen jeweils ein Glas Wein.“

Sie gingen zu einem Tisch voller Flaschen und Gläser und wurden von den Lakaien Seiner Königlichen Hoheit bedient.

„Und?“, fragte ich, als sie getrunken hatten.

„Die Livree ist ganz schön“, antworteten sie, „aber der Wein ist schlecht.“

"Wie meinst du das?"

„Das ist nicht dasselbe, wie wenn Sie uns auf den Place de l'Odéon geschickt hätten … Wir wetten, dieser Wein hier ist nicht einmal zwölf Sous pro Flasche wert.“

„Wenn Ihnen heute Abend noch einmal so etwas passiert, dann können Sie sich auf mein Wort glücklich schätzen .“

„Meine Herren“, sagte ein Lakai, „bitte machen Sie jetzt Platz für andere.“

„Ganz recht“: Also gingen wir hinaus.

Paris bot ein ganz neues Gesicht – es schien unglaublich nach den vielen verschiedenen Schauspielen, die es geboten hatte. Ob die Droschken von der Regierung gechartert wurden oder ob ihre Fahrer die allgemeine Begeisterung teilten, sie stellten sich den Kämpfern zur Verfügung. An der Ecke der Rue Saint-Roch erblickte ich Charles Ledru, der mit voller Geschwindigkeit davonrannte. Ich rief ihm zu:

„Hallo! Komm mit uns.“

"Haben Sie Platz für mich?"

„Wir sind nur neun Leute drinnen, und wenn wir uns noch ein bisschen mehr zusammenquetschen, können wir Sie hineinbringen.“

„Danke, bei Kausmann steht ein Pferd für mich bereit.“

„Hör auf", sagte ich, „das erinnert mich daran, dass ich auch eins habe … ich vergesse es immer." Ich hatte es erst seit kurzer Zeit.

Ich hielt vor dem Café meines Freundes Hiraux, Porte Saint-Honoré, und er bewirtete alle meine Männer mit einem *kleinen Glas* Eau-de-vie. Die Flasche wurde dabei geleert. Aber als die Flagge wehte, sangen meine Männer die *Marseillaise* und die Trommel schlug einen Wirbel. Wir hatten fast eine Dreiviertelstunde gebraucht, um vom Palais-Royal zur Porte Saint-Honoré zu gelangen, die Straße war so überfüllt und die Kutschen fuhren in Reihen wie in Longchamp.

Wir machten uns nun auf den Weg, einige nahmen die Straße am Wasser entlang, andere die große Avenue der Champs-Élysées. Am Place Louis XV. rief General Pajol, der gerade das Kommando über die Expeditionsarmee erhalten hatte, „Platz machen!" und galoppierte in vollem Galopp heran, um die Spitze der Kolonne zu übernehmen. Er hatte Charras, Charles Ledru und zwei oder drei andere bei sich. Wir hielten an, und er überholte uns und ging am Wasser entlang. Wir blieben auf der großen Allee. Am Circus der Champs-Élysées bogen wir nach links ab, um über die Avenue Montaigne zum Quai de Billy zurückzukehren. In der Mitte dieser Avenue stand eine Gruppe Reiter mit Oberst Jacqueminot in der Mitte. Er trug die Uniform eines Abgeordneten und trug noch immer die silberne Lilie am Kragen. General Pajol hatte ihn zweifellos suchen lassen, denn er unterhielt sich angeregt mit Charras. Étienne Arago kam in diesem Moment mit einer Truppe von etwa hundert Mann vorbei. Jedes Mal, wenn wir uns begegneten, riefen sie „*Vive la Charte!*" und wir riefen dasselbe zurück! Das schien Oberst Jacqueminot zu ärgern, und ich glaube, mit gutem Grund : Es war überhaupt nicht lustig, im Lärm dieses ewigen Geschreis zu leben.

„Ja, ja, schreie *Vive la Charta!* Davon wirst du so fett wie von Oblatenstücken!"

Der Satz war so originell, dass ich in all diesen 22 Jahren kein einziges Wort davon vergessen habe. Wir riefen nur noch lauter und machten uns dann auf den Weg in Richtung Versailles.

KAPITEL III

Mission von vier Kommissaren an Karl X. – General Pajol – Er wird zum Kommandeur der Pariser Freiwilligen ernannt – Charras bietet sich als sein Adjutant an – Die Karte von Seine-et-Oise – Die Spione – Der Kutschenmieter – Brotrationen – D'Arpentigny – Die Einnahme der Artillerie von Saint-Cyr – Halt in Cognières – M. Detours

Es sei mir nun gestattet, meine eigene, armselige, kleine Individualität im Strudel der allgemeinen Bewegung zu verlieren, die dreißig- bis vierzigtausend Menschen mit einem gemeinsamen Impuls nach Rambouillet trieb.

Seit dem Vortag, als der Generalleutnant, wie bereits erwähnt, die offizielle Nachricht von der Abdankung Karls X. erhalten hatte, hatte er überlegt, wie er sich so schnell wie möglich von diesem unbequemen Nachbarn befreien könnte. Und nun tat er Folgendes. Er beschloss, Karl X., um ihn vor dem öffentlichen Zornausbruch zu schützen, der am nächsten Tag ausbrechen würde, vier Kommissare zu schicken. Diese vier waren: Marschall Maison, Oberst Jacqueminot, Monsieur de Schonen, den sie für sich gewinnen wollten, und Odilon Barrot, der nicht zu überreden war, da er einer der mächtigsten Unterstützer der neuen Macht gewesen war, die gerade entstanden war. Marschall Maison war von gewissem Interesse, denn er war in Calais gewesen, um Ludwig XVIII. zu treffen, und bereitete sich nun darauf vor, Karl X. nach Cherbourg zurückzugeleiten. Außerdem glaubten die vier Kommissare, als sie sich in Rambouillet vorstellten, dass sie von Karl X. dorthin gerufen wurden. Sie brachen am 2. August um vier Uhr nachmittags auf und erreichten um neun Uhr die Außenposten. Sie marschierten im Licht der Biwakfeuer durch die königliche Armee und erreichten Rambouillet, allerdings nicht ohne einige begierige Blicke und halbgezogene Schwerter zu sehen. Glücklicherweise kam der Herzog von Orléans auf die Idee, ihre Mitglieder um Herrn von Coigny zu erweitern, dessen Name durch ruhmreiche Traditionen, durch die Hingabe seines Vaters und seiner Vorfahren mit der alten Monarchie verbunden war. Der Name von Herrn von Coigny schützte sie und verschaffte ihnen Zutritt zum Palast. Karl X. verstand ihre Anwesenheit zu so einer ungewöhnlichen Stunde nicht und ließ auf ihre Bitte um eine Audienz ausrichten, dass die Zeit für Audienzen vorbei sei, er ihnen aber Gastfreundschaft im Schloss von Rambouillet anböte. Karl X. wartete jedoch auf die Antwort des Herzogs von Orléans auf den Brief, den er ihm am Morgen durch Herrn von Latour-

Foissac geschickt hatte und den der Herzog aus den Händen von Herrn von Mortemart genommen hatte, obwohl er nicht einwilligte, den Boten zu empfangen, der ihn gebracht hatte. Die Gastfreundschaft des Schlosses von Rambouillet! Das war nicht der Grund, warum die vier Kommissare gekommen waren; also stiegen sie sofort wieder in ihre Kutsche und kehrten sofort nach Paris zurück. Sie kehrten schneller zurück, als sie gekommen waren , und betraten den Palais-Royal um halb eins Mitternacht wieder. Der zukünftige König war nicht so pingelig wie der zurücktretende: Er empfing zu jeder Stunde, besonders wenn die Nachrichten für ihn von Wert waren. Die Nachrichten, die die vier Kommissare brachten, zwangen ihn, sofort und ohne Zeitverlust einen Entschluss zu fassen: Karl X. musste gezwungen werden, Rambouillet am nächsten Tag zu verlassen. Zu diesem Zweck war eine große patriotische Demonstration unabdingbar, und Oberst Jacqueminot wurde beauftragt, eine solche Demonstration anzuzetteln. Bei Tagesanbruch wurden in allen Vierteln von Paris zwei- bis dreihundert Polizisten losgelassen, die den Befehl hatten, zu schreien:

„Karl X. marschiert auf Paris! ... Nach Rambouillet! Nach Rambouillet!"

Sie wurden auch beauftragt, alle Trommler, die sie kannten, auszusenden und diese das *Abseilen durchführen zu lassen*. Und das war die Ursache für den Höllenlärm, der Paris aufgeweckt hatte.

In dieser Krise verfügte die Regierung über einen Mann, auf dessen Mut sie sich verlassen konnte: General Pajol. Er war der wahre Typ eines Soldaten: mutig, ehrenhaft, offen und loyal, schnell in der Entscheidungsfindung und hartnäckig in der Entschlossenheit. In irgendeiner Schlacht, als er Oberst oder Major eines Regiments war, durchbohrte gerade in Sichtweite des Kaisers eine Granate den Bauch seines Pferdes und explodierte darin. Pajol wurde fünf Meter hoch in die Luft geschleudert. Napoleon sah den seltsamen Aufstieg.

„Beim Himmel!", sagte er, „wenn dieser Bettler hier runterkommt, muss er ein hartes Leben haben!"

Vierzehn Tage später erschien ein vorgesetzter Offizier und stellte sich leicht hinkend dem Kaiser vor.

„Wer sind Sie?", fragte Napoleon.

„Ich bin der Bettler mit dem harten Leben", antwortete Pajol.

Und diesem Vorfall verdankte er seinen schnellen Aufstieg in einer bewundernswerten Militärkarriere, die nur durch Waterloo unterbrochen wurde.

Pajol gehörte der Opposition an und vertrat in seinen Ansichten nahezu die Republikaner.

Drei Tage zuvor, als die Kammer die vorläufigen Grundlagen einer neuen Monarchie legte, sah Pajol, welche Wendung die Dinge nahmen, und ging traurig die Rue de Chabrol entlang, zusammen mit Degousée, der selbst die Richtung bedauerte, in die sich die Revolution entwickelte, als Pajol plötzlich stehen blieb.

„Sie haben mir vorhin erzählt, dass Sie beim Angriff auf den Louvre eine Kompanie ergebener Männer angeführt haben?", fragte er.

„Daran besteht kein Zweifel."

„Konnte man sich noch auf diese Männer verlassen?"

„Das glaube ich."

„Bis hin zur buchstabengetreuen und ohne Diskussion Ausführung aller Befehle, die Sie ihnen geben?"

„Was für einen Befehl?"

„Und wenn es darum ginge, die Abgeordneten zu verhaften?"

„Oh! Ich würde in dieser Hinsicht nicht für sie einstehen!"

„In diesem Fall ist die Revolution gescheitert!..."

Er ging zu seinem Haus in der Rue de la Ferme des Mathurins, um den weiteren Verlauf der Ereignisse abzuwarten.

Bald geschahen die Ereignisse: Am 3. wurde er zum Befehlshaber des Aufstands ernannt und man rechnete damit, dass er die demokratische Armee anführen würde, was er auch tat. Es war ihm alles gleich, solange er Frankreich diente. Charras hatte auf den Straßen gehört, dass General Pajol Oberbefehlshaber der Expedition werden sollte, und eilte zum Haus des Generals. Beginnen wir damit, dass er vorher in den Ställen von Kausmann gewesen war und sein bestes Pferd mitgenommen hatte, um das er einen Streit mit einem Mann gehabt hatte, der ein großer Pferdekenner war und es selbst ausgewählt hatte. Der Pferdeliebhaber war Charles Ledru, der mich in der Rue Saint-Honoré zurückgelassen hatte, da er den Platz, den ich ihm in meiner Droschke anbot, abgelehnt hatte, um auf das Pferd zu steigen, das bei Kausmann auf ihn wartete. Gerade als er die Ställe betrat, verließ Charras sie im vollen Galopp auf genau dem Pferd, das er, Charles Ledru, ausgewählt hatte. Er wählte jedoch ein anderes und ritt hinter dem ersten her. Glücklicherweise fand er den zweiten gut und schüttelte ihm deshalb, als er Charras einholte, nur die Hand. Charras stellte sich ohne vorherige Vorstellung General Pajol vor. Dieser General, der es gewohnt war, bei militärischen Expeditionen alle möglichen Vorsichtsmaßnahmen zu treffen, ließ gerade zwei riesige Satteltaschen abnehmen: eine war voller Schinken,

Hammelkeulen und Geflügel, die andere mit Brot. Beim vierten Wort, das Charras an ihn richtete, und beim ersten Blick, den er auf ihn warf, sagte er:

„Schau her, du gefällst mir!"

„Umso besser", sagte Charras.

"Du scheinst ein netter junger Hund zu sein!"

„Hunden ist es nicht gestattet, an Dingen teilzuhaben."

„Wollen Sie mein Adjutant sein?"

„Ja, tatsächlich. Dafür bin ich gekommen !"

„Dann ist es geklärt", und er streckte dem jungen Mann die Hand entgegen.

„Und jetzt", antwortete er, „möchten Sie etwas essen?"

„Das wird mir ein Vergnügen sein! ... Ich sterbe vor Hunger."

„Dann gehen Sie ins Esszimmer … Madame Pajol! Madame Pajol!"

Die Frau des Generals kam herein.

„Geben Sie diesem jungen Mann ein gutes Frühstück … er ist gekommen, um mir seine Dienste als Adjutant anzubieten. Er weiß nicht, welche Arbeit ich ihm aufbürden werde."

Charras setzte sich an den Tisch, verschlang sein Essen in riesigen Bissen, trank wie ein Loch und war in zehn Minuten startklar.

„Kommen Sie jetzt, *los!* ", sagte der General.

Sie gingen in den Hof hinunter, wo drei oder vier Personen auf sie warteten, sprangen in ihre Sättel und der General galoppierte los, bog kurz um die Ecke des Stalltors und ließ sein Pferd das Bein wechseln, wie der perfekte Reiter, der er war. Charras war selbst ein ausgezeichneter Reiter und bestand diese erste Prüfung siegreich. Aber das Pferd, das von einem anderen Studenten der École geritten wurde, wurde auf den Bürgersteig gestoßen und fiel links hin. Dies geschah vor einer Apotheke und sowohl Student als auch Pferd verschwanden in der Apotheke – wobei sie beim Sturz vorne einbrachen. Der Unfall war nicht der Mühe wert, Zeit zu verlieren, und die anderen setzten ihren Weg fort, ohne auch nur den Kopf zu drehen, um nachzusehen. Als sie die Barriere bei Passy erreichten, übernahm der General das Kommando über die Kolonne. Unsere Drogerie war eine der ersten nach dem Stab des Generals, der aus Jacqueminot, Charras, Charles Ledru, d'Higonnet, M. de Lagrange, Vernon und Bernadou bestand. Vernon und Bernadou trugen die Uniform der Schüler der École. Charles Ledru trug die alte Uniform der National Horse Guards und einen Helm; Higonnet trug die Uniform eines Schülers der Kavallerieschule in Saumur und M. de Lagrange die der leichten Kavallerie. General Exelmans erschien weiter hinten, jenseits des Quai de Billy.

„Hier bin ich, Pajol!", sagte er und brach durch die Reihen, um zu ihm zu gelangen.

„Sie sind etwas spät dran … aber machen Sie sich nichts daraus", antwortete Pajol, „Sie können das Kommando über die Nachhut übernehmen."

„Gut!" war Exelmans' Antwort.

Und er ging weiter zur Nachhut, wo er die Rouenner vorfand, die gerade erst eingetroffen waren.

Pajol hielt sein Pferd in Point-du-Jour an.

„Beim Himmel!", rief er, „ich wette …"

„Was?", fragten sie.

„Dass hier niemand eine Karte des Départements Seine-et-Oise hat… Wie? Hat irgendjemand eine Karte des Départements Seine-et-Oise?"

Niemand antwortete.

„Soll ich losgehen und einen suchen?", fragte Charras.

"Wo?"

„Ich weiß nicht! Wo immer ich kann!"

„Aber wenn Sie nicht wissen, wo Sie suchen sollen?"

„Oh! Wenn man jagt, findet man immer, was man will."

Charras galoppierte los, denn er hatte eine Ahnung, wo er suchen musste. Er ging zur Fabrik in Sèvres: Es war unmöglich, dort keine Karte von Seine-et-Oise zu finden. Und er täuschte sich nicht: Sie hatten zwei. Sie wurden ihm von meinem Namensvetter, Monsieur Dumas, dem Chemiker, ehemaligen Minister und jetzigen Senator, zur Verfügung gestellt. Pajol erhielt die beiden Karten eine Viertelmeile außerhalb von Sèvres.

„Also, Jacqueminot", sagte er, „wir brauchen Brot, und zwar reichlich … Gehen Sie nach Versailles und bestellen Sie zehntausend Rationen."

Jacqueminot machte den Anfang.

„Und wir müssen auch Spione haben", sagte Pajol. „Wer wird sich darum kümmern, Spione für mich zu finden?"

„Das werde ich", sagte Charras.

„Ah! Wollen Sie sich etwa vornehmen, alles zu finden?“

„Warum nicht?“, sagte Charras. „Ich muss mich nützlich machen.“

"Wo finden Sie diese für mich?"

„In Versailles.“

"Kennst Du da irgend jemanden?"

„Keine Menschenseele … aber machen Sie sich deswegen keine Mühe.“

„Ich werde mit dir gehen“, sagte Bernadou.

"Komm dann."

Die beiden jungen Männer ritten so schnell, wie ihre Pferde es zuließen. Sie erreichten das Rathaus von Versailles, völlig verdurstet. Jemand hatte die Idee, im Hof, in der prallen Sonne, ein Dutzend Fässer Bier aufzubrechen: Sie versuchten, es zu trinken, fanden es aber giftig. Ein Mann in Zivil war dort, der den Bürgermeister vertrat und schwitzte wie ein Ochse: Im Übrigen schmolzen alle, Bürgermeister, Abgeordnete, Stadträte, vor Hitze dahin.

„Schauen Sie schnell hin!“, sagte Charras. „Kommen Sie, wir brauchen Spione, Pferde und eine Kutsche!“

„Wie bitte?“, fragte der schwitzende Bürger.

„Bist du taub? Ich bitte dich um Spione, Pferde und eine Kutsche!“

„Wo, glauben Sie, kann ich sie finden?“, antwortete der Bürger und begann immer mehr zu schwitzen.

„Das geht mich nichts an. Finden Sie sie – ich muss sie haben. Das ist alles, was ich Ihnen zu sagen habe.“

„Aber trotzdem, Monsieur, wer sind Sie?“

„Ich bin M. Charras, erster Adjutant von General Pajol, dem Oberbefehlshaber der Expeditionsarmee des Westens.“

Charras hatte diese Redewendung spontan erfunden und sie, weil er sie für hochtrabend hielt, übernommen, um die Leute aus der Kleinstadt zu beeindrucken.

„Ich kann Ihnen nur die Namen der Kutschenbesitzer nennen“, sagte er.

„Gib sie mir … Wir werden die anderen Dinge herausfinden, denn mir scheint, du bist der Sache selbst nicht sehr gewachsen.“

Der Mann gab die Adressen von zwei oder drei Taxibesitzern an. Sie verließen das Herrenhaus, das sich am Ortseingang auf der linken Seite befand, etwa dreihundert Meter vor dem Schloss, und kehrten in Richtung

Paris zurück. Ein prächtiges Schild blitzte in der Mittagssonne: Es stellte eine von vier Pferden gezogene Kutsche mit zwei Reitpferden dar, die von Pferdepflegern gehalten wurden. Das ließ Charras das Wasser im Mund zusammenlaufen.

„Hallo! Wo ist der Besitzer?", rief er.

„Hier bin ich!", sagte eine Person in etwas übellaunigem Ton.

„Ich möchte sofort eine Kutsche mit zwei Pferden."

"Wozu?"

„Für die Personen, die ich hineinbringen werde."

"Wer sind Sie?"

„Das weiß ich noch nicht."

„Ich habe keine Kutschen."

„Was? Keine Kutschen?"

"NEIN."

„Was ist mit denen im Hof?"

"Sie sind verlobt."

„Ah! Sehr gut."

Charras sah sich um: Über hundert Menschen hatten sich bereits versammelt, und unter den Zuschauern befanden sich etwa ein Dutzend Soldaten der Nationalgarde sowie ein Sergeant.

„Sergeant", sagte Charras, „tun Sie mir die Freundlichkeit, diesen Herrn festzuhalten."

Nun ist ein Franzose von Natur aus dazu geneigt, Hand an andere zu legen, besonders wenn er die Uniform der Nationalgarde trägt. Sergeant Mercier, der sich weigerte, Manuel festzunehmen, war eine Ausnahme von dieser Regel, und deshalb wurde ihm diese Ehre erwiesen. Der Sergeant ging auf den Wagenbesitzer zu und packte ihn am Kragen.

„Gut!", sagte Charras. „Wir werden gleich sehen, was mit ihm geschehen soll."

„Also wirklich, Monsieur", sagte der Besitzer, „wer sind Sie?"

„Ich bin M. Charras, erster Adjutant von General Pajol, dem Oberbefehlshaber der Expeditionsarmee des Westens." „Warum haben Sie das nicht früher gesagt, Monsieur? Das ändert die Sache völlig."

„Soll ich ihn befreien?" fragte der Sergeant.

„Nicht bevor er mir eine Kutsche und zwei Pferde gegeben hat... Bernadou, geh und such dir ein paar gute Pferde und eine gute Kutsche aus."

"In Ordnung!"

Bernadou, der Sergeant und der Besitzer verschwanden unter dem großen Tor und waren in der dämmrigen Ferne des Stallhofs und der Dunkelheit der Ställe selbst nicht mehr zu sehen.

„Und jetzt", sagte Charras, „zwei Freiwillige!"

„Wozu?", fragten zwanzig Stimmen.

„Um die Position der königlichen Armee zu untersuchen und dann zurückzukehren und uns alle Einzelheiten mitzuteilen."

"Wo?"

„Wo immer wir … der Stab … und General Pajol auch sein mögen, es wird keine Schwierigkeiten geben, das herauszufinden."

„Wir werden gehen", sagten zwei Männer.

Charras sah sie an.

„Ich weiß nicht, wer Sie sind", sagte er. „Wer haftet für Ihre Treue?"

„Ich", sagte ein Herr, der ihm ebenso unbekannt war.

„Sehr gut", fuhr Charras fort, „aber Sie müssen wissen, meine Herren, dass Sie für uns Patrioten, für die königliche Armee jedoch Spione sind."

"Also?"

„Und wenn Sie erwischt werden…?"

„Sie werden auf uns schießen.... Und dann...?"

„Gut! Wenn Sie mir das gleich gesagt hätten, hätte ich keine Sicherheit verlangt."

Die Kutsche und die Pferde wurden nun herausgebracht. Charras ging erst, als er die Kutsche gesehen hatte, und die beiden Männer machten sich sicher auf den Weg nach Rambouillet. Die Spitze der Kolonne kam nun auf der Straße nach Paris in Sicht. In wenigen Sekunden war Charras neben Pajol.

„Es ist vollbracht, General", sagte er.

"Was?"

"Ich habe Spione gefunden."

"Wo sind sie?"

"Gegangen."

„Wirklich, mein lieber Junge, du bist Gold wert! ... Jetzt musst du in das Dorf Cognières gehen; wahrscheinlich werden wir dort Halt machen."

"Wo ist es?"

„Hier...sieh mal...!"

Der General zeigte die Position des Dorfes auf der Karte, vier Meilen von Rambouillet entfernt.

„Gut! Was soll ich in Cognières tun?"

„Sie müssen dem Bürgermeister sagen, dass ich bis heute Abend zehntausend Heuhaufen brauche."

„Zehntausend Fütterungen Heu? So viel wird er nie schaffen!"

„Was sollen wir denn Ihrer Meinung nach tun? Wir haben zwei- oder dreitausend Fiacres, zwölf- oder fünfzehnhundert Cabriolets, Tilburys und Wagen und der Teufel weiß, was noch alles!"

„Na gut, verzweifeln Sie nicht: Wenn wir kein Heu bekommen, besorgen wir uns eben etwas anderes …"

„Was?", unterbrach ihn der General ungeduldig.

„Wir werden uns doch die stehenden Haferernten holen!"

„Ausgezeichnet!" rief Pajol aus. „Auf mein Wort, Sie verstehen die Kunst des Krieges! Wie heißen Sie?"

„Charras."

„Das werde ich bestimmt nicht vergessen! Geh! Ich werde meinen zehntausend Fütterungen so vertrauen, als hätte ich sie schon hier."

„Oh, auf sie können Sie sich verlassen."

Und wieder machte sich Charras auf den Weg. Wir waren inzwischen angekommen und verteilten uns über Versailles. Ich für meinen Teil lief zur Kaserne der Garde; dort hatte ich einen engen Freund, einen Mann von tadelloser Tapferkeit und, was ich noch mehr schätzte, er war unglaublich klug. Sein Name war d'Arpentigny. Obwohl er jung war, war er Soldat unter dem Kaiserreich gewesen und hatte über seine Gefangenschaft in Russland eines der erstaunlichsten Bücher geschrieben, die man sich vorstellen kann.

Es gab keine einzige Wache im Palast; alle waren dem König nach Rambouillet gefolgt und begleiteten ihn, wie bekannt ist, bis nach Cherbourg.

Nach einer halbstündigen Pause wurde der Befehl gegeben, unseren Marsch fortzusetzen. Gleich zu Beginn erfuhr General Pajol, dass zwei Regimenter in Versailles stationiert waren. Wäre es klug von ihm, sie zurückzulassen? Drei Parlamentäre wurden geschickt, und die beiden Regimenter ergaben sich ohne Widerstand; ihre Waffen wurden unter den Männern der Expedition verteilt, und meine siebzehn Soldaten erbeuteten drei Gewehre. Bei der Ankunft in Saint-Cyr schlug Degousée vor, die Artillerie der École zu beschlagnahmen; er bat um Freiwillige, und wir boten uns an. Zweihundert Mann brachen auf, um acht Kanonen zu erbeuten. Wir spannten uns vor sie, um sie bis zur Straße zu schleppen, und Boten, die in alle Richtungen ausgesandt wurden, brachten Pferde und Zügel zurück .

Die Expeditionsarmee des Westens verfügte nun über Artillerie, aber es fehlte an Patronen und Geschossen. In diesem Moment schloss sich uns Georges La Fayette an, und da das Kommando über die Artillerie vakant war, übergab Pajol es ihm. Ich habe nie erfahren, ob es ihnen gelang, an Geschosse und Patronen zu gelangen. Als die Expeditionsarmee die Spitze des Hügels von Saint-Cyr erreichte, fanden sie die Hauptstraße übersät mit Säbeln, Gewehren, Patronenschachteln und Soldatenmützen. Der Rückzug war so demoralisiert, dass die Männer tatsächlich ihre Waffen auf der ganzen Strecke weggeworfen hatten. Fünf weitere meiner Männer fanden so dank dieser Spieren des königlichen Wracks Waffen für sich. Wir erreichten Cognières gegen sieben Uhr abends, gequält von Müdigkeit und sterbend vor Hunger. Wir hatten es zwar geschafft, in Versailles ein paar Brotstücke und ein paar Gläser Wein aufzuheben; aber, wie mein Szenenbildner sagte, es war nur genug, um damit einen hohlen Zahn zu stopfen. Als wir Cognières erreichten, gab es dort eine schreckliche Anzahl hohler Zähne: Die Pferde hatten ihre zehntausend Rationen Heu und Hafer gefunden, aber die Männer hatten überhaupt nichts zu essen gefunden. Doch Jacqueminot hatte seine Mission gewissenhaft erfüllt: Sie hatten ihm versprochen, dass das Brot schnell herbeigeschafft werden sollte, sobald der neue Präfekt eintraf (und er wurde jeden Moment erwartet). Jeder von uns machte sich wie der Löwe der Heiligen Schrift an die Arbeit und suchte, wen er verschlingen könnte. Ich hatte unser Lager um einen großen Strohhaufen herum aufgeschlagen, der rechts von der Straße stand, und unsere Flagge wurde von einem der Kulissenschieber oben auf dem Haufen aufgehängt, um als Wegweiser zu dienen. Ich hatte bei meiner Suche außerordentliches Pech gehabt, bis ich glücklicherweise das Haus des Pfarrers entdeckte. Ich ging hinein und legte dem ehrenwerten Mann meine Wünsche und die meiner Truppe vor. Er gab mir einen schönen Laib Brot, der drei oder vier Pfund gewogen haben muss, und da er keine Flaschen im Haus hatte, füllte er eine Flasche, die eigentlich für Milch gedacht war, mit Wein. Während ich auf meiner Futtersuche war, wurden anderswo zwei Dinge erledigt: dreißig Bauern aus Cognières, bewaffnet mit Schwertern und Gewehren, die sie auf der Straße aufgesammelt hatten, wurden als Vorposten eine Viertelmeile vom Dorf entfernt aufgestellt; und mit den drei- oder viertausend Fiakern, fünfzehn- bis achtzehnhundert Cabriolets, Tilburys und Wagen usw. errichteten sie eine große Barrikadenlinie quer über die Straße, die sich links und rechts über die Ebene erstreckte, die gesamte Vorderseite des Lagers bedeckte und sich auf zwei Seiten nach hinten zu den Flanken wölbte. Auf meinem Weg war ich von einem Herrn in schwarzem Rock und Hose mit weißer Weste angehalten worden – das Ganze ergab ein perlgraues Bild. Er war der Prozession begegnet, wurde vom Strudel mitgerissen, war auf die Rückseite eines Fiakers geklettert und so fortgetragen worden. Er hatte keinerlei Waffen bei sich, nicht einmal ein Taschenmesser. Ich konnte sehen, dass er in diesem Geschäft noch ein Neuling war. Er hatte seit dem Vortag nichts gegessen und verlangte lautstark nach etwas Essbarem. Von Beruf war er Makler und hieß Detours. Ich zeigte ihm unsere Flagge und ermutigte ihn, seine bisher erfolglose Jagd noch ein wenig fortzusetzen und sich dann zu uns an unseren Stapel zu setzen, egal, ob er die Hände voll oder leer hatte.

Nach einer Viertelstunde sah ich ihn mit einem Stück Brot und einer halben Hammelkeule kommen. Er war mit Charras zusammengekommen, der Mitleid mit ihm hatte und ihm General Pajols Feldflasche zur Verfügung gestellt hatte. Er entschuldigte sich, nicht mehr mitgebracht zu haben. Meine Männer waren jedoch zu den benachbarten Bauernhöfen gegangen und hatten sich ein paar Hühner und Eier besorgt. Wir legten das ganze Futter zusammen und aßen so gut wie möglich zu Abend. Aber nur wir vier- oder fünfhundert, die wir zuerst angekommen waren, bekamen zu Abend: Das hungrige Stöhnen derer, die nach uns kamen, war überall zu hören. Als das Mahl beendet war, grub ich unter dem Schornstein eine Art Gewölbe aus, in das Delanoue und ich uns mit sybaritischer Genugtuung hineinlegten. Der Rest unserer Männer streute Stroh auf den Boden und kampierte im Freien. Was Monsieur Detours betrifft, so weiß ich nicht, ob er in Paris oder in der Provinz lebt, ob er tot oder lebendig ist, ob er Bonapartist oder Republikaner ist, denn ich habe ihn nie wieder gesehen. Es ist ein Wunder, dass ich mich zufällig an seinen Namen erinnerte.

KAPITEL IV

Während Delanoue und ich den Schlaf der Gerechten schliefen; während die Männer der zweiten Linie ihren Appetit noch nicht einmal zur Hälfte gestillt hatten und ihre Gürtel festschnallten; während die Männer der dritten Linie, die überhaupt nichts gegessen hatten, wie eine Löwenherde in der Wüste brüllten; während die Kutscher in ihren Kutschen schnarchten und die Pferde Heu und Hafer fraßen; während die Lagerfeuer erloschen und ihr schwaches Licht über ein Gebiet von drei Meilen zertrampelter Erntefelder, über schlafende Männer und umherirrende Phantome warfen, wollen wir beschreiben, was im Hauptquartier vor sich ging.

Die Vorhut hatte sich kaum auf der Straße zwischen Cognières und Rambouillet etabliert, als sie einen General, der gewaltsam versucht hatte, die Wachenlinie zu durchbrechen, in die Postenherberge links der Straße brachten. Er trug noch die weiße Kokarde: Es war der alte General Boyer, den wir alle kannten, der später ein Kommando in Afrika hatte und sich dort, ob zu Recht oder nicht, den Spitznamen Boyer der Grausame erwarb. General Pajol war noch nicht eingetroffen. Im Gasthaussalon saßen an einem runden Tisch Monsieur de Schonen, Monsieur Odilon Barrot und Monsieur le Maréchal Maison und aßen; sie waren zum zweiten Mal auf dem Weg nach Rambouillet. In Abwesenheit von General Pajol hatte Charras das Kommando. Sie brachten General Boyer zu ihm, der freimütig seinen Namen nannte und zugab, dass er gekommen war, um sein Schwert in den Dienst von Karl X. zu stellen. Dies war in der Tat ein peinlicher Gefangener für Charras. Der junge Adjutant betrat den Raum, in dem die drei Kommissare speisten, und wandte sich an Marschall Maison. Er sagte:

„Monsieur le Maréchal, sie haben gerade General Boyer verhaftet.“

„Nun“, fragte der Marschall, „was soll ich in dieser Angelegenheit tun?“

„Werden Sie ihn dazu bringen, auf Bewährung zu gehen? Ich werde ihn freilassen.“

„Nein, du meine Güte, nein“, rief der Marschall. „Behalten Sie ihn im Auge, und wenn Pajol kommt, kann er mit ihm machen, was er will.“

Sie brachten General Boyer in einen Raum neben dem, in dem die Kommissare speisten.

Charras hatte seit dem Morgen, an dem er mit General Pajol gefrühstückt hatte, nichts gegessen, und die Kommissare merkten leicht, dass ihr Abendessen seine Aufmerksamkeit erregte . Sie boten ihm daher einen Anteil an, den er annahm. Marschall Maison trank nie anderen Wein als Champagner; er schenkte General Pajols Adjutanten drei oder vier Gläser nacheinander ein (sie tranken aus einer Art Wasserglas), der mit leerem Magen, mit von seinem Feldzug nach La Fère angespannten Nerven und einer von der sechstägigen Sonne brennenden Stirn von einer ganz neuen Art der Erregung überwältigt wurde. Als General Pajol also zu ihnen zurückkehrte, feststellte, dass das Brot noch nicht eingetroffen war, und nach einem Freiwilligen fragte, der nach Versailles gehen wollte, meldete sich Charras, der, die Hin- und Rückfahrten eingerechnet, im Laufe des Tages bereits etwa zwanzig Meilen zurückgelegt hatte – Charras, sage ich, als er sah, dass sich niemand anbot, selbst freiwillig.

„Aber“, sagte Pajol, „bist du aus Eisen?“

„Eisen oder nicht“, sagte Charras, „Sie sehen doch ganz genau, dass, wenn ich nicht gehe, niemand sonst die Absicht hat zu gehen.“

„Dann also fort mit dir! ... Aber natürlich wirst du, wenn du unterwegs auf das Brot triffst, damit zurückkehren.“

„Darauf kannst du wetten!“

Charras lief zum Stall, sattelte sein Pferd und trabte los. Als er Trappes erreicht hatte, wurde er von einem Vorposten der Nachhut aufgehalten, der ihm die Straße versperrte.

„*Qui vive?*“ rief die Wache.

„Freund.“

„Das ist nicht genug!“

„Warum reicht das nicht?“

„Ist es nicht! Wer bist du?“

„Charras, erster Adjutant von General Pajol, Oberbefehlshaber der Expeditionsarmee des Westens.“

„Einen vorrücken und das Losungswort geben.“

Wie man sehen wird, verlief alles in der richtigen militärischen Ordnung.

„Wer hat hier das Kommando?“, fragte Charras.

„General Exelmans.“

„Ich gratuliere ihm: Bring mich zu ihm.“

Sie erfüllten seinen Wunsch, der durchaus vernünftig erschien. Der General schlief links vom Straßenrand unter einem Pflaumenbaum, in seinen Mantel gehüllt. Sein Sohn schlief neben ihm. Charras legte den Grund seines Kommens offen.

„Wissen Sie“, antwortete Exelmans, „dass auch wir alle Hunger leiden?“

„General, General Pajol kann nichts dafür. Er hat heute Morgen um elf Uhr Oberst Jacqueminot nach Versailles geschickt, um zehntausend Rationen Brot zu bestellen.“

"An wen?"

„An den Präfekten.“

„Und hat das Biest es nicht geschickt?“

„Sie können selbst sehen, dass dies nicht der Fall ist, da ich auf dem Weg bin, danach zu suchen.“

„Sie sind ganz sicher, dass es befohlen wurde?“

„Oberst Jacqueminot erschrak in meiner Gegenwart.“

„In diesem Fall, Monsieur, befehle ich, General Exelmans, dass Sie den Präfekten erschießen lassen.“

Charras zog ein Notizbuch und einen Bleistift aus seiner Tasche.

„Ein Wort schriftlich, General, und innerhalb einer Stunde ist die Sache erledigt.“

„Aber, Monsieur...“

„Mit Bleistift ist alles, was ich will.“

„Aber, Monsieur...“

„Kommen Sie“, sagte Charras, „ich sehe, der Präfekt von Versailles wird heute Nacht nicht erschossen.“

„Aber, Monsieur, überlegen Sie doch, was Sie da von mir verlangen!“

„Ich bitte Sie lediglich, mich durch Ihre Linien passieren zu lassen, General.“

„Erlauben Sie diesem Herrn, durchzukommen“, sagte General Exelmans.

Er legte sich wieder schlafen unter seinen Pflaumenbaum, und Charras setzte seine Reise fort. Er erreichte die Sperre von Versailles, gab sich zu erkennen, nahm vier Nationalgardisten mit und machte sich auf den Weg zur Präfektur. Es war ein Uhr morgens, und alle schliefen. Er musste eine Viertelstunde klopfen, bevor er das geringste Lebenszeichen aus dem Haus herausbrachte. Charras und die Gardisten gingen mit aller Kraft gegeneinander vor, einige klopften mit dem Kolben ihrer Pistolen, andere mit dem ihrer Gewehre. Schließlich rief eine Stimme aus dem Hof:

"Was willst du?"

„Ich möchte mit dem Präfekten sprechen.“

„Was? Mit dem Präfekten?“

"Ja."

„Um diese Zeit in der Nacht?“

"Sicherlich."

"Er schläft."

Also gut, dann werde ich ihn wecken. Komm, komm, mach die Tür auf, und zwar schnell, sonst breche ich sie ein!

„Sie würden die Tür des Präfekten aufbrechen!“, rief der verblüffte Concierge.

„Ja“, sagte Charras. „Mein Gott! Was für eine Redegewandtheit der Kerl hat!“

Der Concierge öffnete ihnen: Er war erst halb wach, halb frisch gemacht und halb angezogen.

„Komm jetzt, bring mich zum Präfekten.“

„Aber ich sage dir, er schläft.“

„Und ich befehle dir, in sein Zimmer zu gehen, du Schurke!“

Er gab dem Concierge einen Tritt, der ihn im Laufschritt die Treppe hinaufsteigen ließ. Der Concierge öffnete das Zimmer des Präfekten und stellte seine Talgkerze auf den Nachttisch. Charras sah einen Mann, der sich die Augen rieb. Dann ging der Concierge hinaus und sagte:

„Da ist der Herr Präfekt. Vereinbaren Sie mit ihm, was Sie wollen.“

Der Präfekt stützte sich auf seinen Ellbogen.

„Was!“ sagte er, „was wollen sie von mir?“

„Ich möchte Ihnen mitteilen, Herr Präfekt", sagte Charras, „dass, während Sie ruhig schlafen, in der Umgebung von Rambouillet zehntausend Männer sind, die durch Ihre Schuld vor Hunger wahnsinnig geworden sind."

„Wieso durch meine Schuld, bitte?"

„Zweifellos ... Haben Sie nicht den Befehl erhalten, zehntausend Rationen Brot nach Cognières zu schicken?"

„Nun, Monsieur?"

„Nun, Monsieur, diese zehntausend Rationen sind noch in Versailles, das ist alles, was ich sagen kann."

„Himmel! Was soll ich tun?"

„Was willst du tun? Oh, das ist ganz klar... Ich möchte, dass du aufstehst und mit mir zur Militärbäckerei kommst, um das Brot in die Wagen zu laden. Ich möchte, dass du den Befehl gibst, dass sie sofort aufbrechen."

„Aber, Monsieur, Sie sprechen in einem solchen Ton ..."

„Ich spreche, wie ich sollte."

"Weißt du wer ich bin?"

„Was macht es für mich aus, wer du bist?"

„Monsieur, ich bin M. Aubernon, Präfekt von Seine-et-Oise."

„Und ich, Monsieur, bin M. Charras, erster Adjutant von General Pajol, dem Oberbefehlshaber der Expeditionsarmee des Westens, und ich habe den Befehl, Sie zu erschießen, wenn Sie das Brot nicht sofort abschicken."

mich zu erschießen ? ", rief der Präfekt und sprang in seinem Bett auf.

„Nicht mehr und nicht weniger als das ... Wollen Sie das Risiko eingehen?"

„Monsieur, ich werde aufstehen und mit Ihnen zur Bäckerei gehen."

"Also, schön und gut!"

Der Präfekt stand auf und ging mit Charras zur Bäckerei, wo die Karren mit Brot beladen wurden.

„Ich werde Sie hier lassen, Monsieur", sagte Charras. „Denn Sie wissen, dass es in Ihrem besten Interesse ist, die Kutschen schnell loszuschicken."

Und der unermüdliche Bote machte sich auf den Weg zurück, die Straße nach Cognières entlang.

Inzwischen hatten die drei Kommissare Rambouillet erreicht, wo sie gegen neun Uhr abends eintrafen. Alles war in größter Verwirrung. Ein Ereignis, dem es nicht an einem gewissen Grad an Feierlichkeit fehlte, hatte die Stimmung der Leute durch Unruhe getrübt. An diesem Morgen war derselbe Oberst Poque, durch den La Fayette Étienne Arago ausrichten ließ, er solle seine Kokarde nicht mehr tragen, mit einem frühen Trupp Aufständischer eingetroffen. Er hatte vielleicht einen Sonderauftrag für General Vincent, unter dem er 1814 gedient hatte. Wie dem auch sei, als er die Außenposten erreichte, ließ er seine kleine Truppe hinter sich und näherte sich mit einem Taschentuch in der Hand in Hörweite. Er wurde von einem Kürassier begleitet, der mit den Leuten vorbeigekommen war und Oberst Poque als sein Ordonnanz folgte. General Vincent war bei den royalistischen Außenposten und rief dem Oberst zu, anzuhalten. Der Oberst hielt inne, verkündete aber mit einem Taschentuch, dass er nicht vorhabe, sich zurückzuziehen, bevor er mit den Soldaten gesprochen habe. General Vincent erklärte seinerseits, dass er auf Poque schießen würde, wenn er sich nicht zurückziehe. Poque verschränkte die Arme und wartete. Der General forderte ihn dreimal auf, sich zurückzuziehen, und als er beim dritten Mal sah, dass er unbeweglich blieb, gab er den Befehl, auf ihn zu schießen. Alle in der vordersten Reihe gehorchten. Das Pferd des Kürassiers wurde von drei Kugeln unter ihm niedergestreckt. Oberst Poque wurde durch eine weitere Kugel der Knöchel gebrochen und er lag qualvoll auf dem Rücken seines Pferdes, aber er rührte sich immer noch nicht. Sie gingen zu ihm, nahmen ihn herunter und trugen ihn in die Nebengebäude des Schlosses. Dieses Beispiel zeigte den Soldaten die Laune der Männer, mit denen sie es zu tun hatten.

Karl X. war über den Vorfall verzweifelt und fragte, wer Oberst Poque sei. Er ließ Madame de Gontaut ausrichten, ob er etwas bräuchte.

Poque, dessen Mutter in den Pyrenäen war, wollte, dass man ihr von dem Unfall erzählte, aber nicht, wie schwer die Verletzung war. Charles X. schickte seinen eigenen Arzt zum Oberst und der Arzt sah, dass ihm nichts anderes übrig blieb, als sein Bein zu amputieren! Madame de Gontaut selbst schrieb an die Mutter des Verletzten.

Um fünf Uhr erfuhren sie vom Vorrücken der Pariser Armee, um sieben Uhr meldeten sie ihre Ankunft. Materiell gesehen war diese Armee nicht gerade furchterregend, moralisch jedoch war sie ein Zeichen für den Geist der Revolution, der sich gegen das Königshaus wandte.

Inmitten dieser Unruhen, verschiedener Ratschläge und unterschiedlicher Entscheidungen debattierten sie, was zu tun sei. Einige wollten bis zuletzt durchhalten und schlugen einen Rückzug an die Loire, eine zweite Vendée und einen Chouans-Krieg vor. Andere sahen das Schicksal der Monarchie eher mutlos und rieten zu einer sofortigen Flucht. Der Dauphin, der versucht hatte, Marschall Marmont sein Schwert zu entreißen, hatte sich die Finger aufgeschnitten und schmollte wie ein Kind. Der Marschall fühlte sich beleidigt und schloss sich wortlos in seinem Zimmer ein. Um acht Uhr war Rambouillet bereits halb verlassen: Die Höflinge (diejenigen, die am selben Tag an der Tafel des Königs gespeist hatten) waren verschwunden, einige von ihnen in solcher Eile, dass sie nicht einmal angehalten hatten, um ihre Hüte aufzuheben. Nur die Soldaten blieben auf ihren Posten, obwohl sie launisch, mürrisch und deprimiert waren.

Durch diese Traueratmosphäre mussten die Herren von Schonen, Odilon Barrot und Marschall Maison gehen, um zu Karl X. zu gelangen. Der alte König empfing sie mit finsterer Miene und einer für ihn höchst ungewöhnlichen Schroffheit.

„Was wollen Sie noch von mir, meine Herren?", fragte er.

„Sire, wir sind im Auftrag des Generalleutnants gekommen."

„Gut, aber ich habe eine Vereinbarung mit ihm getroffen und alles ist zwischen uns geregelt."

Die Kommissare bewahrten Stillschweigen.

„Hat er den Brief nicht erhalten, den ich ihm durch Monsieur de Latour-Foissac geschickt habe und der meine Abdankung und die des Dauphins enthielt?"

„Ja, Sire, aber hat er darauf geantwortet?"

„Nein, das hat er zwar nicht. Aber wozu hätte er mir antworten sollen, da er mir bereits auf meine beiden früheren Briefe geantwortet hatte, in denen er mir jeweils seine Ergebenheit versicherte?"

Die Kommissare schwiegen erneut.

„Kommen Sie, meine Herren, sprechen Sie", sagte Charles X.

„Sire, wir kommen vom Generalleutnant des Königreichs, um Eure Majestät zu warnen, dass die Bevölkerung von Paris auf Rambouillet marschiert."

„Aber mein Enkel? ... Heinrich V." rief Karl X.

Zum dritten Mal gaben die Kommissare keine Antwort.

„Seine Rechte können doch nicht angefochten werden", fuhr Charles X. mit Vehemenz fort. „Seine Rechte sind durch meine Abdankung gewahrt. Ich habe fünfzehntausend Männer um mich, die bereit sind, zu sterben, um seine

Rechte zu wahren! ... Antworten Sie mir, meine Herren! Bei allem, was Frankreich lieb und teuer ist, beschwöre ich Sie, mir zu antworten!"

Marschall Maison machte eine Bewegung nach hinten. Er war bestürzt angesichts der überwältigenden Trauer, die sich auf dem Gesicht des alten Mannes widerspiegelte.

„Sire", sagte Odilon Barrot, „Sie dürfen den Thron Ihres Enkels nicht auf Blutvergießen gründen."

„Und", fügte Marschall Maison hinzu, „möge der König darüber nachdenken, dass sechzigtausend Mann nach Rambouillet marschieren!"

Der König blieb vor Marschall Maison stehen und sagte nach einem Moment des Schweigens:

„Zwei Worte an Sie, Monsieur le Maréchal."

Die anderen Kommissare zogen sich zurück.

„Ich stehe unter dem Befehl des Königs", sagte der Marschall.

Der König gab dem Marschall ein Zeichen, zu ihm zu kommen, und der Marschall gehorchte.

„Auf Ihr Ehrenwort, Monsieur", sagte der König und sah dem Marschall direkt ins Gesicht, „zählt die Pariser Armee wirklich so viele sechzigtausend Mann, wie Sie mir versichert haben?"

Der Marschall hielt es zweifellos für einen frommen Betrug, das Land vor einem Bürgerkrieg zu bewahren. Und vielleicht glaubte er gleichzeitig, die Wahrheit zu sagen: Die Ebene, die Straße, das ganze Land zwischen Versailles und Rambouillet war voller Männer.

„Auf mein Ehrenwort, das ist so, Sire!", sagte er.

„Das ist alles", sagte Karl X., „Sie können sich zurückziehen ... Ich werde den Rat des Dauphins und des Herzogs von Raguse befolgen."

Die Kommissare gingen weg, doch der Dauphin lehnte es ab, Ratschläge zu erteilen.

„Sire", antwortete der Herzog von Raguse, „ich biete meinem König einen letzten Treuebeweis an, indem ich ihm zum Rückzug rate."

„Gut, Monsieur le Maréchal", sagte Charles X. „Lassen Sie alles für unsere Abreise morgen um sieben Uhr morgens bereit sein."

Ach! Und so kam es, dass dieser letzte unserer ritterlichen Könige, durch die Umstände gezwungen und in die Enge getrieben, sein Schwert abgab, allerdings nicht wie König Johann oder Franz I., die glaubten, dass man es nur auf dem Schlachtfeld abgeben könne.

Doch die königliche Sache erlitt hier eine noch verheerendere Niederlage als in Poitiers oder Pavia.

Während all diese ernsten Angelegenheiten zwischen den Mächtigen oder vielmehr den Schwachen der Erde debattiert wurden (denn gehörten diese Könige, die nacheinander fortgehen und im Exil in Goritz oder Claremont sterben mussten, nicht zu den schwächsten Menschen?), schlief ich, der ich fast ebenso große Schwierigkeiten gehabt hatte, meinen Strohhaufen zu erobern, wie Louis-Philippe, seinen Thron zu erobern, unter meinem Strohdach sicherlich besser als der König unter seinem samtenen Baldachin. Gegen vier oder fünf Uhr morgens wurde ich von einem anhaltenden Salvenfeuer geweckt; die Kugeln sausten aneinander vorbei, und die Fiaker, die uns als Barrikaden gegen den Angriff der Schweizer und der königlichen Garde dienen sollten, rannten in alle Richtungen über die Ebene davon, so schnell ihre Pferde galoppieren konnten. Es war ein falscher Alarm! Herrgott! Was wäre geschehen, wenn der Alarm echt gewesen wäre? Genau das war geschehen. Einige Männer hatten auf ihrer Flucht aus Rambouillet ihre Gewehre abgefeuert, und das Lager dachte, der Kampf hätte begonnen: Es erwachte im Halbschlaf und feuerte wahllos; der erste Instinkt eines jeden Mannes, der ein Gewehr in der Hand hat, ist, es zu benutzen, und daher das Schießen und Kreuzfeuer, das mich weckte. Schließlich wurde alles erklärt und aufgeklärt, und es kam nichts Schlimmeres dabei heraus als ein Toter und zwei oder drei Verwundete; die Armee donnerte eine gewaltige *Marseillaise* und machte sich auf den Weg zurück nach Paris. Aber Delanoue und ich machten die Reise zu Fuß: Unser Fiaker war einer der ersten unter den Deserteuren gewesen, und es war uns unmöglich, ihn in die Hände zu bekommen. Ich erinnere mich, dass wir mit meinen lieben guten Freunden Alfred und Tony Johannot, die beide vorzeitig starben, Brüder im Tod wie im Leben, über die Felder bis nach Versailles zurückkehrten! In Versailles nahmen wir eine Kutsche zurück nach Paris.

Aber wir müssen erzählen, was aus dem General und dem Stab der *Expeditionsarmee des Westens wurde*. Pajol bestieg sein Pferd beim ersten Schuss und ritt mitten durch die Menge, wobei er vergeblich versuchte, seine Stimme über den Tumult hinweg hörbar zu machen. Kugeln regneten um ihn herum, aber er kümmerte sich nicht mehr darum, als wenn es Hagelkörner gewesen wären. Ich erinnerte ihn einmal an diesen Vorfall und lobte ihn für seinen Mut und seine *Kaltblütigkeit*.

„Pah!", sagte er, „es wäre wirklich eine feine Sache gewesen, wenn ein alter Soldat, der alle Unruhen des Kaiserreichs miterlebt hat, ein bisschen von so einem Wandbelag bemerkt hätte!"

Der Sturm legte sich um ihn herum, wie auch um uns, aber nicht alle waren so geneigt, sich zurückzuziehen wie wir: Ein Teil der Expeditionsarmee sah keinen Spaß darin, umsonst nach Cognières gekommen zu sein, und beschloss, nach Rambouillet vorzustoßen. Pajol verfolgte diese Fanatiker mit einem gewissen Gefühl des Schreckens und schickte Charras und Degousée an ihre Spitze; aber diese beiden Anführer erkannten bald die Hoffnungslosigkeit, diese Menschenflut in Schach zu halten, und ließen sich von ihr mitreißen. Sie rückten bis zum Hof des Schlosses von Rambouillet vor, wo der Bürgermeister der Stadt leise und heimlich auf einen Munitionswagen zeigte, dessen Schlüssel er Marschall Maison übergeben hatte. Dieser Wagen enthielt die Kronjuwelen im Wert von achtzig Millionen.

„Gut!", sagte Charras. „Man muss sie der Obhut des Volkes anvertrauen. Nur so können wir verhindern, dass ihnen etwas zustößt."

Sie bastelten eine kleine dreifarbige Flagge, auf die sie in schwarzen Buchstaben „ *Die Kronjuwelen* " schrieben: Diese Flagge steckten sie auf den Wagen, und damit war die Sache erledigt. Dann verkündeten sie, dass jeder, der in Begleitung der Kronjuwelen zurückkehren und sie bewachen wollte, in den Kutschen des Königs reisen konnte. Dieser Trick von Degousée sollte verhindern, dass sie diese Kutschen in Brand steckten. Doch ein Teil der Freiwilligen gab sich lieber dem Vergnügen des Schießens hin und jagte im königlichen Park Hirsche, Rehe und Hirschkühe. Andere ließen sich im Schloss nieder, veranstalteten riesige Orgien mit den Resten, die sie in den Küchen des Ex-Königs fanden, und tranken die besten Weine in den Kellern. Schließlich stiegen die Vernünftigsten oder vielleicht auch die Eitelsten unter ihnen in die königlichen Kutschen und fuhren sie zurück nach Paris, wobei der Wagen mit den Kronjuwelen in der Mitte mit dem gleichen Respekt behandelt wurde, den die Israeliten der heiligen Bundeslade entgegenbrachten. Der Vergleich ist umso vollständiger, als jeder unvorsichtige Mensch, der es gewagt hätte, auch nur eine Fingerspitze auf diese moderne Bundeslade zu legen, mit Sicherheit getötet worden wäre, und zwar auf eine ganz andere Art und Weise als der Frevler, der die alte Bundeslade berührte. Die ganze Prozession war außergewöhnlich durch die Kontraste zwischen Lakaien in prächtigen Livreen, prächtigen Geschirren und vergoldeten Kutschen und Männern in Lumpen, die in Kutschen fuhren. Nachdem sie in feierlichem, langsamem Tempo den Quai de Passy, den Quai de Billy, den Quai de la Conférence und den Quai des Tuileries entlanggefahren war, überquerte sie das Karussell und hielt im Hof des Palais-Royal. Ich brauche wohl kaum zu sagen, dass jeder dieser unglücklichen Männer, die Juwelen im Wert von über achtzig Millionen begleiteten, eskortierten und bewachten, vor Hunger starb, da sie an diesem Tag nichts hatten außer einer Portion Brot, die ihnen am Abend zuvor vom Präfekten von Seine-et-Oise geschickt worden war. Und da diese Brotkarren geplündert worden waren, hatten einige nur eine halbe Ration und andere wiederum nur ein Viertel; manche hatten überhaupt nichts. Der Generalleutnant kam herunter, dankte ihnen, lächelte sie an und ging wieder hinauf.

„Beim Himmel!", rief Charras Charles Ledru zu, „er hätte uns zum Abendessen einladen können. Ich bin einfach am Verhungern!"

„Gut", sagte Ledru, „lass uns bei Véfour essen gehen."

„Sie sind höchst betörend! Aber ich habe keinen Sou... Haben Sie überhaupt Geld?"

„Ich habe fünfzehn Francs."

„Oh! Dann *Vive la Charta!* "

Fröhlich und umschlungen gingen sie gemeinsam zum Abendessen bei Véfour.

General Pajol, der Oberbefehlshaber der Expeditionsarmee des Westens, kehrte fröhlich in einer Kutsche, die er in Cognières abgeholt hatte, nach Paris zurück. Vor seiner Abreise war die Kasse der Expeditionsarmee geöffnet worden, und M. Armand Cassan, der improvisierte Kassierer, hatte bis auf den letzten Pfennig für das gemähte Getreide, das gerupfte Geflügel, die aus den Nestern genommenen Eier, das geerntete Obst und den getrunkenen Wein bezahlt.

Hundert zu eins konnten die Bauern rund um Cognières der Expedition nach Rambouillet keine schlechte Meinung geben.

KAPITEL V

Harels Idee – Es wird vorgeschlagen, ich solle *La Parisienne schreiben* – Auguste Barbier – Mein moralischer Zustand nach den drei Tagen – Ich werde Anwalt – Frühstück mit General La Fayette – Mein Gespräch mit ihm – Eine indiskrete Frage – Der Marquis de Favras – Ein Brief von Monsieur – Mein Auftrag

Ich muss gestehen, dass ich bei dieser Gelegenheit völlig erschöpft nach Hause kam, und selbst wenn man mir die faszinierendste Expedition vorgeschlagen hätte, die man sich vorstellen kann, hätte sie mich am nächsten Tag nicht aus dem Bett getrieben. So lag ich also im Bett, als Harel mich besuchte. Er brachte mir eine Idee für ein neues Stück, von dem er dachte, es würde in Paris der letzte Schrei sein, und zwar über *Napoleon*. Lasst uns Gerechtigkeit walten lassen, wo sie gebührt. Harel war der erste Theaterdirektor, der auf die Idee kam, etwas aus dem großen Mann zu machen, der uns alle teuer zu stehen gekommen war – Harel oder vielmehr Mademoiselle Georges. Denn Mademoiselle Georges hatte ihm tatsächlich viel zu verdanken! Obwohl mir die Idee als eine großartige Geschäftsspekulation erschien, gefiel sie mir leider aus künstlerischer Sicht nicht. Die Verletzungen, die Bonaparte meiner Familie zugefügt hatte, veranlassten mich, Napoleon gegenüber ungerecht zu sein; außerdem hielt ich es nicht für möglich, ein solches Drama zu schreiben, ohne böse Leidenschaften zu wecken. Deshalb lehnte ich es ab, die Aufgabe zu übernehmen. Harel brach in Gelächter aus.

„Sie werden es sich anders überlegen", sagte er.

Und er verließ mich, so wie Louis-Philippe die Republikaner verlassen hatte, und summte:

„Il ne faut pas dire: ‚Fontaine...'"

Ich muss auch sagen, dass es mir zu einer solchen Zeit merkwürdig vorkam, dass irgendjemand davon träumen konnte, einen Stift in die Hand zu nehmen und auf Papier zu schreiben, um ein Buch zu machen oder ein Drama zu komponieren.

Zimmermann bat mich auch, eine zu vertonende Kantate zu schreiben.

„Mein Freund", sagte ich zu ihm, „bitten Sie einen Mann, das für Sie zu tun, der nicht gekämpft hat, der nichts von den jüngsten Ereignissen gesehen hat, einen Dichter, der ein Anwesen auf dem Lande besitzt und der vielleicht während der Drei Tage auf seinem Anwesen geblieben ist, und er wird es für

Sie perfekt machen! Aber ich, der ich gesehen und aktiv teilgenommen habe, könnte nichts Gutes tun: Es würde hinter den Realitäten zurückbleiben, deren Zeuge ich war."

Er suchte Casimir Delavigne auf, den Autor von *La Parisienne*.

Doch plötzlich erhob sich angesichts von *La Parisienne* und als wolle es die Hohlheit dieser imperialen Poesie betonen, *La Curée* , eine Fackel, die ein unbekannter Dichter schwenkte. Dieses wunderbare Meisterwerk, dieses jambische Gedicht, brennend im Fieber der Schlacht und des heißen Sonnenscheins, an dem die Freiheit mit festen Schritten, mit großen Schritten, mit feurigem Blick und nackter Brust vorbeiging, war mit Auguste Barbier unterzeichnet. Wir alle begrüßten es mit Entzücken. Hier war ein weiterer großer Dichter in unserer Mitte; eine Verstärkung, die gleichsam durch eine Falltür mitten in den Flammen zu uns kam, wie einer der Geister, die an der Verwandlungsszene einer Pantomime teilnehmen. Aber obwohl die Verse von Barbier und sogar von Hugo meine Begeisterung weckten, spornten sie mich nicht zum Nachahmen an: Prosa und Poesie waren mir so gleichgültig, dass ich erkannte, ich musste all diesem politischen Aufruhr Zeit geben, in mir abzubauen. Ich hätte Frankreich gern einen Dienst erwiesen: Ich konnte nicht glauben, dass die Krise vorüber war, ich fühlte, dass es in irgendeinem Winkel unseres großen Königreichs noch etwas zu tun gab und dass ein heftiger Sturm unmöglich plötzlich nachlassen konnte. Schließlich war ich angewidert, ich könnte fast sagen, beschämt über das Durcheinander, das Paris angerichtet hatte. Ich versuchte zwei oder drei Tage lang, mich in etwas außerhalb meines gewohnten Lebens zu stürzen. Abgesehen von meiner Vergangenheit oder meiner Zukunft hätte ich eine andere Stelle im Palais-Royal bekommen und um irgendeine Mission bitten können, um nach Preußen, Russland oder Spanien geschickt zu werden; aber ich wollte nicht. Ich hatte geschworen, den Palast nicht wieder zu betreten, zumindest nicht aus eigenem Antrieb. Also richtete ich meine Gedanken auf die Vendée. Vielleicht gab es dort Arbeit zu erledigen.

Karl X. war in Saint-Cloud von einem kurzen Zögern ergriffen worden; Monsieur de Vitrolles hatte mit ihm über die Vendée gesprochen, und er war kurz davor, sich auf das Abenteuer einzulassen. In Trianon war Monsieur de Guernon-Ranville der Meinung, dass dem König nur ein Ausweg bliebe, nämlich der Rückzug nach Tours und die Einberufung beider Kammern sowie aller Generäle und hohen Staatsbeamten und Würdenträger des Königreichs. Karl hatte diesen Vorschlag zweifellos beiseite geschoben; zweifellos machte er sich auf den Weg nach Cherbourg und wollte niedergeschlagen und benommen nach England einschiffen; aber wenn die Geister der Opfer von Quiberon auferstanden und ihm verboten, in die Vendée zu gehen, war diese Provinz nicht abgeneigt, andere Mitglieder seiner Familie aufzunehmen.

Ich dachte daher, es wäre klug, politisch und menschlich, die Vendée in eine entgegengesetzte Richtung zu beeinflussen. Vielleicht sah ich es auch deshalb so, weil ich in die Vendée reisen wollte. Also machte ich mich auf den Weg und suchte General La Fayette. Ich hatte ihn seit meiner Expedition nach Soissons nicht mehr gesehen: Er wusste, dass ich auch an jener nach Rambouillet teilgenommen hatte. Er streckte die Arme aus, als er mich erblickte.

„Ah!", sagte er. „Da bist du ja endlich! Wie kommt es, dass ich dich während des Kampfes nicht mehr gesehen habe, seit dem Sieg?"

„General", sagte ich, „ich habe gewartet, bis die dringendsten Angelegenheiten erledigt waren, aber jetzt stehe ich hier und bin ein Bettler."

„Komm schon!", sagte er lachend. „Ist es übrigens eine Präfektur, die du suchst?"

„Gott bewahre, nein! ... Ich will in die Vendée."

"Wozu?"

„Um zu sehen, ob es eine Möglichkeit gibt, eine Nationalgarde zu organisieren."

"Kennen Sie das Land?"

„Nein, aber ich kann alles darüber lernen."

„An Ihrer Idee ist etwas dran", sagte der General. „Kommen Sie eines Morgens mit mir zum Frühstück, dann besprechen wir es."

„Hier, General?"

"Sicherlich."

„Danke, General ... Und darf ich Sie gleichzeitig bitten, mir etwas zu sagen?"

"Was?"

„Sagen Sie mir ... ich werde Ihnen eine merkwürdige Frage stellen, ich weiß, aber der Fall der Bourbonen nimmt ihr die Hälfte ihrer Bedeutung ... sagen Sie mir, wie es dazu kam, dass Sie, obwohl Sie – wie ich durch Dermoncourt weiß – in alle Verschwörungen von Béfort, Saumur und La Rochelle verwickelt waren, noch nie verhaftet wurden."

La Fayette begann zu lachen.

„Sie stellen mir eine Frage, die mir schon mehr als einmal gestellt wurde und auf die ich geantwortet habe, dass ich meine Straffreiheit dem Glück zuschreibe. Das war bisher meine Antwort auf die Frage, aber jetzt, Gott sei

Dank! kann ich einen anderen Grund nennen... Ihr Wunsch ist jedoch, den Ort unseres gemeinsamen Frühstücks zu ändern und statt hierher zu mir nach Hause zu kommen... Sie kennen meine Adresse?"

„Erinnern Sie sich nicht, dass ich vor einer Woche dort war?"

„Ich bitte um Verzeihung, das waren Sie."

„Wann gibt es Frühstück, General?"

„Lass mich nachdenken … heute ist der 5. … und morgen? Oder wenn nicht dann, dann bestimmt erst der 10. oder 11.."

„Mir wäre es lieber morgen, General; ich kann es kaum erwarten, aufzubrechen. Also morgen in der Rue d'Anjou-Saint-Honoré?"

"Ja."

"Zu welcher Zeit?"

„Neun Uhr... Es ist früh, ich weiß, aber ich möchte um elf hier sein."

„Haben Sie keine Angst, General, ich werde Sie nicht warten lassen."

„Wir werden unter uns sein, denn ich möchte ausführlich und ungestört mit Ihnen reden."

„Sie erweisen mir einen doppelten Gefallen, General."

Zu diesem Zeitpunkt wurde die eine oder andere Abordnung angekündigt, und ich zog mich zurück.

Am nächsten Tag begab ich mich um zehn Minuten vor neun in die Rue d'Anjou-Saint-Honoré Nr. 6. Der General erwartete mich in seinem Arbeitszimmer.

„Wenn es Ihnen nichts ausmacht, werden wir hier frühstücken. Dann haben wir einige Dinge zur Hand, die wir für unser Gespräch brauchen."

Ich lächelte.

Er unterbrach mich, da er merkte, dass ich meine Frage vom Vortag wiederholen wollte.

„Lassen Sie uns zuerst über Ihren Plan für die Vendée sprechen."

„Gerne, General."

„Hast du noch mehr darüber nachgedacht?"

„Soweit ich in der Lage bin, über jedes Thema nachzudenken: Ich bin ein Mensch der Impulse und nicht zum Nachdenken geneigt."

„Gut, dann erzählen Sie mir alles über Ihren Vorschlag."

„Mein Vorschlag ist, dass Sie mich in die Vendée schicken, um zu prüfen, ob es möglich ist, dort eine Nationalgarde zu organisieren, um diesen Teil des Landes zu schützen und um etwaigen royalistischen Verschwörungen entgegenzutreten, falls solche entstehen sollten."

„Wie glauben Sie, dass es möglich ist, ein royalistisches Land vor royalistischen Angriffen zu schützen?"

„General", sagte ich, „da könnte ich mich irren, aber hören Sie mir zunächst zu, denn ich glaube nicht, dass das, was ich Ihnen vorlegen werde, völlig unlogisch ist. Und was Ihnen auf den ersten Blick undurchführbar erscheint, ist meiner Meinung nach dennoch zumindest möglich, wenn auch vielleicht nicht leicht umzusetzen."

„Weiter: Ich höre zu."

„Die Vendée von 1830 ist eine andere Sache als die Vendée von 1792: Die Bevölkerung bestand früher ausschließlich aus Adligen und Bauern; sie ist seitdem durch eine neue soziale Klasse gewachsen, die sich zwischen die beiden anderen geschoben hat, nämlich die der Besitzer nationaler Ländereien. Nun hatte dieses große Werk der territorialen Aufteilung, ob es nun die wirkliche Absicht war oder ob es das Ergebnis von Maßnahmen des Konvents war, wie Sie wollen, erhebliche Schwierigkeiten, sich in dem betreffenden Land durchzusetzen, und zwar aufgrund des doppelten Einflusses der Priester und des Adels und insbesondere aufgrund jenes schrecklichen desintegrierenden Faktors, des Bürgerkriegs, und es gab nur wenige Großgrundbesitzer, die nicht einige Reste ihres Erbes in den Händen der Revolution hinterließen.

„Nun, General, diese Überreste haben sich zu einer sekundären Klasse von Landbesitzern entwickelt, die von einem Geist des Fortschritts und der Freiheit erfüllt sind, denn nur Fortschritt und Freiheit können ihnen den ruhigen Besitz ihrer Ländereien sichern, ein Recht, das jede reaktionäre Revolution in Frage stellen könnte. Haben Sie nicht selbst manchmal daran gedacht, General? Es ist genau diese sekundäre Klasse, die uns seit 1815 patriotische Abgeordnete geschickt hat; und sie freute sich über die Revolution von 1830, weil sie sich als Abkömmling der Revolution von 1792 betrachtete, wenn auch nur als verstümmelter Vertreter. Diese Klasse ist es, die in der Revolution eine neue Weihe des Verkaufs des nationalen Eigentums sieht und sie folglich mit allen ihr zur Verfügung stehenden Mitteln unterstützen muss. Nun frage ich Sie, General, mit welchem besseren Mittel könnte sie sie unterstützen als durch die Organisation einer Nationalgarde, die beauftragt ist, über die Ruhe des Landes zu wachen, und die, da sie aus einer Klasse besteht, die zahlreich genug ist, um bei Wahlen eine Mehrheit zu erlangen, natürlich auch mächtig genug sein wird, dem Land Frieden aufzuzwingen. durch Waffengewalt? Sie sehen, General, dass mein Plan wie eine Lösung in der Algebra ist, so umfangreich wie jedes auf Zahlen basierende Problem, logisch in der Idee und daher ausführbar."

„Ha, ha, mein lieber Dichter", sagte La Fayette, „also mischen wir uns auch in die Politik ein, nicht wahr?"

„General", antwortete ich, „ich glaube, wir haben eine Krise der sozialen Entwicklung erreicht, zu der jeder Mensch seinen Beitrag leisten muss, sei es seine physischen oder mentalen Kräfte, sei es materiell oder intellektuell: der Dichter mit seiner Feder, der Maler mit seinem Pinsel, der Mathematiker mit seinem Zirkel, der Arbeiter mit seinem Maßstab, der Soldat mit seinem Gewehr, der Offizier mit seinem Schwert, der Bauer mit seiner Stimme. Also gut, ich leiste meinen Beitrag als Dichter: Mein Teil ist der Wunsch, Gutes zu tun, gefahrverachtend und hoffnungsvoll auf Erfolg. Offen gesagt, ich schätze mich nicht höher ein, als ich wirklich bin. Schätzen Sie mich nicht nach meiner eigenen Einschätzung, sondern nach Ihrer."

„Gut!...nach dem Frühstück bekommst du deinen Brief."

Wir setzten uns zu Tisch. General La Fayette hatte einen wunderbaren Verstand, war gerecht und vernünftig: Er neigte zur Güte, aber nicht aus Mangel an Fähigkeiten; er hatte viel gesehen, und das machte seinen Mangel an Bücherwissen wett. Man stelle sich vor, was es für einen jungen Mann wie mich bedeutete, von Angesicht zu Angesicht mit der Geschichte eines halben Jahrhunderts zu sprechen – sozusagen; mit dem Mann, der Richelieu gekannt, Major André die Hand geschüttelt, mit Franklin gestritten, der Freund Washingtons gewesen war, der Verbündete der einheimischen Stämme Kanadas, der Bruder von Bailly, einer der Denunzianten von Marat, der Mann, der das Leben der Königin gerettet hatte, der Gegner von Mirabeau, der Gefangene von Olmütz, der Vertreter der französischen Ritterlichkeit im Ausland, der Verteidiger der Freiheit in Frankreich, der Mensch, der zum Helden wurde, indem er in der Revolution von 1789 die Menschenrechte verkündete, und der sich wiederum durch seine Rolle bei der Tagesordnung des Rathauses in der Revolution von 1830 zu einer prominenten Figur machte! Ach! Ich war damals furchtbar unwissend in Geschichte, und meine Bewunderung für den General war so sehr die eines Laien, dass sie ihm gegenüber kaum schmeichelhaft war. Dieses weltweite Gespräch brachte uns allmählich zum Nachtisch und führte uns natürlich wieder zu dem Thema zurück, das meine Frage angeregt hatte.

„Nun, General", fragte ich ihn, „wäre es unverschämt von mir, wenn ich wiederhole, was ich gestern gesagt habe? Wie ist es gekommen, dass Sie, obwohl Sie an allen Verschwörungen von Befort, Saumur und La Rochelle teilgenommen haben, nie in Schwierigkeiten geraten sind?"

Der General stand auf, ging zu einem Sekretär, öffnete ihn, zog eine verschlossene Mappe heraus und entnahm ein Papier, das er in seiner linken Handfläche hielt; damit kehrte er zurück und setzte sich wieder an den Tisch.

„Haben Sie jemals von einem Mann namens Thomas de Mahi, Marquis de Favras, gehört?" fragte er mich.

„War er nicht der Anführer einer Verschwörung, der 1790 oder 1791 hingerichtet wurde?"

"Genau derselbe... Er war der erste und letzte Edelmann, der gehängt wurde. Er intrigierte im Auftrag des Bruders des Königs und versuchte, den armen Ludwig XVI. aus den Tuilerien zu entführen, sei es freiwillig oder mit Gewalt, und ihn an einen stark befestigten Ort zu bringen, um Monsieur zum Regenten ernennen zu lassen."

„Monsieur, wer wurde später Ludwig XVIII.?"

„Derselbe... Also, am Abend des Weihnachtstages 1789 wurde Herr de Favras verhaftet; alle Papiere, die er bei sich hatte, wurden beschlagnahmt, und da ich Oberbefehlshaber der Nationalgarde war, brachte man sie mir. Unter diesen Papieren befand sich dieser Brief. Lesen Sie ihn."

Mit einem Schaudern der Abneigung faltete ich das Papier auseinander, von dem ich nach dem, was der General mir erzählt hatte, annahm, es sei aus der Tasche eines Mannes gezogen worden, der vor Gericht gestellt, zum Tode verurteilt, hingerichtet worden war und seit vierzig Jahren zu Staub geworden war . Ich hätte meine Gefühle verschonen können, denn das Papier war nur eine Kopie, nicht das Original. Dies war der Inhalt:

> 1. *November* 1790
>
> „Ich weiß nicht, Monsieur, wofür Sie die Zeit und das Geld verwenden werden, die ich Ihnen schicke. Das Übel wird immer schlimmer; die Versammlung nimmt der königlichen Macht immer wieder das eine oder andere weg – was bleibt übrig, wenn Sie es aufschieben? Ich habe Ihnen oft und auch schriftlich gesagt, dass Sie Bailly und La Fayette nicht mit Schmähschriften, bezahlten Tribunen und der Bestechung einiger armseliger politischer Parteien aus dem Weg räumen können; sie haben das Volk zum Aufstand angestachelt; es bedarf eines weiteren Aufstands, um es zu besänftigen und einen Rückfall zu verhindern. Dieser Plan hat außerdem den Vorteil, den neuen Hof einzuschüchtern und die Absetzung eines Strohkönigs zu bewirken; wenn er in Metz oder in Péronne ist, muss er abdanken. All diese

Dinge, die wir wünschen, dienen seinem Wohl; da er die Nation liebt, wird er erfreut sein, sie richtig regiert zu sehen. Senden Sie am Ende dieses Briefes eine Quittung über zweihunderttausend Francs.

"LOUIS-STANISLAS XAVIER"

„Ah, tatsächlich", sagte ich. „Ich fange an zu verstehen. Aber warum haben Sie nur die Kopie und nicht das Original?"

„Weil sich das Original, dessen Besitz ich meiner Straffreiheit zuschreibe, in London in den Händen eines meiner Freunde befindet, eines großen Autographensammlers, der es als äußerst wertvoll betrachtet und der es, da bin ich mir ganz sicher, nicht verlieren wird. In Frankreich", fügte der General lächelnd hinzu, „können Sie verstehen, dass es verloren gehen könnte."

Ich verstand es vollkommen. Ich brannte darauf, um Erlaubnis zu bitten, eine Kopie des Duplikats anzufertigen. Aber ich traute mich nicht.

Zu gegebener Zeit werde ich berichten, wie es dazu kommt, dass ich dem Leser nun ein Exemplar geben kann.

Der General faltete den Brief wieder zusammen, steckte ihn zurück in die Mappe und legte beides auf seinen Schreibtisch. Dann nahm er Stift und Papier und schrieb:

> „Herr Alexandre Dumas wird ermächtigt, als Sonderkommissar durch die Departements Vendée, Loire-Inférieure, Morbihan und Maine-et-Loire zu reisen , um mit den örtlichen Behörden dieser verschiedenen Departements über die Frage der Bildung einer Nationalgarde zu beraten.
>
> „Wir empfehlen M. Alexandre Dumas, einen hervorragenden Patrioten aus Paris, unseren patriotischen Brüdern im Westen. – Alles Gute.
>
> LA FAYETTE
>
> "6. *August* 1830"

Er überreichte mir das Papier, das meinen Auftrag darstellte.

„Ermächtigen Sie mich, eine Art Uniform zu tragen, General?", fragte ich, nachdem ich es gelesen hatte.

„Natürlich", antwortete er. „Lassen Sie etwas anfertigen, das der Uniform eines Adjutanten ähnelt."

"Sehr gut."

„Nur muss ich Sie warnen, dass eine Uniform die unsicherste Kleidung ist, die Sie bei einer Reise durch die Vendée tragen können. Es gibt viele Hecken und nicht wenige tiefe Gassen, besonders in Le Bocage, und ein Gewehrschuss ist schnell erledigt!"

„Pah! General, das werden wir sehen, wenn wir dort sind."

„Also gut! Es ist also geregelt, und du hast vor zu gehen?"

„Sofort ist die Uniform fertig, Herr General."

„Und Sie werden direkt mit mir korrespondieren?"

"Natürlich!"

„Dann geh und *gute Reise!* Ich muss jetzt in die Kammer."

Er umarmte mich und ich verabschiedete mich.

Ich habe den edlen, würdevollen, vortrefflichen alten Mann seitdem oft gesehen. Der Leser wird ihn bei einem von mir veranstalteten Abend wieder bei mir zu Hause treffen, einem Kostümball für Künstler, er selbst in einem Kostüm, spielte Ecarté mit Beauchesne, als Charette verkleidet, und setzte seine Einsätze mit Louis, der die Puppe Heinrichs V. trug, wie der echte Vendéaner, der er war.

Ich war erstaunt, den Originalbrief von Favras, soweit ich mich erinnern kann, Wort für Wort in diesem ausgezeichneten und gewissenhaften Werk von Louis Blanc über die Revolution zu finden. Aus diesem Werk entnehme ich mein Exemplar und verweise meine Leser darauf, wenn sie mehr Einzelheiten über den unglücklichen Favras erfahren möchten, der Monsieur La Fayette verleugnete, während dieser den Brief des Prinzen in der Tasche hatte und ihn nur hervorziehen musste, um seine Unehrenhaftigkeit zu beweisen.

KAPITEL VI

Léon Pillet – Seine Uniform – Die Anfälligkeit von Soissonnais – Harel kehrt mit seinem Stück zum Angriff zurück – Ich breche in die Vendée auf – Der Steinbruch – Ich erlange Begnadigung für einen zur Galeerenstrafe verurteilten Münzräuber – Mein Aufenthalt in Meurs – Kommandant Bourgeois – Verheerende Wirkung der Trikolore in Le Bocage – Neue Beweise dafür, dass eine erwiesene Güte nie verloren geht

---

Als ich den Place du Carrousel überquerte, um Madame Guyet-Desfontaines zu besuchen, der ich noch nicht für ihre Gastfreundschaft während der gefährlichen Tage der Revolution gedankt hatte, sah ich einen Mann auf mich zukommen, den ich erkannte, und ich lief meinem guten Freund Léon Pillet entgegen. Léon Pillet war einer meiner besten Freunde, und obwohl sein Vater, der Herausgeber des *Journal de Paris* , *mir wegen Heinrich III.* eine ziemliche Standpauke gehalten hatte , war dies so geschickt und geschmackvoll geschehen, dass ich dem alten Klassizisten nichts nachtragend, sondern ihm gedankt hatte. Als ich auf ihn zulief, war ich jedoch mehr von Léon Pillets prächtigem Kostüm fasziniert als von allem anderen: Er trug einen Tschako mit wallenden dreifarbigen Federn, silberne Epauletten, einen silbernen Gürtel und einen königsblauen Mantel mit dazu passenden Hosen. Dies war genau die richtige Uniform für einen Mann, der eine solche Uniform für seine Reisen in die Vendée suchte. Nachdem ich mich nach seinem Befinden erkundigt hatte, sprach ich Léon Pillet als erstes darauf an, in welchem Korps er Offizier sei und was für eine reizende Uniform er trage. Léon Pillet war in keinem Korps Offizier; die Uniform war die eines einfachen Soldaten der berittenen Nationalgarde, eine Uniform, die er, wie ich vermutete, gerade erfunden hatte und die er nun an sich selbst in der Welt anpries. Die Werbung machte jedenfalls ihre Wirkung auf mich, denn ich war sehr angetan davon: Ich fragte nach der Adresse seines Schneiders und er gab sie mir. Der Schneider hieß Chevreuil; er war einer der besten in Paris und wohnte damals am Place de la Bourse. Ich eilte sofort zu Chevreuil, wo er mich vermaß und sich verpflichtete, mir Tschako, Epauletten, Degen und Gürtel zu besorgen und sie alle bis zum 9. oder 10. nach Hause zu schicken. Ich kehrte über die Pont des Arts zurück. Es war das erste Mal, dass ich am Institut vorbeikam, seit ich dort stationiert war; seine Fassade war von Kugel- und Schussspuren übersät, wie das Gesicht eines Mannes, der von Pocken heimgesucht wurde. Als ich eintrat, erwarteten mich zwei junge Männer; aus der Ernsthaftigkeit ihrer Begrüßung schloss ich, dass ihr Besuch einen ernsten Grund hatte. Sie nannten ihre

Namen: der eine war M. Lenoir-Morand, Hauptmann der Militärfeuerwehr aus Veilly; der andere war M. Gilles aus Soissons.

Ich weiß nicht, welche Zeitung es war, die in einer für die Stadt beleidigenden Weise über meine Expedition nach Soissons berichtete; ich glaube, es war vielleicht *der Courrier Français* . Die beiden Einwohner von Soissons waren verletzt, und sie waren gekommen, um eine Erklärung zu verlangen.

„Meine Herren", sagte ich zu ihnen, „ich kann Ihnen die Sache leicht erklären."

Sie verneigten sich.

"Ich möchte Ihnen folgendes vorschlagen. Um die öffentliche Aufmerksamkeit nicht auf meine sehr untergeordnete Persönlichkeit inmitten wichtiger Ereignisse zu lenken, die sich gerade vollzogen, habe ich General La Fayette von meiner Expedition nach Soissons nur mündlich Bericht erstattet. Ich werde einen schriftlichen Bericht verfassen, der im Moniteur erscheinen soll. *Wenn* dieser Bericht *Ihrer Meinung nach die genaue Wahrheit enthält* , werden Sie ihn unterzeichnen. Er wird mit der Bestätigung Ihrer beiden Unterschriften in das Amtsblatt aufgenommen, und die Angelegenheit ist erledigt. Wenn Ihnen der Bericht dagegen nicht geeignet erscheint und er nur meiner *Darstellung der Tatsachen entspricht* , werden Sie sich weigern, ihn zu unterzeichnen – obwohl ich Sie darauf hinweise, dass mich das nicht daran hindern wird, ihn im *Moniteur zu veröffentlichen* . Aber wie es scheint, werde ich noch am selben Tag zu Ihren Diensten stehen und mich mit demjenigen von Ihnen beiden duellieren, der sich dafür entscheidet ... Ist Ihnen das genug?"

MM. Lenoir-Morand und Gilles haben meinen Vorschlag angenommen.

Ich setzte mich sofort an eine Art Schreibtisch, der für mich fast nutzlos war, da ich die Angewohnheit hatte, nur im Bett zu arbeiten, und verfasste, so schnell meine Feder reichte, einen Bericht, der die hier geschilderten Ereignisse enthielt. Als ich damit fertig war, las ich ihn den beiden Soissonnais vor, die ihn für so genau hielten, dass sie ihn beide ohne einen einzigen Einwand unterschrieben. Dieser Bericht, der zuerst von mir und Bard und Hutin und dann von den Herren Lenoir-Morand und Gilles unterzeichnet wurde, kann im *Moniteur* vom 9. August 1830 gelesen werden. [1]

Nachdem dieser Punkt geklärt war, stattete ich meiner guten Mutter, die ich inmitten all dieser Ereignisse etwas vernachlässigt hatte, einen langen Besuch ab; aber vorher verabredete ich mich mit den Soissonnais und Parisern zu einem gemeinsamen Abendessen bei den *Frères provençaux*. Meine arme Mutter hatte erfahren, dass in Paris etwas vor sich ging, und wartete ungeduldig auf mein Kommen, um mir zu sagen, dass M. le Duc d'Orléans eine Chance auf die Thronfolge hatte, und um mir zu den Vorteilen zu gratulieren, die mir die Thronbesteigung des neuen Königs bringen würde. Es war meine Schwester, die gerade aus der Provinz eingetroffen war, um mich im Namen ihres Mannes zu bitten, die ihr das erzählt hatte. Arme Mutter! Ich hütete mich, sie wissen zu lassen, dass ich weit davon entfernt war, etwas tun zu können, um die Verwaltungskarriere meines Schwagers zu fördern, und dass meine eigene im Palais-Royal-Viertel völlig erledigt war.

Während ich bei meiner Mutter war, kam ein Bote aus Harel. Dieser sture Direktor und Mademoiselle Georges drängten mich mit allen Mitteln, ein *Napoleon-* Stück zu schreiben. Er erwarte von mir, dass ich Bedingungen bespreche, die ich selbst festlegen sollte, sagte er. Ich ließ Harel ausrichten, dass ich am nächsten oder übernächsten Tag nach La Vendée aufbrechen würde; dass ich gründlich über das Thema nachdenken würde, und wenn ich darin den Stoff für ein Drama sähe, würde ich es schreiben und ihm schicken. Das war überhaupt nicht, was Harel wollte, aber er musste sich mit dem Versprechen zufrieden geben, so vage es auch war. Außerdem musste er ein Stück von Fontan aufführen, das *Jeanne la Folle hieß.* Fontan wurde nach den Julitagen selbstverständlich aus dem Gefängnis entlassen, ohne das er zehn Jahre lang in Poissy eingesperrt gewesen wäre, und er beeilte sich mit seinen Proben.

Ich besuchte Monsieur Lethière, Monsieur de Leuven und Oudard zum Abschied. Oudard wollte mich mit Gewalt in Paris festhalten oder vielmehr mit Monsieur Athalin, der als außerordentlicher Gesandter zu Kaiser Nikolaus ging, nach St. Petersburg schicken, sagte er. Dies war die Gelegenheit für mich, das Kreuz der *Ehrenlegion zu erhalten* , das ich bei meiner letzten Beförderung verpasst hatte, trotz des Briefes, den Monsieur le Duc d'Orléans an Sosthènes geschrieben hatte. Ich dankte Oudard und bat ihn, mich in Zukunft als in keiner Weise mit der Verwaltung des königlichen Herzogs verbunden anzusehen. Oudard beharrte hartnäckig darauf, mich von meinem Entschluss abzubringen, und ich verließ ihn aufrichtig betrübt über meine Abreise, die, wie er sehr wohl wusste, einen völligen Bruch bedeutete. Schließlich bestieg ich am 10. August, einen Tag nach der Proklamation der Julimonarchie, die Postkutsche. Ich war sehr unglücklich darüber, dass ich in Paris nicht den Abschied nehmen konnte, den Voltaire in Holland geleistet hatte. [2]

So brach ich am Abend des 10. August in der herrschaftlichen Uniform eines berittenen Nationalgardisten auf. Mein erster Halt war in Blois; ich wollte das blutbefleckte Schloss besichtigen und stieg die leiterartigen Straßen hinauf, die dorthin führen. Vergeblich suchte ich nach dem Reiterstandbild Ludwigs XII. über dem Torhof, vor dem Madame de Nemours weinend gestanden hatte, rachsüchtig für den Mord an ihren beiden Enkeln. Ich ging in den Hof und bewunderte die viereckige Anlage, die unter vier verschiedenen Herrschaften erbaut wurde, wobei jede Seite einen deutlich anderen Baustil aufwies: der von Ludwig XII. erbaute Flügel, schön in seiner strengen Schlichtheit; der von Franz I. mit seinen mit Ornamenten überladenen Kolonnaden; die Treppe Heinrichs III. mit durchbrochen geschnitztem Werk; dann, als Protest gegen die Gotik und Renaissance - gegen Fantasie und Kunst, das heißt - das kalte, geschmacklose Gebäude von Mansard, auf das mich der Concierge immer wieder aufmerksam machte, erstaunte er, dass irgendjemand in diesem wunderbaren Hof etwas anderes als dieses bewundern konnte! Die Schnelligkeit, mit der ich es musterte, die Art von Grimasse, die sich unwillkürlich auf meinem Gesicht durch das ungewohnte Kräuseln meiner Unterlippe ausdrückte, zauberte ein Lächeln der Verachtung auf die Lippen des ehrlichen Kerls, das ich schnell rechtfertigte, indem ich mich weigerte, seinen hartnäckigen Behauptungen Glauben zu schenken, dass der Herzog von Guise an einem bestimmten Ort ermordet worden sein soll. Allerdings entdeckte ich am anderen Ende des Raumes, der einst ein Speisesaal gewesen war, ohne jeden Zweifel eine Geheimtreppe, über die der Herzog von Guise das Staatsgemach verlassen hatte; den Korridor, der zum privaten Oratorium des Königs führte; und alles, bis zu der Stelle, wo der Herzog hingefallen sein musste, als Heinrich III., bleich und flehend, den Gobelinvorhang hob und flüsternd fragte: „Meine Herren, ist es vorbei?" Denn nur in diesem Augenblick konnte der König das Blut erblicken, das durch den Gang floss, und sah, dass die Sohlen seiner Pantoffeln damit getränkt waren. Dann trat er vor und trat dem armen Toten mit dem Absatz ins Gesicht, so wie der Herzog von Guise seinerseits den Admiral am Bartholomäustag getreten hatte. Dann wich er zurück, als sei er über dessen Mut erschrocken, und sagte: „Herrgott, wie groß er ist! Liegend sieht er größer aus als aufrecht, tot als lebendig!" [3]

Während ich mich an diese Dinge erinnerte, versuchte der Concierge hartnäckig, mich von seiner Meinung zu überzeugen.

„Aber, Monsieur, nur Sie und ein großer, blonder Herr namens M. Vitet haben jemals nicht geglaubt, was ich sage", sagte er.

Dann zeigte er mir den Kamin, in dem die Leichen des Herzogs und des Kardinals in Stücke gehauen und verbrannt worden waren; das Fenster, aus dem die Asche der beiden Leichen in alle Winde verstreut worden war; die zwanzig Meter tiefen Verliese Katharinas von Medici mit ihren rasiermesserscharfen Stahlklingen und ihren spitzen Lanzen, so zahlreich und so kunstvoll spiralförmig angeordnet, dass ein Mann, der von oben fiele, im Augenblick vor dem Fall ein Geschöpf nach Gottes Ebenbild wäre, aber bei jedem Aufprall ein Stück Fleisch oder ein Körperteil verlöre und am Boden nichts weiter als eine formlose, zerhackte Masse wäre, auf die man am nächsten Tag ungelöschten Kalk streute, um die Überreste zu verzehren. Und dieses ganze Schloss, der königliche Palast der Valois mit seinen Erinnerungen an die Morde und seinen wunderbaren Kunstschätzen, war jetzt die Kaserne der Kürassiere, die taumelnd trinkend und singend umherschwirrten; die in ihrem Liebes- oder Patriotismuszustand mit der Spitze ihres langen Schwertes eine reizende Schnitzerei von Jean Goujon abkratzten, um auf das so abgehobelte Holz zu schreiben: „Ich liebe Sophie!" oder „Lang lebe Louis-Philippe!" [4]

Als ich das Schloss verließ, nahm ich die Postkutsche und erreichte Tours noch am selben Abend. Die Leute dort konnten nur über die Verhaftungen der Herren von Peyronnet, von Chantelauze und von Guernon-Ranville sprechen; eine Menge Einzelheiten über diese Verhaftungen wurden mir mit jubelnder Gewandtheit erzählt, die zu gegebener Zeit und an gegebener Stelle wiedergegeben werden. Ich setzte meine Reise mit dem Dampfer fort und ging in Ponts-de-Cé an Land, um nach Angers zu fahren. Hier hatte ich einen Freund namens Victor Pavie, einen vortrefflichen jungen Mann, warmherzig und aufrichtig. Was jetzt aus ihm geworden ist? Ich weiß es nicht im Geringsten; ich habe ihn seitdem kaum noch gesehen. Als ich bei ihm zu Hause ankam, erfuhr ich, dass er bei einer Sitzung der Assizes war. Sie verhandelten gerade über einen armen Teufel von einem Vendéaner aus Beauprèau, der republikanische Sous mit Quecksilber versilbert hatte und versuchte, sie für Dreißigsous-Stücke auszugeben. Der arme Kerl wollte mit der Prägung von Falschgeld Nahrung für seine hungernden Kinder kaufen. In der ganzen Stadt war man sehr interessiert an dem Gefangenen; aber damals war die Strafe für Falschgeld furchtbar streng: Es ging nicht nur darum, zu warnen, dass die Banknoten eine Inschrift trugen, die jedem, der versuchte, sie zu fälschen, die Todesstrafe androhte. Trotz seines einfachen Geständnisses, der Tränen seiner Frau und Kinder und der Bitten seines Anwalts wurde der Angeklagte zu zwanzig bis dreißig Jahren Zuchthaus verurteilt. Ich war bei der Urteilsverkündung anwesend und erhielt wie alle anderen meinen Teil des Schlages, der den armen Kerl traf. Während ich diesem Urteil zuhörte, das zwar streng, aber nicht illegal war, kam mir der Gedanke, dass die Vorsehung mich absichtlich dorthin geschickt hatte, um den Mann zu retten. Ich kehrte zu Pavies Haus zurück und schrieb, ohne ein Wort zu irgendjemandem zu sagen, zwei Briefe: einen an Oudard, den anderen an Appert. Ich glaube, ich habe Appert bereits erwähnt und gesagt, dass er Almosenier der privaten Wohltätigkeitsorganisationen der Herzogin von Orléans war. Ich legte ihnen den Fall vor und bat sie, um die Begnadigung des Verurteilten zu bitten: der eine des Königs, der andere der Königin. Ich legte großen Wert auf die gute politische Wirkung, die ein Akt der Gnade gegenüber einem Vendéaner haben würde, zu einer Zeit, als es Grund gab, Unruhen aus diesem Teil des Landes zu befürchten. Ich teilte beiden mit, dass ich meine Petition für so gerecht hielte, dass ich in Angers bleiben sollte, bis ich eine positive Antwort erhielt. Während ich wartete, erkundete ich unter Pavies Führung die ganze Stadt und die Umgebung. Ein ausgezeichneter Kerl, Pavie! Er zeigte mir mit einer Empörung, die seiner nationalen Liebe zur Kunst am ehesten eigen war, einige Arbeiter, die im Auftrag des Präfekten unter der Leitung eines örtlichen Architekten damit beschäftigt waren, die grotesken Figuren an der Kathedrale in Konsolen umzuwandeln! Was Sie also jetzt zu Ihrer großen Befriedigung sehen, wenn Sie die wunderbaren Grimassen nicht zu schätzen wissen, die das Mittelalter an seinen Kathedralen angebracht hat, ist ein römisches Gebälk, das von griechischen Konsolen gestützt wird, nach dem Vorbild der Börse, ein weiteres modernes Wunder, eine Mischung aus griechischem und römischem Stil, das außer seinen Ofenrohren nichts Französisches an sich hat. Außerdem haben sie die Kathedrale unbarmherzig abgekratzt, ohne Rücksicht auf die braune Farbe, die acht Jahrhunderte über ihre Oberfläche gelegt hatten; und dieses Abkratzen verlieh ihr eine kränkliche Blässe, die sie „Verjüngung" nannten! Ach! Es dauert 25 Jahre, um einen Mann fertigzustellen: Ein guter Schweizer Royalist kann auf ihn schießen, und dann ist er tot! Es dauert sechs oder acht Jahrhunderte, um ein Gebäude zu streichen, und dann kommt ein Architekt mit gutem Geschmack und schabt es ab! ... Warum töten die Schweizer den Architekten nicht? Oder warum schabt der Architekt die Schweizer nicht ab? Wir gingen hinunter zur Promenade, und ich kam an der alten Burg aus dem 10. Jahrhundert vorbei, die von einem Graben umgeben und von einem Dutzend massiver Türme flankiert ist – die Arbeit eines Volkes, das Asyl einer Armee. „Ah!", sagte mein armer Pavie seufzend, „sie werden sie abreißen ... Es verdirbt die Aussicht!"

An diesem Tag erhielt ich einen Brief von Oudard, in dem mir mitgeteilt wurde, dass die Begnadigung gewährt worden sei und dass nur die noch zu erledigenden Formalitäten mit dem Justizminister die Freilassung des Gefangenen verzögern würden. Ich beeilte mich also, den Brief der Person zu zeigen, die am meisten an seinem Inhalt interessiert war, und da mich in Angers nichts weiter aufhielt, sprang ich in eine vorbeifahrende Kutsche – so groß war mein Wunsch, eine Stadt voller Vandalenzerstörer zu verlassen – und ließ mich nach Ponts-de-Cé fahren.

Um Angers noch weitere Verwünschungen zu ersparen, sei erwähnt, dass es der Geburtsort von Béclard und David war. Auf der Reise kamen wir durch ein langes Dorf, das, glaube ich, La Mercerie hieß; dort wurde gerade ein neuer Bürgermeister eingesetzt. Zwei abgenutzte alte Kanonen, die durch den Abzug explodierten, salutierten, als wir eintraten. Jedes Haus zeigte seine Flagge, und wir fuhren unter einem dreifarbigen Baldachin hindurch. Der Bürgermeister und seine ganze Familie befanden sich auf dem Balkon, und die junge Bürgermeisterin, die aus Zuneigung zu ihrem Volk dicht an den

Rand der Terrasse getreten war, schien ein sehr schönes Paar Beine zu besitzen; für ihr Gesicht kann ich nicht sprechen, da die senkrechte Stellung, die sie zu mir einnahm, verhinderte, dass ich es sehen konnte.

Der Ort, den ich als Ausgangspunkt für meine Operationen ausgewählt hatte, war ein kleines Bauernhaus, das Herrn Villenave gehörte. Ich habe dieses Bauernhaus bereits erwähnt; es lag zwischen Clisson und Torfou und hieß La Jarrie. Madame Waldor hatte dort die letzten drei oder vier Monate mit ihrer Mutter und ihrer Tochter gelebt. Mein Plan war, mein Ziel zu erreichen, indem ich einen großen Kreis umrundete und auf meinem Weg Chemillé, Chollet und Beaupréau berührte. Auf diese Weise hätte ich, wenn ich schließlich La Jarrie erreichen würde, bereits eine Vorstellung von der Stimmung des Landes gewonnen und wüsste, wie ich auf einzelne und auch auf die Menschen als Ganzes einwirken könnte. Ich hatte vor, jeweils nur kurze Etappen zurückzulegen, genau dort anzuhalten, wo es mir gerade einfiel, zu den Zeiten aufzubrechen, die mir passten, und zu bleiben, wenn es mir gefiel. Es gab daher kein anderes Transportmittel, als ein Pferd zu kaufen oder zu mieten; denn für mich, der ich die Uniform der berittenen Nationalgarde trug, kam es nicht in Frage, zu Fuß zu gehen. Diese Uniform und eine zweite, ein Jagdanzug, waren die einzigen Kleidungsstücke, die ich mitnehmen wollte. Ich mietete in Meurs ein Pferd. Eines Tages machte ich dort Halt, um das Schlachtfeld von Ponts-de-Cé zu besuchen. Dort besiegten die Anjou 1438 die Engländer, und 1620 besiegte Marschall Créquy die Truppen von Maria von Medici. Schließlich wurden hier 1793 die Republikaner von den Vendéanern besiegt – besiegt, wenn auch mit Mühe, da sie Republikaner waren. Diese Niederlage vom 26. Juli 1793 war groß, eine Niederlage, die denen gleichkam, die Leonidas unsterblich machten, und doch weiß niemand, wer Kommandant Bourgeois war. Wenn ich das Glück habe, auf meiner Reise auf einen dieser vergessenen Namen zu stoßen, Namen, die im Staub der Vergangenheit begraben sind , nehme ich ihn in die Hand und hauche ihn an, bis er vor meinen Zeitgenossen deutlich hervorsticht. Es ist sowohl mein Recht als auch meine Pflicht, umso mehr, als Bourgeois einer jener tapferen Helden des Jahres 1993 ist, die zwar verleumdet, aber nicht vergessen werden.

Nach der Niederlage von Vihiers, während unsere Armee versuchte, sich in Chinon neu zu organisieren, erhielt Bourgeois, der das 8. Pariser Bataillon, das sogenannte Lombardische Bataillon, befehligte, den Befehl, Ponts-de-Cé zu verlassen und den Felsen von Meurs zu besetzen. Es war eine abscheuliche Lage: im Norden der senkrechte Felsen, der einen Arm des Louet beherrschte, eines kleinen Flusses, der in die Loire mündet; im Westen eine kleine Ebene mit hügeligem Boden; im Süden eine Schlucht, in deren Grund die Aubance fließt; auf der anderen Seite befanden sich die Höhen von Mozé, Soulaines und Derrée. Wenn man auf dieser unglücklichen Ebene lagert, gibt es keine Möglichkeit des Rückzugs, wenn man von vorne oder von der Seite angegriffen wird. Aber der Befehl wurde gegeben, und er musste ihm gehorchen. Bourgeois und seine vierhundert Mann lagerten auf dem Felsen von Meurs.

„Was für ein komischer Name, la roche de Meurs, Kommandant!", bemerkte einer der Soldaten.

„Mein guter Freund, es ist der Imperativ des Verbs *mourir* (sterben)", antwortete Bourgeois.

"Was in aller Welt ist ein Imperativ?"

„Ich werde es dir zeigen, wenn es soweit ist."

Die Vendéaner marschierten von der Straße nach Brissac aus. Sie waren zwölftausend Mann stark, befehligt von Bonchamp und unterstützt von d'Autichamp und Scépeaux. Das lombardische Bataillon zählte, wie bereits erwähnt, nur vierhundert Mann. Der Kampf dauerte fünf Stunden. Als die Schanzen des Lagers eingenommen und das Lager gestürmt worden waren, rief d'Autichamp: „Hört auf zu töten!", doch in den Reihen der Vendéaner waren Priester, die riefen: „Gebt keine Gnade!" Dreihundertsechsundneunzig Männer kamen bei dem Massaker ums Leben! Bourgeois warf sich mit seinen drei verbliebenen Männern in den Fluss. Zwei dieser Männer wurden an seiner Seite im Fluss getötet und er und sein Gefährte wurden beide verwundet. Doch trotz seiner Verwundung bahnte sich Bourgeois seinen Weg entlang der Straße nach Angers und holte bei *l'Image de Morus* das 6. Bataillon von Paris ein, das ebenfalls floh. Er sammelte die Flüchtlinge und hielt sie auf. Gerade in diesem Moment marschierte das Bataillon Jemmapes aus Angers heraus, und Bourgeois befand sich an der Spitze eines Bataillons und eines halben. Er kehrte um, griff seinerseits die Chouans an und zwang sie, sich im Schloss und auf der Insel zu verschanzen. Ein Augenzeuge erzählte mir, dass man über eine Meile weit rote Schlangen auf dem Schaum der Wellen der Loire sehen konnte ! Ganze Trupps wurden vom Fluss ins Meer getragen. [5]

Ich verließ Meurs, wie gesagt, nach einem eintägigen Aufenthalt dort.

Auf dieser Reise durch die Vendée erlebte ich ein zweites Mal dasselbe Phänomen wie bei meinem Ausflug nach Soissons: Je weiter ich mich von Paris entfernte, desto näher schien ich dem Nordpol zu kommen. Meine Uniform erregte in der Umgebung von Paris Begeisterung, und in Blois fand ich immer noch Bewunderer; in Angers war dies bloße Neugier; aber in Meurs, Beaulieu und Beaumont geriet ich in eisige Regionen und spürte, dass es, wie La Fayette mich gewarnt hatte, noch länger gefährlich werden würde, wenn ich in der Nähe von Hecken und Dickichten vorbeiging. In Chemillé verursachte meine Uniform beinahe einen Aufruhr. Wie ich bereits erwähnt habe, hatte ich Wechselkleidung dabei; es war ein neues Jagdkostüm. Nach den drei Tagen und der Reise nach Soissons und der Expedition nach Rambouillet war das alte nicht mehr zu tragen. Nun, dieses Kostüm befand sich in einer Art langem Koffer, in einem Fach befand sich mein Gewehr, das in Stücke zerlegt war. Alles, was ich dann tun müsste, wäre, meine Nationalgardeuniform abzulegen, sie ordentlich zusammenzufalten und anstelle meines Jagdanzugs in meinen Koffer zu packen, diesen auf den Rücken zu nehmen und meine Reise fortzusetzen, und offensichtlich würden drei Viertel der Gefahren, denen ich möglicherweise ausgesetzt war, verschwinden; aber es schien mir, dass dies ein Akt der Feigheit wäre, der eines Menschen unwürdig wäre, der an den Kämpfen im Juli teilgenommen hatte. Also behielt ich meine Uniform und begnügte mich damit, mein Gewehr zu lüften. Am nächsten Tag bestellte ich mein Pferd für acht Uhr morgens. Ich lud mein Gewehr demonstrativ mit zwei Kugeln (was eine erneute Unvorsichtigkeit war), warf es mir über den Rücken und durchquerte die halbe Stadt inmitten einer Stille, die ich als ausgesprochen bedrohlich empfand.

Ich hatte nicht vor, in Chollet zu übernachten (von Chemillé nach Chollet waren es kaum sechs Meilen), sondern um zwei Uhr nachmittags anzukommen und dort bis zum nächsten Morgen zu bleiben.

Um elf Uhr hatte ich Saint-Georges-du-Puy passiert, und gegen Mittag hatte ich Trémentines erreicht; gegen ein Uhr näherte ich mich schließlich einem Ort, der gefährlich aussah (falls von außen überhaupt Gefahr drohte), denn die Straße, die ich durchqueren musste, verlief zwischen dem Wald von Saint-Léger und dem Wald von Breil-Lambert. Ich überlegte gerade, ob es besser wäre, diese „ *malo sitio* ", wie man in Spanien sagt, im Schritt oder im Galopp zu passieren, als ich hinter mir meinen Namen mit keuchender Stimme ausgesprochen zu hören glaubte. Als ich meinen Namen rufen hörte, fürchtete ich mich nicht vor der Person, die ihn aussprach. Es war allerdings kaum wahrscheinlich, dass ich richtig gehört hatte. Aber jetzt hörte ich ihn ein zweites Mal und deutlicher als beim ersten Mal. Wer um alles in der Welt konnte mich im Département Maine-et-Loire zwischen Chemillé und Chollet kennen? Ich drehte den Kopf meines Pferdes in die Richtung, aus der die Stimme kam, und sah bald einen Mann, der mit atemloser Eile von der Ecke der Straße nach Nuaillé rannte und mir mit seinem Hut ein Zeichen gab, dass ich anhalten sollte. Es bestand kein Zweifel mehr daran, dass der Mann mich einholen wollte und dass er mich rief; aber was konnte er nur wollen? Als er näher kam, konnte ich seine Kleidung erkennen, die die eines Bauern war. Ich wartete, verwirrter denn je. Der Mann rannte, so schnell seine Beine ihn trugen, und als ihm die Stimme aus Atemnot versagte, legte er immer mehr

Ausdruck in seine Gesten. Schließlich gesellte er sich zu mir, warf sich auf meinen Stiefel und begann, meine Knie zu küssen.

An Sprechen war überhaupt nicht zu denken. Ich glaube, wenn er nur noch fünfzig Meter zu laufen gehabt hätte, wäre er gleich bei seiner Ankunft tot umgefallen, wie der Grieche von Marathon. Endlich bekam er wieder Luft.

„Sie kennen mich nicht", sagte er, „aber ich kenne Sie: Sie sind Monsieur Alexandre Dumas, der mich vor der Galeere gerettet hat!"

Daraufhin fiel er auf die Knie und dankte mir im Namen seiner Frau und seiner Kinder.

Ich sprang herunter, nahm ihn in die Arme und umarmte ihn. Nach ein paar Augenblicken beruhigte er sich.

„Ach, Monsieur", sagte er, „welch ein Leichtsinn! Und was für ein Glück, dass ich noch rechtzeitig freigelassen wurde!"

"Wie meinst du das?"

„Wer hat Ihnen geraten, in einer solchen Uniform durch die Vendée zu reisen?"

„Niemand... Ich habe nach meinen eigenen Wünschen gehandelt."

„Aber es ist ein Wunder, dass Sie nicht schon vorher getötet wurden!"

„Ach, tatsächlich! Sind Ihre Anjous denn so schlimm?"

"Es ist nicht so, dass sie böse sind, Monsieur, aber man glaubt überall, dass Sie dieses Land in Misskredit bringen wollen... Ich wurde gestern Abend um vier Uhr freigelassen, Monsieur; ich versuchte, Informationen darüber zu erhalten, wo ich Sie finden könnte, um Ihnen zu danken, und man sagte mir, Sie hätten den Weg nach Chollet genommen. In Ponts-de-Cé fragte ich nach Neuigkeiten von Ihnen und man sagte mir, Sie hätten einen Tag in Meurs verbracht: daran besteht kein Zweifel, man erkennt Sie leicht und man nennt Sie *le monsieur tricolore* . In Meurs sagte man mir, Sie hätten ein Pferd gemietet und seien gestern Morgen von dort abgereist. Ich machte nur in Beaumont Halt. Bei Tagesanbruch brach ich wieder auf: um zehn erreichte ich Chemillé, und Sie hatten das Marktstädtchen um acht verlassen... Ich erfuhr außerdem, dass Ihr Besuch dort eine äußerst schlechte Wirkung gehabt hatte; dann rannte ich los, bis ich außer Atem war, und so laufe ich seit zehn Uhr heute Morgen... Gerade als Sie bei Nuaillé um die Ecke bogen, erblickte ich Sie und erkannte Sie; das war warum ich Sie gerufen habe... Ich hoffte, Sie vor dem Wald von Breil-Lambert einzuholen , und Gott sei Dank ist es mir gelungen! Aber nun sind Sie hier, mein lieber Monsieur... Im Namen unseres Herrn Jesus Christus, setzen Sie sich nicht länger der Gefahr aus!"

„Wozu, mein Freund?"

„Auf die Gefahr eines Attentats."

„Pah!"

„Aber ich sage Ihnen, sie glauben, Sie seien gekommen, um die Menschen in Aufruhr zu versetzen."

„Nun, dann sind sie schlecht erzogen worden! Und umso schlimmer für sie!"

„Lassen Sie mich vor Ihnen hergehen oder mit Ihnen gehen, Monsieur. Und wenn man weiß, dass Sie einen Mann aus Bocage vor den Galeeren gerettet haben, können Sie gehen, wohin Sie wollen, gekleidet, wie Sie wollen. Ich stehe dafür ein, dass Ihnen nichts zustößt, absolut nichts. Sie werden Ihnen kein Haar krümmen. Wollen Sie das mir überlassen?"

Alles in allem dachte ich, dass es das Beste wäre, was ich tun konnte.

„Ordnen Sie die Dinge so, wie Sie es für richtig halten", sagte ich.

„Ah! Das stimmt! Wohin gehst du gerade?"

„Nach la Jarrie, zwischen Clisson und Torfou."

"Sie sind nicht auf dem richtigen Weg."

„Ich weiß es schon, bin aber absichtlich einen weiten Umweg gegangen."

"Gehst du zu Freunden?"

"Ja."

„Gut, dann will ich dich zu deinen Freunden bringen... Wir können übermorgen problemlos dort ankommen. Bleibe eine Woche bei ihnen; in dieser Zeit werde ich meine Füße und Hände so gut gebrauchen, dass du deine Reise fortsetzen kannst... Bist du einverstanden?"

„Auf mein Wort, ja... ich werde mich ganz in Ihre Obhut begeben... Sie kennen das Land, Sie sind hier einheimisch! Wenn mir also ein Unfall zustößt, liegt das auf Ihren Schultern."

„Ja, Monsieur, und von diesem Augenblick an werde ich für Sie Ihrem Schutzengel gegenüber verantwortlich sein."

Zwei Tage später erreichte ich La Jarrie nicht nur ohne Unfall, sondern auch beladen mit allerlei guten Wünschen, die ich auf meinem ganzen Weg erhalten hatte, und frei von jeder Gefahr dank der Geschichte, die mir mein Mann zwanzigmal erzählt hatte, der wie ein Herold vor mir herging und jedem, der seine Geschichte hören wollte, und sogar denen, die nicht zuhören wollten, erzählte, welchen Dienst ich ihm erwiesen hatte. Ich gestehe mit tiefem Bedauern, das an Reue grenzt, dass ich, der ich mich noch gut an den Namen von M. Detours erinnern kann, den Namen meines Vendéaners völlig vergessen habe.

–––

[1] Siehe erste Anmerkung am Ende des Bandes.

[2] Siehe Anmerkung am Ende des Bandes.

[3] Ich muss der Gerechtigkeit halber sagen, dass neuere archäologische Forschungen die Richtigkeit meiner Meinung im Gegensatz zu der des Concierge des Schlosses von Blois bewiesen haben.

[4] Dank der Bemühungen von König Louis-Philippe wurden die Kürassiere seit meinem Besuch an andere Orte verlegt und das Schloss wurde wunderschön restauriert.

[5] Für ausführlichere Einzelheiten verweise ich auf das interessante Werk von M. Fr. Grille, *La Vendée en 1793*.

KAPITEL VII

Eine Warnung an die Pariser Sportler – Clisson – Das Schloss von M. Lemot – Mein Führer – Die Vendée-Kolonne – Die Schlacht von Torfou – Zwei ausgelassene Namen – Piffanges – Tibulle und die Loire – Gilles de Laval – Sein erbaulicher Tod – Mittel, um eine Erinnerung in die Köpfe der Kinder einzuprägen

Am Tag nach meiner Ankunft in La Jarrie zog ich meine Jagdausrüstung an und machte mich mit dem Gewehr auf der Schulter und der Jagdtasche auf dem Rücken auf den Weg nach Clisson. Zwei Stunden später kam ich dort an, mit von Ginster zerfetzten Schenkeln und blutenden Händen aus Dornengestrüpp, ohne auch nur eine einzige Lerche erlegt zu haben.

Hier nebenbei eine Warnung an die Pariser, die glauben, die Vendée sei noch immer ein wildreiches Land, und in diesem Glauben die hundertzwanzig Meilen zurücklegen: Ich habe dort einen Monat lang geschossen und nicht fünfzehn Rebhühner aufgezogen! Andererseits wimmelt es dort von Vipern; man begegnet ihnen auf Schritt und Tritt, und jeder Jäger sollte eine Flasche Alkali in der Tasche tragen.

Um auf Clisson zurückzukommen, das ich so eilig hatte, dass ich meine ausgezeichneten Gastgeber am Tag nach meiner Ankunft verließ, um es zu besichtigen. Nun, Clisson, das man mir gegenüber so hoch gelobt hatte, wäre in Griechenland oder Italien eine äußerst hübsche Stadt gewesen, aber in Frankreich und in der Vendée war es das nicht: Es gibt etwas Unvereinbares zwischen dem nebligen Himmel im Westen und den flachen Dächern im Osten, zwischen den hübschen italienischen Fabriken und unserer schmutzigen französischen Landschaft. Das Schloss von Clisson selbst ist dank der Sorgfalt von M. Lemot, dem berühmten Bildhauer, so gut erhalten, dass man versucht ist, seinem Besitzer böse zu sein, weil er nicht ein einziges Spinnennetz über seine Mauern kriechen ließ. Es erinnerte an einen alten Mann, der an Rasiertagen geschminkt wurde, mit falschen Zähnen, falschem Haar und Rouge. M. Lemot gab enorme Summen aus, um eine malerische Wirkung zu erzielen, und schuf damit nur eine Anomalie; und diese Anomalie wurde umso eindrucksvoller durch die Anwesenheit der dreifarbigen Flagge illustriert, die über der Ruine aus dem 11. Jahrhundert wehte: Der Bürgermeister erlaubte nicht, dass sie auf dem Uhrturm angebracht wurde. Der Park ist wie jeder andere Park, den es gibt – wie Ermenonville oder Mortefontaine: ein Fluss, Felsen, Grotten, Statuen und Tempel für die Musen, für Apollo und Diana. Stellen Sie sich statt all dessen auf beiden Seiten des Tals Hütten vor, die dort gruppiert sind, wo die Tempel stehen, von denen einige den Hügel hinaufzuklettern scheinen und andere hinab, hier und da verstreut, je nach Lust und Laune ihrer Besitzer; der Fluss fließt unten in der Schlucht und auf der Spitze des Hügels das Schloss: eine alte, von Rissen zerrissene Ruine, umgeben von Steinen, die im Laufe der Zeit wie tote Blätter um den Stamm einer Eiche heruntergerollt sind. Dazu kommen die alten Erinnerungen an Olivier de Clisson und die modernen Erinnerungen an die Chouans und die Blues; das Gewölbe, das von den Baronen als Verlies genutzt wurde, und der Brunnen, der als Grabstätte für vierhundert Bewohner der Vendéen dient – und wenn Sie eine romantische Ader haben, werden Sie hier Stoff für Jahrhunderte der Kontemplation finden.

M. Lemot hatte alles getan, um in Clisson eine Nationalgarde zu organisieren; er hatte bereits zehn Freiwillige gefunden, die vom Quartiermeister und der Gendarmerie im Geheimen ausgebildet wurden. Dieser Quartiermeister war ein ausgezeichneter Kerl; obwohl er trotzdem sehr darauf aus war, mich zu verhaften: Er sagte den Liberalen, ich sähe aus wie ein Chouan, und den Chouans, ich sähe aus wie ein Liberaler; die Folge davon war, dass die Stadt sehr erfreut gewesen wäre, mich ins Gefängnis gesteckt zu sehen. Ich hatte die Wahl zwischen verschiedenen Schutzmaßnahmen in meinem Pass, der vollkommen korrekt war, und in dem Brief von General La Fayette. Ich entschied mich für den Pass und ich glaube, ich war zu meiner Entscheidung richtig inspiriert. Ich kehrte noch in derselben Nacht nach La Jarrie zurück, obwohl sie mich erst am nächsten Tag erwarteten und mir schreckliche Vorwürfe wegen meiner Unvorsichtigkeit machten; sie konnten ihre Überraschung nicht überwinden, dass ich mich während der Reise nicht ausgeruht hatte. Im Rat wurde beschlossen, dass ich keine Ausflüge mehr ohne meinen Führer wagen sollte, der um ein paar Tage gebeten hatte, um seine Kinder zu besuchen und in den Nachbardörfern die Geschichte seines Abenteuers zu verbreiten, die mir als Schutz dienen sollte. Er erschien zur vereinbarten Zeit wieder und stellte sich mir zur Verfügung, wobei er sich für alles verantworten musste. Wir nahmen den Weg nach Torfou. Mein Mann hatte sich zurechtgemacht, als er zur Zwangsarbeit verurteilt werden sollte; denn sein Gesichtstyp und seine Kleidung waren die eines Stadtbewohners, was mir vorher nicht aufgefallen war; aber als er mein Führer war, nahm er die Kleidung des Landes an. Jetzt betrachtete ich ihn zum ersten Mal mit einiger Aufmerksamkeit. Er hatte den primitiven Typ der Bauern der zweiten Rasse bewahrt: mit seiner schmalen Stirn, seinem ernsten Gesicht und seinem rund geschnittenen Haar sah er aus wie ein Bauer aus der Zeit von Charles le Gros. Er öffnete kaum den Mund, außer um auf einen topographischen Punkt rechts oder links zu zeigen –

"Hier wurden die Blues besiegt!"

Ich glaube nicht, dass er zu viel verlangt war, als er mir seinen Schutz versprach, denn obwohl König Louis-Philippe ihn begnadigt hatte, war der gute Mann ein Chouan bis in die Fingerspitzen. Außerdem war in seinen Augen ich es, der ihn begnadigt hatte, und nicht der König.

Eine Viertelmeile von Torfou entfernt, in der Mitte eines Platzes, der von vier Kreuzungen gebildet wurde, erhob sich eine Steinsäule von zwanzig Fuß Höhe, fast nach dem Vorbild der Säule auf dem Place Vendôme. M. de la Bretèche ließ sie zur Zeit der Restauration auf eigene Kosten errichten. Vier Namen in Bronzebuchstaben, eingeschlossen in eine Krone aus dem gleichen Metall, waren darauf eingraviert, wobei jeder Name auf eine der vier Straßen zeigt, deren Kreuzungspunkt diese Säule bildet: die Namen sind die von Charette, d'Elbée, Bonchamp und Lescure. Ich bat meinen Führer um eine Erklärung.

„Ah!", sagte er in seiner eigenen Sprache, durchsetzt mit alten Worten, die ihm wieder eingefallen zu sein schienen, als er, verewigt durch diese alten Erinnerungen, auf den Boden trat, „denn hier wurden Kléber und seine *35.000 Mayençais* von den Chouans geschlagen." [1]

Dann brach er in Gelächter aus und ahmte, indem er beide Hände zusammenlegte, den Schrei der Kreischeule nach.

Ich stand genau an der Stelle, an der die berühmte Schlacht von Torfou stattgefunden hatte.

Dann überkamen mich, wie es sich für den Sohn eines Republikaners gehört, die Erinnerungen, und nun war ich an der Reihe, zu erzählen, und der Bauer, zuzuhören.

„Oh ja!", sagte ich mir und betrachtete die Inschrift auf der Säule: „,19. September 1793.' Ja, das ist es."

Dann richtete ich meinen Blick auf die umliegenden Dörfer Torfou, Buffière, Tiffanges und Roussay.

„Ja", fuhr ich fort, „alles stand in Flammen und bildete einen Feuerring am Horizont, als Kleber mit der Vorhut der Mainzer Armee ankam und seinen dreitausend Mann den Befehl zurief: ,Halt! Zum Kampf!' Denn neben dem Lärm des Feuers hörte man ein weiteres lautes Geräusch wie das Niedertrampeln von Blättern und das Brechen von Ästen, das immer näher kam, ohne dass man auf den Straßen, die ins Zentrum des Waldes führten, etwas sah. Diesem Wald, den die Vendéaner gut kannten, näherten sie sich langsam immer mehr; manchmal mussten sie kriechen, manchmal mussten sie sich mit ihren Schwertern einen Weg freischlagen, doch ihre Linie rückte immer dichter zusammen und mit jeder Minute verringerte sich die Distanz, die sie von ihren Feinden trennte. Schließlich kamen sie so nahe an den

Waldrand, dass sie die Armee, ruhelos, aber entschlossen, in Schussweite sehen konnten und jeder seinen Mann auswählen konnte, bevor er feuerte… Plötzlich ertönte lautes Musketenfeuer in einem Umkreis von drei Vierteln einer Meile, erstarb und wurde dann wieder laut, bevor irgendjemand sagen konnte, gegen wen oder wie sie sich am besten verteidigen konnten. Die Vendéaner nutzten die Gelegenheit, die dieser Moment der Unordnung bot, und stürmten die Straßen hinunter, um die Blauen anzugreifen. Dreitausend Mann wurden von vier verschiedenen Seiten von mehr als dreißigtausend angegriffen, die die Geographie des Landes kannten und für ihre Heimat und ihren Glauben kämpften! Jeder der Anführer, deren Name auf dieser Säule eingraviert ist, erschien an der Straße, auf die sein Name jetzt zeigt. Sobald unsere Soldaten den Feind erkennen konnten, kehrte ihr Mut zurück. „Los, meine tapferen Kerle!", rief Kléber und warf sich ihnen entgegen. „Lasst uns diesen Bettlern Blei und Stahl zum Verdauen geben!" Er stürmte planlos eine dieser vier Straßen entlang, traf auf Lescures Armeekorps, zerschmetterte es wie Glas, und während dieser zu Fuß mit dem Gewehr in der Hand versuchte, die Einwohner von Aubiers, Courlé und Échauboignes zu sammeln, eilte er zu seiner Nachhut, die ihm gefolgt war und von den drei Korps unter Ellbeé, Bonchamp und Charette umzingelt war. Die Artillerie war gerade angekommen: 15 Geschütze in Stellung schossen mit einer Geschwindigkeit von sechs Schuss pro Minute Löcher in die Massen, die sich bald wieder schlossen; drei Angriffe der Kavallerie der Vendéaner warfen sich nacheinander auf die bronzenen Mündungen und verschwanden. Dies dauerte zwei Stunden, wobei Kléber Lescure vor sich hertrieb, der seine Männer immer wieder sammelte. Kléber selbst setzte, von den drei anderen Anführern der Vendéaner hart bedrängt, tapfer seinen Rückzug fort, bis eine fünfte Armee von zehntausend Mann unter der Führung von Donniss und la Rochejaquelein kam und sich ihm in die Flanken warf, aus nächster Nähe feuerte, bei jedem Schlag tötete und schließlich Verwirrung in die Reihen der Republikaner brachte. Die Spitze der Armee, immer noch unter dem Kommando von Kléber, erreichte la Sèvre; der heldenhafte General eroberte die Brücke, überquerte sie und rief einen Quartiermeister namens Schewardin herbei und rief: „Bleiben Sie hier stehen und lassen Sie sich mit zweihundert Mann töten." „Ja, General!" war Schewardins Antwort. Er hat seine Männer ausgewählt, sein Wort gehalten und die Armee gerettet!"

„Oh! Ja, so ist es passiert", antwortete mein Chouan, „denn ich war dabei … Ich war damals noch nicht ganz fünfzehn … Sehen Sie, Monsieur", fuhr er fort, nahm seinen Hut ab und hob sein Haar, um mir eine Narbe zu zeigen, die seine Stirn zerfurchte, „die habe ich hier" – er schlug mit dem Fuß auf den Boden – „Hier! … Es war einer der Adjutanten des Generals, der mich schlug, ein ganz junger Kerl, fast so jung wie ich; aber bevor ich fiel, hatte ich Zeit, ihm mein Bajonett in den Körper zu stoßen und im selben Moment zu schießen … Als ich wieder zu mir kam, war er tot … wir waren übereinander gefallen … und rundherum, im Umkreis einer Meile, lagen Blaue und Vendéans, so dass man nicht wusste, wohin man seinen Fuß setzen sollte, aus Angst, auf sie zu treten. Sie wurden dort begraben, wo sie gefallen waren, und deshalb sind die Bäume hier so kräftig und das Gras so grün."

Ich wandte mich der Säule zu: nichts erwähnte Klébers Mut und Schewardins Hingabe, nichts außer diesen vier Namen aus der Vendéan. Ich vergaß, wo ich war, denn diese Einseitigkeit ließ mir das Blut ins Gesicht steigen.

„Ich weiß nicht, was mich daran hindert, eine Kugel mitten in diese Säule zu schießen und sie mit Schewardin und Kléber zu unterschreiben!", sagte ich laut und sprach mit mir selbst, ohne meinem Mann die Überlegungen mitzuteilen, die zu diesem Monolog geführt hatten.

Ich spürte, wie mein Führer eine zitternde Hand auf meine Schulter legte, und ich drehte mich um; er war sehr blass.

„Um Gottes Willen, Monsieur", sagte er, „tun Sie das nicht; ich habe geschworen, Sie heil und gesund durchzubringen, und wenn Sie eine solche Torheit begehen würden , könnte ich nicht länger für Sie einstehen … Wissen Sie, dass diese vier Männer unsere Götter sind und dass jeder Bauer aus der Vendée hier seine Gebete spricht, wie an den Stationen der Jungfrau Maria, die Sie am Eingang unserer Dörfer sehen? Tun Sie das nicht; oder hüten Sie sich vor den Hecken!"

Ohne ein weiteres Wort zu sagen, erreichten wir Tiffanges.

Tiffanges ist eine alte römische Station. Während Cäsars Kriegen mit den Galliern schickte er Crassus, seinen Leutnant, mit der Siebten Legion dorthin; von dort zog Crassus nach Theowald, dem Doué unserer Tage, wo er sein Lager aufschlug. *Crassus adolescens cum legione septimâ, proximus mare Oceanum in Andibus hiemârat* . [2] Dieses Gebiet der Gallier wurde nie ganz von den Römern unterworfen; die piktischen Könige kämpften dort immer für ihre Freiheit. Augustus hatte kaum den Thron bestiegen, als le Bocage einen neuen Schlachtruf ausstieß. Agrippa ging sofort dorthin, glaubte, die Einwohner unterworfen zu haben und kehrte nach Rom zurück. Erneut erhoben sie sich zum Aufstand. Messala folgte ihm und nahm Tibullus mit, der in seiner Eigenschaft als Dichter einen Teil der Ehren des Feldzuges für sich beanspruchte—

> „Non sine me est tibi partus honos: Tarbella Pyrene Testis,
> et Oceani littora Santonici; Testis Arar, Rhodanusque celer,
> magnusque Garumna, Carnuti et flavi, coerula lympha,
> Liger!"

– so viel wie zu sagen: „Diese Ehre haben Sie nicht ohne mich erlangt. Denken Sie an Tarbella, die Pyrenäen, und die Küsten des Santonischen Ozeans (Saintonge); erinnern Sie sich auch an die Arar (die Saône) und die reißende Rhône und die breite Garonne und die Loire, das blaue Wasser der schönen Carnute."

Möglicherweise folgte Tibullus auch auf Messala, so wie Boileau auf Ludwig XIV. folgte; und was die Loire betrifft, so war sie zur Zeit des Augustus blau, so hat sie seit jenem Tag ihre Farbe merkwürdig verändert! Tiffanges ist in der Tat ein Ort voller Erinnerungen an Cäsar, Hadrian, Chlodwig und die Westgoten; in der Nähe des römischen Grabes liegt die Wiege des Frankenreichs, wie man sie deutlich durch die Geschichte von zwanzig langen Jahrhunderten verfolgen kann. Das Schloss, dessen Ruinen wir besichtigten, scheint ein Bau aus dem 11. Jahrhundert zu sein, der im 12. Jahrhundert fortgesetzt und erst Ende des 13. Jahrhunderts fertiggestellt wurde. Der berühmte Gilles de Laval, Marschall von Raiz, der im Land unter dem Namen *Barbe-Bleue bekannt war* , bewohnte dieses Schloss und begründete durch seine Lebensweise eine Vielzahl von Volkstraditionen, die in den Nachbardörfern noch ganz frisch sind. Kurz gesagt, da es Gerechtigkeit im Himmel gibt und ein Mann, der zwanzig Kirchen plünderte, fünfzig Mädchen vergewaltigte und Reichtümer erlangte, immer ein böses Ende nehmen muss, sollten Sie, um die Vorsehung freizusprechen, wissen, dass dieser Gilles de Laval auf der Wiese von Bièce verbrannt wurde. Zuerst wurde er auf Betreiben seiner Familie enthauptet, die großen Einfluss auf den Sire de l'Hospital hatte, der ihm diese Gunst gewährte; aber zuvor hielt der Verurteilte eine Rede, an deren Ende , so sagt die Geschichte, nichts zu hören war als das Schluchzen der Frauen. Die Geschichte erzählt auch (aber da es Geschichte ist, brauchen Sie ihr keinen Glauben zu schenken), dass die Väter und Mütter von hohem Rang, die Gilles de Lavals letzte Worte hörten, drei Tage fasteten, um Gottes Vergebung für ihn zu erlangen, die er zweifellos erhielt, da sein Beichtvater einer der klügsten der Zeit war. Danach ließen dieselben Eltern ihre Kinder auf dem Hinrichtungsplatz auspeitschen, um ihnen die Erinnerung an die Strafe, die den großen Verbrecher ereilte, ins Gedächtnis einzuprägen! Die Geschichte versäumt es, uns zu sagen, ob die Kinder des 16. Jahrhunderts Hinrichtungen genauso gern sahen wie die des 19. Jahrhunderts.

[1] Das Armeekorps, das Mainz geräumt hatte und nach La Vendée beordert wurde, bestand tatsächlich nur aus zehntausendvierhundert Mann.

[2] Cäsars *Kommentare* , I. iii. § 7.

KAPITEL VIII

Le Bocage – Seine tiefen Gassen und Hecken – Die Taktik der Chouan – Pferde und Reiter der Vendéen – Politik der Vendéen – Der Marquis de la Bretèche und seine Bauern – Die Mittel, die ich vorschlug, um eine neue Chouannerie zu verhindern – Der wankende Stein – Ich verlasse La Jarrie – Adieux an meinen Führer

Ich habe natürlich bisher, so gut ich konnte, Einzelheiten zu Statistiken und Topographie des Landes beiseite gelegt; aber irgendwann muss man dazu kommen. Am Stadtrand von Tiffanges sieht man zum ersten Mal die Vendée mit ihrem hügeligen Land, das sich im Chouan-Krieg als so verheerend für uns erwiesen hat.

Erlauben Sie mir, hier einen Teil des Berichts wiederzugeben, den ich General La Fayette nach meiner Rückkehr nach Paris vorlegte und der, wie wir später sehen werden, auch König Louis-Philippe zur Prüfung vorgelegt wurde:

"... Erstens umfasst das Wort *Vendée* politisch gesehen ein viel größeres Gebiet als topographisch. Und das lag daran, dass der Name eines einzigen Departements einen Krieg taufte, der sich in Wirklichkeit über vier Departements erstreckte. Unter dem Sammelnamen Vendée wurden also die Departements Maine-et-Loire, Morbihan, Deux-Sèvres und la Vendée zusammengefasst. Kein anderer Teil Frankreichs ähnelt la Vendée; es ist ein ganz einzigartiges Land. Aber nur wenige Hauptstraßen führen durch es. Ich werde zu gegebener Zeit näher darauf eingehen. Die anderen Kommunikationsmittel - und folglich auch die des Handels - bestehen aus Gassen von vier bis fünf Fuß Breite, die auf beiden Seiten von steilen Böschungen gesäumt sind, gekrönt von einer auf Mannshöhe gestutzten Hecke, und alle zwanzig Meter stehen Eichen, deren ineinander verschlungene Zweige eine Laube über der Straße bilden. Hecken, die private Felder begrenzen, kreuzen sie hier und da im rechten Winkel und bilden so umschlossene Räume, die kaum jemals aus mehr als einem oder zwei Morgen, immer länglich. Jede dieser Hecken hat nur eine Öffnung, *échalier genannt* , manchmal eine Art Tor, wie die Tore um Schafställe; häufiger ist es aus Holz der Hecken selbst gemacht, und in die Hecke eingelassen, sieht es für das Auge eines Fremden, besonders im Winter, nicht anders aus als die Hecken selbst. Der Einheimische läuft direkt auf dieses Hindernis zu, das er kennt, aber andere müssen im Allgemeinen alle vier Seiten des Feldes entlanggehen, bevor sie den Weg hinaus finden. Diese Hecken erklären genau die Taktik, die im Vendéan-Krieg angewandt wurde: genau schießen, ohne gesehen zu werden; nach dem Schuss durch die Öffnung fliehen, ohne Gefahr zu laufen, getroffen zu werden. Außerdem, mit Ausnahme von la Rochejaqueleins schöner Ansprache: „Wenn ich vorrücke, folgt mir; wenn ich mich zurückziehe, tötet mich; wenn ich sterbe, rächt mich!" die Anführer sprachen vor der Schlacht kaum jemals andere Worte aus als die einfacheren und klareren an die Bauern: „Egayez-vous, mes gars!", was so viel bedeutete wie: „Macht euch rar, meine Jungs!" Dann verbarg jedes Wäldchen einen Mann mit seinem Gewehr – vor, hinter und auf jeder Seite der vorrückenden Armee; die Hecken flammten auf, Kugeln pfiffen aneinander vorbei und Soldaten fielen, bevor sie Zeit hatten, zu entdecken, von welcher Seite der Feuersturm kam! Schließlich waren die Blauen es leid, ihre Toten in Haufen am Grund dieser Engpässe liegen zu sehen, und rannten in alle Richtungen davon, kletterten die Böschung hinauf, erklommen die Hecken und verloren dabei die Hälfte ihrer Männer. Als sie oben ankamen, sahen sie plötzlich, wie das Feuer eingestellt wurde: Alles war wie durch Zauberei verschwunden, und weder weit noch nah war etwas zu sehen außer einer Landschaft, die so hübsch angelegt war wie ein englischer Garten, und hier und da ragte ein spitz zulaufender Turm mit Schieferdach in den nebligen westlichen Himmel, oder das rote Dach eines Bauernhauses, das sich vor einem grünen Hintergrund aus Eichen, Buchen und Walnussbäumen abhob. Diese Gassen oder eigentlich Engpässe, die auf den ersten Blick nur von den Hufen der Ochsen ausgehöhlt zu sein scheinen, sind natürliche Treppen, die durch die Unebenheiten des Bodens entstanden sind und auf denen nur die kleinen Pferde des Landes sicher laufen können. Wir müssen ein wenig über diese Pferde und die Art und Weise, wie sie gelenkt werden, sagen. Im Sommer sind die Wege recht malerisch, im Winter jedoch sind sie unbefahrbar, da der geringste Regen sie in das Bett eines Sturzbachs verwandelt und dann fast vier Monate im Jahr nur zu Fuß und über Land zu erreichen ist. Doch kehren wir zu den Pferden zurück. Der geschickteste Reitlehrer in Franconis Reitschule wäre meiner Meinung nach im Nachteil, wenn er auf einem der riesigen bretonischen Sättel säße, die wie der Höcker eines Dromedars aus der Mitte des Rückens des Tieres aufragen. Und was das Tier selbst betrifft, so könnte der Reiter glauben, er könne es mit Hilfe von Zaumzeug und Knien lenken; er würde jedoch sehr schnell feststellen, dass die Beine des Vendéan-Reiters nur dazu dienen, das Gleichgewicht zu halten, und dass das Zaumzeug keinen anderen Zweck erfüllt, als sein Pferd durch kräftiges Zügeln mit beiden Händen anzuhalten. Nach ein wenig Übung würde er jedoch lernen, sich mit der Keule zu helfen, und dies ist es, was in der bretonischen Reitkunst den Einsatz von Knien und Zaumzeug ersetzt. Um das Pferd nach rechts zu wenden, muss man ihm mit der Keule auf das linke Ohr schlagen und *umgekehrt*; und auf diese Weise, die die Kunst der Larives und Pelliers enorm vereinfacht, lenkt man das Tier auf Wegen, die einem Basken schwindelig machen würden!

„Dieses Bild der Straßen und der Reiter, die sie befahren, beginnt sich jedoch in den Departements Vendée und Loire-Inférieure zu ändern, wo Bonaparte Straßen bauen ließ; im Departement Deux-Sèvres und insbesondere in der südlichen Hälfte des Departements Maine-et-Loire trifft es jedoch noch immer zu.

"In diesen letzten Teilen des Landes haben die Politiker der Vendée also Zuflucht gesucht. Dort ist die Opposition gegen jede Form liberaler Regierung energisch und offenkundig. Glücklicherweise hat die Zivilisation sie, wie aus Trotz, mit einem Gürtel liberaler Gemeinden umgeben, der in der Bourbon Vendée beginnt, Chollet, Saumur und Angers durchquert, in Nantes wieder auftaucht und sogar in die Vendée selbst, in Clisson, übergeht, eine Art verlassener Außenposten, von dem aus im Falle eines Aufstands Alarm geschlagen werden könnte. Eine einzige Straße verläuft an einer Ecke in Form eines Y durch dieses Land; das Ende steht für die Route von Chollet nach Trémentines, und die beiden Gabeln, die von Trémentines nach Angers und Saumur - diese letztere Straße ist nicht einmal eine Poststraße. Die Vendée besteht also heutzutage aus einem einzigen Departement ohne Ausgang für Angriff oder Flucht.

„Inmitten dieses politischen Feuers sind vier sehr unterschiedliche Klassen von Individuen aktiv: der Adel oder *die Großbürger* , der Klerus, das Bürgertum und die Bauern oder Pachtbauern.

„Der Adel ist völlig gegen jede Form eines Verfassungssystems; sein Einfluss auf die Bourgeoisie ist praktisch verwerflich, aber er hat einen immensen Einfluss auf die Pachtbauern, die fast alle von ihm bezahlt werden. Hier ist zum Beispiel ein typisches Beispiel: Der Marquis von la Bretèche allein besitzt einhundertvier Bauernhöfe; angenommen, jeder Bauernhof besitze nur drei Männer, die ein Gewehr handhaben können, so genügt ein Wort von ihm, um dreihundertzwölf bewaffnete Bauern in Aktion zu versetzen!

„Die Geistlichen teilen die Ansichten der Adligen und verfügen über einen noch größeren Einfluss durch ihre Kanzeln und Beichtstühle.

„Die Bourgeoisie ist also die Innenseite des Dreiecks, das vom Adel, der seine Gesetze festlegt, der Geistlichkeit, die sie predigt, und dem Volk, das sie akzeptiert, gebildet wird.

„So beträgt das Verhältnis der Liberalen in diesem Departement (ich beziehe mich auf das Landesinnere) kaum eins zu fünfzehn: die dreifarbige Flagge ist trotz des förmlichen Befehls des Präfekten nirgends zu sehen, und die Priester singen das *Domine salvum* nur auf besonderen Befehl des Bischofs.

„Der Mast, an dem die weiße Fahne befestigt war, existiert noch und wirkt allein durch seine Nacktheit als Protest gegen die dreifarbige Fahne; aber die Priester empfehlen von ihren Kanzeln, für Louis-Philippe zu beten, *da er unweigerlich ermordet werden müsse.* So geht die Agitation unaufhörlich weiter. Sie wird durch Versammlungen von vierzig bis fünfzig Adligen unterstützt, die ein- oder zweimal wöchentlich entweder in Lavoirs, Herbiers oder Combouros stattfinden. Das Mittel, das sie anwenden, um die Leute aufzuwiegeln, ist das Zurückhalten von Zeitungen, die nur von speziell ernannten Agenten gebracht werden, wobei die Post nur durch Beaupréau, Chemillé und

Chollet geht. Zu den Städten und Dörfern, die kein Geheimnis aus ihrer Hoffnung auf einen weiteren Aufstand machen, müssen in erster Linie die von Beaupréau, Montfaucon, Chemillé, Saint-Macaire, le May und Trémentines gezählt werden. Das Herz der royalistischen Revolution ist in Montfaucon konzentriert; würde sie in ganz Frankreich ausgelöscht werden, hier würde noch immer der Puls des Bürgerkriegs schlagen. Eine Revolution würde unweigerlich ausbrechen, wenn der Dauphin oder Madame unter dem Volk auftauchten oder selbst an einem Tag, an dem Frankreich einer ausländischen Macht der Krieg erklärt würde, insbesondere wenn diese Macht England wäre und zum dritten Mal Männer und Waffen entlang der Küste strömen würde, die nur zehn bis elf Meilen vom Departement Maine-et-Loire entfernt ist, wo es ein Leichtes ist, Männer und Waffen durch die Öffnung zwischen Clisson und Chollet einzuschmuggeln.

„Die folgenden scheinen uns die besten Mittel zu sein, einen Aufstand zu verhindern:

"I. Straßen bauen. Im Allgemeinen sehen die Leute in einer Straße, die quer durch ein unpassierbares Land gebaut wird, nur eine Möglichkeit zur Ausweitung des Handels. Die Regierung, wenn sie liberale Ansichten hat, sieht darin ein politisches Mittel zu ihren eigenen Zwecken; die Zivilisation folgt dem Handel und die Freiheit der Zivilisation. Die Beziehungen zu anderen Departements werden das zu fürchtende seiner primitiven Wildheit berauben; zuverlässige Informationen werden sich schnell verbreiten und falsche Berichte ebenso schnell widerlegt werden; in allen Hauptstädten des Bezirks werden Postämter eröffnet; die Gendarmerie wird in regulären und aktiven Dienst gestellt; und schließlich werden Truppen im Bedarfsfall in eindrucksvoller Weise durch den gesamten Bezirk marschieren. Die im Departement Maine-et-Loire zu bauenden Straßen sollten von Palet nach Montfaucon führen und dabei durch Saint-Crespin führen. In Montfaucon sollte sich die Straße in zwei verzweigen, eine sollte über la Renaudiére, Villedieu und la Chapelle-au-Genêt nach Beaupréau führen; die andere sollte bis Romagne führen, wo sie sich wieder mit der einen vereinigen sollte. von Chollet über la Jarrie und Roussay. Der Handel, der entlang dieser Straßen entstehen würde,

würde sich auf Anjou-Weine, bretagneisches Vieh und die Leinenstoffe von Chollet beziehen. Gegenwärtig kann er nur mit Ochsenkarren betrieben werden, die nicht umkippen, die aber wegen der schlechten Straßen von einem Gespann aus acht oder zehn Tieren für einen einzigen, sehr leicht beladenen Wagen gezogen werden müssen; oder die Waren werden auf dem Rücken von Menschen transportiert. Diese Straßen sollten von den Arbeitern des Landes selbst gebaut werden, um das Geld unter den armen Klassen zu verteilen; denn die Bauern kennen die Orte, an denen der beste Straßenschotter zu bekommen ist; auch weil die Adligen, die die Eröffnung solcher Straßen ausdrücklich verhindern wollen, die Bauern leicht gegen fremde Arbeiter aufhetzen würden, die einen Lohn beziehen würden, den die Einheimischen als ihren eigenen legitimen Anspruch betrachten würden; denn schließlich würden die Bauern, die für den Bau dieser Straßen ausgewählt werden, selbst jeden Versuch des Adels bekämpfen, ihre Ausführung zu verhindern.

2. Zehn oder zwölf Priester in die Dörfer jenseits der Loire zu versetzen und ihre Gehälter um etwa hundert Francs zu erhöhen, um zu verhindern, dass sie sich als Märtyrer ausgeben – insbesondere jene aus Tiffanges, Montauban, Torfou und Saint-Crespin. An ihrer Stelle Priester in die Pfarrgemeinden zu schicken , denen die Regierung vertrauen kann. Diese Priester hätten nichts zu befürchten; ihr heiliges Amt würde sie vor den Bauern schützen, die sie als Menschen vielleicht verabscheuen, aber ihre Soutanen respektieren würden.

3. Ein großer Teil der Adligen, die zusammenkommen, um über die Mittel zur Wiederaufnahme des Bürgerkriegs zu beraten, verfügt über sehr beträchtliche Pensionen, die ihnen die Regierung weiterhin zahlt. Nichts wäre einfacher, als sie auf frischer Tat zu ertappen. Dann könnte die Regierung mit Recht die Zahlung dieser Pensionen einstellen und das Geld zu gleichen Teilen unter den alten Soldaten der Vendée und der Republikaner aufteilen, deren gegenseitiger Hass im Lauf der Jahre allmählich nachlassen würde.

Auf diese Weise wäre die Möglichkeit neuer Aufstände in der Vendé in Zukunft ausgeschlossen, da die Regierung beim geringsten Ausbruch nur ihre Arme ausstrecken und

Truppen entlang der Hauptstraßen verteilen müsste, um Versammlungen zu trennen.

„Wenn die Leute glauben, dass diese Männer, die seit 1792 in ihren Ansichten aufgeklärt waren, unter dem Einfluss von Fanatismus und Aberglauben den Punkt erreicht haben, an dem sie sich nie wieder erheben können, dann irren sie sich seltsamerweise; selbst diejenigen, die Bonapartes Einberufung aus ihren Häusern in die Welt hinausführte, haben allmählich ihre vorübergehende Aufklärung verloren, seit sie wieder an ihre Herde zurückkehrten und ihre primitive Unwissenheit wieder aufgriffen. Ich werde ein Beispiel dafür anführen. Ich ging mit einem feinen alten Soldaten, der zwölf Jahre unter Napoleon gedient hatte, auf die Jagd. Am Hang eines Hügels in der Nähe von La Jarrie stand ein Stein, der zwölf Fuß hoch war und die Form eines umgekehrten Kegels hatte. Er berührte den Berg an einer seiner oberen Kanten und ruhte an seiner Basis, die so schmal war wie die Krone eines Hutes, auf einem großen Felsbrocken; obwohl dieser Stein siebeneinhalb bis zehn Tonnen wog, war er so perfekt ausbalanciert, dass ein Mann ihn leicht mit der Hand schütteln konnte. Ich dachte, es sei ein Druidendenkmal, aber ich vertraute nicht der falschen Lehre gebildeter Männer, die so oft durch die Mit der rohen Einfalt der Bauern rief ich meinen Begleiter und fragte ihn, was das für ein Stein sei und wer ihn dort hingelegt habe.

„Der Teufel!', antwortete er mit einer Überzeugung, die nicht einmal das leiseste Leugnen meinerseits zu fürchten schien.

„Der Teufel, sagten Sie?', wiederholte ich erstaunt.

„Ja", antwortete er.

„Aber warum hat er es getan?'

„Sehen Sie von hier aus den Bach La Maine ... dort unten im Tal?'

"'Perfekt.'

„Nun, dann können Sie eine Stelle erkennen, wo man es auf Trittsteinen überqueren könnte, die bis an die

Wasseroberfläche reichen, wenn nicht genau in der Mitte dieser Steine eine Lücke wäre.'

"'Ja.'

„'Gut! Diese Lücke sollte durch den Felsen gefüllt werden, an den wir jetzt lehnen.'

„'Es ist sicherlich so behauen, dass es genau passt und den durch sein Fehlen verursachten Effekt der mangelnden Kontinuität aufhebt.'

„'Ich verstehe nicht, was du meinst', antwortete der Bauer, ,aber so ist es passiert. Der Teufel baute eine Brücke, um über den Fluss zu kommen und die Kühe der Bauern zu stehlen. Er hatte alles fertiggestellt, bis auf diesen einen Stein, den er auf seiner Schulter trug, und vergaß dabei, dass der Tag, an dem er seine Arbeit beenden wollte, ein Sonntag war, als er plötzlich die Prozession aus Roussay erblickte, die ihn ebenfalls sah. Daraufhin machte der Priester das Kreuzzeichen, und sehr bald begann Satans Kraft zu weichen. Er war gezwungen, den Stein hier und für immer abzulegen, genau dort, wo wir sind, da er ihn nie wieder aufrichten kann. Deshalb ist die Brücke zerbrochen und deshalb bebt dieser Stein.'

"Da diese Erklärung so gut war wie jede andere, musste ich mich damit zufrieden geben, denn hätte ich ihm meine eigene Version erzählt, hätte sie ihm wahrscheinlich ebenso absurd vorgekommen wie seine für mich."

Nach sechs Wochen kannte ich das Land dank meines Führers, der mich überallhin begleitete, so gut und vielleicht sogar viel besser als einer seiner eigenen Bewohner, sowohl die Vendée der Vergangenheit als auch die Vendée der Zukunft. Ich verabschiedete mich von Madame Villenave und ihrer Tochter, küsste die kleine Élisa auf die Stirn und machte mich auf den Weg nach Nantes. Die Begleitung meines Vendée war jenseits von Clisson unnötig, und ich verabschiedete mich von ihm, nachdem ich versucht hatte, ihn dazu zu bringen, eine Belohnung für die Dienste anzunehmen, die er mir erwiesen hatte; aber er weigerte sich hartnäckig und sagte, dass er mir ewig etwas schuldig sein würde, egal, was er für mich getan hatte oder noch tun könnte. Wir umarmten uns und ich ging, aber er blieb stehen, wo ich ihn zurückgelassen hatte, und winkte mir zu, wann immer ich mich umdrehte. Ich verlor ihn aus den Augen, als er um eine Ecke kam, und alles war aus zwischen uns. Ich weiß nicht, ob er lebt oder tot ist, ob er mich vergessen hat oder noch immer tief in seinem Herzen den Edelstein der Dankbarkeit bewahrt, oder ob er ihn so weit von sich geworfen hat, dass er ihn nie wieder finden kann. Anderthalb Stunden, nachdem ich ihn verlassen hatte, erreichte ich Nantes.

KAPITEL IX

Die Revolution von Nantes – Régnier – Paimbœuf –
Gutsherren und Reisende – Jacomety – Der Eingeborene
von Guadeloupe und seine Frau – Möwenschießen –
Grundsatz für die Seevogeljagd – Der Kapitän der *Pauline* –
Frau und Schwalbe – Der Aberglaube der Liebenden –
Unter Segel setzen

Nantes hatte wie Paris seine Revolution erlebt; seine Raguse, die den Befehl
gegeben hatten, auf das Volk zu schießen; und seine Leute, die Raguse
niedergedrückt hatten. Sie zeigten mir Häuser, die fast ebenso markiert waren
wie der Louvre oder das Institut; das Feuer wurde von den königlichen
Truppen so gut geführt, dass ein junger Mann namens Petit von einem
einzigen Schuss drei Kugeln in den Arm, eine in die Brust und eine
Schusswunde quer durch sein Gesicht erhielt; die letztere war von einem
seiner Landsleute aus einem Fenster abgefeuert worden. Der Verwundete
erholte sich gut; aber einer seiner Freunde, der nur eine Ladung Schrot
abbekommen hatte, lag im Sterben. Wenn er starb, wäre er der elfte, der bei
diesem zweiten Handgemenge sein Leben verloren hatte.

Régnier – damals ein charmanter Komiker, der später zu einer der tragenden
Säulen der Comédie-Française wurde – befand sich zu dieser Zeit zufällig in
Nantes und gab dort eine Reihe von Vorstellungen, die große Beachtung
fanden.

Ich verbrachte zwei oder drei Tage mitten in alten Erinnerungen an die
Revolution, die mir Herr Villenave wieder in Erinnerung rief, der, wie wir
wissen, beinahe die Rolle des Opfers in dem großen Drama gespielt hätte,
das der Konvent komponierte und das von Carrier in die Tat umgesetzt
wurde. Wenn es einen Namen auf der Erde gibt, den die Öffentlichkeit
verabscheut, dann ist es der von Carrier!

Ich verließ Nantes in Richtung Paimboeuf. Ich hatte das Meer nur in Le
Havre gesehen, wo es, wie man mir sagte, diesen Namen kaum verdiente;
daher war ich neugierig, ein echtes Meer zu sehen, ein stürmisches Meer, das
selbst Seeleute *la mer sauvage nennen*. Ich kenne nichts Traurigeres auf der Welt
als diese Häuserreihe namens Paimboeuf, die die Loire auf fünf- oder
sechshundert Metern säumt! Man hat das Gefühl, tausend Meilen von Paris
entfernt und außerhalb der Zivilisation zu sein, wenn man diesen tapferen
Kerlen gegenübersteht, die an einem Fluss leben, der fast so breit ist wie ein
Meer, und die mit nichts anderem beschäftigt zu sein scheinen als dem
Flicken ihrer Netze und dem Fischen. Ich fragte mich, was die Umdrehungen

des Pariser Kraters für sie bedeuten könnten, da seine Lava sie nicht erreichen konnte und sie nicht einmal seine Flammen oder seinen Rauch sehen konnten.

Aber das war ihnen egal, denn in Paimboeuf sprach man kühn von einem weiteren Aufstand der Vendée. Außerdem sind die lebensnotwendigen Dinge aufgrund der Entfernung zwischen Paimboeuf und Paris so teuer, dass die Menschen in den zentralen Provinzen Frankreichs es sich nicht vorstellen können. Der Reisende, der gehört hat, wie billig der Fisch dort ist; dass Hummer für sechs bis acht Sous, Steinbutt für zwei Franc und Rochen – die niemand isst – verkauft werden und dass einem Garnelen vor die Füße geworfen werden, unterliegt einer mythischen Wahnvorstellung: Für ihn sind die Preise in den Gasthäusern überall nahezu gleich; im Norden, Süden, Osten und Westen haben die Wirte einheitliche Tarife, die den Reisenden in Bezug auf die Kosten nie allzu gut dastehen lassen.

Wir speisten im *Philippe* des Ortes, der Jacomety hieß; unser Table d'hôte-Abendessen kostete uns fünfzig Sous – nur zehn bis zwanzig Sous Unterschied zu den anderen Table-d'hôte-Tarifen im ganzen Königreich. Bei dieser Mahlzeit speiste neben mir eine junge, traurig aussehende Frau; oder vielmehr speiste sie nicht, denn sie aß nichts. Ihr Mann, zu ihrer Rechten, kümmerte sich mit der Fürsorge eines Liebhabers um sie, und doch hob sich alle paar Minuten die Brust der Schönen in Not vor Schluchzen, Tränen traten ihr in die Augen und rollten trotz ihrer Bemühungen, sie zurückzuhalten, über ihre Wangen. Ich konnte es nicht lassen, der Unterhaltung meiner beiden Nachbarn zuzuhören; ich erfuhr bald, dass der junge Mann aus Guadeloupe stammte und gerade diese bezaubernde junge Frau aus der Gegend von Tours geheiratet hatte, die er aus dem Garten Frankreichs in den der Antillen verpflanzte. Das arme Kind wusste, abgesehen von dem Vertrauen, das es gerade in jene blinde Seite des Lebens gesetzt hatte, die wir die Zukunft nennen, nichts über das Land, in das es ging, und bis es Kinder haben konnte, die seine Milch saugen und seine Tränen trocknen würden, trauerte es um die Freunde und Verwandten, die es im alten Europa zurücklassen musste, und wahrscheinlich auch um den alten Kontinent selbst. Am selben Tisch speiste der Kapitän des Schiffes, das das junge Ehepaar über die Meere bringen sollte, und von ihm erfuhr ich die meisten dieser Einzelheiten. Sie sollten am nächsten Tag in See stechen. Ich bat ihn um Erlaubnis, an Bord zu gehen und zu bleiben, bis sein Schiff ablegte, was er mir bereitwillig gewährte. Das Schiff lag zwischen Paimbœuf und Saint-Nazaire vor Anker und hieß *la Pauline*. Es war ein hübscher Dreimaster mit sehr anmutigen Linien und fünf- oder sechshundert Tonnen.

Ich erzählte meinen beiden Nachbarn nichts von meinem Plan, denn ich war überzeugt, dass ich, so gleichgültig ich ihnen gegenüber war, am nächsten Tag, wenn ich ging, für sie noch mehr als ein Landsmann sein würde –

nämlich ein Freund! Den Rest des Tages verbrachte ich am Flussufer und schoss auf gewöhnliche Möwen und Lachmöwen und war erstaunt, dass sie nicht fielen. Ein einheimischer Jäger, der sich über meine Enttäuschung amüsierte und den ich ansprach, um ihn zu fragen, ob die Loire wie der Styx die Eigenschaft habe, die Menschen und Tiere, die in ihren Gewässern badeten, unverwundbar zu machen, teilte mir zu meiner großen Überraschung mit, dass ich, da ich nicht wüsste, wie man Entfernungen auf See misst, aus der doppelten Entfernung schieße, die normalerweise üblich ist. Er legte die folgenden Regeln als wesentlich fest:

Schießen Sie niemals auf einen Seevogel, wenn Sie sein Auge nicht deutlich sehen können. Wenn Sie sein Auge sehen, befindet sich sein Körper in Reichweite Ihres Bleis.

Ich habe diese Maxime sofort in die Praxis umgesetzt. Ich wartete geduldig, ließ eine Möwe nahe genug herankommen, damit ich ihr Auge deutlich wie einen kleinen schwarzen Fleck erkennen konnte, dann schoss ich, und der Vogel fiel. Der Lieferant dieser Ratschläge verneigte sich und schoss weiter, zufrieden mit sich selbst, weil er einem Pariser etwas beigebracht hatte.

Ich gebe die Lektion genauso wieder, wie sie mir erteilt wurde; man kann eine Wahrheit, egal ob klein oder groß, nicht weit genug verbreiten.

Ich habe vergessen, welcher Philosoph es war, der sagte, wenn er die Hände voll Wahrheiten hätte, würde er sie mit einem Feuerkreis umgeben, aus Angst, er könnte sie geistesabwesend öffnen und die Wahrheiten entwischen lassen. Ich würde beide Hände öffnen und die Wahrheiten mit aller Kraft in die Welt hinausblasen. Nichts fliegt so langsam und zögerlich wie die wahre Wahrheit! Aber da eine Wahrheit immer jemanden etwas kostet, hat die Wahrheit, die ich gerade preisgegeben habe, drei oder vier großen Möwen das Leben gekostet.

Als ich ins Hotel zurückkam, sah ich unsere Braut und unseren Bräutigam nicht; sie hatten sich in ihr eigenes Zimmer zurückgezogen.

Nach acht Uhr abends, Ende September, gibt es in Paimboeuf nicht mehr viel zu erleben, also folgte ich dem Beispiel des jungen Paares und zog mich in mein Zimmer zurück. Ich gab den Befehl, mich rechtzeitig zu wecken, um das erste Beiboot zu nehmen, das nach *La Pauline hinausfuhr*. Der Kapitän persönlich klopfte an meine Tür. Ich glaube, der ehrenwerte Mann hatte während der Nacht, unter dem süßen und trügerischen Tau des Schlafes, die Hoffnung in seinem Herzen aufkeimen lassen, mich auf die Reise mitzunehmen. Er pries die Freuden einer langen Reise an Bord eines guten Schiffes, sprach von seinem Koch, den er weit höher schätzte als den von Jacomety, und lobte seine Tafel, die mit keiner anderen verglichen werden konnte als mit der des *Rocher de Cancale* in Paris. Der Kapitän hatte einmal im

Rocher de Cancale zu Abend gegessen und ließ keine Gelegenheit aus, ein gutes Wort für die Vortrefflichkeit von Borels Küche einzulegen.

Es war noch immer schönes Spätsommerwetter, und da ich nur einen kurzen Zwischenstopp auf *der Pauline einlegen wollte* , trug ich nur Nankinghosen, eine weiße Piquéweste und eine Samtjacke. Diese Einzelheiten sind, wie sich bald zeigen wird, nicht ohne Bedeutung für diejenigen, die ausgiebig erfahren haben, was es heißt, unter Kälte zu leiden. Dies war das erste Mal, dass ich ein Schiff, das im Begriff war, abzufahren, aus so großer Nähe sah. Ich war zwar in Le Havre auf ein oder zwei Dampfern gewesen, die nach Boston oder New Orleans fuhren; aber die Eleganz dieser Boote, die für die Beförderung von Passagieren ausgerüstet sind, lässt sie eher wie Hotels, wie möblierte Wohnungen und wie die Korridore von Theatern erscheinen als wie Schiffe. Die *Pauline* hingegen war ein reinrassiger Dreimaster. Ich untersuchte jede Kleinigkeit an ihr mit einer Neugier, die mich hoffen ließ, dass ich eines Tages, wenn sich die Gelegenheit dazu bot, Romane über das Meer schreiben könnte, wie die von Cooper oder jedenfalls wie die von Eugène Sue. Ich war mitten in meiner Betrachtung, als das Boot zum zweiten Mal längsseits kam und das junge Paar und sein Gepäck mitbrachte. Die junge Frau versuchte nicht, ihre Tränen zurückzuhalten, sondern weinte heftig und offen. So sah sie mich nicht auf das Steuerbord-Begleitschiff zukommen, und als ich ihr meine Hand reichte, um ihr von der Leiter auf die Brücke zu helfen, stieß sie einen kleinen Schrei der Überraschung aus.

„Ah, Monsieur!" sagte sie, „fahren Sie auch nach Guadeloupe?"

„Leider nein, Madame", sagte ich. „Zu meinem großen Bedauern bin ich nicht hier. Aber gerade weil ich zurückbleibe, finden Sie mich hier."

„Ich verstehe Sie nicht, Monsieur."

„Ich habe Ihre Traurigkeit bemerkt und weiß, dass Sie diejenigen verlassen, die Ihnen sehr lieb sind. Da ich ein Landsmann von Ihnen bin, dachte ich, ich würde Ihren Freunden Ihre letzten Nachrichten überbringen."

„Oh, Monsieur", sagte sie, „wie nett von Ihnen!"

Und sie sah ihren Mann an, als wolle sie ihn fragen, wie weit sie sich auf ein Gespräch dieser Art mit einem Fremden einlassen würde.

Er lächelte, streckte die Hand aus und gab seiner Frau mit einem schnellen Blick die Erlaubnis, zu tun, was sie wollte.

„Ja", sagte er, „sei so gut und überbringe die letzten Abschiedsgrüße meiner lieben Pauline an ihre Familie. Und richte vor allem ihrer Mutter aus, wenn du sie siehst, dass wir in weniger als drei Jahren zurückkommen und sie besuchen werden."

„Drei Jahre!", murmelte die junge Frau zweifelnd.

„Und sagen Sie diesem dummen Kind, Monsieur", fuhr er fort und küsste die Stirn seiner Frau, „dass es heute einfacher ist, nach Guadeloupe und zurück zu kommen, als es früher der Fall war, nach Saint-Cloud zu kommen … Ich bin noch keine dreißig und habe schon ein Dutzend Reisen zwischen Pointe-à-Pître und Nantes gemacht."

„Ja, meine Liebe! Das sagst du mir jetzt, aber achtzehnhundert Meilen sind eine lange Strecke!"

„Sechs Wochen Reise … das ist doch nicht viel?"

Ich machte die junge Frau auf eine Schwalbe aufmerksam, die um die Masten herumflog.

„Dieser Vogel unternimmt genau eine solche Reise zweimal im Jahr, Madame", sagte ich zu ihr, „allein geleitet von seinem Instinkt."

„Ja, aber es ist ein Vogel", sagte sie seufzend.

Ich versuchte , dem Gespräch eine neue Wendung zu geben.

„Monsieur", sagte ich zu meinem Mann, „ich habe gehört, wie Sie Madame mit Pauline angesprochen haben … *La Pauline* ist der Name des Bootes, auf dem wir stehen. Ist es reiner Zufall oder haben Sie es selbst so gewählt, dass die Namen gleich sind?"

„Es war meine eigene Wahl, Monsieur. Es waren drei oder vier Schiffe auf dem Fluss und ich habe mich für dieses entschieden … Ich dachte, dass ich ihr neben ihrem heiligen Schutzpatron noch eines schenken würde … Finden Sie meinen Aberglauben amüsant?"

„Keineswegs, Monsieur, ganz im Gegenteil. Ich schätze jeden Aberglauben – besonders jenen, der auf Liebe beruht. Es schien mir immer unmöglich, aufrichtig zu lieben, ohne vage Ängste um das geliebte Objekt zu empfinden, die selbst die Mutigsten zur Beute abergläubischer Gefühle machen."

Die junge Frau hörte mir eine Weile zu.

„Oh, Monsieur", begann sie dann und streckte ihre Hand aus, „was für eine nette Idee von Ihnen, uns zu verabschieden!"

„Ich hoffe dann, Madame, dass Sie mich damit beauftragen, Ihrer Familie letzte Botschaften zu überbringen."

„Ich habe meiner Mutter heute Morgen geschrieben, Monsieur, aber wenn Sie zufällig in Tours Halt machen und ein wenig Zeit übrig haben, dann seien Sie so freundlich und fragen Sie nach dem Haus von Madame M. und sagen Sie ihr, dass Sie uns begegnet sind und uns auf dem Schiff gesehen haben, und dass Sie Zeuge waren" (sie lächelte etwas zweifelnd), „dass Léopold versprochen hat, mich in drei Jahren nach Frankreich zurückzubringen."

„Ich werde es ihr sagen, Madame, und ich übernehme die Bürgschaft für das Wort Ihres Mannes."

Inzwischen wurden an Bord Vorbereitungen für die Abfahrt getroffen. Der Wind wehte aus Ost-Südost, gerade richtig, um aus dem Fluss hinauszusegeln; sie hatten nur auf die Flut gewartet, bevor sie mit der vereinten Hilfe von Wind und Flut schnell lossegeln konnten. So ließ uns plötzlich die Stimme des Kapitäns lossegeln. Der Lotse war gerade aus Saint-Nazaire angekommen, und der Kapitän gab seinen ersten Befehl: „Anker einholen!" Bei diesem unerwarteten Befehl schien die arme Reisende zum ersten Mal zu begreifen, dass sie Frankreich tatsächlich verlassen musste. Sie stieß einen kleinen Schrei aus, warf sich an die Brust ihres Mannes und brach in Schluchzen aus. Ich nutzte diesen erneuten Tränenfluss, um das frisch vermählte Paar zu verlassen und dem Kapitän zu sagen, dass ich bereit sei, an Land zurückzukehren, wenn es ihm passte.

„Eh!", sagte er, „haben Sie es so eilig, uns zu verlassen? Ich hatte damit gerechnet, Sie zum Mittagessen und zum Abendessen – oder jedenfalls zum Mittagessen – zu behalten; denn", fügte er hinzu und blickte zum Himmel auf, „ich glaube, heute werden nicht viele Passagiere zum Essen kommen."

„Gut!", antwortete ich. „Aber wie wollten Sie mich auf See loswerden?"

„Der einfachste Weg, den man sich vorstellen kann: Sie wären mit dem ausrollenden Piloten zur Landung zurückgekehrt."

„Halt! Ist das wirklich möglich?"

„Alles ist möglich, was man sich sehr wünscht."

„Also gut, ich werde mit Ihnen zu Mittag essen."

„Dann verlassen Sie uns nicht, bis wir in Piliers sind. Sie kehren mit dem Lotsen zurück, dem Sie eine Krone schenken können, und Sie werden als Engländer durchgehen, der einmal die Seekrankheit ausprobieren wollte."

„Erledigt! Erledige die Angelegenheit mit ihm für mich."

Er rief den Piloten, flüsterte ein paar Worte mit ihm, deutete mit einem Blick auf mich und der Pilot nickte zum Zeichen seiner Zustimmung.

„So", sagte der Kapitän, „die Sache ist gut geklärt!"

Dann wandte er sich an die Matrosen, die den Anker eingeholt hatten, und sagte:

„Hoch in die Lüfte mit euch und lasst die Marssegel und die Marschsegel, die Klüver und den Besan los!"

„Ach, Kapitän", sagte ich, „tun Sie mir nicht den gleichen Streich, den Bougainville seinem Freund, dem Pfarrer von Boulogne, gespielt hat!"

„Oh, keine Angst! Außerdem reise ich nicht um die ganze Welt!" [1]

Schließlich wandte er sich an seine Männer und rief:

„Machen Sie sich bereit, die Marssegel zu hissen und einzuholen!"

Die Geschichte von Bougainville und dem Pfarrer von Boulogne ist in der französischen Marine sehr beliebt, und wie Sie sehen, antwortete mir der Kapitän, wie ein Kommunikant eine Frage zum Katechismus beantwortet. Da es durchaus möglich ist, dass mein Leser kein Seemann ist und insbesondere Damen die Legende, auf die ich gerade Bezug genommen habe, nicht kennen, werde ich die Geschichte von Bougainville und dem Pfarrer von Boulogne in möglichst wenigen Worten erzählen. Dann kehren wir zu unseren beiden Paulinern zurück.

---

[1] Siehe „*Le curé de Boulogne*", S. 13. 59 von Bd. ii. von *Trödel.*

KAPITEL X

Die Geschichte von Bougainville und seinem Freund, dem
Pfarrer von Boulogne

Am 14. November 1766 fuhr eine offene Kutsche, die von Postpferden
gezogen wurde, mit drei Marineoffizieren, von denen einer auf dem
Vordersitz und die beiden anderen auf dem Rücksitz saßen - was einen
deutlichen Unterschied in ihrem Rang bedeutete - durch den *Bois de Boulogne*
, von der *Barrière de l'Étoile kommend* und in Richtung *Avenue de Saint-Cloud*.
Am *Château de la Muette* kam sie an einem Priester vorbei, der langsam auf
einem der Bürgersteige entlangging und sein Brevier las.

„Hallo, Postillion!", rief der Offizier, der hinten im Wagen saß. „Halt, bitte,
einen Moment."

Der Postillion hielt an. Diese laut ausgesprochene Aufforderung und das
Geräusch, das der Postillion machte, als er seine Pferde anhielt, veranlassten
den Priester natürlich dazu, den Kopf zu heben und seinen Blick auf die
Kutsche und ihre drei Insassen zu richten.

„Pardieu, ich irre mich nicht", sagte der Offizier, der hinten saß. „Sie sind es
wirklich, mein lieber Rémy!"

Der Priester starrte erstaunt. Doch als ihm Licht aufging, hellte sich sein
Gesicht allmählich auf und seine Lippen verwandelten sich von Erstaunen
in ein Lächeln.

„Ah!" sagte er schließlich, „Du bist es!"

"Warum *du* (*vous*)?"

„Dann bist du *es* , Antoine."

„Ja, ich bin es, Antoine de Bougainville."

„Mon Dieu! Was hast du in den fünfundzwanzig Jahren seit unserer
Trennung gemacht?"

„Was habe ich nur gemacht, lieber Freund?", wiederholte Bougainville.
„Komm und setz dich ein paar Minuten zu mir, dann erzähle ich es dir."

„Aber ..." Der Priester blickte sich unbehaglich um, als hätte er Angst, sich
weit von seinem Zuhause zu entfernen. Bougainville verstand seine Angst.

„Machen Sie sich keine Sorgen, wir gehen im Schritttempo", antwortete er.

Ein Diener stieg vom Sitz hinter ihm ab und ließ die Stufe herunter.

„Es ist Viertel nach elf", sagte der Priester, „und Marianne erwartet mich um zwölf zum Abendessen."

„Zunächst einmal – wo wohnst du? Aber setz dich doch hin!"

Er zog den Priester leicht an seiner Robe und dieser setzte sich.

„Wo wohne ich?", fragte dieser.

"Ja."

„In Boulogne... Ich bin Pfarrer von Boulogne, Freund."

„Ah! Ah! Ich gratuliere Ihnen, Sie hatten schon immer diese Berufung."

„Sie sehen also, ich habe Befehle erteilt."

"Sind Sie zufrieden?"

„Ich bin entzückt, mein Freund! Der Pfarrer von Boulogne ist nicht einer der besten: Er hat nur ein Einkommen von achthundert Livres; aber meine Ansprüche sind bescheiden, und es bleiben noch vierhundert Livres übrig, die ich an die Armen verschenken kann."

„Guter Rémy! … Du kannst im langsamen Trab gehen, damit wir so wenig Zeit wie möglich verlieren."

Der Postillon ordnete das erforderliche Tempo der Pferde, das zwar gemäßigt war, aber dennoch einen Ausdruck der Betroffenheit auf das Gesicht des Pfarrers zauberte.

„Seien Sie beruhigt", sagte Bougainville, „wir fahren in Richtung Boulogne."

„Freund", sagte Abbé Rémy lachend, „ich bin seit zwanzig Jahren Pfarrer von Boulogne; Marianne ist seit fünfzehn Jahren bei mir, und nie, außer wenn ich an der Seite eines sterbenden Gemeindemitglieds festgehalten wurde, bin ich fünf Minuten später als zwölf gekommen; pünktlich um zwölf steht die Suppe auf dem Tisch, und ... verstehen Sie?"

„Ja, hab keine Angst, ich möchte Marianne nicht verärgern … Du sollst pünktlich um zwölf zu Hause sein."

„Jetzt bin ich beruhigt … Aber erzählen Sie uns etwas über sich selbst: Tragen Sie nicht die Uniform der Marine?"

„Ja, ich bin Kapitän eines Schiffes."

„Wie kommt das? Ich dachte, Sie wären Rechtsanwalt – Wirklich? – Haben Sie nicht nach dem College angefangen, Jura zu studieren?"

„Was ist zu tun, mein lieber Rémy? Du, der Gesalbte Gottes, solltest das Sprichwort besser kennen als jeder andere:

„Der Mensch denkt, und Gott lenkt. Es stimmt, dass ich 1752 als Rechtsanwalt am Obersten Gerichtshof von Paris zugelassen wurde."

„Ah! Ich wusste es!", sagte der gute Priester und nahm den Finger aus seinem Brevier, der die Stelle markierte, an der er aufgehört hatte zu lesen. „Sie sind also tatsächlich Anwalt geworden ?"

„Ja, aber zur selben Zeit, als ich als Anwalt zugelassen wurde", fuhr Bougainville fort, „trat ich in die Musketiere ein."

„Oh, tatsächlich! Sie hatten schon immer eine Vorliebe für Waffen und ein besonderes Talent für Mathematik."

"Erinnerst du dich daran?"

„Aber natürlich! War ich nicht dein bester Freund im College?" „Ah, das ist wirklich wahr!"

„Sind Sie oder Ihr Bruder Louis derjenige, der zur Akademie gehört?"

Bougainville lächelte.

„Es ist mein Bruder", sagte er. „Oder besser gesagt, es war mein Bruder, denn Sie müssen wissen, dass ich das Unglück hatte, ihn vor drei Jahren zu verlieren."

„Ach, der arme Louis … Aber was können Sie erwarten? Wir sind alle sterblich, und es ist gut, dieses Leben als eine Reise zu betrachten, die uns zum Hafen führt … Verzeihen Sie, mein Freund, es scheint mir, wir fahren an Boulogne vorbei."

Bougainville sah auf seine Uhr.

"Pah!" sagte er, "was macht das schon! Es ist erst halb zwölf, und Sie haben also noch gute zwanzig Minuten vor sich. - Schneller, Postillion!"

"Warum schneller?"

„Weil du in Eile bist, mein Freund."

„Bougainville! …"

„Wie? Ist der Wunsch zu wissen, was ich getan habe, nicht größer als Ihre Angst, Marianne durch eine fünfminütige Verspätung zu verärgern? … Das ist wirklich eine merkwürdige Art von Freundschaft!"

„Du hast recht, auf mein Wort; fünf Minuten mehr oder weniger … Erzähl mir von dir, mein lieber Antoine. Außerdem wird sie aufhören zu schimpfen, wenn ich Marianne sage, dass ich wegen dir zu spät gekommen bin und dass ich deinetwegen zu spät gekommen bin."

„Also kennt Marianne mich?"

„Kennt sie Sie? Natürlich kennt sie sie! Ich habe ihr schon zwanzigmal von Ihnen erzählt … Aber beeilen Sie sich und erzählen Sie mir zu Ende, wie es dazu kam, dass ich Sie, nachdem ich als Anwalt zugelassen wurde und mich bei den Musketieren gemeldet hatte, als Marineoffizier gefunden habe."

„Es ist ganz einfach, und ich kann es Ihnen in einem Wort erklären. 1753 wurde ich Hilfsmajor im Provinzbataillon der Picardie; im folgenden Jahr wurde ich zum Adjutanten von Chevert ernannt, den ich verließ, um Botschaftssekretär in London zu werden und Mitglied der Royal Society zu werden; 1756 ging ich als Hauptmann der Dragoner mit dem Marquis von Montcalm, der mit der Verteidigung Kanadas beauftragt war.

„Großartig! Großartig!" unterbrach ihn Abbé Rémy. „Ich sehe, wie Sie es tun! Weiter, mein Freund, ich höre zu."

Der Abbé war völlig fasziniert von Bougainvilles Erzählung und hatte nicht bemerkt, dass die Pferde leise von einem langsamen zu einem schnellen Trab übergegangen waren. Bougainville fuhr mit seiner Geschichte fort.

"Als ich in Kanada war, war ich so ziemlich Herr meiner Zukunft; ich musste mich nur gut benehmen, um etwas zu erreichen. Der Marquis de Montcalm beauftragte mich mit der Leitung mehrerer Expeditionen, die ich zu einem erfolgreichen Abschluss brachte. So gelangte ich beispielsweise nach einem Marsch von sechzig Meilen durch Wälder, die als undurchdringlich galten, manchmal über schneebedeckte Landwege, manchmal auf dem Eis des Flusses Richelieu, bis zum Ende des Sees von Saint-Sacrement, wo ich eine englische Flottille unter dem Fort, das sie schützte, niederbrannte."

"Was?", sagte der Abbé, "waren Sie es, der das getan hat? Ich habe den Bericht über dieses Ereignis gelesen, aber ich wusste nicht, dass Sie der Held waren ..."

„Haben Sie meinen Namen nicht erkannt?"

„Ich kannte den Namen, aber nicht den Mann … Wie konnten Sie erwarten, dass ich in einem Mitglied der Basoche, den ich verließ, während ich Jura studierte und Anwalt werden wollte, einen schneidigen Kerl wiedererkenne, der in den fernen Tiefen Kanadas Flotten verbrennt? … Sie sehen doch sicher, dass das unmöglich war!"

In diesem Moment hielt die Kutsche vor einem Posthaus.

„Oh!", sagte Abbé Rémy, „wo sind wir, Antoine?"

„Wir sind in Sèvres, mein Freund."

„In Sèvres! Wie spät ist es?"

Bougainville sah auf seine Uhr.

„Es ist zehn Minuten vor zwölf."

„Oh, mein Herr!", rief der Abbé, „aber ich werde mittags nie in Boulogne sein."

„Das ist mehr als wahrscheinlich."

"Noch eine Liga!"

„Anderthalb Meilen."

„Wenn ich nur einen Postwagen finden könnte …"

Er erhob sich aus der Kutsche und blickte sich um, so weit sein Blick reichte, doch er konnte nicht einmal das kleinste Fahrzeug entdecken.

„Macht nichts", sagte er, „ich gehe zu Fuß."

„Du sollst nicht gehen!", sagte Bougainville.

„Was? Du lässt mich nicht gehen?"

„Nein, es soll nicht behauptet werden, Sie hätten sich eine Rippenfellentzündung zugezogen, weil Sie mit einem Freund eine Autofahrt unternommen haben."

„Ich werde leise gehen."

„Oh, ich kenne Sie! Sie hätten Angst, von Mademoiselle Marianne ausgeschimpft zu werden, Sie würden Ihre Schritte beschleunigen, schweißgebadet ankommen, kaltes Wasser trinken und sich eine Lungenentzündung zuziehen... Irgendein Idiot von Arzt würde Sie pökeln, anstatt Sie zur Ader zu lassen, oder Sie zur Ader lassen, anstatt Sie pökeln zu lassen, und drei Tage später würde es mit Abbé Rémy vorbei sein!"

„Trotzdem muss ich nach Boulogne zurück... Hallo! Postillion! Postillion! Halt!..."

Die Kutsche mit ihren frischen Pferden setzte sich in zügigem Trab in Bewegung.

„Hören Sie", sagt Bougainville, „das ist das Beste, was Sie tun können."

„Das Beste, mein guter Freund, mein lieber Antoine, ist, die Pferde anzuhalten, damit ich aussteigen und meinen Weg zurück nach Boulogne antreten kann."

„Nein", sagt Bougainville. „Das Beste ist, Sie begleiten mich bis nach Versailles."

„Bis nach Versailles?..."

„Ja, da Sie das Abendessen bei Mademoiselle Marianne verpasst haben, müssen Sie mit mir in Versailles zu Abend essen. Während ich die letzten Anweisungen Seiner Majestät entgegennehme, wird einer dieser Herren sich darum kümmern, eine Reisekutsche zu finden, die Sie zurück nach Boulogne bringt."

„Das wäre mir natürlich eine große Freude, mein Freund, aber..."

"Aber was?"

Abbé Rémy tastete in seinen Westentaschen herum und steckte beide Hände bis zu den Achseln hinein.

„Aber", fuhr er fort, „Marianne hat mir kein Geld in die Tasche gesteckt."

„Mach dir darüber keine Gedanken, mein lieber Rémy! In Versailles werde ich den König um hundert Kronen für die Armen von Boulogne bitten; der König wird sie mir gewähren, und ich werde sie dir geben. Du kannst dir ein paar Kronen von ihnen leihen, bis du mit der Reisekutsche nach Boulogne zurückfährst, und dann ist die Sache geregelt."

„Was? Du glaubst, der König würde dir hundert Kronen für meine Armen geben?"

"Ich bin mir sicher."

„Auf Ihr Ehrenwort?"

„Auf meine Treue als Gentleman!"

„Mein Freund, das entscheidet dann für mich."

„Danke! Meinetwegen würden Sie nicht kommen, aber wegen Ihrer Armen werden Sie kommen. Es scheint mir mehr wert zu sein, einer Ihrer armen Gemeindemitglieder zu sein als Ihr Freund!"

„Das sage ich nicht, mein lieber Antoine; aber Sie wissen, dass ein Pfarrer, der seinen Posten verlässt, eine gute Entschuldigung haben muss."

„Eine Entschuldigung? ... Oh! Wenn du verschlafen hast, sage ich nicht..."

„Wie, wenn ich verschlafen würde!", ruft Abbé Rémy erschrocken. „Wollen Sie mich also zwingen, die Nacht hier zu verbringen? ... Postillion! Hallo! Postillion!"

„Nein, haben Sie keine Angst ... Bei dem Tempo, mit dem wir vorankommen, werden wir Versailles in einer Stunde erreichen. Um zwei essen wir zu Abend, und Sie können um drei abreisen."

„Warum um drei und nicht um zwei?"

„Weil ich Zeit haben muss, den König zu sehen und ihn um die hundert Kronen zu bitten."

„Ah, das ist wahr."

„Die Rückfahrt mit der Kutsche von Versailles nach Boulogne dauert drei Stunden. Um sechs Uhr sind Sie zu Hause."

"Was wird Marianne sagen?"

„Pah! Wenn sie sieht, dass Sie mit hundert Kronen direkt vom König zurückkehren, wird Marianne glücklich und stolz auf Ihren Einfluss sein."

„Aufrichtig, Sie haben Recht ... Sie müssen mir alles erzählen, was der König Ihnen sagt. Dieses Abenteuer wird ihr eine Woche lang genug Gesprächsstoff für ihre Nachbarn geben."

„Also ist es abgemacht, wir dinieren in Versailles?"

„Was Versailles betrifft, sind wir einverstanden! Aber nun erzähl mir das Ende deiner Geschichte."

„Ah! Das stimmt ... Wir hatten meine Expedition auf dem Saint-Sacrement erreicht. Sie brachte mir den Rang eines Quartiermeisters eines Armeekorps ein und den Auftrag, nach Versailles zu gehen, um die prekäre Lage des Gouverneurs von Kanada zu erklären und Verstärkung für ihn anzufordern. Ich blieb zweieinhalb Jahre in Frankreich, ohne das zu bekommen, was ich verlangte. Allerdings bekam ich, was ich nicht verlangt hatte, nämlich das Kreuz von Saint-Louis und den Rang eines Obersten im Stab des Regiments von Rovergne. Ich kam gerade rechtzeitig in Kanada an, um vom Marquis von Montcalm das Kommando über die Grenadiere und Freiwilligen bei dem berühmten Rückzug aus Quebec zu erhalten, den ich durchführen sollte. Als Montcalm unter den Mauern der Stadt ankam, dachte er, er könne eine Schlacht wagen. Die beiden Generäle wurden getötet: Montcalm in unseren Reihen, Wolfe in denen der Engländer. Montcalm tot, unsere Armee besiegt, es gab keine Möglichkeit, Kanada zu verteidigen. Ich kehrte nach Frankreich zurück und erlebte den Feldzug von 1761 in England, als Adjutant von Monsieur de Choiseul-Stainville."

„Dann waren Sie es also, dem der König die beiden Gewehre geschenkt hat?", unterbrach ihn der Pfarrer von Boulogne.

"Wer hat dir das gesagt?"

„Ich habe darüber gelesen, mein Freund, in der *Gazette de la Cour* ... Wie hätte ich mir träumen können, dass diese Bougainville mein Freund Antoine war?"

"Wie fandest du das Geschenk?"

"Pah! Ich dachte, es wäre wohlverdient ... aber trotzdem dachte ich, der König hätte diesem Monsieur Bougainville, bei dem ich keineswegs davon ausging, dass es Sie seien, etwas geben sollen, das sich leichter tragen lässt als zwei Kanonen; denn obwohl sie eine große Ehre sind, kann man sie natürlich nicht überallhin mitnehmen."

„Es ist wahr, was Sie sagen", fuhr Bougainville lachend fort. „Aber da mich der König gleichzeitig zum Kapitän eines Schiffes ernannte und mir die Gründung einer Siedlung für mich und die Einwohner von St. Malo auf den Malouines-Inseln anvertraute, dachte ich, meine beiden Kanonen könnten dort von Nutzen sein."

„Ah, ganz richtig", sagte Abbé Rémy. „Aber entschuldigen Sie meine Unkenntnis der Geographie, mein lieber Antoine, wo liegen die Malouinen-Inseln?"

„Ich bitte um Verzeihung, mein Freund", sagte Bougainville, „ich hätte sie die Falklandinseln nennen sollen, denn ich war es, der ihnen zu Ehren der Stadt St. Malo den Namen Malouines-Inseln gab."

„Sehr gut!" sagte Abbé Rémy lächelnd. „Ich erkenne sie unter diesem Namen! Die Falklandinseln gehören zum Archipel des Atlantischen Ozeans. Ich weiß, wo sie liegen: am südlichen Ende Südamerikas, östlich der Magellanstraße."

„Auf mein Wort", sagte Bougainville, „Strong, der sie getauft hat, hätte ihre Richtung selbst nicht genauer bestimmen können. Sie studieren also Geographie bei Ihrem Pfarrer in Boulogne?"

„Oh, mein Freund, als ich jung war, wollte ich immer Missionar in Indien werden ... Die Liebe zum Reisen wurde mir in die Wiege gelegt und ich hätte alles dafür gegeben, um die Welt zu reisen ... damals, aber heute nicht mehr."

„Ja, ich verstehe", sagt Bougainville und tauscht einen Blick mit seinen beiden Begleitern aus. „Heute würde es Sie aus Ihrer gewohnten Gewohnheit bringen ... Sie sind also gereist?"

„Mein Freund, ich bin nie weiter als bis Versailles gekommen."

„Dann waren Sie nicht am Meer."

"NEIN."

„Sie haben noch nie ein Schiff gesehen?“

„Ich habe in Auxerre Segel gesehen.“

„Das ist zwar immerhin etwas, aber es kann Ihnen nur eine sehr ungenaue Vorstellung von einer Fregatte mit sechzig Kanonen vermitteln.“

„Das glaube ich auch“, fügte Abbé Rémy unschuldig hinzu. „Sie sagen also, Sie seien zu den Malouinen-Inseln gegangen, wo die Regierung Ihnen die Genehmigung erteilt hatte, eine Siedlung zu gründen. Ich zweifle nicht daran, dass Sie das getan haben?“

„Unglücklicherweise erhoben die Spanier nach dem Frieden von Paris Anspruch auf diese Inseln. Ihr Anspruch wurde vom französischen Gericht gerecht beurteilt und das französische Gericht gab sie unter der Bedingung auf, dass sie mich für das Geld entschädigten, das ich ausgegeben hatte.“

„Aber haben sie das getan?“

„Ja, mein lieber Freund, sie haben mir eine Million Francs gegeben!“

„Eine Million Francs? *Peste!* Was für eine hübsche Summe.“

Man wird bemerken, dass der gute Abbé beinahe geflucht hätte.

„Nun“, fuhr er fort, „wohin gehst du? …“

„Ich fahre nach Le Havre.“

„Was tun? Verzeihen Sie mir, Freund, vielleicht bin ich neugierig.“

„Neugierig? Oh, sicher nicht! … Ich fahre nach Le Havre, um mir eine Fregatte anzusehen, deren Kapitän mich auf Geheiß des Königs geworden ist.“

"Was ist sein Name?..."

" *Die Boudeuse.* "

"Ist es ein sehr schönes Schiff?"

"Hervorragend!"

Abbé Rémy seufzte tief. Der arme Priester dachte offensichtlich daran, wie viel Freude es ihm früher, als er noch frei war, bereitet hätte, das Meer zu sehen und auf einem Fregattschiff zu fahren.

Dieser Seufzer löste einen erneuten Austausch von Blicken und Lächeln zwischen Bougainville und den beiden Offizieren aus. Beide Lächeln und

Blicke blieben von dem ehrenwerten Abbé Rémy unbemerkt, der in so tiefe Träumereien versunken war, dass er erst wieder zu sich kam, als die Kutsche vor einem großen Hotel hielt.

„Ah, wir sind also angekommen", sagt er. „Ich habe großen Hunger!"

„Sehr gut. Wir werden nicht warten, da das Abendessen bereits im Voraus bestellt wurde."

„Was für ein herrliches Leben muss das Leben eines Kapitäns sein!", sagt der Abbé. „Er bekommt Millionen von den Spaniern, er reist mit der Post in einem guten Wagen, und wenn er ankommt, findet er ein Abendessen vor, das für ihn bereitsteht! Die arme Marianne! Sie hat ohne mich zu Abend gegessen!"

„Pah!", sagt Bougainville, „einmal heißt nicht immer. ... Wir werden ohne sie zu Abend essen, und ich hoffe, ihre Abwesenheit wird Ihnen nicht den Appetit verderben."

„Oh, mach dir keine Sorgen … ich habe wirklich großen Hunger."

„Also, zu Tisch! Zu Tisch!"

„Zu Tisch!", wiederholte Abbé Rémy fröhlich.

Es war ein gutes Abendessen. Bougainville war ein Feinschmecker. Er trank keinen anderen Wein als Champagner. Die Mode, ihn mit Glasur zu überziehen, war gerade erfunden worden.

Alle Priester, ob sie nun Pfarrer einer Kleinstadt oder eines Weilers sind oder Priester einer Kapelle ohne Gemeinde, neigen dazu, ein wenig gierig zu sein; Abbé Remy, so bescheiden er auch war, hatte die sinnliche Seite, mit der die Natur den Gaumen der Geistlichen ausgestattet hat. Zuerst wollte er nicht mehr als ein paar Tropfen Wein in sein Wasser trinken; dann mischte er Wein und Wasser zu gleichen Teilen; schließlich beschloss er, seinen Wein pur zu trinken. Als Bougainville sah, dass er an diesem Punkt angelangt war, stand er auf und verkündete, dass es Zeit für ihn sei, sich vor dem König zu präsentieren, an den er die Bitte bezüglich der Armen von Boulogne richten würde. In der Zwischenzeit sollten die beiden Offiziere dem Abbé Remy Gesellschaft leisten. Wie Bougainville gesagt hatte, war er eine Stunde abwesend. Trotz der Bemühungen der Offiziere schwankten die Hoffnungen des würdigen Priesters auf eine Weise auf und ab, die seiner Herzensgüte Ehre machte.

„Nun!", sagte er, als er Bougainville erblickte, „was ist mit meinen armen Leuten?"

„Es sind nicht dreihundert Livres, die mir der König dafür gegeben hat“, sagte Bougainville und zog eine Rolle aus der Tasche, „sondern fünfzig Louis!“

„Wie? Fünfzig Louis?“, rief Abbé Rémy, ganz überwältigt von dieser königlichen Großzügigkeit. „Zwölfhundert Livres!“

„Zwölfhundert Livres.“

"Unmöglich!"

"Hier sind sie."

Abbé Rémy streckte seine Hand aus.

„Aber der König hat sie mir unter einer Bedingung gegeben.“

"Was?"

„Dass Sie auf sein Wohl trinken.“

„Oh, wenn das alles ist!“

Er hielt sein Glas hin, in das Bougainville den Flaschenhals kippte.

„Halt! Halt!“ sagte der Abbé.

„Komm schon!“, beharrte Bougainville, „ein halbes Glas? Nun, der König wäre nicht erfreut, wenn nur ein halbes Glas auf seine Gesundheit getrunken würde.“

„Wirklich“, sagte Abbé Rémy fröhlich, „zwölfhundert Livres sind ein ganzes Glas wert. Mach es ganz voll, Antoine, und hier ist das Wohl des Königs!“

„Zum König!“, wiederholte Bougainville.

„Ah!“, sagte Abbé Rémy und stellte sein Glas auf den Tisch, „das ist das, was man eine wahre Orgie nennen könnte! ... Es ist allerdings die erste, an der ich teilnehme, und ich werde für sehr lange Zeit keine Gelegenheit zu einer zweiten haben.“

„Ich sage Ihnen, was es ist ...“, sagte Bougainville und stützte seine Ellbogen auf den Tisch.

„Nun?“, antwortete Abbé Rémy, dessen Augen wie Karbunkel glänzten.

„Etwas, das Sie tun sollten.“

"Was ist es?"

„Du sagst mir, dass du noch nie das Meer gesehen hast.“

"Niemals."

„Gut! Dann sollten Sie mit mir nach Le Havre kommen."

„Ich … komme mit dir nach Le Havre? … Aber davon träumst du doch nicht, Antoine?"

„Im Gegenteil, es ist genau das, was ich tue. Möchten Sie ein Glas Champagner?"

„Danke, ich habe schon zu viel getrunken!"

„Ach! Auf das Wohl Ihres armen Volkes … das ist ein Toast, dem Sie nicht widerstehen können."

„Ja, aber nur einen Tropfen."

„Einen Tropfen! Als du das Glas für den König voll getrunken hast? Ach, das steht nicht in der Bibel, mein lieber Remy. Unser Erlöser sagte: ‚Die Ersten werden die Letzten sein …' Ein volles Glas für die Armen von Boulogne oder gar keins."

„Hier also ein volles Glas, aber es ist das letzte."

Der Abbé, ein guter Katholik, brachte seinen Toast auf die Armen ebenso fröhlich aus wie auf den König.

„So!", sagte Bougainville. „Jetzt ist vereinbart, dass wir nach Le Havre aufbrechen."

„Antoine, du musst verrückt sein!"

„Du wirst das Meer sehen, mein Freund … und was für ein Meer! Keinen See wie das arme Mittelmeer, sondern den Ozean, der um die Welt rollt!"

„Verführe mich nicht, du elender Kerl!"

„Der Ozean, von dem Sie selbst zugeben, dass es Ihr Lebenstraum war, ihn zu sehen!"

„*Vade retro, Satanas!*"

"Es ist nur eine Frage einer Woche."

„Aber wissen Sie denn nicht, dass ich meine Pfarrstelle verliere, wenn ich eine Woche unerlaubt abwesend bin?"

„Das habe ich vorausgesehen, und da der König gerade von Monseigneur, dem Bischof von Versailles, begleitet war, ließ ich ihn eine Erlaubnis für Sie unterschreiben, in der stand, dass Sie mit mir kommen würden."

„Das hast du ihm erzählt?"

"Ja."

„Und er hat mir eine Genehmigung unterschrieben?"

"Hier ist es."

„Du meine Güte, das ist tatsächlich seine Unterschrift! Gut! Das könnte ich schwören!"

„Mein Freund, im Herzen sind Sie ein Seemann."

„Gib mir meine fünfzig Louis und lass mich gehen."

„Hier sind sie, aber du sollst nicht gehen."

"Warum nicht?"

„Weil ich vom König ermächtigt bin, Ihnen in Le Havre weitere fünfzig Louis auszuhändigen, und Sie werden kein so gemeiner Christ sein, Ihrem armen Volk – Ihren Kindern, der Herde, die der Erlöser Ihnen anvertraut hat – fünfzig schöne goldene Louisdor vorzuenthalten!"

„Also gut!" rief Abbé Rémy, „dann werde ich nach Le Havre fahren! Aber ich willige nur ihnen zuliebe ein."

Dann hielt er plötzlich inne –

„Nein", sagte er heftig, „das ist unmöglich!"

"Warum ist das unmöglich?"

„Marianne!..."

„Sie sollen ihr schreiben, um ihre Angst zu lindern."

"Was soll ich ihr sagen, mein Freund?"

„Sagen Sie ihr, dass Sie den Bischof von Versailles getroffen haben und dass er Ihnen die Erlaubnis gegeben hat, nach Le Havre zu gehen."

„Das wäre gelogen!"

„Aus einem guten Motiv heraus zu lügen ist keine Sünde, sondern eine Tugend."

„Sie wird mir nicht glauben."

„Sie können ihr die vom Bischof unterschriebene Erlaubnis zeigen."

„Bleiben Sie stehen, das ist wahr ... Ach, Sie Anwälte, Sie Soldaten und Matrosen, Sie halten an nichts fest."

„Sehen Sie, Sie wollen Stift, Tinte und Papier?"

Der Abbé Rémy dachte eine Minute nach und sagte sich dann zweifellos, dass eine geschriebene Lüge eine größere Sünde sei als eine ausgesprochene, denn plötzlich sagte er:

„Nein, ich würde es ihr lieber nach meiner Rückkehr erzählen … Aber sie wird denken, ich sei tot."

„Sie wird sich umso mehr freuen, wenn sie dich lebend zurücksieht!"

„Dann, mein Freund, lass mir keine Zeit zum Nachdenken, sondern führe mich jetzt fort!"

„Nichts leichter als das."

Ich wandte mich also an die beiden Beamten –

„Die Pferde sind da, oder nicht?"

"Jawohl Kapitän."

„Also gut, lasst uns gehen!"

„ *En voiture!* " wiederholte Abbé Rémy im Ton eines Mannes, der sich kopfüber in eine unbekannte Gefahr stürzt.

„ *En voiture!* ", wiederholten die beiden Offiziere fröhlich.

Sie stiegen in die Kutsche, fuhren die ganze Nacht sehr schnell und waren am nächsten Morgen um fünf Uhr in Le Havre. Bougainville selbst wählte das Zimmer für seinen Freund aus, der, müde von der Reise und noch etwas benommen vom Abendessen des Vortages, schlief und erst mittags aufwachte. Gerade als er aufwachte, kam Bougainville in sein Zimmer und öffnete die Fenster. Der Abbé stieß einen Schrei der Überraschung und Bewunderung aus: Die Fenster gingen auf das Meer hinaus. Eine Viertelmeile entfernt ritt *la Boudeuse* anmutig auf der Reede, mit zwei Ankern vertäut.

„Oh!", fragte Abbé Rémy, „was ist das für ein prächtiges Schiff?"

„Mein Freund", sagte Bougainville, „das ist *La Boudeuse* , wo wir zum Abendessen erwartet werden."

„Was? Soll ich an Bord gehen?"

„Sicher! Sie würden doch nicht den ganzen Weg nach Le Havre zurücklegen und zurückkehren, ohne ein Schiff gesehen zu haben! Das ist doch, als ob Sie nach Rom gefahren wären, ohne den Papst gesehen zu haben, mein lieber Freund."

„Das stimmt", sagte Abbé Remy, „aber wann kehren wir zurück?"

„Wann immer Sie möchten... nach dem Abendessen – das entscheiden Sie...
Sie geben Ihre Befehle und werden Kapitän auf meinem Schiff."

„Sehr gut! Lasst uns lieber bald als spät losfahren. Wir haben für die Hinfahrt
vierzehn Stunden gebraucht, aber für die Rückfahrt werde ich volle fünf oder
sechs Tage brauchen."

„Was macht das schon, du hast ja eine Woche Urlaub?"

„Das weiß ich ganz genau, aber sehen Sie, da ist Marianne ..."

„Sie stellen sich die Freudenschreie vor, die sie ausstoßen wird, wenn sie Sie
wiedersieht?"

„Denken Sie, dass es Freudenschreie geben wird?"

„Verdammt! Das hoffe ich wirklich!"

„Das hoffe ich auch", sagte der Abbé in einem Ton, der eher Zweifel als
Hoffnung ausdrückte.

Dann sagte er wie ein Mann, der seine Mütze über eine Windmühle geworfen
hat: „Kommen Sie, kommen Sie, zur Fregatte!"

Bougainville schien von Geistern bedient zu werden, die ebenfalls den
Befehlen des Abbé Rémy folgten, und zwar so fleißig, dass er, als dieser
„Nach Le Havre!" rief, den Wagen bereits bereit vorfand; und als er „Zur
Fregatte!" rief, fand er die Gig des Kapitäns wartend vor. Er stieg ins Boot
und setzte sich neben Bougainville, der das Ruder übernahm. Ein Dutzend
Matrosen warteten mit erhobenen Rudern.

Bougainville gab ein Zeichen; die zwölf Ruder fielen und schlugen mit so
regelmäßiger Bewegung auf das Wasser, dass es schien, als würden sie wie
ein Mann darauf treffen. Das Gig flog über das Meer wie jene langbeinigen
Wasserspinnen, die übers Wasser gleiten. In weniger als zehn Minuten waren
sie längsseits. Es braucht kaum erwähnt zu werden, dass dieses maritime
Wunder namens Fregatte die Begeisterung des guten Abbé Rémy aufs
Äußerste entfachte; er fragte Bougainville nach dem Namen jedes Mastes,
jeder Rah und jedes Taues. Es waren keine Segel gesetzt, aber sie hingen in
Brailles. Während er die verschiedenen Teile des Schiffes benannte, kam ein
Bote und sagte dem Kapitän, dass das Abendessen serviert worden sei. Der
Abbé und er gingen hinunter in die Kapitänskajüte. Diese Kabine hätte an
Komfort und Eleganz mit jedem Salon eines der reichsten Schlösser um Paris
wetteifern können. Des Abbés Überraschung wuchs immer mehr. Zum
Glück stand das Meer, obwohl es der 15. November war, in Flammen; es
war einer jener wunderschönen Herbsttage, die wie ein Abschied der
Sommersonne anmuten, bevor sie für sechs Monate verschwindet.

Abbé Rémy war nicht im Geringsten seekrank, wozu ihm die an den Tisch des Kapitäns eingelassenen Vorgesetzten und der Kapitän selbst gratulierten. Gegen Mitte des Essens schien es ihm jedoch, als ob die Bewegung der Fregatte zunahm; Bougainville antwortete, es sei die Ebbe, und hielt einen gelehrten Vortrag über Gezeiten. Abbé Rémy hörte der wissenschaftlichen Abhandlung seines Freundes mit größter Lebhaftigkeit und Aufmerksamkeit zu; und da er sich in den Naturwissenschaften gut auskannte, machte er seinerseits Bemerkungen, die die begeisterte Bewunderung der Offiziere hervorzurufen schienen .

Das Abendessen zog sich länger hin, als die Gäste selbst bemerkten; nichts verrät den Zeitablauf so sehr wie eine interessante Unterhaltung, belebt durch guten Wein. Dann kam Kaffee, jener süße Nektar, für den der Abbé eine Schwäche zugab. Kapitän Bougainvilles Kaffee war eine so raffinierte und gelungene Mischung aus Mokka und Martinique, dass der Abbé, als er ihn in kleinen Schlucken trank, erklärte, er habe noch nie etwas Vergleichbares probiert. Nach dem Kaffee kamen dann Liköre, jene berühmten Liköre von Madame Anfoux, die in der zweiten Hälfte des letzten Jahrhunderts die Freude der Feinschmecker waren. Schließlich, als die Liköre genossen waren und Abbé Rémy vorschlug, an Deck zurückzugehen, erhob Bougainville keinen Widerstand gegen diesen Wunsch; aber er war gezwungen, seinem Freund von der Begleiterin den Arm zu geben, da der Abbé seine Gleichgewichtsstörungen naiv auf den Champagner, den Mokka und die Liköre von Madame Anfoux zurückführte, die er getrunken hatte.

Die Fregatte hatte Backbordbug, den Bug nach Nordosten gerichtet, und der Wind wehte ungehindert. Alle Segel waren gesetzt, einschließlich der Unter- und Bramsegel. Nur die Stagsegel waren verstaut. Sie mussten elf Knoten pro Stunde fahren!

Das erste Gefühl des guten Abbés war die tiefste Bewunderung für dieses Meisterwerk der Schiffsarchitektur unter vollen Segeln. Dann bemerkte er, dass sich die Fregatte bewegte. Dann sah er sich um — und schließlich stieß er einen Schrei des Schreckens aus. Das Land Frankreich erschien nur noch als eine Wolke am Horizont ... Er betrachtete Bougainville mit einem Ausdruck, in dem sich alle Vorwürfe eines missbrauchten Vertrauens konzentrierten.

„Mein lieber Freund", sagte Bougainville, „es hat mir so viel Freude bereitet, Sie zu sehen, meinen ältesten und liebsten Kameraden, dass ich beschloss, wir würden so lange wie möglich zusammenbleiben. ... Ich brauchte einen Kaplan an Bord meiner Fregatte; ich bat Seine Majestät, Sie diesen Posten besetzen zu lassen, und er gewährte es mir gnädigerweise zusammen mit einem Gehalt von tausend Kronen ... Hier ist Ihr Auftrag."

Abbé Rémy warf seiner Ernennung einen erschrockenen Blick zu.

„Aber", sagte er, „wohin gehen wir?"

„Um die Welt, mein lieber Mann!"

"Wie lange dauert eine Weltumrundung?"

„Oh, von drei bis dreieinhalb Jahren, mehr oder weniger … Aber rechnen Sie eher mit dreieinhalb Jahren als mit drei."

Der Abbé fiel überwältigt gegen den erhöhten Ständer der Offizierswache zurück.

„Oh!", murmelte er, „ich werde es nie wieder wagen, vor Marianne zu erscheinen! …"

„Ich verspreche, Sie zum Pfarrhaus zu bringen und mit ihr Frieden zu schließen", sagte Bougainville.

Am 15. Mai 1770 lief die Fregatte *Boudeuse* wieder in den Hafen von Saint-Malo ein. Es waren genau dreieinhalb Jahre vergangen, seit sie Havre verlassen hatte; Bougainville war in seinen Berechnungen keinen Tag zu spät. In dieser Zeit hatte sie die ganze Welt umrundet.

Weiß der Himmel, was beim ersten Gespräch zwischen Abbé Rémy und Marianne vor sich ging.

KAPITEL XI

Während diese Manöver ausgeführt wurden, schloss ich mich wieder unserem jungen Ehepaar an.

„Nun, Monsieur", sagte die Braut zu mir, „der Moment ist für Sie gekommen, an Land zurückzukehren und uns zu verlassen."

„Noch nicht, Madame", sagte ich.

Sie richtete ihren Blick auf mich.

„Noch nicht?", wiederholte sie.

„Nein, Madame, ich habe vom Kapitän die Erlaubnis erhalten, Sie bis zur allerletzten Minute nicht zu verlassen. Ich werde mit Ihnen zu Mittag essen, und wir werden noch mehrere lange Stunden damit verbringen, über Frankreich zu sprechen."

„Danke, Monsieur", antwortete der Ehemann.

Aber nun verabschiedeten sich alle, die aus geschäftlichen oder Herzensangelegenheiten an Bord gekommen waren, in die Boote und verließen das Schiff. Der Anker wurde aus dem Wasser gezogen und eingeholt, und *la Pauline* begann der Bewegung der ablaufenden Flut und der Brise zu gehorchen. So gering die Bewegung auch war, sie genügte doch, um bei der Braut einen neuen Anfall von Trauer auszulösen. Ich ging zurück zum Kapitän.

„Kapitän", sagte ich, „ich glaube, Sie würden Ihren Passagieren – zumindest zwei von ihnen – eine große Freude machen, wenn Sie das Mittagessen an Deck bestellen würden."

„Warum?"

„Weil dort drüben eine junge Frau ist, die so viel wie möglich von Frankreich sehen möchte, bevor sie es verlässt, was ihr jedoch nicht möglich ist, wenn sie sich auf dem Zwischendeck befindet."

„Das wäre ganz einfach", sagte der Kapitän, „denn an meinem Tisch sitzen nur fünf Passagiere."

„Dann bist du einverstanden?"

"Ich stimme zu."

Wir befanden uns nun vor Saint-Nazaire, das traurig aus Sand und Heide aufragt, und wo es nicht einmal einen Baum gibt, der dem Blick Ruhe gönnen könnte. Doch der Blick der jungen Frau ruhte mit so viel Eifer auf der kahlen Landschaft, als sähe sie auf eine Schweizer Wiese oder einen schottischen See.

„Madam", sagte ich zu ihr, „ich komme vom Kapitän, um Ihnen mitzuteilen, dass das Mittagessen fertig ist."

„Oh! Ich kann nichts essen", antwortete sie.

„Erlauben Sie mir, Madame, Ihnen zu sagen, dass ich vom Gegenteil überzeugt bin."

Sie schüttelte den Kopf.

„Da wir", fuhr ich fort, „nicht zwischen Decks, sondern hier an Deck zu Mittag essen werden."

„Das haben Sie den Kapitän gebeten!", rief sie mit einer solchen Inbrunst, als hätte ich einen Wunsch in die Tat umgesetzt, den sie nicht einmal zu erwähnen gewagt hatte.

„Ja, das habe ich!", antwortete ich lachend.

„Oh!", sagte sie und wandte sich an ihren Mann, „wie gut der Monsieur ist, Liebling!"

„Auf mein Wort", sagte er, „Sie sollten ihm äußerst dankbar sein; an so etwas habe ich noch nicht einmal gedacht."

Wie kommt es, dass selbst die liebevollsten Ehemänner, selbst die frisch Verheirateten, nie an Dinge denken, die Fremde tun? Ich überlasse diese Überlegungen der Weisheit der Psychologen, die dieses Buch zufällig lesen.

Der Tisch war auf Deck gedeckt; die junge Frau aß wenig, verlor aber keinen Augenblick die beiden Ufer der Loire aus den Augen, die sich nun immer weiter voneinander entfernten. Als wir uns dem Meer näherten, änderte sich die Farbe des Wassers von gelb zu grünlich; dann begannen Wellen auf seiner Oberfläche zu schäumen. Als wir Saint-Nazaire umrundet hatten, befanden wir uns im Winkel einer Art riesigem V, das an seinem breitesten Ende unseren Blicken den grenzenlosen Horizont des Meeres offenbarte. Dies war das erste Mal, dass die junge Frau das Meer sah, das sie überqueren sollte; es war offensichtlich, dass diese Vision ihr tiefe Angst einjagte. Das Meer war rau, ohne wirklich stürmisch zu sein; aber es war nicht seine Rauheit, die die melancholische Reisende beeindruckte, noch waren es die weißgekrönten Wellen, die sie erbleichen ließen – es war die Vorstellung seiner Unendlichkeit, das Gefühl der Unermesslichkeit des Raums, das der Anblick des Ozeans immer vermittelt. Gegen zwei Uhr nachmittags erreichten wir das offene Meer. Dann lag zu unserer Linken die Insel Noirmontiers (*nigrum monasteriuni*), die ihren Namen von einem Benediktinerkloster hat, das dort im siebten Jahrhundert von Sankt Philibert gegründet und im neunten Jahrhundert von jenen Normannen zerstört wurde, deren Erscheinen die letzten Jahre Karls des Großen betrübte; zu unserer Rechten lag Belle-Ile, die Insel Fouquet, die später der Heldin einer meiner Komödien ihren Namen geben sollte, und die später Schauplatz meines dreifachen Epos *Die Musketiere werden* und ein Grabmal bieten sollte, das meines armen Freundes Porthos würdig war. Zu der Zeit, von der ich schreibe, drangen diese verschiedenen Namen gleichgültig an mein Ohr; aber sie blieben dennoch in meinem Gedächtnis und sollten eines Tages wieder auftauchen, geschmückt mit dem ganzen Gerüst der Traumphantasien meiner Einbildungskraft; schwimmende Inseln von Delos, die in mehr oder weniger vorgerückten Positionen in den Reichen der Zukunft Halt machen werden. Vor uns erstreckte sich das Meer mit seinen zerklüfteten Wellenkämmen, die zum Horizont hin in einen dunklen, wolkenverhangenen Himmel übergingen, in den sich die Sonne langsam zu hüllen begann. Wir waren fast drei Meilen vom Hafen entfernt, vor dem Riff namens Les Pitiers; die schlechten Kanäle waren durchquert, der Wind kam aus Südsüdwest und frischte auf. Der Lotse verkündete, dass seine Aufgabe erledigt sei, dass er das Kommando an den Kapitän übergebe und dass dieser an Land zurückkehren solle. Ich muss sagen, dass ich die Abstiegshilfe vom Schiff zum Boot mit einiger Unruhe betrachtete. Es war nichts weiter als eine Strickleiter, die an den runden Seiten des Schiffes befestigt war. Und außerdem machte das Schiff seine sieben Knoten pro Stunde. Einen Moment lang wünschte ich, ich müsste nicht aussteigen, bevor ich Guadeloupe erreichte. Glücklicherweise verstand der Kapitän, was in meinem Kopf vorging, und kam zu dem Schluss, dass eine kurze Verzögerung von zehn Minuten bei einer sechswöchigen Reise nichts ausmachte.

„Komm", sagte er zu mir, „geh und verabschiede dich, während ich mich auf das Schiff konzentriere."

Dann schrie er:

„Nieder mit dem Ruder!"

Augenblicklich zitterten die Segel: Sie taten mir dasselbe an, was passiert, wenn ein Mann über Bord fällt.

„Großsegel einholen", fuhr der Kapitän fort, „und Segel an den Großmast heranholen!"

Das Schiff hielt, oder zumindest fast. Der Lotse war bereits in seinem Boot.

Ich ging zu der armen Verbannten; Tränen strömten ihr still über die Wangen.

„Sie werden meinen Auftrag bestimmt erfüllen, nicht wahr, Monsieur?", sagte sie mit gebrochener Stimme.

Ich verbeugte mich und gab meine Zustimmung.

„Du wirst meine Mutter für mich umarmen?"

„Ich verspreche Ihnen, dass ich das tun werde, Madame."

„Aber", sagte der Ehemann, „wenn Sie möchten, dass Monsieur Ihre Mutter für Sie küsst, müssen Sie ihm zuerst den Kuss geben."

"Oh ja, sicher!", rief die junge Frau überschwänglich, "von ganzem Herzen." Und sie schlang ihre Arme um meinen Hals. Das war eine ungewöhnliche Situation! Diese Frau und ich hatten uns bis zum Abend zuvor nie gesehen, und am Morgen waren wir uns noch immer fremd; beim Aufbruch waren wir bloß Bekannte, beim Mittagessen waren wir Freunde geworden, und beim Abschied kamen wir uns wie Bruder und Schwester vor. O, Geheimnisse des Herzens, die von der Menge im Allgemeinen missverstanden werden, aber diejenigen, denen Gott seine Geheimnisse offenbart hat, in zum Leiden bestimmte Wesen verwandeln. Es fiel mir schwerer, diese Freunde eines Tages zu verlassen, als es mir Freude bereitet hätte, Freunde zu sehen, mit denen ich zwanzig Jahre zusammen war.

„Sie werden meinen Namen nicht vergessen, nicht wahr, Monsieur?", sagte die junge Frau.

„Versuchen Sie, die nächsten Bücher zu lesen, die ich schreiben werde, Madame, und ich verspreche Ihnen, Sie werden diesen Namen in einem meiner allerersten Romane finden."

Vielleicht lag der Anziehungskraft des Schiffes auch meine Angst vor dem mehr oder weniger gefährlichen Abstieg zugrunde, dem ich mich unterziehen musste. Glücklicherweise hatte ich genügend Zuschauer, die meine gymnastischen Manöver miterlebten, und Sie wissen, wie das Gefühl, beobachtet zu werden, den Mut verdoppelt. Also ging ich tapfer nach vorne zur Seite des Schiffes; ich hielt mich an den Hauptwanten und an der Leiter fest, die der Lotse, vielleicht aus Angst, ich könnte ins Meer fallen, bevor ich ihm seine Krone bezahlt hätte, um mir den Abstieg zu erleichtern, mit einer

Hand straff hielt, während er mit der anderen, mit Hilfe eines durch ein Bullauge befestigten Seils, das Boot in Reichweite des Schiffes hielt. Ich war noch nicht zwei Sprossen der Leiter hinabgestiegen, als mir der Wind den Hut vom Kopf blies. Ich versuchte nicht einmal, ihn zu fangen, denn ich brauchte mehr als beide Hände, um die Leiter festzuhalten. Schließlich erreichte ich zu meiner großen Zufriedenheit und ohne allzu viel Ungeschicklichkeit den Boden des Bootes. Das war einer der glücklichsten Augenblicke meines Lebens. Kaum saß ich auf einem der Sitze im Boot, als der Lotse Leiter und Seil losließ und wir zehn Meter von *la Pauline entfernt waren*. Bald hörte ich die Stimme des Kapitäns rufen:

"Großsegel loslassen!"

Und sofort hörten die Segel auf zu zittern und das Schiff nahm seinen Kurs wieder auf. Unsere beiden jungen Leute standen achtern, er schwenkte seinen Hut und sie ihr Taschentuch. Inzwischen trimmte der Lotse ein kleines Segel; ich bemerkte, dass es von dem plötzlich kippenden Boot gesetzt worden war, und wenn ich mich nicht an der anderen Seite des Bootes festgehalten hätte, wäre ich direkt ins Meer gestürzt. Der Witz kam mir bald nicht mehr so komisch vor – umso mehr, als der Lotse, der kaum Französisch sprach und mit den Worten, die er von unserer Sprache kannte, zurückhaltend war, mit einer Starrheit auf den Horizont starrte, die mich beunruhigte. Tatsächlich wurde die See immer rauer, je näher wir der Küste kamen. Auch die Nacht brach rasch herein. Ich konnte den Dreimaster noch sehen, denn seine Segelpyramiden hoben sich vom violetten Horizont der untergehenden Sonne ab; aber es war offensichtlich, dass sie uns nicht mehr sehen konnten, oder dass wir, falls sie uns sahen, wie eine in den Wellen versteckte Möwe ausgesehen haben mussten. Nur diejenigen, die sich jemals in einem zerbrechlichen Boot über einem Wasserabgrund befanden, mit einer sich bewegenden Wand rechts und links, einer unendlichen See vor und hinter ihnen und einem stürmischen Himmel über ihren Köpfen, wissen, was der Wind ihnen gesagt hat, als er durch ihre schaumgetränkten Haare fuhr. Nach einer halben Stunde war der Steuermann gezwungen, sein Segel einzuholen. Er griff zu den Rudern, aber sie hielten die Wellen nicht richtig. Hier und da sahen wir hohe weiße Wellen ihre gebrochenen Kämme in die Luft werfen, die der Wind in feinem, eiskaltem Regen zu uns trug. Dies waren die Stellen, an denen die Wellen an den Felsen brachen. Glücklicherweise trug uns die Strömung landwärts; aber zur gleichen Zeit, als die Flut uns diente, blies uns der Wind an der Mündung der Loire vorbei und trieb uns entlang der Küste von Croisic. Ich selbst hatte keine Ahnung, wo wir waren. Die Nacht brach immer schneller herein, und der Kreis der Dunkelheit zog sich immer mehr zusammen, bis wir nur noch etwa zwanzig Schritte Horizont hatten.

Ich beschloss, mich fest am Boden des Bootes festzuhalten und mich um nichts anderes zu kümmern, als zu verhindern, dass ich ins Meer geschleudert würde. Aber so wie ich auf dem Boden saß, war ich halb durchnässt von dem Wasser, das wir beim Segeln aufgenommen hatten. So vergingen zwei Stunden, und ich muss sagen, es kamen mir die längsten Stunden vor, die ich je erlebt habe. Als ich einmal aufstand, um mich umzusehen, sah ich, wie der Lotse eine schnelle Bewegung machte, und im nächsten Moment sprang die Barke hoch, als wäre sie verrückt geworden. Wir fuhren unter einer Art Wasserfall hindurch, der von der dunklen Spitze eines Felsens ausging. Ich dachte, für diesen Moment wäre alles vorbei. Das Wasser lief mir den Kragen meines Hemdes hinunter und strömte bis zu meinen Gamaschen. Ich schloss die Augen und wartete. Nach fünf Minuten, als ich noch immer das Gefühl hatte, im Boot zu sein, öffnete ich sie wieder. Uns ging es weder besser noch schlechter als zuvor, und nichts hatte sich geändert, außer dass wir jetzt das Geräusch der Brandung am Ufer hören konnten. Wir waren offensichtlich nicht weiter entfernt als ein paar Kabel. Der Lotse hielt das Ruder fest und überließ, von der Flut getrieben, die ganze Arbeit dem Meer. Seine einzige Aufgabe (und keine leichte, wie mir schien) bestand darin, uns durch die Felsen zu steuern. Plötzlich stand er auf und rief mir zu:

"Festhalten!"

Der Rat war mehr als nutzlos; ich hielt mich so fest am Sitz fest, dass ich meine Fingerabdrücke darauf hinterlassen hatte. Ich spürte einen heftigen Stoß, als ob der Boden des Bootes ein Kiesbett aufgekratzt hätte. Der Lotse raste schnell an mir vorbei und sprang ins Meer. Ich verstand diese Entwicklung nicht im Geringsten, aber als ich aufstand, sah ich ihn bis zur Brust im Wasser stehen und das Boot an einem Seil zu sich heranziehen. Fünfzehn Schritte von uns entfernt war die Klippe. Ich hatte große Lust, neben meinem Mann hinunterzuspringen, aber er erkannte meine Absicht und rief:

„Nein, nein, bleib ruhig! ... Wir sind gerade erst drin.“

Tatsächlich wurde das Boot von der ersten Welle so nahe an den Strand gedrückt, dass es auf Grund lief.

„Jetzt“, sagte der Pilot und kam auf mich zu, „steigen Sie auf meinen Rücken.“

"Wozu?"

"Damit du nicht nass wirst."

Die Vorsichtsmaßnahme war gut, kam aber etwas zu spät am Tag, da ich bereits durchnässt war wie ein Schwamm.

„Danke für Ihre Aufmerksamkeit“, sagte ich, „aber Sie brauchen sich die Mühe nicht zu machen.“ Und ich sprang ins Meer.

In diesem Moment kam eine Welle, die direkt über meinen Kopf hinwegging.

„Großartig!", sagte ich, „jetzt ist mein Bad fertig! ... Oh! Was bin ich für ein verdammter Idiot, solche Reisen zu unternehmen, wenn es überhaupt keinen Anlass dazu gibt! Oh! ..."

Der letzte Ausruf entrang sich mir der Genugtuung, die ich empfand, als ich wieder *festen Boden unter den Füßen hatte*.

Wir waren in der kleinen Bucht zwischen Saint-Nazaire und Le Croisic gelandet, fast anderthalb Meilen von jeder dieser beiden Städte entfernt. Ich hatte also die Wahl. Aber Le Croisic war anderthalb Meilen von meinem Weg entfernt, während Saint-Nazaire andererseits viel näher war. Es gab keinen Grund zu zögern, und ich entschied mich sofort für Saint-Nazaire. Was den Lotsen betraf, so blieb er bei seinem Boot. Der Wind pfiff so rau wie auf der Elsinore-Eisenbahn, gerade als der Geist des Königs von Dänemark erscheinen soll. Ich hatte nur eine Möglichkeit, mich aufzuwärmen, nämlich mich so schnell wie möglich weiterzubewegen. Ich hielt dem Lotsen fünf Francs hin, statt drei, wie ich ihm versprochen hatte, und mit bloßem Kopf, die Hände in den Taschen, ohne einen Lappen trocken an mir, durchnässt von diesem herrlichen Meerwasser, das niemals trocknet, machte ich mich in schnellem Trab auf den Weg, um der Küstenlinie zu folgen. Eine Stunde später erreichte ich Saint-Nazaire und klopfte an die Tür des einzigen Gasthofs des Ortes, der mir alle möglichen Schwierigkeiten bereitete, seine Türen zu öffnen und um elf Uhr abends einen Mann ohne Hut zu empfangen. Das Gespräch, das geführt wurde, um mir Einlass zu verschaffen, zog sich endlos hin und versprach kein zu meiner Zufriedenheit zu enden, so dass ich auf die Idee kam, ein Fünffrankenstück durch das Fenster im ersten Stock zu werfen, aus dem der Wirt sich lehnte, um mit mir zu sprechen. Der Wirt würde dann sicher sein, dass mein Bett bezahlt wurde. Die Münze klang auf dem Holzboden des Zimmers, und der Wirt hob sie auf, zündete eine Lampe an und beschloss, mich einzulassen, nachdem er sich vergewissert hatte, dass mein Geld aus gutem Metall war. Zehn Minuten später stand ich völlig nackt vor einem riesigen Heidefeuer, das mich röstete, ohne mich wirklich zu wärmen; aber ich war so erfreut, die Erde unter meinen Füßen zu spüren, dass ich die extreme Kälte, die ich erlitten hatte, völlig vergaß und der anderen extremen Hitze keine Beachtung schenkte. Der Wirt war jetzt so liebenswürdig geworden, wie er anfangs mürrisch gewesen war. Er bot mir ein Hemd von ihm an, das ich annahm; er wärmte mir selbst das Bett und trug meine Kleider weg, damit sie im Ofen gebacken würden. Er hatte an diesem Tag Brot und Fladen gebacken, und der Ofen war noch warm. Meine abgelegten Kleidungsstücke wurden auf einer eisernen Ofenplatte hineingelegt, und dank dieser Idee waren meine Kleider am nächsten Tag so trocken wie Zunder. Um elf Uhr war ich wieder in

Paimboeuf, nachts war ich in Nantes und am nächsten Tag erreichte ich Tours, wo ich Madame M. – ihrer Tochter – die Nachrichten überbrachte.

Am selben Tag fand ich einen freien Platz in der Postkutsche und nahm ihn an. Ich hatte die Sprache der Karlisten satt, die ich sechs Wochen lang gehört hatte, und wollte meinen Julisonnenschein und mein revolutionäres Paris und meine Gebäude wiedersehen, die alle von Kugeln durchsiebt waren. Als ich ankam, regnete es in Strömen; M. Guizot war Premierminister geworden, und sie kratzten an der Fassade des Instituts!

Buch V

KAPITEL I

Vertraulicher Brief von Louis-Philippe an Kaiser Nikolaus
– Die Antwort des Zaren – Was Frankreich nach der
Julirevolution tun konnte – Louis-Philippe und Ferdinand
VII. – Die spanischen Flüchtlinge – Reaktion im
Innenministerium – Abriss der öffentlichen Denkmäler –
Protest

Der letzte Satz meines vorherigen Kapitels zeigt praktisch, wie weit die
Reaktion in Paris fortgeschritten war, als ich nach meiner sechswöchigen
oder zweimonatigen Abwesenheit dorthin zurückkehrte.

Man erinnert sich an das Gespräch zwischen dem Generalleutnant und den
Republikanern in der Nacht des 3. Juli und daran, wie Louis-Philippe damals
sein System des *„ juste milieu" enthüllte* , ein System, das unseren jungen
Männern so zuwider war, dass Cavaignac ausrief:

„Oh, wenn es so kommen wird, Monsieur, dann brauchen wir uns keine
Sorgen zu machen, denn vier Jahre werden Sie nicht durchhalten!"

Cavaignac hatte sich mit seiner Prophezeiung nicht geirrt, obwohl er sich in
Bezug auf das Datum geirrt hatte – es handelte sich schließlich lediglich um
einen chronologischen Fehler. Außerdem hatte ein Brief, der von demselben
Mann veröffentlicht worden war, an den er gerichtet war, einem Prinzen,
dessen aristokratischer und erblicher Stolz sich daran erfreute, einen aus einer
Revolution hervorgegangenen König zu demütigen, das Programm der
neuen Regierung viel deutlicher bekannt gegeben als die unbeschwerten
Worte eines Gesprächs. Kopien dieses Briefes, die tatsächlich aus St.
Petersburg abgeschickt worden waren, waren im Umlauf: Er war vom König
von Frankreich an *Monsieur, seinen Bruder* , den Kaiser von ganz Russland,
gerichtet. M. Athalin hatte ihn per Sonderkurier gebracht; er sollte jedoch
getrennt von dem offiziellen Brief zugestellt werden, der die
Thronbesteigung des Generalleutnants ankündigte: Dieser Brief war nur für
den Kaiser von Russland bestimmt, war aber natürlich der einzige der beiden,
der von der ganzen Welt gelesen wurde.

Es schien unerklärlich für Männer, die in den letzten fünfzehn Jahren die
Politik des Herzogs von Orléans gegenüber dem älteren Zweig verfolgt
hatten; für diejenigen, die sein Verhalten gegenüber Charles X. und dem
jungen Herzog von Bordeaux in den Tagen vor und nach seiner Ernennung
zum Generalleutnant kannten; auch für diejenigen, die die Rolle kannten, die
der Palais-Royal in der großen *Inszenierung* der Expedition nach Rambouillet
gespielt hatte, die nicht direkt mit der Flucht (Charles X. behielt seine Würde

bis Cherbourg unversehrt), sondern mit der Abreise der königlichen Familie endete. Die treuesten Freunde von König Louis-Philippe bestritten, dass der Brief von ihm geschrieben worden sei; sie sagten, er sei völlig apokryph.

Da ich die Beschuldigungen, die ich in meiner Eigenschaft als einfacher Bürger und als Literat gegen die Regierung von König Louis-Philippe erhoben habe, zum Wohle meiner früheren und gegenwärtigen Freunde, die darüber überrascht waren, erläutern sollte, sei es mir vielleicht gestattet, mit der Aufzählung der Gründe für meine politische Abneigung fortzufahren, die dazu führten, dass ich dem König meinen Rücktritt zu einem Zeitpunkt übermittelte, als mein Interesse – wenn man zugelassen hätte, dass mein Eigeninteresse über meine Gewissensbedenken siegte – mich eher dazu veranlasst hätte, das Vermögen des Fürsten wiedergutzumachen, als dieser in den Stand der Königswürde aufstieg.

Ich habe erwähnt, welchen Eindruck der Brief des Herzogs von Orléans an König Karl X., den Monsieur de Mortemart überbracht hatte, auf mich gemacht hatte. Ich habe erzählt, wie mich das Händeschütteln, das Singen der *Marseillaise* und die schweißgebadete Stirn aus dem Palais Royal trieben, als der junge Herzog von Chartres ihn betrat. Ich habe auch die Scham geschildert, die mich bewegungslos vor dem Plakat stehen ließ, auf dem der Herzog von Orléans, ohne Rücksicht auf die elementarsten historischen Tatsachen, behauptete, ein Valois zu sein, und, indem er den Heiligen Ludwig als Vorfahren verleugnete, Franz I. zum Oberhaupt seines Hauses erklärte, der von all unseren Königen der verkommenste, unklugste und wortbrüchigste war. Außerdem wussten die drei Söhne des Königs, der Herzog von Orléans, der Herzog von Aumale und der Herzog von Montpensier, sehr wohl, dass mein Abfall ehrenhaft und uneigennützig war, und dass ich nie damit prahlte, sie meine Freunde zu nennen, obwohl sie mir mehr als einmal die Ehre erwiesen, sich als die Meinen zu bezeichnen. Wenn ich Gelegenheit haben werde, von ihnen zu sprechen (und das wird im Laufe dieser Memoiren häufig vorkommen), wird man sehen, wie treu ich ihnen in ihrem Unglück bin und dass die Erinnerungen, die aus meinem Herzen und meiner Feder fließen, während wir den Verbannten in ihre Abgeschiedenheit folgen, ehrfürchtig wiedergegeben werden.

Doch zurück zum Brief des Königs an Kaiser Nikolaus. Es mag absurd klingen, das zu sagen, aber es hat mich wirklich betrübt, genauso wie die Antwort des Zaren mir Schamgefühle bereitet hat. Ich glaube, wenn ein Land wirklich groß, großzügig und stark sein soll, muss jeder einzelne Bürger in gewissem Maße ein Nerv der Gesamtorganisation sein und jeden Impuls, der ihm als Nation oder seinem Ruhm oder seiner Ehre zuteil wird, individuell spüren.

Hier ist der Brief. Obwohl er lang ist, folgen wir gleich mit der Antwort. Unser einziger Kommentar besteht darin, bestimmte Passagen kursiv zu markieren.

„MONSIEUR MON FRÈRE, – ich muss Eurer Majestät meine Thronbesteigung durch einen Brief bekannt geben, den General Athalin Ihnen in meinem Namen überreichen wird; aber ich möchte mit Ihnen in vollem Vertrauen über die Folgen der *Katastrophe sprechen, die ich so gerne abgewendet hätte.*

"Seit einiger Zeit muss ich beklagen, dass König Karl X. und seine Regierung keine Politik verfolgten, die besser auf die Erwartungen und Wünsche der Nation abgestimmt war . Ich konnte die bedeutsamen Folgen, die sich ergeben haben, nicht im Geringsten vorhersehen und dachte sogar, dass es, wenn es uns nicht gelungen wäre, einen offenen und loyalen Geist im Ton der Charta und unserer Institutionen zu erreichen, nur ein wenig mehr Umsicht und Mäßigung bedurft hätte, um die Regierung noch lange so weitermachen zu lassen, wie sie war. Seit dem 8. August 1829 jedoch hatte mich die Zusammensetzung des neuen Ministeriums sehr beunruhigt. Ich konnte sehen, wie sehr seine Haltung der Nation missfiel und misstraute, und ich teilte die allgemeine Besorgnis darüber, welche Maßnahmen wir von ihm erwarten könnten. Dennoch haben die Treue zum Gesetz und die Liebe zur Ordnung in Frankreich solche Fortschritte gemacht, dass der Widerstand gegen die Regierung sicherlich nicht in so extremen Formen zum Ausdruck gekommen wäre, wenn nicht die Regierung selbst in ihrem Wahnsinn durch ihre kühne Verletzung der Charta und *durch ihre Abschaffung aller Garantien unserer nationalen Freiheit* , für deren Verteidigung es kaum einen Franzosen gibt, der nicht bereit wäre, sein Blut zu vergießen. Diesem schrecklichen Kampf folgten keine Exzesse.

„Aber es war schwierig, gewisse Erschütterungen in unserer sozialen Lage zu verhindern, und genau diese Hochstimmung, die das Volk von übermäßiger Unordnung abhielt, führte es gleichzeitig zu Experimenten mit politischen Theorien, die Frankreich und vielleicht sogar Europa in schreckliches Unglück hätten stürzen können. Unter diesen Umständen, Sire, richteten sich alle Augen auf mich: *Die besiegte Partei selbst hielt mich für notwendig für ihre Rettung* ; ich war wahrscheinlich umso notwendiger, um zu verhindern, dass die Eroberer ihren Sieg übermäßig ausnutzten. Ich habe daher diese edle und schmerzhafte Aufgabe angenommen und alle persönlichen Erwägungen beiseite geschoben, die mich drängten, die Krone abzulehnen, weil ich fühlte, dass das geringste Zögern meinerseits die Zukunft Frankreichs und den Frieden aller unserer Nachbarn gefährden könnte. Der Titel des Generalleutnants, der alles in Unordnung brachte, erregte gefährliches Misstrauen, und es war zwingend erforderlich, den provisorischen Zustand so schnell wie möglich loszuwerden, sowohl um das notwendige Vertrauen zu wecken als auch um die Charta zu retten. Es war von wesentlicher Bedeutung, dieses Ziel zu wahren. Unser erlauchter Bruder, der verstorbene Kaiser, war sich der Bedeutung dessen durchaus bewusst. Und es wäre ernsthaft gefährdet gewesen, wenn die Gemüter der Menschen nicht umgehend zufriedengestellt und beruhigt worden wären.

„Eure Majestät wird sich der Scharfsinnigkeit und großen Weisheit nicht entziehen , dass es zur Erreichung dieses heilsamen Ziels äußerst wünschenswert ist, die Angelegenheiten in Paris in ihrem wahren Licht zu sehen und dass Europa, das den Motiven gerecht wird, die mein Handeln geleitet haben, meine Regierung mit dem Vertrauen unterstützt, das es zu Recht in die Zukunft blicken lässt. Möge Eure Majestät nicht die Tatsache aus den Augen verlieren, dass *ich, solange König Karl X. über Frankreich regierte, einer der unterwürfigsten* und treuesten seiner Untertanen war, und dass ich es erst als ich sah, wie die Gesetze gelähmt und die Ausübung der königlichen Autorität völlig vernichtet wurde, als meine Pflicht empfand, mich der nationalen Abstimmung zu beugen und die mir angebotene Krone anzunehmen. Auf Sie, Sire, blickt Frankreich: Es betrachtet Russland gerne als seinen natürlichsten und mächtigsten Verbündeten; die Garantie eines solchen Bündnisses liegt in dem edlen Charakter und den vielen Qualifikationen, für die Eure Kaiserliche Majestät bekannt ist.

„Ich bitte Sie, die Versicherung meiner großen Wertschätzung und der unabänderlichen Freundschaft anzunehmen, mit der ich der liebevolle Bruder Ihrer Kaiserlichen Majestät, LOUIS-PHILIPPE, bleibe."

Ein Brief voller zärtlicher Beteuerungen, so demütig und unterwürfig wie dieser verdiente in der Tat eine höfliche Antwort.

Hier ist die Botschaft Seiner Majestät von ganz Russland:

> "Ich habe aus den Händen von General Athalin den Brief erhalten, dessen Überbringer er war. Ereignisse, die immer zu bedauern sind, haben Eure Majestät in eine Position grausamer Alternative gebracht; und Sie haben eine Entschlossenheit angenommen, die Ihnen als das einzige verbleibende Mittel erschien, Frankreich vor den größten Katastrophen zu retten. Ich werde kein Urteil über die Überlegungen fällen, die Eure Majestät geleitet haben; aber ich werde zur Vorsehung beten, um Ihre Absichten und die Bemühungen zu segnen, die Sie zum Wohle des französischen Volkes unternehmen werden. Gemeinsam mit meinen Verbündeten akzeptiere ich mit Freude den ausdrücklichen Wunsch Eurer Majestät, dass Frieden und Freundschaft zwischen Ihnen und allen europäischen Staaten aufrechterhalten werden; *solange diese Beziehungen auf bestehenden Verträgen beruhen und mit einer festen Entschlossenheit, die Rechte und Pflichten und die Bedingungen des Gebietsbesitzes zu respektieren, die diese Verträge ratifiziert haben , wird Europa in ihnen eine Garantie des Friedens finden, die für die Ruhe Frankreichs selbst sehr notwendig ist.* Zusammen mit meinen Verbündeten aufgefordert, diese konservativen Beziehungen zu Frankreich unter seiner gegenwärtigen Regierung zu pflegen, werde ich meinerseits ihnen die sorgfältige Prüfung widmen, die sie erfordern, *und freue mich, Ihnen Ihre Majestät, die Versicherung meiner guten Gesinnung als Gegenleistung für die Gefühle, die Sie mir gegenüber zum Ausdruck gebracht haben.*
>
> „Ich bitte Sie gleichzeitig, den Ausdruck meiner freundlichen Gefühle Ihnen gegenüber anzunehmen.
>
> NIKOLAUS"

Das war alles, was Louis-Philippe für seine brüderlichen Ergüsse bekam! Nikolaus würde seine Position vielleicht gerade noch tolerieren, wenn er die Verträge von 1815 respektierte, und er bot ihm seine *Dispositionen* im Austausch für die Gefühle an, die er in seinem Brief zum Ausdruck gebracht hatte. Und genau hier erwies sich seine neue Situation als peinlich. Wir haben von der Julirevolution als dem letzten Aufblitzen von Waterloo gesprochen; und tatsächlich richtete jeder großzügige Geist in Frankreich seine Gedanken auf Belgien, Italien und Polen, sobald die Revolution eine vollendete Tatsache war. Belgien war damals, wie man sich erinnern wird, als annektiertes Gebiet noch ein Teil Hollands. Italien stöhnte damals, wie es noch immer tut, unter der Tyrannei Österreichs. Polen war zwischen Preußen, Russland und Österreich aufgeteilt und hatte nicht einmal mehr den Trost, seine verstreuten Mitglieder unter einem gemeinsamen Grabtuch zu vereinen.

Nun forderten gutherzige Menschen eine Umgestaltung Europas: Sie wollten den Herden, die man Nationen nennt, von ihnen selbst gewählte Hirten geben; sie weigerten sich, jene Schlächter anzuerkennen, mit denen die herzlosen Diplomaten, die auf dem Wiener Kongress an der grün gedeckten Tafel saßen, fast willkürlich hundert Millionen Körper und Seelen geteilt hatten. Aber gerade das wollte Louis-Philippe nicht. Er vertrat die Bourgeoisie, die sich aus Anwälten, Geschäftsleuten, Bankiers, Geldmaklern und Finanziers zusammensetzte; und die Bourgeoisie hat ihren eigenen Gott für sich allein, der keinerlei Sympathien mit dem Gott hat, den große Geister und edle Herzen verehren.

Die Lage war so erhaben, dass die blinzelnden Augen dieser Bourgeoisie sich völlig geblendet senkten, bevor sie sich zu einer solchen Höhe erheben konnten. Denn tatsächlich konnte Frankreich nach der Revolution von 1830 den Königen die Herausforderung eines grenzenlosen Ehrgeizes entgegenschleudern; es konnte nicht nur aus eigener Kraft handeln, sondern auch, indem es andere Völker mit sich verbündete, seine Macht vergrößern und die der Könige neutralisieren. Was war dazu nötig? Man muss sich nur den allgemeinen Zustand der europäischen Monarchien ansehen; Russland mit seinem Geier im Kaukasus und seiner Gangrän in Konstantinopel; Österreich mit seinem doppelten Krebsgeschwür Italien und Ungarn; Holland mit seinem feindseligen Belgien; England mit seinem unbezwingbaren Schottland und seinem hungernden Irland, um zu sehen, dass wir, wenn wir unsere Stimmen nur ein wenig lauter erhoben, nicht nur zu Hause Herr sein würden, sondern unsere Vorherrschaft über ganz Europa ausdehnen könnten. Eine Zeitlang schien es, als würde Frankreich diese weitreichende und glänzende Politik gegenüber Spanien verfolgen. Allerdings war das Motiv, das Louis-Philippe zu seinem Vorgehen gegenüber Spanien bewegte, ein ganz persönliches Gefühl. So dumm, fast so verachtenswert wie sein Großvater Ferdinand von Neapel, der zu seiner Zeit die Französische Republik nicht anerkannt hatte, wollte Ferdinand von Spanien die Julirevolution nicht anerkennen, oder jedenfalls wollte er den Prinzen ignorieren, der nach dieser Revolution auf fast ebenso mysteriöse Weise den Thron geerbt hatte, wie er selbst die Nachfolge des letzten der Condés angetreten hatte. So empfing König Louis-Philippe in seinem ersten Anflug von Zorn eine Abordnung von drei Mitgliedern des spanischen Komitees, den Herren Loëve-Weimars, Marchais und Dupont, die von Herrn Odilon Barrot vorgestellt wurden; er behandelte seinen Bruder

Ferdinand auf schäbige Weise und bot ihm beinahe einen Strick an, mit dem er ihn hängen sehen wollte. [1] Er ging sogar noch weiter und stellte La Fayette hunderttausend Francs zur Verfügung, um die Unternehmungen der spanischen Revolutionäre zu unterstützen. Von dieser Seite glaubten sie jedenfalls, vor politischen Reaktionen sicher zu sein. M. Girod (von l'Ain), Präfekt der Polizei, verteilte öffentlich Pässe an die spanischen Flüchtlinge, die auf dem Weg in die Pyrenäen waren; die *Imperialen* aller öffentlichen Verkehrsmittel waren für diese Verbannten reserviert, die vor aller Welt in ihre Heimat zurückkehrten; und entlang der ganzen Straße begegnete man neben diesen besonders privilegierten Reisenden Gruppen von fünfzig, hundert und hundertfünfzig Mann, die mit schlagenden Trommeln und wehenden Bannern nach Bidassoa marschierten. Schließlich erklärte M. Guizot (ein gebürtiger Genter), mit anderen Worten ein Reaktionär, ganz offen: „Als Frankreich 1823 Spanien für seine absolutistischen Ideen zurückeroberte, beging es ein politisches Verbrechen; es schuldet Spanien daher Wiedergutmachung. Diese Wiedergutmachung muss deutlich und vollständig erfolgen!" M. Guizot richtete diese Worte an M. Louis Viardot und bat ihn, sie im Radio zu veröffentlichen.

Man wird sehen, dass wir nicht im Dunkeln tappen und keine leichtfertigen Anschuldigungen erheben: Wir zitieren nicht nur die Worte, die gesagt wurden, nicht nur die Menschen, die sie gesagt haben, sondern auch die Menschen, zu denen sie gesagt wurden.

Daraufhin erhoben alle Opfer Ferdinands VII., wie Mendizabal, Isturitz, Calatrava, der Herzog von Rivas, Martinez de la Rosa, der Graf von Toreno, General Mina, Oberst Moreno, Oberst Valdès, General Torrijos, General Chapalangara, General Lopès Baños und General Butron, ihre Hände zum Himmel und riefen „ *Hosianna!* "

Die Waffensendung wurde von den Herren Guizot und de Montalivet so öffentlich bekannt gegeben, dass der spanische Botschafter, Herr d'Ofalia, dies diplomatisch zur Kenntnis nahm.

Wir haben festgestellt, dass Ferdinand VII. von Spanien ebenso dumm und fast ebenso feige war wie sein Großvater Ferdinand IV. von Neapel; wir hätten eigentlich sagen sollen, dass er noch feiger war, denn beim bloßen Waffenklang in Frankreich, beim bloßen Freiheitsschrei, der im Süden widerhallte, beim bloßen Trommelwirbel an der Grenze leistete er die *ehrenvolle Wiedergutmachung* und empfing Louis-Philippe mit dem Ausdruck des Bedauerns, so lange zurückgehalten zu haben. Und obwohl der neue König, wie wir gesagt haben, ihm beinahe den Strick angeboten hätte, um ihn aufzuhängen, zog er die Reue des Sünders seinem Tod vor. Ohne ihnen etwas zu sagen, zog er die Hand zurück, die er den spanischen Flüchtlingen gereicht hatte, und sie wurden sich selbst überlassen oder vielmehr der Rache

Ferdinands ausgeliefert. Einige wurden auf dem Schlachtfeld getötet, und andere wurden, so traurig und schmerzhaft und beschämend es auch ist, bis an die Grenze gejagt und auf französischem Gebiet gefangen genommen und erschossen!

Oh, Sire, Sire, waren es nicht die Schatten dieser Märtyrer, die Ihnen am 24. Februar erschienen und Sie in Angst und Schrecken versetzten, als der reglose und flüchtige König auf dem Place de la Révolution am Fuße des Obelisken niederfiel, genau an der Stelle, wo das Haupt König Ludwigs XVI. gefallen war?

Und Italien, aufgestachelt durch die Versprechungen La Fayettes, Versprechen, die der alte General zu halten glaubte; Italien, das zur Durchführung seiner Revolution lediglich die Stationierung eines Armeekorps in den Alpen verlangt hatte, blickte vergeblich nach Westen; denn die Route, die Hannibal, Karl der Große und Napoleon eingeschlagen hatten, blieb unbesetzt.

Was Polen betrifft, kennen wir M. Sébastianis berühmtes Zitat: „In Warschau herrscht Ordnung!"

In der nationalen Gesetzgebung war die Reaktion ebenso offensichtlich. Zunächst hatte man M. Talleyrand zum Botschafter in London ernannt, jenen politischen Mephistopheles, der die Republik, das Direktorium, das Kaiserreich und die Restauration unter seinem Skelettlächeln in seinen Händen hatte untergehen sehen. Die Abschaffung der Todesstrafe war in der Kammer gescheitert. Schließlich war angeordnet worden, die Einschusslöcher vom Juli von der Vorderseite aller öffentlichen Gebäude zu entfernen. Natürlich wurde diese letzte Verordnung nicht ohne Widerstand verabschiedet. Bei meiner Rückkehr nach Paris waren die Wände noch mit einem Protest beklebt, den ich zitieren darf, da der Ton der Zeit in den wenigen Zeilen, aus denen er besteht, klar zum Ausdruck kommt; und außerdem, weil das Hauptverdienst dieser Memoiren darin liegen sollte, den Charakter der Zeit, in der ich lebte, zum Nutzen der Zukunft, die immer dazu neigt, verschwommen zu werden, intakt zu erhalten und wiederzugeben. Dies ist es:

„Ehrfurcht vor Denkmälern

„Jede glorreiche Epoche unserer Geschichte hat ihre eigenen besonderen Trophäen und Denkmäler: Der Held hat seine Bronzestatue und seinen Arc de Triomphe; aber welcher lebende Zeuge wird es geben, der den kommenden Völkern die Taten dieses Zyklus der Drei Tage und seines unsterblichen Volkes beibringt? Welche Seiten der Geschichte werden zukünftigen Zeitaltern erzählen, zu welchem Preis das tausendjährige monarchische System, das in seiner Despotie alt ist, zerstört wurde? Welches Denkmal wird unsere Nachwelt lehren, dass dort, hinter diesen verstümmelten Säulen, ihre Väter bei der Verteidigung der Freiheit gefallen sind? Ist unsere Charta, die an einem Tag zusammengeflickt wurde, ein angemessenes Denkmal für die Souveränität des Volkes? Wir haben nichts vorzuweisen außer unseren Gräbern und den Spuren der Kugeln an unseren Wänden und den Spuren der Kartätschkugeln, die die Giebel unserer Paläste schmücken. Das sind unsere Flachreliefs und Inschriften, unsere Feierlichkeiten dieser großen Woche; in ihnen liest das Volk seinen Triumph und der König sieht darin die Lektionen, die er lernen sollte. Auf diesen geschwärzten Wänden, den Tempeln der Wissenschaft und der Kunst, die Kugeln Karls X. haben in unauslöschlichen Buchstaben die Liebe, Dankbarkeit und Unparteilichkeit niedergeschrieben, die wir von einem Bourbonen erwartet hätten! Wäre der Abdruck dort ehrwürdig bewahrt worden, hätten wir vielleicht die Spuren der Kugeln eines weiteren Karls entdeckt! Welche Vandalenhand hat es also gewagt, diese edlen Reliquien anzugreifen? Irgendein sakrilegischer Befehl, von einer ich weiß nicht, welcher Autorität erlassen, würde diese erhabenen Brüche auslöschen! Wenn sie verschwinden, wird man bald vergessen, dass Tausende von Opfern für ein Prinzip fielen und dass ihr Blut für eine flüchtige Freiheit floss, die uns nur drei Tage lang erhellte! Sind sie Freunde? Können sie Brüder sein, die es wagen, unsere Taten so zu beleidigen? Die Österreicher, Russen und Preußen haben unserer Säule, unserem Arc de Triomphe, Respekt gezollt, und sollen die schändlichen Insignien des Bezwingers des Trocadéro noch immer den Arc de Triomphe des Bezwingers von Austerlitz beschmutzen?

„ Mut, Männer von Morgen! Mut! Setzen Sie Ihre heldenhafte Arbeit fort! Reißen Sie diese Holzkreuze nieder, diese dreifarbigen Flaggen, die die Gräber unserer Brüder schmücken, und dann wird es Ihnen gelingen, jede letzte Spur unserer Revolution auszulöschen!

" *(Unterzeichnet)*

LANNOY, Student der École Polytechnique;
PLOCQUE, Anwalt;

TH. MASSOT, Anwalt;
GUYOT, Medizinstudent;
ETIENNE ARAGO;
CH. LOTHON, Student der École Polytechnique."

Sie sehen, diese armen Julikämpfer stellten keine großen Forderungen; sie hatten miterlebt, wie ihnen die Republik entrissen wurde, sie waren in die Verträge von 1815 eingeschlossen, sie hatten einen König bekommen, den Sohn eines Königsmörders, sie hatten den Konvent aufgegeben, sie baten nur darum, dass die Einschusslöcher der Schweizergarde und der königlichen Garde, die auf den Fassaden ihrer öffentlichen Denkmäler eingraviert waren, intakt bleiben sollten. Ihre Forderung wurde, wie es vernünftig war, als übertrieben erachtet und dementsprechend abgelehnt. So war, wie ich bereits sagte, als ich nach Paris zurückkehrte, Herr Guizot Minister, und sie waren dabei, das Institut aufzulösen.

[1] Hier sind die eigenen Worte von König Louis-Philippe: „Was Ferdinand VII. betrifft, so können sie ihn hängen, wenn sie wollen: Er ist der größte Schurke, der je gelebt hat!"

KAPITEL II

Das Drama von Saint-Leu – Die Tapferkeit des Herzogs von Aumale – Die Verhaftung der Herren Peyronnet, Chantelauze, Guernon-Ranville und Polignac – Der Diener von Madame de Saint-Fargeau – Thomas und Monsieur de Polignac – Die ehemaligen Minister in Vincennes – Die Abschaffung der Todesstrafe in der Kammer – La Fayette – Monsieur de Kératry – Salverte – Tod den Ministern – Es lebe Odilon Barrot und Pétion!

Doch bevor wir zu diesen Ausbesserungen beschädigter Wände zurückkehren (die, wie wir zu gegebener Zeit sehen werden, eine wichtige Rolle spielten), wollen wir mit der dunklen Tragödie von Saint-Leu abschließen und mit dem letzten der Condés, der eines Morgens wie ein altes rostiges Schwert am Fensterrahmen hängend aufgefunden wurde. Ich sage „*schließen wir mit der dunklen Tragödie von Saint-Leu*", weil ich im vorhergehenden Kapitel, glaube ich, auf den *mysteriösen* Tod des Prinzen von Condé angespielt habe. Nun, dieser Tod war sicherlich sehr mysteriös; aber mein Leser darf dieses Epitheton nicht anders auffassen als das, was ich ihm gebe. Einer meiner engsten Freunde (derselbe, der am Morgen des 17. August 1847, als er aus dem Schlafzimmer von Madame la Duchesse de Praslin kam, mit mir gefrühstückt hatte, nachdem er sich ein zweites Mal die Hände vom Blut dieser unglücklichen Frau gewaschen hatte, und der an diesem Morgen zu mir gesagt hatte: „Ich schwöre Ihnen, dass der Herzog von Praslin seine Frau getötet hat!") – dieser Freund, der berühmte Chirurg Pasquier, der so geschickt war wie Dupuytren und so ehrlich wie Larrey, wiederholte mir gegenüber viele Male den folgenden Satz:

„Ich habe die Leiche des Prinzen von Condé aus dem Fenster genommen. Nun, bei meiner Seele und meinem Gewissen erkläre ich, dass er sich dort erhängt hat!"

Ich befragte ihn umso eindringlicher zu diesem Thema, weil ich den armen Prinzen in Villers-Cotterets gekannt hatte, mit ihm am selben Tisch bei M. Deviolaine gespeist hatte und er freundlich zu mir gewesen war, als ich noch ein ganzer Junge und ein Fremder und ihm völlig unbekannt war. Nun, auf mein Ehrenwort, auch ich glaube meinerseits blind, was Pasquier mir viele Male sagte; was er in genau denselben Worten noch einmal wiederholte, als wir beide vor weniger als zwei Jahren gemeinsam den Kanal überquerten, um dem toten König in Claremont die letzte Ehre zu erweisen (eine respektvolle Pflicht, der ich aus irgendeinem unbekannten familiären Grund leider nicht persönlich nachkommen konnte). Ich glaube, wenn der König nicht auch vor seiner Zeit gestorben wäre, wie viele meiner Freunde gestorben sind, wie derjenige, dem diese Memoiren gewidmet sind, gestorben ist, würde ich mich auf sein Zeugnis berufen, das frei von aller Zuneigung gegenüber dieser königlichen Familie wäre, über die er sich oft bei anderen, einschließlich mir, beschwerte; seine Aussage, sage ich, würde mich nicht im Stich lassen. Und ich glaube, es ist richtig, dies zu sagen, zu schreiben und zu drucken und es bei dem Toten zu schwören, wie ich es getan hätte, wenn er noch am Leben gewesen wäre, als mich in dem von mir freiwillig gewählten Rückzugsort im Ausland das Gerücht erreichte, dass man Zweifel an der Frage aufkommen lassen würde, ob es sich um Selbstmord gehandelt habe. Indessen spielt es keine große Rolle. Wäre Madame de Feuchères des Verbrechens angeklagt und verurteilt worden, dessen Wissenschaft und Gesetz sie für unschuldig erklärt haben; hätte Madame de Feuchères dieses Verbrechen gestanden; wäre Madame de Feuchères dazu verurteilt worden, es auf dem Schafott zu büßen; hätte Madame de Feuchères in einem letzten Geständnis diejenigen der moralischen oder materiellen Mitschuld angeklagt, die abscheulicher Hass mit dieser Mitschuld zu beschmutzen versucht hat; hätte Madame de Feuchères diese ungeheuerliche Lüge ausgesprochen; hätte sie diese niederträchtige Verleumdung veröffentlicht; selbst dann hätte bei allen edlen Geistern, bei allen ehrlichen Herzen kein Schatten von Verdacht jemals an denen haften können, die sie zu erreichen versuchte – verflucht seien die Parteien, die solche Waffen benutzen, um ihre Feinde anzugreifen! Wie im Fall des Dauphins, als er versuchte, dem Herzog von Raguse das Schwert zu entreißen, verletzten sie nur ihre eigenen Hände und befleckten sie mit Blut! Der Autor, der Geschichte schreibt, ist verpflichtet, die Wahrheit zu sagen, und ich glaube, ich habe dies jemals getan: Es ist feige von Leuten, die die Feder führen und für die Öffentlichkeit schreiben, verleumderischen Behauptungen nicht zu widersprechen. Diese hier weise ich daher entschieden zurück. Es wäre sicherlich feiner und edler vom Herzog von Orléans gewesen, der bereits aus eigener Kraft als Prinz reich war und als König zudem Reichtum aus der Zivilliste bezog; es wäre, ich wiederhole, eine großartige Tat gewesen, wenn der Herzog auf die verhängnisvolle Erbschaft verzichtet und das riesige Erbe einer wohltätigen Institution, einer Stiftung für die Sache der Kunst, übergeben hätte, um einem nationalen Unglück damals oder in der Zukunft zu helfen. Aber diejenigen, die diese Memoiren gelesen haben, wissen, wie geizig der König war, und wenn sie mir die Veröffentlichung der Tatsache vorgeworfen haben, werden sie verstehen, was ich den Leuten jetzt zu verstehen geben möchte. Nun, wenn man sich den Charakter des Prinzen vor Augen führt und sein Temperament einräumt, erklären wir, dass es völlig außerhalb der Kräfte des Mannes gelegen hätte, der sechs Seiten mit Zahlen füllen konnte, um eine Prämie von sechsundsechzig Centimes zu entdecken, auf ein Erbe von sechsundsechzig

Millionen zu verzichten, in dem Moment, als dieses lang ersehnte und erwartete Erbe sozusagen von selbst in seine Hände fiel.

Doch lassen Sie uns nun schnell von diesem Thema abgehen, da dies, wie wir bereits zu Beginn dieses Kapitels sagten, unsere Absicht war. Und wir wollen besonders darauf achten, die Verantwortung für dieses ihm hinterlassene Vermögen nicht dem jungen und edlen Helden von La Smala zuzuschreiben.

Ach, so viele Verleumdungen, so viel Gleichgültigkeit und Vergesslichkeit begleiten die Verbannten, dass es tatsächlich notwendig ist, dass von Zeit zu Zeit einige Stimmen das Land, aus dem sie kamen, an die Namen jener geliebten Söhne erinnern, die ihrer Liebe würdig waren!

Ein Offizier, der seine ersten Epauletten vom Herzog von Aumale erhalten hatte , antwortete mir einmal, als ich in seiner Gegenwart die Tapferkeit des armen verbannten Herzogs lobte:

„Tapfer? Er war doch nicht mutiger als alle anderen!"

Nicht mutiger als irgendjemand sonst! In diesem Zusammenhang hörte ich Yousouf, dessen Mut hoffentlich niemand zu bestreiten wagt, etwas sagen, was er, da bin ich mir sicher, gern wiederholen wird:

„Als wir uns mit nur unseren zweihundertfünfzig Männern den vierzigtausend Seelen gegenübersahen, aus denen La Smala bestand, fragte ich den Prinzen: ‚Monseigneur, was sollen wir tun?' Er antwortete: ‚Geht hinein, bei Gott!' Als er das sagte, dachte ich, ich hätte ihn missverstanden, also wiederholte ich meine Frage, und als er wieder sagte: ‚Geht hinein, ich sage es euch!', *begann ich zu schaudern.* Natürlich nahm ich mein Schwert, weil ich ein Soldat war, aber ich sagte mir: ‚Dann wird das der Letzte von uns sein, denn wir werden alle verloren sein!'"

Nicht mutiger als irgendjemand sonst! Obwohl Charras (dem niemand je vorwarf, orleanistische Neigungen zu haben oder Furcht zu kennen, da er einer jener seltenen Naturen war, die die Gefahr um ihrer selbst willen lieben, *un soldat de nuit*, wie Kenner sie nennen) – Charras selbst sagte zu mir, als er von der Einnahme von La Smala sprach –

„Um wie der Herzog von Aumale mit zweihundertfünfzig Mann in eine solche Bevölkerung zu gehen, *muss man entweder erst zweiundzwanzig Jahre alt sein und keine Ahnung von Gefahr haben oder den Teufel in sich tragen! Die Frauen brauchten nur die Zeltseile vor den Pferden auszuspannen, um sie niederzuwerfen, und den Soldaten ihre Pantoffeln an den Kopf zu werfen, um sie vom ersten bis zum letzten auszurotten!"*

Nein, im Gegenteil! Der Mut des Herzogs von Aumale war von ganz anderer Art als der des Rests der Welt. Er war mutiger als der mutigste aller Menschen.

Zu gegebener Zeit werde ich berichten, was er mir selbst damals darüber erzählte, als ich ihn nach seiner Rückkehr zum ersten Mal sah.

Kehren wir nun zum Neuverputzen der Wände zurück, von dem uns dieser Exkurs über den Tod des Prinzen von Condé und die Tapferkeit des Herzogs von Aumale abgebracht hat. Ich schreibe, ich wiederhole, wie ich es empfinde und vor allem aus Überzeugung; und ich verkünde mit ebenso unparteiischer Stimme die Habgier und Intrigen des Vaters und den Mut und die Treue seiner Kinder. Darüber hinaus entstand eine Diskussion darüber, ob die Mauern von Paris in ihrem verstümmelten Zustand verbleiben sollten oder nicht; ob sie den unveränderlichen Abdruck der Daten 27., 28. und 29. Juli tragen sollten; oder ob diese Daten aus den Steinen getilgt werden sollten, wie man hoffte, sie aus den Herzen der Menschen zu tilgen; diese Diskussion, sagen wir, hatte eine weitaus tiefere Bedeutung, als die Abkratzer von Häusern und Restauratoren von Gebäuden zugeben wollten. Es ging in Wirklichkeit darum, die Köpfe der Minister des Exkönigs zu retten, die durch diese öffentliche Anklage gewaltsam in Gefahr gebracht wurden. Vier von ihnen wurden verhaftet: in der Reihenfolge ihrer Verhaftung waren dies die Herren von Peyronnet, von Guernon-Ranville, von Chantelauze und von Polignac.

Lassen Sie uns einige Einzelheiten zu diesen verschiedenen Verhaftungen anführen. Die Zeitungen ihrer Zeit berichten ordnungsgemäß über die Tatsachen, und man spricht über sie, diskutiert sie damals und vergisst sie dann allmählich. Nur die grausame, dumme Tatsache bleibt übrig. Dann greift die Geschichte ein, die sich darauf beschränkt, die bloße Tatsache festzustellen, beraubt aller Einzelheiten und ihrer malerischen Seite.

Welche Bedeutung hat das für die Geschichte? Stellt es nicht nur die nackten Tatsachen der Ereignisse dar und nichts weiter? …

Nun, wir ziehen ein lebendes Wesen einer Mumie und eine Mumie einem Skelett vor. Deshalb werden wir immer versuchen, lebendige Geschichte zu schreiben, und es wird nicht unsere Schuld sein, wenn sie in staubtrockener Form einer Mumie oder eines Skeletts erscheint.

M. de Peyronnet war der erste, der in Tours verhaftet wurde. Am Montag, dem 6. August, um zwei Uhr nachmittags wurde eine Postkutsche, die durch diese Stadt fuhr, Verdacht erregt und von der Nationalgarde umstellt. In der Kutsche befand sich nur eine einzige Person, die vorgab, keine andere Sprache als Deutsch zu sprechen. Er gab sich zunächst als Kurier des Hauses Rothschild aus und weigerte sich, die ihm gestellten Fragen zu beantworten, indem er vorgab, sie nicht zu verstehen. Als seine Postillionen jedoch befragt wurden, erklärten sie, dass ein zweiter Reisender einen Kilometer vor den ersten Häusern aus der Kutsche gestiegen sei, wahrscheinlich mit der Absicht, die Stadt zu umgehen. Zwei Nationalgardisten wurden sofort in Richtung der Straße nach Bordeaux geschickt und erblickten bald einen Mann, der mit großen Schritten über das ansteigende Gelände bei Grammont ging. Ein Wildhüter, der gerade an dem Mann vorbeigekommen war, wurde von den Gardisten herbeigerufen und verhaftete ihn. Der Fremde wurde aufgefordert, sich zu nennen, und zeigte einen Pass mit dem Namen Cambon vor; aber sie durchsuchten ihn, und der auf sein Taschentuch und seine Schnupftabakdose gestickte Buchstabe P weckte Zweifel hinsichtlich seiner Identität. Zwei andere Personen traten näher, von denen einer den Fremden aufmerksam musterte und erklärte, er erkenne in ihm Monsieur de Peyronnet. Der ehemalige Minister hatte Pech: Der Neuankömmling, der ihn erkannt hatte, war zufällig ein ehemaliger Richter, den er seines Postens enthoben hatte. Der andere, ohne ihn persönlich zu kennen, hatte mit ihm im Zusammenhang mit einem jungen Mann aus Tours namens Sir Jean zu tun gehabt, der wegen eines politischen Vergehens verurteilt worden war. Er hatte Monsieur de Peyronnet gebeten, den jungen Mann zu begnadigen oder zumindest seine Strafe zu mildern, und er erhielt nur eine brutale Abweisung. Diese beiden Leute hegten also einen besonderen Hass gegen Monsieur de Peyronnet, packten ihn am Mantelkragen und brachten ihn in die Stadt. Monsieur de Peyronnet wurde ins Gefängnis von Tours gebracht, und die Beleidigungen und Misshandlungen, denen er ausgesetzt war, hätten den ruhigen Ausdruck seines Gesichtsausdrucks nicht im Geringsten beeinträchtigt. Man sperrte ihn in eine Zelle.

Am selben Tag wurde in Tours eine weitere Person verhaftet: die von Herrn de Chantelauze und Herrn Guernon-Ranville. Am Tag zuvor hatten sie sich auf dem Deich von Barthélemy eingefunden; als sie jedoch erfuhren, dass Kutschen und Reisende durchsucht wurden, zogen sie sich zurück. Am nächsten Morgen trafen Bauern auf dem Land auf zwei Männer, die offenbar die Orientierung verloren hatten, und verhafteten sie. Sie brachten sie in ein kleines Dorf namens La Membrole und übergaben sie der Polizei, die beide gefesselt nach Tours brachte. Erst nach einiger Zeit der Suche fanden sie den Prinzen von Polignac; man glaubte, er müsse die Grenze überschritten haben, als man aus einer telegrafischen Depesche vom 18. August erfuhr, dass er gerade in Granville verhaftet worden war. So kam es zu der Verhaftung. Er reiste mit der Marquise de Saint-Fargeau, gab sich als ihr Diener aus und war in Livree gekleidet. Als sie die Gegend von Granville erreichten, stellte er sich unter den Schutz eines Herrn namens Monsieur Bourblanc d'Apreville, der ihn in einem Gasthof in einem Hafen versteckte. Trotz seiner Verkleidung, vielleicht gerade deswegen, erregte er Verdacht, der durch seine nächtliche Landung noch verstärkt wurde. Als er am wenigsten damit rechnete, erkannt zu werden, betraten plötzlich zwei Nationalgardisten sein Zimmer. Als der Prinz sie sah, wandte er sich ab und verbarg sein Gesicht in den Händen.

„Haben Sie Ihre Papiere?", fragten sie.

„Mit welcher Autorität stellen Sie mir eine solche Frage?", antwortete der Prinz.

„Haben Sie Ihre Papiere?", fragten die Männer ein zweites Mal und noch gebieterischer.

"NEIN."

„Gut, in diesem Fall müssen Sie mit uns ins Gefängnis kommen."

In diesem Augenblick betrat Madame de Saint-Fargeau, die vor den Vorkommnissen gewarnt worden war, das Zimmer, erhob Anspruch auf ihren Diener und protestierte gegen die grobe Behandlung, der man ihn aussetzte. Doch trotz der Proteste der Marquise wurde Monsieur de Polignac verhaftet, gefesselt und ins Gefängnis der Stadt gebracht. Am nächsten Tag gestand er dem Bürgermeister, dass er der Prinz von Polignac sei. Noch am selben Tag wurde er unter Eskorte der Nationalgarde aus Granville herausgeführt. Seine Reise durch Coutances und seine Ankunft in Saint-Lo wären ihm beinahe zum Verhängnis geworden: Die Bevölkerung drohte, ihn in Stücke zu reißen; und für kurze Zeit schien es, als würden die Bemühungen seiner Wachen, die ihn zu verteidigen versuchten, nutzlos sein; die Arme wurden über die Wache aus Soldaten und Polizisten ausgestreckt und versuchten, ihn aus ihren Reihen herauszulocken; einem Mann gelang es sogar, ihm eine Pistole an die Kehle zu halten, und er hätte wahrscheinlich geschossen, wenn nicht durch glückliches Glück jemand seinen Arm hochgehalten hätte . Der Prinz war sehr blass, aber ob vor Müdigkeit oder Angst, ließ sich nicht sagen. Von Saint-Lô aus hatte Monsieur de Polignac dem Innenminister geschrieben, um gegen seine Verhaftung zu protestieren und sich auf seinen Rang als Pair von Frankreich zu berufen, der ihm das Privileg gewährte, nur auf Befehl der Pairskammer verhaftet zu werden.

Durch einen merkwürdigen Zufall gelang es mir, Einzelheiten über Monsieur de Polignacs Reise wiederzugeben, die sonst niemand erfuhr, und wahrscheinlich sind ich und die Hauptdarsteller die einzigen, die sich heute noch daran erinnern.

Der Prinz wurde in die Obhut von Thomas gegeben. Wenn ich Thomas sage, wissen meine Leser ganz genau, wen ich meine. Er war jener tapfere und treue Freund von Bastide, der wie Bastide sein Leben riskierte und sein Vermögen für die Sache der Freiheit opferte. Er hatte versprochen, den Prinzen sicher und wohlbehalten nach Paris zu bringen, wenn nötig auf

Kosten seines eigenen Lebens. Von diesem Moment an konnte der Prinz beruhigt sein, denn er wusste, dass er entweder mit seinem Führer sicher ans Ziel gelangen würde oder keiner von beiden. Die Kutsche, die den ehemaligen Minister Frankreichs nach Paris brachte, fuhr im Dunkeln ab. Aber obwohl Thomas sich verpflichtet hatte, Monsieur de Polignac sicher und wohlbehalten nach Paris zu bringen, hatte er keineswegs die Absicht, ihn auf dem Weg dorthin entkommen zu lassen. Und dies war der Dialog, der zwischen Gefangenem und Führer stattfand. Thomas zog mit jener erstaunlichen *Kaltblütigkeit* , die ihn nie verließ, ob er nun bedroht oder bedroht wurde, einen Dolch und eine Pistole aus seiner Tasche und zeigte sie dem Prinzen.

„Sehen Sie, Monsieur, ich habe meine Vorkehrungen getroffen: Wenn Sie versuchen würden zu fliehen, würde ich Sie töten, das ist meine Pflicht. Aber da ich Ihre Freiheit während unserer Reise in keiner Weise einschränken und einen unglücklichen Mann wie Sie, den ich respektiere, auch nicht demütigen möchte, geben Sie mir Ihr Ehrenwort, dass Sie keinerlei Fluchtversuch unternehmen werden, und Sie werden so frei sein wie ich.“

„Ich gebe es Ihnen, Monsieur“, antwortete der Prinz, der glaubte, dass er in Thomas' Händen sicherer war, als wenn er allein quer durchs Land fliehen würde.

Von diesem Moment an konnte der Prinz nach Belieben aus der Kutsche steigen, die Hügel zu Fuß erklimmen und nach Belieben umherwandern. Das Gespräch drehte sich natürlich wahrscheinlich nur um ein Thema, nämlich die Ereignisse, die sich gerade zugetragen hatten, in denen diese beiden Schauspieler jeweils ihre eigene Rolle gespielt hatten – der eine in den oberen Räumen des Palastes, der andere auf der Straße. Als Antwort auf Thomas' gewissenhafte und etwas strenge Überlegungen zu dem, was er als *Verbrechen* der Verordnungen ansah, das zum Sturz von Karl X. und zur Verhaftung des Prinzen geführt hatte, antwortete Monsieur de Polignac seufzend:

„Oh, mein armer Thomas, wer hätte jemals gedacht, dass die Dinge so weit kommen und in einem solchen Desaster enden würden?“

Und einmal ließ der Prinz, der seinen Corneille kannte, diesem melancholischen Ausdruck folgende Zeilen folgen:

„Chimène, wer ist das?
Rodrigue, wer ist der Richtige?“

Der Prinz seufzte beim Gedanken an das Schicksal, das ihn erwartete, aber resigniert: Sein Gesichtsausdruck erinnerte eher an einen christlichen Märtyrer als an einen besiegten General. Er befragte Thomas über den wahrscheinlichen Ausgang des großen Prozesses, der folgen würde.

„Du lieber Himmel!", erwiderte Thomas, „die ganze Sache hängt von der Art der Jury ab, die einberufen wird, um über Ihren Fall zu entscheiden. Wenn Sie vor einer Jury stehen, werden Sie und Ihre Kollegen zum Tode verurteilt; wenn Sie vor der Pairskammer stehen, werden Sie lediglich zu einer Gefängnisstrafe verurteilt."

„Das ist genau meine Meinung", antwortete Herr de Polignac ruhig.

Nach diesem Gedankenübereinstimmung trat Schweigen zwischen den beiden Reisenden ein, während das Tageslicht die Dunkelheit zu erhellen begann, die den ersten Teil ihrer Reise eingehüllt hatte.

Thomas war beeindruckt vom Anblick des langen, leicht erkennbaren Profils des Exministers, das sich scharf gegen das zunehmende Licht abhob, während die Hufe der Pferde auf dem Pflaster einer Stadt klapperten, in der die Geschäfte fröhlich geöffnet wurden und die Bürger in kleinen Gruppen auf dem Platz standen und begierig auf neue Neuigkeiten warteten. Thomas dachte, ihr Wagen sei Gegenstand einiger Aufmerksamkeit. Er musste jedoch im Hôtel de la Poste, das auf dem Platz lag, die Pferde wechseln, und so kurz ihr Aufenthalt auch war, er könnte lang genug sein, damit der Prinz erkannt wurde und die Nachricht in der ganzen Stadt für Aufsehen sorgte. Mit welchem Ergebnis, war unmöglich abzuschätzen. Thomas trug eine Kappe mit breiter Spitze; er warf sie über das aristokratische Gesicht des Prinzen und wickelte seine Bettdecke um seinen Hals. Thomas nannte dieses Vorgehen *das Auslöschen* seines Gefangenen. Als die neugierigen Stadtbewohner kamen und durch die Tür der Kutsche schauten und neben Thomas' rundem, offenem, kühlem Gesicht eine Gestalt mit Haube und Halstuch erblickten, schöpften sie keinen Verdacht, und die Kutsche setzte sich mit frischen Pferden in rasendem Tempo in Bewegung. Dieses Manöver wiederholte sich an fast jedem Zwischenstopp. Als Thomas diese Vorfälle erzählte, geschah dies mit einem gewissen Maß an Melancholie. Er vergaß nicht, dass seinen Reisegefährten am Ende ihrer Reise Gefängnis und vielleicht sogar der Tod erwarteten, er, der tatsächlich mehr als einmal vor Gericht vor der Alternative zwischen Tod und Gefängnis stehen musste.

Am 28. August erreichten die drei Gefangenen aus Tours und der aus Saint-Lo fast gleichzeitig Paris. Sie wurden alle vier in dem Teil des Schlosses von Vincennes eingesperrt, der als Pavillon der Königin (Pavillon de la Reine) bezeichnet wurde. Drei von ihnen waren neu hier. Tatsächlich kannte man sie vor dem verhängnisvollen Tag, der sie ereilte, kaum jemand. Sie waren durch den Druck von hunderttausend Exemplaren der Verse von Barthélemy und Méry und durch die mündlichen Sketche, die der berühmte Chodruc-Duclos vortrug, insbesondere gegen Monsieur de Peyronnet bekannt oder vielmehr unbeliebt geworden. Wir werden später Gelegenheit haben, von diesem modernen Diogenes zu sprechen (wir meinen natürlich

Chodruc-Duclos und nicht Monsieur de Peyronnet), der sieben oder acht Jahre lang die Galerien des Palais-Royal beunruhigte, wo er zu jeder Tageszeit seinen aufgeknöpften Mantel, seine kaum anständigen Hosen, seine mit Schnur zusammengehaltene Weste, seine Sandalenschuhe, seinen alten, verbeulten Hut und den dichten Haarwuchs zur Schau stellte, der die untere Hälfte seines Gesichts bedeckte und ihm den Spitznamen „ *Mann mit dem langen Haar"* eingebracht hatte. Abgesehen von diesen Versen von Barthélemy und Méry und den von Chodruc-Duclos erfundenen bordelaiser Legenden waren Monsieur de Chantelauze, Guernon-Ranville und de Peyronnet damals, wie wir bereits gesagt haben, fast unbekannt. Im Falle von Monsieur de Polignac war es ganz anders: Abgesehen von der Behauptung seiner Familie, sie stamme aus derselben Familie wie Sidoine Apollinaire, genießen die Polignacs historische Berühmtheit.

Zunächst einmal handelte es sich bei ihnen um alte Verschwörer: Kardinal Melchior de Polignac, der Autor des Romans „ *Anti-Lucrèce"*, hatte zu Beginn des vergangenen Jahrhunderts ein Komplott gegen die Regentin geschmiedet; Prinz Jules de Polignac hatte zu Beginn des heutigen Jahrhunderts gegen Napoleon konspiriert; und ihre Frauen hatten während der Französischen Revolution ihre Rolle gespielt: Die Gräfin Diane und die Herzogin Jules, diese beiden unzertrennlichen Freundinnen der Königin, werden uns beide in Erinnerung bleiben; insbesondere die Herzogin Jules, der Marie-Antoinette eine *Babyausstattung* im Wert von hunderttausend Kronen und ein Herzogtum im Wert von anderthalb Millionen Kronen schenkte.

Comte Jules de Polignac, der Förderer der Verordnungen, war ihr zweiter Sohn: Er wurde 1817 oder 1818 von Pius VII., natürlich einem Fürsten von Rom, zum Fürsten ernannt.

Er war 1789 ausgewandert und 1804 zusammen mit seinem ältesten Bruder Armand nach Frankreich zurückgekehrt, um sich an der Verschwörung von Cadoudal und Pichegru zu beteiligen. Er stand kurz davor, zum Tode verurteilt zu werden, oder wurde, glaube ich, sogar bereits dazu verurteilt, doch Josephines beharrliche Fürsprache rettete ihm das Leben.

All diese Tatsachen unterstrichen die Bedeutung des Gefangenen, dessen Prozess bald stattfinden sollte. Nach 26 Jahren Exil, darunter Gefängnis, Botschafterposten, Adelstitel und Ministerposten, kehrte er 1830 unter dem Albtraum einer zweiten verhängnisvollen Anklage in denselben Kerker in Vincennes zurück, in dem er 1804 wegen derselben Sache des Monarchismus eingekerkert worden war. Es war der Befehl ergangen, die Gefangenen aus dem Pavillon de la Reine in die Kerker zu überführen. M. de Polignac war der erste, der ihn verließ.

Ich habe ihn mehrere Male im Haus von Madame du Cayla gesehen: Er war ein äußerst gutaussehender Mann mit seinem weißen Haar und seiner herrschaftlichen Haltung, seinen hochmütigen Manieren und einer überragenden Ausstrahlung von Vornehmheit. Aber man muss zugeben, dass keine dieser Eigenschaften die Menschen besonders beeindruckte: Sie sind oft ein Grund, eine Person zu verurteilen: In der ersten Revolution waren eine schöne Haut und schöne Kleidung völlig ausreichende Gründe, einen Mann zur Hinrichtung zu schicken.

Bevor man vom Pavillon de la Reine zum Kerker gelangen konnte, musste man mehrere Höfe durchqueren, und diese Höfe waren voll mit Soldaten der Gardes Nationaux und der Garnison. Monsieur de Polignac erschien barhäuptig zwischen zwei Grenadieren: seine Kleidung wies eine leichte Unordnung auf, was ungewöhnlich war; als er die Treppe erreichte, verließen ihn seine Kräfte, wenn nicht sein Mut: Er taumelte und hielt sich mit der Hand auf das Ende eines Grenadiergewehrs, um nicht zu fallen. Monsieur de Peyronnets Haltung war ganz anders: Er war äußerst mutig und machte manchmal den Fehler, seinen Mut bis zur Unverschämtheit auszureizen; er behielt auch seinen Hut auf dem Kopf und blickte beim Gehen verächtlich nach links und rechts. Ein kleiner Mann aus der Menge zielte auf ihn und rief:

„Auf die Knie, du, der befohlen hat, auf die Leute zu schießen!"

Herr de Peyronnet zuckte mit den Schultern, blieb mit verschränkten Armen stehen und beschleunigte oder verlangsamte seinen Schritt nicht. Herr de Chantelauze sah krank, blass und niedergeschlagen aus und schien von der Schwere der Situation überwältigt zu sein. Herr de Guernon-Ranville zeigte nervösen Mut und schlechte Laune.

Die drei mit der Untersuchung der ehemaligen Minister beauftragten Kommissare waren die Herren de Bérenger, Madier de Montjau und Mauguin.

Ab dem 17. August, unmittelbar nachdem die Verhaftung der Minister bekannt geworden war, wurde in der Kammer von M. Victor de Tracy die Abschaffung der Todesstrafe vorgeschlagen und von La Fayette unterstützt. Am 6. Oktober des folgenden Jahres beantragte M. de Bérenger, der mit dem Bericht über die Vernehmung der Gefangenen betraut war, die Vertagung des Vorschlags. Dann erhob sich La Fayette ein zweites Mal und rief mit jener gewichtigen persönlichen Haltung, die Männer, die viel gesehen, getan und erlitten haben, entwickeln, aus:

"Es wird vorgeschlagen, die Frage der Abschaffung der Todesstrafe zu vertagen , meine Herren. Aber zweifellos hatten diejenigen, die dies vorschlagen, nie das Unglück, wie ich selbst erlebt habe, zu sehen, wie ihre

Familien, Freunde und die führenden Bürger Frankreichs auf das Schafott gezerrt wurden. Sie hatten, sage ich, nie das Unglück, zu sehen, wie unglückliche Personen unter dem Vorwand geopfert wurden, sie seien *Fayettisten*. Ich bin völlig gegen die Todesstrafe, insbesondere für politische Vergehen. Ich bitte daher die Kammer, den Vorschlag von Herrn de Tracy in Betracht zu ziehen."

Herr von Kératry bestieg sofort die Tribüne und hielt mit jener Beredsamkeit, die eher für das Herz als für den Verstand bemerkenswert ist, folgende Rede:

"Ich bezeuge vor Ihnen allen, dass, wenn es möglich wäre, die Eltern und Freunde der mutigen Opfer des Juli in diesem Gebäude zu versammeln und sie zu fragen: 'Fordern Sie Blut für Blut? Entscheiden Sie!', die schweigende Jury als Zeichen der Ablehnung den Kopf schütteln und zu ihrem edlen Kummer und ihren verlassenen Heimen zurückkehren würde... Wenn ich Unrecht habe, werde ich im Geiste an die Manen der edlen Opfer selbst appellieren; ich werde sie auffordern, dieses unwürdige Urteil zu reformieren; denn ich weiß, dass tapfere Seelen, die ihr Leben für eine heilige Sache riskieren, kein Blut vergießen, außer während des Konflikts."

Diese beiden Reden, von denen ich nur die wichtigsten Punkte angeführt habe, erregten in der Versammlung eine solche Begeisterung, dass sofort beschlossen wurde, eine Adresse an den König zu senden, in der die Abschaffung der Todesstrafe in den von der Kommission festgelegten Fällen vorgeschlagen wurde. Am selben Abend fand eine Sondersitzung statt, bei der die Adresse verlesen und versandt wurde.

Aber es muss erwähnt werden, dass die Begeisterung, die die Kammer erfasst hatte, weder das Volk erfasste noch die Republikaner im Geringsten bewegte. Warum also sprach sich das sonst so großzügige Volk, warum sprachen sich die Republikaner, die so sehr an der Abschaffung des Schafotts interessiert waren, auf das die Köpfe einiger ihrer Mitglieder leicht fallen konnten, für die Todesstrafe aus? Weil sie sehr wohl wussten, dass diese augusteische Milde künstlich war, dass sie laut verkündet werden würde, solange sie der politischen Situation des Augenblicks nützlich sein könnte; dass sie aber bald wieder auf den alten Weg vom Place de Grève und Place de la Révolution zurückkehren würden. Weil sie sich mit düsteren Blicken und zusammengepressten Lippen das sagten, was nur Eusèbe Salverte in der Kammer den Mut gehabt hatte zu sagen:

„Ein Mann, getrieben von Hunger und Elend, vom Anblick seiner Frau und Kinder ohne Brot, ein Mann, der seit drei Tagen nichts gegessen hat, versucht zu stehlen und wird auf frischer Tat ertappt, tötet, um den Galeeren zu entgehen, wird zum Tode verurteilt und hingerichtet. Da schreit die Gesellschaft: ‚Bravo, ganz richtig! Der Mann war ein Dieb, ein Mörder und ein schändlicher Schurke; er hat das Schafott verdient: Es lebe das Schafott!' Aber ein kaltblütiger Staatsmann befiehlt die Ermordung von zehntausenden seiner Mitbürger, um seine ehrgeizigen Ziele über ihre aufgehäuften Körper zu erreichen. Ein solcher Mann flößt einem Mitleid ein, aber keinen Schrecken. Man würde zu ihm sagen: „Du wolltest, dass uns der Kopf abgeschlagen wird, aber dass du deinen eigenen auf deinen Schultern behältst und in ein fremdes Land gehst, um die Reichtümer zu genießen, die du angehäuft hast. Die Zeit wird sich um einen solchen Diebstahl kümmern, die Leidenschaften werden abklingen, öffentliche und private Beschwerden werden beschwichtigt; die Geschichte unserer Probleme, die in den Spuren von Kugeln und Kartätschen an unseren Wänden geschrieben steht, wird nicht mehr lesbar sein; dann wird sich das öffentliche Mitgefühl gegen die Länge Ihres Exils erheben: es wird Ihre Ruhepause fordern, und zum dritten oder vierten Mal werden Sie Ihr Land an den Rand des Abgrunds bringen, in den Sie es schließlich schleudern werden." Warum sollte man einen solchen Unterschied machen? Es sei denn, weil man nicht den Mut hatte, sein Opfer selbst niederzuschlagen, wie es der arme, verhungerte Schlucker tat, sondern Soldaten bezahlt und sie zu Werkzeugen seines Verbrechens macht!"

Dies ist, was Herr Salverte gesagt hatte; dies ist, was das Volk und die Republikaner sagten.

Da sie nun bald wieder anfangen werden, auf das Volk und die Republikaner zu schießen; da sie den Juli mit diametral entgegengesetzten Ergebnissen von vorne beginnen werden; da seit achtzehn Jahren die Sieger der Drei Tage die Besiegten sein werden, ist es gut, die Trennlinie sehr deutlich zu ziehen und nicht nur festzustellen, wie sie es taten:

„Die Kammer und das Königshaus wünschten im Juli die Abschaffung der Todesstrafe, aber das Volk und die Republikaner wollten dem nicht zustimmen."

Sie irren sich, sie wollten es, aber als Prinzip, das die Menschheit als Ganzes schützen sollte, und nicht als Mittel, um einige wenige privilegierte Schuldige von der Justiz zu befreien. Was sie nicht wollten, war, dass, wie einst Sondergerichte zum Zweck der Bestrafung geschaffen wurden, diesmal keine Sondergerichte zur Freisprechung eingerichtet werden sollten. Sie wollten, dass das Volk als souveräne Macht angesehen wird und dass diejenigen, die dafür verantwortlich waren, dass es niedergeschossen wurde, auf die gleiche Weise behandelt werden sollten wie diejenigen, die später auf den König schossen. Warum sollte also den Herren Polignac, de Peyronnet, de Chantelauze und de Guernon-Ranville, die dreitausend Bürger töteten oder verwundeten, eine größere Nachsicht zuteil werden als Alibaud, Meunier und

Lecomte, deren Komplott scheiterte, als sie auf den König schossen, und die weder eine einzige Person töteten noch verwundeten? Man wird wahrscheinlich argumentieren, dass die Unterschiede in der Bestrafung darauf zurückzuführen sind, dass die Urteile von verschiedenen Gerichten gefällt wurden. Dem war jedoch nicht so: Das Urteil, das einige zu Gefängnisstrafen und andere zum Schafott verurteilte, kam von derselben Jury – dem Pairsgericht.

Das Volk hatte also Recht, als es nach der Verurteilung von Maréchal Ney zum Tode lautstark klagte, als es erfuhr, dass die Minister freigelassen würden. Es wollte nicht, dass ihre Köpfe fielen, so schuldig sie auch waren; nein, das Volk wollte, dass sie 1830 taten, was sie 1793 nicht getan hatten. Es wollte seine Verurteilung und dass es gegen das Urteil direkt beim Volk Berufung einlegen konnte. Dann hätte es, wie M. de Kératry sagte, Begnadigung erhalten. Aber es wurde nicht einmal konsultiert: Es war der König, der seine Krone der Revolution, seine Zivilliste mit achtzehn Millionen Einkünften und zehn oder zwölf königlichen Schlössern verdankte, der sie begnadigte, und nicht das Volk, das niedergeschossen, ermordet und dezimiert worden war.

So machte sich in der Stadt ein Unterton der Unzufriedenheit breit, während die Wut, die sich an der Basis der sozialen Leiter angesammelt hatte, in heißen Blasen an die Oberfläche stieg.

Am 18. Oktober waren die Mauern des Luxembourg nachts mit bedrohlichen Plakaten bedeckt. Zwei oder drei dieser Männergruppen, die man nur in unheilvollen Jahreszeiten antrifft, kamen sozusagen aus den Katakomben und zogen durch die Stadt, sangen *La Parisienne* und riefen „Tod den Ministern!". Einige gingen sogar noch weiter und trugen eine Fahne, auf der der obige blutrünstige Wunsch in riesigen Buchstaben geschrieben stand.

Diese Gruppe startete am Panthéon, überquerte die Pont Neuf und ging in Richtung Palais-Royal.

Die Minister hielten Rat. Bei diesen Gerüchten und Rufen und dem Aufruhr, der den Platz erfüllte, wie an dem Tag, als sie den Kopf der Prinzessin von Lamballe auf einer Pike trugen, rückten der König und Monsieur Odilon Barrot an den Rand der Terrasse vor. Das Volk stieß keinen einzigen Schrei aus: „Es lebe der König!", sondern rief aus vollem Hals: „Es lebe Odilon Barrot!"

Diese Popularität war M. Odilon Barrot äußerst peinlich und er stellte sie öffentlich der Unbeliebtheit gegenüber dem König gegenüber.

Aber Louis-Philippe lachte.

„Oh!", sagte der König, „hören Sie nicht auf ihre Schreie, Monsieur Barrot. Im Jahr 1792 hörte ich die Väter eben dieser Leute ‚Vive Pétion!' rufen, so wie diese Männer heute ‚Vive Barrot!' rufen."

KAPITEL III

Oudard sagt mir, dass Louis-Philippe mich sehen möchte –
Besuch bei M. Deviolaine – Hutin, überzähliger Gardist zur
Reiterei – Mein Gespräch mit dem König über die Vendée
und die Politik des *gerechten Milieus* – Bixio, Artillerist – Er
verpflichtet sich, mich in seine Batterie einschreiben zu
lassen – Ich übermittle Louis-Philippe meinen Rücktritt

Ich war inmitten all dieser Unruhen angekommen, und was ich im vorigen
Kapitel erzählt habe, und die Tatsache, dass ich es nicht methodisch genug
erzählt habe, zeigen deutlich, in welchem seltsamen Zustand der
Verzweiflung die Leute waren. Ich hatte General La Fayette meinen Bericht
übergeben, und er hatte ihn zweifellos an den König geschickt, denn fünf
oder sechs Tage nach meiner Rückkehr erhielt ich einen Brief von Oudard,
in dem er mich bat, ihn aufzusuchen. Ich begab mich daher sofort in den
Palais-Royal; trotz allem, was der alte Chef meines Amtes mir angetan hatte,
empfand ich eine echte Zuneigung zu ihm. Ich war überzeugt, dass er mich
wie M. Deviolaine für dumm gehalten hatte und dass er sich in dieser Illusion
gegen meine Arbeit gestellt hatte.

„Wie kommt es", fragte mich Oudard, „dass Sie schon seit acht oder zehn
Tagen wieder in Paris sind und wir Sie nicht früher gesehen haben?"

„Aber, mein lieber Oudard", sagte ich, „Sie wissen ganz genau, dass ich mich
nicht mehr als Mitglied dieser Ämter betrachte."

„Gestatten Sie mir, darauf zu antworten, dass wir Sie, solange Sie Ihre
Kündigung nicht einreichen, als zu uns gehörig betrachten."

„Ist das alles?", sagte ich und nahm Stift und Papier zur Hand. „Dann wird
es nicht lange dauern, es zu ändern!"

„So!", sagte Oudard und hielt meine Hand zurück, „Sie finden immer Zeit,
die eine oder andere Dummheit zu begehen … Auf jeden Fall wäre ich Ihnen
sehr verbunden, wenn Sie das woanders als in meinem Büro tun würden."

Ich legte den Stift hin und nahm wieder meinen Platz vor dem Kamin ein.
Einen Moment lang herrschte Schweigen.

„Möchten Sie den König nicht sehen?"

"Wozu?"

„Nun, und sei es nur, um ihm für die Begnadigung zu danken, die er Ihnen für Ihren Münzfälscher gewährt hat."

„Er hat das nicht für mich getan, sondern für dich."

„Sie irren sich: Ihr Brief wurde ihm vorgelegt und er schrieb ‚Genehmigt‘ darauf."

„Du sollst ihm für mich danken, lieber Freund: Du weißt viel besser als ich, wie man gekrönte Häupter anspricht."

„Pah! Sie waren sehr eigen, was die Anrede von Charles X. angeht."

„Ah! Das war etwas anderes! Er war ein König der alten Ordnung mit der Tradition seiner Rasse ... Er war ein Bourbon und kein Valois."

„Dreckskerl! So was sagst du hier nicht!"

„Weil sie Scham oder vielleicht Reuegefühle hervorrufen?"

Oudard zuckte mit den Schultern.

„Sie sind unverbesserlich!", sagte er.

Danach folgte erneut kurzes Schweigen.

„Also", sagte er, „Sie haben kein Verlangen, den König zu sehen?"

„Überhaupt keine."

„Aber was, wenn er Sie sehen möchte?"

„Der König? Komm schon, das ist ein Witz!"

„Angenommen, ich hätte den Auftrag, die Stunde für eine Audienz bei ihm zu vereinbaren!"

„Wissen Sie natürlich, mein Lieber, ich wäre nicht so geschmacklos, abzulehnen ... Aber ich glaube nicht, dass Sie einen solchen Auftrag erhalten haben."

„Dann irren Sie sich wieder: Der König erwartet Sie morgen früh um acht Uhr."

„Oh, mein Lieber, wie unangenehm wird der König mich finden!"

"Warum?"

„Weil ich ein richtiger Bär bin, wenn man mich so früh aufstehen lässt."

„Wollen Sie heute mit mir essen?"

„Mit wem außerdem?"

„Lamy und Appert... Würde Ihnen das gefallen?"

„Ausgezeichnet."

„Dann heute Abend um sechs Uhr."

Wir schüttelten uns die Hände und trennten uns. Ich nutzte meinen Aufenthalt im Palais-Royal, um eine Reihe von Besuchen abzustatten. Zuerst besuchte ich Lassagne, der so gutmütig und unterhaltsam war wie immer; dann sah ich Ernest, der eine Stufe höher gestiegen war; dann meinen Freund de la Ponce, der aufgrund meiner alten Gewohnheiten dachte, ich sei gekommen, um ihn zu bitten, Mantel und Hut anzuziehen; und schließlich Monsieur Deviolaine. Ich betrat sein Zimmer wie üblich unangemeldet. Er war kurzsichtig wie ein Maulwurf und schrieb mit dem Gesicht dicht am Papier, wobei er die Buchstaben, die er mit seiner Feder nachzeichnete, mit den Härchen seiner Nasenlöcher auslöschte. Bei dem Geräusch, das ich machte, als ich mich seinem Schreibtisch näherte, hob er den Kopf und erkannte mich.

„Ah, da sind Sie ja", sagte er, „Monsieur Bully!"

„Hier bin ich, das stimmt."

„Ich rate Ihnen, nach Soissons zurückzukehren!"

"Warum?"

„Dort wird man nämlich herzlich empfangen."

„Pah! Sind sie dort böse geworden?"

„Es wundert mich, dass Sie sich nicht geschämt haben, in Ihrem eigenen Teil des Landes einen solchen Skandal zu verursachen."

„Übrigens, ich habe eine Bitte an Sie."

"Für sich selbst?"

„Gott bewahre!"

„Für wen dann?"

„Für meinen damaligen Mitreisenden."

„Welche? Ihr wart zu dritt."

„Hutin."

"Was willst du für ihn?"

„Ich will eine Stelle als Statist bei der Horse Guards!"

„Gut! Meinst du, solche Posten werden einfach so verschenkt?"

"Natürlich!"

„Womit hat er einen solchen Gefallen verdient?"

„Erledigt? Du weißt doch, dass er mit mir nach Soissons gefahren ist."

„Eine wirklich gute Empfehlung!"

„Wie viel wetten Sie, dass Sie mir den Posten für ihn geben?"

"Wie viel wetten Sie?"

„Fünfundzwanzig Louis."

„Hat man jemals so einen Schurken gesehen wie dich!"

„Lass uns wetten…"

„Warum? Sie können mir eine Pistole an den Kopf halten, wie Sie es beim Kommandanten von Soissons getan haben."

„O nein, nein, ich weiß ganz genau, dass eine solche Methode bei Dir keinen Erfolg haben würde."

„Das ist ein Glücksfall für mich."

„Aber ich werde dafür sorgen, dass jemand Sie um den Gefallen bittet und Sie werden ihn nicht ablehnen wollen."

"Wer ist das?"

„General La Fayette."

„General La Fayette! Er hat Besseres zu tun, als Petitionen zu verfassen!"

„Du hast Recht, ich werde es direkt beim König erfragen."

„Vom König?"

„Ja, ich werde ihn morgen sehen."

„Haben Sie um eine Audienz gebeten?"

"ICH?"

Ich schüttelte den Kopf.

„Wenn nicht, wie können Sie ihn dann sehen?"

„Ich werde ihn sehen, weil er mich sehen möchte."

„Der König möchte Sie sehen?"

„Zumindest hat er mir das durch Oudard mitteilen lassen."

„Weswegen möchte er Sie sprechen?“

„Ich habe keine Ahnung … Um sich mit mir zu unterhalten, nehme ich an.“

„Um mit ihm zu reden! Herrgott, was für eine unglaubliche Frechheit hat der Kerl! Was sollst du dem König sagen, wenn du mit ihm redest?“

„Was er nicht gewohnt ist zu hören … die Wahrheit.“

„Wenn Sie glauben, mit solchen Grundsätzen durchzukommen, dann irren Sie sich gewaltig.“

„Mein Weg ist vorgeschritten … und du weißt besser als jeder andere auf der Welt, dass weder du noch er mir dabei geholfen haben, ihn zu schaffen.“

„Oh, bei den Göttern! Mir ist, als würde ich noch einmal mit seinem Vater sprechen.“

„Sie werden zugeben, dass wir uns vielleicht ungleicher sind.“

„Ich dachte, deinem Freund Hutin ginge es gut.“

„Ah! Wir kommen zu ihm zurück?“

"Warum nicht?"

„Er ist reich, da er um eine Stelle als Statist bittet.“

„Ein Läufer hinter jungen Damen her!“

„Was zum Teufel soll er sonst verfolgen? Jungen?“

„Ein Wilderer!“

„Ich habe Sie zigmal sagen hören, dass gute Wilderer auch gute Wildhüter seien.“

„Wir werden sehen. Schicken Sie ihn zu mir, wenn er das erste Mal nach Paris kommt.“

"Ich werde ihn selbst mitbringen."

„Nichts dergleichen! Du hast so eine Art, mich zu überrumpeln …“

„Ah! Ja, sagen Sie das *Heinrich III.* und *Christine* , und Sie werden sehen, was sie antworten werden!“

"Was machst du jetzt?"

"Nichts."

"Fauler Kerl."

„Aber ich werde aller Wahrscheinlichkeit nach bald wieder arbeiten.“

"Was werden Sie tun?"

„Ich werde kämpfen.“

"Gegen wen kämpfen?"

„Gegen die Obrigkeit: da!“

„Mach, dass du weg bist, und je schneller, desto besser! So etwas habe ich noch nie gehört. Stell dir vor, du kommst her und redest mit mir über solchen Verrat!“

„*Auf Wiedersehen* , Cousin!“

„Ich bin deine Cousine? Das ist gelogen. Ich wäre lieber die Cousine des Teufels! Féresse! Féresse!“

Féresse erschien.

„Sehen Sie diesen Herrn?“, sagte M. Deviolaine und zeigte mit dem Finger auf mich.

„Ja“, antwortete die erstaunte Féresse.

„Gut, wenn er in meinem Büro vorbeikommt, können Sie ihm sagen, dass ich nicht zu Hause bin.“

„Féresse ist mir völlig egal! Ich werde auch ohne seine Erlaubnis eintreten!“

„Sie würden eintreten, ohne ihn zu fragen?“

"Ganz bestimmt."

„Na gut, dann schmeiße ich Sie zur Tür hinaus!“

"Du?"

„Meinen Sie, ich sollte zögern, das zu tun?“

"Du?"

„Möchten Sie jetzt eine Probe?“

„Auf mein Wort, das sollte ich!“

„Ah! Du willst mich dazu herausfordern? Dann pass auf.“

M. Deviolaine stand auf und stürzte sich wütend auf mich. Ich schlang meine Arme um seinen Hals und küsste ihn auf beide Wangen. Er blieb abrupt stehen und etwas, das einer Träne sehr ähnlich sah, glitzerte auf seinem Augenlid.

„Du kannst gehen, Féresse“, sagte er.

Dann legte er seine Hand auf meine Schulter –

„Was mich beunruhigt, ist, dass Sie mit einem solchen Charakter wie Ihrem in einer Dachkammer sterben werden, wie Ihr Vater vor Ihnen! ... Kommen Sie, Hutin soll seinen Posten bekommen – verschwinden Sie. Ich muss an die Arbeit."

Doch bevor ich das Gebäude verließ, hatte ich Hutin einen Brief mit der Bitte geschickt, so schnell wie möglich nach Paris zu kommen, und ihm die Neuigkeiten mitgeteilt, mit denen er nicht gerechnet hatte. Nehmen wir gleich an, dass Hutin drei Monate später zum Überzähligen ernannt wurde und achtzehn Monate später *in die Listen eingetragen* wurde , was in der bürokratischen Sprache bedeutet, dass er ein Gehalt erhielt.

Am nächsten Tag war ich um acht Uhr im Königspalast. Ich hatte für diesen wichtigen Anlass meine Reituniform der Nationalgarde angelegt. Ob durch Zufall oder mit Absicht, der König empfing mich in demselben Zimmer, in dem er mir am Tag vor der ersten Vorstellung meines *Heinrich III.* , als er noch Herzog von Orléans war, Audienz gewährt hatte. Ich fand ihn weder in seinem Aussehen noch in seinem Benehmen verändert; er hatte dasselbe liebevolle Lächeln und denselben gutmütigen Ausdruck, dem man so schwer widerstehen konnte; dasselbe Lächeln, das ihm Laffittes Vermögen, Casimir Périers Gesundheit und M. Thiers' Ruf eingebracht hatte.

„Guten Tag, Monsieur Dumas", sagte er zu mir.

Ich verneigte mich.

„Sie sind also aus der Vendée zurückgekehrt."

"Ja mein Herr."

"Wie lange warst du dort?"

„Sechs Wochen, Sire."

„Mir wurde gesagt, dass Sie das Land sehr gründlich studiert haben, und dass Sie es wert sind, dass ich Sie darauf aufmerksam mache ..."

„Zweifellos von General La Fayette?"

"Genau."

„Ich dachte, er hätte mehr getan und Ihnen meinen Bericht persönlich vorgelegt, Sire."

„Das ist völlig richtig... Aber ich finde in diesem Bericht eine Lücke."

Ich verbeugte mich zum Zeichen, dass ich darauf wartete, mehr zu erfahren.

„Sie wurden von General La Fayette geschickt", fuhr der König fort, „um die Möglichkeit der Aufstellung einer Nationalgarde in der Vendée zu prüfen, und Sie erwähnen kaum die Möglichkeit oder Unmöglichkeit einer solchen Sache."

„Das stimmt, Sire, denn die Untersuchung der örtlichen Gegebenheiten hat mich davon überzeugt, dass die Aufstellung einer Nationalgarde in den Departements Loire-Inférieure, Maine-et-Loire, Vendée und Deux-Sèvres für die Mittelklasse der Gesellschaft, die ihren Geschäften als Notare, Tuchhändler, Tuchweber, Schlosser, Tischler, Rechtsanwälte nachgehen muss – kurz gesagt, im Groß- oder Einzelhandel tätig ist –, aber keine Zeit für Pferdetraining und Exerzieren hat, vorläufig ruinös wäre. Außerdem wäre es aus diesem Grund eine gefährliche Maßnahme: Die Bürger, die die Uniform trügen, würden wieder *zu Blauen* , und diejenigen , die sie nicht trügen, wären *Chouans*. Deshalb habe ich die Idee fast aufgegeben und den Schwerpunkt auf die Öffnung der Straßen und die Förderung der Kommunikation gelegt, um, wie man in der Medizin sagt, eher als eine Art Lösungsmittel als als Abstoßungsmittel zu wirken: Lassen Sie die Vendéaner dem Einfluss der Adligen entkommen und ihre Frauen dem Einfluss der Priester, und es wird kein weiterer Aufstand der Vendéaner mehr möglich sein."

„Nun, Monsieur Dumas, ich bin anderer Meinung als Sie. Ich glaube, dass eine Vendée nicht mehr möglich ist, weil es keine Vendées mehr gibt. Sagen Sie mir, wo sind die Elbées, die Bonchamps, die Lescures, die Laroche-Jaquelins und die Charettes?"

"Sire, wo waren sie im Jahre 1789... Allerdings braucht man die Vendée weder jetzt noch in der unmittelbaren Zukunft zu fürchten. Ich würde sogar noch weiter gehen und sagen, dass sie nie wieder von selbst ansteigen wird, aber jemand könnte sich in die Vendée stürzen und sie ansteigen lassen."

„Wer? Nicht der Dauphin – dazu hat er nicht genug Energie; nicht der Herzog von Bordeaux – er ist zu jung; nicht Karl X. – ein König wäre an der Spitze einer Handvoll Rebellen fehl am Platz."

„Der König kennt die allgemeine Geschichte zu gut, um die Geschichte Ungarns nicht zu kennen: *Moriamur pro nostro rege Maria-Theresia!* "

„Die Herzogin von Berry?"

"Über sie wird viel geredet."

"Sie haben Recht. Das habe ich mir selbst oft gedacht. Aber denken Sie gut daran, was ich Ihnen sage, Monsieur Dumas: Es wird keinen Aufstand in der Vendée ohne England geben, und ich bin mir Englands sicher."

Ich habe dem König nicht eingeschärft, dass es zu einem furchtbaren, unerbittlichen, wilden Aufstand in der Vendéa kommen könnte, wie 1992 und 1993. Ich habe ihm nicht gesagt, dass vielleicht zwanzig-, dreißig- oder vierzigtausend Mann wie früher unter Waffen stehen würden; noch dass es verheerende, tödliche und tödliche Schlachten geben würde, wie die von Ponts-de-Cé, Torfou und Antrain. Ich habe ihm nicht gesagt, dass der Aufstand im Westen durch einen Aufstand im Süden und durch eine ausländische Invasion unterstützt würde. Ich habe ihm gesagt, dass es eine Chance, eine Wahrscheinlichkeit und fast eine Gewissheit von Kämpfen geben würde und dass Menschen getötet würden, dass aus dem erneuten Blutvergießen neuer Hass entstehen würde und dass der König dem Vergießen französischen Blutes zu sehr ausweichen würde, um sich solchen Vorgängen nicht mit allen ihm zur Verfügung stehenden Mitteln entgegenzustellen.

Der König lächelte.

„Ich sage Ihnen, Monsieur Dumas, dass ich den Puls der Vendée gefühlt habe ... Ich bin so etwas wie ein Arzt, wie Sie wissen.“

Ich verneigte mich.

„Na, da ist nichts los und wird auch nichts passieren.“

„Der König wird mir gestatten, nicht zu versuchen, seine Meinung zu bekämpfen“, antwortete ich lachend, „sondern bei meiner eigenen Denkweise zu bleiben?“

„Natürlich! Du weißt, dass ich leider keinen Einfluss auf die Meinung anderer habe, sonst hätte ich versucht, deine und die einiger deiner anderen Freunde zu ändern.“

„Da das Gespräch inzwischen auf dieses Thema gekommen ist, möchten Eure Majestät vielleicht, dass ich sage, was ich denke?“

„Über die Disposition der Vendée?“

„Und über die Politik des Königs...“

„Sag mir, was du von beiden hältst.“

„Nun, ich glaube, ein Krieg im Ausland, sei es am Rhein oder in Italien, wäre im Augenblick ein beliebtes Unterfangen; der König hat kein Interesse daran, einen solchen Krieg heraufzubeschwören, und es tut ihm nicht leid, eine Ausrede dafür zu haben, dies nicht zu tun.“

„Ach, tatsächlich!“

„Die Vendée würde ihm einen solchen Vorwand bieten.“

"Wie so?"

"Wie der König gerade sagte, ist er zweifellos ein Arzt. Wenn er denen antworten muss, die von der belgischen, italienischen oder polnischen Nationalität sprechen, wird er sagen: 'Verzeihen Sie, meine Herren. Bevor wir uns mit den Angelegenheiten anderer Völker befassen, muss Frankreich erst eine innere Entzündung auskurieren.' Wenn sie ihren Blick in Richtung Vendée richten und den Lärm von Schüssen hören und den Rauch der Schlacht sehen, wird niemand etwas zu erwidern haben. Der König wird sich dann nur noch mit den Menschen seiner eigenen Nationalität befassen, und selbst die feurigsten Propagandisten werden sehen, dass wir nicht die Verantwortung für ausländisches Blutvergießen auf uns genommen haben."

Der König biss sich auf die Lippen. Offenbar hatte ich den Nagel auf den Kopf getroffen.

„Monsieur Dumas", sagte er, „Politik ist ein trauriger Beruf ... Überlassen Sie das den Königen und Gouverneuren. Sie sind ein Dichter, also kümmern Sie sich um Ihre Poesie."

„Entschuldigen Sie, ich verstehe nicht."

„Ich meine lediglich, dass Sie als Dichter die Dinge wie ein Dichter sehen." Ich verbeugte mich erneut.

„Sire", sagte ich zu ihm, „die Alten nannten ihre Dichter *Vates.* "

Der König unterschrieb mit der Hand und bedeutete damit: „Monsieur Dumas, Ihre Audienz ist zu Ende. Ich weiß, was ich von Ihnen wissen wollte, und Sie können sich zurückziehen."

Ich verstand das Zeichen und wartete nicht, bis es wiederholt wurde. Ich ging so weit wie möglich rückwärts, um nicht gegen jene Vorstellungen von Etikette zu verstoßen, die mir der Herzog von Orléans eines Tages, als König Karl X. zum berühmten Ball im Palais Royal gekommen war, vehement beizubringen versucht hatte.

Ich traf Oudard auf der Treppe.

„Haben Sie den König gesehen?", fragte er mich.

„Ich verlasse ihn einfach", antwortete ich.

"Also?"

„Gestern waren wir nur halb uneins."

"Und nun?"

„Heute ist es anders; wir sind ganz und gar so."

„Dummkopf!“, murmelte er.

Ich winkte ihm zum Abschied zu und rannte lachend die Treppe hinunter.

Auf dem Heimweg traf ich Bixio auf der Tuilerienbrücke. Er trug einen blauen Militärmantel mit roten Schulterklappen und eine Feldmütze, auf seinem Tschako steckte ein Knäuel aus rotem Rosshaar, und an seiner Hose hingen rote Streifen.

„Hallo“, sagte ich, „wo machst du mit?“

„In der Artillerie.“

„Gibt es denn eine Artillerie?“

"Sicherlich."

„Aus wem besteht es?...“

„Von all unseren republikanischen Freunden: Grouvelle, Guinard, Cavaignac, Étienne Arago, Bastide, Thomas und mir usw. ...“

„Ich würde auch gern mitmachen.“

„Das wird schwierig, da Sie sich in der Nähe des Königs befinden.“

„Meiner? Ich habe völlig mit ihm Schluss gemacht!“

„Dann bist du frei?“

„Frei wie die Luft! Außerdem gibt es noch eine andere Möglichkeit, mich noch freier zu machen ...“

"Welches ist?"

„Ich werde meine Kündigung noch heute einreichen.“

„Wenn das der Fall ist, werde ich mich darum bemühen, dass Sie eingelassen werden. ... Ich glaube, in der 4. Batterie fehlen ein oder zwei Mann. Sie haben doch keine besonderen Vorlieben, oder?“

"NEIN."

„Außerdem ist es meins.“

„In diesem Fall habe ich einen Vorzug; ich werde in die 4. Batterie aufgenommen.“

„Ich werde es heute Abend Cavaignac und Bastide erzählen.“

"Ist das vereinbart?"

"Eher ja!"

" *Auf Wiedersehen.* "

" *Auf Wiedersehen.* "

Ich ging nach Hause, nahm Papier, Feder und Tinte und schrieb den folgenden Rücktrittsbrief:—

> „SIRE, – Da meine politischen Ansichten völlig im Widerspruch zu denen stehen, die Eure Majestät von den Personen, die Euren Haushalt bilden, verlangen darf, bitte ich Eure Majestät, meinen Rücktritt von der Stelle des Bibliothekars anzunehmen. Ich habe die Ehre, zu verbleiben, mit Hochachtung usw.,
>
> "ALEX. DUMAS"

Ich entschuldige mich für den Stil, der dem der Zeit entsprach. Dann hinterließ ich eine kurze Nachricht an Bixio, die diese eine Zeile enthielt:—

" *Die Würfel sind gefallen!* "

Wir werden später sehen, dass ich, da mein Brief nie in die Hände des Königs gelangte, gezwungen war, meinen Rücktritt ein zweites Mal einzureichen, der in die Papiere aufgenommen und im Vorwort zu *Napoleon wiederholt wurde.*

KAPITEL IV

Uraufführung von *La Mère et la Fille* – Nach der Vorstellung esse ich mit Harel zu Abend – Harel sperrt mich nach dem Abendessen ein – Ich werde zu acht Tagen Zwangsarbeit bei *Napoléon verurteilt* – Am neunten Tag wird den Schauspielern das Stück vorgelesen und ich werde freigelassen – Die Proben – Der Schauspieler Charles – Seine Geschichte über Nodier

Auf demselben Tisch, auf dem ich gerade mein Kündigungsschreiben geschrieben hatte, lag ein Brief in einer Handschrift, die ich als die von Harel erkannte. Ich öffnete ihn voller Angst und Zittern, dass er wieder mit mir über das elende *Napoleon-* Drama sprechen würde, das für mich zu einem wahren Albtraum geworden war. Aber nichts dergleichen: Er schickte mir eine Loge für die erste Vorstellung von „ *La Mère et la Fille*" und eine Einladung zum anschließenden Abendessen mit ihm. Ich schickte meine Eintrittskarte an Marie Nodier und hielt mir einen Platz frei. Ich hatte meine lieben Freunde des Arsenals lange vernachlässigt und konnte es kaum erwarten, sie wiederzusehen. Ich erreichte das Odéon um acht Uhr.

Ich habe meine Meinung zu *La Mère et la Fille bereits früher geäußert* : Es ist eines von Mazères' besten Stücken und ganz klar Empis' bestes. Frédéric war erhaben in seiner kunstlosen, ergreifenden Trauer, seiner unterdrückten Verzweiflung. Die anderen Rollen waren, um es in der Theatersprache auszudrücken, *bien tenus* – gut getragen. Marie und Madame Nodier weinten, und Madame de Tracy ebenfalls; die Autoren erhielten triumphalen Applaus unter Tränen.

Lockroy, Janin und ich erreichten Harels Haus um Mitternacht und gratulierten ihm zu seinem Erfolg. Harel nahm unsere Komplimente entgegen, indem er sich die Hände rieb und sich Schnupftabak in die Nase stopfte, ohne ein Wort über das *Napoléon -Stück zu verlieren. Ich konnte nicht sagen, was über ihn gekommen war, und begann zu glauben, dass er das Stück jemand anderem zum Schreiben gegeben hatte. Dieses Schweigen kam mir umso seltsamer vor, da M. Crosnier mit seinem Napoléon à Schoenbrünn* sagenhafte Summen verdiente .

Das Abendessen war im Stil jener üppigen, köstlichen Abendessen, die Georges uns zu geben pflegte. Sie war eine herrliche Königin bei solchen Festen, als sie mit ihren schönen, göttinnenhaften Händen die feinsten Früchte von Chevet verteilte. Wenn Harel, Janin und Lockroy anwesend waren, gab es den allerfeinsten Strom an Witz, den man sich vorstellen kann. Um drei Uhr morgens saßen wir immer noch bei Tisch. Trotz alledem gab es Anzeichen in der Atmosphäre, die nach einer Verschwörung schmeckten: Blicke wurden ausgetauscht, Lächeln erwidert und bedeutungsvolle Worte ausgetauscht. Als ich um Erklärungen bat, starrten alle erstaunt; sie lachten mir ins Gesicht und ich fühlte mich, als käme ich gerade aus Carpentras. Tatsächlich kam ich aus Quimper, was fast dasselbe war. Wir standen alle vom Tisch auf und Georges führte mich in ein anderes Zimmer mit der Ausrede, sie wolle mir etwas äußerst Schönes zeigen. Was zeigte sie mir? Ich kann es nicht sagen, aber was immer es war, es war faszinierend genug, um mich für über eine Viertelstunde davon abzuhalten, in den Salon zurückzukehren. Als ich zurückkam, waren Lockroy und Janin verschwunden und nur Harel war noch da. Es schlug halb vier und ich dachte, es sei an der Zeit, mich zurückzuziehen. Ich nahm meinen Hut und wollte gerade den Weg wieder verlassen, den ich gekommen war, als Harel sagte:

„Nein, nein, alle sind zu Bett gegangen … Folgen Sie mir hier entlang."

Ich bin ihm ahnungslos gefolgt.

Wir gingen noch einmal durch Georges Zimmer, dann durch ein Ankleidezimmer und gelangten schließlich in ein Zimmer, das ich nicht kannte. Auf einem Tisch, auf dem sich Bücher und Papiere aller Größen und Abmessungen sowie Stifte aller Art stapelten, brannten zwei Kerzen. Ein bequemes Bett strahlte in der Dunkelheit, seine violette Daunendecke bildete einen auffälligen Kontrast zu den weißen Laken und der Tagesdecke. Auf dem Bärenfell neben dem Bett lagen Hausschuhe, die nur darauf warteten, angezogen zu werden. Auf der einen Seite des Kamins stand ein Samtsofa und auf der anderen ein großer, mit Gobelin bezogener Sessel.

„Na", sagte ich, „was für ein einladend gemütlich aussehendes Zimmer! In so einem Zimmer sollte jeder gut schlafen und arbeiten können."

„Ah!", sagte Harel, „ich bin wirklich entzückt, dass es Dir gefällt."

"Warum?"

„Weil es für dich ist."

„Und ich?"

"Es gehört Ihnen, und da Sie es nicht verlassen werden, bis Sie mir meinen *Napoléon geschrieben haben* , musste ich es Ihnen so angenehm wie möglich machen, um zu verhindern, dass Sie während Ihrer Gefangenschaft schlechte Laune bekommen."

Ein Schauer lief mir vom Kopf bis zu den Füßen über den Rücken.

„Harel!", rief ich, „mach uns keine dummen Streiche, mein Freund!"

„Genau so. Sie haben einen großen Fehler gemacht, als Sie nicht mit der Arbeit begannen, als ich Sie das erste Mal darum bat … Und ich habe einen ebenso dummen Fehler gemacht, als ich es nicht jemand anderem zum Schreiben gab … aber ich hatte mit Ihnen gesprochen und ich halte mein Wort. Ich denke daher, wir haben uns beide als ziemlich dumm genug für zwei Männer mit intellektuellen Fähigkeiten erwiesen, und es ist höchste Zeit, dass wir wieder einmal zur Vernunft kommen."

Napoléon ausgearbeitet ."

Christine in einer Nacht umgeschrieben ."

„Ich bräuchte alle möglichen Bücher: Bourrienne, Norvins, *Victoires et Conquêtes* … "

„In einer Ecke steht *Victoires et Conquêtes* , in einer anderen steht Bourrienne und auf dem Tisch liegt Norvins."

„Ich möchte das *Mémorial de Sainte-Hélène.* "

„Da ist es auf dem Kaminsims."

"Mein Sohn...."

„Er wird kommen und mit Ihnen zu Abend essen."

„Und meine Herrin?"

„Ah!" sagte Georges, der jetzt ins Zimmer kam, „Sie sind gerade sechs Wochen ohne sie ausgekommen, Sie können sicher noch weitere vierzehn Tage ohne sie auskommen."

Ich fing an zu lachen.

„Wirst du ihr wenigstens erzählen, was passiert ist?"

„Ihr wurde Bescheid gesagt."

"Von wem?"

„Von mir", sagte Harel, „und sie hat ihre Belohnung bereits erhalten."

"Was war es?"

"Ein Armband."

Ich ergriff Georges schöne Hände und sagte zu Harel:

„Auf mein Wort, mein lieber Freund, Sie machen die Dinge auf eine Art und Weise, der man nicht entgehen kann … Morgen mache ich mich an die Arbeit an Ihrem *Napoléon* und in einer Woche werden Sie ihn haben."

„Du hast es sehr eilig, uns zu verlassen, mein lieber Junge!", sagte Georges und verzog die Lippen ihrer Königin.

„Gut!", sagte ich. „Das Stück ist zu Ende, wenn ich es sage … Harel ist es, der es eilig hat, nicht ich …"

„Harel wird warten", sagte Georges in ihrem großartigen Kleopatra- und Medea-Stil.

Ich verbeugte mich. Ich hatte nichts weiter zu sagen.

Harel zeigte auf einen Toilettentisch und seine Einrichtung und bemerkte, dass mein Zimmer nur durch das von Georges zugänglich war. Dann ging er mit ihr weg und schloss mich ein. Sie waren sogar so weit gegangen, meine Hosen aus meinem Zimmer zu holen. Noch am selben Abend oder besser gesagt Morgen machte ich mich an die Arbeit und dachte mir die Rolle des Spions aus und wie ich das Drama aufteilen sollte. Als die Rolle des Spions ausgedacht war, war der Rest klar genug. Die Geschichte selbst lieferte die Aufteilung des Stücks.

„Von Toulon nach Sainte-Hélène!", hatte Harel zu mir gesagt. „Wenn es sein muss, bin ich bereit, hunderttausend Francs hinzulegen!"

Es wäre schwierig gewesen, mir einen größeren Spielraum einzuräumen.

Am nächsten Morgen begann ich zu schreiben. Sobald die Szenen fertig waren, gab ich sie Georges, die sie wiederum an Harel weiterleitete, die sie wiederum einem charmanten Kerl namens Verteuil zum Abschreiben gab. Verteuil ist jetzt Sekretär des Théâtre-Français.

Das Drama war am Ende der Woche fertig. Es bestand aus vierundzwanzig Szenen und enthielt neuntausend Verse. Es war dreimal so lang wie ein gewöhnliches Theaterstück, fünfmal so lang wie *Iphigénie* und sechsmal so lang wie *Merope*.

Frédéric sollte die Rolle des *Napoleon spielen*. Ich hatte diese Wahl im Voraus überlegt; der Körperbau schien mir bei einer solchen Kreation das Wichtigste zu sein. Der Erfolg des *Napoleons* an der Porte-Saint-Martin war in erster Linie Goberts Ähnlichkeit mit dem Kaiser zu verdanken; und niemand hätte Napoleon und insbesondere Bonaparte weniger ähnlich sein können als Frédéric.

„Mein lieber Freund", hatte Georges zu mir gesagt, „denken Sie daran: Ein Genie wie Frédéric kann jede Rolle gut spielen."

Der Grund schien mir so gut, dass ich nachgab und die Rolle an Frédéric vergeben wurde.

Am neunten Tag war das Stück abgeschrieben; Verteuil hatte mit Hilfe zweier Kopisten nur einen Tag länger zum Abschreiben gebraucht, als ich zum Schreiben.

Es war kein gutes Werk, ganz im Gegenteil; doch der Titel sicherte dem Roman einen Erfolg beim Publikum, und die Rolle des Spions würde ausreichen, um ihm literarischen Erfolg zu sichern.

Sie versammelten sich am neunten Tag, um es vorzulesen, und ich las bis nach Moskau; am nächsten Tag machte ich bis zum Ende weiter. Allein die Rolle des Frédéric umfasste viertausend Zeilen – das heißt, sie war so lang wie alle Rollen in *Le Mariage de Figaro* zusammen. Aber es schien unmöglich, während der Kollationierung nichts wegzulassen, und deshalb wurde beschlossen, dass alle Kürzungen bei den Proben vorgenommen werden sollten. Alle machten sich mit einer Energie an die Arbeit, die ich selten erlebt habe, und lernten sogar Passagen, die wahrscheinlich weggelassen würden, was für einen Künstler äußerst schwierig ist. Frédéric, Lockroy und Stockleit waren von ihren Rollen hingerissen. Am Abend der Lesung wurde ich freigelassen. Bei meiner Freilassung wurde mir ein Abendessen serviert, wie schon vor meiner Inhaftierung.

Diese Abendessen bei Georges waren herrlich; ich wiederhole diese Aussage, denn sie gehören zu meinen glücklichsten Erinnerungen an die Vergangenheit; niemand hätte schöner und königlicher, verächtlicher und ätzender sein können, mehr einer griechischen Kurtisane, einer römischen Matrone oder der Nichte eines Papstes ähneln können als Georges (in ihren wechselnden Stimmungen). Der Kontrast zwischen Georges und Mars war unglaublich groß; Mars war immer so gekünstelt, zurückhaltend, angespannt und in sich gekehrt wie die Frau eines Senators des Kaiserreichs. Und dann war da noch Harel, der geistig so wach war, dass er einen immer an einen Mann erinnerte, der auf einem Glashocker in Kontakt mit einer elektrischen Batterie sitzt, mit Funken an allen Fingerspitzen und an jeder Haarspitze.

Als *wir das eigentliche Theater betraten* , stellten wir fest, dass es über hundert verschiedene Rollen enthielt. Fünf oder sechs Tage lang herrschte das totale Chaos; ich glaube, ich hätte lieber die Welt in Ordnung gebracht, wie sie im Buch Genesis beschrieben wird, als diese Welt Napoleons . Alle Rollen wurden eingeschmolzen, zusammengepresst und zusammengesetzt (die Statisten nicht eingerechnet), sodass zwischen achtzig und neunzig Personen mit Sprechrollen entstanden. Jouslin de la Salle, der Bühnenmanager, verlor darüber völlig den Kopf, und Harel leerte bei jeder Probe drei Schnupftabakdosen voll.

Wie bereits erwähnt, gab Harel hunderttausend Francs für die Inszenierung des Stücks aus; doch nicht einmal Monsieur de Rothschilds Kassierer wäre in der Lage gewesen, die Zahl der brillanten, funkelnden und komischen Ausdrücke zu berechnen, die er darüber hinaus ausgab.

Inmitten dieses ganzen Trubels widmete ich mich jenem unaufhörlichen Studium dramatischer Situationen und Charaktere, nach denen ich immer und überall suche, manchmal sogar dort, wo es sie gar nicht gibt. Hier ist zum Beispiel ein Beispiel:

Unter meinen Truppenführern war mir ein gutaussehender junger Mann im Alter zwischen 25 und 26 Jahren aufgefallen, der eine Waffe hielt, als hätte er sein Leben lang nie etwas anderes getan, und der – was noch ungewöhnlicher und wichtiger war – seine Rolle ziemlich gut sprach .

Ich muss meine Leser um Verzeihung bitten, dass ich manchmal gezwungen bin, Theaterjargon zu verwenden. Dieser bringt die Dinge oft viel besser zum Ausdruck als die Alltagssprache.

Nun, mir kam es auch so vor, als ob mir das Gesicht meines *Begleiters* bekannt vorkäme; und er seinerseits schien mich, ohne zu aufdringlich zu sein, so anzulächeln, als wollte er sagen: „Ich habe Sie nicht nur im Theater gesehen.“ Wo hatte er mich nun gesehen? Wo hatte ich ihn gesehen? Das wollte ich herausfinden. Ich hatte nach seinem Namen gefragt; es war Charlet, derselbe Name wie der unseres berühmten Lithografen. Der Name weckte keine Erinnerung in meinem Kopf. Eines Tages jedoch, mitten in einer Bewegung der Alten Garde, blieb ich vor ihm stehen.

„Entschuldigen Sie, Monsieur Charlet“, sagte ich zu ihm, „es kommt mir vor, als hätte ich Sie schon einmal irgendwo gesehen... Wo, kann ich nicht sagen, aber ich wette, Sie sind mir nicht fremd. Können Sie mir bei der Erinnerung helfen?“

„Ganz richtig, Monsieur“, antwortete er. „Wir haben uns schon dreimal gesehen, wie man die Leute zu besonderen Anlässen sieht: einmal in der Rue Saint-Honoré, einmal auf der Pont de la Grève und einmal im Louvre.“

„Oh ja, ich erinnere mich … auf der Pont de la Grève haben Sie den Angriff kommandiert, als der Fahnenträger getötet wurde?“

„Das war es“, antwortete er.

"Du bist ein Schauspieler?"

„Nun, wie Sie sehen, versuche ich, einer zu werden.“

„Warum hast du gewartet, bis ich mit dir gesprochen habe?"

„Ich bin schüchtern."

„Jedenfalls nicht angesichts der Kugeln!"

„Oh, Kugeln töten letzten Endes nur."

Er begann zu lachen.

„Ich bin tatsächlich", fuhr er fort, „so schüchtern, wie ich sage, und zwar in einem Ausmaß, das Sie nicht für möglich halten würden … Ich kenne zum Beispiel M. Charles Nodier."

„Kennen Sie Charles Nodier?"

„Ja, und zwar gut genug, um ihn um eine Vorstellung bei Ihnen, bei Monsieur Hugo oder bei sonst jemandem zu bitten, aber ich habe nie gewagt, ihn darum zu bitten."

„Das haben Sie falsch gemacht: Nodier ist ein toller Kerl und hätte Sie ganz sicher so vorgestellt."

„Ich bin mir dessen durchaus bewusst … obwohl ich zunächst vorhatte, ihn umzubringen. Da ich jedoch später verhindert habe, dass er umgebracht wurde, sind wir quitt."

„Was zum Teufel erzählst du mir?"

„Gottes Wahrheit."

„Wie kam es dazu?"

„Oh! Bah! Das ist eine zu lange Geschichte. Außerdem ist sie nicht sehr interessant …"

„Auch hier hast du dich geirrt, mein Freund", sagte ich zu ihm. „Ich bin nicht wie die gewöhnlichen Menschen: alles interessiert mich. Und was deine Behauptung betrifft, dass die Geschichte lang ist, nun, wenn sie mich langweilt, werde ich dich bitten, sie abzukürzen."

„Wir sind hier nicht am richtigen Ort. Tatsächlich hat Jouslin de la Salle bereits zweimal versucht, uns zum Schweigen zu bringen."

„Sie werden nur denken, dass ich Sie um Ihren Teil bitte."

Dann brach er in Gelächter aus, ein herzliches, offenes Lachen, bei dem er schöne weiße Zähne zeigte.

Ich mag Menschen, die lachen können, egal wie arm sie sind, denn das zeigt, dass sie gutherzig sind und eine gesunde Verdauung haben.

„Hören Sie", sagte ich zu ihm, „Sie sind nicht im nächsten Akt."

„Nein, auch nicht in dem danach... Ich komme erst wieder beim Brand Moskaus."

„Dann lass uns hoch ins Foyer gehen und dann kannst du mir diese Geschichte erzählen."

„Ach, nichts würde mir besser gefallen."

Wir gingen vom Theater ins Foyer und setzten uns in die prächtige Galerie, die besonders nachts in den feinen Schatten, die sie durchziehen, wie ein Portikus von Herculaneum oder ein Atrium von Pompeji aussieht.

„Und?", fragte ich Charlet und legte eine Hand auf sein Knie.

„Nun", sagte er, „es war der 27. Juli letzten Jahres – damals war ich Tischlergeselle –, als ich im Faubourg Saint-Antoine, wo ich gerade Holz schnitt, hörte, dass es in der Nacht zuvor auf dem Place de la Bourse zu einem Aufruhr gekommen sei und dass sich in diesem Moment Menschenmengen um das Palais-Royal versammelt hätten. Ich war wütend über die Verordnungen, obwohl ich nicht ganz verstand, inwiefern sie unsere Freiheit einschränkten; aber ich verstand, dass es sich um eine Art Herausforderung an die Bürger handelte. Ich hatte lange auf diesen Moment gewartet und ließ mir das nicht zweimal sagen, sondern eilte los, um zu sehen, was los war. Als ich den *Marché des Innocents erreichte*, hörte ich das Feuer eines Zuges in Richtung der *Halle aux Draps*, dann erblickte ich mehrere verwundete Männer, von denen sich einige so gut sie konnten schleppten, andere auf Tragen getragen wurden und alle ihre verbleibende Kraft damit verbrauchten, ‚Zu den Waffen!' zu rufen. Dieser Anblick brachte mich zur Weißglut, und ohne genau zu wissen, wer im Unrecht war, das Volk oder die Könige, begann ich meinerseits zu schreien: „Zu den Waffen!" Ein Verwundeter, der nicht mehr die Kraft hatte, sein Gewehr zu halten, gab es mir, und ein Mann, ich weiß nicht, wer es war, stopfte mir die Taschen mit Patronen voll; Arbeiter und bewaffnete Bürger, einige mit Schwertern und einige mit Karabinern, rannten in Richtung der Rue aux Fers, und ich rannte mit ihnen.... Ob ich nun schneller rannte als alle anderen oder ob ich aufgeregter war, irgendwie fand ich mich an ihrer Spitze wieder, und als sie mich an ihrer Spitze sahen, hielten sie mich für ihren Anführer. Als wir die Rue aux Fers betraten, befanden wir uns gegenüber einem Regiment der Garde; die erste Linie feuerte: Wir waren so nah an den Soldaten, dass der Rauch ihrer Gewehre uns wie eine Wolke einhüllte; inmitten dieser Wolke bemerkte ich einen jungen Mann, der taumelte und wenige Schritte von mir tot umfiel. Ich rannte auf ihn zu; er war in die Brust getroffen von einer Kugel, die durchgedrungen war, in seinem Rücken wieder austrat und sein Herz durchbohrt haben musste. Ich nahm ihn in meine Arme und trug ihn

weg.... Ich war kaum fünfzig Meter von die Truppe; aber sie hatte aufgehört
zu schießen. Denn es war niemand auf der Straße außer mir, dem Toten, den
ich in meinen Armen hielt, und einem großen Mann mit blassem Gesicht,
der ein rotes Band an seinem blauen Gehrock trug: es war nicht der Mühe
wert, Pulver für uns drei zu verschwenden. Ich wusste nicht wirklich, was ich
tat; ich trug meinen Toten in die Rue de la Ferronnerie, und der Mann im
blauen Mantel mit dem roten Band folgte mir. Diese Beharrlichkeit, mich im
Blick zu behalten, machte mich misstrauisch; ich blieb stehen, und als ich
sah, dass er auf mich zukam, ersparte ich ihm die Hälfte der Strecke, indem
ich ihm entgegenging. Schließlich trafen wir uns. Ich schloss aus seinem
sanften, traurigen Gesicht, dass er mir nichts antun wollte; als ich jedoch den
Toten auf den Boden gelegt hatte, machte ich mein Gewehr für den Notfall
bereit; aber ohne meine feindselige Vorsicht zu beachten, legte er eine Hand
auf meine Schulter, und während er sie dort ließ, während ich ihn sehr
überrascht anstarrte, sagte er: „Mein Freund, ich habe all Ihre Aktionen in
der letzten Stunde verfolgt." „Das habe ich gemerkt", sagte ich, „und deshalb
bin ich auf Sie zugekommen, statt zu warten, bis Sie auf mich zukommen."
„Sind Sie der Anführer dieser Männer?" „Ja ... Aber was bedeutet Ihnen
das?" „Es bedeutet viel", antwortete er, „denn auch ich bin ein Mensch."

"Die Stimme des Unbekannten war so süß, dass ich, der ich mich zunächst
gefragt hatte, ob ich ihm eine Kugel durch den Leib jagen sollte, als ich sah,
dass er mir folgte, fasziniert war und ihn mit einem gewissen Respekt
betrachtete. ‚Also gut', sagte ich zu ihm, ‚wenn Sie ein Mann sind, müssen
Sie sehen, dass sie unsere Brüder töten, und Sie müssen uns helfen, all diese
Schurken unter den Soldaten zu massakrieren.' Er lächelte traurig. ‚Aber
diese Soldaten sind auch Männer', sagte er, ‚sie sind auch Ihre Brüder; nur
handeln Sie aus eigenem Willen, während sie Befehle erhalten, denen sie
Folge leisten müssen. Wissen Sie, wie die Welt das nennt, was Sie mit aller
Kraft herbeiführen wollen? Sie nennt es eine Revolution; und wissen Sie, was
das bedeutet, hm?' ‚Ich weiß nicht, ob ich eine Revolution anzettele oder
nicht, noch ob eine Revolution eine gute oder eine böse Sache ist; aber ich
weiß, was ich will.' ‚Was ist das?' „Ich will die Charta, *Vive la Charte!* " Und
dann fügte ich mit einem Wort hinzu, während ich versuchte, gegen den
moralischen Einfluss anzukämpfen, den diese unbekannte Person wider
Willen auf mich ausübte: „Wer bist du? Was verlangst du von mir? Warum
folgst du mir?" „Ich folge dir, weil du mich interessierst." „Also gut, du
interessierst mich auch so sehr, dass ich dir diesen Ratschlag gebe: Glaub mir,
du solltest besser einen anderen Weg einschlagen..." „Das wirst du nicht?"
„Also gut, mein Freund. Dann verlasse ich dich. Guten Abend!" Ein
Dutzend Männer hatte sich um mich geschart; ich nahm den Toten auf und
machte mich mit meiner kleinen Truppe auf den Weg zur École de médecine,
die ich über die Pont au Change über die Seine erreichen wollte; aber ich war
sehr erstaunt, als ich meinen Mann an der Ecke der Rue de la Vannerie

wiedertraf; diesmal gab er sich nicht damit zufrieden, mir Ratschläge zu geben, sondern ergriff meinen Arm und versuchte, mich in eine andere Richtung zu ziehen. „Ach, was zum Teufel willst du mit mir? Wir müssen uns darum kümmern!", rief ich, stampfte mit dem Fuß auf und gab den anderen den toten Körper zum Tragen. „Ich möchte verhindern, dass du und deine Gefährten in den sicheren Tod gehen", sagte er. „Auf dem Quai aux Fleurs steht ein ganzes Regiment; was können deine fünfzehn oder zwanzig Männer gegen ein Regiment ausrichten?" „ *Sacrebleu!* ", rief ich, „du ärgerst mich unerträglich! Was geht es dich an, wenn ich getötet werde?" „Mein Freund", sagte er zu mir, „Sie müssen doch einen Vater oder eine Mutter, Schwester oder Frau haben … Nun, ich möchte ihnen Tränen ersparen." Ich war unwillkürlich gerührt, aber ich befand mich inmitten von Männern, die mich zu ihrem Anführer gewählt hatten, und ich wollte nicht zurückweichen … „Sie irren sich", sagte ich, „ich habe keine dieser Bindungen, also seien Sie so gut und gehen Sie Ihren Weg und überlassen Sie mir den meinen." Dann löste ich mich heftig von ihm: „Zur École de médecine!", rief ich meinen Gefährten zu. „Zur École de médecine!" wiederholten sie. Und wir eilten weiter zum Place du Châtelet. Tatsächlich stand auf der anderen Seite der Seine am Quai aux Fleurs ein Regiment in Stellung! „ *Vive la ligne!* ", riefen wir, gingen auf die Pont au Change zu und schüttelten unsere Gewehre. Aber anstatt mit uns zu fraternisieren, befahl uns der Oberst, uns zurückzuziehen; wir beachteten seine Anweisung nicht, sondern setzten unseren Weg fort. Wir hatten noch nicht mehr als ein Drittel des Weges über die Brücke zurückgelegt, als das Regiment auf uns schoss. Es war wirklich ein Blutbad! Zwei oder drei Männer fielen um mich herum; die anderen ergriffen die Flucht und ließen unseren Toten im Stich. Ich weiß nicht, warum ich so auf diesen toten Körper fixiert war; ich dachte, er könnte sowohl als Standarte als auch als Schutz nützlich sein. Ich hob ihn auf und zog mich zum Place du Châtelet zurück. Was von meiner letzten Truppe übrig war, wartete auf mich, und an vorderster Front war dieser hartnäckige Mann mit dem blauen Mantel und dem roten Band. „Nun, mein armer Kerl", sagte er, „was habe ich ihm erzählt? Sie? Drei oder vier Ihrer Männer sind getötet und ebenso viele verwundet! Es ist ein Wunder, dass Sie am Leben sind; sie haben wahrscheinlich fünfzig Schüsse auf Sie abgefeuert! Um Himmels Willen, tun Sie nicht noch einmal solche verrückten Dinge... Kommen Sie, folgen Sie mir!' 'Oh! So weht der Wind, nicht wahr?', sagte ich, 'Sie Mann mit der roten Schleife; wissen Sie, dass Sie anfangen, mich sehr zu nerven, und dass ich Ihnen am Ende ins Gesicht sagen werde, was ich von Ihnen halte, wenn Sie mich noch weiter drängen?' 'Was ist das?' 'Na, dass Sie wahrscheinlich ein *Spion sind!* '"

„Als einige meiner Männer das Wort *Spion hörten*, riefen sie: ‚Wie, Sie sagen, er ist ein Spion?' Und sie zielten auf den Unbekannten und riefen: ‚Wenn er ein Spion ist, dann erschießen wir ihn!' Ich war entsetzt über diese Aktion, denn irgendetwas sagte mir, dass der Mann es wirklich gut mit mir meinte. ,Nein, nein!', rief ich, ,was denken Sie sich dabei? Nieder mit den Waffen, *Sacrebleu!* ' ,Aber Sie sagten, er sei ein Spion', erklärten mehrere Stimmen. ,Das habe ich nicht gesagt; im Gegenteil, Monsieur ist ein Nachbar von mir und kennt mich; Sie haben gehört, wie er meine Mutter erwähnte und mich daran erinnerte, dass sie, wenn ich getötet würde, ohne jemanden dastehen würde, der sie unterstützt … Ein wahrer Spion, gehen Sie mit!'

„Ich ging auf meinen unbekannten Freund zu und streckte ihm meine Hand entgegen; er nahm sie und drückte sie herzlich. Er blieb so ruhig, als ob sein Leben nie im Geringsten gefährdet gewesen wäre. ,Danke, mein Freund', sagte er zu mir; ,ich werde nie vergessen, was Sie gerade für mich getan haben. Sie haben Recht, ich bin kein Spion; ich werde Ihnen mehr erzählen: Ich teile Ihre politischen Ansichten, aber ich habe die erste Revolution miterlebt, und das hat meinen Geschmack für Revolutionen mehr als befriedigt … Da ich Sie nicht getötet sehen möchte, werde ich mich jetzt von Ihnen verabschieden!' Er verließ uns und klopfte an die Tür des Cafés am Pont au Change, das ihn nach einigen Schwierigkeiten einließ. Wir anderen gingen in Richtung Quai de la Mégisserie, um den Pont Neuf zu erreichen; aber wir waren kaum vierzig Meter den Kai entlang gegangen, als wir eine Salve aus der Rue Bertin-Poireé erhielten, die vier unserer Männer tötete; und im selben Moment kam eine Schwadron berittener Polizei vom Place des Trois-Marie und rückte auf uns zu, wobei sie die gesamte Breite des Kais einnahm. Ich sah mich um und stellte fest, dass ich allein war. Ich feuerte mein Gewehr mitten unter den Polizisten ab und sah einen Mann fallen. Sie hatten ihre Musketen in der Hand und feuerten. Ich konnte die Kugeln an mir vorbeisausen hören, aber keine einzige traf mich. Der Gedanke an den Tod kam mir nie in den Sinn; ich war wie besessen! Ich wich zurück, als sie näher kamen, und feuerte mein Gewehr ein zweites Mal ab, dann versteckte ich mich hinter dem Brunnen des Châtelet. Ich beschloss, dort getötet zu werden, anstatt ins Gefängnis zu gehen. Flucht. Ich hatte mein Gewehr nachgeladen und zielte zum dritten Mal, als ich spürte, wie mich jemand am Mantelkragen packte und nach hinten zog. Ich drehte mich schnell um, und es war wieder mein Fremder im blauen Mantel und mit den roten Bändern! „Mein Freund", sagte er, „Sie sind völlig verrückt. Kommen Sie und trinken Sie ein Glas Eau Sucrée mit mir, das wird Sie zur Besinnung bringen." Ich griff in meine Taschen, um zu sehen, ob ich genug hatte, um meine Rechnung zu bezahlen, und stellte fest, dass ich zehn Sous hatte, alles, was ich brauchte; also antwortete ich: „Na gut, mein Mund ist sehr trocken; ich werde gerne etwas trinken." Ich hatte sieben oder acht Patronen gekaut; und Pulver macht einen ja sehr durstig. Ich folgte meinem Mann, und die Cafétür schloss sich hinter uns. „Zwei Gläser Eau Sucrée!", rief er. „Oh, kein Eau Sucrée für mich, bitte", sagte ich; „es ist zu fad!" „Was möchten Sie denn? Einen kleinen Brandy?" „Ich hätte lieber einen Kirsch." „Na gut, dann eben

Kirsch." Sie servierten mir ein Glas Kirsch und brachten ihm Eau Sucrée. „Nun", sagte er, „Sie sind allein. Alle, die bei Ihnen waren, sind entweder getötet, verwundet oder geflohen." „Stimmt", antwortete ich. „Aber andere werden ihren Platz einnehmen." ... „Sie werden getötet, verwundet oder müssen fliehen . Ihr armen Kinder! Wenn Revolutionen euch doch nur etwas zurückgeben würden! Aber ich habe festgestellt, dass die Leute nach jeder Revolution unglücklicher sind als vorher." „Pah!", sagte ich. „Umso notwendiger ist es, dass wir eine wirklich gute Revolution haben!" „Was sind Sie von Beruf?", fragte mich der Unbekannte. „Geselle Tischler im Quartier de l'Arsenal." „Wie ist die Arbeit im Faubourg Saint-Antoine?" „Es gibt viel." „Machen Sie Ihre Revolution erfolgreich und sehen Sie dann in sechs Wochen, wie es läuft."

"'Nun, der Bauch ist vielleicht eingeklemmt, aber wenigstens sind wir frei!' 'Sie werden vielleicht verhungern und noch weniger Freiheit haben als vorher!' Er stand auf. 'Hören Sie, mein Freund', sagte er, 'Sie haben mir erzählt, dass Sie im Quartier de l'Arsenal wohnen, glaube ich?' 'Ja.' 'Nun, wenn, wie ich befürchte, die Arbeit knapp wird, denken Sie an mich, ... kommen Sie in die Arsenal-Bibliothek und fragen Sie nach dem Bibliothekar – wenn ich Ihnen einen Gefallen tun kann, dann tun Sie es bestimmt.' Er ging zur Theke, bezahlte und ging. Ich hatte Anzeichen von Verständnis zwischen dem Besitzer des Cafés und meinem unbekannten Freund bemerkt und blieb zurück, um herauszufinden, mit wem ich verkehrt hatte. Als ich den Besitzer des Cafés befragen wollte, kam er auf mich zu. 'Kennen Sie die Person, die gerade ausgegangen ist?' 'Nein, wirklich nicht; ich würde gerne wissen, wer er ist.' 'Das sagen Sie gut, denn er ist einer der besten Männer auf Erden!' 'Der Teufel!' Ich sagte: „Umso schlimmer!" „Warum?" „Wenn Sie nur wüssten, wie ich ihn genannt habe!" „ *Ihn genannt!* " „Ja, ihn; ich habe ihn einen Spion genannt!" „Sie haben M. Charles Nodier einen Spion genannt?" „Was, der Mann, der gerade von hier weggegangen ist und mit dem ich getrunken habe, ist M. Charles Nodier?" „Genau derselbe." „Oh! Mein Gott!" „Also, was wollen Sie tun?" „Laufen Sie ihm nach – holen Sie ihn ein und bitten Sie ihn um Verzeihung ... Spion – M. Charles Nodier!" Ich rüttelte mit aller Kraft an der Tür, die der Besitzer verriegelt hatte. In diesem Moment begann das Schießen erneut, und fünf oder sechs Kugeln durchbohrten die Fensterläden und zerbrachen die Glasscheiben. „Mein Gewehr!", rief ich – „Wo ist mein Gewehr?" „Oh!", sagte der Besitzer, „Ihr Gewehr ist oben." „Oben – warum?" „Weil ich nicht möchte, dass man Sie dabei sieht, wie Sie mit Ihrem Gewehr hier rausgehen, und dass alles in meinem Café zertrümmert und zerbrochen wird. Wenn es dunkel ist, gebe ich Ihnen Ihr Gewehr zurück, und Sie können gehen ... Auf mein Wort, nach dem, was M. Nodier mir erzählt hat, haben Sie für heute genug damit gemacht!" Ein zweiter Schuss war zu hören, und mehrere weitere Kugeln kamen durch die Fensterläden. „Kommen Sie, kommen Sie", sagte der

Besitzer des Cafés, „hier unten ist es nicht sicher … Gehen wir nach oben in den ersten Stock!" Also nahm er mich am Arm und zog mich zur Treppe. „M. Charles Nodier!", wiederholte ich, als ich ihm halb benommen folgte; und ich hatte ihn einen Spion genannt! Die ganze Zeit, die ich im Café am Pont au Change verbrachte, konnte ich an nichts anderes denken, und ich war bis neun Uhr dort. Ich ging nach Hause und lag die ganze Nacht da und dachte über die Abenteuer des Tages nach."

In diesem Moment kam der Manager ins Foyer.

„Oh, Monsieur Dumas", sagte er, „überall werden Sie gesucht … Und Sie hier auch, Charlet … Sie müssen eine Strafe zahlen, mein Freund!"

„Eine Geldstrafe! Und warum?", sagte Charlet.

„Weil sie die Szene noch einmal gedreht haben und du nicht dabei warst."

„Ich habe mich da ganz schön in Schwierigkeiten gebracht!", sagte Charlet.

„Na, ich mache gute Geschäfte!"

„Seien Sie unbesorgt, ich werde alles mit Jouslin de la Salle regeln … Haben Sie Nodier seitdem wiedergesehen?"

„Oh, das ist doch nicht sehr wahrscheinlich, nachdem ich ihn einen Spion genannt habe! Solange ich noch ganz aufgeregt war, hätte ich ihm noch etwas sagen können, aber mich ihm kaltblütig wieder zu präsentieren? Niemals!"

Wir gingen wieder ins Theater und ich erließ ihm, wie versprochen, die Geldstrafe, die er durch mein Verschulden verursacht hatte.

Es handelte sich um denselben Charlet, den Arago am 29. Juli auf dem Marché des Innocents als Kommandeur der Eskorte von General Dubourg kennengelernt hatte.

Seitdem haben wir uns wieder getroffen. Ich werde von dem Anlass berichten und erzählen, was Nodier für ihn getan hat.

KAPITEL V

Ich werde offiziell in das Artilleriekorps der Nationalgarde
aufgenommen – *Antony* wird im Théâtre-Français zur Probe
gestellt – Missgunst der Schauspieler – Vertrag zwischen
Hugo und dem Direktor des Porte-Saint-Martin – Firmins
Vorschlag und Vertrauen – Mademoiselle Mars' Kleider
und die neuen Gaslampen – Ich ziehe *Antony* aus dem
Théâtre-Français zurück – Ich biete Dorval die Rolle der
Adèle an

―――

Nachdem ich von meinem unerbittlichen Gefängniswärter und meiner
schönen Gefängniswärterin meine Freiheit wiedererlangt hatte, kehrte ich
nach Hause zurück und fand mehrere Briefe vor, von denen nur zwei von
Bedeutung waren. Einer war von Bixio; er hatte drei oder viermal an meine
Tür geklopft, und als er feststellte, dass sie hartnäckig verschlossen war, hatte
er mir geschrieben, dass meine Aufnahme, als sie den Artilleriechefs
vorgeschlagen wurde, mit großer Mehrheit angenommen worden war; er
wurde gebeten, mich in ihrem Namen zu fragen, ob ich derselben Batterie
beitreten möchte wie M. le Duc d'Orléans. Wenn dies mein Wunsch sei,
würden sie es schaffen, ihn zu erfüllen. Nun hatte der König beschlossen,
dass der Duc d'Orléans der ersten Artilleriebatterie der Nationalgarde
beitreten sollte; er rechnete mit der versöhnlichen und ausgezeichneten
Gesinnung des Prinzen, um ein Korps für sich zu gewinnen, das stolz damit
prahlte, eine aktive Basis der Opposition zu sein und als Zentrum
demokratischer Meinungen, Prinzipien und Interessen vollständig der
Bourgeoisie ausgeliefert war. Nach meinem Bruch mit dem König kam es
nicht in Frage, dass ich mit seinem Sohn in Kontakt treten wollte. Ich
antwortete Bixio daher, dass ich den Chefs der Artillerieabteilung dafür
dankte, dass sie mich in ihr Korps aufgenommen hatten, und dass sie mich
überall einsetzen könnten, wo es ihnen passte, außer in der ersten Batterie.

Der zweite Brief kam vom Théâtre-Français. Da die Zensur für den Moment
aufgehoben war und *Antony* freie Hand hatte, musste ich sofort mit den
Proben beginnen und eilte also zum Théâtre-Français, wo ich Mademoiselle
Mars und Firmin vorfand. Meine Leser wissen, dass Mademoiselle Mars die
Rolle der Adèle und Firmin die des Antony angenommen hatte; die übrige
Rollenverteilung wurde sofort geregelt. Das Stück war hervorragend
inszeniert, besonders die Nebenrollen; Rose Dupuis spielte die Comtesse de
Lacy, Menjaud den jungen Dichter, Monrose die Abonnenten des
Constitutionnel und Madame Hervey spielte Madame de Camps. Ich sage, das
Stück war hervorragend inszeniert, soweit es die Nebenrollen betraf, ohne

dass ich damit das Genie von Mademoiselle Mars oder Firmin im Geringsten angreifen möchte; aber so groß das Talent dieser Künstler auch sein mag – außer im Kontrast zu einem allumfassenden und mächtigen Genie wie dem von Talma – es gibt Rollen, deren Erfolg mehr oder weniger vom persönlichen Charakter der Personen abhängt, die sie spielen. Nun hätte keine Frau den ganz modernen Charakter von Adèle weniger verstehen können als Ma demoiselle Mars – eine Figur voller subtiler Kontraste, Stärke und Schwäche und extremer Leidenschaft und Reue. Andererseits hätte kein Mann weniger fähig sein können als Firmin, die düstere Melancholie, die bittere Ironie, die feurige Leidenschaft und die philosophischen Ergüsse der Persönlichkeit von Antony wiederzugeben. Mademoiselle Mars besaß Anmut, Witz, Charme und die Kunst der Redekunst und Koketterie im höchsten Maße; aber es fehlte ihr jene poetische Gabe, die alle anderen Eigenschaften mit dem unbestimmten Geheimnis überzieht, das den Charme von Shakespeares Frauen ausmacht. Firmin besaß die Eigenschaften von Mademoiselle Mars in geringerem Maße, aber es fehlte ihm der Fatalismus, der einen Orest in jedem Alter auszeichnet.

Zahmheit ist eine der Hauptanforderungen des modernen Dramas. Nun wagte Mademoiselle Mars es nicht, zahm zu sein, und Firmin konnte es nicht. Gehen wir noch weiter und stellen fest, dass das Théâtre-Français selbst eine schlechte Kulisse für das Bild war. Es gibt bestimmte Atmosphären, in denen manche Kreationen nicht existieren können.

Die Proben von *Antony fanden gleichzeitig mit denen von Napoléon* statt . Aber es gab diesen Unterschied zwischen den beiden Stücken und den beiden Theatern: Im Odéon war jeder mit seiner Rolle zufrieden, und vom Manager bis zum Souffleur tat jeder sein Bestes, um mir zu helfen, während im Théâtre-Français jeder mit seiner Rolle unzufrieden war und vom Manager bis zum Souffleur jeder den Autor und seine Arbeit behinderte. Mein Leser kennt Mademoiselle Mars bereits. Ich habe sie bei einer Probe von *Hernani gezeigt, wie sie die Rolle der Doña Sol in Stücke reißt. Es tut mir leid, dass ich es so eilig hatte, ich hätte sie in Antony* zeigen können, wie sie die Rolle der Adèle in Stücke reißt. Firmin seinerseits riss die Rolle des Antony so fest er konnte. Jede leicht lebhaft gefärbte Feder verwischte den Grauton, den sie einem Werk geben wollten, dessen beherrschendes Thema von Anfang an die Farbe gewesen war, sodass sich die Rolle durch das vorsichtige Ausrupfen jeder einzelnen Feder unauffällig in die eines Liebhabers auf der Bühne des Gymnasiums verwandelte.

Nach einem Monat Proben hätte das Stück, aller hervorstechenden Merkmale beraubt, auf drei Akte oder sogar auf einen einzigen reduziert werden können. Eines schönen Morgens wurde mir vorgeschlagen, den zweiten und vierten Akt zu streichen, weil sie das Stück zu langweilig machten. Ich hatte einen solchen Ekel vor dem Werk empfunden, dass ich bereit war, es ganz zu streichen; ich war sogar so weit gekommen, zu glauben, dass *Napoleon* das wahre Kunstwerk und *Antonius* das gewöhnliche, gewöhnliche Werk sei. Sie legten den Tag für die Aufführung fest, denn *sie mussten es aus dem Weg räumen, da es den Raum im Theater blockierte , das in großer Eile Don Carlos, ou l'Inquisition* aufführen musste , ein Drama, von dem sie Großes erwarteten, dessen Autor aber bei der Uraufführung seine Anonymität wahren wollte, und das aus gutem Grund.

Inzwischen hatte Hugo mich aufgesucht; er war zu der Einsicht gelangt, dass wir im Théâtre-Français von den Schauspielern und Stammgästen und sogar vom Publikum selbst nicht als alles andere als Usurpatoren angesehen werden würden; die dummen Ketzereien, die man uns in Bezug auf Molière, Corneille und Racine zuschrieb, waren im Orchester aufgekommen; und jeder, der über fünfzig war, kam allabendlich, um sich wollüstig im Schatten unserer Kühnheit zu sonnen! Folglich hatte Hugo nach einem Theater gesucht und es gefunden, das kein Olymp war, wo unsere Triumphe nicht als Sakrileg angesehen würden und wo diejenigen, die er bedienen sollte, ganz normale Sterbliche und keine Götter wären. Dieses Theater war das Porte-Saint-Martin. Er hatte mit dessen Direktor, Monsieur Crosnier, Verhandlungen über die Verpflichtung von *Marion Delorme aufgenommen.* So erfüllte sich die Prophezeiung, die Crosnier Hugo gegenüber geäußert hatte, als dieser ihm am 16. Juli 1829 sagte:

„Monsieur, Sie sind zu spät gekommen. Zwei meiner Stücke sind angenommen und haben Vorrang vor Ihren.“

Worauf Crosnier antwortete:

„Beim Himmel, Monsieur, wer weiß? Trotz dieser beiden Zusagen bin ich vielleicht am Ende derjenige, der Ihre Werke spielt!“

Bei den Verhandlungen mit Crosnier hatte Hugo in meinem Namen und in seinem eigenen verhandelt, vorbehaltlich meiner Zustimmung. Ich dankte ihm für seine freundliche Aufmerksamkeit; aber die einzigen beiden Stücke, die ich besaß, waren in der Probe, eines im Odéon und das andere im Théâtre-Français. Ich musste also warten, bis ich ein weiteres Stück produziert hatte. Aber darauf brauchte ich nicht zu warten. Je näher der Tag der ersten Aufführung von *Antonius* rückte, desto mehr wurde mir die schlechte Stimmung im ganzen Theater bewusst. Andererseits waren diejenigen meiner Freunde, die bei den Proben anwesend gewesen waren, kopfschüttelnd weggegangen, und als ich sie drängte, ihnen ihre Meinung zu sagen, gestanden sie offen, dass *sie überhaupt kein Stück darin sehen konnten. Ich war völlig demoralisiert, denn je weiter ich in meiner dramatischen Karriere vorankam, desto mehr verlor ich jenes frühe Selbstvertrauen, das mich durch all die Schwierigkeiten im Zusammenhang mit Heinrich III.* getragen hatte . Ich begann zu glauben, dass ich mich täuschen musste und dass in *Antonius* absolut nichts sein konnte .

Damals geschahen zwei Dinge, die mich eigentlich in den Wahnsinn hätten treiben müssen, im Gegenteil aber meine ganze Entschlossenheit wiederherstellten. Der Tag der *Premiere* wurde auf den folgenden Samstag festgelegt, und es war Dienstag oder Mittwoch, als Firmin mich beiseite nahm.

„Mein lieber Freund", sagte er zu mir, „ich wollte es nicht ablehnen, die Rolle des Antonius für Sie zu spielen, erstens, weil ich alle Rollen spielen werde, die Sie mir zuweisen; zweitens, weil Sie, nachdem Sie mir die Rolle des Heiligen Mégrin gegeben haben, die ich gut finde, das Recht erworben haben, mir danach eine schlechte zu geben ..."

Er wartete darauf, dass ich ihn auf halbem Weg unterbrach, aber ich ließ ihn im Gegenteil zu Ende reden. Also fuhr er fort:

„Aber sehen Sie, ich stelle die Hauptfigur dar und möchte die Verantwortung für das Scheitern des Stücks nicht auf mich nehmen."

„Sie glauben also, dass es ein Misserfolg wird?"

"Ich bin der festen Überzeugung ... Ich weiß nicht, wie es dazu kommt, dass Sie, der Sie die Welt des Theaters genau kennen, es gewagt haben, eine so eintönige Rolle zu spielen ... Antonius ist ein großer Schwätzer, der vom ersten bis zum fünften Akt nichts anderes tut, als immer wieder dasselbe zu wiederholen; der ohne jeden Grund wütend wird, eine Art Monomane, der unaufhörlich wütet und einen wütenden Krieg gegen seine Mitmenschen führt."

„Das ist also die Wirkung, die Antony auf Sie hat?"

"Ja."

„Das überrascht mich nicht. Es ist genau das, was ich mir gewünscht habe."

„Nun, das macht nichts. Denken Sie daran, ich habe Sie gewarnt."

„Ja, aber es genügt nicht, einen Menschen vor seinem Sturz zu warnen: man sollte ihm auch die Möglichkeit geben, seinem Sturz zu entgehen."

„Oh!", sagte Firmin, „ich bin, wie Sie wissen, Schauspieler und kein Autor; ich spiele Stücke, aber ich erschaffe sie nicht."

„Aber haben Sie denn keinen Vorschlag?"

„Ja, das habe ich ... aber ich wage es nicht, es zu sagen."

„Sag es natürlich."

„Du wirst so hoch springen wie die Decke!"

„Was macht das schon, wenn ich Ihnen nicht auf die Füße komme!"

"Na dann!"

"Also was?"

„Wenn ich an Ihrer Stelle wäre, würde ich das Stück zu Scribe bringen."

„Nein", antwortete ich, „aber ich werde es zu Crosnier bringen."

Und ich ging zum Souffleur und sagte:

„Garnier, geben Sie mir bitte mein Manuskript. Das ist ein netter Kerl."

Der Souffleur reichte mir das Manuskript, und Firmin sah erstaunt zu, wie ich es entgegennahm. Mademoiselle Mars wartete die ganze Zeit, bis ich frei war.

„Nun, mein guter Freund", sagte sie in dem trockenen Ton, den sie immer anschlug, wenn sie einen Autor auf etwas Unangenehmes vorbereiten wollte, „sind Sie mit Firmin fertig? Und haben Sie noch ein Wort für jemand anderen übrig?"

„Oh, Madame!" sagte Firmin, „Sie brauchten nur zu sprechen. Ich pflege Ihnen Ihre Autoren nicht wegzunehmen."

„Was die Teile betrifft, die mir dieser Mann gibt, können Sie ihn mir so oft wegnehmen, wie Sie möchten."

„Gut!", sagte ich, „das klingt vielversprechend!"

Dann ging ich zu Mademoiselle Mars –

„Madam", sagte ich zu ihr, „ich stehe zu Ihren Diensten."

„Ah, das ist ein Glück! Wissen Sie, was ich Ihnen sagen werde?"

„Nein, Madame, das weiß ich nicht. Aber wenn Sie so freundlich wären, es mir mitzuteilen, werde ich es tun."

„Ich habe nicht vor, am Samstag in Ihrem Stück mitzuspielen."

„Oh! Warum nicht, bitte?"

„Weil ich fünfzehnhundert Francs für meine Kleider ausgegeben habe und möchte, dass man sie sieht."

„Aber warum kann man sie am Samstag nicht so gut sehen wie an jedem anderen Tag?"

„Weil uns für Samstag ein neuer Kronleuchter versprochen worden war und der Mann uns gerade um weitere drei Monate vertröstet hat. Wenn es wieder einen Kronleuchter gibt, werde ich in Ihrem Stück mitspielen.“

„Ach, Madame“, sagte ich zu ihr, „es gibt nur eine Sache, die Ihrem guten Vorhaben im Wege stehen könnte …“

"Was ist das?"

„In drei Monaten wird mein Stück aufgeführt sein.“

„Wie kann das?“

"Es wird sein."

"Wo?"

„Im Theater Porte-Saint-Martin … Adieu, Madame – Au revoir, Firmin!“

Und ich ging hinaus, mein Manuskript mit mir tragend. Als ich die Treppe hinunterging, die vom Theater zum Orchester führte, drehte ich mich um und sah Mademoiselle Mars und Firmin zusammen, die fragende Blicke und Gesten austauschten. Leider kann ich das Gespräch, das zwischen ihnen entstand, nicht der Nachwelt überliefern. Ich lief sofort zu Madame Dorval, die damals am Boulevard Saint-Martin in einem Haus mit Ausgang zur Rue Meslay wohnte. Zufällig war sie ganz allein. Als ich angekündigt wurde, ließ sie sich meinen Namen zweimal vorlesen.

„Schon gut!“, rief ich aus dem Esszimmer. „Ich bin es. Aber vielleicht möchten Sie, dass man mich vor die Tür führt?“

„Oh, Sie sind ein hübscher Kerl!“, sagte sie zu mir in diesem gedehnten Tonfall, der bei ihr manchmal so bezaubernd war. „Ich habe Sie seit sechs Monaten nicht gesehen!“

„Was soll ich denn tun, meine Liebe?“, sagte ich, als ich eintrat und ihr die Arme um den Hals fiel. „In dieser Zeit habe ich ein Kind und eine Revolution hervorgebracht, ohne zu bedenken, dass ich fast zweimal erschossen worden wäre … Begrüßt man so die Geister?“

„Ich kann dich nicht umarmen, mein *guter Hund.* “

Dies war der Kosename der Freundschaft – ich möchte sogar sagen, der Liebe –, den Dorval mir gegeben hatte.

Ihr *guter Hund* ist seinem armen Dorval bis zum Ende treu geblieben!

„Warum kannst du mich nicht herzlicher begrüßen?“, fragte ich.

„Weil ich, wie *Marion Delorme* , meine Jungfräulichkeit erneuere.“

"Unmöglich!"

„Das stimmt, auf mein Ehrenwort! Ich werde respektabel.“

„Ah! Meine Liebe, ich sprach von einer Revolution, hier ist noch eine. Wer zum Teufel hat das verursacht?“

„Alfred de Vigny.“

"Lieben Sie ihn?"

„Ich kann nicht darüber sprechen. Ich bin verrückt nach ihm!“

„Was hat er getan, um Sie bei solch guten Vorsätzen zu halten?“

"Er komponiert kleine *Élévations* [1] für mich."

„In diesem Fall, meine Liebe, nehmen Sie meine aufrichtigen Komplimente an; denn erstens ist de Vigny ein Dichter von sehr großem Talent; zweitens ist er ein wahrer Edelmann: Beide Eigenschaften sind wertvoller als die eines Mulatten wie mir.“

„Meinen Sie?“, sagte Dorval in einem Tonfall, den nur sie zu verwenden wusste.

„Jetzt bin ich an der Reihe, mein Ehrenwort zu schwören!“

„Dann bist du nicht gekommen, um mit mir zu schlafen?“

Ich brach in Gelächter aus und stieß den einen oder anderen Ausruf aus.

„Nein, ich hätte Ihre Aufmerksamkeiten nicht erhalten können … stellen Sie sich vor, er behandelt mich wie eine Herzogin.“

„Er hat vollkommen recht.“

„Er nennt mich seinen Engel.“

"Bravo!"

„Neulich hatte ich eine kleine Beule auf meiner Schulter und er sagte mir, dass mir Flügel wachsen würden.“

„Das muss Sie ungemein amüsieren, meine Liebe.“

„Ja, tatsächlich! Piccini hat mich an eine solche Behandlung nicht gewöhnt.“

„Und Merle?“

„Noch weniger… Übrigens, weißt du, dass Merle und ich geheiratet haben?“

"Wirklich?"

„Ja, es war eine Möglichkeit, sich voneinander zu trennen.“

„Aber er sollte der glücklichste Mensch auf Erden sein?“

Morgens hat er seinen *Milchkaffee und abends seine Pantoffeln neben dem Bett …
Möchten Sie ihm guten Tag sagen?“*

„Nein, danke! Ich bin wegen dir gekommen.“

„Ach, du bist sehr schlau, mein großer Hund … Aber ich hatte vergessen, er
ist nicht hier, er ist auf dem Land.“

„Ich habe Ihnen Neuigkeiten zu erzählen.“

"Was ist es?"

Antonius aus dem Théâtre-Français zurückgezogen habe .“

„Oh, das hast du gut gemacht! Dasselbe war bei Hugo, weißt du. Er hat ihnen
Marion Delorme weggenommen und sie uns gebracht. Ich spiele die Rolle der
Marion.“

"Na, was haltet Ihr von dem Stück?"

„Ich finde es außerordentlich schön... Ich weiß allerdings nicht, wie ich
weitermachen soll. Denken Sie nur an Verse. Können Sie sich mich als
Tragödin vorstellen?“

„Aber ich glaube nicht, dass dies Ihr erster Versuch ist.“

„Oh! In *Marino Faliero* , meinen Sie?“

„Meine Güte! Wie mich die Rolle der Helena gelangweilt hat! Da haben Sie
mich doch gesehen, nicht wahr?“

"Ja."

„Ich war ziemlich schlecht darin, nicht wahr?“

„Ehrlich gesagt, du warst nicht sehr gut, aber ich hoffe, dass du es in Adèle
besser machst.“

"Was ist Adèle?"

„Antonius' Geliebte, meine Liebe.“

„Bringst du dann *Antonius* zu uns?“

„Aber natürlich!“

„Und soll ich die Rolle von Adèle übernehmen, meinem guten Hund?“

"Natürlich!"

„Dann also ein dreifaches Hoch! Auf mein Wort, egal, was passiert, ich muss dich küssen... Oh, wie schlimm ist es von dir, dass ich dir gesagt habe, ich darf nicht... Hallo! Was ist das in deiner Tasche?“

„Das Manuskript.“

„Oh! Gib es mir zum Anschauen.“

"Ich werde es dir vorlesen."

„Was? Meinst du das wirklich?“

„Das tue ich natürlich.“

„So, nur zu mir?“

"Sicherlich."

„Oh! Warum müssen Sie mich dann für eine großartige Schauspielerin halten?“

„De Vigny behandelt Sie nur wie eine Herzogin , aber ich möchte Sie wie eine Königin behandeln.“

Sie stand auf und machte vor mir einen Knicks.

„Die Königin wird für immer Ihre Dienerin sein, Monsieur. Als Beweis dafür werde ich Ihnen einen Tisch bereiten und Ihnen anbieten ... was darf es sein? Was mögen Sie am liebsten, während Sie lesen? Möchten Sie Eau de vie, Rum oder Kirsch?“

„Ich bevorzuge Wasser.“

„Na gut, dann warte einen Moment.“

Sie ging in ihr Schlafzimmer, wohin ich ihr folgte.

„Oh! Warum folgst du mir hier rein?“

„Warum sollte ich nicht?“

"Es ist verboten."

„Sogar mir gegenüber?“

„An alle! ... Alexandre! Ich warne euch, ich werde klingeln!“

„Ach, tatsächlich!“

„Alexandre!“

„Diese Frage würde ich gern klären. Ich wette, Sie werden nicht anrufen.“

„Alexandre!“

Sie hielt sich am Klingelseil fest und läutete laut. Ich ließ mich in einen Sessel fallen und begann wie ein Verrückter zu lachen. Das Zimmermädchen kam herein.

„Louise!", sagte Dorval mit vollkommener Würde, „hol ein Glas Wasser für Monsieur Dumas."

„Louise! … in einem Waschbecken", fügte ich hinzu.

„Unverschämter Kerl!", sagte Dorval.

Sie warf sich auf mich und schlug mit aller Kraft auf mich ein. Gerade als sie mit größter Gier auf mich einschlug, läutete jemand die Glocke draußen. Sie hielt inne.

"Ach!", sagte sie, "geh doch schnell in den Salon, bevor dich hier jemand sieht, das ist ein braver Hund!"

„Und was, wenn ich mich ganz zurückziehe?"

"Was?"

„Wollen wir unsere Lesung auf heute Abend verschieben?"

„Das wäre noch besser."

„Soll ich den Weg rausgehen, den du kennst?"

„Ja, ja … Bis heute Abend! Soll ich Bocage einen Tipp geben?"

„Nein. Ich möchte es dir erst vorlesen."

„Wie du willst... Aber komm, hau ab!"

„Oh! Wie ermüdend ist es, dass de Vigny gerade in diesem Moment kommt!"

„Was kannst du erwarten, mein armer Freund! Wir können in dieser Welt nicht alles nach unserem Willen machen … Auf Wiedersehen bis heute Abend."

„Dann bis heute Abend."

Sie schloss schnell die Tür ihres Schlafzimmers, gerade als sich die Tür zum Wohnzimmer öffnete.

„Oh! Guten Tag, mein lieber Graf", sagte sie, „kommen Sie und setzen Sie sich hier neben mich … Ich habe Sie ungeduldig erwartet …"

Inzwischen hob Louise den persischen Portière-Vorhang und winkte mir, ihr zu folgen. Ich drückte ihr einen Louis in die Hand. Sie sah mich erstaunt an.

„Also, was ist denn los?", fragte ich.

„Es soll also so sein, als hätte Madame nicht geklingelt?“

"Genau."

"Werden wir dich nicht wiedersehen?"

„Oh ja, ich komme heute Abend zurück.“

„Ah! Jetzt verstehe ich.“

„Nein, das tust du nicht.“

„Das ist auch möglich, ich kann nichts dagegen tun. Was soll ich tun? Seit sechs Monaten ist die Welt hier auf den Kopf gestellt. Ach, Monsieur, Sie, den Madame so sehr liebt, Sie sollten ihr tatsächlich sagen, dass sie verloren ist!“

Sie hatte recht, die arme Louise! Aber wir werden an anderer Stelle erklären, warum sie recht hatte.

———

[1] Alfred de Vigny veröffentlichte zu dieser Zeit seine wunderbaren Gedichte mit dem Titel *Élévations*.

KAPITEL VI

Meine Vereinbarungen mit Dorval – Ich lese *Antonius* – Ihre Eindrücke – Sie lässt mich den letzten Akt sofort ändern – Merles Zimmer – Bocage als Künstler – Bocage als Verhandlungsführer – Ich lese Monsieur Crosnier vor – Er fällt in einen tiefen Schlaf – Das Stück wird dennoch angenommen

---

Als ich in dieser Nacht zurückkam, fand ich Dorval allein und in Erwartung auf mich vor.

„Auf mein Wort!" rief ich aus, „ich habe nicht gewagt, auf ein Tête-à-Tête zu hoffen."

„Ich sagte, ich hätte eine Lesung."

„Haben Sie gesagt, wer der Leser war?"

„Oh nein! Aber komm erst mal her, setz dich zu mir und hör mir zu, guter Hund!"

Ich ließ mich zu einem Sessel führen und setzte mich.

Sie stand vor mir, hielt beide Hände in meinen und sah mich sanft und freundlich an.

„Du liebst mich, nicht wahr?", sagte sie.

"Mit meinem ganzen Herzen!"

"Du liebst mich wirklich?"

„Sage ich das nicht?"

"Für mich selbst?"

"Für sich selbst."

„Du willst mir keine Schmerzen zufügen?"

„Guter Gott, nein!"

„Sie möchten, dass ich Ihre Rolle spiele?"

„Natürlich, da ich es dir mitgebracht habe."

„Sie wollen meine Karriere nicht ruinieren?"

„Aber Sie müssen verrückt sein, so etwas vorzuschlagen!"

„Also gut, ärgern Sie mich nicht wieder, wie Sie es heute Morgen getan haben. Ich hätte nicht genug Kraft, mich zu verteidigen, und … und ich bin glücklich, wie ich bin; ich liebe de Vigny und er betet mich an. Sie wissen, dass es gewisse Männer gibt, die man nicht täuschen kann, Männer von Genie, die, wenn sie einmal getäuscht werden – nun, umso schlimmer für die Frauen, die sie täuschen!"

„Meine liebe Marie", sagte ich zu ihr, „du bist die edelste und herzensguteste Frau, die ich kenne. Hier ist meine Hand darauf – ich werde die Grenzen der Freundschaft nicht überschreiten."

„Oh, lasst uns einander verstehen. Ich sage nicht, dass ein solcher Zustand ewig andauern wird."

„Es soll jedenfalls so lange dauern, bis Du mir mein Wort zurückgibst."

„Einverstanden. Wenn ich eines Tages unserer Verbindung überdrüssig werde, werde ich es Dir schreiben."

"Mir?"

"Zu dir."

„Vor allen anderen?"

„Vor allen anderen, denn du weißt ganz genau, wie lieb ich dich habe, mein guter Hund! … Oh! Jetzt wollen wir lesen – ich habe gehört, es ist großartig. Warum sollte diese hochnäsige Göre Mademoiselle Mars die Rolle nicht spielen?"

„Oh! Weil sie fünfzehnhundert Francs für ihre Kleider ausgegeben hat und der Kronleuchter nicht genug Licht spendet, um sie zur Geltung zu bringen."

„Wissen Sie, ich kann es mir nicht leisten, fünfzehnhundert Franc für meine Kleider auszugeben; aber Sie brauchen sich keine Sorgen zu machen, ich werde Mittel und Wege finden, mich angemessen zu schmücken! Adèle ist also eine Dame der Gesellschaft? Wie sehr wird es mir gefallen, eine solche Rolle zu spielen! Wie gut müssen Sie doch wissen, wie ein solcher Typ gespielt werden sollte! Ich, die ich nie etwas anderes als eine Fischfrau gespielt habe! … Kommen Sie, setzen Sie sich schnell dort hin und beginnen Sie zu lesen."

Ich begann zu lesen, aber sie hatte nicht die Geduld, in ihrem Stuhl zu sitzen: Sie stand auf, lehnte sich an meinen Rücken und las mit mir über meine Schulter hinweg. Nach dem ersten Akt sah ich auf und sie küsste mich auf die Stirn.

„Und?", fragte ich sie.

„Nun, es scheint sehr merkwürdig anzufangen! Die Dinge werden ein schönes Ende nehmen, wenn sie so weitergehen, wie sie begonnen haben."

"Warten wir es ab."

Ich begann mit dem zweiten Akt. Während ich weiterlas, spürte ich das aufgeregte Heben und Senken der Brust der hervorragenden Schauspielerin an meiner Schulter; bei der Szene zwischen Adèle und Antony fiel eine Träne auf mein Manuskript, dann eine zweite und eine dritte. Ich hob mein Gesicht, um ihr Gesicht zu küssen.

„Oh, wie ärgerlich von Ihnen!", sagte sie, „ mitten in meinem Vergnügen zu unterbrechen, fahren Sie fort!"

Ich fuhr fort und sie weinte erneut.

Man erinnert sich, dass Adèle am Ende des Aktes fliegt.

„Ach!", sagte Dorval schluchzend, „das ist eine ehrliche Frau! Das hätte ich nie gekonnt!"

„Du", sagte ich, „bist ein Schatz!"

„Nein, Monsieur, ich bin ,ein Engel'! Fahren wir mit dem dritten Akt fort! — Ach, meine Güte! Wenn er doch nur wieder zu ihr käme!"

Ich las den dritten Akt und sie hörte zitternd vor Aufregung zu. Er endet mit dem zerbrochenen Fenster und dem Taschentuch, das vor Adèles Mund gehalten wird, und damit, dass Adèle in ihr Zimmer geschleudert wird, woraufhin der Vorhang fällt.

„Also, was kommt als nächstes?", sagte Dorval.

„Natürlich wissen Sie, was Antony danach macht?"

„Na, ich schätze, er vergewaltigt sie."

„Ja, aber sie klingelt nicht."

"Oh!"

"Was?"

"Gut! ... Was für ein Abschluss für einen dritten Akt! Sie nehmen kein Blatt vor den Mund! Dieser Akt wird ein wenig schwierig zu spielen sein. Sie sehen nur, wie ich sagen werde: ,Diese Tür lässt sich nicht schließen!' und ,In diesem Gasthof ist noch nie ein Unfall passiert!' Es gibt nur den Schrei, als ich Antony erblicke; ich glaube, Adèle wäre zu erfreut, ihn wiederzusehen, um zu schreien."

„Aber sie muss einen Schrei ausstoßen."

„Ja, ich verstehe; das klingt moralischer … Komm! Weiter, weiter, guter Hund!“

Ich begann mit dem vierten Akt. Bei der Szene, in der die Beleidigung stattfindet, legte sie ihre Hände um meinen Hals und ich fühlte, wie sich ihre Brust hob und senkte und ihr Herz an meiner Schulter schlug; ich konnte fühlen, wie es fast durch ihre Kleidung platzte. Bei der Szene zwischen der Vicomtesse und Adèle, wo Adèle dreimal wiederholt: „Aber ich habe nichts getan, um diese Frau zu verletzen!“, hielt ich inne.

„Herrgott, Mann, warum hörst du dauernd auf?“, rief sie aus.

„Ich höre auf, weil du mich erwürgst!“, antwortete ich.

„Das bin ich auch“, sagte sie, „aber so etwas hat man auf der Bühne noch nie gemacht. Oh! Es ist zu real, es ist schrecklich, es erstickt einen, oh!...“

„Aber Sie müssen es sich trotzdem bis zum Ende anhören.“

„Gerne.“

Ich habe also das Gesetz zu Ende gelesen.

"Oh!", sagte sie, "Sie können ganz beruhigt sein, ich kann für mich selbst sprechen. Oh, wie gefühlvoll werde ich sagen: 'Sie ist seine Geliebte!' Ihre Stücke sind nicht schwer zu spielen, aber sie brechen einem das Herz ... Oh, lassen Sie mich ausrufen! ... Du großer Hund, wo hast du solche Frauen kennengelernt? Du kennst sie durch und durch!"

„Komm, fasse allen Mut. Nun sind wir bald fertig.“

"Mach weiter!"

Ich begann mit dem fünften Akt. Zu meinem großen Erstaunen schien dieser Akt, obwohl sie viel weinte, eine weniger bewegende Wirkung auf sie auszuüben als die anderen.

„Und?“, fragte ich.

„Oh! Es ist großartig, finde ich, ausgezeichnet!“

„Das ist nicht die Wahrheit: Es gefällt dir wirklich nicht.“

"Ja, das tue ich."

"Nein, tust du nicht!"

„Also, möchten Sie wirklich meine Meinung hören?“

"Ja."

„Den letzten Akt finde ich etwas zu milde.“

„Sehen Sie, wie unterschiedlich der Geschmack der Leute ist! Mademoiselle Mars fand es zu stark."

„Ich wette, dass es von Anfang an nicht so war?"

„Nein, ich muss gestehen, das war es nicht."

„Sie hat dich gezwungen, es zu ändern?"

"Vom Anfang bis zum Ende!"

"Komm jetzt!"

„Aber wenn Sie möchten, ändere ich es wieder zurück."

„Das wünsche ich mir wirklich!"

„Oh, das wird ganz leicht sein."

"Aber wann kannst du es tun?"

„Morgen, oder übermorgen, oder irgendwann."

Sie sah mich an, drehte meinen Stuhl auf einem Bein um und fiel vor mir auf die Knie.

„Weißt du, was du tun solltest, guter Hund?", sagte sie.

„Was soll ich tun? Sag es mir."

Sie nahm einen ihrer kleinen Kämme heraus und begann, ihr Haar zu kämmen, während sie redete.

„Ich sage es Ihnen: Sie sollten mir diesen Akt noch heute Abend umschreiben."

„Ich bin dazu bereit. Ich werde nach Hause gehen und mich an die Arbeit machen."

„Nein, ohne nach Hause zu gehen."

"Warum."

„Hör zu: Merle ist auf dem Land; nimm sein Zimmer, man wird dir dort Tee bringen; von Zeit zu Zeit werde ich hereinkommen und sehen, wie deine Arbeit vorangeht. Bis zum Morgen wirst du fertig sein und dann kommst du und liest es mir an meinem Bett vor. Ah! Das wird höchst entzückend sein."

„Was wäre, wenn Merle zurückkommen würde?"

„Pah! Wir wollten ihn nicht reinlassen."

„Also gut: Sie werden Ihren Auftritt morgen vor dem Frühstück haben."

„Oh! Guter Hund, wie bezaubernd du bist! Aber weißt du was? …“

Sie hob ihren Finger.

„Da das zwischen uns vereinbart ist!“

„Also gut! Was hast du heute Abend vor? Willst du zuerst zu Abend essen oder anfangen zu arbeiten?“

„Ich mache mich lieber an die Arbeit.“

Sie hat angerufen.

„Louise! Louise!“

Louise kam herein.

„Und, Madame, schon wieder?“, fragte sie.

„Nein… Mach ein Feuer in Merles Zimmer.“

„Aber Monsieur sagte, er würde nicht zurückkehren.“

„Es ist nicht für ihn, sondern für Alexandre.“

Das Zimmermädchen sah mich an.

„Ja“, sagte ich, „es ist in Ordnung; für mich ist es das.“

„Oh, wie komisch!“, sagte sie. „Aber –“

„Sehen Sie“, sagte ich zu Dorval, „das ist ungehörig.“

„Du brauchst nicht schockiert zu sein, Louise. Er hat einen Wechsel und befürchtet, morgen früh in seinem eigenen Haus verhaftet zu werden, also wird er hier schlafen – das ist alles; nur darfst du es nicht erwähnen.“

Meine würdige Dorval! Ihr fielen nur zwei Gründe ein, warum man nicht zu Hause schlafen sollte – eine Geliebte oder ein Wechsel.

„Oh!“, sagte Louise, „alles klar! Ich sehe, darüber sollte man nicht sprechen!“

„Besonders nicht gegenüber Monsieur le Comte, verstehen Sie? … Zumal es ja nichts Schlimmes sein kann.“

Louise lächelte.

„Oh! Madame hält mich wohl für eine gewöhnliche Zofe … Hat Madame noch andere Aufträge für mich?“

"NEIN."

Louise ging hinaus.

Wir blieben allein. Ich war wie immer voller Bewunderung für diese naive, impulsive Frau, die immer den ersten Instinkten ihres Herzens oder den ersten Geboten ihrer Fantasie gehorchte; sie war wie ein fröhliches Kind, das unerwartet Urlaub macht oder ein bisher unbekanntes Vergnügen genießt. Dann stand sie vor mir auf, ungekünstelt, in wunderbar natürlicher Haltung und mit passend traurigem Akzent, sie spielte ihre ganze Rolle, ohne ein hervorstechendes Merkmal zu vergessen, sagte jedes Wort, wie sie es fühlte, mit auffallender Genauigkeit, brachte selbst in den alltäglichsten meiner Szenen (die nur als Bindeglied zu den Hauptszenen eingefügt waren) Effekte zum Vorschein, an die ich beim Schreiben nie gedacht hatte, und sprang hin und wieder vor Freude, klatschte in die Hände und rief:

„Oh, du wirst sehen, mein guter Hund, du wirst sehen, was für einen großartigen Erfolg wir daraus machen werden!"

Oh, herrliche Persönlichkeit, die der Tod auszulöschen glaubte, als er sie in meine Arme schlug! Ich schwor, die Erinnerung an ihr Genie dürfe nicht durch den Tod zerstört werden. Ich werde dich wieder lebendig machen, wie ich es dir versprochen habe, und da diejenigen, die das Recht hatten, eine falsche Version von mir zu verlangen, mich ermächtigt haben, die Wahrheit zu sagen, werde ich dies auch tun: Bei jedem Schwung meiner Feder wirst du von den Toten auferstehen, voller Leben, mit den weiblichen Schwächen, die zu dir gehörten, und den Eigenschaften, die dich zu der Künstlerin machten, die du warst; kurz gesagt, genau so, wie Gott dich schuf, ohne Schleier oder Maske: Eine solche Persönlichkeit wie jedes gewöhnliche Wesen zu behandeln, wäre eine Beleidigung deines Genies!

Nach einer Viertelstunde kam Louise wieder zurück: In Merles Zimmer war alles bereit. Es war mir bestimmt, dass ich von nun an meine Stücke in den Häusern derer aufführen sollte, für die sie bestimmt waren.

Um halb zwölf begann ich mit der Arbeit an meinem fünften Akt; um drei Uhr morgens war er umgeschrieben; um neun Uhr klatschte Dorval jubelnd in die Hände und rief:

„Wie werde ich es spielen! ‚Aber ich bin verloren!' Warte ein wenig; dann höre: ‚Meine Tochter, ich muss meine Tochter küssen!' und dann: ‚Töte mich!' und so weiter bis zum Ende!"

„Dann sind Sie also vollkommen zufrieden?"

„Das sollte ich tatsächlich meinen! Jetzt müssen wir Bocage zum Frühstück holen und uns alles anhören."

Ich wusste sehr wenig über Bocages Talente. Ich hatte ihn nur als Pfarrer in *L'Incendiaire* und als Sergeant in *Napoléon à Schoenbrünn gesehen, zwei Rollen, die mir überhaupt nicht dabei halfen, ihn mir in Antonius* vorzustellen . Ich war daher voreingenommen gegen ihn und sprach von Lockroy und Frédéric, davon, wie leicht wir die Dienste eines von beiden zur Wiedereröffnung des Theaterjahres bekommen könnten; aber Dorval blieb bei ihrer Meinung: Sie behauptete, Bocage sei der einzige Schauspieler, der Antonius das notwendige Aussehen verleihen könne, das der Rolle des Antonius angemessen sei; also ließ sie ihn holen.

Bocage war damals ein gutaussehender Bursche von etwa vierunddreißig oder fünfunddreißig Jahren mit dunklem Haar, feinen weißen Zähnen und schönen, geheimnisvollen Augen, die drei Dinge ausdrücken konnten, die auf der Bühne wesentlich waren – Rauheit, Entschlossenheit und Melancholie. Zu seinen körperlichen Mängeln gehörten, dass er X-Beine hatte, seine Füße zu groß waren, er einen schleppenden Gang hatte und durch die Nase sprach. Da Dorvals Brief dringend war, eilte er sofort zu uns. Wir frühstückten, und danach las ich *Antonius* noch einmal durch.

„Nun, was denkst du darüber, Bocage?", fragte Dorval, gleich nachdem ich die Schlussworte ausgesprochen hatte: „Sie hat sich mir widersetzt, also habe ich sie getötet!"

„Auf mein Wort", antwortete Bocage, „ich weiß wirklich kaum, was ich da gehört habe. Es ist weder ein Theaterstück noch ein Drama, noch eine Tragödie, noch ein Roman; es ist etwas von allem und sicherlich höchst eindrucksvoll! Nur, können Sie sich mich als Antonius vorstellen?"

„Sie werden großartig sein!", antwortete Dorval.

„Was sagst du, Dumas?"

„Ich weiß zu wenig über Sie, um etwas zu sagen; aber Dorval kennt Sie und ist bereit, für Sie zu antworten."

„Gut! Allerdings bräuchte ich für die Rolle ein spezielles Make-up. In normaler Alltagskleidung könnte ich die Rolle nicht spielen."

„Oh, machen Sie sich darüber keine Gedanken", antwortete ich. „Wir werden schon gemeinsam ein passendes Kostüm finden."

"Was ist unser nächster Schritt?"

„Sie müssen Crosnier mitteilen, dass Sie gerade ein Drama gehört haben, das Ihnen und Dorval gefällt; dass es von mir ist und dass ich bereit bin, mit ihm dieselbe Vereinbarung zu unterzeichnen wie Hugo."

"Hauptstadt!"

„Aber verstehen Sie mich nicht, Bocage – es darf keine offizielle Lesung vor der Annahme geben. Das Stück muss auf jeden Fall angenommen werden.

Nach der Annahme kann es eine halboffizielle Lesung für den Manager geben.“

„Gut, ich verstehe! Verzichten Sie auf das Vorlesen vor den anderen Mitgliedern der Truppe: Sie bringen Ihre Stücke mit und sie sollen sie einfach aufführen. Was sind Ihre Bedingungen?“

„Das gleiche wie bei Hugo.“

„Die Sache soll heute Abend geklärt werden.“

Ich nahm eine Droschke und ging los, um Hugo zu erzählen, was geschehen war. Noch am selben Abend erhielt ich eine kleine Nachricht von Bocage, die nur diese wenigen Zeilen enthielt:

> „Ich habe Crosnier gesehen. Es ist alles geregelt; Sie werden morgen um 11 Uhr in seinem Büro *halboffiziell vorlesen* – er versteht es vollkommen. – Ihr BOCAGE“

Am nächsten Tag fand ich mich zur verabredeten Stunde bei Monsieur Crosnier ein. Ich kannte ihn kaum, denn ich hatte ihn nur ein- oder zweimal gesehen. Er hatte bei fünf oder sechs Stücken einen dritten oder vierten Anteil übernommen, unter anderem bei einer Parodie von Schillers *Intrigue et Amour* , die unter dem Titel *La Fille du Musicien gespielt wurde*. Ich weiß nicht einmal, ob dieses Stück, das sehr erfolgreich war, nicht später aufgeführt wurde als zu der Zeit, von der ich jetzt spreche. Er war ein gebildeter, kluger Mann mit blondem, spärlichem Haar, grauen Augen, einem Mund, der aber nur spärlich mit Zähnen versehen war, und er hatte nette und umgängliche Manieren: Ich glaube, er hat seitdem ein sehr großes Vermögen angehäuft, dem seine Beziehungen zu Cavé nicht geschadet haben. Zusammenfassend lässt sich sagen, dass er genau das richtige Temperament hatte, um *La Petite Ville zu verstehen, und am wenigsten geeignet, um Antony* zu verstehen .

Ich begann mit meiner Lektüre. Im dritten Akt kämpfte Monsieur Crosnier höflich gegen seine Schläfrigkeit an, im vierten schlief er so bequem wie möglich, und im fünften schnarchte er.

Ich bin ohne Zweifel gegangen, ohne dass er es gehört hat. Bocage wartete im Salon auf mich, um das Ergebnis der Lesung zu erfahren: Ich zeigte ihm seinen schlafenden Manager durch die halboffene Tür und hinterließ ihm eine Quittung über tausend Francs. Gemäß unserer Vereinbarung schuldete mir Monsieur Crosnier tausend Francs für die Lesung.

„Diable!“ rief Bocage, „ist die Vereinbarung also unterzeichnet?“

„Nein, aber ich habe Ihren gestrigen Brief, der so gut wie ein Vertrag ist, und ich werde Ihre Antwort in Dorvals Haus erwarten.“

Nur Bocage konnte preisgeben, was zwischen ihm und Crosnier vorgefallen war. Ich nehme an, dass es zwischen ihnen Reibereien gab. Eine halbe bis dreiviertel Stunde später traf er jedoch mit dem Tausendfrankenschein bei Dorval ein. Crosnier jedoch verschob das Stück um drei oder vier Monate: Er wollte seine Wintererfolge nicht mit einem Werk aufs Spiel setzen, dessen *Publikumserfolg seiner Meinung nach so unsicher war.*

„Macht nichts, *ob sicher oder nicht* , das wird ihn nicht daran hindern, Geld zu verdienen, mein guter Hund, dafür stehe ich!“, sagte Dorval.

Dies ist also die Geschichte von *Antony* , von seinem Rückzug aus dem Théâtre-Français und seinem Auftritt im Théâtre de la Porte-Saint-Martin, mit Ihrem ergebenen Diener als seinem Vater und Bocage und Dorval als seinem Paten und seiner Patin.

ANHANG

KEIN TEE

Wie wir alle und alle Anwesenden beherzigen auch wir das, was wir den Menschen und ihren Anhängern gegeben haben. Es ist eine ehrenhafte Wiedergutmachung gemäß dem Gefühl zu leisten, das ich ihnen gesagt habe. Sie ist die Tochter von Monsieur de Liniers.

Diese Erklärung wurde von uns in der Ausgabe der „ *Presse* " *veröffentlicht* und wir wünschen, dass sie vollständig veröffentlicht wird.

Wir freuen uns, es hier wiederzugeben und die Überlegungen, die in *der Presse nicht erwähnt werden, beizubehalten.*

ÜBER DEN REDAKTEUR

"ORLÉANS, 4. *März* 1853

„MONSIEUR – Die in Ihrem Tagebuch (vom 19., 23. und 24. Februar) von M. A. Dumas veröffentlichten *Memoiren* sind Venus, von Hasard, nach meiner Kenntnis. In dem vom Autor einer Episode seines Lebens im Jahre 1830 verfassten Bericht wurde der Kanal meines Vaters an einem Tag gefunden, der ihm eine ewige Missachtung zuteil werden ließ.

„Erlauben Sie Ihrem jüngeren Sohn, sich vor Augen zu halten, was er getan hat, und verteidigen Sie ein ehrenwertes und liebes Andenken. Bitte geben Sie ihm in Ihr Tagebuch einen Platz für Ihre gerechte Wiedergutmachung.

„Ich habe es 1830 bei meinem Vater gefunden; ich befand mich in seinem Kabinett, als M. Dumas es vorstellte. Indem ich die von ihm geänderten Tatsachen berichtigte, sagte ich, was ich sagte, was ich sah.

„In dem Augenblick, in dem die Revolution ausbrach, fand sie unter den Befehlen meines Vaters nicht nur Menschen, sondern auch einen Namen, der ausreichte, um ein Peloton mit Anweisungen zu bilden. Mit der Ankunft von Herrn Dumas hatte Herr de Liniers bereits angekündigt, dass diese schwache Garnison im selben Geiste verharrte, wie das Regiment, das in Paris gefunden wurde, es nicht in der Lage war, darauf zu zählen, um den seiner Garde anvertrauten Staub zu verteidigen. In der Stadt wurde eine gewisse Agitation bemerkt; man sollte den Kampf in Paris aufgeben; die nationale Garde wurde organisiert; die Kommunikation wurde abgefangen: es ist ihm nicht einmal möglich, einen Befehl nach Laon zu schicken, um die Befehle von General Serant entgegenzunehmen. In dieser kritischen Situation wird mein Vater den Abend zu Herrn de Senneville, dem Unterpräfekten von Soissons, verbringen und ihn unter denen festnehmen, die das Pulver der Nationalgarde überlassen, wenn sie es verlangt, und zwar auch im Falle eines Angriffs.

„Er bleibt dabei, in der Stadt Ruhe zu bewahren; er wird in Frieden verharren und die Gefangenen werden aufstehen, um einen Moment schwerer Unruhe zu erregen, der nur durch die Energie meines Vaters erschöpft ist.

„Der Vicomte de Liniers hat also gut gewusst, was zu tun ist; sein geplanter Plan wurde im Voraus auf Eis gelegt, und M. Dumas, der nichts mehr zu tun hatte, hat nie gesagt, was zu tun sei.

„Morgens erschien Monsieur Dumas im Büro meines Vaters, der ihn bei seinem Sekretär fand, meiner Mutter und mir. Er verlangte, dass ihm die Pulver ausgehändigt würden, und überreichte ihm dazu einen Befehl von General Gérard. Mein Vater weigerte sich. In diesem Moment machte er einen Plan, der ihm einen Dienstbericht lieferte. Monsieur Dumas also, und im Augenblick, als der Soldat zurückkehrte, um sich zurückzuziehen, holte er eine Pistole aus seiner Tasche und er sagte: ‚Wenn ich zurückkomme, voilà für meinen Kommandanten!‘ Mein Vater antwortete ihm in aller Ruhe: „Sie können mich ermorden; ja, Sie sehen, ich bin ohne Waffen. – Nehmen Sie die Garde, Herr Vicomte“, antwortete M. Dumas, „Sie sehen, ich bin bewaffnet; ich werde Ihnen Ihre Waffen geben. – Das ist nichts für Sie“, antwortete mein Vater, „aber nur an eine Abordnung der Nationalgarde, wenn ich in der absoluten Unmöglichkeit stecke, das Depot zu verteidigen, das mir der König anvertraut hat.“

„M. Dumas schickte also los, um diese Abordnung zu suchen, die sich wenige Augenblicke später in den Waffen vor Gericht stellte; sie stieg ins Büro und fand M. de Lenferna und einen anderen Offizier. Der Kommandant des Ortes, der Exekutivbeamte, rief also die Wache zwischen ihm und seinem Unterpräfekten ein und erteilte ihm den Befehl, die Pulver an die Nationalgarde zurückzugeben.

„Das sind Tatsachen in ihrer einfachen Wahrheit. Das Zitat von M. Dumas ist geschehen, diese Szene ist eine seltsame Einschüchterungsszene, diese vier französischen Beamten bedrohen ihn, sie schimpfen ihn an, und dabei bleibt die Geduld, dass sie ihm das Genick brechen wollen, damit sie ihre Befehle nicht ernst nehmen, sie werden sich trotzdem mit gewissen ungläubigen Lesern treffen; die Ehre der tapferen und treuen Beamten wird nicht darauf beschränkt sein, diese Übertreibungen zu überspielen, und diese Szene wird immer schlimmer, weil sie jede noch so kleine Frau schimpfen und von einer bedroht wird. schoss einen waffenlosen Mann mit der Pistole auf die Schulter, um sich zu verteidigen. M. Dumas zitierte zur Unterstützung seines Berichts *im „Moniteur“* vom 9. August 1830, in dem die Episode von Soissons erzählt wurde (er war der Erzähler ohne Zweifel); er fügte hinzu: „Dieser Bericht war nicht zufällig; deshalb ist er wahr.“ M. Dumas ist wieder im Irrtum: Mein Vater hat protestiert; er ist in zwei verschiedenen Wiederholungen dementiert; aber in dieser Zeit war es nicht mehr richtig, die

Säule des *Staatsoberhaupts* zu verweigern und den Ex-Kommandanten des Place de Soissons zu fordern. Es war nicht richtig, er ist wahr, er ist ein Anhänger der neuen Regierung.

„Ich verstehe im Übrigen nichts, ich führe keine Polemik mit M. Dumas; ich habe die Wahrheit der Tatsachen dargelegt und in den Zeitungen auf keinen Angriff seinerseits geantwortet; es ist einfach, aber traurig, das Leben der ehrenhaftesten Menschen zu beenden, wenn sie nicht ehrenhafter sind. Wenn mein Vater gelebt hat , wird er seinem Sohn sicher nicht die Ehre überlassen, seine Leitung zu verteidigen, er wird ihm selbst zur Last gelegt.

„Um diese Berichtigung zu beenden, wenn ich mich nicht irre, mein Vater hat, als er Soissons verließ, die Sympathiebekundungen der Schmeicheleien bekundet. General Gaillebois, der General Sérant ersetzte, hat seinen Einfluss darauf, dass er einen Job bekommt. Die ehrenwertesten Einwohner von Soissons, einige, die ihre politischen Meinungen nicht teilen, werden ihn gern an der Macht lassen und ihm sein Bedauern ausdrücken, dass er sie nicht mehr gesehen hat. Diese Erinnerung an die Wertschätzung der Einwohner dieser Stadt wird meinem Vater immer am Herzen liegen; das bleibt ihm verwehrt. Erinnerung daran, dass er in Zukunft nie beweisen wird, dass er es wert ist.

„Nehmen Sie, Herr *Presseredakteur*, die Zusicherung meiner ausgezeichneten Bewertung an.

"DER RITTER DER LINIEN"

„Herr Alexandre Dumas, der uns diese Beschwerde mitgeteilt hat, hat mir aus einem Gefühl der Zuneigung, das ich zu schätzen wissen werde, eine Antwort auf die Wiedergabe des Berichts gegeben, der im „ *Moniteur*" vom 9. August 1850 veröffentlicht wurde. Es ist wahr, dass Herr de Liniers versucht hat, die Autorität dieses Berichts zu bestätigen, mit der Begründung, dass die Hospitalität des „ *Moniteur*" nicht mit der wiederholten Antwort seines Vaters einverstanden war. Es ist bedauerlich, dass *der „Moniteur"* seine Spalten tatsächlich abgelehnt hat, da der ehemalige Kommandant des Place de Soissons nicht die Idee hatte, seine Klagen an ihn zu richten. Eine der 1830 erschienenen Zeitschriften der Legalität, die in der *Gazette de France* oder in *der Quotidienne veröffentlicht* wurde, wird die Aufmerksamkeit der Leser auf sich ziehen. Im Rechtsstaat müssen unsere Leser diese nachweislich verspätete Behauptung aufgeben und ein zeitgenössisches Zitat veröffentlichen, das eine offizielle Veröffentlichung enthält, die mit der Garantie von fünf Unterschriften vorgelegt wird und die für eine nützliche Zeit nicht bestritten wird.

„Hier ist der Bericht von M. Alexandre Dumas:

Bericht an Generalmajor Fayette über die Pulvergewinnung aus Soissons

„Durch die Erfüllung der Mission müssen Sie mir nicht die Ehre erweisen, Ihnen am letzten 30. Juli eine Ehre zu erweisen. Ich bin sofort bereit, Sie in Begleitung eines der Unterzeichner des vorliegenden Berichts zu unterstützen. Drei Stunden später werden wir die Barriere überwinden.

„Auf der ganzen Strecke wissen wir, dass wir uns in Soissons gegen die Anordnungen der vorläufigen Regierung wehren, die es nicht geschafft haben, diese Stadt noch einmal zu erkunden. Bei unserer Ankunft in Villers-Cotterets hat ein junger Soissonnier, der diesen Bericht unterzeichnet hat, angeboten, uns von drei oder vier jungen Leuten begleiten zu lassen, die unsere Bewegung unterstützen. Eine Stunde und die Hälfte der Nacht über sind wir in Soissons.

„Sieben Stunden morgens, unwissend, bleiben die Dinge in der Stadt, wir besuchen die Ruinen von Saint-Jean, wo wir gerettet werden, wenn wir das Pulver vergessen, damit wir uns nicht mit Gewalt quälen, und wir unseren Appell an die Bürger von Soissons nicht wahrnehmen. Der junge Mann, der uns beauftragt hat, uns zu helfen, lässt uns also los, damit wir einige Leute zusammenbringen, es sei denn, wir sind sicher, und ich komme zu Herrn Doktor Missa, der als einer der heißesten Patrioten der Stadt bestimmt war; sein Rat ist falsch. dass uns keine Hilfe der Behörden zur Verfügung steht und dass es wahrscheinlich Widerstand seitens des Ortskommandanten, Herrn Graf von Liniers, geben wird.

„Als ich mich daran erinnerte, dass die drei Offiziere, die sich in der Mine befanden, sich nicht vor meiner Ankunft scheuten und dass ich nicht die Ordnung aufrechterhalten konnte, die ich aufrechterhalten musste, ging ich zu ihnen, begleitet von drei Leuten, die sich um M. Hutin gekümmert hatten (das ist der Name des jungen Soissonnais). Vorbei an der Mine ließ ich einen Fraktionsführer zurück. Wenige Minuten nach M. wurden der Oberstleutnant d'Orcourt, der Kapitän Mollart und der Sergeant verhaftet. Ragon wurde bei seiner ersten Verhaftung verhaftet und mit dem Wort bekräftigt, dass er nichts unternommen habe, um zu verhindern, dass sie sich trennen. wir werfen das Pulver auf Befehl des Ortskommandanten ab. Die drei tapferen Militärs, wie wir sie im Rauch von ihrer Suite erwarten, sind im Übrigen bestens darauf vorbereitet, uns zu helfen, wenn uns das Gegenteil passiert. Ich werde nur beim Ortskommandanten bleiben, während der junge Mann, der mir gefolgt ist, und M. Hutin scheinen die Tore der Kathedrale zu öffnen und sie durch die weißen Farben der Nation zu ersetzen. M., der Ortskommandant befindet sich mit einem Offizier, ich ignoriere seinen Namen nicht. ich habe ihm die Macht verliehen, die ich ihm zugestanden habe: Er sagte mir, dass er nicht in der Lage sei, die vorläufigen Regierungsanordnungen zu befolgen. dass Ihre Unterschrift natürlich kein authentisches Porträt ist und dass das Gütesiegel fehlt. Es hat mehr hinzugefügt, als es dem Pulver von zwei Cent Pulver wert war. Dies könnte wahr sein, wenn mir ein alter Militär sein Ehrenwort bestätigt hätte. Ich versuche, sie zu informieren, aber der Erste, der mir Bescheid sagt, ist, dass ich zurückkommen werde. Ich bin manchmal gegen meinen Einsatz der Armee gestorben. ich habe es geschafft, im Depot der Garnison das 53. Stockwerk zu erkunden · Ich wusste, dass alle Soldaten ab dem Schleier mit dreifarbigen Kokarden bewaffnet waren.

„Ich bin mir sicher, dass es in der Munition steckt und zwei Hundert Pfund Munition für die Artillerie und drei Tausend Pfund für die Regierung hat.

„Ich komme also zu Herrn, dem Kommandanten des Ortes; ich weiß, was ich brauche, um Munition in Paris zu beschaffen; ich weiß, wie ich es mir mit meinem Wort versprochen habe, ich werde Zellen in Soissons einsammeln, die ich gefunden habe, und wie ich es mir empfahl, der Stadt die für ihre Verteidigung notwendige Menge zu überlassen. Herr, der Kommandant des Ortes, kommt also zu seinen drei Leuten, nicht zu zweit, einer für den Leutnant der Gendarmerie, Marquis de Lenferna, der andere für den Oberst des Gendarmerieregiments, Herrn Bonvilliers. Ich weiß, wie ich es mir wünsche, bei der Prüfung von M., der Kommandant der Abschleppstation, war kein Träger; er weigerte sich ausdrücklich, mir keinen Befehl zu erteilen, zumindest sagte ich ihm, er könne ihn nicht mit Gewalt zurückhalten. Ich bin der Erste, der effektivste war: Ich habe mit zwei Pistolenschüssen geschossen, die ich auf mich gerichtet hatte, und ich habe ihm meine Bitte zurückgegeben, mir die Pulver auszuhändigen. Ich war zu sehr damit beschäftigt, sie zurückzuholen; ich fand mich nur selten in einer Stadt mit tausenden von Menschen, im Umfeld der Autoritäten, im Allgemeinen, sehr im Widerspruch zur aktuellen Regierung. es bleibt mir überlassen, ob es um Leben oder Tod geht. Herr Kommandant, ich wusste, dass ich mich ganz und gar gegen ihn entschieden hatte und die drei Leute mir alle Mittel zeigten, die meine Waffen zu meiner Verfügung hatten. Ich sagte, dass ich es nicht für meine Ehre dulden würde, wenn ich nur einem Mann, ihm, dem Kommandanten eines befestigten Ortes und einer Garnison, die Treue schwöre.

„Ich habe Herrn Kommandanten gebeten, eine Bestätigung zu unterzeichnen, dass die Pistole auf den Kopf gestellt wurde, dass ich gezwungen war, den Befehl zu unterzeichnen und alles zu tun, was meine Verantwortung betrifft. Ich habe ihn gebeten, einige Personen zu suchen, um sie einer mächtigeren Macht zu überlassen. Ich habe Herrn Kommandanten und die Gesellschaft in sein Kabinett geschickt; ich habe mich hinter die Tür gestellt und ich werde den Personen, die ich begleiten durfte, sagen, dass sie mir antworten werden. Einige Minuten später traten die Herren Bard, Moreau und Hutin in den Hof ein und Herr Kommandant unterzeichnete meinen Befehl. Ich übergebe alle der Artillerie zugehörigen Pulver. Ich übernehme diesen Befehl und werde so legal wie möglich vorgehen. Ich werde den Bürgermeister finden, der mich mit dem Pulver begleitet. Oberst d'Orcourt wirft uns das Pulver zu: es wird nicht wirksam, wenn zwei Cent übrig bleiben. Der Bürgermeister fordert die Stadt auf.

„Alles, was ich bisher getan habe, war nutzlos geworden; ich rufe also das Geld der Regierung zurück: sie haben mich für immer zurückgewiesen. Ich bin zu dem Unternehmer M. Jousselin gegangen; ich biete an, für tausend Franken zu kaufen; ich habe also das Geld zurückgewiesen, das ich für mich habe; ich habe es zurückgewiesen. Das heißt also, wenn man bedenkt, dass diese letzte Zurückweisung aufgrund eines Systems gut verhängt wurde, das von den Behörden nicht unterstützt wurde, um ihren Brüdern in Paris zu helfen, ich bin mit der Absicht zurückgewiesen worden, alles mit Gewalt zurückzuhalten. Ich habe M. Moreau geschickt, einen der heißesten Patrioten von Soissons, halte an, um den Preis zu zahlen, den die Wagen und die Transportwagen verlangen; er verspricht mir, mit ihnen eine halbe Stunde vor dem Pulvertor zu stehen. Dann geht er los und wir versammeln uns in drei Personen. Ich habe einen Haken, Monsieur Hutin hat gefeuert und Bard (der junge Mann, der uns aus Paris begleitet hat) hat seine Pistolen. Ich lasse dies zuletzt durch die zweite Eingangstür gehen; ich werde aufgefordert, die erste Person zu erschießen, die versucht, ihren Gegner bei der Pulververnichtung zu unterstützen, und Monsieur Hutin und ich öffne die Tür mit einigen Haken. Ich habe M. Hutin geschickt, um M. Moreau zu bedrängen, und ich befinde mich im Milieu der Pudrière. Zwei Stunden später war alles ohne Widerspruch seitens der Behörden an der Tagesordnung. Tatsächlich sind es alle Bürger, die sich trauen, uns mit größter Kraft zu empfangen.

„Wir verlassen Soissons für sechs Stunden und die Hälfte der Nacht, in Begleitung von Pompiers, die sich mit uns vereinigt haben, von vielen jungen Leuten zu Pferd und mit Waffen und von einem tapferen Mann, der uns bis nach Villers-Cotterets eskortiert hat. Unser Ausflug fand im Umfeld des Beifalls aller Leute statt, die sich hinter dem dreifarbigen Vorhang entdeckten, der über unserem ersten Auto wehte.

„In diesen Stunden haben wir uns auf Villers-Cotterets geeinigt; die Eskorte von Soissons hat uns nicht verlassen, damit wir uns zwischen den Hauptquartieren des Nationalgardisten dieser Stadt hindurchbewegen können, der uns auf seiner Tour bis nach Nanteuil begleitet hat.

„Voilà, ich erzähle Ihnen genau, was ich wollte, General. Denken Sie daran, dass Sie, wenn ich ganz bei Trost bin, meine diplomatische Unerfahrenheit verzeihen und vor allem meine Begeisterung für eine Sache, die Sie nicht getan haben. Dreimal sind Sie einer der edelsten Unterstützer.

„Respekt und Bewunderung.

" *(Unterzeichnet)*

AL. DUMAS
BARD, rue Saint-Germain-l'Auxerrois, 66, in Paris
HUTIN, rue Richebourg, I, in Soissons
LENOIR-MORAND, Kapitän der Pionier- und Panzerjäger, in Veilly

Ich bestätige die Wahrheit dieses Berichts

(Unterzeichnet) GILLES"

(Auszug aus dem *Moniteur* vom 9. August 1830.)

ANMERKUNG B

BEIM REDAKTEUR DER JOURNAL *LA PRESSE*

„MONSIEUR – *Die Erinnerungen* von M. Alexandre Dumas, die Sie in Ihrem Tagebuch veröffentlicht haben, sind seit einiger Zeit Erinnerungen an die Revolution von 1830. Ich werde mich nicht damit abfinden, dagegen vorzugehen, was unter der einstweiligen Verfügungsgewalt dieser Epoche stand.

„Diese Regierung wurde nicht von ihm selbst geschaffen. Sie wurde durch eine Abgeordnetenvereinigung gebildet, die unmittelbar nach der Veröffentlichung der Verordnungen gebildet wurde.

„Die oberste Militärgewalt blieb bei Generalmajor de Fayette und die Leitung der aktiven Operationen bei Generalmajor Gérard. Auf Betreiben der Zivilgewalt wurde eine Kommission aus sieben Mitgliedern eingesetzt, denen die größten Befugnisse anvertraut wurden, die jedoch für dieselbe Zeit eingesetzt wurden, ohne dass eine geheime Absicht bestand. Der Titel der *Stadtkommission wurde weiterhin eingeschränkt.* Die sieben Mitglieder dieser Kommission waren die Herren Laffitte, Casimir Périer, Gérard, Lobau, de Schonen, Audry de Puyraveau und ich. Die Herren Laffitte und Gérard wurden von anderen unterstützt. Arbeiten haben keinen Teil zu unseren Überlegungen beigetragen; M. Casimir Périer hat sie nur vier- oder fünfmal geheiratet. Von diesen sieben Mitgliedern bin ich immer noch der Einzige, der überlebt hat, und ich habe kein Recht, mein Konto zu brechen, was meinen Augen geschuldet wäre, und ich muss meine alten Kollegen brechen.

„Die Stadtkommission von 1830 hat keine Regierung gebildet, die ebenso inaktiv war, wie es scheint, dass M. Alexandre Dumas sich über die

Bestätigung beschwerte. Es wird sich in dieser Zeit als selbstverständlich erweisen, dass sie nur ihre Augen auf die Pariser Mauern richtete und jeden Tag zahlreiche Dekrete aushängte. Sie tauchte in den Zeitprotokollen auf, wenn es ihm passte. Wir haben uns nicht mit M. Laffitte getroffen, wie er sagte: Alle unsere Akten sind im Stadthaus aufbewahrt, wo sich unser Sitz befand und wo jeder kann mit uns sprechen. Herr Dumas teilte ihm mit, dass wir am 29. Juli, dem Tag unserer Amtseinführung, die Herren von Sémonville, Argout und Vitrolles empfangen haben, die sich mit uns unter dem Namen Karl X. treffen wollten. Er teilte ihm außerdem mit, dass wir vier oder fünf Tage später Herrn von Sussy empfangen haben, der uns mit dem königlichen Dekret, das die Verordnungen vorlegte, entsenden wollte. Er teilte ihm schließlich mit, dass wir eine republikanische Delegation empfangen haben, die den Vorsitz unter der Leitung von Charles X. innehatte. M. Hubert. Wir haben wie die ganze Welt gefunden, und natürlich haben wir wirklich danach gesucht, und es wurde verstanden, dass uns die wichtigen Dinge, die wir kennen sollten, geblieben sind. Außerdem habe ich bemerkt, dass es nur ein wenig beachtet wurde.

„Bei unserer Konferenz mit den Herren von Sémonville, Argout und Vitrolles wird nicht berichtet, dass das Wort des Herrn von Schonen, wenn auch aus der ganzen Welt, lautet: *Es ist zu spät!* Aber dieses Wort beendet die Diskussion nicht; im Gegenteil, es ist natürlich, denn es wird genau erklärt, ob es zu spät ist oder nicht. Karl X. verfügte über weitere bedeutende Kräfte: Zu den Truppen, die das Gefolge antreten, gesellten sich Artilleriegeschütze, die nach Vincennes abmarschieren wollten, ein Schweizer Regiment, das in Orléans eintraf, und das Lager von Saint-Omer, das sich befand. aufgerufen. Denken Sie daran, die Offensive einzudämmen, und starten Sie einen Angriff. In der Nacht vom 29. bis 30. Juli herrschte Alarm, und weder mit zwei noch mit drei Linienregimenten können wir uns jemals verfehlen, uns zu dienen, nur die wenigen, die vorgeschrieben sind, und zwar im Einklang mit der Sache der Bevölkerung, die nicht im Kampf gegen ihre Waffenbrüder offengelegt wird. Außerdem halten wir es für unverzichtbar, die Schaffung neuer mobiler Garderegimenter zu befehligen. Auf seine Täuschung und seine Beurteilung nach den Ereignissen, als bekannt wurde, dass Karl X. am 29. oder 30. Juli über keine Ressourcen mehr verfügte: Die Unfähigkeit seines Charakters und die Unfähigkeit, seine Ratschläge zu geben, waren bei der Veränderung seines Vermögens vielfach gegeben.

„Als nächstes, Herr Dumas, haben wir Herrn de Sussy mit einem freundlichen Gruß empfangen; Herr Dumas täuscht vor: Herr de Sussy wurde ohne Zweifel mit Höflichkeit erhört, aber nicht mit Freundlichkeit. Was den Beweis darstellt, ist, dass das Depot, das er uns übergeben wollte, nicht zurückgewiesen wurde. Der Empfang des Dekrets und seine Veröffentlichung, die Herr de Sussy verlangte, wurden von niemandem in unseren Zuschreibungen zugelassen. Die Vereinigung der Abgeordneten hat sich die oberste politische Frage vorbehalten, sie hat das Recht, die Regierung endgültig zu organisieren. Wir Keine unserer Flugzeuge stellt sich diese Frage im selben Moment, und zwar wie bei einer Party.

„Indem wir aufhören, wird Herr von Sussy in die Kammer gebracht und wird Herrn Laffitte das Dekret überbringen, der es vorlegt und es einfach ablehnt: es kommt nicht in die Versammlung. Herr Dumas ignoriert, ohne zu zweifeln, dass es so im Volk und in der Kammer zwei gegensätzliche Tendenzen gibt. Die Kammer bereut die Revolution, die sie erlebt hat, ohne zu wollen oder zu wissen. Sie wurde von Charles XM de Mortemart, dem Premierminister von Herrn von Polignac, zum Verräter bestimmt, der die Versammlung der Abgeordneten fordert, die seit dem Tod des Herrn von Polignac eine große Zahl von Menschen auf die Straße schickt. Sieg, um ihm seine königlichen Absichten mitzuteilen. Die Versammlung wurde von ihm geleitet, um zu antworten, dass sie denselben Tag empfangen wird; sie wird sich gleichzeitig entscheiden, dass sie sich im Palast versammelt, um zu verstehen, und wird sich gleichzeitig mit der Etikettierungsfrage beschäftigen. Die Antragsteller müssen den Empfang in einem Salon besteigen; die Hausangestellten werden alle vor ihm stehen und ihn in den Raum einführen. Um den Respekt zu würdigen, den die Abgeordneten genossen, um sie in das Gerichtsgebäude zu bringen, muss man sich damit abfinden, dass sie sich bis jetzt nie auf einen von ihnen vereinigt haben. Sie dürfen sich nicht offiziell an der regulären Stelle ihrer Sitzungen versammeln und mit der Eigenschaft der Kammer, dass der 3. August, der durch die Einberufungsverordnung festgelegte Tag, zwei oder drei Tage später beginnt.

„Die Sitzung fand statt, aber Monsieur de Mortemart hat nichts unternommen. Nach dem hier verkündeten Dekret vom selben Tag, nach einer lang erwarteten Anhörung, berief sich der Generalleutnant auf die Sitzung von Orléans. Ich habe keine Zweifel, was mich betrifft, denn wenn Monsieur de Mortemart anwesend war, nahmen die Ereignisse keine andere Richtung an.

„Das Volk hat sich nicht wie die Kammer verhalten: es hat sich nicht mehr als die Bourbonen getraut. Der Herzog von Orléans selbst hat sich nach seiner Proklamation als König nicht damit abgefunden, was unter der Popularität der Allgemeinheit von Fayette schwand, und ist viele Tage lang durch die Straßen von Paris gelaufen, hat uns mit den wichtigsten Punkten überschüttet, hat über andere geredet und mit dem ersten Ort gedreifacht: das sind Tatsachen, das ist nichts.

„Im Augenblick, als M. Dumas uns traf, traf die Delegation Huberts ein, die die Tür aufmachte und mit Gewehrschüssen abfeuerte. Auf geht's. Also, M.

Hubert, folge einigen Freunden und mach eine Bekanntmachung über eine Bajonette. Die Mitglieder der Kommission werden sich bereit *erklären, zuzuschlagen* , und einen Augenblick später im Saal *einspringen* .

„Ich habe nicht gesagt, dass M. Dumas malerisch sein wollte, aber ich habe gesagt, dass in seinem Vortrag kein wahres Wort vorkam.

„Wer kommt, der kommt:

„Die Abordnung hat verlangt, vorgestellt zu werden, und zwar sofort. Sie war nicht bewaffnet und bestand aus fünf oder vier Personen; M. Hubert war auf seinem Kopf. Ich glaube, ich werde mich zurückziehen, wenn M. de Sussy erneut anwesend war; ich glaube, ich werde mich zurückziehen, wenn wir Gelegenheit haben, auf einer öffentlichen Bühne Zeugnis abzulegen; sie hat nicht die Macht, die sie für das Gericht von Charles XM Hubert braucht, der weder eine schriftliche Erklärung noch eine Bajonette hat, sondern unter dem Namen der Abordnung spricht und aufgibt. Sie besteht darauf In zwei Punkten ist zu beachten: die Notwendigkeit, die Nation zu konsultieren, und die Tatsache, dass die Macht nicht ausgebaut werden kann, bevor Garantien für die öffentliche Freiheit festgelegt und festgelegt werden.

„Dies hat den Effekt, dass Herr Hubert mit Sicherheit nichts unternommen hat. Es gibt in der Kommission eine Meinungsverschiedenheit, die jedoch bis heute ungelöst bleibt.

„Ich habe die Freiheit genossen, die mir, um nur einige zu nennen, die Meinung des Redners gefiel. Auf ihn wartete eine Antwort des Generalkabinetts von Fayette, das mir im Hinterkopf blieb, das mir die Freiheit raubte und das mich, um nur einige zu nennen, von Gesten oder Worten der Überraschung und Missbilligung begeisterte. Die Reputation wird aufgedeckt. Dieser kleinere Vorfall wurde auch in vielen Broschüren der Epoche erwähnt.

„Alles ist passiert, der Rest ist sicher, höflich, und ich glaube, ich kann bestätigen, dass, wenn sich die Delegation zurückzieht, M. Audry de Puyraveau nicht im Geheimen einen Proklamationsplan in der Chefetage verhandelt; außerdem wird er ihm immer noch eine Lektion erteilen, denn er wird die Antwort billigen.

„Ich füge hier die Unternehmensverhandlungen von Herrn von Sussy hinzu und lasse das Geräusch nicht nach außen dringen, sondern erzähle der Bevölkerung, dass wir, um eine Volksaufflammung zu verhindern, verpflichtet sind, die Proklamation zu veröffentlichen, die den Untergang Karls X. verkündet.

„Ich darf mich nicht auf eine Szene einlassen, in der M. Dumas mich persönlich mit M. Charras zusammenbringen muss. Es ist eine Frage eines

Briefes, der an die Offiziere eines Regiments geschrieben wurde, dessen Person ich nicht kenne. Ich werde General Lobau anklagen, und M. Charras wird von dem, der schießt, bedroht. Was mich überrascht, ist eine Überraschung. M. Charras wird von der Hauptwache angegriffen und durch eines der Fenster des Stadthauses geführt. Er wird den Platz in meiner Ferne betrachten: „Es gibt hundertfünfzig Männer, die mir nicht gehorchen und die schießen. „Ewiger Vater, er wird auf die Erde herabsteigen und wenn ich ihn sehe, werde ich vom Schütze ermahnt!"

„Mr. Charras war zu dieser Zeit ein junger Mann, der kaum Bescheid wusste und keinen Einfluss hatte. Ich werde weder absteigen noch im Stadthotel mit ihm sprechen. Immer wenn ich die Sprache behielt, die ich verstand, oder wenn ich die Stimme hörte, oder wenn ich mich beruhigte, ohne dass er antwortete.

„M. Dumas ist sicher im Stadthaus angekommen, wenn er es bestätigt. Ich werde es dir sagen und sehen:

„Auf dem Platz, an den Kais und in den angrenzenden Straßen herrschte eine dichte und ruhige Bevölkerung, begleitet von den Ereignissen, und wir warten jeden Tag darauf, dass wir uns an ihrem Wettbewerb beteiligen. Auf dem Platz, in der Umgebung des Moors, gibt es einen Durchgang von vier oder fünf großen Füßen. Es war ein besonderer Ort für die Straßen, die von Menschen wegen Murailles bewohnt wurden.

„Wenn wir einen Befehl erteilen, der die Unterstützung einer bestimmten Macht erfordert, dann sind wir in der Regel gezwungen, die Hinrichtung an einen Offizier der École Polytechnique zu verhängen. Der Offizier steigt auf den Bürgersteig des Stadthauses. Bevor er in den letzten Minuten als Neuankömmling ins Land kommt, wird er sich an den Boden wenden, aufmerksam sein und nur diese Worte aussprechen: *Zwei Männer mit gutem Willen!* Dann wird er absteigen und sich nur auf den Weg machen. Im selben Augenblick wird er auf der Flucht die Kugeln losreißen und hinter ihm hermarschieren, wir sind mit Gewehren bewaffnet, die anderen nur mit Säbeln, ein Mann, zwei Männer, fünf Männer, dann ein Cent, vier Cent, fünf Cent. Und immerhin ist das Doppelte von dem, was da ist, gefordert.

„Mit einem Wort, mit einer Geste habe ich mich nicht eine Stunde lang gefühlt, aber in einer Minute haben wir die Möglichkeit, fünfmal so viele Menschen zu sagen.

„Ich fordere, dass wir es ertragen können, von Herrn Hubert, Herrn Charras und seinen fünfundfünfzig Prätendenten verhört zu werden? Wenn ich es zulassen würde, dass die Männer, die sich am 29. Juli in Venus' Stadthaus befanden, von denen ich mich nicht durch eine leicht zu erschießende Eigenschaft auszeichnen konnte, ersetzt würden. Während der Kampftage hat die Regierung die Mandate zur Festnahme gegen sieben Abgeordnete, deren Namen ich gefunden habe, sowie mehrere meiner Kollegen der Kommission erhalten. Karl X. hat es mir ermöglicht, Ich habe angekündigt, dass die Dinge, die wir tun, abgefeuert werden. Wenn unsere Flugzeuge nicht von der Macht zurückgehalten werden, werden wir von jungen Leuten zurückgehalten, von ehrenwerten Leuten ohne Zweifel, aber hier ist es gut, zu dir zu sagen, es ist ohne Macht geblieben?

„Jamais Autorität gehorchte nicht so pünktlich wie die Mutter. Jamais Leute wurden nicht so gefügig, so mutig, so freundlich wie die Ordnung, die 1830 in Paris herrschte. Wir flogen nicht nur für uns die unterlegenen Massen, wir flogen die Nationalgarde, die gesamte Bevölkerung. Ohne die Frage der Expedition von Rambouillet forderte die Militärautorität von uns zehntausend Menschen. Als wir abreisten, kamen wir in wenigen Stunden des Morgens an; in wenigen Stunden und der Hälfte wurden unsere Ordnungen an die von uns geschaffenen Gemeinden verschickt; in einer Stunde zehntausend. Die Männer versammelten sich auf den Champs-Élysées und bewegten sich unter dem Befehl von General Pajol. Ein Trommelschlag genügte für die Wiedervereinigung. Ihr Name wurde auf tausendfachen und sogar tausendfachen Fuß gehoben, bevor sie in Cognières bei Rambouillet ankamen. In ihrer Umgebung ereignete sich der Wahrheit zufolge eine gewaltige Verwirrung. Karl X. wurde von einer treuen Garde und einer Mannstarke der Artillerie umgeben, und die nationale Aura konnte eine blutige Katastrophe beweisen. Sie war noch nie in Vergessenheit geraten: In viereinhalb Stunden schien Paris Tausende von Menschen hervorzubringen, die sich als organisiert und diszipliniert erwiesen hatten. Der Zivilkrieg wurde nur durch ein Wort des Marschalls Maison verhindert, ein Wort, das nicht genau war, als das Wort ausgesprochen wurde, sondern das, was übrig blieb, war die Last, und das, was gefunden wurde, war durch seine glücklichen Auswirkungen entschuldigt.

„Wenn ich von ihm verlangen würde, dass wir dieses Vertrauen ohne die uns zugestandene Maßgabe haben, würde ich antworten, dass es mir nichts ausmacht, die Frage zu stellen. Die souveräne Macht also war in der Kammer, damit die Öffentlichkeit die inneren Gegebenheiten nicht ignoriert. Die Kammer war sehr besorgt über die Ereignisse, die M. Laffitte und M. Laffitte im Besonderen an ihm begangen, als General Fayette über die Massen der Bevölkerung verfügte. Die Glaubwürdigkeit der Kommission wird nicht durch die dreifache Ordnung gedeckt; aber wie es die Größe jeden Tag erfordert, inspiriert es die Unruhen, und versuche, das Mittel zu finden, um sich zu entmutigen.

„Ich habe auf die zwischen der öffentlichen Meinung und der Gesetzgebung bestehende Dissidenz hingewiesen; sie hat erklärt, dass dies auch innerhalb der Gesetzgebung der Fall sei.

„Angesichts der Abgeordneten wollten wir das Königreich an Land ziehen, nur um die Garantien zu spät zu übernehmen; die anderen verlangten, dass wir die Garantien und die Änderungen übernehmen, die in der Organisation des Landes vorgenommen werden müssen, bevor wir das Königreich errichten. Beginnen wir damit, eine Verfassung zu errichten, oder beginnen wir damit, einen König zu errichten? Das war also die Frage.

„Die Anhänger des Königshauses haben die Unannehmlichkeiten einer provisorischen Regierung und die Grenzen der Anarchie genossen; die Verfassung hat sich als richtig erwiesen, dass im Landstaat und in Paris die Anarchie nicht erschüttert werden kann; sie haben hinzugefügt, dass die öffentlichen Institutionen mit der neuen Situation im Einklang stehen und nicht einer Fortsetzung des Kampfes mit dem König ausgesetzt werden. Sie haben sich davon abgewandt und geglaubt, dass eine zweite Revolution und die Anarchie, die sie verhindert, unvermeidlich sind. Die Ersten haben sich daran gehalten, dass die Anarchie nicht erschüttert wird. es gibt keinen Hinweis auf eine neue Situation; es könnte mehr in Frage gestellt werden, das Personal des Fürsten zu verändern; in den Sekunden, in denen das Volk mehr als eine Palastrevolution erlebt hat und was dem König ebenso wichtig ist, im Interesse seiner Stabilität, auf anderen Grundlagen wiederhergestellt zu werden und die Zustimmung des Landes zu erhalten.

„Die Partei Laffitte und Fayette haben die gesamte Grenze der Provinzen passiert, die eine sofortige Thronbesteigung wollten, und ihnen eine beachtliche Mehrheit zugesichert. Sie hat sich auch an die Stadtkommission gewandt. Herr de Schonen und einer seiner Mitglieder haben unmittelbar nach der Annahme des Generalleutnants durch den Herzog von Orléans verlangt, dass der Kommission ihre Macht entzogen wird. Ich habe behauptet, dass die neue Autorität auf schlechten Wegen eingesetzt wurde, was uns alle gerettet hat und dass wir, wenn wir unseren Austritt einige Tage später verzögern, unsere Verbündeten sind. kann darauf bestehen. Bei meinen Darstellungen wurde die Diskussion vertagt; die Leitung blieb jedoch bei den geheimen Instanzen von General Fayette, und in meiner Abwesenheit wurde sie erneut besetzt und die Absendung wurde abgeschickt. Habe meine Unterschrift nicht gefunden. Außerdem bin ich derjenige, der unerlaubte Handlungen begeht. Ich werde einfach die neue Macht einer Koexistenz, die das Generalrecht besitzt, entkräften; wir verpflichten uns jedoch, die Verantwortung für seine Handlungen allen zu überlassen. Angesichts der Hauptfrage zwischen der Errichtung einer Verfassung oder dem Tod eines Königs werde man sagen, dass sie innerhalb von vier Stunden durch eine Überarbeitung der Charta beschlossen werde.

"Die Kommission existiert seit fünf Tagen nicht mehr wie die Regierung, und wenn sie über die Umstände und ihre Taten Bericht erstatten wird, wird sie sich gut auskennen. Sie wurde vom Generalleutnant für die Organisation der Stadt Paris ernannt, was sie tut, und was sie noch fünf Tage weiterführt, wird ihre Existenz noch schlimmer machen. Ihr Werk ist zu Ende, sie wird sich zurückziehen. Wenn sie nicht mehr mit der großen politischen Frage beschäftigt ist, wird sie, wie ich schon sagte, von einem seiner Mitglieder zur Versammlung der Abgeordneten herangezogen und ihre Meinungen und ihre Stimmen porträtiert.

„Bei diesen verschiedenen Ereignissen hat der Thron nur wenig von der republikanischen Partei gehalten, und er hat nur einen ganz einfachen Grund: Diese Partei existiert weder in Paris noch in Frankreich. Er wird in Paris von fünf oder zwei erfahrenen jungen Leuten eingesetzt. Er ist wahr, voller Tatendrang und Mut, aber er hat nichts von der Wichtigkeit, die seinem Chef, dem General Fayette, zukommt. Oder: Der General Fayette hat nichts von seiner Partei, auch wenn er sie des Ersten beraubt.

„Ich möchte nicht sagen, dass der General Fayette unter der Restauration in der Verschwörung von Béfort und in vielen anderen nicht eingetreten ist; ich weiß von den geheimen Angelegenheiten dieser Zeit, um sie nicht zu ignorieren; aber diese Verschwörungen sind nicht republikanisch. Ich möchte nicht sagen, dass er in den letzten beiden Jahren seines Lebens nicht ernsthaft in einigen Zusammenschlüssen gegen Louis-Philippe verwickelt war, und ich weiß, dass in dieser Epoche die Republikanische Partei mehr Aktion hatte; aber der General Fayette recherchiert über die Bewegung und die Popularität. M. Laffitte enttäuschte ihn mit viel Geist während der Restaurierung: „La Fayette ist eine Statue, die ihren Sockel sucht. Dieser Sockel ist ein Diktator-Sessel oder ein Stuhl, was ihm wenig bedeutet.“

„Wenn M. Dumas die Gründe kennt, die den General Fayette dazu veranlasst haben, die Republikanische Partei aufzugeben, könnte er M. Odilon Barrot auffordern, ihn zu kennen.

„Herr Odilon Barrot wurde uns am 28., aber erst am 31. Juli im Rathaus vorgestellt; er überreichte uns einen Brief von Herrn Laffitte, der uns den Namen unseres Sekretärs gab. Wir kennen alle und er hat sich einen sehr ehrenhaften Ruf erworben, denn die Empfehlung war nicht zufriedenstellend. Herr Mérilhou und Herr Baude wurden uns mit derselben Qualität zugewiesen; Herr Barrot wurde ihr Stellvertreter. Aber die Mission, die Herr Laffitte erfüllen sollte, blieb uns nicht erhalten: sie Es war, als ob General Fayette sich auf den Tisch legen würde, mit dem er seiner Familie vertrauliche Berichte gegeben hätte. Er war ein Vermittler zwischen M. Laffitte und General Fayette, der bei den Ereignissen eine große Aktion durchführen würde. Es ist klar, dass General Fayette aus Gründen der Rechtfertigung bestimmter Taten der ersten Revolution nichts gegen den Herzog von Orléans beibehält und nicht versäumt, die jungen Leute zu unterstützen, die einem vorläufigen Republikaner folgen.

„Ich will damit aufhören und bitte dich dennoch, mir zu erlauben, noch ein Wort hinzuzufügen.

„In Ihrem Tagebuch und wiederholte MA Dumas, ich habe geglaubt, dass M. Casimir Périer uns zwei Millionen verweigert hat, die wir für eine wichtige Angelegenheit verlangt haben. Ich habe M. Casimir Périer angegriffen, um sein Recht auf Gerechtigkeit zu erhalten. Er hat uns nicht abgelehnt, und wir haben ihm nicht verweigert, und wir haben ihm nicht verweigert, und weder zwei Millionen noch sonst jemanden. Die Staatskassen sind in unserer Verfügung, und sie sind in voller Höhe. Wir haben uns in der Stadtzelle notiert, die zwei Millionen enthält. Das ist auf dieser Seite. Die letzte von uns bezahlte Bank hat uns Geld gekostet. Sie wurden von der Bank, die vorschlägt, diese Summe auf unsere Rechnung zu legen, mit fünf-drei-Tausenden-Francs besteuert.

"Die Julirevolution war weder das Werk einiger Menschen noch einer Partei; sie war ein Ausbruch der Seele ganz Frankreichs, empört über einen Ehebrecher und noch gesegnet über die Demütigungen des Jahres 1815. Warum wurde diese Einmütigkeit, so edel und so rein, nach und nach ersetzt, durch die Parteikriege und durch die Unruhen und Desaster? Hat die Regierung nicht einmal zu dieser Transformation beigetragen? Was war aber? Was waren seine Menschen? Was waren die Schwächen der Partei, die Fehler und die Schwächen der Menschen? Nun, das muss man recherchieren und lernen. Die privaten Erinnerungen können ihm sicherlich nützlich sein, aber unter einer Bedingung ist es so, dass sie der Wahrheit entsprechen.

„In der Reaktion, die sich aus drei Tagen ergab, haben die Mitglieder der Kommission sich vollständig ihren gesetzgebenden Funktionen zugewandt und alle verschiedenen Wege verfolgt. Es kann sein, dass sie sich unterscheiden: das Leben eines öffentlichen Menschen, der sich der Öffentlichkeit anschließt. Aber sie können auch diese Aussage untergraben, die, während sie als Regierung höfisch leben, und solange sie im Stadthotel bleiben, einige Dienste im Land zuteilwerden lassen. Es ist nicht zu erwarten, dass sie den Zustand der Unruhe und der Verwirrung widerspiegelt, der am 29. Juli in Paris herrschte. Die Straßen, die Boulevards Die Zellen von 1848, die sich einst vor Barrikaden verbarrikadierten, haben ihre Idee nicht deutlich gemacht. Die Bewegung der Pfeile war im Gange, das Fahren in den Fahrzeugen war unmöglich und man dachte nicht daran, sie zu zerstören. Hinter den Toren der Stadt stand eine Armee, und diese Armee konnte die Offensive erwidern. Die ganze Bevölkerung war zu Fuß unterwegs. Vergeltet den Kämpfern und gewährt ihnen einen großen Kreis gesegneter Menschen, die die Sicherheit wiederherstellen. Und es gibt auch eine große Zahl von Menschen, die seit über sechs Stunden unter den Armen bleiben und am Existenzminimum sparen. Wir haben ihnen das Silber geschickt und sie haben sich geweigert. „Wir kämpfen für das Vaterland", sagten sie, „sie tun es durch Schmerz, nicht durch Silber." Oder es gibt keine Geschäfte, sondern vorbereitete Rationen. Bei jedem augenblicklichen Eintreffen der Soldaten und ganzen Kompanien, die die Sache Karls X. im Stich ließen, war ein Aufruhr der Menschen und Ereignisse zu verzeichnen, der es unmöglich machte, die Schnelligkeit zu unterdrücken.

„Im Umfeld dieser gewaltigen Bewegung hat sie sich allen Bedürfnissen angepasst; alle Rechte wurden respektiert. Die Kommunikation zwischen Paris und den Provinzen durch Post und Telegraf wurde am 29. Tag eingerichtet. Kredite neuer Gemeinden wurden geschaffen und installiert. Sie hat weder Probleme mit ihrem Eigentum noch mit ihren Meinungen. Das Volk wurde von zwei oder drei Personen bei alarmierenden Demonstrationen entführt: Auf ein einziges Wort von uns hin wurde sie verhaftet.

„Wir müssen uns vor politischen Gegnern schützen; wir müssen uns vor denen verstecken, die bereit sind, die Hauptstadt zu verlassen, die die Pässe zurückerobert. Paris wiederholt seine alltägliche Physiognomie, und nach einigen Tagen wird die Luft geblasen und es wird eine Revolution für uns geben.

„Diese Ergebnisse sind deine Erkenntnisse für die Menschen, ich bin die Kaiserin der Aufklärung: wir haben nie ohne ihn geredet, es ist nur unser einziges Instrument. Wenn ich es mir zumindest erlaube, einen bescheidenen Teil für die Richtung, die er nicht kennt, und für die Schnelligkeit der getroffenen Maßnahmen und ihrer Ausführung zu fordern. Wenn wir uns im Stadthotel befinden, haben wir unser Glück geopfert und unser Leben aufgedeckt. Wenn wir nichts Großes in der Sache haben, sind wir nicht einfach weg; aber wenn wir mit uns sprechen, wenn wir ernsthaft sprechen, ist dies eine Ehre, die uns ehrt. Ich glaube, wir sind beide gleich, ebenso wie alle öffentlichen Menschen; ich habe mich auch an Herrn Dumas gewandt.

„Ich habe mich verhört und bitte Sie, Monsieur, ich möchte meinen Brief gern veröffentlichen; ich musste darauf achten, dass Monsieur Dumas am Ende oder nur ein wenig in der Nähe des Stadthauses war. Sie könnten zu lange warten; ich wusste jedoch nicht, dass ich Sie anfassen sollte, auch wenn Sie sich um die Federn, die Menschen und die Leute von 1830 kümmern. Ich habe mich nicht von meinem Vorteil abbringen lassen; ich hörte auf, Ihre Leser zu sehr zu belästigen.

„Bitte stimmen Sie meinem sehr bemerkenswerten Ausdruck zu.

"MAUGUIN, *Ancien député*

"SAUMUR, 8. *März* 1853"

ÜBER DEN REDAKTEUR

„HERR DER REDAKTEUR, – In Ihrem Tagebuch dieses Tages (15. März) finden Sie einen Brief des schwachen Herrn Mauguin mit einigen Tatsachen, die ich in meinen Memoiren wiedergegeben habe.

„Ich habe beim Schreiben dieser Memoiren eine Entschließung ausgefasst: Es besteht keine Antwort darauf, dass dies durch offizielle Beweise, authentische Dokumente oder unbrauchbare Zeugenaussagen auf die Ablehnungen gestützt wird, die mir entgegenstehen.

„Also, das ist mir passiert, einige Tage lang, im Namen von Herrn Chevalier de Liniers, und heute bin ich im Namen von Herrn Mauguin weg.

PREMIÈRE-INFORMATIK

„In diesem Augenblick, M. Dumas, folgten wir einer Besprechung mit M. de Sussy, als die Delegation Huberts eintraf, die die Tür aufmachte und mit Gewehrschüssen abfeuerte. Auf geht's. Also, M. Hubert, folgt einigen Freunden *und verkündete eine Erklärung zu einem Treffen*. Die Mitglieder der Kommission werden sich *als fähig erweisen* und einen Augenblick im Saal *verbringen* .

„Ich habe nicht gesagt, dass Monsieur Dumas malerisch sein wollte, aber ich habe gesagt, dass ihm in seinem Vortrag kein wahres Wort eingefallen ist.“

Das ist meine Antwort:

„M. Hubert hat sich entschieden, diese Adresse zum Stadthotel zu bringen; die Truppe ist in Nationalgardetracht gekleidet und wird von zahlreichen Mitgliedern der Versammlung begleitet, darunter Trélat, Teste, Charles Hingray, Bastide, Poubelle, Guinard, uns Männern voller Energie, Unternehmungsgeist und Feuer. Die Delegation wehrt den gewaltigen Brand auf dem Place de Grève ab. HUBERT PORTRÄT DIE ADRESSE AUF EINER BAJONNETTE …

„Wir haben uns im Rathaus eingefunden, die anderen haben die Tür des Stadtrats verschlossen. Sie haben verlangt, einzutreten, aber ihre Antwort war nicht da. Sie sind entrüstet, sie haben die Tür mit Kreuzschlägen verschlossen. Endlich haben sie ihr Werk vollendet und *den Grafen von Sussy zu einem freundschaftlichen Verhältnis mit den Mitgliedern der Stadtratskommission eingeladen.* “

(Louis BLANC, *Histoire de dix ans.*)

ZWEITE BESTÄTIGUNG

„Herr Hubert, der *weder eine Erklärung noch eine Berufung abgegeben hat* , spricht unter dem Namen seiner Delegation und besteht auf der Unterzeichnung einer Erklärung zu zwei Punkten …

„Alles ist passiert, der Rest ist sicher, höflich, und ich glaube, ich kann bestätigen, dass M. Audry de Puyraveau, wenn sich die Delegation zurückzieht, einen geheimen Proklamationsplan in der Chefetage nicht veröffentlicht hat; außerdem wird er ihm immer noch eine Lektion erteilen, da er die Antwort gutheißt.

„Ich sage nicht, dass die Antwort von M. Audry de Puyraveau gutgeheißen wurde. Meine Antwort lautet:

„Nur (in der Stadtkommission) nimmt M. Audry de Puyraveau eine leidenschaftliche Haltung ein! *Erinnern Sie sich an Ihre Befehle!* Schreiben Sie es ihm (er richtet sich an M. de Sussy); *wir kennen nicht mehr als Karl X!* VERSTEHEN SIE IN DIESER ZEIT DIE STIMME VON HUBERT LISANT, DIE ZWEITENS DIE ADRESSE VON LA RÉUNION LOINTIER BEHALTEN HAT …

„Die republikanische Delegation wird sich bereit erklären, sich später zu melden, sich an Hubert zu wenden und ein Papier aus seiner Tasche zu kleben. M. Audry de Puyraveau sagte dies mit Nachdruck: „Ich habe eine Erklärung abgegeben, die von der Stadtkommission gebilligt werden sollte und die nicht mehr veröffentlicht werden darf. Sie wird es nicht tun.“

(LOUIS BLANC, *Geschichte seiner Jahre* , gedruckt und veröffentlicht in fünf Auflagen, unter der Leitung von M. Audry de Puyraveau und M. Mauguin.)

DREIFACHE INFIRMATION

„Ich darf mich nicht auf eine Szene einlassen, in der M. Dumas mich persönlich mit M. Charr zusammenbringen muss . Es ist eine Frage eines Briefes, der an die Offiziere eines Regiments geschrieben wurde, das ich persönlich nicht kenne. *Ich werde General Lobau anklagen* , und M. Charras droht mir, zu schießen; deshalb bin ich überrascht; M. Charras wird von der Hauptwache angegriffen und durch eines der Fenster des Stadthauses geführt, er wird mir den Platz zeigen: Es *sind hundertfünfzig Männer, die mir nicht gehorchen und die mich schießen. Vater, ewiger Vater, wird er auf die Erde herabsteigen, und wenn ich die Verzweiflung des Schützes empfinde* .

BERICHTIGUNG

„Anschließend habe ich sie in Charras' Hand gelegt, diese Worte sind nicht von M. Mauguin überliefert, aber die anderen, die mir gegenüber recht unterschiedlich sind, sind:

„ Und wenn der Ewige Vater die Sache der Freiheit zerstört, dann ist er unfähig zu handeln und wenn ich ihm die Schütze-Anklage des Ewigen Vaters vorstelle, dann ist er der Schütze!"

„Dies ist die dritte Meldung, dass ich den Zwischenfall begangen habe.

„Herr Charras", so Herr Mauguin, „war zu dieser Zeit ein junger Mann, der kaum Bescheid wusste und keinen Einfluss hatte. Ich werde *weder absteigen noch im Stadthotel mit ihm sprechen.* Immer wenn ich die Sprache behielt, die er beherrschte, oder wenn ich die Stimme hörte, oder wenn ich mich ihm anvertraute, ohne dass er antwortete."

ERSTE ANTWORT AUF DIE DREIFACHE BESTÄTIGUNG

„Die Nationalgarde von Saint-Quentin forderte zwei Ränge der École polytechnique für den Kommandanten; sie stellte daraufhin eine Delegation an Fayette und er stellte ihr für kurze Zeit den Bericht aus, dass es ihr leicht fallen würde, das Regiment in Kaserne an Fère abzugeben. Fayette stellte seine zwei Ränge der École und sie stellten sie an die Stadtkommission. Ihre Ankunft erfolgte in Begleitung von M. Odilon Barrot. Allein M. Mauguin ging in den Saal. *Er wies sie auf das Ziel ihres Besuchs hin, druckte eine Feder und begann eine Proklamation, die sich an das Regiment des Vaters wendet.* Doch M. Odilon Barrot unterbricht seinen Kollegen mit diesen Worten: *„ Lasst es uns sein, es versteht mich sehr!* M. Mauguin überreicht einem der beiden jungen Männer die Feder."

„Die Proklamation ist fertig, General Lobau wird sie präsentieren: *seine Frauen werden unterschreiben, er wird sich weigern und sie werden unterschreiben.* ER KANN NICHT UNTERSCHREIBEN, sagt M. Mauguin; *immer wieder weigert er sich, seine Unterschrift unter einem Befehl zu setzen, der die Aushebung eines Pulverdepots betrifft.* — DER RÜCKZUG DANN antwortet einem der Ränge der École polytechnique; *aber es ist nicht gefährlicher, in einer Revolution zu kämpfen, als die Menschen, die sich weigern. ...* ICH HABE GETAN, UM ZU FÜLLEN! — UND DENKEN SIE AN SIE! Erneut, M. Mauguin, UM ZU FÜLLEN, GENERAL LOBAU! EIN MITGLIED DER REGIERUNG VORBEHALT! — LUI-MÊME, berichte dem jungen Mann , dass er den Deputierten vor das Fenster führe , *und ziehe zu ihm eine Hundertschaft Männer, die in der Kaserne von Babylon kämpfen* , und ich segne diese tapferen Männer, die vom FÜSSELDORF zum Heiligen Geist gesandt wurden, der sie fesselte! „M. Mauguin wird mit einem Schreien beginnen und die Proklamation durch Schweigen unterzeichnen."

(LOUIS BLANC, *Histoire de dix ans.*)

ZWEITE ANTWORT AUF DIE DRITTE INFORMATION

„Mein lieber Dumas – Ich habe gelesen, in der Nummer der *Presse* , die Sie heute Morgen geschickt haben, bestreitet ein Brief von M. Mauguin die Genauigkeit eines von Ihnen veröffentlichten Berichts *und wo liegt mein Name an der Ecke Ihres Gesichts.*

„Sie verlangen die Antwort, die ich Ihnen geben und geben kann. Sie werden mir sagen, dass ich nur zu gern wüsste, dass ich in unserer großen Nacht vom Juli 1830 Szenen erzählen oder beschreiben würde, in denen ich mehr oder weniger unbekannte Szenen spielen könnte. Aber wenn Sie mir sagen, dass ich erkläre, dass die Szene im Stadthotel nur ein paar wichtige Details enthält, und ich erzähle sie genau in Ihren *Erinnerungen*. Die Erinnerungen an M. Mauguin *dienen mir*. Ich bin auf der Treue meiner Leute. Sie stimmen alle überein. pardon, mit *der Geschichte dieses Jahres* , habe ich es vor langer Zeit veröffentlicht und wo Sie ohne Zweifel die *heute* von M. Mauguin bestrittenen Tatsachen finden könnten.

„Alles für Sie.

"CHARRAS

"BRUXELLES, 13. *März* 1853"

QUATRIÈME-UNTERSUCHUNG

"Also, in Ihrem Tagebuch, und M. Dumas wiederholte es, ich dachte, M. Casimir Perier hätte uns zwei Millionen verweigert, die wir für eine wichtige Angelegenheit verlangten; er wird uns nicht verweigern und wir werden uns nicht von ihm verlangen, zwei Millionen zu verlangen, und nichts anderes."

BERICHTIGUNG

„Ich weiß nicht, was M. Casimir Perier von *zwei Millionen verlangt hat* , die tatsächlich die Schuld tragen und sich vor dem Tod rächen.

„Ich sagte:

„Die meisten Kämpfer sind auf öffentlichen Plätzen verzweifelt und verlangen nach Schmerz. Auf dem Weg zu einer einmütigen Bewegung gegen M. Casimir Périer schlägt derselbe, der die Schleier vorschlägt, vier Millionen Dollar für die Stadt Raguse aus. *Ach, meine Herren* , antworten Sie mir, *ich habe wirklich Angst vor diesen teuflischen Armen; aber es sind mehr als vier Stunden vergangen und meine Kasse ist geschlossen.* “

ANTWORT AUF DIE VIERTE BESTÄTIGUNG

„Aufgrund dieser Fragen wird immer wieder angezeigt, dass viele Arbeiter vor Schmerzen gelitten haben; es ist das Geld, das sie verdient haben. Wenden Sie sich an Herrn Casimir Périer, der antwortet: ES IST NOCH VIER STUNDEN WEIT; MEINE BANKE IST GEFANGEN.“

(Louis BLANC, *Histoire de dix ans.*)

Fünfte und letzte Bestätigung

„Die Stadtkommission von 1830 hat keine Regierung gebildet, die ebenso
inaktiv war, wie bezweifelt werden kann, dass M. Alexandre Dumas sich über
die Bestätigung beschwert hat. Sie wird sich in dieser Epoche nur daran
erinnern, dass sie nur ihre Augen auf die Pariser Mauern geworfen und jeden
Tag unsere zahlreichen Dekrete ausgehängt hat."

ANTWORT

M. Mauguin erhob Anklage wegen unerlaubter Handlung, da die Tätigkeit
der Stadtkommission nicht ausreichend gerechtfertigt sei. Tatsächlich habe
ich, vor allem in Bezug auf die ersten seiner Dekrete, Folgendes in meinen
Memoiren niedergeschrieben:

„Voilà, also, die Bourgeoisie ans Werk, und wiederhole, der Tag des
Volkstriomphes ist die Arbeit der Reaktion!"

„Erkundet euch, nehmt euch an mit Freudenschreien, umarmt euch, Männer
der Vororte, junge Leute der Schulen, Studenten, Dichter, Künstler; hebt die
Arme in den Himmel, erbarmt euch Gottes, ruft *Hosianna!* Eure Toten sind
nicht unter der Erde, eure Segnungen sind nicht in Panik, eure Herzen sind
noch schwarz vor Pulver, eure Freude wird noch größer, wenn sie frei wird;
– und vorbei sind die Männer der Intrigen, die Männer der Finanzen, die
Männer in Uniform, alles, was euch gefällt, zittert, euch quält, wenn ihr
kämpft, ihr werdet unverschämt. Nimm dir den Sieg und die Freiheit, reiß
einem die Palmen aus, reiß dem anderen die Äste aus und mach dich von
deinen beiden keuschen Töchtern zu zwei Prostituierten!

„Solange Sie schießen, Place du Louvre, ein Mann, der eine Vase aus Gold
kaufte; solange Sie schießen, unter der Arcole-Brücke, ein Mann, der eine mit
Silber bedeckte Vase kaufte, auf Ihre Verlegenheit, auf Ihre Ehrerbietung in
diesem großen und schönen Hotel, das Ihnen auf nationaler Ebene einen
Tag bescherte, Kinder ohne Erinnerung und mit goldenem Herzen! Um es
seinem Besitzer zu überlassen, der ruinierte, mehr als vierhunderttausend
Pfund Miete gefunden hatte!

„Hören Sie zu und informieren Sie sich! – *Hören Sie zu und informieren Sie sich!"*

„Hier ist der erste Akt der von ihr eingerichteten Stadtkommission:

*„ Die in Paris anwesenden Abgeordneten müssen sich zusammenschließen, um die
schweren Gefahren abzuwenden , die die Sicherheit von Personen und Eigentum
bedrohen. – Eine Kommission wurde ernannt, um die Interessen aller zu wahren, da
keine ordnungsgemäße Organisation vorliegt. "*

„Wie versöhnlich wird nun der Preis für diese Verurteilung mit dem sein, was M. Mauguin in dem Brief an uns gesagt hat, auf den dieselben Leute hier, laut Stadtkommission, *die Sicherheit der Personen und des Eigentums fordern?*

„Das sagte M. Mauguin:

„Jamais Autorität gehorchte nicht einmal pünktlich der Mutter; *jamais Leute wurden nicht einmal fügsam, einmal mutig, einmal Freunde der Ordnung, die in Paris im Jahre 1830 herrschte.*

„Wir sagen, dass die Kommission weiß, dass diese Leute das nicht gutheißen, oder, der Kenner, er hat uns eine ziemlich schwere Beleidigung zugefügt!

„Aber die Kommission kennt die Leute nicht, sie kennt sie nicht.

„Das bedeutet, dass die Kommission erst am 29. Juli gebildet wurde und dass das Volk am 27. Morgen kämpft."

„Wir nehmen die neuen Verleugnungen zur Kenntnis, die möglicherweise erfolgen, und fordern Sie auf, mit sofortiger Wirkung, mit Kategorisierung und mit Sieg auf die Zellen von Herrn Chevalier de Liniers und auf die Zellen von Herrn Mauguin zu antworten.

"ALEX. DUMAS

"BRUXELLES, *13.* März 1853 *"*

ANMERKUNG ZU S. 357

In der Brüsseler Ausgabe von 1853 fügt Dumas hinzu: „Glücklicherweise enthalten diese Zeilen Barbiers alles, was ich hätte sagen wollen:

Oh! wie ein strahlender Sonnenschein die großen Täler der Brücken und unserer Wüstengebiete erhellt
, Was die Glocken wirbeln, was die Bälle kreisen lässt und durch die Lüfte strömen lässt, Was in ganz Paris wie das Meer ist, das emporsteigt, Das Volk wird von Grund auf erleuchtet, Und als der alte Kanonenkanon des Brunnens im Trancezustand die *Marseillaise* erwiderte:
Gewiss, ich werde nie gehen, wie heute, wo wir sind, immer in Uniform.
Es geschah unter den Schlägen, die die Herzen der Menschen bekämpften.
Es blieb also bei den Verkaufsfingern. „Wer die Maus lädt und den Pfosten zurückholt; Es blieb bei den Bürgern, die die
Kartusche schmierten, und dieser, schwarzer Staub, rief den Bürgern:
‚Trauer!'." . . . . .Aber, das ist wahr! Paris, es ist schön in seiner Mitte, Paris, es ist voll von Majestät, An diesem Tag des Sturms, wo der Volkswind

den König verwüstet; Paris, es ist prachtvoll mit seinen Begräbnissen,
seinen Menschentrümmern, seinen Gräbern, seinen gepflasterten Wegen
und seinen pans de muraillesTroués comme de vieux drapeaux;Paris, cette
cité de lauriers toute ceinte,
Dont le monde entier est jaloux,
Que les peuples émus appelle tous la sainte, Et qu'ils ne nomment qu'à
genoux;Paris n'est maintenant qu „Eine unreine Spur,Ein schmutziger und
schäbiger Mann,Où mille noirs Zitronen- und Orangenkurse. Vienna
trainiert ihre süßen Flossen .
Eine Klage über mutlose Fracks. Mutige Frechheiten im Salon. Was von
Tür zu Tür und von Etage zu Etage kommt. Etwas über die Galons. Eine
zynische Halle für träge Schreie. Wo jeder danach verlangt, sich
loszureißen. Eine erbärmliche Münze aus roten Goldmünzen .
Deine Macht, die erlöschen wird!

Also, wenn er in seinem trockenen und einsamen Zustand ist, Der Blutige,
vom Tode gequält, Er zittert ständig, bleibt auf der Erde, Und unter der
Sonne, die den Tod bringt; Denn wenn er weiß von der Haut und die
Zunge blutet, Er
brennt nicht mehr in ihm. Links: „
Es ist mir egal, und die Illusion herrscht über den Pfarrer – alle meine
Hunde, alle meine Hunde also wie eine große Leere, Bondit; also, jeden
Morgen,
lauf mit Freude los und mach dich bereit
für die Party. Deine großen Krokodile werden kommen und die
Wildschweine werden kommen. Von Tal zu Tal rennende Hunde und
Hunde, und Doggen und Molosse. Alles klar stach und rief: ‚Alles klar!‘
Wenn der Blutsauger auf der Arena ruht und rollt, ‚Alles klar!‘ alles klar! die
Hunde sind Könige! Das Schicksal liegt bei uns; zahlt uns unsere Schuld,
unsere Zähne und unser Unterkiefer. Alles klar! wir haben keinen größeren
Diener als den, der uns gefehlt hat, und der an unserem Tisch hängt. Du
sangst heiß! vom Stuhl! allons, faisons ripaille,Et gorgons-nous tout notre
soûl!‘Et tous, c omme ouvriers que l'on met à la tâche,
Fouillent ces flancs à plein museau,Et de l'ongle et des dents travaillent sans
relâche,
Car chacun und nimm ein Messer;
Denn er steckte in dem Stoff, den sein Vater mit den halbrunden Ohren
trug, und in dem, der in der Mitte steckte, war sein vergoldetes Fell,
die Jalousie und der verlängerte Pelz, er sah seine rote und graue Lametta
an, seine Zähne waren in den Dellen vergraben. ‚Und er schrie, als er aus
dem Viertel Charogne flog: ‚Voici ma part de royauté!‘“

ENDE VON BAND IV

www.ingramcontent.com/pod-product-compliance
Lightning Source LLC
LaVergne TN
LVHW042342190726
843493LV00005B/895